戦争を指導した七人の男たち 一九一八〜四五年

並行する歴史

マルク・フェロー 小野潮 訳

ILS ÉTAIENT SEPT HOMMES EN GUERRE 1918-45
Marc Ferro

新評論

はじめに

一九五〇年に撮られた黒沢明の映画『羅生門』では、古《いにしえ》の日本で起きたある強姦と犯罪について何人かの人物が証言する。彼らの証言はてんでばらばらで一致しない。このことは単なる三面事件を解読するためでさえ、ただひとつの視点では十分でないことを示している。これがすさまじい危機について、たとえば世界大戦となったらどうなってしまうだろう。たったひとつの視線、たったひとつのアプローチではやはり事件の意味を明らかになどできないだろう。

この著作でわれわれが問いかけようとするのは、第二次大戦の主要な立役者数人の行動と、彼らが過ごした日々であり、そうすることによってわれわれは、彼らが戦争を導いたやり方、また彼らが戦争を分析し、生きた仕方を考究しようとするのである。

彼らのそれぞれの戦争観、戦争遂行の仕方の比較によって、また彼らがそのようにした理由の比較によって、争いの所与がどのようなものだったか、またその結末がどのようなものだったかがよりよく理解できるし、この男たちがどのように同時代人たちを魅惑したのか、あるいは同時代人たちに嫌悪を催させたのかがよりよく理解できる。

以前、『二〇世紀の危機に直面した個人、無名人の歴史 *Les Individus face aux crises du XXe siècle, l'Histoire anonyme*』という別の著作で、私は名もなき一般市民を取り上げ、歴史あるいは同時代の出来事——経済危機、革命、外国による占領等々——が一般市民の人生と交わるとき、その人間がどのような振舞いをするか分析してみた。今度の著作では、対物レンズの向きを逆に向け、戦争指導者たちの振舞いを観察する。これは極限的な事例である。というのも、彼らはいくつものジレンマを絶えず解決し続けねばならないからである――そのようなジレンマのよりよい認識は、選ばれた解決法の性格を把握する手助けになるだろうし、この男たちが歴史に対してどのように反応したかを、また彼らが社会に、そして社会の発展にどのような影響を与え、あるいは与えなかったのかを理解する手助けになるだろう。

ところで、彼らの個人的生活、彼らの私生活もまた謎でありうるし、その行動に影響したかもしれない。オーソン・ウェルズがその映画『市民ケーン』（一九四〇）で扱っているのはまさにこの問題である。この映画の主人公である権力者の人生の秘密はどんなものだったのか。どうして彼の最後の言葉は、遠い幼年時代に使っていた小さな橇《そり》の名前である「薔薇のつぼみ Rosebud」だったのか。

第二次大戦の間、戦争指導者たちは、それぞれ、いずれかの時点において、その思考のいずれかの部分において、意識的、あるいは無意識的な動機に動かされたことがあっただろうか。そうした動機は歴史の論理と同じ程度に彼らの行動に影響しただろうか。

このふたつの型の調査の仕掛けを交差させてみると、いくつかのことが確認され明るみに出された。それらは個人を個別に取り上げる伝記だけでも、また全体的な歴史という伝統的なアプローチだけでも明らかにできないことだった。

登場人物の選択は自ずから決まった。彼らの数はときに七、ときに八、ときに六だった。全員が、第二次大戦というこの巨大な争いの全過程に常に登場し続けたわけではない。問題の人物たちがヒトラー、ムッソリーニ、チャーチル、ローズヴェルト、昭和天皇、スターリン、蔣介石、ド・ゴールであると言う必要があるだろうか。時に応じて、彼らに他の人物たちがつけ加わるだろう。

戦争指導者たちの行動を研究するだけでは不十分であり、さらに言えばそれは表面的であると考えられてきたことを私は知っている。というのも、そうしたやり方では、それらの人物自身もまた歴史の産物であるという事実を忘却することになるからだ。たとえば、ナポレオン・ボナパルトが存在しなかったならフランス革命は彼とは別の継承者を生み出していただろうとか、ナポレオン以外の人物が彼が果たした役割を引き受けていたとしてもフランスを取り巻く国際状況は君主制のヨーロッパとの間に長期にわたる争いを引き起こしていただろうとか言われることはよくあるが、それでも、これらの立役者たちが諸制度や社会との関係において演じた役割を分析すれば、何が争いの的となっていたのか、そして立役者たちが解決せねばならなかったジレンマが何であったのかを、よりよく把握できるだろう。

とくに必要だと思われたのは、第二次大戦の立役者のそれぞれが果たした役割を、彼らがおこなったこのうえなく非人道的な行為も含めて位置づけ直す作業である。非人道的な行為とは、強制収容所への収監、ユダヤ人大虐殺、大量殺戮兵器の使用などを指す。これは、後世が彼らに与えた評価を考えれば当然なされるべきことである。たとえばスターリンやヒトラーの場合を考えるなら、その必要性はたちまち明らかとなる。それは他の立役者たちについても同様である。もっとも、他の立役者たちの場合、スターリンやヒトラーの行為と比べてその評価をめぐる議論の重要さの度合いが違ってくることは言うまでもない。

スターリンについて言えば、トロツキストや民主主義者による非難とは別に、彼の犯罪的行為のいくつかは一九五六年のフルシチョフ報告によって体制の内側からも告発されている。ただ、フルシチョフ報告の目的は、共産党はこれらの犯罪的行為に関係しなかったと釈明する点にあった。ペレストロイカの時期にも、またもや共産党がその「下部組織」とともに、スターリンの取った行為について責任ありとされたが、結局このときに断罪の対象とされたのはレーニンの過ちだった――「彼こそ、共産主義体制の元凶ではなかったか」。その結果、今度はスターリンの同時代人たちが安心することになった。ソヴィエト社会は息をついた

――「その社会は、こうした過去全体の犠牲者だったのだ」。映画作家ミハルコフが『太陽に灼かれて』において、「そんなことはまったくない。その社会はむしろ、これらのおぞましい行為に加担していたのだ」と告発すると、それだけで人々は彼を嫌った――「あの男は何の権利があって、あんな話し方をするのか。あいつはソヴィエト体制下でさんざんいい思いをした奴ではないのか」。

こうして、スターリンが歴史を狂わせたという考え方の上に、体制としての全体主義への非難がつけ加えられた。より正確に言えば置き換えられた。そして、スターリン自身が果たした役割はいささか変質させられてしまった。文書館の公開によって、この役割に関する再評価が現在では可能になっている。

ヒトラーについては事態はいささか異なっていた。だがスターリンの場合と比較して考えることは有効である。

ヒトラーを悪魔と見なすことに対応しているのは、ニュルンベルク裁判〔第二次大戦中のドイツによる戦争犯罪を裁くために一九四五年一一月二〇日～四六年一〇月一日におこなわれた国際軍事裁判〕においておこなわれた、被告たち（二一人）を悪魔と見なす仕方である。この結果として、ドイツ社会が戦争中に犯した罪は見逃されることになった。非軍人または軍人としてとくに地位の高い責任者だけを被告として指名することにより、裁判所はこの歴史を一九三三年と一九四五年の間に閉じ込めてしまった。まるで、その間の歴史が、それ以前の時代の恨みや野心を引きずってはいないかのように考えてしまったのだ。これはまた別の仕方で、ヒトラーの時期の行動に加担した人々の罪を不問に付すことだった。ところで、ドイツにおいては伝統的に、ナチズムの出現のずっと以前から、ドイツを襲う不幸を外から来た現象のせいにする傾向があった。それはたとえば、イギリスが至るところに勢力を伸ばしていることへの恐れ、スラブ諸民族によってドイツが呑み込まれてしまう危険、この危険に引き続いて現れたボリシェヴィキ〔一九〇三年ロシア社会民主労働党内に生まれたレーニンの一派。一七年の十月革命後、ロシア共産党（ボリシェヴィキ）と改称〕による危機、といったものである。その点でナチス体制はドイツ史の通常の流れの外にあるものと見えたかもしれない（これは現在ロシアで共産主義体制について言われているのと同様のことである）。しかし、ビスマルクからナチズムまでの連続性を強調し、全体主義の性格について問いかけ、ドイツの歴史をヨーロッパの歴史の中で見定めようと努め、さらにはユダヤ人大虐殺におけるドイツの有罪性とその特殊性について省察をめぐらそうとすれば、結局は当然そうなるのだが、その社会が備えていた機能やその体制が持っていた意図について問いかけることになるだろう。だが少しずつ、総統《フューラー》ヒトラー個人が果たした役割の分析は消滅してしまう。

それは、たとえば映画作家ハンス＝ユルゲン・ジーバーベルクをはじめとする人々に、他の人間もアメリカでヒトラーと同じほどの罪を犯したではないかと主張させるまでになる。ジーバーベルクは、「総統はわれわれ一人ひとりの内に巣くっているのではないか」とさえ自問している。

本書でわれわれが問題にしているのは、まさしくヒトラー個人が果たした役割であり、また他の立役者個々人が果たした役割である。

真珠湾関係のものだけでさえすでに一〇〇〇近くの著作、論文が存在している。だから第二次大戦について、もう一冊新たな本を書くのにはためらいがあった。しかし、それをやってみる気になったのは、この大戦の所与を分析するために、新たな経験を利用できるという感情を私が持てたからに他ならない。

実際、テレビ局アルテで放映された「並行する歴史」シリーズという番組を準備するために、私は一九八九年から二〇〇一年まで一二年間にわたって、六カ国ほどのフィルム資料のほぼすべてに目を通した――それらは戦争の時期、戦争の起源、戦争後の状況についての映像だった。これらの比類ない情報は、当時の指導者たちに関する、あるいは各国社会で提起された諸問題に関する理解をおおいに増進させてくれるだろう。

これらの資料を分析するために、数多くの証人、歴史家、芸術家、哲学者が、番組に参加してくれたことをつけ加えておこう。資料の大部分は未発表のものであり、それらの知見に補完的な魂を与えてくれたのはまさに彼らによる数々のコメントである。

最後に、ここで採用された『アナル』誌の経験に発するアプローチが、われわれの時代の問題によりよく対処するために、過去の分析を一新しようとするわれわれの努力においてさらなる一歩を進めることとなるよう期待したい。

謝辞

テレビ局アルテの「並行する歴史」のスタッフ全員に感謝の念を表したい。とくにこの著作の執筆にあたっては、有能な助手であり、資料整理員であるミシェル・フルニエ、ポリーヌ・ケルルルー、マティアス・スタンレ、マリー＝ピエール・トマに感謝したい。

私はまた当然、ジェローム・クレマン、ルイゼット・ネル、ディディエ・ドレスケヴィチ、クラウス・ヴァンジェ、R・ティエッシェにも感謝せねばならない。

感謝の念はまた、世界で最良の図書館である現代国際資料図書館の同僚諸氏、とくにナデジャ・アレルムにも表明されねばならない。

ミシェル・カルティエとピエール＝フランソワ・スィリの献身的な協力のおかげで、私は中国、日本についての私の資料収集を最新のものとすることができた。

出版社ロベール・ラフォンにおいては、エルザ・ロザンベルジェとクリステル・ムシャールの炯眼と細心さがなければ、いつものようにクリスティーヌ・ミュルコが執筆の過程に随伴してくれたこのテキストにも、多くの瑕疵が残ってしまっていたことだろう。

戦争を指導した七人の男たち　一九一八〜四五年——並行する歴史／目次

第二章　本当の敵は誰なのか（一九三九〜四一年）

凡例

一　行間の番号および＊印は原注を表す。
二　本文中の［　］は著者のもの、〔　〕は訳者の補足。
三　原書中の強調を表すイタリック体および《　》は訳書では原則として「　」で示した。
四　人名索引に付したプロフィールは原書にはなく、日本語版用に訳者が作成した。
五　収録写真は原書のものではなく、日本語版用に訳者が新たに選定した。

戦争を指導した七人の男たち　一九一八～四五年

——並行する歴史

いつものように、無論のこと、この書をヴォニーに、
そして私たちと同様これらの事件を生きた人々に捧げる。
この書をミレイユに、通称ジルのジルベールに、
ニコルとメリエムに、ピエールとファニーに、
モーリスとマリーズに、クロード、ジャックに、
そして通称ドゥドゥの今は亡きアンドレに捧ぐ。

Marc FERRO

ILS ÉTAIENT SEPT HOMMES EN GUERRE 1918-1945

This book is published in Japan by arrangement with ROBERT LAFFONT,

through le Bureau des Copyrights Français, Tokyo.

第一章

戦争への序曲
（一九一八～三九年）

遺産

ヴェルサイユ条約（一九一九年）〔第一次大戦終結後に結ばれた連合国とドイツとの講和条約〕がもたらした結果とウィーン条約（一八一五年）〔ナポレオン戦争後に結ばれたオーストリア、イギリス、プロイセン、ロシア、フランスの五大国による講和条約〕がもたらした結果を比較して、アメリカの国際政治学者ヘンリー・キッシンジャーは『回復された世界平和』[1]において次のように指摘している。ウィーン条約は数十年の平和をヨーロッパにもたらした。これに対し、ヴェルサイユ条約、サン＝ジェルマン条約（一九一九年）〔第一次大戦終結後に結ばれた連合国とオーストリアとの講和条約〕、トリアノン条約（一九二〇年）〔第一次大戦終結後に結ばれた連合国とハンガリーとの講和条約〕の場合は、締結されるとすぐに、間近に迫る戦争の危機が世の中を覆い、締結から二〇年も経たないうちに第二次大戦を勃発させた。

どうしてそのようなことになったのだろう。

キッシンジャーの評価によれば、一八一五年の場合は、ナポレオンに勝利した諸国が敗戦国であるフランスをいたわり、フランスに一七九二年の国境をほとんどそのまま認めてやったからである――その国境は、革命政府のフランスがヨーロッパ諸国と開戦した時点でのフランスの国境だった。戦勝諸国は正統王朝主義という原理の名のもとに戦い、行動した。そしてその同じ原理の名においてフランスの国境を再画定し、フランスの王座をフランス王国の正統の相続人であるルイ一八世に返したのである。

一方、一九一九年の場合は、他にいくつもの理由はあるものの、戦勝諸国は、とりわけ民族自決権の名のもとで戦ったのだと主張した。この民族自決権の内容の定義については、アメリカのウィルソン大統領によって与えられ、ドイツも敗戦直前にこれを認め、さらにはソヴィエト連邦共和国もレーニンの口を借りてこれを認めていた。

ところが、一九一九年の諸条約において、戦勝諸国は敗戦国をいたわるどころか、これを痛めつけた。たしかに、戦勝諸国は民族自決権の原理を適用はした。しかし、その適用は敗者のみを犠牲にしておこなわれた。これによりハプスブルク帝国からチェコスロヴァキア、ユーゴスラヴィア、ポーランドといった国々が生まれ、あるいは復活し、これに対してかつての領土を奪われ、小国に成り果てたオーストリアは、ドイツとの合併を主張するが拒否された――合併を認めれば敗戦国ドイツが一九一四年よりもさらに大きな国になってしまうからである。また、ズデーテン地方〔旧オーストリア帝国領。第一次大戦後ヴェルサイユ条約とサン＝ジェルマン条約によってチェコスロヴァキア領になった地域で三〇〇万人以上のドイツ人が居住していた〕のドイツ人は自分たちの意志を問われることもなくチェコスロヴァキアに編入された。さらに人口の四分の三がドイツ人であるダンツィヒ〔グダニスク。第二次大戦後ポーランド領〕の町はドイツ帝国から切り離され、国際連盟管轄下の「自由都市」とされた。それはポーランドに海への通路を保証するためである。ハンガリーのトランシルヴァニアの一部はルーマニアに帰属させられた。

これらのことを確認したうえで、次のこともつけ加えておこう。

ウィーン会議に引き続いて起きたことと、ヴェルサイユ条約に引き続いて起きたこととの間にはもうひとつの違いがある。

ウィーン会議の時期においては、正統王朝主義の支持者たちの勝利を前にして、たしかにブオナロッティからブランキ、他の炭焼党員〔炭焼党（カルボナーリ）は一九世紀前半にイタリアおよびフランスに興った革命的秘密結社〕に至る、革命の核となるべき人物たちが生き残り、バブーフやジャコバン党員たちの後を引き継いでいた。だが、大きな革命的運動が次に発生するのはようやく一八四八年〔フランスで二月革命が勃発した年〕、誕生しつつあった労働者階級と社会主義的思想がその力を共和主義的理想と合体させたときである。

これに対し、ヴェルサイユ条約の時期には、ロシアの旧体制が革命によって打倒され、革命運動がドイツ、次いでハンガリーへと波及したが、そのあと革命はなお遠くまで及んだだろうか。

革命運動の伝播と民族主義的諸要求を前にして、戦勝諸国の「ブルジョア的」指導者たちは、まずは前者の脅威に対処しようとした。彼らはソヴィエトを抑え込むために軍事介入し、緩衝地帯となる諸国をこの新たな共和国の国境近くに誕生させ、一種の「防疫線《コルドン・サニテール》」を敷いた。もともと独立を要求していたバルト諸国〔エストニア、ラトビア、リトアニア〕の誕生がそれである。だが、「ブルジョア的」指導者たちのこのような対処の仕方は、そもそも革命運動には国境など存在しないも同然であること、しかも、この革命運動がロシアという砦や各国共産党およびモスクワ指導の参謀本部たる第三インターナショナルすなわちコミンテルン〔ロシアの十月革命後の一九一九年、ボリシェヴィキの呼びかけに応じてモスクワに二一カ国の代表を集めて結成された共産主義の国際組織〕という手段を有していることを、忘れるに等しかった。

こうした状況が、有産階級、思想穏健な人々に非常な恐怖を与え、まもなく民主主義者たちにも警戒の念を抱かせた。

民族主義的諸要求という第二の脅威について言えば、戦勝諸国の指導者たちは、これを国際連盟の創設〔ヴェルサイユ条約の規定に従い一九二〇年に成立〕とそれがなす審判によって遠ざけられると考えた。ジュネーヴに本部を置くこの組織が全体的な安全保障と計画的で全般的な非武装化を確かなものにするだろう、そう考えたのである。しかし、軍事力による強制手段を有しない国際連盟は、平和を守る手段として、華々しくも空虚な修辞しか有しない。そのことに彼らは気づいていなかった。

もしヨーロッパの中央に置かれた火薬庫、ドイツが爆発したら、この弱々しい堰堤など何の役に立つだろう。ドイツは諸条約によって侮辱され、生起しつつある革命によって分断されていたのである。

ヒトラーとドイツ――増幅される恨み

一九一八年の休戦がパリ、ロンドン、ベルリンでどのように受けとめられたかを見てみると、いずれの都市でも似通った反応であったことに強い印象を受ける。どこも喜び一色であり、旗は風にはためき、娘たちは戻ってきた兵士の腕に花を投げかける。何というあふれるような喜びであったことか[2]。

ところがひとつ違いがある。

フランス人とイギリス人は、自分たちが戦争に勝ったこと、戦争が自分たちの勝利に終わったことを知っていた。しかし、ドイツ人は自分たちが戦争に負けたのを知らなかった。彼らは「兵士たちは敗れることなく戦場から戻ってくる」と聞かされていたのだ。兵士たちの帰還の儀式はいわば、彼らの勘違いの結晶だった。

休戦協定に盛られた（ドイツ人に対する）厳しい条項を、彼らはどうして想像することなどできただろう。休戦までの四年の間、彼らの祖国の土地は一度も侵されることがなかったのだから。

彼らの怒り、苦しみ、激怒はたやすく想像できる。「突然、闇が私の両眼を覆った。そして、母の墓の前で立ち尽くしたとき以来、初めて私は嗚咽した[3]」。

アドルフ・ヒトラーのこの絶望、この怒りが爆発するのは、ヴェルサイユ条約の諸条項が明らかにされたときである。侵略者と名指しされたドイツは、条約の二三一条によって、戦争被害に対して責任ありとされていた。ドイツは補償を支払わねばならず、国際連盟への加盟が認められないという侮辱を浴びせられ、民族自決権は無視され、領地は失われていた。そのうえ、ハプスブルク帝国の分裂以来ドイツ帝国との合併を要求するオーストリア人にも、この民族自決権が拒絶されていたのである。

ドイツの世論の怒りは、そのほとんどが「一一月の犯罪者たち」〔一九一八年一一月のドイツ革命の指導者たち〕すなわちヴェルサイユ条約に署名した同胞たちに向けられた。彼らは社会民主主義者、キリスト教民主主義者であり、それまでの革命的策謀によって軍を背後から短刀で突き刺したのではないかと疑われていた。このような神話は、部分的には、条約の署名者たちが、ドイツ帝国の政治的・軍事的指導者たちを批判することによって、自ら作り出したものである。しかし、この神話の主な出元は、一九一八年七月の攻勢の失敗後、首相マクシミリアン・フォン・バーデンに対して、ドイツ領が侵攻を受ける前に条約に署名するよう圧力をかけていた軍司令部である。[4] 内部に敵がいるというこうした思い込みはすでに戦争の最中に形づくられていた。多くの人々にとって、戦争を継続する意味は少しずつ理解できなくなっていた。それほどに平和主義者と民族主義者との対立は激しくなっていた。民族主義者たちにとって、そしてそれ以上に、ボリシェヴィキに対する自分たちの勝利が何ももたらさないことに不満を抱いていたバルト諸国駐留の遊撃隊の兵士たちにとって、ヴェルサイユ条約が与えた衝撃は大きかった。しかしまた、この条約の成立は、なぜ自国が自ら敗者と認めたのかを理解できぬ人々にとっても、大きな衝撃だった。

戦争は終わった。それは間違いない。しかし、多くのドイツ国民の頭の中では、いまだに戦争は継続していた。[5]

外国から押しつけられたこの条約を否認すること、そして一一月の裏切り者たちを非難することは、当然、戦勝国の車両の後ろに付いてワイマール〔第一次大戦後、ドイツ・チューリンゲン州の小都市ワイマールで憲法制定議会が開催され、ワイマール共和国（ドイツ国）が成立する〕に落ち着いた民主主義体制を忌避させることにつながっていった。民主主義はこうして、「戦勝諸国の意向を執行する道具」と見なされるようになったのだ。動員解除された伍長アドルフ・ヒトラーは、塹壕で一緒に戦った戦友たちとミュンヘンで再会していた。そのミュンヘンだけでも五〇近くにのぼる極右の小集団が活動していた。それらの小集団はあちこちの食堂に集まって、状況について議論し、敗戦の責任者を、そして彼らの裏切りを弾劾していた。

しかしそれ以上のことがあった。

戦争の間、ドイツ国内の生活は、それ以前とほとんど変わらなかった。軍事作戦はドイツ領外で展開されていたからだ。日常生活の通常のリズムに終止符が打たれたのは一九一八年一一月のドイツ革命のときだった。ストライキと暴力が至るところで発生し、無秩序状態となった。[6] ロシア十月革命に影響されたスパルタクス団〔ドイツの左派マルクス主義者の政治団体で第一次大戦中の一九一六年に発足。のちのドイツ共産党（ＫＰＤ）〕の乱は社会民主主義者と軍との連合によって翌一九年の一月に打倒され、遊撃隊と政治的武装集団が、新たな戦場となった街路の主導権をめぐり、争った。ドイツはまるで「精神病院」のようになる。アドルフ・ヒトラーは証言している。「国家は転覆された。もし月の住人が地上に降りてきたとしても、彼はもはやドイツの姿をそれとは認められないだろう。彼は言うだろう。これがかつて見たあのドイツなのかと」。

ヒトラーにとっても、彼と同じく動員解除された人々にとっても、そして今やばらばらになったかつての政党の党員からなる多くの極右集団にとっても、悪いのはマルクス主義的諸政党という、社会解体を目論む勢力なのである。マルクス主義的諸政党が発する言説は、すでに戦前からヒトラーを激高させていた。「連中はすべてを投げ捨てていた。連中にとって、国家は資本主義を支持する階級の発明品であり、祖国は労働者階級を収奪するブルジョアジーの道具であり、法律の権威はプロレタリアートを抑圧するための手段であり、学校は奴隷を生産するためのものであり、宗教は民衆を弱めるためのものであり、道徳は羊たちに与えられた愚かな忍耐を勧める原理であった。泥の中に引きずり込まれずに済む純粋なものは、何も残っていなかった」（『わが闘争』[7]）。

第1次大戦中のヒトラー（前列左端）、1914年頃。

そして、社会を解体する、何にでもけちをつける分子として、彼はすでにウィーンにいた頃から、「ドイツ種族の純潔を汚している」外国人たちを弾劾していた。「ウィーンに見出された諸種族の混交、あのチェコ人、ポーランド人、ハンガリー人、ルテニア人〔ルテニアは現在ウクライナ共和国に属するカルバトウクライナ地方の旧称〕、セルビア人、クロアチア人の混交は、私には嫌悪すべきものと思われた。人類を解体するあの菌のことは言うまでもない。ユダヤ人、どちらを見てもユダヤ人ばかりだ[8]」。

彼によればこれが、彼がウィーンを去った理由である。実を言えば、ウィーンの町は、彼にとっては失敗を意味していた。彼はこの町で二度にわたって美術学校の入試に失敗しているのだ。彼は不遇な芸術家の零落をこの町で味わい、自分が描いた小さな水彩画を絵葉書として売り、食いつながざるを得ない生活を送った。その後、どうにか細々と生活していたミュンヘンでは、少なくとも、「純粋にドイツ的な空気」を吸うことができた。このミュンヘンの町で彼は、一九一四年にバイエルン軍に志願したのである。[9]

ところが、彼の愛するミュンヘンが、ベルリンと同様に革命の苦悩を経験することになったのだ。その先唱者は「国家としてのドイツにとっても、民族としてのドイツ人にとっても外国人である放浪民」のボリシェヴィキ、クルト・アイスナーである。アイスナーは「善意による統治によって」みなの支持を獲得したいと望んでいたが、一九一九年、「ドイツも開戦に責任があると判断していた」という理由で暗殺された。すでにベルリンでも、スパルタクス団の乱を主導したカール・リープクネヒトとローザ・ルクセンブルクが処刑されていた。

　彼らはすべてユダヤ人である。

　ヒトラーの言に従えば、殺された彼らはみな、「イサーク・ゼデルブルムすなわちレーニン、そしてハンガリーにおけるその弟子のコーンすなわち豪勢なハレム（売春宿）を構えて名誉ある処女たちを汚し犯していたベーラ・クン[10]」と同様にユダヤ人だった。しかし、たしかに革命家ベーラ・クンはユダヤ人だが、ハレムは構えていなかった。レーニンはユダヤ人ではない。反ボリシェヴィキ陣営の間では、レーニンの祖父母のうち三人は「タタール人、ドイツ人、ユダヤ人、すなわちロシアにとっての三人の敵」だと囁かれていたが、ヒトラーはそのことを知らなかった。リープクネヒトとローザ・ルクセンブルクについて言えば、彼らは自らユダヤ人であることを望んでもいなければ、そのように規定もしていなかった。彼らは自らを社会主義者と考えていた。

　人々が思い描いたロシア革命の像には真実と偽りが混じり合っていた。この像は、ドイツに亡命してきたロシアの白軍（反革命軍）の軍人たちによる証言と、赤色ロシアから出てくるテキストの双方によって増幅されていた。赤色ロシアから出てくるテキストとは、たとえばチェカ〔一九一七年の十月革命の直後に人民委員会の直属機関として設立されたソヴィエトの秘密警察〕の創設者のひとり、マルティン・ラツィスによって書かれたものである。彼は、「われわれボリシェヴィキは『階級としての』ブルジョアジーを排除しつつある」と説き、ジャコバン派の革命家サン＝ジュストの口調を真似ながら（サン＝ジュストによれば「国王は裁判にかける必要などなく、打倒すればよい」）、ブルジョアであるそれだけの事実によって「人は革命の敵として有罪となる」と主張していた。

　強力なドイツ共産党（ＫＰＤ）が設立されたこの時期、スパルタクス団の乱が発生した直後にこれらの証言や理論が引き起こした恐怖は、容易に想像できる。あちらこちらの飲み屋で誕生しつつあった極右の小集団の会合で、ヒトラーは「われわれには、彼らの暴力に等しい暴力を行使できるだけの力が必要である」と説いている。彼は、ボリシェヴィキ主義と闘い、ユダヤ人と闘い、そして彼がまもなく思想の師匠のひとりであるディートリヒ・エッカートと同様にユダヤ＝ボリシェヴィキ主義と呼ぶことになるものと闘うことになる。

ヒトラーの反ユダヤ主義の起源

ヒトラーは当初から反ユダヤ主義者だったわけではない。この特徴は一九一九年に明瞭なものとなって爆発したが、それ以前にはまだ、はっきりと表に現れることはなかった。『わが闘争』〔全二巻、一九二五～二七年〕においてヒトラーが、「自分は一貫して反ユダヤ主義者だった」と言明するとき、彼は自分の過去を幾分なりとも捻じ曲げている。たとえば、ウィーンに住んでいた頃、ヒトラーの交際圏には反ユダヤ主義者がいたが、彼自身、明瞭な反ユダヤ主義者ではなかった。この点についてはドイツの歴史家ブリギッテ・ハーマン Brigitte Hamann が、ヒトラーが母親の主治医（ユダヤ人）に対して感じていた愛情を思い出させつつ、はっきりと述べている。ハーマンはまた、伝説が伝えるのとは異なり、美術学校の入試でヒトラーを不合格にした試験官の中にはひとりのユダヤ人もいなかったことを明らかにしている。それ以前、生まれ故郷リンツの町〔オーストリア北部の州都〕ではすでに幾分外国人嫌いの傾向はあったとしても、彼の敵意の対象はこの町でしだいに多くなっていたチェコ人のほうだった。第一次大戦中のヒトラーの書簡にも、反ユダヤ主義は見られない。[11]

したがって、ヒトラーのユダヤ人への敵意が結晶したのは、もっと後、ミュンヘンにおいてである。この点、マイケル・ケロッグ Michael Kellogg の著書[12]には興味深い指摘がある。ヒトラーがユダヤ人についての思想を形成したのは一九一九年、白軍の亡命者たちとの接触によってであるというものだ。彼ら亡命者たちは、バルト諸国出身のドイツ人たちと協力して、とくにアウフガウ協会（東方における政治的・経済的再生のための組織）を中心に、「ユダヤ＝ボリシェヴィキ」とワイマール共和国の双方を敵として闘っていた。主導者の中には、一九二三年のミュンヘン一揆〔後出〕の折にヒトラーの傍らで死んだマックス・ショイブナー＝リヒターや、国家社会主義の理論家のひとりであるアルフレート・ローゼンベルク、それに右翼活動家であるフィンベルク大佐などがいた。

こうした人々は、ドイツが一九一八年に占領したウクライナから『シオンの賢者の議定書』〔本書二六三頁＊印原注参照〕なるテキストをもたらしたロシアの軍人、シャベルスキー＝ボルク中尉との交際があった。この本は一九一九年にドイツ語に翻訳され、広く普及し、とくにヒトラーが出入りしていたミュンヘンの交際圏ではよく読まれていた。他の人々と同様にヒトラーも、世界の征服というユダヤ人の計画を語るこのテキストに含まれた情報が真正なものだと信じた。国家社会主義者とロシア白軍関係者との協力関係は密接だった。その証拠として、当時、ロシア皇帝位の候補者のひとりだったキリル・ロマノフが、ヒトラーの関係する諸団体に援助を与えていたことを述べておこう。もうひとりの皇位継承候補者でやはりボリシェヴィキに敵意を示していたニコライ大公はフランス人たちの支持を得ていたが、ヒトラーはニコライ大公ではなく、キリルのほうを支持していた。

一九一九年から二三年の時期、ヒトラーはロシア人にはまったく敵意を抱いていない。むしろドイツの民衆的党派の人々は、自分たちは白軍ロシアの人々の考え方に近いと思っていた。これらのロシア人もまた、自らを「マルクス主義者とユダヤ人」に対抗し、またフランス人、イギリス人、そしてワイマール派ドイツ人の中の物質主義者に対抗する、文明と高級文化の擁護者と見なしていた[13]。

民衆的党派の人々によれば、ユダヤ人たちは、ロシア皇帝ニコライ二世が妻アレクサンドラの仲介でドイツ皇帝ヴィルヘルム二世と和平を結ぼうとしたとき、そしてロシアの社会革命党のケレンスキーがフリーメーソンと謀って二月革命を起こしたとき、二度にわたってロシア皇帝の背中に刃を向けた。これらの伝説にさらにつけ加えられたのが、ユダヤ人がドイツ軍の背中に刃を突き立てたとする、先に挙げた一九一八年一一月に関わるもうひとつの伝説である。[14]

このように、バルト諸国のドイツ系あるいはウクライナ出身のロシア白軍亡命者たちと、誕生しつつあった国家社会主義の主導者たちは互いに支え合っていた。前者が後者に激しい反ユダヤ主義を吹き込んでいた。そもそも反ユダヤ主義は、ドイツにおける民衆レベルの人種差別感情の中にも以前から存在していた――「ユダヤのボリシェヴィキは、ロシアでおこなったのと同様に、今度はドイツ文化とドイツ国民を脅かしていた」。

ロシアでは、一九一七年に反革命義勇軍（白軍）を結成したコルニーロフ将軍の時期以後、軍隊とファシズムに主導される体制の萌芽が見られはじめた。ドイツでも、反ボリシェヴィキ亡命者の回路を通じて、このロシアの右翼と、すでに存在していたドイツの右翼との交配がおこなわれていた。そこに姿を見せるのが、アウフガウ協会をはじめとする諸集団の人々である。彼らが、ケレンスキー、ラーテナウ、ミリューコフ、エルツベルガーといったロシアやドイツのユダヤ＝ボリシェヴィキを、殺したり、殺そうとしたりしたのである。ヒトラーはこのような動きに属していた。[15]

ルーデンドルフとヒトラーによって起こされたミュンヘン一揆（一九二三年）の失敗と、ロシアにおけるロマノフ王朝復興の失敗の後、ヒトラーは、ロシア国民とドイツ国民との神聖な同盟という考え方を放棄した。以後、ヒトラーはドイツの生存圏という彼独自の企図を発展させ、東側への彼の関心はウクライナへと向けられていった。しかし、やはりそれでも、またそれまで以上に、彼にとってユダヤ＝ボリシェヴィキは黙示録的戦闘によって殲滅すべき敵であり続けた。

したがって、まだこの時点では、ヒトラーにとって「資本主義のユダヤ人」は「革命のユダヤ人」ほど重要ではなかった。このことはディートリヒ・エッカートの署名で一九二四年に出版された小冊子『ボリシェヴィズム、モーセからレーニンまで――ヒトラーと私の対話』からはっきりと浮かび上がる。この冊子の中でヒトラーが弾劾しているのは、「同族結婚によって」ひとつの種族になっているユダヤ人である（これは後にナチス体制が解決すべき課題として取り上げた、異人種間結婚の常態化という問題とは矛盾する判断である）。ヒトラーがつけ加えて言うには、ユダヤ人がわれわれに引き起こす本能的な嫌悪感はたしかに反ユダヤ民衆暴動にも現れているが、理性に基づく反ユダヤ主義ならば、それはユダヤ人が享受する特権の廃棄、彼らの追放へと行きつかねばならない[16]。

ユダヤ人に対するこうした敵意は、教理問答が根付かせたものであり、「優れた作家たち」によって正当化されてきたものである。人種間の不平等についてのゴビノー〔フランスの貴族主義者〕の思想は、第一次大戦以前からドイツ語圏においても知られており、ヒトラーもこれを知っていた。だが、ヒトラーの精神に決定的な影響を与えたのは、ワーグナーの思想である。ことに血の腐敗によって決定されるもの、すなわち血の混交による「種族の失墜」についてのワーグナーの思想であり、ヒトラーはその思想に賞賛の念を抱いていた。ドイツにおける高貴な血には当然それに与えられるべき地位を返してやらねばならず、第一に消滅しなければならないのはユダヤ人の血なのである。

ともかく、平等という思想、フランス革命に発するあらゆるものを攻撃せねばならない。「大衆から自由という重荷を取り除いてやらねばならない」。

ヒトラーは、後に反ナチスに転向してアメリカへ亡命することになるラウシュニングに、一九三九年にこう説明している。ヨーロッパの凋落に終止符を打つためには「民主主義へと向かう歴史の歩みに対抗することが重要である」。

ムッソリーニはすでにその活動の初期、ファシズムはフリードリヒ・ニーチェから霊感を得ていると言明

ドイツ　1918〜33年

1918年　ドイツ革命。オーストリアにおける革命。連合国と休戦協定を調印、第1次大戦終結（11月）。

1919年　ワイマール憲法の投票（7月）。ヴェルサイユ条約（6月）およびサン＝ジェルマン条約（9月）。

1920年　カップ一揆――カップ将軍による反革命クーデタ、失敗（3月）。

1921年　エルツベルガーの殺害（8月）。

1922年　ラパッロ条約――ソヴィエトとの国交回復（4月）。ラーテナウの殺害（6月）。インフレーション。

1923年　フランス・ベルギー両軍、ルール地方を占領（1月）。ミュンヘンにおけるヒトラーとルーデンドルフの蜂起＝ミュンヘン一揆（11月）。

1925年　シュトレーゼマン外務大臣、ロカルノ条約を実現（10月）。

1925〜34年　ヒンデンブルクがエーベルトの後任としてワイマール共和国の大統領を務める。失業。

1929年　政治的危機、ナチスの勃興。

1933年　ヒトラー、首相となる（1月31日）。国会議事堂放火事件（2月）。ナチス党独裁、ワイマール共和国の終焉（3月）。

していた。ヒトラーは自分にとってもそれは同様だと信じさせようとした。初めてムッソリーニに会ったとき、ヒトラーはこの哲学者の全集を頭領《ドゥーチェ》ムッソリーニに贈っている。もっとも、実を言えばムッソリーニは反ユダヤ主義者ではなかったし、ニーチェは反ユダヤ主義者をむしろ非難していた。総統《フューラー》ヒトラーにとってニーチェへの参照は飾りでしかなかった。しかしワーグナーへの参照は心からのものだった。

すでに一九一九年、社会主義と国家を両立させよう望んだアントン・ドレクスラーのようなドイツの運動家たちは、アドルフ・ヒトラーの類まれなる雄弁の才に強い印象を受けていた。K・A・ミュラー Müller は記している。「ヒトラーが話すと、彼は聴衆の神経質な熱狂の源となり、聴衆によるこの反応が翻って彼の口調に反映されていった」。その反面、ヒトラーは、意見の違う相手との対話は非常に苦手だった。まもなく彼は自分の才能を自覚するようになり、その長所のほうをさらに伸ばそうと、鏡の前で自分の身振りや言い回しを繰り返し練習するようになる。これはヒトラーがオペラ、ことにワーグナーのそれの観劇から得た教訓だった。ヒトラーはワーグナーのオペラのいくつか、とくに『トリスタンとイゾルデ』を三〇回以上も観たと言われている。ヒトラーという人格のまわりに彼自身の努力もあって形成されたその神話は、感情をその最高点まで導こうとするそのような見世物から発想を得ることになるだろう。

聴衆に迅速に伝わっていく、ヒトラーが用いるこうした言語上の暴力は、たちまちのうちに肉体的な暴力への願望に変化していく。一九二一年のホフブロイハウス〔ミュンヘンにある有名なビアホール〕の闘いにおいて、社会民主主義者たちの大群がヒトラーの政党、国家社会主義ドイツ労働者党（ナチス党）の構成員に襲いかかったとき、彼は自分の配下にある未来の突撃隊（SA＝ナチス党の武装集団）、いわゆる茶シャツ隊〔茶シャツはナチスの制服〕をけしかけている。「君たちがこの部屋を出るときには死体となっていなければならない。もし卑怯者として振舞う者をひとりでも見つけたなら、私はその者の腕章を剝ぎ取るだろう」。こうして男たちは狼のように敵に襲いかかっていった。ヒトラーは繰り返す。「残酷さが必要だ。人々は救いとなる恐怖を必要としている。大衆は怖がらせられることを必要としているのだ」。そして、ヒトラーが語りかけるのは、大衆に対してのみである。

彼の政党であるナチス党や他の極右諸団体が振るうこうした暴力にはまごうかたなき白色テロが付随していた。この時期、三七六件の政治的殺人がおこなわれ、うち三五四件は左翼の人間、穏健派が犠牲者となった。先述したように、キリスト教系のドイツ中央党の党員でヴェルサイユ条約の署名者のひとりであったマティアス・エルツベルガーや、ユダヤ人実業家の外務大臣として戦争賠償を誠実に履行するよう説いていたヴァルター・ラーテナウといった人々がその犠牲者である。

この断固たる態度と一九一八年の指導者たち（マルクス主義者）に対する暴力、これこそが、革命の伝播を恐れていた人々（すなわち一方では軍人、他方では実業家、経済人）を魅惑したものなのだ[17]。

ナチズムの種子が播かれる

軍は依然として国民のかすがいであり続けていた。民族主義的諸政党とともにクーデタの時代を現出させたのは軍人である。このクーデタの時期は、バルト諸国およびシュレジエン地域〔ポーランド南西部を主要地域とし、チェコスロヴァキア、ドイツに拡がる〕に住む少数派のドイツ人を救出するゲリラ攻撃作戦によって彩られた。しかし、カップ将軍やフォン・リュットウィッツ将軍によって起こされた暴動（カップ一揆）は、組合のストライキによって粉砕された。また、国民的英雄であるルーデンドルフ将軍とヒトラーによるミュンヘンでの暴動（ミュンヘン一揆）は、ムッソリーニに倣った首都への「進軍」がなされなかったことによって流血のうちに失敗に終わった。だが、社会民主主義者による政府はこれによって信頼を失い、将軍堂〔フィレンツェのランツィ・ロッジャをモデルに一八四一～四四年にミュンヘンに建設されたロッジャ〕での一揆の鎮圧は「ナチス党の種子を帝国中に播き散らす爆弾のように働いた[18]」。たしかに総統は今、牢獄にいて、そこで『わが闘争』を書いている。だがしかし、「戦後賠償」の未払いを理由にフランス軍がルール地方を占領し、「ルールの石炭で支払うべし」とドイツに迫り、今やこの国が破局的インフレーションに見舞われつつある中で、かつて大衆からの尊敬の欠如に苦しんでいたこの無名の扇動者はドイツの国民生活の中心的人物となっていた。

一九二九年の世界恐慌の勃発と失業の急増によって、ドイツ社会は再び非常な困難に遭遇する。労働者に続いて中産階級も脅かされ、貧困化を恐れた。この恐怖は、かつてヒトラーがウィーンで経験したものだった。生活のために工事現場で働くことを余儀なくされた当時の彼は、他の労働者と離れてひとりで食事を取っていた。彼らとは一緒にされたくないという思いに取りつかれていたのだ。税関吏の息子――本人が言うのとは異なり彼は高級官僚の息子ではなかった――として受け取るわずかな孤児年金が、芸術家たらんとしていた彼をこの「失墜」に追い込む。ある友人の証言によれば、当時の彼は、何らかの目標を抱いていたというよりも、社会的階梯を下降することのほうを心配していた。嬉しいことに戦争が勃発し、彼は志願した。

このとき彼が考えたこと、それは当時の彼の感情を示している。「軍隊では、たとえ社長でも、犬の毛を刈る職人以上の価値はない[19]」。

大恐慌に脅かされたドイツ人たちが感じていることを、ヒトラーは自身の経験からよく知っていた。たっぷり補助金を受けていた彼の党は、失業者たちを受け入れた。彼らは突撃隊（ＳＡ）に入隊し、食料の配給を受け、服を与えられ、訓練を受けた。多くの若者たちが隊に押しかけ、行進し、高歌放吟し、マルクス主義者に襲いかかり、お祭り騒ぎをした。ヒトラーは「金持ちと貧乏人がみな同じテーブルで食事をする」民衆的集団を創始する。不快感を示す人々に、そしてアタッチドカラーとネクタイ姿の大政党の指導者たちに、彼は言い返す。「あなたがたは、飢えの経験がどういうものかを知らない[20]」。

彼は国民の最も密かな願いに応えて、失業者に仕事を約束し、農民に土地所有を保証し、小売商を大規模商店の攻撃から守る。そのようにして彼は、自分自身のものでもある国民のさまざまな感情に合体するのである。

ヒトラーは自らを二重人格にした。一方の彼は、普通の人間であり、ムージルの小説の題名を借りるなら「特性のない男」と呼ばれるような人間であり、失敗した芸術家であり、喧嘩好きな伍長であり、マルクスとゴビノーを読んだ独学者であり、さまざまな種類のモーター（発動機）についての講演者であり、シャベルやつるはしを手に取る男である。もう一方の彼は、言うべき言葉を見出すと幻視者へと変身し、マブゼ博士〔ルクセンブルクのドイツ語作家ノルベルト・ジャックが創造した虚構の人物で、フリッツ・ラングによる三部作の映画の登場人物として有名〕のように聴衆を催眠状態に陥れる。彼は音楽家ワーグナーの、さらには映画監督フリッツ・ラングの弟子として、演出のためにあらゆる音響、照明を手段として用いる。こうしてヒトラー神話は、政治的宣伝の技術者であるナチスドイツの宣伝相ゲッベルス、次いでは演出の天才である映画監督レニ・リーフェンシュタールに肩車されながら構築される。この構築に、ヒ

ワイマール共和国第２代大統領ヒンデンブルクと握手するヒトラー首相。1933年３月21日。３月23日、連邦議会で授権法（全権委任法）が可決され、ナチス独裁が始まる。Theo Eisenhart 撮影。Bundesarchiv, Bild 119-5243／CC-BY-SA

トラー自身も積極的に協力する。[21]

政治的駆け引きの結果、一九三三年一月、彼に首相職が委ねられる。就任するとすぐ、彼が下したさまざまな決定は雷鳴のように人々を驚かせる。それらの決定は『わが闘争』その他ですでに予告されていたものであるが、人々はそれにほとんど注意を払っていなかった。恐怖政治を推進するためにこれほど多くの措置がこれほど短期間に取られた例は、かつて一度も、またどこにもない。ヘルマン・ゲーリングによって構想され、まもなくハインリヒ・ヒムラーの指揮下に入る強制労働キャンプへ、わずか三カ月間のうちに五〇万近くの人々——共産主義者、社会民主主義者、自由主義者、キリスト教徒——が送られた。また、政党活動は総統のそれを除いて禁止され、組合は解散させられた。それはまさに「ドイツ国内に敷かれたヴェルサイユ体制[22]」（トマス・マン）だった。

こうした措置が同時に、しかも激しく取られたこと、そして突撃隊（SA）、次いでゲシュタポ〔ナチスドイツの秘密警察。一九三三年創設、四五年解散〕によってさらに多くの逮捕がおこなわれたことは、歴史に類例がない。たとえばソヴィエト連邦においては、地方においても軍においても、テロルはまず十月革命以前に自然発生的テロルとして下層から発し、これが上部つまりレーニンの政党によるテロルに先行していた。その後、赤軍によるテロルと白軍によるテロルがつけ加わった。国家による恐怖政治が暴力をほぼ独占するには、一年ないし二年を必要とした。

これに対し、ナチスのドイツにおいては、ヒトラーがこの恐怖政治をわずか数週間で制度化した。ヒトラーの恐怖政治は、一九三四年六月のレームの殺害〔「長刀の夜」、本書五〇頁、四〇四頁参照〕、すなわち突撃隊（SA）の創設者の殺害（これは軍を味方に付けるためにおこなわれた）によってナチス党内部のライバルをまず粛清した後、ユダヤ人に対する攻撃へと移っていった。ユダヤ人は行政機関や文学活動から排除され、市民権を奪われ、一九三八年の「水晶の夜」〔一一月九日夜から一〇日未明にかけてナチス党員、突撃隊（SA）がドイツ全土のユダヤ人住宅、ユダヤ人によって経営される商店、シナゴーグ（ユダヤ教の会堂）を襲撃した事件〕以降は組織的な暴力の犠牲者となっていった。

一方、ヒトラーは、実業家たちからの経済的支援によって大規模工事を活発におこない、農業者や経営危機に陥った企業への援助を再開して、ドイツ社会の経済活動を活性化した。法定労働時間を決め、給与水準を決め、企業の利潤率を決め、労働者に住宅が供給されるよう監督し、労働者の余暇を保証した。結果、失業は数カ月で減少し、数年でほぼ消滅した。

この奇跡が総統の非常な人気を説明してくれる。民衆は随喜し、もはやこの体制下で犠牲者となった無実の人々については漠然としか注意を傾けなくなっていた。ドイツ国外においても、多くの人々はこの体制におぞましさを覚えつつも、その成果のほうに魅了されていた。ライン川からバルト海まで、ナチスの秩序が支配する。しかし同時に「喜びによる力 Kraft durch Freude」というスローガンも支配している――それは人を不安にする力である。というのも、人々はすっかり忘れていたのだが、ドイツは大戦から無傷で出てきていたのである。そして、この自給自足的かつ権威主義的な体制のもと、ドイツは全能の国家になろうとしていた。

困難をもたらしていた経済の神秘的性格は乗り越えられ、階級脱落の恐れも乗り越えられたように思われた。まるで新秩序という神話が、崇高なるドイツ民衆の恩寵、ヒトラーが勝利から勝利へと導くこの「優等種族」の恩寵によって実現したかのごとくにすべては経過していった。

そうであってみれば、このドイツの状況に比べ、国土の四分の一ほどが破壊し尽くされた老いたフランスなど何ほどのものであろう。その国では一九三四年二月六日〔この日右翼諸団体による騒擾事件がパリで発生する〕以後、内戦さえ起こりうる状況となっていたのだ。

そして総統は勝利から勝利へと飛翔する

イギリスの歴史家アラン・ブロック Alan Burrock が明瞭に示したように、[23] ヒトラーとスターリンの政策の方向は逆を向いていた。全体主義のエネルギーはソヴィエトでは内部に向けられていた。党内部の粛清、「ブルジョア」への迫害のみならず、トロツキスト、富農と見なされた住民層全体が収容所へと送られた。彼らはしばしば自分たちが何を理由として非難されているかさえ知らなかった。これに対し、ヒトラーの恐怖政治によって敵と見なされた人々は、ユダヤ人を除いて、体制に与する可能性を排除されていない。ドイツでは社会の構造を破壊することなど問題にさえなっていなかった。声高に叫ばれたスローガンは統一であり、融合である。「イギリス人、アメリカ人、ソヴィエト人を協働させるべく影で指導している国際ユダヤ人組織」が、贖罪の羊の役割を担わされる。この戦略が、愛すべき総統へのドイツ人の愛情を説明してくれる。

敵たち――「内なるヴェルサイユ」――が戦場から去り、ドイツ国民が統一され、またドイツ経済が強化され、ドイツ国家が強国として再生すると、ヒトラーは、まずはヴェルサイユ条約の諸条項を攻撃できると判断する。そして外部へ向けて攻勢に出ようとする。彼は自らの要求を正当化するのに都合のよい議論を見つけている。その議論が自分の役に立つと思えばそれを口実にするし、そうでないと判断すればそうした口実を用いないこともある。たとえば南チロルの運命がそれにあたる。条約上はイタリア領土だが文化的・言語的にはドイツ圏であるこの地域を、ヒトラーはムッソリーニとの同盟維持のために犠牲にしている。

戦勝諸国にはヴェルサイユ条約――ドイツも署名した――で保証された諸権利がある。しかし、これらの諸国にとって真の権利とは、覇権を求めるドイツの抑えがたい意志に抵抗することである。[24]

フランスでは、外務大臣ルイ・バルトゥーが、自らの支持勢力である右翼の反対にもかかわらずソヴィエト連邦との接近を望み、左翼の反対にもかかわらずムッソリーニとの接近を目論んでいた。しかし、彼は一九三四年一〇月、反ナチス遊説中のユーゴスラヴィア国王アレクサンダル一世をマルセイユで迎えたとき、テロに遭って王とともに凶弾に倒れた。バルトゥーの後任、ピエール・ラヴァルはドイツとの接近を不可欠と確信する平和主義者であった。三二年に死んだ平和外交の推進者ブリアンの衣鉢を継ぐ彼は、バルトゥーの試みを無に帰して、イタリアの仲介によりドイツとの歩み寄りを図ろうとした。しかしこの目論見はストレーザ会談〔一九三五年四月、イギリス、フランス、イタリアがドイツのヴェルサイユ条約（軍事条項）破棄（同年三月）に反対宣言を出した会合〕によって頓挫する。このときヒトラーは、「フランス人は先制攻撃の機会を決定的に逸した」とコメントした。

この前後より、総統の対外政策は勝利から勝利へと飛翔する。

彼はまず、ザール地方における住民投票〔一九三五年一月、ドイツ・フランスの国境にあるこの地方で、その帰属をめぐる住民投票がおこなわれた〕で最初の勝利をたやすく手にする。ザールの住民たちはこの投票で、ドイツへの復帰か、国際連盟の庇護のもとへの残留か、フランスへの帰属かのいずれかを選ばされた。このときラヴァルは、ドイツとの歩み寄りを狙う自らの計画に支

ドイツの対外政策　1934〜39年

1934年　ドイツ・ポーランド不可侵条約（1月）。
1935年　ザール地方、ドイツあるいはフランスへの帰属をめぐる住民投票（1月）。ヴェルサイユ条約の破棄、再び兵役を義務化する（3月）。英独海軍協定（6月）。
1936年　ヒトラー、ラインラントを再武装しロカルノ条約を破棄（3月）。日独反コミンテルン条約＝日独防共協定の締結、期限は5年（11月）。
1937年　ヒトラーとムッソリーニの連合によるスペイン・ゲルニカ空爆（4月）。
1939年　ドイツ軍、プラハ無血入城（3月）。ヒトラーとムッソリーニ、軍事同盟「鋼鉄協約」に調印（5月）。独ソ不可侵条約の締結（8月）。ドイツ軍、ポーランドに侵攻——イギリスとフランス、ドイツに宣戦布告（9月）。

障をきたさぬよう、総統代理ルドルフ・ヘスが支援するザール住民への前例のない集中的キャンペーン（ナチスの宣伝）を黙認している。これは、ナチスにとっては戦闘をおこなわずに得られた勝利だった。しかし、ラヴァルのこの失策はフランス人にはまるで将来の敗北の前兆であるかのように映った。彼らは自国の映画会社パテの映画ニュースを通じて突撃隊（SA）の直接行動のすさまじさや、かつての敵が今何に盛んに取り組もうとしているのかを初めて知り、恐愕した。彼らはまた、ヒトラー体制から逃れてくる反ナチスの亡命者たちの到来も見た。ところがフランスの指導者たちは、彼ら亡命者を当たり障りのない言葉で出迎えるだけだった。勝利者の機嫌を損じたくはなかったのだ。外交的配慮というものである。[25]

　第二の勝利が第一のそれにすぐさま続いた。ザールの住民投票ではドイツ復帰に九〇パーセントの賛成票が投じられた。それを受けて総統は、「ヴェルサイユの鎖の一本が断ち切られた」とコメントした。これに続いてすぐに軍の再生が宣言され〔一九三五年三月〕、国民から熱狂的な歓迎を受けた。諸国は反発し、国際連盟に訴えたが、ヒトラーはそれに対して、再軍備は平和への貢献であり、ドイツはボリシェヴィキに対する防波堤になれると答えた。それに加え、彼の説明によれば、隣国には自衛力を保持する権利があるのにドイツだけが軍備解除を続ける必要はなかった。

第三の勝利は、ヒトラーと外交顧問リッベントロープが提案する英独海軍協定を、イギリスが受け入れたことである〔一九三五年六月〕。この協定によれば、ドイツはイギリスの優越を認め、自国の海上戦力をイギリスの三分の一とすることになっている——これは、かつてイギリスが二国匹敵条項*をドイツに受け入れさせようと望み、ヴィルヘルム二世がそれを断固拒否した時期を思い出させるもので、今回はそれを受け入れたヒトラーの善意が明示されたように思わせるものだった。しかし協定の成立は、そのわずか二カ月前にイギリスとともにストレーザ宣言をおこなったフランスとイタリアをおおいに困惑させた。彼らはこの協定についてまったく相談を受けていなかったのだ。ロンドンのこうした行動は、ドイツの海軍力の再整備に保証を与える形となっていた[26]。

第四の勝利は、上記の三つの勝利と比べると、ドイツにとっては危ういものだった。一九三五年一〇月、イタリアによるエチオピア侵略が開始された。当時、フランスでもイギリスでも、世論はこの問題を重視し、イタリアに対する制裁策のほうに関心を奪われていた。ヒトラーはこの機に乗じてムッソリーニに接近し、一九三六年三月六日、ヴェルサイユ条約とロカルノ条約〔第一次大戦後の国境問題をめぐるヨーロッパ集団安全保障体制の構築を目指したもの。一九二五年一〇月にヨーロッパ七カ国が仮調印〕の規定に違反して、軍をラインラント〔ドイツとフランス・ベルギー間の国境非武装地帯でライン川左岸に位置する〕に進駐させた。これはこけおどしだった。ドイツがこの地帯に進駐させたのはわずか一連隊にすぎず、フランスにとっては簡単に駆逐できる規模のものだった。「もしあのときフランス軍が進軍してきたなら、われわれは尻尾を巻いて逃げるしかなかっただろう」と後にヒトラーはコメントしている。フランス首相アルベール・サローから激しい抗議を受けたナチスの将軍フォン・ブロンベルクは妥協を図ろうとして、ライン川左岸に進駐させた部隊の兵員削減や、

* 二国匹敵条項とは、イギリスは自国に次ぐ第二位、第三位の海軍国の勢力を併せたものに等しいか、またはそれ以上の海軍力を持たねばならないとする不平等条項のこと。

ザイス＝インクヴァルト（左）とヒトラー。1938年、ウィーンにて。

ライン川西岸に要塞を築かないという対応策をヒトラーに進言する。しかしヒトラーはこれを拒否した。彼はこう説明している。「われわれを救ったのは、私が取った断固たる奇抜な方針だった。というのも、当時私は、必要な部隊を持っていなかったのだ」。一方のサローはといえば、「ドイツの大砲がストラスブールを脅かすままにはしておかない」と言明していたにもかかわらず、イギリスとの交渉で甘言にひっかかってしまう。イギリス人は彼に行動することを諦めさせた。その理由は、ドイツがただちにフランスとベルギーに二五年有効の相互不可侵条約の締結と、国境の両側地域の非武装化を提案したからだ。

第五の勝利は最も微妙なものだった。それはオーストリアの併合である。なぜ微妙だったかといえば、ヒトラーによるこの「融合」の作業は、ムッソリーニとの接近という枠組みの中でなされねばならなかったからである（オーストリアの首相ドルフースがナチス党員に殺害された後、ムッソリーニは、自分はオーストリアの独立の保証人になると宣言していた）。リンツ生まれのヒトラーにとって、ふたつの国の統合は自明のことだった。なぜなら、彼にとってドイツ民族の統合はオーストリア人によって実現されねばならないからであり、そのことはかつて何度も、とりわけ一八四八年と一九一九年に表明された大ドイツGross-deutschlandという願いに応えるものだったからである。ヒトラーはこの「融合」作業を指揮するゲーリングとオーストリアのナチスの指導者ザイス＝インクヴァルトに、ムッソリーニとの関係に関しては機転をきかせるよう指示している。一方、ムッソリーニはエチオピア事件〔一九三六年五月の、イタリアによるエチオピア併合宣言〕やスペイン内乱〔一九三六年七月〜三九年三月〕において、なおはっきりと、ヒトラーに接近していた。スペインでは、フランコ将軍の側に立つ彼らの介入が、反ボリシェヴィキ闘争の先導者としての二人のイメージを強化していた。そのうえ、ムッソリーニは「オーストリアの独立を守る護衛の役割はもう飽き飽きだし、オーストリア人自身がそれを望まぬのであればなおさらだ」という思いを暗に示唆していた。このように、内外両面におけるヒトラーの成功は、ドイツとオーストリアの統合へ向けて好都合な状況をもたらしていたのだ。オーストリア首相シュシュニクは、一九三六年七月に締結されたドイツとの協定によってあらゆる行き過ぎから守られていると思い込み、オーストリアの独立を強固にしようと考えていたが、ヒトラーのほうは、頭領ムッソリーニが統合を受け入れそうに見えたからには、シュシュニクにそれを強制しさえすればそれでよかった。ヒトラーはシュシュニクとの会見の前、オーストリアのナチス運動の最も活動的な分子が起こす騒ぎを見定めたうえで、併合がなった後にはザイス＝インクヴァルトを内務大臣に据え、警察を彼の権限下に置くよう提案している。そして一九三八年二月一二日の会見の日、ドイツ国防軍の三人の将軍を従え、ベルクホーフ山荘〔ドイツ・バイエルン州の町ベルヒテスガーデンにあったヒトラーの山荘〕でシュシュニクを待った——将軍たちは自分たちがなぜそこに呼ばれたのか知らなかった。ヒトラーはシュシュニクに圧力をかけようとしたのだ。会見の席でヒトラーが、ドイツ国民に対するオーストリアの「裏切り」*について彼独自のやり方で罵りはじめたとき、シュシュニクはそのことをはっきり

＊　第一次大戦前に実施されたフランツ＝ヨーゼフ（オーストリア皇帝）による「他民族」政策を標的とした表現。

と理解した。ヒトラーは言う。「私には歴史的使命がある。こんな状況にはきっぱりとけりをつけなければなりません。私はそう決意している」。脅しと演出に屈して、シュシュニクは譲歩した。ところが首相シュシュニクはウィーンに戻るとすぐに、「自由な、そしてドイツ圏に属する、オーストリアの自治」に関する国民投票の実施を表明する。これはベルクホーフ山荘での同意を反故にするものだった。

騙されたと感じたヒトラーは怒り狂い、ヒステリー状態に陥り、すぐさま武力介入をおこなった。たったひとつ微妙な点は、ムッソリーニがどのような反応をするかだった。ヒトラーはムッソリーニに事前に書簡を送り、こう説明している。「この土地に生まれた人間として、私は祖国に、秩序による支配をもたらすことを、自らの任務と感じている」。そして、「ブレンナー峠〔オーストリア・チロル州とイタリア・トレンティーノ＝アルト＝アディージェ特別州との間に位置する峠〕国境を尊重するという私の約束を、揺るがすものは何も存在しない」とつけ加えている。この峠はオーストリアの南部国境を構成していたが、その先にもなおドイツ語話者の住民がいた。ムッソリーニがドイツの介入を許容すると、ヒトラーは再び次のような書簡を送った。「決して私はこの恩を忘れないでしょう。決して、決して、何があっても忘れないでしょう。〔中略〕もしあなたが援助を必要としたり、何か危険を冒すことがあれば、たとえ世界全体があなたに敵対しても、私は決してあなたを放ってはおかないでしょう」[27]。

この点について、一九四三年にヒトラーは約束を守るだろう。歴史がそのことを証明する。

こうして安心を得たヒトラーは自分の部隊に前進を命じ、自身の生地ブラウナウ・アン・インの狭い橋を渡って国境を越え、リンツ、ウィーンへと進軍した。オーストリア軍は彼に対して忠誠を誓い、狂喜したオーストリアの民衆は「ひとつの民族、ひとつの国家、ひとりの総統 Ein Volk, ein Reich, ein Führer」と連呼した。そしてこの勝利を、オーストリアの国民投票が九九パーセントの賛成票で完全なものにした。この歓喜の日々の間、ウィーンではユダヤ人の大虐殺と、オーストリアがかつて経験したことがないような「内部の敵」への抑圧が続けられた。

ムッソリーニ――成功と失望

ドイツによるオーストリア併合は一九三八年三月一三日である。

三月一六日、ムッソリーニはヒトラーに次のように言明していた。「ある事件が避けられないものになった場合〔ブレンナー峠の国境問題〕、それがあなたの意に反して起こるよりは、あなたの意に添う形で起こるほうがいいし、当然、あなたの不利になる最悪の形で起きるよりは、あなたの有利になる形で起こるほうがいい」。ムッソリーニはファシスト大評議会においてドイツのオーストリア併合を認める投票を実施させたが、このことは国王ヴィットーリオ＝エマヌエーレには不満だった。

もっともムッソリーニとしても、ヒトラーが「ドイツが持つ支配の権利」を言い出した以上、いつの日か同じことをチロルについても言い出しかねないと考えていた。だからムッソリーニは、ブレンナー峠の国境は侵すべからざるものだと、改めて言明もしていた。

この年、総統ヒトラーは枢軸を「強化」するためにローマ訪問を予定していたが、頭領ムッソリーニのほうはヒトラーがやってくる前に、すでに自身の不機嫌を示すいくつかの措置を講じていた。彼は、スロベニアとの国境の町トリエステの市長に自分を招待させ、また、イタリアの王太子によるトレンティーノ＝アルト＝アディージェ〔しばしばオーストリア領となり一九一九年以降イタリア領〕への公式訪問を予告し、四月一四日にはフランスとの通商協定に署名、同月一六日にはそれを補完するイギリスとの協定（イタリアが地中海をもっぱらその勢力圏とするという協定、いわゆる「復活祭協定」）にも署名していたのだ[28]。

総統ヒトラーのローマ訪問は五月三日から八日までの予定であった。
頭領ムッソリーニによる対外的なこうした二股政策はその後も続くのだろうか。
とにかく、これはムッソリーニのやり方をかなりよく示している実例である。彼の敵たちは、ずっと以前から、彼のこうしたやり方を日和見主義と非難していた。

彼を支持する政治勢力、すなわち「イタリア戦闘ファッシ」〔ムッソリーニが復員軍人や旧参戦論者を糾合して作った組織で、社会党や共産党と対立し武力衝突を繰り返していた〕が一九一九年に組織されたとき、彼は『イタリア民衆《ポポロ・ディターリア》』紙に次のように書いていた。「われわれは、自分たちが生活し、行動せざるを得ないそれぞれの状況、場所、枠組みに応じて、貴族主義者にもなれば革命的にもなり、また順法主義者にもなれば非合法主義者にもなるという贅沢を自らに許す」。実際、こうした立場の入れ替えは、そのたびに激しい暴力を伴ったとはいえ、ムッソリーニ流ファシズムの変わらぬ特徴であった。[29]とくに内政に関する政策の場合がそうだった。ヒトラーはそもそもの出発の時点から暴動で事態を動かそうとする極右集団に自分を位置づけ、順法主義者となって立場を変えるのは自分が権力を握ってからだが、ムッソリーニにおいては最初から、そのときどきであらゆる色合いの政治的位置取りを見せてきた。

こうした彼の特徴の一部は、鍛冶屋にして居酒屋の主人であり、社会・無政府主義の活発な活動家にして革命的かつ反体制的な組合主義に近い人物であった父、アレッサンドロから引き継いだものなのか。階級闘争が革命運動の原理そのものであった時代、アレッサンドロはアンドレーア・コスタの弟子だった。イタリアの社会主義活動家コスタは、「人間には二種類しかない」と主張していた。「革命を望む者と望まぬ者である。多くの工員より、ずっとエネルギッシュに革命を望んでいるブルジョアがいる」。若きベニト・ムッソリーニが心に刻んだのは、このような教えだったのだろうか。社会主義者であったムッソリーニは、ストライキ以上の運動をめったに進めようとしない労働者階級の攻撃性の欠如を残念に思っている。一九一二年、二九歳で教員になった彼は、『アヴァンティ（前進）』紙の編集長の地位を得た。この新聞において、彼は一九一〇年の時点からすでに、即時の革命を勧めて同志たちの失笑を買っていた*。それから戦争の危険が感じられるようになると、彼は平和主義的思想を擁護する。しかしこの「無気力状態」に耐えられなくなり、一九一四年には突然、行動したいという衝動に駆られ、参戦だけが同国人を男性的にすると考えはじめる。そして戦争が終わると、自由主義的で民主主義的な体制、この力なき体制を打倒する衝撃力のある集団を、軍隊経験者とともに組織する[30]。

一九一四年のときは、フランス政府が、イタリアをフランス側につけて参戦させるために、ムッソリーニを援助した。一九一九年には、資本家たちが、巨大ストライキと闘い、工場占拠を打倒するために、ムッソリーニを援助した。彼は民族主義者、未来主義者、革命的組合主義者と次々と共闘し、体制と戦ったすえ、ローマ進軍〔一九二二年一〇月二八日、ファシスト党がローマ入城を果たす〕によって王政を脅かすまでになる。そして国王ヴィットーリオ＝エマヌエーレは降参し、頭領ムッソリーニに政権を委ねることとなる（一九二二年一〇月三〇日）。実を言えば、ヒトラーが信じ込んだのとは違って、ムッソリーニはボリシェヴィキを打倒して政権を取ったのではない。彼は政治的空白に乗じて政権を獲得したのである。政治的空白の理由は数々あるが、そのひとつは、コミンテルンが創設され、フランスにおけると同様イタリアにも共産党が設立された際、社会主義運動が分裂してしまったことだ。

彼の活力は成功を収める。しかし、かつての革命派の一部を味方につけた変節漢として、彼は昔の仲間から憎しみを買うこととなる。その昔の仲間たちは棍棒で追われたり、グラムシ（ムッソリーニのかつての友）のように収監されたり、ジャコモ・マッテオッティのようにムッソリーニの私兵によって殺害されたり

＊　一九一七年六月の第一回ソヴィエト大会において、レーニンもまた一二〇〇議席のうち一一〇議席しか有しない自分の党に権力を与えるよう要求し嘲笑を浴びていた。

した。ヨーロッパの左翼にとって、彼はユダ＝裏切者となる。共産主義者たちはファシズムを「社会民主主義の右翼」と見なし、この新たな専制を弾劾した。その後彼らは、「ナチスのファシズム」も同様のものと見なすようになるだろう。

　国家は一部の行動主義者エリート――これを構成するのがファシズム大評議会である――によって指導されねばならない。そう判断しているムッソリーニは、極端なまでに反民主主義的であり、自らを反議会主義者、反自由主義者、反社会主義者であると言明する。彼は言う。「われわれの教義は行動であり、国家による全権力の掌握である。党は国家の道具である」。上半身裸になって土を耕し、ポンティニア〔ムッソリーニが建設した干拓地であるイタリア中部ラティーナ県の自治体〕の沼沢地を干拓する人々の中に入って除草に励む自身の姿を国民に見せることで、ムッソリーニは既成エリートに対抗し、手仕事の価値を再評価できる民衆的指導者としての模範を示そうとする。彼は既成エリートを軽蔑し、彼らを好んで挑発する。彼の体制のもとでは、歌を高吟すること、行進をすること、集団結婚式を組織することなど、個々の職業を讃え合い、仲間意識を高揚させるものは何でも良しとされる。彼と同様のスタイルを取るライバルがイギリスではモズレー、フランスではビュカール、スペインではプリモ・デ・リベラというふうに登場してくるのに、それが国際ファシズム運動として結集しなかった理由は、ムッソリーニの国家主義によって説明できる。それでも、一九三五年の、フランスに逃亡していた反ファシズムの闘士ロッセッリ兄弟の殺害は、国家を超えて、フランスの右翼活動家であるドゥロンクル率いる革命秘密行動委員会*の仕業とされた。[31]

　ムッソリーニのこの国家主義は、はじめは自国の勝利の仕方に対する欲求不満として表明された。ヴェルサイユ条約においてイタリアは、トレンティーノ＝アルト＝アディージェとイストラ半島〔アドリア海北東岸の半島。現在はイタリア、スロベニア、クロアチアに跨る。イタリア語名、イストリア〕を獲得したのみで、愛国主義者ダヌンツィオがユーゴスラヴィアから奪還を果たせなかったリエカ〔クロアチア北西部の港湾都市。イタリア語名、フューメ。ダヌンツィオはこの地の占領を指揮し一九一九年から一五カ月間この市を自由都市として経営した〕すら獲得できなかった。以来、ムッソリーニは常に次のように言い続ける。「イタリアは地中海の囚人である。〔中略〕その鉄格子はコルシカ島であり、チュニジアであり、マルタ島であり、キプロス島である。そしてその看守はジブラルタル〔一七一三年以来のイギリスの海外領土。イベリア半島の南東端に位置し、軍事的に重要な意味合いを持つ〕であり、スエズなのだ」。遠大な計画を思わせる言葉ではある。

ヒトラーが政権を獲得する一九三三年まで、「左翼」を自称するすべてのヨーロッパ人にとっての嫌われ者はイタリアのファシズムだった。この体制をイギリスがボリシェヴィキとの闘争の模範として支援したことに対して、フランスでは不信を増幅させていた。そのうえ、「〔ヴェルサイユ条約という〕この毀損された勝利」に不満を持つイタリアのファシズムは戦勝国の落とし子であるユーゴスラヴィアを脅かしてはいなかっただろうか。

だが、ムッソリーニとって重要だったのは、明らかにヒトラーの政権獲得である。ヒトラーは早くも一九二二年には自らをムッソリーニの弟子だと言い、ムッソリーニが掲げるファシズムの理想に連帯していた。頭領との面会を乞うたのはヒトラーのほうである。それには多くの理由があり、オーストリア問題を扱うこともそのひとつだったが、兄貴分に挨拶をすることもまた、重要な理由だった。ヒト

ヴェネチアでのヒトラーとムッソリーニ（中央右）。1934年６月14日〜16日頃。

＊　一九三二〜四〇年に活動していた極右団体で、目と口の部分だけが開いた頭巾付き袖なし外套（cagoule）を着用していたのでラ・カグール la Cagoule と呼ばれた。

ラーは、「共産主義を武力によってではなく、優れた知性によって粉砕したこの男[32]」におおいなる賞賛の念を抱いていた。

　ムッソリーニはヒトラーを一九三四年六月一三日にヴェネチアに迎えた。総統は慎ましく防水された外套を着ていただけだったが、頭領のほうは光り輝く儀礼服を纏っていた。ヒトラーはすっかり感動するが、ムッソリーニのほうはまったく無感動だった。ムッソリーニは、迎え入れたこの客人を「ヒステリー患者」と見なし、とくに北方人種の優越性について繰り広げられる総統の議論に反対した。ヴェネチアでイタリア人たちに語りかけるムッソリーニを間近かに目にし、その演説を聞いた後、ヒトラーは頭領に、「あなたのような人間は千年に一度出るかどうかだ」と自分の思いを伝えたにもかかわらず、誉められた当人は客人を「道化師」「狂人、精神疾患」と見なす。後日、「長刀の夜」〔一九三四年六月三〇日〜七月二日、ナチス主流派がレーム率いる突撃隊（ＳＡ）を粛清した事件〕での突撃隊（ＳＡ）に対する計画的殺害や、オーストリア首相ドルフースの暗殺〔同年七月二五日〕後にオーストリアのナチス党員たちが起こした暴動の失敗を見て、ムッソリーニはこの判断の正しさを改めて確認する[33]。

　さらにその後のオーストリアに対するドイツの脅威（ムッソリーニは自らをオーストリア独立の保証人と呼んでいる）、次いでドイツの再軍備は、ヴェルサイユ条約への明らかな侵犯であり、ムッソリーニを西欧民主主義諸国に接近させることになる。そして、一九三五年四月のストレーザ会談のときに彼は、フランスが自国の戦略――オーストリアの防衛――に彼を巻き込もうとしていること、またフランスの歴代首相であるフランダンもラヴァルも、彼の一大計画――エチオピアの征服――を許容するだろうことを理解したように思った。しかしイギリスが国際連盟に提訴し、この征服に対して制裁を唱えた。フランスではラヴァルが、イギリスでは外務大臣サミュエル・ホアーがその制裁内容を緩和しようと模索したが、それぞれの議会によって忌避された。エチオピア侵略に対する制裁措置が決定され、部分的に実施されたとき、頭領を援助するのがヒトラーである。イタリアが将来必要とする一次原料と製品を供給すると伝えてきたのだ。ドイツによるラインラントの再武装をムッソリーニが認めたことと相俟って、ここに同盟関係の転換が浮かび上がる。ストレーザで確認された英仏伊による対ドイツ共同戦線はもはや存在していなかった。

しかし、明らかに似通ったイデオロギーを奉じる三つの体制――イタリア、ドイツ、スペイン――が反コミンテルン戦線を組みその協力関係を明瞭にしはじめるのは、スペインにムッソリーニが介入し、続いてヒトラーが介入したときである。フランスでは、国民戦線政府がイタリア国王をエチオピア皇帝として認めるのを拒否することで、ラヴァルの政策からさらに一歩遠ざかる。ムッソリーニの娘婿、チアーノ伯爵は舅に英仏との同盟関係を転換するよう進言し、ムッソリーニを支持するヒトラーも、「地中海はイタリアにとって重要な生命線だが、イギリスにとっては通路にすぎない」と言明してこれに応える。ヒトラーはこうして、それまで中央ヨーロッパに向かっていたイタリアの領土的野心に方向転換を促したのだ。[34]

招待への返礼としてヒトラーは一九三七年九月、ムッソリーニを例外的な盛儀をもってドイツに迎える。八〇万の人々が総統とその客人を歓呼して迎える。ムッソリーニはこの歓迎とドイツの強大さに魅了され、「しびれて」しまい、言明する。「友を得たときには、ファシズムは最後までその友とともに歩みます」。

これは、やがて多くの不幸を自らにもたらす言葉となる。

オーストリア併合が最初の不幸だった。「友」はさらに多くの不幸をムッソリーニに経験させるだろう。

ヒトラーとスターリンの協定――これはミュンヘンへの返答だろうか

スイス人のルネ・パヨーは、当時のヨーロッパで最も傾聴されていた政治情勢分析者のひとりである。一九四三年に彼は、ヴェルサイユ条約以後のヨーロッパ情勢の進展を次のように分析していた。

「ヨーロッパ情勢の進展は、ふたつの大事件によって規定されたのが確認できる。ミュンヘンにおける合意〔一九三八年九月、英仏独伊がチェコ西部ズデーテン地方のドイツ割譲に合意〕、モスクワにおける合意〔一九三九年八月の独ソ不可侵条約の締結〕である。最初の合意は、第三帝国〔ナチス統治下のドイツ〕の願望とヨーロッパ諸国間の均衡の必要性とを調和させようとする試みだった。これが失敗に終わったのは、ヒトラーが前進を止めることを知らなかったからだ。西欧列強にとってミュンヘンは到達点であり、可能な譲歩の限界だった。ところがヒトラーは逆に、ミュンヘンに自分の方法が正しかったことの確認を見、その方針を取り続けるよう勇気づけられたのだ。西側から自国が脅かされることはないと確信した彼は、東方へその努力を向けた。これこそロシア人がフランスとイギリスの態度におおいなる不満を覚え、パリ、ロンドンに背を向けていった理由である。ミュンヘン会談に呼ばれもせず、この件について相談さえ受けなかった彼らロシア人は、それまで機能していた集団安全保障が破綻したと考えたのだ。

一方、モスクワにおける合意はミュンヘンにおける合意への返答だった。第三帝国は、民主主義諸国がポーランド問題では譲歩しないと見て取り、そして民主主義諸国との交渉はいずれ決裂すると見て取って、ロシアと合意しようとしたのである。この利害関係に基づく合意が何をもたらしたかは誰もが知るとおりだ[35]」。

いささか興奮のうちに書かれたこのテキストは、この危機について書かれたものの中でも最もありふれた解釈の要約となっている。その後明らかになった諸資料とその後得られた証言の数々を検討すると、いくつかの点で修正が可能になってくるだろう。とくに、そうした検討は、立役者たちの計算と彼らの内心の思考について、よりよく理解させるものとなるだろう。

このふたつの大事件が起こるまでは、総統の主張はドイツの指導層の間でいかなる障害にも出会わなかった。せいぜい、ライン川左岸に軍を展開しようとした際に、総統の大胆さを軍司令部が心配した程度だった。目指されている目的については誰にもためらいはなかった。

また、オーストリアの併合、ズデーテン地方の併合、チェコスロバキアの抹消等の計画についても、原則上の反対はなかった。

軍人たちの決意を試すため、ヒトラーは一九三七年一一月九日に、自分の計画を陸軍大臣ブロンベルクや陸・空軍の指導者たち、そしてレーダー提督に開陳していた。そこでは「生存圏の必要性」という考え方が、ドイツの拡大を東方に求める理由として使われた。

重要なのはすばやい行動だった。というのも、情勢がドイツにとって不利になるかもしれなかったからだ。ドイツは三年か四年の間はフランス、イギリスに対して軍事的に有利な状態でいられるだろう。だが、その後は追いつかれてしまうかもしれない。イギリスは今、インドやその他の地域で多くの問題を抱えている。したがって、ドイツが今チェコスロヴァキアを攻撃しても、イギリスが本気で反対することはないだろう。フランスはイギリス抜きでは何もできない——せいぜいフランコとイタリア人を敵にして、スペインに釘付けになるのが関の山だろう。だからチェコ人たちを電光石火に攻撃せねばならない[36]。

軍人たちはこれに根本から反対することはなかったが、攻撃の好機がこの時点だとは考えていなかった。また、ドイツがイギリス、フランスを敵に回さずに済む保証は何もないと判断していた。

「私は地図からチェコスロヴァキアを消し去ろうと断固、決意している」。ヒトラーは将軍たちにそう言明していた。彼は一九三八年五月にも同じ言葉を繰り返す。

ところで、ミュンヘンにおける合意がなされるまでの間に、軍に対する彼の立場も強化されていた。まず第一にオーストリア併合の成功がその理由である。次に、彼の計画に最も慎重だった二人の高位の軍人がセックススキャンダルに関わり、彼らの更迭が可能になったことも大きな理由である。* これによりヒトラーは彼らの代わりに従順なカイテルとヨードルを元帥に任命することで、ドイツ軍の頭として振舞えるようになった。

ラインラントの再武装の際にためらいを示してすでに軽蔑の対象となっていた軍司令部は、これ以後、ヒトラーの前に這いつくばるようになる。総統はこれによって自らを全能と信じるようになり、自らが誤ることはあり得ないと考えるようになる。彼はドイツ国民が戦争を望んでいないという結果を出した世論調査の有効性を疑問に付した。ドイツ国民の感情を捉えられるのは自分しかいないと判断したのだ。この後彼は世論調査を禁止する。

以前は自分の祖国オーストリアがチェコ人を支配していた。それなのに、今やそのチェコスロヴァキアがオーストリアの力を凌駕するようになっている。かつてのオーストリア人として、ヒトラーはそれを憎悪していた。また、ズデーテン地方のドイツ人は、二世紀以上にわたって自分たちの臣下と見なしていたチェコ人から必ずしもよい扱いを受けていない。これこそがヒトラーの怒りの原因だった。しかも、このチェコスロヴァキアという国家の存在は、総統が計画する東方への進出にとって障害となっている。彼にとりチェコスロヴァキアは、破壊する前にまずは「内部分裂」させねばならない国である。この国が多民族国家であること、その中でスロヴァキア人がチェコ人に対して憎しみを抱いていること、そしてポーランドがチェシン地方〔ポーランドとチェコの国境にまたがる地域名〕の領有権を、またハンガリーがチェコスロヴァキア東部地域の領有権を主張し、このハンガリーの主張をベルリンが支持している情勢を見れば、それは可能だった。

ズデーテン地方の問題はずっと以前から提起されていた。これまでも第三帝国はズデーテン地方に自治権が付与されるよう、たびたび要求し続けてきた。オーストリア併合によって総統の政策に弾みがついてからは、ズデーテン地方のドイツ帰属運動の推進者であるコンラート・ヘンラインに率いられたナチス党員が、この問題をめぐって何度も騒ぎを引き起こしていた。一九三八年の春の終わり頃、ドイツ側に二名の死者が出るという事件が起きた。この事件は、実はチェコスロヴァキアとの国境付近でなされたドイツ軍側の作戦行動が原因となって引き起こされたものだが、これについての誤った調査情報が火薬に火を付けた。この事件を調査したのはイギリスのベルリン駐在大使ヘンダーソンで、親ドイツ的人物だったが、その誤まった調査情報がその後嵐のような騒ぎを引き起こした。ヒトラーは言明する。「イギリスも、ソヴィエト連邦も、ズデーテン地方の問題に首を突っ込む必要などない」。

　イギリス首相ネヴィル・チェンバレンが「老齢になって初めて飛行機に乗り」総統に会いにくることを提案したのはこのときである。一九三八年九月一五日、ヒトラーはベルヒテスガーデン〔ドイツ南部の保養地〕で愛想よくチェンバレンを迎え、彼にチェコ大統領ベネシュに対する自分の不満を述べた。このときドイツの外務次官ヴァイツゼッカーは、この会談に通訳として唯ひとり立ち会ったパウル・シュミットに囁いた。「気を入れてやりなさい。戦争か平和かがかかっているのだから」[37]。チェンバレンはヒトラーに対し、ドイツが示すすべての不満については解決法を探す用意があるが、いかなる状況にあっても力に訴えることだけは避けねばならないと言い、「二人の死者」は先の大戦で犠牲となった何百万もの死者に比べればずっと少ないとつけ加えた。これに対するヒトラーの反応をシュミットは次のように記録している。

「総統は激怒した。『力ですって？　誰が力などという話をしているのですか。わが同国人に対して力を用いているのはベネシュのほうです。兵を動員しているのはベネシュであって、私ではない』。〔中

＊　ブロンベルク将軍（ヒトラーは彼の結婚の証人だった）の妻は結婚後、元売春婦であったことが明らかとなり、彼女のかつての情夫がユダヤ人画家で、ポルノ的画題の絵を描いて商売をおこなっていたことも問題となった。また、フリッチュ将軍については、ある証人によって同性愛の嫌疑で告発され、その嫌疑を晴らせなかったことが問題となった。

略」そして声を荒げて言った。『私はもうこれ以上、挑戦的な態度を奴らに取らしてはおかない。まもなく私はこの問題に何らかの方法でけりをつけるでしょう』」。

これについてシュミットは、「私はこの『何らかの方法で』という言葉を one way or another という言葉で翻訳した」と伝えている。

「しかしあの日、この言葉は敵陣営の降伏か、あるいは自軍の侵攻すなわち力の使用、武力による解決のみを意味していたのだ」。

「チェンバレンは答えた。『そうした条件を持ち出すなら、なぜ私をベルヒテスガーデンに来させたのですか。私にできる最善の方策は、ここからただちに退却することのようですね』。

ヒトラーはためらった。このとき戦争と平和はまさにピンの先で釣り合っていた。だが思いがけないことが起きた。ヒトラーが引いたのだ。

彼は突然、興奮した態度からまったく冷静な物腰に豹変して、こう述べた。『もし、あなたがズデーテン地方の問題を民族自決の原則にのっとって解決する用意がおありなら、われわれは実際的な方法について議論することができるでしょう』[38]」。

それから住民投票について、そしてその際に生じるであろう諸困難についての議論が交わさた後、チェンバレンは「ロンドンで同僚たちと議論するため」に出立した。「ヒトラーは不安げに見えたが、チェンバレンが彼に、『自分は戻ってくる』と言うと安心したように見えた」。

ヒトラーはチェンバレンとの会見後まもなくして、ベルリンでナチス党員に向けて演説をおこなっている。そこには、平和を説くように装いながら、将来の力への訴えが言外に示唆されている。

「一年間にわたって提案に提案を重ね、そのたびに拒絶に継ぐ拒絶を受け取ったすえ、私はついに軍を作戦行動に移れる状態に置くよう命じた。われわれは世界がこれまで見たこともないような軍備を実現した。

ドイツ国民よ！　今や武器を取るべき時だ！（熱狂的な喝采）

私は五年間で完全に再軍備をなし終えた。私はわれわれの部隊をこのうえなく近代的なやり方で装備すべく何百万もの費用をかけた。〔中略〕実を言えば、ザール地方がドイツに返還された以上、もはやフランスとの間にはいかなる係争も存在しないと私は考えている。私はすでに、エルザス＝ロートリンゲン地方〔仏名アルザス＝ロレーヌ。現フランス北東部の地方。一八七一年普仏戦争でドイツに割譲、一九一九年フランスに返還、四〇〜四四年ドイツが占領〕はわれわれにとっては存在しないも同様だと述べた。われわれはフランスには何も要求していない。だが、ここに解決さるべき最後の問題が残っている。そしてこの問題は解決されるだろう。これは私がヨーロッパに対して突きつける最後の領土要求である。私はこの要求を決して放棄したりしない。二〇年にわたってチェコスロヴァキアのドイツ人とドイツ国民は、自らに加えられた嫌がらせを黙って見ていねばならなかった。〔中略〕だが彼らには武力がなかったのだ。〔中略〕プラハにいるベネシュ氏はフランスとイギリスが味方についているのだから自分には何も起きないと確信している（会場全体からの哄笑）。しかし、ベネシュ氏に七〇〇万人の国民がついていても、こちらには七五〇〇万人からなる国民がいるのだ（熱狂的な喝采）。

私はチェンバレン氏に、この問題が解決されれば、ヨーロッパにはもはや領土問題はなくなると保証した。われわれはチェコ人をドイツ国民にしたいなどとは望んでいない。要は、ベネシュ氏がわれわれの提案を受け入れてドイツ人に自由を返すか、あるいはわれわれ自身がこの自由を獲得しに行くかのどちらかなのだ」。

スポーツ宮殿〔当時、ベルリンでは最大の収容力を持つ冬季スポーツ会場〕に集合した党員は熱狂し、叫び声を上げ、「総統、命令をお与えください。われわれは従います Führer befehl, wir folgen」と唱和した。ゲッベルスはこのとき「一九一八年一一月〔ドイツ革命〕のようなことはもう二度と起きない」と言明した。ヒトラーは視線に狂信的な炎をたたえてゲッベルスを見つめ、叫んだ。「そのとおり」[39]。

この間、九月二二日から二三日にかけて、ヒトラーとチェンバレンはバート・ゴーデスベルク〔ボン近郊の保養地〕で二度目の会談をおこない、チェンバレンは新たなチェコの国境に関する保証を添えて、ズデーテン地方の領土割譲に関する計画を説明している。シュミットはこう回想する。「説明を終えると、チェンバレンは満足げに椅子の背もたれに寄りかかり、『この五日間、私はすばらしい働きをしなかったかね？』と言わんばかりの様子だった」。

そのときヒトラーが静かに、ほとんど遺憾な面持ちで自身の考えを述べた。「チェンバレンさん、まことに残念ですが、私はもうその提案をお受けできません。ここ数日の情勢の変化によって、そのような解決策はもはや適当ではなくなりました」。苛立ちを隠せないチェンバレンの顔に血が昇った。彼は何が起きたのか理解できなかった。総統は、ハンガリーとポーランドの要求が満たされない限り、チェコスロヴァキアとの不可侵条約は結べないと言った――「それに、ズデーテン地方の領土はただちに割譲されねばなりません」[40-1]。

「それは最後通牒ですね」とチェンバレンは言った。一方、チェコスロヴァキアではそのことをしっかりと察知していたベネシュがすでに動員令を発していた。チェンバレンが出立した後、ヒトラーは「ならば、私がチェコスロヴァキアを踏み潰してやろう」と怒りを剥き出しにして叫び、「議論することなど無益だった」とつけ加えた。

チェンバレンの使者としてやってきたホレース・ウィルソン卿が総統宛の書簡を彼の前で読み上げたのはこのときだ。「もしフランスがチェコスロヴァキアに対する義務を履行するためにドイツに対する敵対行動を余儀なくされた場合、イギリスはフランスを支える義務を有すると考えるだろう」。

「それならば、来週にはわれわれはみな戦争をしているだろう」とヒトラーはウィルソンに答えた。

九月二八日、バート・ゴーデスベルクで発せられた最後通牒の期限の数時間前には、フランスの駐独大使アンドレ・フランソワ＝ポンセがドイツ側に、フランスとイギリスが提示する計画はヒトラーに完全な満足を与えるものになっていることを具体的に示そうとした。大使はチェコ人が順次撤収していく地域を具体的に示す非常に明瞭な地図を用意していた。パリとロンドンでは、ベネシュにこの計画を受け入れさせるため圧力をかけることになっていた。* こうした提示を受け、ドイツ側では、ひとりこの計画の受け入れに反対するリッベントロープの傍らで、ゲーリング、ヴァイツゼッカー、フォン・ノイラートらがヒトラーに戦争準備を断念するよう迫っていた。

このとき、イタリアの駐独大使ベルナルド・アトリコが、仲介を買って出る頭領ムッソリーニの書簡を持ってきた。ムッソリーニへの仲介依頼を提案したのはチェンバレンである。これをフランス首相ダラディエが受け入れた。ムッソリーニの書簡には、自分はドイツの立場を支持すると書かれていた。シュミットの記録によれば、これを読んだヒトラーはすぐさま大使フランソワ＝ポンセのもとへと戻ったが、すでに彼は「そこにいなかった」。

それからすぐ、ヒトラーはムッソリーニの提案を受け入れた。シュミットはこれを、「平和が救われたのはこの日だった」と評価している。

翌日、ズデーテン地方のドイツへの割譲に同意する、あのミュンヘン会談がおこなわれた。

ヒトラーは、リッベントロープを除く彼の周囲の全員が、イギリスの提案を受け入れるよう自分に迫っているのを確認する。実際、この提案は総統が望むようにチェコスロヴァキアの解体へ向かうものであった。

＊ ダラディエ内閣（フランス）の閣僚だったアナトール・ド・モンジによれば、チェコスロヴァキアの世論の目から自らを「守る」ために、フランスおよびイギリスにこのような圧力をかけるよう要請したのはベネシュ本人らしい。[40-2]

ミュンヘンに集まった英仏独伊の首脳。左からチェンバレン、ダラディエ、ヒトラー、ムッソリーニ、チアーノ（伊外相）。1938年９月29日。Bundesarchiv, Bild 183-R69173／CC-BY-SA

頭領の提案を取り継いだゲーリングが最も熱心だった。それに総統は、ミュンヘンに向かう途次のドイツの町々で、軍の部隊が通過しても一般民衆の間にはスポーツ宮殿でナチス党員が見せたような熱狂は引き起こされなかったことも確認している。

ミュンヘン会談では、事態は一目瞭然だった。最もリラックスしているように見えたのはムッソリーニとゲーリングである。合意文書の文面を作成したのは彼らだった。ヒトラーはこれにいささかの満足も示さずに署名した。ダラディエは、ベネシュに降伏を強いざるを得なかったことに気を悪くし、ベネシュへの非難を繰り返すヒトラーに反論したうえで、明らかに不機嫌な様子で署名した後、チェンバレンと同様、交渉の締め括りに予定されている夕食会への出席を拒否した。フランスに戻ると、平和を救ったダラディエに群衆は喝采を送った。彼はそれを見て驚き、そして恥辱を覚え、たったひと言「馬鹿どもが！」と吐き捨てた。彼は、この平和は長続きしないことを知っていたのだ。[41]

チェンバレンはと言えば、交渉がまとまったことに魅了され、第三帝国と大英帝国の将来の関係についてヒトラーと差し向かいで会談できたことにすっかり上機嫌になっていた。そのうえ彼は、平和をもたらした立役者として、ドイツ人たちからも喝采を浴びることとなった。

こうしたドイツ人たちの行動は、総統にとってはあまり都合のよいものではなかった。

フランス、戦争への恐怖とダラディエ

チェコスロヴァキア、イギリス以上に、ドイツの勢力の増大によって敗者となるのはフランスのように見える。実際、フランスの指導者の大半にとって、一九三三年のヒトラー政権発足以来ドイツが与える支配的な感情はまさしく恐怖である。恐怖を抱く理由は次々と変わっていくのだが、恐怖自体はどんどん増幅し、権力を麻痺させる。

フランスはヒトラーとの戦争を恐れた。それは、総統の支配の初期、ヴェルサイユ条約とロカルノ条約の諸条項を侵犯するドイツを前に、新たな殺戮戦の再来という考え自体が許容しがたかったからである。また、あらゆる政治的判断を突き合わせてみると、フランス国民はこの事態にそれほど不安を抱いていなかったからである。右翼の側ではタルデューをはじめとして、また左翼の側ではブルムをはじめとして、人々はみな「オーストリアの伍長の支配は長続きしない」と言明していた。

フランスは一九三三年に二度にわたって、ピウスツキのポーランドが求めてきた「他国への予防的介入」を拒否した。しかし、ポーランドはそうした介入が是非とも必要だと予感していた。そこでポーランドは、自国と同様にチェコスロヴァキアに対して敵対的な、そしてそれ以上にロシアに対して敵対的なドイツに接近する。一九一九年のヴェルサイユ条約以後、フランスが念入りに造り上げてきた同盟関係である「小協商」〔一九二〇年以来チェコスロヴァキア、ルーマニア、ユーゴスラヴィア間に成立した政治的結合〕はこうして分解する。ファシズムに近い体制を敷いたルーマニアもポーランド、ドイツに接近するのである。[42]

続いて生じたドイツによる兵役義務の復活〔一九三五年〕、ラインラントの再武装〔一九三六年〕は、戦争を始めれば取り返しがつかなくなるという恐怖をフランス側に抱かせた。だが、ドイツを中立化させるための、あるいは孤立化させるための方策は何ら講じていなかった。歴代の指導者を見ればわかる。ガストン・ドゥメルグは、右翼の反対にもかかわらずスターリンに接近し、左翼の反対にもかかわらずムッソリーニに接近しよ

うとする。しかし、ユーゴスラヴィアのアレクサンダル王へのテロ事件〔一九三四年〕の際、ドゥメルグ内閣の外務大臣バルトゥーが王とともに暗殺されると、ドゥメルグによるこの二重の試みは中断される。ラヴァルはと言えば、そもそもこうした試みが何かの役に立つとさえ考えていない。フランダンもまたイギリス人が言うことを多少は信じていた点で同じである。イギリス人は言う。「戦争をするのは恐い。戦争をするとしても、その目的は次の戦争が起きるのを妨ぐということでしかないだろう」。

スペイン総選挙における「人民戦線 Frente popular」の勝利〔一九三六年二月〕、それに続くフランス総選挙における人民戦線の勝利〔同年五月〕とフランコ派の蜂起の開始〔同年七月〕は、フランス内部で対立しているふたつの陣営間の緊張を高めた。ある人々にとっての主要な敵はイタリアのファシズムであり、その同盟者たるヒトラーのナチズムである。別の人々にとっての敵はソヴィエト連邦であり、フランス内部にいるその同盟者、共産党である。この時期、フランス人民戦線内閣の首相レオン・ブルムが恐れたのは、もしスペインの共和主義者の側に立って介入すれば、自国内で内戦が起きるかもしれないということだった。一九三四年二月六日の事件〔失業問題や政界スキャンダルを引き金に右翼、ファシスト勢力がパリで暴動を起こす〕はその先触れかと思われた。彼は非介入を決めたが、この決定は左翼の民衆には恥ずべき退却と思われた。もちろんレオン・ブルムはそうした反応も十分に意識していた。彼にとっても主要な危険はまさしくヒトラーである。ブルムはヒトラーの打倒に向けて、緊急の課題であるフランスの再軍備費用を賄うために資本家たちをなだめる。だが、彼の後継者たちは逆の選択をする。ショータンとジョルジュ・ボネは資本家たちの信頼を得るためにヒトラーをなだめようとする。[43]

彼らを引き継いだのが、ジョルジュ・ボネを外務大臣に据えたエドゥアール・ダラディエである。ダラディエにとっての恐怖は二重のものだった。まず、塹壕戦を戦ったかつての兵士である彼には殺戮戦に対する恐怖があった。次に、一九一七年におけるロシア、一九一九年におけるドイツやハンガリーのように、戦争が革命を引き起こすという恐怖があった。この二つ目の恐怖を彼は右翼と共有していた。その右翼は、ヒトラーを打倒することは共産主義の拡大に対する唯一の効果的な障壁を弱体化させることだと考えている。右翼は何を夢見ているのだろうか。ヒトラーをスターリンと戦わせることである。

この間ヒトラーは内政面での数々の成功を収め、ザール地方の住民投票、オーストリア併合、ミュンヘン会談、第三帝国の強国化等々に積極的に取り組んでいた。それに比べ、わが国は戦争への備えをまったくしていないという感情が、フランスにおいては恐怖の主要な理由となる。政府は、一九三九年には航空機をアメリカに注文しなければならなくなった。これ以後、恐怖はほとんど恐慌状態と化し、世論もまた事態をはっきりと把握できぬまま不安に襲われていく。ところで、人民戦線が垣間見せた希望によって世論は明らかに平和主義的になっていた。「われわれはチェコスロヴァキアを助けるために何もできない」と、ペタン元帥はワルシャワ駐在のフランス大使レオン・ノエルに言っている。空軍司令官ヴィルマン将軍はミュンヘン会談の時期に、「わが空軍は二週間で壊滅するだろう」と軍を所管する大臣に言明している。先に見たように、ダラディエは戦争を避けるためならいかなる譲歩もするつもりだったし、ベネシュに対しては激しい圧力を加え、受け入れがたい条件の協定に署名するよう強いることにもなった。ミュンヘン会談以後、ジョルジュ・ボネとダラディエの外交技術は、チェンバレンにすべてを主導させるというやり方に尽きている。中央ヨーロッパの小国を見放した自分たちの行動を目立たないようにするためだ。この臆病者の政治に異議を唱える人々に対してジョルジュ・ボネは言っている――「連中は狂人で、われわれを屠殺場に連れていこうとしているのだ[44]」。

労働者階級の一部は、こうした動きが破滅的な結末へ向かっていくとは想像もできなかったため、平和主義者であると同時に平和愛好者であり続けた。彼らは一九三六年六月の成功、すなわち人民戦線内閣の成立によって、より良い未来への希望を持ちはじめていただけになおさらそうだった。再び戦争が起こるなどとは考えてみたくもなかった。あんなことは二度と御免だ。

そもそも平和主義者の一部は、脅威はヴェルサイユ条約の不公正さに由来するものであり、この条約を弾劾するヒトラーの考えが完全な間違いであるとは考えていない。次いで、スターリンが一九三五年に国土防衛を最重要課題にして方針転換を図ったとき、コミンテルンも方針転換を余儀なくされたが、フランスでは一種愛国的感情の甦りが共産主義者たちを活気づけ、一九一四年におけると同様に、ドイツに対抗してロシアとの同盟が再び考えられるようになる。平和主義者たちはこうした方針転換を非難するが、左翼の構成員の一部は別の危険をこれに対置し、ナチス運動の特殊性、その人種差別主義を指摘したうえで、たとえロシアの体制が非難すべきものであってもこの体制をフランスの支えとする必要があると説く。しかし、まったくの平和主義者たちはこれらの説に耳を傾けない。何よりも平和を、と言うのである。ポール・フォールをはじめとする社会主義者、ベルジュリをはじめとする急進主義者、フェリシアン・シャレをはじめとする反植民地主義者、アランやミシェル・アレクサンドルをはじめとする哲学者・知識人はそのように考える。ミシェル・アレクサンドルは自身がユダヤ人であるにもかかわらず、そのように主張するのだ。この潮流はまもなく、マルセル・デアにそのスポークスマンを見出す。彼は一九三九年五月四日に、「ダンツィヒのために死ぬのか？」と題する論説を書く[45]。

戦争が不可避だと考える人々はボネやデアのような平和主義的右翼および平和主義的左翼によって「狂人」と見なされる。ところが反対に、彼ら平和主義者たちはダラディエによって能天気だと見なされる。ミュンヘンから帰ったダラディエに、彼らは戦争が回避されたと思い込んで喝采を送ったからだ。実際に起きると予想されていたのはドイツとの戦争ではなく、フランス人同士の内戦だった。それはフランスが共和主義者側に立ってスペインに介入したとき、さまざまな政治的立場が対立することでより鮮明となった。内戦の可能性は一九三九年八月の独ソ不可侵条約と翌九月のイギリス・フランスの対独宣戦によって一旦は遠のいたが、フランスの敗北から一年後、一九四一年六月にヒトラーとスターリンの同盟が破れ、独ソ戦が開始されたときに再燃するかのように思われた。

頭領だけがすべてを決定しているイタリアにも、やはりジレンマがないわけではなかった。誘惑の種が悪事を招き寄せるのだろうか。

ムッソリーニのジレンマ

ミュンヘン会談でムッソリーニが強い印象を受けたのは、フランスが戦争を非常に恐れていたことである。戦争を避けるためなら、彼らはどんな卑怯なおこないも辞さないように見えた。頭領ムッソリーニは言う。「戦争が起きたら、フランス人たちが真っ先に降伏するだろう」。またこうも言う。「もし連中がスペインで何か動きを示したら、われわれはバレンシアに三〇大隊の兵を送ろう。それで世界大戦になってもかまわない」。

イタリアの新聞の論調はどんどん反フランス的になり、それにつれて頭領のイタリアは新たな要求を次々と出していく。最も激しい要求はコルシカ島、ニース、さらにはサヴォワに関係するものである〔ニース、サヴォワはイタリア国王となるサヴォワ公家の領土だったが一八六〇年にフランスに割譲されていた〕。だが最も重要な要求は、エチオピアの外港であり肺とも言うべきジブチ〔アフリカ北東部、エリトリア、エチオピア、ソマリアに接し、紅海、アデン湾に面する〕に関するもの、そしてチュニジアとそこに住むイタリア人の運命に関するものだった。フランス海軍大臣セザール・カンパンシの度重なる強硬発言と、フランス首相ダラディエのチュニス〔チュニジアの首都〕における断固とした反イタリア的演説は、たしかにイタリア人たちを激高させた。ダラディエはその陰で特使ポール・ボードゥアンをローマに送り、ジブチとチュニジアについて頭領に何がしかの譲歩を提案することで、イタリアとの同意を図ろうとしていた。しかしムッソリーニは、昂揚しているときには、北アフリカからフランスの勢力をきっぱり駆逐してしまおうという気になった。フランコ将軍がイタリアを訪問した際には、ムッソリーニは将軍に、スペインがモロッコを取ること、イタリアがチュニジアとアルジェリアを併合すること、そして互いに大西洋への通路を確保することを提案している。この地中海をめぐる一連の計画が、フランコ将軍との同意のもとで練られてきた「われらが海 Mare Nostrum」計画の締め括りになるはずだった。この時点では、フランコ将軍は勝利をファシズムのイタリアに負う「従者」扱いである――イタリアはフランコ軍を助けるために七万近くもの兵員を送ったではないか。グアダラハラの不幸な敗退〔スペイン内乱時、一九三七年三月にマドリード北東六〇キロのこの町でフランコ軍とともに戦ったイタリア民兵は手痛い敗北を被る〕の後、頭領、チアーノ、セラーノ・スニェール〔スペインの親イタリア派〕が祝ったのは、実はこれら北アフリカをめぐる成功だったのだ。彼らの「憎しみの対象はフランスだった[46]」。

「今度はアルバニアを獲得しよう」。ドイツがオーストリアを併合し、ズデーテン地方を領有して以来、ムッソリーニがドイツから獲得しようとしていたチップはこれだった。「スペインの戦争が終結し、われわれがヒトラーと協定を結ぶときにはそうなるだろう。われわれの地中海帝国の基礎は、エブロ川〔スペインのカンブリア州に発し地中海に注ぐ川〕において築かれるだろう」。

しかし、当時のムッソリーニは、ヒトラーの振舞いにどのような眼差しを注いでいたのだろう。「われわれは一度もパートナーとして扱われたことはなく、奴隷として扱われていた」――自らがヒトラーとの接近の主唱者であり推進者であったことを棚に上げて、チアーノもまた一九四三年にそのように確認することになるだろう。ミュンヘン会談で裁定者の役を果たし、元気を取り戻した頭領ムッソリーニではあったが、すでにその半年後には侮辱を被らせられる。一九三九年三月、ヒトラーはムッソリーニに予告もせずにプラハを占領したのだ。このとき、オーストリア併合時と同様に、イタリア国王の婿でドイツ・ヘッセン＝ナッサウ州知事のヘッセン大公が、「イタリアの変わらぬ支持」に対する総統からの感謝のメッセージを持って頭領のもとへ遣わされてくる。そしてそのメッセージの中で総統は、もしイタリアが大規模な軍事行動を起こそうとしているなら一年か二年待つのが望ましいと頭領に伝える。これに対して頭領は、「［もしフランスと戦争になっても」われわれは単独で戦うが、武器を受け取れれば嬉しい」と応じている。これについてチアーノは次のように記録している――「私は、頭領がそのメッセージに不満で、気落ちしているのを見た」。ムッソリーニは新聞にヘッセン大公の訪問を伝えたがらなかった。「イタリア人たちは私を馬鹿にするだろう。ヒトラーは国をひとつ手に入れるたびに私にメッセージを送ってくる」。ムッソリーニは『ジョルナーレ・ディタリア』紙に、チェコ人が武装解除しなかった以上、ヒトラーの振舞いは論理的であると思う、との見解を伝えさせた。この時期、ムッソリーニはとくに急いでアルバニアを占領しようとしていた。そして実際に、彼はアルバニア国王ゾグとの交渉を中断し、四月には武力行使に踏み切っている〔一九三九年四月七日、イタリアによるアルバニア併合〕。名誉は救われた。[47]

ムッソリーニは、ドイツとの同盟が自分に被らせる失敗を、十分に意識していた（チアーノは今やこの同盟の強化を妨げようと望んでいる）。それでもムッソリーニは、イギリスがポーランド、ルーマニア、ギリシャへの支援を約束した今、ダンツィヒに関する争い〔一九三九年三月二一日、ヒトラーはダンツィヒ（グダニスク）併合に関する最後通牒をポーランドに発するが、二六日にポーランドはこれを拒否した〕が戦争へと悪化していくことを恐れながらも、ドイツとの同盟を強化する。どうすればこの戦争を防げるだろうか。あるいは少なくとも、どうすればこの戦争に参加できるよう準備するために、その勃発を遅らせられるだろうか。ヒトラーとの同盟をさらに強化することによってである。

これが鋼鉄協約〔独伊軍事同盟条約〕（一九三九年五月）の起源である。

どうしてムッソリーニはこの盟約を結んだのだろう。

まず第一の要素は、彼と国王ヴィットーリオ＝エマヌエーレとの競合関係が常に激しさを増しながら続いていたことである。頭領は、イギリス贔屓を表明して止まない国王を妨害したいと望む（国王にとってドイツ人は「悪党、ごろつき」にすぎなかった）。頭領はまた、自分を「イタリア配属の単なるナチス大管区指導官」としか見なさない王政主義者たちを、妨害したいと望む。国王がオーストリア併合を非難して以来、ムッソリーニは繰り返しこう述べるようになる――「ヒトラーは私のように、後ろに空《から》のワゴンを引きずる必要がない」。総統をイタリアに迎えた折、ムッソリーニは「国王と何でも半分わけ」しなければならなかったことに屈辱を感じていた。自分の前を国王ヴィットーリオ＝エマヌエーレに歩かせねばならず、そのことがヒトラーをも不愉快にさせた。ムッソリーニは同様の事態がフランコの訪問の際に繰り返されることを望まない。国王がヒトラーを非難すればするほど、ムッソリーニはイタリアのファシズム体制とドイツのナチス体制との連帯を深めようとした――スペインとの同盟関係についても同様である。

第二の要素は、民主主義諸国がどのように動くかという問題に関わる。五年来、民主主義諸国は、戦争を避けるためなら、あるいは戦争を遅らせるためなら何にでも譲歩する姿勢を示してきた。ポーランドとドイツの争いにおいても同様であった――一方のドイツ人たちは、もし戦争になったとしてもそれは局地戦にとどまるだろうと主張していたし、この戦争から得られるドイツの利益は相当なものと見込んでいた。こうして一九三九年八月には、ヒトラーはイタリアに対して、民主主義諸国の弱気に乗じてユーゴスラヴィアにとどめの一撃を加え、同領内のダルマチアおよびすでに分離主義的になっているクロアチアを併合するよう勧めることになる。

第三に、ムッソリーニは、フランスとイギリスがその絆を強固にした場合、イタリアがドイツから離れるのはいわば丸裸になることを意味すると考えていた。フランコがムッソリーニに自国の再建についてしか語ろうとしない以上、なおさらだった。フランコはそうすることで、自分は戦争には加担しないと婉曲に語っていたのだ。

最後にまだもうひとつの要素があった。ドイツとの同盟を破棄するよう迫る婿のチアーノに、ムッソリーニは「あなたの言うことは理解できるがそれには従えない」と述べている。娘エッダと同様にムッソリーニは、ファシズムの理想やナチズムとの同盟に忠実であることは名誉の問題だと判断していた。「われわれは娼婦ではない」――彼はすでに一九三〇年代の初頭、同盟関係に変化が生じた折にそう語っている。「名誉が、私にドイツとともに歩むよう強いている」と彼は繰り返し、ファシストの古参親衛隊もこれに賛意を示した。しかし、「ドイツと縁を切るには遅すぎた」と彼は一九三九年八月につけ加える。彼は、リッベントロープとスターリンの協定〔一九三九年八月二三日の独ソ不可侵条約〕がまたもや自分の知らぬ間に結ばれたと知って激怒し、八月二五日には、自分に知らせもせずヒトラーがイギリスに同盟を申し入れたのを知って、さらに激怒する。[48]

戦争勃発の可能性が高まると、ムッソリーニはそれに参加する意志があることを示すため、度外れた数量の武器をドイツに要求するようになる（駐独大使アトリコは、ドイツ側が拒否するのを期待して、この数字をさらに膨らます）。ムッソリーニはチアーノに言う。「ドイツ人がわれわれに何も要求しない限り、われわれは黙っている。〔中略〕しかし、われわれは、もし民主主義諸国が動かないとするなら、おいしい話から除け者にされているわけにはいかない」[49]。

戦争が勃発したとき、ムッソリーニは自分の軍隊が――海軍を除けば――、たとえ戦場がどこであれ、活動できる状態にはなかったことを知っている。

もはや「おいしい話」どころではなかった。

頭領はヒトラーに、「イタリアは準備ができていない」と伝える。頭領はこのとき、イタリアは非交戦状態にあると宣言しているが、この言葉は中立を意味しない。

「私は誓いを破る人間だと見なされたくはないのだ」と彼は繰り返す。

ヒトラーはミュンヘン会談に不満を抱く

一九三八年九月のミュンヘン会談は、フランス人やイギリス人には外交上のセダン〔一八七〇年九月、ナポレオン三世はプロイセン軍を相

ミュンヘン会談を終え帰英したイギリス首相ネヴィル・チェンバレン（中央。右手をかざしている人物）。1938年９月30日。

手にセダンの戦いに敗れ捕虜となり、これにより第二帝政は崩壊する〕のように見えた。平和は救われたと言われていたが、何という代償を支払わねばならなかったことか。ドイツはズデーテン地方を、そしてポーランドを併合し、その過程でチェシン地方にまで手を伸ばしていた。チェコスロヴァキアは形だけの国家となり、ヒトラーはスロヴァキアの分離を促してこの国の解体をなお推し進めていた。フランスとイギリスがチェコスロヴァキア共和国大統領ベネシュに圧力をかけ、ヒトラーの要求に譲歩させたことは一九三八年九月には知られておらず、自分の国の分断に抵抗するベネシュの姿勢は却って平和を脅かす危機の原因とさえ見なされかねない有様だった。

ネヴィル・チェンバレンはミュンヘンから戻って飛行機を降りる際、ミュンヘン合意のテキストをふり飾しながら「名誉ある平和を持ち帰った」と言明した――だがこの後すぐに、「感動のあまり」そんな表現を使ってしまった自分を後悔した。

ところが、みなが想像したであろうとは逆に、ヒトラーはミュンヘン会談の結果にも、そこで自分が取らざるを得なかった態度にも、まったく満足していなかった。会談後、彼は自分の将軍たちに、「われわれの敵どもは蛆虫だ」と言明せねばならなかった。彼が会談以前に願っていたのは軍事介入だったのだが、ムッソリーニが開催に貢献したこの会談によって、そのきっかけは奪われた。ズデーテン地方の領土さえ、彼は力ずくで占拠したわけではなかった。総統は、この会談で華々しい役割を演じて大喜びする交渉者ゲーリングにも、やはり腹を立てていた。ヒトラーはこの後彼をあらゆる外交活動から遠ざける。[50]

ミュンヘンで平和が維持されたのを見て喜んだのはフランスやイギリスの国民だけでない。ドイツの国民もまたそうだった。したがって、ドイツ国民を戦争政策に同調させるには、これまで以上の何かが必要だった。

ミュンヘンは失敗だったと考えたヒトラーは、ドイツ国防軍に指示を与え、彼らにチェコ国家の残存部を片づけさせようとした。チェンバレンが総統のプラハ入城の機会を「奪って」はいたが、チェコスロヴァキア新大統領エミール・ハーハ博士（辞任したベネシュの後継者）によるスロヴァキア独立の承認の拒否は、総統に待ちに待った介入の機会を与えることになった。

高まる圧力を前に、ハーハが総統に会見を求めてきたのだ。会見の当日、ヒトラーはハーハが心臓病を抱えているのを知りながら、彼を長いこと待たせた。待たせながら、ドイツ軍部隊がチェコの領土に侵入しはじめたことを彼に知らせておいた。また、会見が始まると、今度はチェコ人やベネシュの考え方に激しい非難を浴びせた。ドイツ国防軍に対する無抵抗をハーハが拒否すると、ゲーリングは、ドイツ空軍がまもなくプラハを爆撃すると告げるのだった（実際は、空挺第七師団は雪のため地上に釘付けにされていた）。ハーハは失神する。しかし、彼をその場で死なせることは避けねばならなかった。オーストリアの首相ドルフースが同国のナチス党員によって殺害された後では、ここでハーハが死ねばナチスによる新たな犠牲者と見なされてしまうからだ。総統付きの医師がハーハに注射を打ち、回復させる。それにしても、何というひどい状態にハーハは追い込まれていたことか。結局ハーハは、ドイツ国防軍への発砲をおこなわぬよう自軍に命令を下し、チェコスロヴァキア国民の運命をドイツ帝国の手に委ねるとする宣言に署名した。一九三九年三月一四日のことだった。

ヒトラーは秘書クリスタ・シュレーダーに言った。「今日はわが人生で最良の日だ。チェコと第三帝国が合体したのだ。私は最も偉大な人物としてドイツ史に残るだろう」。そして彼女の頬を突きながら、つけ加えた。「あなたとガルダ〔彼のもうひとりの秘書〕は、私にキスをしてくれたまえ」[51]。

ベルリンから見れば、イギリスが一九三九年三月三一日にポーランドに与えた保証〔三月三〇日、チェンバレンがポーランドに自ら書き送ったもの〕こそ、同年八月の独ソ不可侵条約の源をなすものだった。

プラハの占領に並行して、ヒトラーはここ数年来、ダンツィヒのドイツ復帰を要求してきた。同時に、東プロイセンを第三帝国の他の地域と結ぶ回廊についても、同じくドイツ復帰を要求してきた。その代わり、「酸っぱいリンゴゆえに飲み込むには難しいが、ポーランドの国境は認めるべきであろう」――そのように懸念していたのはゲッベルスである。彼はヒトラーの野心がダンツィヒでとどまることはないと知っていたのだ。

しかしヒトラーによるこれらの要求は、それだけでもすでに、ワルシャワにとっては受け入れられるものではない。ポーランドはこれについてイギリスに相談した。

一方ベルリンでは、ミュンヘン会談の約束の直後にプラハが占領されるという侮辱を、チェンバレンが受け入れるのは難しいだろうと考えられていた。プラハはドイツ領ではない。しかも、ミュンヘンでの約束にもかかわらずそこにドイツ軍が侵入したのだ。

騙され、打ちのめされたチェンバレンにとって、それでも平和を守り続け、妥協を重ねるほどの政治的意味はあっただろうか。突然、一九三九年三月三一日、すなわちプラハ占領の二週間後、チェンバレンは下院において次のように言明する。「ポーランドの独立を脅かす明らかな行為がなされた場合、国王陛下の政府は持てる手段のすべてを尽くし、ポーランド政府をただちに助ける義務を有すると考えるだろう」。

その知らせを聞いたヒトラーは、「私は連中に地獄の飲み物を用意してやる」と言った。ヒトラーはポーランドを攻撃するつもりである。西方でイギリスとの（そしてフランスとの）戦争がそれに続いて起きるだろうからには、彼にとっては東方のソヴィエト連邦の中立化が是非とも必要だった。したがって、独ソ不可侵条約を持ちかけたのは、まぎれもなくドイツ側である。

持ちかけられた側のスターリンは自らの反ファシズム的感情を抑え、自問した――チェコスロヴァキアを見捨てたイギリスとフランスは、今度はポーランドを見捨てるのではないか。

「地獄の飲み物」とはスターリンとの協定だったのだろうか。この年の春には独ソ間の経済関係が遠慮がちに再開されていたとはいえ、はっきりとそう言えるだけの動きは何もない。「独ソ間の経済関係は、政治的関係が改善された後にしかあり得ない」とヒトラーは五月に公言していた。彼にとって何より重要なのは、西側諸国が介入する前にポーランドを消滅させることだった。

中断されていた経済交渉を六月に再開させること、これがソヴィエト連邦との関係においては抜本的な改善につながるだろう――こう言ってヒトラーを納得させたのはリッベントロープである。ミュンヘン会談以来スターリンは、ソヴィエト連邦を安全保障の面で政治的に巻き込もうとするイギリス、フランスの悪意に苛立っていた。彼は西欧諸国との接近を唱える外務人民委員（外務大臣）リトヴィノフをお払い箱にした[52]。

リトヴィノフはユダヤ人だった。スターリンはリトヴィノフに代わって外務人民委員を兼務することとなった人民委員会議長（首相）モロトフに「人民委員会からユダヤ人を追放するよう」厳命した――大使指導部局の多数はユダヤ人だった。モロトフによれば、スターリンは当時、この件について何を言っていたにせよ反ユダヤ主義者ではなかったので[*]、彼のこうした措置をヒトラーは強力なメッセージとして受け止めた。

＊　本書第三章の「スターリン、ユダヤ人、そして諸国民」の項を参照されたい。

独ソ不可侵条約に調印するモロトフ。後列中央にリッベントロープ、その右にスターリンがいる。1939年８月23日。

リッベントロープにソヴィエトへの働きかけを任せていたヒトラーは、独ソ不可侵条約が結ばれたことに大変満足していた。「これは連中を窮地に追い込むぞ」と、彼はイギリス、フランスのことを考えながら言い、シャンペンを冷やさせた。もはや「恐れねばならぬイギリスによる封鎖」は存在しない。最終的な勝利は確実だと総統は考えていた[53]。

リッベントロープとモロトフが順調に交渉を続ける中、その間ヒトラーのほうはドイツ・ポーランド間の火種を絶やさぬよう努め、チアーノに会い、ムッソリーニと鋼鉄協約を結んでいた。それだけに、リッベントロープとモロトフの合意の発表は、フランスとイギリスにはまさしく雷電の一撃だった——もっとも、消息通はこの動きを嗅ぎつけてはいた[54]。

この動きはフランス外交にとってはワーテルロー〔一八一五年ナポレオンがイギリス、プロイセン、ロシア、オーストリア連合軍に最終的に敗北した戦い〕以外の何ものでもなく、イギリス人にとっては避けがたい戦争への道を意味していた。

スターリンの計算

独ソ不可侵条約締結当時のスターリンの政策、それからヒトラーによるソヴィエト侵攻〔一九四一年六月二二日〕までのスターリンの振舞いは、数々の疑問、数々の仮説を限りなく掻き立ててきた。分析に入る前にフルシチョフの『回想録』を一瞥すれば、全体的な診断は下せるだろう。もっとも、以下の引用については、この『回想録』の初版が出版された当時、つまり一九七〇年から七四年にかけて、まだ存命であった人々や権力の座にあった人々に配慮して検閲が行われていたことを忘れてはならない。しかし、テープレコーダーに録音されたフルシチョフの証言は生々しく、余計な飾りなど何もない。一九五六年の報告で彼がスターリンの数々の罪について証言したのを思い出せば〔この年の第二〇回党大会でフルシチョフは「スターリン批判」をおこない、従来の党路線を大幅に修正した〕、彼の『回想録』は信用に足るものだと評価してよいだろう。

「一九三九年八月二四日、ヴォロシーロフと狩から戻った私は、直接スターリンの家へ鴨を持って赴いた。彼はすばらしく上機嫌だった。〔中略〕彼は私に、リッベントロープがその日にも帰国の途につくと告げた。前日にリッベントロープは友好条約、不可侵条約の提案を携えてやってきたのだ。われわれはそれに署名した。スターリンは有頂天だった。明日には『連中』、フランスとイギリスの代表者たちはこの一件を知るだろう。『彼らがすべきことはもう出発のために荷物をまとめることだけだ。〔中略〕ヒトラーはわれわれを丸め込もうと望んでいる。だが私が思うに、われわれは彼から最大限のものを引き出せた。署名したばかりの書面は、エストニア、ラトビア、リトアニア、フィンランドの回復を、われわれに許すだろう』。〔中略〕スターリンはまた、ポーランドについてこう言及した。『ドイツはポーランドを攻撃する準備ができており、これを併合して保護領にしようとしている。ポーランドの東部地域はわれわれのものになるだろう――ここは今、ウクライナの民とベラルーシの民によって占拠されている地域だ』。〔中略〕

スターリンは合意を騙し合いだと言っていた。〔中略〕『戦争は勃発するだろう。だが、この条約のおかげで、この戦争はわれわれを相手にした東方での戦いにはならないだろう。もしそのような戦争が起きれば、われわれは単独でヒトラーを相手に戦わざるを得ない』[55]。

スターリンは説明を続けた。

『ヒトラーはまもなくポーランドに対して敵対行動に出るだろう。そうなればフランスとイギリスはヒトラー相手の戦争に引きずり込まれる。しかし実際に連中が望んでいたのは、ドイツの脅威がわれわれのほうに及ぶことだったのだ。〔中略〕これが、われわれがこの条約の締結を正当と考える唯一の理由だ*。これは越えるに難しい一歩だった。われわれのように共産主義者であり、反ファシズムの立場を取り、ヒトラーの考え方とは対極的な考え方を奉じて闘っている国民が、どうして突然ヒトラーと同盟を結ぶことになったのか。これは飲み込むのが難しかった。だが、われわれはそうした道に追い込まれたのだし、そこから利益を引き出せたのだ』。〔中略〕」。

フルシチョフは、「九月一日にドイツがポーランドを攻撃したとき、リッベントロープは事前にこのことをソヴィエト側に予告していた」と書いている。

「わが軍の諸部隊は国境に集結していた。私はそこに司令官の資格でいた。軍事評議会の面々も、やはりそこにいた。〔中略〕条約によってわれわれのものとされていた地域の近くまでドイツ軍が近づくと、わが軍の諸部隊は行動に移った。その時点で、ポーランドは抵抗をすっかり止めていた。ポーランド軍は粉砕され、無と化していた。〔中略〕

何と言う茶番であろう。あんな結果に終わったのはポーランド人の高慢のせいである。われわれが申し出た同盟の提案に対して彼らは軽蔑の態度を示したのだ。ポーランド政府にとっては、またポーランド軍にとっては、何という恥ずべき惨敗だったことか」。

一九七四年になってフルシチョフはさらに言う。

「今でもこう尋ねる人々が絶えない。当時のわれわれはヒトラーが将来攻めてくることを知っていたのか、自分たちの予想に反してヒトラーの急襲を許してしまったのではないのかと。［中略］しかし、われわれがそれを予想していなかったなどと主張するのは、単なる愚かな発言であろう。

ただし、その攻撃がいつ、どのような形でおこなわれるのか、またわれわれがその徴候を察知していたかとなると、答えるのは難しい」。

この問題についての相反する仮説にはそれぞれの支持者がいる。

次に、一九三九年五月に日本軍との間で生じたノモンハン事件【日ソ両軍による中国東北部のモンゴル国境付近での軍事衝突】）は、フルシチョフによれば、「自己満足の菌をより急速に広げる結果にしかならなかった」。

「この勝利が、その後すぐにスターリンがフィンランドに冬季攻勢をかけた理由である。だが、不幸な結果に終わったこの攻勢によって、ソヴィエト軍の組織の弱さが明らかになった［中略］。

一九四〇年六月［のフランス軍敗北の折］、私はモスクワにいた。スターリンが非常に苛立っていたのを覚えている。あんな状態の彼などほとんど見たことがない。彼は車引きのように罵り声を上げながら走り、部屋を横切った。彼はフランス人、イギリス人を罵っていた。『連中はなぜ、ヒトラーに打ち負かされ、粉砕されるようなことをしてしまったんだ』。私はその様子に、彼が感じているに違いない不安の印を見た。彼は西方の戦争がまもなく終わるだろうと考えていたのだ」。

フルシチョフが下す実質的結論は、スターリンのあらゆる計算はこうして崩壊したということである。

「『ソヴィエト連邦への攻撃は予想より早くなるだろう。それなのに、われわれの軍隊はまだ準備ができていない』。［中略］この後、スターリンはヒトラーに愛想よく振舞い、彼に攻撃の口実を与えないた

＊ 実際は、秘密条項への署名は後になっておこなわれた【一九三九年九月二八日、独ソ国境友好条約によってポーランド分割の秘密協定が結ばれる。本書三五一〜三五二頁参照】。おそらくフルシチョフはその内容をスターリンから事前に口頭で知らされていたのだろう。

めなら何でもするようになっていく。その後彼は、ヒトラーが実際にソヴィエトを侵略したことさえ認めようとしなかった。『あれは単なる挑発だったんだ[56]』。

スターリンの計算、スターリンの思考を台無しにしたのはフランスの崩壊の速さだった。彼はフランスに対し、深い恨みを抱き続けるだろう。

時間を遡ってみよう。

スターリンによれば、フランスとイギリスがチェコスロヴァキアを見捨てたこと、そしてフランスとイギリスがミュンヘンで合意したことは、両国がこれまでになくドイツに近づき、ドイツの矛先をソヴィエトに変えるよう促していることに他ならなかった。ミュンヘン合意から排除されたスターリンは、フランス人が、そしてそれ以上にイギリス人がソヴィエトに対して敵意を持っていると感じていた。

彼にとって主要な敵はイギリスだった——それはロシア革命とそれに続くロシアの内戦時から、ずっと変わっていない。

独ソ不可侵条約締結当時、モスクワとの同盟を呼びかけたのは、まだイギリス政府の構成員ではなかったチャーチルである。しかし彼のこの呼びかけに、ソヴィエトの指導層の心はいささかも動かされなかった。というのも、彼らは、一九一九年のソヴィエト共和国に対する外国からの干渉の際、チャーチルがその中心人物だったことをはっきりと覚えていたからだ。このときチャーチルは最後まで白軍を支持し続け、ボリシェヴィキがその独立まで仄めかして進めていたバルト諸国との講和交渉を、ためらいもなく妨害した。講和がなされていれば、この戦線に投入されていた赤軍の諸部隊は白軍と戦闘中だった部隊と合流できていたであろう[57]。

ポーランドの独立回復をフランスが助けたときに〔フランスはポーランド独立後のポーランド・ソヴィエト戦争の折、四〇〇名ほどの軍事顧問団を派遣した（一九一九年）〕、ボリシェヴィキはフランスと戦わねばならなかったが、それでもスターリンは、フランスをそれほど警戒してはいなかった（実際、エリオやバルトゥーのような人物はその後ソヴィエトとの条約締結を考えていた）。

スターリンは、ドイツに対してはイギリス、フランスに対するような先入観は持っていなかった。ソヴィエト連邦とドイツは、すでにイタリアのラパッロで一九二二年に一度条約を結んでいる〔第一次大戦後、ともにヴェルサイユ体制から締め出されていた両国はこの条約によって軍事面で連携を強めた。両国の連携はヒトラーが一九三三年に政権に就くまで継続した〕。それ以後、ドイツとはイデオロギー上の違いこそ絶対的ではあったが、それゆえに争いが起きることはなかった。ファシズムのイタリアとの関係も、一九三〇年代の初頭までは良好だった。もしヒトラーのドイツと再接近せねばならないとしたら、総統の思想をよりよく知っていたほうがいいとスターリンは判断した。側近のジダーノフとともに、スターリンは翻訳させたばかりの『わが闘争』に読みふけり（これについて証言しているのはスターリンの息子である）、もしドイツと同盟を結ぶとすれば、何が有利で何が不利かを計量しようとした[58]。

このように、資料の点検はとくに次のことを明らかにしてくれた。まず第一に（これについては部分的には認められてきたが、常に明瞭に言われてきたわけではない）、独ソ不可侵条約を持ちかけたのは明らかにドイツ側であったこと。第二に、この点ではソヴィエト側にも、よく言われていたほどの障害があったわけではなかったことである。後者についてはダラディエも書いていた――「モスクワはポーランドを守るよりは、これを分け取りすることを考えていた」。何よりもスターリンはイギリス、フランス、ドイツの三国が同盟を組むことを恐れ、まもなく始まるであろう戦争に自分たちの備えが十分でないと判断し、ヒトラーによって提供された機会に飛びついた――一方、ヒトラーの側はソヴィエトとの条約によって東部での安全を確保しようとした。独ソ不可侵条約はスターリンに、単独であれ他国と連合してであれ、ドイツと戦うための準備時間を与えたのみならず、ウクライナやベラルーシのものと規定されていた緩衝地としての領土をも与えることで、ロシアが巨大だった頃の一九一四年時点の国境までソヴィエト領を広げたのである。そのうえ、ミュンヘン会談から除外されていたソヴィエト連邦をヨーロッパの政治舞台に復帰させることも可能にしたのである。[59]

別の展望において見るなら、この民族主義的な拡大は、コミンテルンによって活気づけられていたヨーロッパ革命の計画を、いささかも損なうものではなかった――もっとも、コミンテルンはその計画達成のために必要な年月と所与についてはは修正を図っていた。

ソヴィエト連邦はフランスがチェコスロヴァキアに与えた支援と辻褄を合わせる形で、チェコスロヴァキアとの合意に署名していた。それにもかかわらずミュンヘン会談に招待もされず、会談の開催すら知らされなかった。

独ソ不可侵条約の調印は、ソヴィエト指導部で最も親ヨーロッパ的なリトヴィノフの政策にとっては重大な挫折となった。条約調印の五カ月前、つまりドイツによるプラハ占領直後の一九三九年三月、リトヴィノフはスターリンの面前でモロトフから激しく叱責された。この叱責は彼の失脚の予兆だった。先に見たように、その二カ月後、彼はその職務を追われた。[60]

在任中、リトヴィノフはブカレストで六カ国会議の開催を提案していた。その会議ではフランス、イギリス、ソヴィエト連邦、それに加えてポーランド、ルーマニア、トルコがヒトラーに対抗するための最良の方策について検討するはずだった。チェンバレンはそうした会議は「時期尚早」だと答えた。その間、ロンドン駐在ソヴィエト大使マイスキーは、イギリス側のニコルソンに次のように述べていた。「ロシアはミュンヘン会談に傷つけられました。もしあなたたちがわれわれに接近してくださるなら、ロシアの機嫌はそれほど悪くなることはないでしょう」。ロンドンの側では、そんなことはまるで考えていなかった。外務大臣ハリファックスはソヴィエトに接近するのは適当でないと考えていた。ソヴィエトの軍事力は「話にならない」ものだったからである。外務省で意見を求められたチャットフィールド提督が「リトヴィノフの呼びかけに応えなければソヴィエトがドイツに鞍替えする恐れもある」と口にしたときには、哄笑さえ湧き上がった。[61]

フランスでも、リトヴィノフの提案に対して同様の反対があった。「放火犯の中から消防士など雇ったりはしないものだ」と言ったのは急進派の代議士ジャン・モンティニである。ただ、外務大臣ジョルジュ・ボネはダラディエの強い意向を受けて、モスクワに好意的に対応しようとした。ダラディエはドイツの脅威が増すのを感じて、「今後、フランスの国境はヴィスワ川〔バルト海に注ぐポーランド最長の川で、同国内を大きく蛇行して流れる〕である」と言明していた。しかしイギリス側は、フランス政府と共同で出すべきモスクワへの返答を遅らせた。そして結局、ハリファックスはこのボネの提案を拒否した。返答の内容は、ドイツに対して共同で次のように通告するというものだった――「ダンツィヒの地位に関するあらゆる変更はポーランドの独立に対する脅威と見なされる」。イギリス国王陛下のベルリン駐在大使ヘンダーソンが本国政府に対し、ダンツィヒからポーランド人を追放してこの町をドイツの自由都市にすると示唆したとき、それを知ったスターリンはイギリスの指導層の腹の底をはっきりと読み取った。

エドゥアール・ダラディエが捕囚でいるときに書いた『日記』には、ヒトラーがソヴィエト連邦に宣戦布告した一九四一年六月二二日付で次のように書かれている〔ダラディエは一九四〇年ヴィシー政府により逮捕され、四三～四五年までドイツに抑留された〕。「もしスターリンが、私がずっと提案していたように、一九三九年九月にわれわれと同盟していたなら、われわれはナチスの悪夢から解放されていただろう」。この判断は正確だが、行き過ぎてもいる。正確だというのは、フランスとイギリスだけではドイツのポーランド征服は妨げられないが、ソヴィエトを加えた三カ国でならポーランドは救えたかもしれないからだ。それゆえダラディエは、モスクワでの交渉役となったドゥマン将軍に、「どんな代償を払ってでも軍事合意を取りつけてくれ」と要請していたのだ。しかし、この判断は行き過ぎてもいる。というのも、パリは与えるべき保証の枠組みについて、ロンドンによって不明瞭な態度へと引きずられていたからだ。つまり、この保証をロンドンはオランダに適用しようとしていたし、モスクワはバルト諸国に適用しようとしていた。またモスクワ側では、同盟のための政治合意は、もしドイツが西方を攻撃した場合、ソヴィエトのポーランド侵攻を含意する軍事合意を伴わなければ無意味であると主張していた。ところが、ポーランド政府はそれを要求するのがモスクワであろうがパリであろうが、そんなことには貸す耳を持たなかった。ようやくダラディエがポーランドの合意抜きでソヴィエトと話を進めてもいいと判断したときには、もう遅すぎた。スターリンはすでにヒトラーと条約を結んでいた。[62]

なぜそうなったのか。モスクワとの交渉が五カ月以上もの長期にわたり、相互不信の雰囲気のみを醸成してきたからである。イギリスとフランスはソヴィエトの介入主義を恐れていた。一方のソヴィエトは両国に対して相互条項を要求していた。さらに、ベルリンとの経済合意を密かに取りつけるべく交渉を進めていたモスクワにとって、フランス＝ドイツ委員会〔一九三五年、フランスにおける親ナチス勢力の主導によって作られたフランスとナチスドイツの関係強化を目的とする組織〕の後見のもとで一種のお祭り騒ぎとして祝われたフランスとドイツの接近は、何を意味していただろうか。ジョルジュ・ボネとイギリス人たちはモスクワとの交渉を蔑ろにしていたのではないだろうか。[63]

最後に、連合国側の首脳たちは、ヒトラーに会うためなら飛行機を使って逸速く駆けつけていた——チェンバレンは飛行機で三度も往復した。これに対して、スターリンのところに交渉者を運ぶ悠長な船旅は侮蔑的にも見えた。一九三九年七月、ヒトラーがダンツィヒを口実にポーランドを脅かしていたとき、事態は切迫していなかっただろうか。ところが、イギリスとフランスの代表団がモスクワに到着したとき、その代表団にはひとりの大臣も、ひとりの閣外大臣さえも含まれてはいなかった。代表団がクレムリンにやってきたとき、イギリス代表のドラックス＝プランケット提督にはいかなる権限も与えられていなかった。「ソヴィエト側はイギリス政府に予め数々の質問を出していた。しかし、それへの返答を彼は持参していなかった」。

スターリンはモロトフに言った。「もう十分だ、ふざけている。あの連中は何の権限も与えられていない」。これが八月二〇日時点である。二一日、スターリンは条約を結ぶようリッベントロープに促した。そして独ソ不可侵条約は二三日に署名された。秘密条項がこれに引き続いて決定されることになっていた[64]〔本書七七頁＊印原注参照〕。「コミンテルンと闘う新たなスターリンのために杯をあげよう」――条約締結を祝う乾杯の際にスターリンは冗談を言った。彼は上機嫌だった。ヒトラーがソヴィエト連邦にリトアニアを「譲った」からである。「ふたつの国はもはや決して戦うべきではない」とリッベントロープが言明した。「それはわれわれも願うところだ」とスターリンが応じた。スターリンの言葉をしっかり理解したことを確かめるため、リッベントロープは通訳に翻訳の再確認を求めた[65]。

ここに至るために、リッベントロープはヒトラーに対して、「ロシアは民族主義的な国家になったのであり、それゆえにロシアとの同盟は可能である」と主張していた。しかし、スターリンの乾杯の言葉が示すように、スターリンはコミンテルンの企図のひとつであるヨーロッパ革命の計画を本当に放棄したと考えてよいのだろうか。その頃彼がブルガリアのディミトロフ〔コミンテルンの書記長〕とともに書いていた論説を読むと、それは疑わしく思える。それに、ディミトロフは、独ソ不可侵条約――彼はこの条約の秘密条項については知らなかった――についてスターリンに説明を求めた際、鼻先で

スターリンとディミトロフ（右）。1936年。

電話を切られてもいるのだ。

　第二次大戦が勃発した週の一九三九年九月七日付で出された当の論説とはどのような内容だったのか。この論説に骨子を与えたスターリンによる実質的な指示は、ディミトロフが付けた注釈によれば次のようなものだった。

「資本主義国のふたつの集団同士間のこの戦争の目的は、世界支配のための新たな世界分割である。われわれがこの戦争に反対する理由はない。彼らは相互に戦い、相互に相手を疲れさせればよいのだ。われわれの側には彼らがさらに激しく相争うよう工作する余地がある。独ソ不可侵条約は、ある意味では、現在のところドイツにとっての利益となる。現在、ポーランドはファシズム国家であり、ウクライナ人、ベラルーシ人、そして他の諸民族を抑圧している。この状況下でポーランドを壊滅させれば、ファシズム国家をひとつ減らすことにつながる。ポーランドが敗北すれば、その結果として、われわれが社会主義の仕組みを他の領土、他の民族に広げることになるのは、あえて繰り返し述べる必要もあるまい。

　国際共産主義運動と各国共産党の戦略にとって重要なのは以下のことである。

戦争前は、民主主義体制を取る諸国とファシズムとを対立させるのは正しかった。しかし戦争が始まった以上、もはやこうした見方は正確ではない。いまや資本主義国家間にあった、民主主義諸国とファシズム諸国との区別は以前の意味を失った。統一人民戦線〔ファシスト独裁、戦争に反対する諸政党、諸団体の広範な統一戦線。一九三五年のコミンテルン第七回大会で戦術として採択〕は資本主義体制下における労働奴隷の状況を改善するために結成されたものだが、戦時下の状況においては問題になるのは、言葉そのものの意味においての奴隷制度の廃棄なのだ。今日において人民戦線を支援すること、国家統一を支援することは、ブルジョア的立場への再転落である。人民戦線に関するスローガンは一時棚上げにせねばならない」。

こうした立場は、数日後のソヴィエト軍によるポーランド侵攻〔九月一七日〕を準備していただけではない。それは、ポーランドがヴェルサイユの戦勝国の決定によって一九一九年にロシア帝国からもぎ取ったウクライナ人、ベラルーシ人の運命に触れることで、前もって独ソ不可侵条約の秘密条項を正当化するものでもあり、いかなる意味においても、社会主義の仕組みの将来的な拡大を断念するものではなかった。[66]

スターリンと協力して書いたこの論説において、ディミトロフはさらにこう続けている。「この戦争の目的は、民主主義や自由の擁護、そして小国家の独立にあるのではない。そのことを理解できないのは盲目的な者だけであり、そのことを否定するのは完全ないかさま師、嘘つきだけである」。

このように、スターリンはフランスがあっという間に打ち負かされることなどまったく予想できず、独ソ不可侵条約を間違いなくミュンヘン会談に対するひとつの返答と見なしていたのである。それどころか彼は、コミンテルンに関する「冗談」を除けば、ヨーロッパ革命をめぐる彼の全体的な戦略の未来についても拘束することのない合意を、この条約に見ていた。というのも、この条約は彼に空間と時間を稼がせるはずだったからである。少なくとも、一九三九年九月時点でのスターリンは事態をそのように見ていた。九カ月後〔一九四〇年六月〕、フランスの崩壊によってこの展望には何の意味もなくなるが、それでもそうした展望の「痕跡」はそこここに残っている。たとえば一九四〇年夏には、パリで「トレーズを権力の座に就けよう」と題されたビラが出ている〔トレーズは当時のフランス共産党書記長〕。このビラはコミンテルンにとっては、一九四〇年のフランスと一九一七年のロシアとの同一視が可能だったことを示している。占領者は同じであり、政権は獲得すべきものとして目の前にあった。敗北の折に、フランス軍の総司令官ウェイガン将軍を非常に恐がらせたのはこの「ビラ」だった。

それ以上のことがある。ドイツによるソヴィエトへの攻撃のすぐ後でフランスの共産主義者がおこなった動員の力強さは、一九四〇年七月から一九四一年六月にかけてのフランス共産党の占領者に対する振舞いがどのようなものであったにせよ、コミンテルンの計画がその間地下深く潜行しながら生き延びていたことを示すものだった。[67]

たったひとり、チャーチルが…

イギリスでは、ウィンストン・チャーチルがたったひとりでみなに抗して、「[ヒトラーは]平和と文明を脅かす危険である」と警鐘を鳴らしていた。

チャーチルはこの警鐘を早くも一九三三年には鳴らしはじめている。

だが誰も彼に耳を傾けなかった。政界においては、彼は「終わった人 has been」だった。

チャーチルは、海軍大臣として一九一五年のダーダネルス海峡への不幸な遠征〔第一次大戦中、同盟国側であるオスマン帝国の首都イスタンブールの占領を目指して、英仏連合軍がおこなったダーダネルス海峡（現トルコ）・ガリポリ（ゲリポル）半島への上陸作戦。連合軍の作戦はオスマン帝国の抵抗にあい失敗に終わる〕を、さらには大蔵大臣として一九二五年の金本位制への破滅的な復帰を体現してきた人である。人々から過激すぎると判断された、ソヴィエト共和国連邦に対する政策や、ガンディーやインドの民族主義者に対するいかなる譲歩も拒否した彼の態度については言うまでもなく、当時の彼は、もう終わってしまった過去を、つまり戦争に固執する時代おくれの態度を代表する人だった。人々から彼は、首相になるためならどんな陰謀をも企てかねない人物と見なされていた。彼はトーリー党〔現在の保守党の前身となる政党〕、そして自由主義者たちと次から次に喧嘩別れし、トーリー党からは党を見捨てた人間として憎まれ、労働党からもまた憎まれていた。それでも彼は挙国一致内閣の樹立を唱え、自分がそのリーダーになろうと望んでいた。しかしチャーチルにとって悔しいことに、彼は、大連立政権が彼抜きで、彼のライバルであるボールドウィンやロイド＝ジョージ、チェンバレン、さらには彼の政敵である労働党のマクドナルドによって構成されるのを見ることになる〔一九三一年八月〕。

そうなったのは、みなから才能を認められながらも時流から外れてしまったこの男が、わざと自分を他人にとって我慢のならない人間にしていたからだ。彼はあらゆる機会を捉えて議会で発言する。必要とあらば議員のいない議場に登壇し、役を持たされない役者であるにもかかわらず、いつも舞台の前景にしゃしゃり出る。だが新聞は喜んで彼の演説の言葉を取り上げる。

たしかに大衆の一部においては、彼の人気は無傷のままだった。ボーア戦争〔南アフリカにおいてオランダ系移民の子孫ボーア人と大英帝国の間で一九世紀末から二〇世紀にかけて戦われた戦争。イギリスの勝利で南アフリカはイギリス領となる〕のときに『モーニング・ポスト』紙の特派員として従軍し、インド派遣軍の将校で、かつては有名なポロ競技者だったチャーチルは、スーダンのイスラム教徒の軍隊に白刃攻撃を仕掛けた男である――当時彼は、キッチナー総督率いるイギリスがスーダンを奪ったオムドゥルマンの戦い〔一八九八年〕に、第二一槍騎兵隊の副司令官として参加していた。一九二六年に大蔵大臣だった彼は、何人かの大臣とともに『モーニング・ポスト』紙の社屋に陣取り、ゼネストに敢然と対抗した。そしてその場所から『ブリティッシュ・ガゼット』紙を発行し、ストライキ参加者たちの抵抗に打撃を与えた。それ以前、第一次大戦の初期には、海軍大臣にして筋金入りの愛国主義者だった彼は、ダーダネルス事件の後に戦時内閣から除かれると、すでに四六歳でありながらフランドルの塹壕で戦うために戦地に従軍した。

しかし、平和主義的な言説が大勢を占める一九三三年当時においては、軍備縮小に反対する彼の態度と彼が繰り返し発する警告は無視され、ナチスドイツへの彼の告発は信用を得られない。チャーチルはヒトラーの振舞い、ヒトラーの計画に、「おぞましさ」を覚えると言った。そしてヒトラーを「ギャング」呼ばわりし、ヒトラーの「残虐性と好戦性の爆発、少数民族に対する扱い」を告発し、「文明社会が与えるべき保証を、人種という基準だけで多くの個人から奪うその態度」を告発した。だが、ヒトラーにこのような嫌悪を示す以前は、ボリシェヴィキが犯した数々の罪に同じような態度を示していた――一五年前にチャーチルがボリシェヴィキに示した態度を、今は、ヒトラーが共産主義者に対して用いているのだ。だからチャーチルの言葉には誰も耳を傾けなくなった。そのうえ、チャーチルはムッソリーニの体制を讃えていたので、ファシズムがヒトラーの発想の源と見なされているからには、チャーチルには一貫性がないと見られたのである。

実際、ドイツが一九三六年にラインラントを占領するずっと以前、ヒトラーが再軍備計画を公表した直後から、チャーチルは国際情勢に対する自身の認識をすっかり変えていた。

この変化の後、彼は民主主義、文明世界にとっての主要な危険はもはやソヴィエト連邦ではなく、ナチスドイツであると判断するようになった。優先的に後者を取り除くためには、まず前者に接近しなければならない。当然、この立場変更は無責任なものと判断されたし、保守主義者たちはなおさらそのように考えた。保守主義者の若い層、イーデン、バトラー、マクミランといった人々は、この老いたライオンから目立たぬように遠ざかっていった[68]――というのも、チャーチルはヒトラーを対象とする「宥和 appeasement」政策と呼ばれたものの全体を断罪し、イギリスの再軍備を熱心に勧めていたからだ。とくに、情報提供者からドイツ空軍の強化を知らされて以来、チャーチルはイギリス空軍の再軍備を第一に勧めていた。彼は、ムッソリーニも加わって一九三五年四月に締結されたストレーザ合意に満足しなかった。また同年一〇月に起きたエチオピア事件の折に、頭領に対して取られた措置〔国際連盟はムッソリーニのこのエチオピア侵略に対し、実効性のない経済制裁のみにとどめた〕をチャーチルは認めなかった。この事件においては、ファシストの頭《かしら》はヒトラー以上に戦争を挑発する者と見えたのである。さらに一九三六年には共和主義者、社会主義者、共産主義者、無政府主義者に対する警戒からフランコ支持に回りながら、一九三八年にヒトラーがフランコに近づくと態度を一変させた。こうしたチャーチルの態度の変化は、政界の人々にとってはやはり一貫性を欠いているように見えた。

ロイド＝ジョージはチャーチルとは逆に、「ヒトラーが望んでいるのは戦争ではなく、われわれの友情である」と判断していたが、この一九三〇年代の時点では、彼の誤りはまだ部分的なものでしかなかった。平和主義の空気が「宥和」政策に非常な力を与えていたので、ボールドウィンに至っては「どんな代償を支払ってでも平和を買う用意がある」とさえ言っていたほどである。そして、「もし必要ならタンガニーカ〔現在のタンザニアに属する地方名、かつてドイツ領だったが第一次大戦の後イギリス領〕を犠牲にしてでも」とネヴィル・チェンバレンがつけ加える。イギリスの駐独大使ホレス・ランボルドや彼の後任エリック・フィップスはドイツの再軍備について不安を与える報告を送ってくるのだが、それゆえに彼らは召喚され、ヒトラーとその体制の賞賛者であるネヴィル・ヘンダーソンと交代させられる。ヘンダーソンはゲーリングと友好的な関係を築き、英独海軍協定を準備し、まもなくこれに総統が署名する[69]〔一九三五年六月〕。

　チャーチルがミュンヘン会談における英仏の降参〔一九三八年九月〕を断罪したことは、フランスにおける世論と同様、ベネシュのチェコスロヴァキアの運命に無関心だったまったくの平和主義者チェンバレンがそうであったように、必要とあらばさらなる譲歩をと願うイギリスの世論に何らの影響も与えない。人々の判断は、まず第一に平和を救わねばならないというものだった。ミュンヘンから到着し、紙くずを手に飛行機を降りてきたチェンバレンがその人気の絶頂にあったのに対し、チャーチルの人気は最低だった。一九三八年一〇月五日、下院において、チャーチルは敵意に満ちた沈黙に身をさらしながら状況に診断を下す。「われわれは完全で絶対的な敗北を被った。とんでもないことがなされてしまった。数カ月後か、何年後かはわからないが、チェコスロヴァキアはナチス国家に飲み込まれてしまうだろう」。

　チェンバレンは、自分は名誉ある平和を結んだと言明した。チャーチルはコメントする――「われわれは不名誉を被った。しかもわれわれは、これによって戦争を避けられなくなった」。

　一九三九年三月一五日、ヒトラーはプラハに入城し、チェコスロヴァキアの独立に終止符を打つ。この事件はたいへんな衝撃を与える。

チャーチルと他の保守政治家たちとの違いは、チャーチルが「宥和」政策に代わりうるものとして戦争を考えているのに対し、とくにハリファックス卿とチェンバレンは、平和を維持するにはどのような譲歩がまだ可能かと頭を悩ませている点にある。

実際、チャーチルは、戦争の危険が迫っているときに平和を救うとしか語らないのは最初から戦争に敗れることだと考えていた――そしてこの危険が現実に存在していると確信していた。だがそれでも、彼の立場は維持し続けるのが難しい。空軍力の不十分さを彼が盛んに非難していたことからもわかるように、その困難はいっそう大きなものだった。結局、イギリスが当てにできるのは自前の海軍と、ハリファックスがチャーチルに繰り返し言っていたように、「折れた葦 a broken reed」であるフランス軍だけである。

そのうえチャーチル自身、公の席では断固とした姿勢を取り続けていても、私的な席ではより曖昧である。ダンツィヒの市長でありナチス党員であるアルベルト・フォルスターにチャーチルは次のように言う――「ドナウ川流域のヨーロッパでドイツの商業的影響力が増しても脅威には感じられないが、あらゆる暴力的な行動はたちまち戦争を引き起こすだろう」。もしヒトラーがズデーテン地方を奪取したならチェコ国家の残余の部分について彼に保証を求めても無駄だと判断する点において、チャーチルはハリファックスと意見と同じくしている。たしかにチャーチルは、ミュンヘン会談の結果について説明するチェンバレンを喝采するために議場の席で立ち上がることはしない――この点、彼は保守党のイーデンやダフ・クーパーと同じ態度を取る。だが議場での報告が終わると、彼はチェンバレンを祝福しに行くのである――この事実をチャーチルは『第二次大戦回想録』〔全六巻、一九四八〜五三〕には書いていない。チャーチルは自分を政府に呼び返してくれるかもしれない人々とは争いたくないのである。

プラハ占領後の時点について言えば、チェンバレンがポーランドに与えた保証は、ヒトラーが考えていたのとは異なり、「宥和」政策の放棄を意味するものではなかったと思われる。むしろチェンバレンにとってそれは、「宥和」政策を次の段階へと進めるための単なる時間稼ぎにすぎなかった。しかし、チャーチルにとっては逆に、ヒトラーによるプラハの力ずくの占領、そしてチェンバレンによるポーランドへの保証は明らかに「宥和」政策の終焉を意味するものに他ならなかった。この両者の違いが、チェンバレンがチャーチルを政府に招集しなかったことの説明となる――そんなことをすれば政策変更を公言するようなものだろう[70]。

こうして、戦争が避けうると考えられている間は、チャーチルは内閣から除かれ続ける。

序曲について再考する

立役者たちのそれぞれの視点を突き合わせてみると、まず次のようないくつかの点が指摘できるだろう。ヒトラーは、その数々の要求を発するときには、常に長々とした説明を述べ立てた。しかし、それがズデーテン地方に関わるものであれ、ダンツィヒに関わるものであれ、その要求自体は目くらましにすぎなかった。チェンバレンがバート・ゴーデスベルクで経験したように〔本書五八頁参照〕、ヒトラーは自らの要求が満たされるや否や、チェンバレンに対し、提案された解決法は自分にとってはもはや適当ではなくなったと言い出すのである[71]。

その数カ月前、駐独大使ヘンダーソンがヒトラーに対して、イギリス政府の名において中央アフリカにおけるかつてのドイツ植民地のいくつかを条件次第で返却するとの提案をおこなうと、ヒトラーは苛立った様子を見せてから、この申し出を無視してしまう。しかし、この提案は東方への進出ほどには彼の関心を引かなかったにせよ、それでも彼の要求のひとつに応えたものであった。[72]

ミュンヘン会談でのヒトラーは、自分にとって満足のいく、しかもフランス、イギリスにとっては恥ずべき退却となるひとつの結果を得たにもかかわらず、おおいに不満な様子を見せた。満足な結果は得られたが、それは「交渉の結果でしかなかった」からである。そして、ヒトラーは後になってダンツィヒ危機の折に、「もう新たなミュンヘンは二度とない」と言うのだが、この台詞はそれがチャーチルあるいはダラディエによって発せられる場合にはまったく異なる意味を持つだろう。

その証拠は、ヒトラーが力ずくでプラハに入城する際に示した喜びである。彼はその日を「わが人生で最良の日」と言った。だがヒトラーは、ミュンヘンの前には「チェコ人をドイツ国民にしたいなどとは望んでいない」と言い張っていたのである。

「何が得られるか」よりも、彼にとって重要なのは「如何にして得るか」である。彼が常に「戦争をするぞ」という脅しを口にするのはそのためである。実際、彼は戦争が起きることを願い、戦争を起こすことを欲している。だが、ドイツ国民、彼の種族の皮膚が固くなるような、力による決着までは望まないのである。ダンツィヒの国際連盟委員であるカール・ブルクハルトに、「私は予告なしにポーランドを粉砕するだろう」とヒトラーは言う。ミュンヘン会談の終了後、ドイツ人が平和の使徒チェンバレンに喝采を送るのを見たときほど、ヒトラーが失望したことはなかっただろう。ヒトラーは、モスクワでフランス、イギリスの使節団が成功するのではないかと恐れていた間、一度ないし二度、退却しようとする。「私は方針を変え、待たねばならないだろう」とヒトラーは通訳のシュミットに言っていた。一九三九年七月二七日にバイロイト〔ドイツ南部の都市〕でイギリスの新聞社社主ケーンズリー卿との会見がおこなわれた際、ヒトラーは自分に敵対的なチャーチルの持つ影響力について、ケーンズリー卿に不満を漏らしている。新聞界の大立者ケーンズリー卿はヒトラーに答える。「チャーチルに対する評価は国外のほうがイギリス国内より高いのです。国内では彼は失敗ばかりしています。最近の彼の失敗はウィンザー公の主張を支持したことです[73]」〔一八三六年一月に国王エドワード八世として即位したウィンザー公は、自身の結婚をめぐり保守党の反対を受け、同年一二月に退位。チャーチルはこの結婚を支持していた〕。

立役者たちの視点をさらに突き合わせてみると、チェンバレンがポーランド人に与えた保証については、ドイツ人の目には「宥和」政策の終焉を意味したが、イギリスの指導者たちには必ずしもそうではなかったこともわかる。ミュンヘンでの交渉の過程で、またその後も、「フランスという馬に跨って騎士を気取りつつ」ダンスを導いていたのはイギリスだった。これはパリの右翼新聞による批判である。実際、ドイツ外交を指揮していたヴァイツゼッカーは、フランスの駐独大使クーロンドルにこう言っている――「ポーランドのために戦うのはあなたたちしかいない。イギリスは戦う気はない」。ダラディエとボネは、ハリファックス、チェンバレンよりも断固とした態度を取った。フランス側は「ダンツィヒの地位についてのいかなる変更もポーランドに対する脅威と見なされる」という通告をドイツ側に出そうとしたのだ。しかしボネによるこの提案をハリファックスとチェンバレンは拒絶した。イギリスの週刊新聞『オブザーバー』に至っては、「かつてイギリスとフランスがチェコスロヴァキアに対しておこなったように、チェンバレンはポーランドに圧力をかけ、新たなミュンヘン会談を開こうとしている」とさえ非難した。実際、チェンバレンはポーランドに対し、公告〔一九三九年四月二八日、ヒトラーがイギリスとの海軍協定とポーランドとの不可侵条約の無効を通告したこと〕の公表を遅らせるよう要求し、それは四月二九日に二四時間遅らされている[74]。

フランスは戦争を望んでいなかった。平和主義がその第一の理由ではあるが、フランス空軍司令官ヴィルマン将軍が告白しているように、「われわれの空軍は二週間で撃滅されるだろう」からでもあった。指導者たちは例によって空威張りを繰り返すものの、フランスは敗北を恐れていた。もしそんなことがあれば致命的なものになるだろうと判断されていた。しかしそれでもフランスは、やはりポーランドに保証を与えていた同盟国イギリスに付いていくだろう。チャーチルが言っていたように、そしてチェンバレンも認めるように、名誉がかかっていたのだ。

ただ、チェンバレンのイギリスはなお平和を救うために譲歩をする用意があった。なぜならイギリスは、フランス以上に、スターリンと同盟を結ぶのを嫌っていたからである。効果的な攻撃はスターリンにはできないと判断されていた。フランスの右翼の考えは、ドイツへの譲歩に貢献し、ドイツがその矛先をボリシェヴィキに向けるよう仕向けることだったと広く信じられてきた。ところがダラディエの政府は結局、チャーチルによって勧められ、ソヴィエトのリトヴィノフが願っていたこのフランス、イギリス、ソヴィエト連邦の「大連合」を試みるべく、イギリス側を説得しようとした。だがイギリスの指導者たちの立場は違っていた。彼らはまず何よりもソヴィエト嫌い（チャーチル、イーデン、クリップスを除いて）だった。彼らは、もし暴力なしでおこなわれるなら、ヨーロッパのドナウ川流域地方がナチス化しても放っておくつもりだった――「スターリンよりもヒトラーのほうがましである」。自分たちの領土が侵略の脅威に曝されるとは感じていなかった。一方、フランスはそうした脅威が目の前にあると感じていた。

チェンバレンはその「宥和」政策を宣戦布告のときまで取り続ける。そしてその後もこの政策は完全に放棄されたわけではなかった。ダラディエのほうはと言えば、彼もまた、敗戦への恐れからチェンバレンに追随しそうになっている。これが「奇妙な戦争 the funny war」と呼ばれた事態である。

一九三九年八月一一日、イタリアのチアーノ伯爵はザルツブルクに赴き、ポーランドについての総統の意向を探ろうとする。

「フシュル〔ドイツ国境近く、オーストリア・ザルツブルク州の保養地〕の総統邸で、夕食を待っているときに、リッベントロープは私に、火薬庫に火を放つというドイツの決定を教えた。彼はそれを、まるで、重要度の低いつまらぬ行政上の決定を告げるように、私に言った。私たちが庭園を散歩しているときだった。

私は彼に尋ねた。『リッベントロープ、結局あなたたちは何を望んでいるのかね。ダンツィヒが欲しいのか、それとも東部にあるドイツ領と本国を結ぶ回廊が欲しいのか』。

彼は冷たい目で私を見据えて言った。『われわれはそれ以上のものを欲している。われわれは戦争がしたいのだ』[75]。

次のこともつけ加えておくべきだろう。ヒトラーが何としても戦争を欲していること、これこそが、国籍を問わず、政治指導者たちが受け入れることも想像することもできなかったことである。彼らは、第一次大戦の虐殺を経験したからには、平和を救うことこそ自分たちの職務、自分たちの責任の最も主要な事項と考えた。そして、この平和こそ、交渉の結果承認され、署名された獲得物、利益の保証だっただけに、なおさらそのように思われたのである。

しかし、この平和の保証が信念に基づくものであっただけになおさら、これを救うためなら、平和の侵犯者に対しては考えられぬほどの譲歩をおこなう結果になった。

ヒトラーは彼らとはまるで違っていた。

彼にあっては、戦争が必要だということこそ信念だった。しかも、その理由は、単に戦争が利益をもたらすからではなかった。彼のこの信念は、「ドイツ民族の使命は戦争で自分たちの力を認めさせることにある」という、彼独特のドイツ民族観に由来していた。ドイツの義務は世界を支配するか、さもなくば消滅することだった。

ドイツ人たちをこの道に引きずり込むには、ヒトラーのカリスマ性と、第三帝国の初期の成功によってもたらされた陶酔が必要になるだろう。さまざまな証言は次の点で一致している。ナチス周辺の人々を除けば、ドイツの民衆は動員に応える際、いかなる熱狂も示さなかった。「親族で固まった人々、また何人かの通行人は、駅へ向かう途上で、明らかに寡黙に、心配げに、路傍に佇んでいる。第一次大戦のときに部隊を見送っていたあの熱狂した民衆とは何たる違いだろう」[76]とヴァイツゼッカーは記している。

第二章

本当の敵は誰なのか

（一九三九～四一年）

ふたつの大戦の違い

第一次大戦のときと同様に、一九三九年に始まった大戦も当初は限られた範囲の戦いで終わるものと見られていた。一九一四年にオーストリア＝ハンガリー皇帝フランツ＝ヨーゼフがセルビアに対して敵対行動を始めた際、彼は、この行動が諸国間の同盟関係に作用してヨーロッパ規模の戦闘に発展するとは想像もしていなかった。これと同様、ヒトラーもまた、ドイツがポーランドを攻撃した後、イギリス、フランスが戦争に加わってくるとは考えていなかった。

しかし、ふたつの戦争の間には大きな違いがある。

第一次大戦は、諸国民がそれぞれのリーダーのもとに団結して戦われた歴史上まれな試練のひとつであった。各陣営では愛国的な挙国一致が支配的だった。リーダーたちは自国民に、「敵はわれわれの存在自体を疎ましく思っている」と説いていた――そして彼らは往々にして正しかった。これが第二次大戦との決定的な違いであり、一九一四年から一八年までの大戦ではどの交戦国も、その内部に、外国に共感する党派を抱えていなかったことの説明となる。

もちろん、第一次大戦のときにも戦争に反対する人々はいた。だが彼らは、敵と連帯することはなかった。彼らは自らを平和主義者、革命派と呼び、あらゆる戦争の反対者ではなかったにせよ、あらゆる政府の反対者であると自らを位置づけていた――彼らは「帝国主義的」戦争を非難していたが、自らの国を守ることは正当だと判断していた。レーニンでさえ、「自らの政府の敗北に貢献せねばならない」というそれまでのスローガンを変更し、「ヨーロッパ戦争を内戦に転化せよ」と提案せねばならなかった。イタリア、フランスにおいては、これとは違った種類の人々が、教会を政治から排除しようとする政府の政策に反対して、「堕落した祖国」に神の罰が下されることを望んだ――ただし彼らは人口の一握りにすぎなかった。

当時、諸国民は、自分たちの確信を遠い過去から引き出していた。自分たちの運命は「先祖伝来の敵」に対する防衛戦争によって刻印づけられていると彼らは教えられてきた。フランス人は、アルザス＝ロレーヌを奪ったドイツ人こそ敵だと教えられてきた〔この地方は一八七一年普仏戦争の結果ドイツに割譲。その後一九一九年にフランスに返還、一九四〇〜四四年はドイツが占領することになる〕。一方のドイツ人は、多くのスラブ人、およびルイ一四世時代〔一六八八〜九七年のファルツ戦争（アウクスブルク同盟戦争）の時代〕にファルツ選帝侯領〔ライン川中流域の両岸〕を焼き討ちしてプロイセンの成功を受け容れようとしなかったフランス人こそ敵だと教えられてきた。そしてロシア人は、黄色人種とゲルマン人、すなわちかつてはタタール人とチュートン人、現在ではトルコ人とドイツ人こそが敵だと教えられてきた。オーストリアに敵対するイタリア人にとっても、あるいはドイツの抵抗しがたい強大化によって自らの主導権を脅かされていたイギリスにとっても、事態は同じだった。ドイツはさらに、そのイギリスに対しても、自分たちの国が国力を伸ばし発展するのを邪魔する相手として、憎しみ（Hassgesang）を高言していた。[1]

一九一四年には、どの国でも愛国的な挙国一致が見られ、その結果、同盟を結ぶ際には相手国の体制など気にかけもしなかった。共和主義のフランスが政教一致のロシアと同盟し、ウィルヘルム二世のドイツがカリフ支配下のオスマントルコと同盟する。諸国民の覚醒により、オーストリア＝ハンガリー帝国、ロシア帝国、オスマントルコ帝国にはそれぞれ国内問題も発生するが、それらは指導者たちの政策を問題視させるにはほとんど至らなかった。

一九三九年の事態はまったく違っている。同盟関係を決定するのは、それぞれの国を支配する体制の性質

1939～41年

1938年

9月29日～30日　ミュンヘン会談。

1939年

3月15日　ヒトラー、ボヘミア・モラヴィア保護領を併合。

8月23日　独ソ不可侵条約調印。

8月末　ノモンハンでソヴィエト軍の戦車部隊が日本軍に大勝。

9月1日　ドイツ軍、ポーランドに侵攻。**第2次大戦勃発**。

9月3日　イギリスとフランス、ドイツに宣戦布告。

9月9日　ワルシャワ攻防戦始まる。ポーランド東部にソヴィエト軍が侵攻（17日）。ドイツ軍、ワルシャワを占領（28日）。

11月30日　ソヴィエト軍、フィンランドへ侵攻。

1940年

3月12日　フィンランド・ソヴィエト戦争終結。

3月19日　フランスのダラディエ政権崩壊、ポール・レノーが新政権を組織。

4月9日　ドイツ軍、デンマークとノルウェーに侵攻。

5月10日　ドイツ軍、オランダ、ベルギー、ルクセンブルクを攻撃。

5月14日　ドイツ軍、セダンにおいてフランス軍対独防衛線（マジノ線）を突破。

5月15日、28日　オランダ軍およびベルギー軍降伏。

6月10日　イタリア、フランスとイギリスに宣戦布告。

6月14日　ドイツ軍、パリ入城。

6月16日～17日　ポール・レノー辞任、ペタン内閣が休戦を要求。

6月18日　ド・ゴール将軍、抗戦継続・対独レジスタンスのアピール。

6月22日　独仏休戦協定調印、フランスは占領地域と自由地域のふたつに分割される。

7月3日　イギリス海軍、メルス・エル・ケビール〔アルジェリアの軍港〕に碇泊中のフランス艦隊を攻撃。

7月10日　ペタン元帥が全権を掌握、ヴィシー体制の始まり。

7月28日　日本軍、仏領インドシナへ侵攻。

8月～10月　イギリスの戦い。

9月　イタリア軍、キレナイカ〔リビア東部地域〕におけるイギリス軍への攻勢。

10月3日　ヴィシー政権、最初の反ユダヤ人法を制定。

10月24日　モントワール〔フランス中部の町〕において、ピエール・ラヴァル（フランス）主導のもとにヒトラーとペタンが会談。

10月～翌年1月　イタリア・ギリシャ戦争。

11月5日　ローズヴェルト再選。

12月9日　イギリス軍、キレナイカにおけるイタリア軍への反攻。

12月13日　ラヴァル更迭。

1941年

1月1日　イギリス軍、東部アフリカにおける攻勢。
1月25日　アムステルダムにおいて、逮捕されたユダヤ人への連帯のストライキ。
2月26日　マーフィー（アメリカ）・ウェイガン（フランス）の協定（アメリカの船舶への北アフリカのフランス当局による物資供給に関する協定）。
3月11日　アメリカでイギリスへの武器貸与法成立。
3月28日　イギリス軍、マタパン岬〔ギリシャ南部〕においてイタリア海軍の一部を撃滅。
3月末～4月　ロンメル将軍（ドイツ）、キレナイカにおけるイギリス軍への反攻。
4月3日　イラクにおいてラシッド・アリが（イギリスに対する）クーデタ。
4月6日　ドイツ・イタリア両軍、ユーゴスラヴィアとギリシャへ侵攻。
4月10日　クロアチア国家の独立宣言。
4月11日　ハンガリー軍、枢軸側に立って参戦。
4月17日　ユーゴスラヴィア軍、ドイツ・イタリア両軍に降伏。ブルガリア参戦。
5月10日　ドイツ総統代理ルドルフ・ヘス、イギリスへ出発（和平提案）。誰もこの事態を予想していなかった。
5月末　ドイツ軍、クレタ島を攻撃、占領。
6月22日　ドイツ軍、ソヴィエト連邦へ侵攻。
6月26日　フィンランド、ソヴィエト連邦に宣戦布告。
6月28日～30日　ドイツ軍、ミンスク（ベラルーシ）、リヴィウ（ウクライナ）を占領。
7月3日　スターリン、焦土戦術を採用。
7月14日　ヴィシー政府のフランス軍とイギリス軍、シリアのアッコ（アクル〔現イスラエル領〕における休戦）。
8月14日　チャーチルとローズヴェルト、大西洋憲章に署名。
8月21日　フランスにおいて、ファビアン大佐によるドイツ人への初めてのテロ攻撃。
8月末　イギリス・ソヴィエト両軍、イランを占領。
10月末　ドイツ軍、10月2日にモスクワ攻囲戦にて大攻勢を開始するが戦果は得られず。
11月7日　スターリン、愛国的抵抗を呼びかける激しいアピール。
12月6日　ジューコフ指揮のソヴィエト軍、モスクワ攻防戦における反攻。
12月7日（日本時間8日）　日本軍、真珠湾を攻撃。
12月　アメリカ、日本に宣戦布告（7日、日本時間8日）。ドイツ、アメリカに宣戦布告（11日）。

である。共産主義、ナチズム、ファシズム、これらが及ぼす魅力が、民主主義諸国の大部分において国論を分裂させることになる。

ド・ゴール――愛国的分裂を越えて

フランスは他のどの国よりも、世紀の戦いによって弱体化されていた。フランス人の一部の間では、一九一八年以来、相変わらずドイツこそが主要敵であり続けている。その間ドイツは、フランス国民の未来にとって危険な復讐心を抱き続けてはいなかっただろうか。ドイツは、戦争によって破壊されてはおらず、フランスより人口が多いのに、諸条約によって定められた賠償金を払おうともしない。

ところが、ヒトラーが一九三三年に政権を取り、ドイツの脅威が増してくると、フランスの政策にはぶれが見られはじめる。新たな戦争への恐怖、人民戦線の政府によって生まれた期待、「事なかれ」を求める平和主義が国民全体を覆うようになり、スペインの共和主義を（ファシズムに対抗して）守ることには熱心だが、ドイツに対しては逃げ腰の交渉を続けながらこの国を何とかなだめようとする――その結果取られるのは意気地なしの政策である。左翼はファシズムのイタリアとの同盟を望まないし、右翼はソヴィエト体制を取る国との同盟を望まない。理想とされたのはドイツをソヴィエト連邦に差し向けることだった――もちろん共産主義者たちはこの理想に与しない。イギリス人の大半の考えも、やはりドイツをソヴィエト連邦に対抗させたいというものだった。

実を言えば、諸国の献身的な共産党に支えられたソヴィエト連邦こそ主要な敵だと確信するフランス人たちもいた。「ボリシェヴィキの危険」こそ何よりも大きな脅威だと見なす人々である。彼らによれば、ドイツとの間では「矛を収め」ねばならない——これはアリスティド・ブリアン、次いでその後継者ピエール・ラヴァルによって打ち出された考えであり、ラヴァルはフランスの隣人が採用する体制がワイマール体制であれナチズムであれ、その選択とは無関係にこうした考えが適応されるべきだと主張していた。ブリアンの考え、国際連盟を守り立てることこそ重要だとする考えが支配的だった間は、左翼はフランスの再軍備の速度を抑制しようとした。だが一九三四年以後、平和主義を唱えたのはむしろ右翼の側だった。当時の状況にあっては、新たな戦争はソヴィエト連邦の、すなわち社会主義の利益になると考えられたからだ。「人民戦線内閣のブルムよりはヒトラーのほうがましだ」というのが、デアやドリオのような反ソ反共の人々がつぶやいていたスローガンである。これ以後、フランス内部での争いが愛国的感情に優越するようになり、一般市民は『グランゴワール』『カンディッド』『ジュ・スュイ・パルトゥー』等の極右の新聞、あるいは『ル・プティ・パリジャン』『ル・ジュール』等の右翼の新聞によって圧倒され、意気阻喪させられていく。右翼では、ポール・レノーやジョルジュ・マンデルといった人々だけがこの潮流に抵抗する。彼らは好戦派と見なされる。ジョルジュ・ボネは、戦争が起きればフランスの敗北は避けられないと判断している。軍事大臣、次いで首相となったエドゥアール・ダラディエもやはり同様に考えている。

フランスにとって外交上のワーテルロー〔本書七四頁参照〕であった独ソ不可侵条約は、ドイツがふたつの戦線において同時に戦う必要がなくなることを意味した。フランスにおいてこの条約の締結は共産主義者、ファシストの両者を呆然とさせ、多少ながらもフランスの国論を統一させるという逆説的な結果をもたらした（共産主義者たちは独ソ不可侵条約を「平和をもたらす要因」として是認したためダラディエによって投獄、排除された）。しかし、戦争が宣言された後も、国論の分断は、目立たない形で残り続ける。その証拠に、一九三九年秋、ソヴィエト連邦がフィンランドを攻撃した折〔一一月三〇日〕には、フランスの新聞はドイツに対して以上にモスクワに対して、より激しい非難をおこなっている。だがドイツはすでにポーランドを押し潰していたし、しかもフランスとは戦争状態にあった。以上が、心の底から反ソヴィエト的であったフランスの指導者たちが激しい衝撃を受けた理由である。フィンランドを助ける目的だけでなく、ドイツへの「鉄の輸送路の遮断」を目的とするノルウェー遠征が考えられたのはこの文脈においてであった。ライン戦線における無気力を隠すためにダラディエがノルウェー遠征を推進すればするほど、チェンバレンはそれを嫌がる。そうなれば今度は自分たちイギリスがそれをしなければならなくなるし、責任を負わされるからである。だが、フランスが臆病風に吹かれるのを当てにしていたヒトラーは、ソヴィエト連邦が問題になるときに限ってフランスのこの受動的な態度が攻撃的な姿勢に変わるということを想像もしていなかった。しかし、ヒトラーはノルウェーで連合国の機先を制し〔一九四〇年四月九日〕、連合国はナルヴィク〔北極圏ノルウェー中北部ノールラン郡に位置する海港の町〕にしがみつくことを余儀なくされる。連合国のこの遠征は失敗に終わり、ドイツ空軍はイギリス海軍に対する優越を、言い換えれば海上戦力に対する航空戦力の圧倒的優越を示す。

ダラディエとガムラン将軍にとって、このノルウェー遠征には敵対感情をフランス国境から遠ざけるという利点もあった。だがフィンランドが一九四〇年三月一二日にソヴィエト連邦との休戦協定に署名すると、正面対決を少しでも遅らせようとするフランスのこの試みは、無に帰してしまう。あれほど恐れられていた正面対決は五月一〇日、ドイツ軍がオランダ、ベルギー、ルクセンブルクを攻撃した日から始まった〔この日、イギリスでチャーチル挙国一致内閣が成立する〕。

ダラディエとチェンバレンの二人の宰相がより戦争に積極的なポール・レノーと（そしてまもなく）ウィンストン・チャーチルに取って代わられると、フランス軍は同盟軍を助けるためにベルギー、オランダに入った――「そうする必要があったのだ」とガムラン将軍は説明している。しかしドイツ機甲部隊総司令官グデーリアンの部隊がフランスのアルデンヌ地方を横切りダンケルクに向けて進軍し、フランス・イギリス両軍を網に捕える。これは、フランス・イギリス両軍にとっては避けがたい敗北を予感させる作戦となった。

フランス軍は、ペタンの想像に反して「アルデンヌ山塊〔フランス北西部からベルギー南東部〕を出たところでドイツ軍を捕足すること」ができなかった。結集したドイツ軍機甲部隊はド・ゴール大佐の予言どおり戦闘に勝利した。フランス軍にとっては破局的な事態だった。

パリが脅かされると、呆然とした住民たちによる、信じがたい規模の集団避難〔一九四〇年五月～六月、ドイツ軍の進撃を控えての北フランス住民による集団避難〕が始まる。避難民たちは、逃げる途中、四方八方に散り散りになっていく自国の軍隊と遭遇する。その敗北は容易に予測できた。しかし、その後この軍が、言われている以上にしっかり戦ったことは長い間知られていなかった。

この時点においては、誰にとっても疑いなく、ドイツこそが主要な敵であり、敵そのものだった。ところが、チャーチルや、イギリス空軍を率いるダウディング将軍は一向に援軍を派遣しようとしない。彼らはイギリス本土の防衛に備えて（近々イギリスも脅かされることになるだろう）、イギリス空軍を温存しようとしたのだ。まもなくフランスの指導者たちはイギリスに恨みを抱くようになる。とくにフランス軍部にあっては、年来のイギリス嫌いが新たな根拠を得ることになる。人民戦線の指導者たちに敗北の責任があると考える軍部は、新たな最高司令官ウェイガン将軍の、そしてそれに続くペタンの敗北主義的な言葉を支持する。状況が深刻になればなるほど、老元帥ペタンは、戦闘の終結だけが「国の再生」を可能にすると仄めかすようになる。ペタンにとってもウェイガンにとっても、急速に、国の再生こそが目的となる。その目的はいわば敗北によって可能になるとされたのである。したがって、政府を北アフリカや別の場所に移すことなど問題にはなり得なかった。ウェイガンは「足に鉄球をつけて」でも本土にとどまると言明する。ペタンもウェイガンの言をさらに進め、自分自身は何があっても国を出たりはしないと繰り返す。

おそらく軍事的状況は絶望的である。ドイツ軍がパリを占領し〔一九四〇年六月一四日〕、ロワール川を越えた後では、状況は戦闘終結を余儀なくさせるだろう——だがどのような形で戦闘を終えればよいのか。軍事的な降伏だろうか、単なる戦闘停止だろうか、それとも休戦協定の締結だろうか。

ところでこの敗北に際して、国外で戦闘を続けようと望む「強硬派」が勢力を失ったことは明確になったが、優勢となった「柔軟派」のほうはすでに敵を変えていた。ドイツに対して「矛を納めた」今、敵はもはやドイツではなく、自国のこれまでの体制、すなわち憎しみを買った第三共和国となっていた。第三共和国こそが敗戦の恥辱を引き受けるべきであり、この体制の転覆は休戦協定の調印によってのみ可能だとされたのだ[2]〔一九四〇年六月一七日、ペタン内閣はスペインを通じ対独講和を要求。二二日、独仏休戦協定調印〕。

敗戦とともに戦争は終わったと確信し、また新たな時代の幕が開き、これまでとは異なる社会が出現すると確信した彼ら「柔軟派」は、共和国に対する憎しみに身を任せる。一九三四年二月六日〔この日右翼諸団体による騒擾がパリで発生する〕に共和国体制に攻撃を仕掛けた人々が、ペタンの周りに再び姿を見せはじめる。彼らは過激な国家主義者シャルル・モーラスを思想的指導者とする人々の集まりだった。だが実は、この動きの淵源はさらに遠くまで遡る。

一九世紀中葉から経験してきた経済と社会の目の眩むような変化は、革命的なものもそうでないものも、あるいは左翼ないし右翼に発するものもそのどちらでもないものも含め、非常に多くの企図を生み出してきたが、そうした企図のいずれもが、きわめて意図的に反議会主義的であったり、政党に対して敵対的であったりした。こうした企図に発する争いは、ドレフュス事件〔一八九四年、フランスの軍人ドレフュスがドイツのスパイ容疑で逮捕、流刑に処された冤罪事件〕の折や教会と国家の分離〔一九〇五年、政教分離法成立〕の折に激しくなり、一九一四年から一八年の戦争で国家の神聖な統一が唱えられたときに一旦は静まったものの、その後すぐにぶり返す。フランスではロシア、イタリア、ドイツで採用されたような解決策〔独裁政治〕は忌避されたが、それでもそうした解決策に共感を示す人々も存在した。

自国の体制に反対する彼らは、それらの国が採用する解決策の根源にあるもので自らの思想を養っていた。その結果、第二次大戦の足音をみなが感じはじめた大戦前夜には、もはや共和国、人権、啓蒙の理想を熱心に擁護する人々の声はかき消されてしまっていた。

事実、この第三共和国崩壊の過程で強い印象を与えるのは、それまでの一〇年間、共和国を導き、共和国を体現してきた人々が次々と表舞台から姿を消したことである。セダンが突破された際にダラディエが去り、すぐ後でガムランが更迭された。それぞれ共和国大統領、上院議長、下院議長であったアルベール・ルブラン、ジャヌネ、エリオも去った。今や力を失ったポール・レノーをはじめとする議員たちはペタン元帥に権力を委ねている。ペタン元帥は権力を握った当日に休戦協定の調印をドイツに求め、ピエール・ラヴァルに体制転換の仕事を任せる。

この激変にあって、単なる閣外大臣にすぎないひとりの男が事態に抵抗しようと試みる。彼はたったひとりだが、断固たる決意をしている。

ミュンヘン会談の直後、ド・ゴール大佐はメッスにいたメイエール中佐に宛てて次のように書いている。

「フランス人として、そして兵士として、私はわが国が戦いもせずに降伏したことで恥辱に押し潰されている」[3]。

ド・ゴールはミュンヘン会談に反対だった。政治家ではポール・レノーがミュンヘン会談に反対していた――レノーは、ド・ゴールの「機械化された軍隊」という考え方に支持を与えた唯一の政治家である。ド・ゴールはまた、戦争が始まる以前から攻撃的な政治の主唱者だった。彼の議論によれば、共和国体制が神聖視してきたマジノ線〔第一次大戦後、フランス・ドイツ国境を中心に構築されたフランスの対ドイツ要塞線〕は、その存在それ自体が問題である。つまりこの城壁はその内側に蹲《うずくま》ったフランスが自らの同盟諸国を助けるために何もしないことを意味し、それゆえにそれらの諸国はドイツによって飲み込まれてしまうかもしれないのだ。

この点は明瞭にしておきたいのだが、この右翼的な人間、何よりもまず軍人であるド・ゴールにとってはドイツこそが主要な敵だった。

ド・ゴールはチャーチルと違って、ヒトラー体制の特殊性については語らない。また、ナチス体制の出現がドイツを文明にとっての脅威にしたとも言わない。だが、愛国主義者で、ときには王政主義者とも見えるド・ゴールは、この主要な敵に打ち勝つためならば右翼の人間であれ左翼の人間であれ、「機械化された軍隊」を持つという一点で、彼と考えを同じくするすべての人間を評価する。そうした人間とは、たとえば右翼にあってはジョルジュ・マンデルであり、左翼にあってはレオン・ブルムである。ただしブルムについては留保を加える。ド・ゴールによれば、ブルムがプロの軍隊（機械化された軍隊を運営するにはプロの軍隊が必要である）に示す警戒は、ブーランジェ〔大衆的反議会主義運動を発展させ政府から危険視された一九世紀末の軍人〕以来の、軍を私物化しようとする軍人や政治を取り込もうとする軍人を、常に疑いの目で見たがる左翼のイデオロギーに由来するものであるからだ。

敗北の数日後、ド・ゴールはカトルー将軍に手紙を書き、直前に起きたことをこう語っている。

「戦闘の最後の数日間、私は政府にいたので、指導者たちの周囲に対する、また指導者たちの精神に対する敵の工作がどれほど巧みなものであったかを見ることができた。われわれの共通の友ポール・レノーの失墜と哀れな老元帥の権力掌握が降伏を意味するということを、私は一瞬たりとも疑わなかった。私はこれに従うのを拒否し、ロンドンに赴き、そこから戦うフランスを再構築することにしたのだ[4]」。

この書簡はおそらく公刊を考えたものではない。この書簡は、彼が一九一四年から一八年に捕虜となって以来の、彼の活動の原動力となっていた愛国的感情の強さを十分には示していないからだ。かつて捕虜とされ、行動できない状態を強制されたこと、また彼の父親が一八七一年の普仏戦争の敗戦以来、行動の機会を待ちながら行動できなかったこと、これらのことがド・ゴールに、常に行動を求めさせてきた。自分の国が一九三三年〔ヒトラー政権成立〕以来被ってきた敗北を見て、そして政界やそれ以上に軍人たちが彼の推奨する軍事プラン（歴史が――あまりにも遅れて――その正しさを証明した彼の再軍備プラン）を採用しなかったという彼にとっての個人的な敗北によって、彼の後悔（これは彼自身が用いている言葉である）は怒りに変わった。たしかに、彼はグデーリアン司令官率いるドイツ機甲部隊の進軍をラオン〔フランス北部ピカルディー地方エーヌ県の町〕近郊で阻止するという個人的な成功は得た。だが、この成功は、なおさら彼を苛立たせる。この成功は彼の見方の正しさを明らかにしたのだから、もし人々が彼の言に耳を傾けていたなら、敗北の破局は食い止められていたかもしれないのだ。

ベルギー、ダンケルク、ソム川〔フランス北部ピカルディー地方を流れる川〕の戦闘は敗北に終わったが、ド・ゴールはそれでも、チャーチルが体現するような戦いへの断固たる意志が、周囲に漂う敗北主義に優るなら、戦争全体はまだ敗北と決まったわけではないと考えていた。一九四〇年六月一四日〔ドイツ軍、パリ入城〕、逃走の道すがらポール・レノーの官房長ドミニック・ルカがド・ゴールにこう説明する。「政府は〝ブルターニュの僻地〟に退却するわけにはいかない。したがって、レノー首相はアルジェに脱出し、その間、ペタン元帥をフランス本土の〝町長〟に任命する」。ド・ゴールはすげなく問い返す。「それで、われわれは戦うのか、戦わないのか」。それから、休戦協定の調印を支持するウェイガンとペタンの言にレノー首相が屈していると感じると、首相に対してぶっきらぼうに次のように言い放つ。「私はささやかながらあなたにお仕えしてきましたが、それは戦争をするためです。私は休戦協定に従うことは拒否します。もしフランスにとどまるなら、あなたは力をまったく失ってしまうでしょう。できるだけ早くアルジェに行き、体制を立て直さなければなりません。あなたはその決意をなさいましたか、なさっていないのですか」[5]。

同年三月一九日に権力の座に就いたポール・レノーはイギリスとの絆を強め、同盟したイギリスとの間で合意がなければ単独ではドイツとの休戦協定は結ばないことに同意〔一九四〇年三月二三日〕していた。しかし、結局はウェイガンとペタンに与した大半の閣僚に見捨てられ、六月一六日に辞任、権力をペタン元帥に委ねた。元帥はすぐさまドイツに休戦協定の調印を求める。こうして元帥と袂を分かち、もはや自らの言葉を裏切った内閣の閣外大臣でもなくなったド・ゴールは、たったひとりロンドンへ向けて飛び立つ。たったひとりだが、しかし断固たる決意をしている[6]。

「でも、あなたの本当の使命はいったい何なのですか」――ロンドンではジャン・モネの妻がド・ゴールに尋ねる。彼女はド・ゴール将軍がペタン元帥の政府のメンバーでないのを知っていた。

ド・ゴールは彼女に答える。「奥様、私は何らかの使命を与えられて派遣されてきたのではありません。私がここにいるのはフランスの名誉を救うためです[*7]」。

一九四〇年六月一八日、チャーチルの同意のもと、ド・ゴールはロンドンから対独レジスタンスのアピールを出し、自由フランスを組織する。このアピールは孤立した人間が出すものであり、まだ休戦協定の条件がわからぬ段階でのものだったので、ここでの彼はイギリスの内閣の気に障らぬよう、復讐を求めるような言辞を控えねばならない。クレマンソー首相が一九一七年に自分の計画について尋ねられたとき「私は戦争をするんだ」と答えたように、ド・ゴールも一九四〇年六月に「戦争をしている」。しかし、猛虎クレマンソーとは異なり、ド・ゴールには軍隊も国家も味方していない。チャーチルは彼に言う。「あなたはたったひとりです。よろしい、ひとりであるあなたを私は認知しましょう[8]」。

ド・ゴールはなぜこのような誇り高さ、このような精力を持ち得たのだろうか。

それは彼が他の人々に対し覚えていた、「自分は連中とは違う」という密かな感情によるものだったと思われる。

青年時代のシャルル・ド・ゴールは、自分はフランスに仕える運命の人間だと心に決め、最高司令官の役を自分の頭の中で自分に割り振り、ものごとを考えていた。しかし、一九一四年に戦争が勃発したとき、その戦争は彼に、自分が思い描いていた役割の高さに見合うだけの振舞いを許してくれなかった。彼は三度負傷したが、一度も重傷を負わなかった。それなのに、彼は自分が夢見ていた運命とそれに見合う階級を得られなかった。その後に見せる予言的天才をもってしても、その才能の大きさに対しては嫉みを含んだ尊敬を得るにとどまった。唯一、他に類例を見ないその行動だけが、彼を、彼自身がそうなるべきと考えていた者にしてくれるだろう。

その行動とは、まさにフランスの敗北の折に彼が取った行動である。

チャーチル——決して絶望しない never say die

ウィンストン・チャーチルが想像し、また必要と判断していた戦争は、絵に描いた戦争だった。

彼はイギリス海軍を当てにしていた。しかしイギリス海軍はノルウェー沖で、ドイツ空軍を前に無力を曝け出した。彼はフランス軍を当てにしていた。しかしフランス軍はドイツ国防軍によって一口で飲み込まれた。

＊　フランスの経済学者ジャン・モネは当時ロンドンにいた。高級官僚だった彼に与えられた任務は、イギリス軍とフランス軍に共同行動を取らせることだった。大敗北に対応するために、彼は「イギリスとフランスの二国をひとつの国に融合させること」を考えたが、ポール・レノーの政府はこの案を退けた。ペタンのコメントは「死体と一緒になる奴はいないからな」というものだった。

効果的で十分な規模を持つ空軍力を自国は保持していない。そういう理由で彼は警鐘を鳴らし続けてきたはずなのに、この盲目をどのように説明すればよいのか。

ひとつの強い思いが彼を常に動かしていた。それは、防御は弱者が取る戦術である、というものだ。ところが、一九三九年九月三日に宣戦布告がなされ、チャーチル自身が海軍大臣になるとすぐに、彼は自国民の戦争への決意がフランス人のそれとさして変わらず、強いものではないことを見て取る。

フランスでは総司令官ガムランが、ポーランドと結んだ諸条約は彼に九月一二日以前に攻撃をおこなうよう強いるものではないと判断している。だがこの日にはすでにポーランド軍の半分は壊滅させられていた。であってみれば「もはや何のために攻撃などする必要があるだろう」。ガムランはまた、ドイツへの爆撃も有効ではないと判断している。それは復讐を招くかもしれず、そうなれば動員を速やかにおこなえなくなるからだ。一方、イギリスでは、チャーチルと他の数人がシュヴァルツヴァルト〔ドイツ南西部バーデン＝ヴュルテンヴェルク州に位置する森・山地〕への攻撃を示唆すると、キングスレー・ウッド卿がチェンバレン内閣の大臣のひとり、エイメリー卿に言う。「あなたは、私有地に爆撃を加えようとしているがわかっているのか」。

ヒトラーがマジノ線に躓いてしくじるのを待つこと、自らの軍事力を高めるために時間を稼ぐこと、おそらく交渉によって戦争が終結するのではないかと期待すること、こうしたことが、かつての「宥和政策」の主唱者たちが抱いていた展望である。

ところが、チャーチルが欲する戦争の仕方はこれとはまったく違っていた。攻撃に継ぐ攻撃、それが可能な場所で、可能な時期なら、すぐに攻撃を仕掛けること、これこそチャーチルの考え方である。

彼は、行動に移るようにとあらゆる人間にしつこく訴える。彼は何を考えていたのだろう。北方からドイツを撃つために、バルト海沿岸の海峡を攻撃目標とすることである。「中立政策を取るスカンディナヴィアの小国には申し訳ないが、われわれがこれらの国々の権利と自由を擁護するために戦う限りは、これらの国々はわれわれの手を縛ってはならない」。そして彼は、「ドイツ人がわれわれを背後から衝かないようにするために」、アイルランド（いわゆるエール so called Eire）〔一九二二年イギリス領からイギリスの自治領となり、三七年に独立を宣言、「エール」と改称する。三八年イギリスもこれを承認し、四九年外交的にも主権を獲得、完全独立を果たす〕による中立政策にも終止符を打たせようと望む。

一見すると逆説的だが、ノルウェーでの戦いの失敗は、彼が海軍大臣であったにもかかわらず、彼の責任とは見なされず、ヒトラーの政策に対する警戒を欠いたチェンバレンの責任とされた。そしてダラディエと同様、チェンバレンは権力の座を去らねばならず、チャーチルが連立政権の首班に任じられた〔一九四〇年五月一〇日〕。しかし、この政権に労働党は躊躇なく参加したが、チャーチルの仲間であった保守党員の多くはこの政権に好意的ではない。また、この任命は外国からは歓迎されたが、議会にはそれほど歓迎されない。

一九四〇年五月一三日、すなわちドイツ軍によるオランダ、ベルギー、ルクセンブルクへの侵略がなされた数日後、チャーチルは人々を動転させるような口調で、「血、労働、涙、汗」が必要だと国民に告げる。

チャーチルには、ドイツがわずか「一二〇台」の戦車でフランス軍を撃破できたとは信じられない。しかしフランス首相ポール・レノーが五月一五日にチャーチルを呼び寄せたとき、チャーチルはその敗北がどれほど酷いものであったかをよりはっきりと理解する。フランスのガムラン将軍はチャーチルに、自分たちの軍は幻滅と驚きに襲われながらこの敗北の中で奮戦したと説明する。ガムランの説明に対してチャーチルは次のようにコメントする。「彼はまるでアジャンクールの戦い〔百年戦争中の一四一五年一〇月二五日、フランスのアジャンクールでイングランド王ヘンリー五世率いる遠征軍がフランス諸侯軍を破った戦い〕を分析しているかのように冷静だ。未来についての一言もなければ、希望を示す一言もない。もはや予備戦力はないのだ」。

ドイツ軍の機甲部隊はラオンにいる。

この破局をまもなくベルギー王レオポルド三世の降伏（五月二八日）が確認する。一方、ロンドンでは、チェンバレンとハリファックス卿がダラディエと同様に、ムッソリーニに中立を守らせようと彼になすべき譲歩について考えている。だがこれを知ったチャーチルは譲歩に反対する。[9] 妥協を知らぬ彼の決意はパリでは驚愕を引き起こす。というのも、イタリア軍が介入してくれば、その矛先はまずフランスに向けられるだろうからだ。

ドイツの機甲部隊がダンケルクに向けて進軍した際、大陸にいたイギリスの数個師団は、新たなフランス軍総司令官ウェイガンからの、「ドイツ軍を分断する作戦に着手して欲しい」という要請を受け入れなかった。ただちにフランス側ではイギリスへの怒りが湧き起こる。そこでチャーチルはフランス軍に対してダンケルクからの撤退のため援助を約束し（五月三一日）、一方で「悲惨をともにする仲間同士のあらゆる争いを避け、可能ならば降伏などせずに、最後までダンケルクの橋頭堡を守る」よう要求する。

「降伏などせずに」である。

チャーチルの伝記を書いたジョン・ルカーチは、イギリスが戦場になる以前のこの時点でのチャーチルの決意こそ、二〇世紀前半の歴史の流れを変えた大きな転換点だと分析する。その前日、老ライオン・チャーチルはイギリス国民を奮い立たせていた。彼は国民に言った。「われわれはどんな犠牲を払ってでもわれわれの島を守り抜くだろう。海岸で、われわれの飛行場の上で、野で、街路で、われわれは戦い続けるだろう。そんなことがありうるとは微塵も考えていないが、たとえわれわれの島が服従させられ、飢えさせられても、われわれは決して降伏などしない。もしそうなっても、われわれの帝国はイギリス海軍に守られて、新世界が旧世界を救うその日を神が選ばれるときまで、戦い続ける」。

彼はこのように言い、その後も同じ言を繰り返すだろう。

フランスでは、自分の意見が少数派にすぎぬと感じていたポール・レノーが、ブリアール〔フランスのロワール川沿い、トゥール近くの町〕で開かれた六月一三日の閣議の席にチャーチルを援軍に呼ぶ。レノーが期待するのは、チャーチルがウェイガン、ペタン、ショータンその他の人々の気を取り直させてくれることである。論議の中心は、フランスもイギリスも単独では休戦条約を結ばないという、かつて取り交わされた約束をめぐっておこなわれた。だがイギリスはこれまでどのような援助をフランスに与えてくれただろうか――フランス軍の四分の一ほどの兵力でフランス兵のダンケルク撤退支援に参加したことを除けば。チャーチルはイギリス軍の三九の飛行中隊のうちフランスの戦いではわずか五飛行中隊しか差し出さなかったこと、そしてフランスの国土にはその時点でほとんどイギリス兵がいなかったことを知っている。秋になればもっと多くの兵員を送れるだろう、とチャーチルは約束する。ポール・レノーは気分を害する――「あなたは今、砂漠にいる男に、雨季になったら水が飲めると答えている」。ウェイガンが述べ立てる絶望的な状況を聞いて、チャーチルはフランス人がおこなった英雄的な防御を賞賛し、「フランスが譲歩せざるを得なくなるかもしれないことは理解する」と述べる。だがイギリスは戦いを継続する決意を固めている。チャーチルはこの閣議の席で、イギリス国民に向けた彼の演説の一部を朗読する。「たとえイギリスの島々が侵略を受けても、イギリスではひとつひとつの村が国を守り抜き、決して降伏はしない」。これを聞いてペタンは、同席したイギリスの外務大臣イーデンに皮肉に満ちた眼差しを送る[10]。

その翌々日、ポール・レノー（彼は自身がその署名者であったために、単独での休戦協定は結ばないとする三月二三日の同意を破れないと考えている）は、「イギリスの首相は、フランスに対しておおいに同情し、諦めたように見える」と記している。

閣議においてペタンは、休戦協定の調印は避けられないと言明し、フランスに戦争準備ができていなかったのは人民戦線のせいであり、アフリカで戦争を継続するという考えは滑稽だと述べる。そして、イギリスにはドイツに一カ月以上抵抗するだけの能力はないとの判断から、イギリスにも平和に向けた交渉に入るよう忠告する――「まだ間に合う」。これに対してイギリスの連絡将校スピアーズ大佐は「われわれだけを戦わせることは、共通の大義上、あなたがたにはできないはずです」と答える。するとペタンは「あなたがたこそ、われわれだけを戦わせたではないか」[11]と応じる。

事実、チャーチルは戦況が絶望的だと見て、フランスを見捨て、イギリス空軍を自国の防衛用に取っておいた。ちょうど、数カ月前にフランスがポーランドを見捨てたのと同様だった。

六月一八日、ブリアールでの閣議の五日後、フランスの敗北〔対独講和の要求〕の翌日に、ウィンストン・チャーチルは熱に浮かされたような演説をおこなう。

「ウェイガン将軍がフランスの戦いと呼んだ戦いは終わった。イギリスの戦いが今にも始まろうとしている。この戦いにキリスト教文明の未来がかかっている。われわれの習俗、われわれの習慣を守れるか否かはこの戦いにかかっている。［中略］敵の怒りのすべて、敵の戦力のすべてがまもなくわれわれに襲いかかってくる。ヒトラーはわれわれの島においてわれわれを無力な存在にしなければ、自分が戦いに敗れることを知っている。もしわれわれが彼に対抗できれば、いつの日かヨーロッパ全体が自由を回復するだろう。［中略］もしわれわれが敗れれば、世界全体が、アメリカも含めて、新たな野蛮の深淵に落ち込むだろう。この新たな野蛮は倒錯的な科学によっていっそう不吉なものとなり、かつての野蛮の時代よりさらに長いものとなるだろう。

だから目覚めよう。そして強力な義務感を持とう。イギリス帝国がなお二〇〇〇年続くならば、後世の人々から常に『あれこそイギリス人の歴史の最も美しい時期だった』と言われるように振舞おう[12]」。

ペタンはチャーチルに「まだ間に合う」と言った。その瞬間、チャーチルは敗北主義の伝染が自国を、さらにはアメリカをも脅かしているのを感じ取った。ただちに彼は「自由世界の頼みの綱」、ローズヴェルトに電話をかける――「あの男は危険です」。

チャーチルが何より恐れるのは、当然のこと、休戦協定の要求をヒトラーが受け取れば、すぐにでもフランス海軍の引渡しを求めてくるだろうということだった。六月二二日、独仏休戦協定が調印されるとヒトラーはフランス海軍の武装解除、および各艦船の母港への係留を要求するだけで満足する。しかしヒトラーは、イギリスの降伏を確信しているペタンがフランス海軍を自分の手に引き渡すだろうと思っている――ウェイガンは「［イギリスは］鶏のように頸をひねられるだろう」と繰り返していた（もっとも、ダルラン提督は、ドイツに引き渡されるくらいなら自沈すると言明していた）。チャーチルはこの致命的な危険を前にして、そしてフランスが敗北した以上フランコがジブラルタルを要求するかもしれないという恐れや、常に機会を狙っている「宥和政策」の主唱者たちの策動を前にして、大きな行動に打って出ることを決める。メルス・エル・ケビール〔アルジェリアの軍港〕に碇泊中のフランス海軍がアンティル諸島〔カリブ海のフランス海外領土、マルティニクを含む諸島〕に向かうことを受け入れるのでなければ、これを撃滅しようというのである。[13]

ペタンのヴィシー政府に同盟関係の変更とナチスドイツへの協力の正当化を許すこうした一大行動を取ることにより、チャーチルは宥和政策への復帰のあらゆる可能性を摘み取る〔七月三日、イギリス軍、メルス・エル・ケビールでフランス艦隊を攻撃〕。イギリス人は敵との一対一の戦争が今度こそ本当に始まるのだと覚悟する。彼らは戦争が厳しく残忍なものになることを覚悟し、空爆あるいは敵軍の上陸もありうると考えるようになる。

七月一四日、チャーチルは盛大に自由フランス軍のド・ゴールとミュズリエ提督に栄誉を授ける――だがこのときド・ゴールは、ダンケルクから救われたあれほど多くのフランス人が、戦いを続けもせずフランスに戻ったことに失望していた。一方のイギリス首相は、この時点ではまだ、この「六月一八日の男」〔一九四〇年のこの日、ド・ゴールはロンドンで抗戦継続、対独レジスタンスをアピールした〕がフランスをどの程度代表しているかについて幻想を抱いていた。[14]

メルス・エル・ケビールへの攻撃はまた、ロンドンでのド・ゴールの立場を極めて難しいものにする。彼はイギリスの連絡将校スピアーズに「ダルランはフランス海軍をドイツに引き渡したりはしない」と確約していた。フランス海軍を撃滅し一三〇〇人の人間を殺すのは「おぞましい行為」だとチャーチルも言っていた。それにもかかわらず、イギリスはメルス・エル・ケビールを攻撃したのだ。だが、どのような仕方にせよ、ドイツがフランス海軍を自分のものにしようとする危険はあまりに大きかった。動転し、激怒し、憤激してはいたものの、ド・ゴールにもそのことは理解できる。寛大で、民主主義者であるチャーチルは、ド・ゴールがＢＢＣの放送を通じて怒りをぶちまけるのを放っておく。だがやはり、チャーチルにとり「あれらの艦船は破壊されたほうがよかったのだ」。

それ以上の事件が起きる。ブラザヴィル〔現コンゴ共和国の首都〕で形成されたフランス諸勢力の合同がド・ゴールにフランス領赤道アフリカを根拠地として与えた時期、チャーチルは彼に艦船を提供している。この艦船が、ダカール〔現セネガルの首都〕を勢力圏に収めようと、ヴィシー政府に忠誠を尽くしていたフランス領西アフリカ総督ピエール・ボワッソン指揮下のフランス人に発砲せざるを得なくなったのだ〔九月二三日〜二五日〕。ルネ・プレヴァン〔第二次大戦後、二度フランス首相を務める〕にド・ゴールが語った告白によれば、この第二の悲劇は彼を自殺の寸前にまで追い込んだらしい。

この失敗に共同責任があるとして下院で激しく攻撃されたチャーチルは、「全責任は自分にある」と言明する。メルス・エル・ケビールへの攻撃の後ド・ゴールがチャーチルを結果として擁護したように、今度はチャーチルがド・ゴール将軍の名誉を最後まで守りぬく。

メルス・エル・ケビールの海戦の六日後〔七月九日〕、ドイツ空軍は、イギリスの港を破壊し、イギリス海軍を麻痺させ、イギリス上陸を準備するために、ゲーリングによるイギリスの戦いの初期段階を開始する（「あしか See Löwe」作戦）。ドイツ空軍は八〇〇機の戦闘機と一〇〇〇機の爆撃機を投入した。これをイギリス空軍は七〇〇機の戦闘機で迎え撃たねばならない。七月一九日にハリファックス卿がヒトラーの和平提案を拒絶すると、ドイツ空軍の作戦は第二段階に入る。それは八月一〇日に始まり、一五日の一七八六回の出撃によってその頂点に達する。しかし、イギリス側の三四機の損失に対して、ドイツ側では七五機が撃墜される。ドイツ空軍のこの手ひどい失敗は、部分的にはイギリスの暗号解読システム「ウルトラ」の情報能力によって説明できるが、さらにこれに貢献したのがイギリス軍のレーダー網である。イギリスはこれによってドイツ軍の爆撃機の襲来を予測することができた。

だからこそチャーチルは、司令部の決定に介入することなく戦局を注意深く見守ることができたのだし、イギリス空軍が（たとえこの時期に成功しても）最終的には量的劣勢によって打ち負かされるかもしれない状況の中で、ドイツを攻めることができたのだ。もちろんこの反攻はドイツにとっては非常に大きな打撃となった。八月二五日のベルリン爆撃がそれである。激怒したヒトラーは、報復として「イギリスの町々を根こそぎ」にすると脅す――これは戦略の転換であって、この結果イギリスは救われる。というのも、攻撃がロンドン、後にはコヴェントリーを含む各地の大都市に分散されたことで、上陸作戦を許す危険性が減少したからだ。九月七日、ゲーリングは自らの戦略の破綻を認めざるを得ず、ヒトラーは同月末この「あしか作戦」を断念する。[15]

イギリスの勝利は薄氷を踏む思いで獲得されたものだった。ドイツ空軍は一七一七機を失い、イギリス空軍は九一五機を失ったが、開戦当初の戦力ではイギリス空軍のほうが劣っていたのである。その劣勢の中で民衆は冷静に爆撃に耐えた。これについては「ザ・ブリティッシュ・パテ・ニューズ」（記録フィルム）があまたの証言を伝えている。民衆がこのような態度を取れたのには、チャーチルの断固たる決意、戦災者に対する王妃の気遣い、進んで危険を引き受けた指導者たちの行動などがいずれも力となった。イギリス空軍がワイマールの病院やビスマルクの墓に与えた軽微な被害と、ドイツ空軍がバーミンガムやロンドンその他の町に与えた甚大な被害とを比較するならば、九月のこの時点での両軍の爆撃能力の差は歴然としている。だが、空襲で廃墟と化した町々に住民を励ましにやってきたチャーチルは、彼らの前で勝利のVサインをし

ドイツ軍の空爆（1940年11月14日）を受けたコヴェントリーの町。同年11月16日撮影。

てみせるのだ。これは彼の決意を示している。[16]

後にチャーチルが言うように、「ごくわずかな数の人間が、最大多数の人間の勝利を確かなものとした*」この「小さな戦い」こそ、そこに賭けられていたものの大きさによって戦争の転換点となったものだ。

だが、この「小さな戦い」はイギリスを救いはしたが、ゲーリングが「コヴェントリーするKoventrieren」すなわち「完全に破壊する」と決めたイギリスの町々の犠牲に終止符を打つものとはならなかった〔イギリス中部の都市コヴェントリーは、一九四〇年一一月一四日、軍需産業の拠点として、ドイツ空軍により徹底的な爆撃を被った〕。

戦後、とりわけフレデリック・W・ウィンターボーザム〔大戦中、「ウルトラ」機関の責任者〕の主張によれば[17]、チャーチルはドイツ空軍のコヴェントリー爆撃計画を「ウルトラ」を通じて事前に知っていたとされている。しかも、暗号解読作業をドイツに悟られぬよう、この町を爆撃されるがままにしておいたとも述べている。しかし事実は異なる。「ウルトラ」から得られた事前情報では、攻撃対象は首都ロンドンとなっていた。そこでチャーチルはロンドンで同胞と運命をともにするため首都に戻った。ところが、爆撃が開始されるわずか数時間前に入手した別の情報では、他のいくつかの町の名前も爆撃目標の候補として挙げられていた。そこには「コーン」という名前もあった。だがこの名前が「コヴェントリー」を指す暗号だったことは、まったく把握されていなかったのだ。[18]

攻撃する、常に攻撃する、たとえ劣勢にあっても攻撃すること、これこそ、自国民に元気を与え、勝利を確実にするためにチャーチルが彼らに抱かせた衝動である。

ロンドンへの度重なる爆撃が激化していくまさにそのとき、チャーチルのイギリス空軍はベルリンに対して大規模な空爆をおこなう。一方で地中海のイギリス艦隊はターラント〔イタリア南部の軍港・商業港〕の海軍基地を攻撃し、係留中の艦船の半数を使用不能にする。この最初の成功に気をよくして、翌年、一九四一年二月六日には別の飛行中隊がジェノヴァを爆撃する。これを迎撃しようとイタリア軍は二〇〇機の飛行機を飛ばしたが、敵機を見つけることさえできなかった。

ロンドン空襲直後の消防隊。1941年頃。

先のノルウェー遠征での失敗を挽回すべく執念を抱くチャーチルは、これらの攻撃と並行して、ノルウェーのレジスタンス軍と協力し、あるいはシェトランド諸島〔スコットランド北方の、イギリスのスコットランド王国に属する諸島〕で訓練を受けていたノルウェー人のゲリラ部隊に呼びかけて、一九四一年三月、ロフォーテン諸島〔ノルウェー海にあるノルウェー領の諸島〕への大攻勢に出る。この上陸作戦は成功する（ただし、ノルウェー人ゲリラ部隊はその後すぐにこの地を離れている）。ゲッベルスの『日記』がこの大攻勢について証言している。三月八日の日付にはこう書いてある。「攻撃は思われていたより、激しいものだった。わが軍は一万五〇〇〇トンの艦船を失った。この結果にはノルウェー人のスパイ活動がおおいに影響している」。九日の日付にはこうある。「もうこのことは話題にすべきで

＊《Never in the field of human conflict was so much owed by so many to so few.》（人間がかつておこなった戦いにおいて、これほど多くの人間がこれほど少数の人々にこれほど多くのことを負った例はない）。

はない。テアボーフェン〔ナチスドイツの政治家で、占領地ノルウェーの実質的支配者〕はイギリスに加担する輩にとって大きな痛手となるような措置を取らねばならない」。さらに二二日には、「宣伝の責任者ルンデは〝ノルウェー人〟にしては賢い人物であり、クヴィスリングやその仲間もまともになったとは言えるが、大多数のノルウェー人はイギリス贔屓のままだ」と書き、最後に「ロフォーテン諸島でわれわれが受けた被害は甚大だった」とコメントしている。一方、イギリスでは「ザ・ブリティッシュ・パテ・ニューズ」がこの遠征について大々的に取り上げる。ゲリラ部隊に参加したノルウェー人たちは帰還後、イギリスに亡命中のノルウェー国王から祝福を受ける。[19]

こうして、メルス・エル・ケビール、ベルリン、ターラント、ロフォーテン諸島という四つの攻勢は、「チャーチルが跪いている」とヒトラーが思い込んでいたその時期になされた。

この情勢を見れば、スターリンもイギリスが本気で戦争をしていると納得するはずである。チャーチルはスターリンのもとに堅固な反ファシズム主義者、スタッフォード・クリップスを大使として送り込み、ソヴィエトの主要な敵はもはやイギリスではなくドイツになったことを理解させようと努める。いずれにせよ、スターリンもヒトラーも、おおいに考え込まねばならなくなったはずである。[20]

ヒトラー――イギリスは決まりどおりの戦争をしない

ヒトラーはチャーチルを毛嫌いしていた。戦争が始まるずっと前からそうだった。チャーチルを厄介払いする役割を、ヒトラーはチェンバレンやハリファックスよりも老ロイド＝ジョージに期待していた。

一九三九年一〇月、バーナード・ショーの書いた論説が総統ヒトラーを笑わせた。「ヒトラー主義をお払い箱にするより、むしろチャーチル主義をお払い箱にしよう」と、このイギリスのユーモリストは書いている。『サンデー・エクスプレス』紙の論説欄ではロイド＝ジョージが、今やふたつに分割されたポーランドの新たな体制の認知をめぐり、これを拒否する動きに対して警戒を呼びかけていたが、ショーも彼と同じ方向の主張をしている。彼らによれば、このような拒否は、イギリスの政治舞台の至るところに姿を見せるチャーチルにイギリスが加担するなら、たとえ彼が海軍大臣にすぎなくても、イギリスをドイツにとって不倶戴天の敵にしてしまうだろう。

老ライオン・チャーチルをイギリスから取り除けば、総統が切望する両国の接近は可能になるだろう。実際、ヒトラーはイギリス帝国の幾分かを自分のものにするという条件で、この帝国がアメリカあるいは日本によって分断されるよりは、それが生き残ってくれるほうを望んでいる。だがチャーチルの考え方がイギリスにおいて優勢になれば、この帝国を粉砕せねばならないだろうし、この帝国をあらゆる悪の元凶として糾弾せねばならないだろう[21]。たとえば、イギリスの「白書」がドイツの強制収容所を告発するや、ゲッベルスは即座に、植民地におけるイギリスの罪状を告発するドイツ製の「白書」を準備する。

チェンバレンの前言撤回、ダラディエの後退、スターリンのドイツへの迎合を見た後、ヒトラーはロンドンが断固たる姿勢でポーランド支援に踏み出していくのを見て驚く。イギリス、次いでフランスによる宣戦布告はヒトラーを当惑させる。

だが、戦闘の匂いは彼を元気づける。ゲーリングのドイツ空軍の電撃的な勝利も彼をいっそう元気づける――その直後に、ポーランド人捕虜への最初の虐殺がおこなわれる。

ドイツ空軍の整備計画は一九四二年にしか終了せず、ドイツ海軍の整備計画のほうは一九四三年にしか終了しないはずである。それなのに、イギリスとフランスの参戦は戦争の長期化を意味するものであった。一九三九年一〇月末、ヒトラーはゲッベルスに言う。「軍人たちは整備計画が完全に完了したなどとはもちろん考えていない。だが大事なのは、わが国の軍備が他国以上によりよく戦争に立ち向かえる状態になっているかどうかだ」。ヒトラーにとって理解できないのはフランスが無気力のままでいることだ。「大砲を打ち合うだけの戦争など滑稽なものだ。〔…〕それはポーランド人にとって何の助けにもならない。もしフランスがその日［一〇月一三日］の時点まで何もしていなかったのだとしたら、後になって連中に何ができると言うのか」。「まったく連中の考えていることはわからない」とヒトラーはつけ加える。

「われわれの真の敵はイギリスだ」――チャーチルを非難するために、いやチャーチルだけを非難するためにヒトラーはなおも繰り返す。「イギリスが強国だなどというのは神話だ。そんな見方は現実的ではない。イギリスをノックアウトせねばならない。そうでもしなければ、世界にはもはや平和はないだろう」。

こうした言葉は公の場で発せられたものではない。その数日前に会ったスウェーデン人、スヴェン・ヘディンを、やはりヒトラーは公の場でないところで非難している。ヘディンは『ニュー・クロニック』紙上に「結局のところドイツの真の敵はロシアだ」と書いた。彼はハリファックス卿のようなイギリスの平和主義者と共謀しているのだろうか。事実、ハリファックス卿はスターリンが遣わした大使マイスキーに、イギリスは植民地のいくつかをドイツに譲って講和するかもしれないと伝えていた。「今となってはイギリスの平和主義者の連中など相手にすべきではない」とヒトラーはゲッベルスに命じる。フランスの消極的な姿勢を見て、ヒトラーはさらに目標を遠くに置くようになっている。

この態度は何を意味するのだろう。フランスが敗れる以上――この点についてヒトラーはまったく疑っていなかった――、戦争の中止は自らの優勢に乗じてイギリスを跪かせるには妨げであり、それゆえ平和主義者たちによる介入は彼の興味を引かないということなのか。あるいは、自国の海軍力の不足がイギリスを跪かせられない現状ゆえに、もしイギリスの「柔軟派」の勝利を望むような素振りを見せれば、「はったり屋」と言われかねないことを恐れているのか。少なくとも、イギリス人からそのように言われること、あるいはイギリス人がそのように考えているのを想像することほど、ヒトラーの苛立ちを強めることはなかった。したがって「イギリスを馬から降ろすこと」こそ最優先だった。ボリシェヴィキやスラブの有象無象と片を付ける前に、それをやってしまわねばならない。ボリシェヴィキ、そしてスラブの有象無象のほうは「雑作なく」片付くだろう。

一九四〇年一月二二日、ヒトラーはゲッベルスの家族に自分の計画を述べている。ゲッベルスの『日記』にはこうある。「彼の頭にあるのはイギリスとの戦争である。『天候が良くなりしだい、イギリスはヨーロッパから放逐されるだろうし、フランスは大国としては破壊されるだろう。そうすればドイツがヨーロッパの覇権を握り、平和が訪れるだろう。これこそがわれわれの目的、永遠の目的である』。それが成し遂げられた後も、彼はいくつかの社会的改革の仕事を続け、何年か後には、いわば国家社会主義の一種の聖書を書くために引退し、権力を他の人々に委ねるだろう」[22]。

同年三月一八日、ブレンナー峠でムッソリーニに会った際、ヒトラーはこれに類したことを語り、ソヴィエト連邦との同盟は純粋に「戦略的」なものであり、ドイツにとって真の友はイタリアだけだと確言する。ヒトラーはおそらく、ムッソリーニが一九三九年九月に「参戦する」という脅しをおこなわなかったことを残念に思っている。そうしてくれていれば、戦争はおこなわずに済んだかもしれないのである。参戦するだけの準備がイタリアにできていなかったことは理解できる。だが、今回はそうではない。ヒトラーはムッソリーニにこう示唆する。「今日ではもはやかつてポーランドと敵対していたときのようにイタリアのそうした身振りをドイツは必要としていないものの、それでも、そうした身振りをイタリアがしてくれることは望ましい」。もし頭領が地中海の主人となりたいなら、そうしてくれるのが望ましいのだ。そうすればムッソリーニはイギリスの絶滅に貢献することになるだろう。[23]

一九一四年から一八年のときと同様、フランスとイギリスは以前から存在する周辺戦争という考え方を採用し、「フィンランドを助けるために」ノルウェーに介入してくるかもしれない。これを恐れたヒトラーは、彼らよりも先にそこに進軍せねばならないとする海軍の意見を入れる。イギリスはドイツの「鉄の供給路」を遮断するためにノルウェーの海岸に機雷を敷設しようとしている。このことがドイツの進軍を速やかに決行し、「北の大陸封鎖」を構想するための口実となる。そこからドイツはイギリスを爆撃できるだろう。

ヴェーザー演習作戦〔ナチスドイツが一九四〇年四月九日にデンマーク・ノルウェーに対しておこなった奇襲作戦〕は大成功裏に終了した。連合軍は急襲され、ノルウェーに残った彼らの根拠地はナルヴィクだけになった。この間、デンマーク国王は降伏し、ノルウェー国王はイギリスに亡命せざるを得なくなった。それでも、連合軍のこの完全な失敗は、ヒトラーにとっては完全な成功ではなかった。この作戦でドイツの空軍はイギリス海軍に対する優越を示せたものの、ドイツ海軍のほうは戦力のかなりの部分をイギリス海軍によって戦闘不能にされてしまったからだ。

ポーランドに対する戦闘においては、ヒトラーは軍の最高司令部に戦争遂行を任せていた。もっとも華々しい成功を収めたのはゲーリング指揮下の空軍だった。ゲーリングはポーランドのレジスタンス勢力によるあらゆる試みをその発生時に押し潰した。ヒトラーが非難したのはわずかに陸軍のブラウヒッチュ将軍とその参謀部で、その理由は、「われわれの人種差別論的立場を理解せず」、親衛隊〔ヒトラーを護衛するナチス党内組織として一九二五年に創設。ドイツ国内、占領地における治安維持、ユダヤ人迫害に積極的役割を果たす〕による捕虜の大量処刑を抑制したことである。

スカンディナヴィア半島でも、空軍の功績が目立った。大きな戦力を失っていた海軍もこの勝利に貢献し、総統はそれを讃えた。

ヒトラーは軍の首脳を、その責任において行動するがままにさせておいた。ヴァーリモント将軍は、ヒトラーの神経質、自信のなさ、興奮しやすさを指摘し、当時の彼は精神の均衡を失っていたと記している。要するに、信頼に値しないということなのだが、しかしヒトラーが収めた以前の数々の成功、そして今回の華々しい成功のために、もはや誰も、彼の権威に疑いを示せなくなっていた。[24]

ルカーチの指摘によれば、ヒトラーがドイツ国防軍の戦略の決定に初めて直接的に関与したのは、フランスの戦いを準備する段階である。総統は将軍たちの作戦遂行能力についてはとくに問題視しなかったが、大胆さや創造性に欠けていると考えていた。ヒトラーが考えた作戦はフォン・マンシュタイン将軍のそれと同じものだった。すなわち、連合軍がオランダとベルギー――両国ともすでにドイツが侵略していた国――の救援に向かっている間に、通行不可能と考えられていたアルデンヌを大量のパンツァー戦車（ドイツ軍の装甲車）で越えるという作戦である。この鎌の一撃の目的は、連合軍を罠にかけ、ダンケルクに進軍して連合軍を閉じ込めることにあった。この作戦の成功は、ヒトラーが軍部に対して持つ威光をさらに高めた。

フランス軍とイギリス軍がダンケルクから撤退する間（両軍においては数十万の兵士が捕虜となり、戦力はすでに失われていた）、ドイツ軍はパリへ向けての進軍を数日間中断している。これは、イギリスがドイツに交渉を要求してくるのを待つため、つまりヒトラーがイギリスに手加減を加えたためと考えられた。しかしそれは誤りである。そんなことはまったくない。ヒトラーは、パリに向けて進軍する前に、軍の再編制を求める軍首脳部の意見を受け入れていただけである。[25]

フランスに対する勝利〔一九四〇年六月一七日、フランス・ペタン内閣が対独講和を要求〕が得られてからの、ゲッベルス、ムッソリーニ、そしてドイツの参謀総長ハルダーらとの会談からも、ヒトラーが相変わらずイギリスを主要な敵と見なしているのがわかる――ソヴィエト連邦については独ソ不可侵条約を遵守しているし、ドイツの脅威となるには弱すぎるから、とりあえずは心配なしと見なされていた。しかしゲッベルスの日記には、ヒトラーが一九四〇年六月二五日に彼に言ったことを含めてこう記されている。「総統はまだイギリスに対して行動を起こすかどうか決めていない。というのも彼は、イギリス帝国を滅亡させたいとは考えていないからだ。『ドイツ人の血がアメリカ人、日本人のために流されてはならない』。彼はできればすぐにでも全般的な和平を望んでいる」。ところが、フランスとの休戦協定〔一九四〇年六月二二日〕が締結された後も、イギリス側からはいかなる提案もなされず、むしろイギリス軍による七月三日のメルス・エル・ケビールへの攻撃がチャーチルからの回答となる。ドイツの指導者たちはこの頃、次のように考えている。「イギリス人は、自分たちを待っているものが何なのかまったくわかっていない」。

フランスでの勝利から一カ月の躊躇の後、七月一九日、ヒトラーは期待される勝利について大演説をおこない、戦争が継続しているのはイギリスの責任だと言明する。この演説を、以前より好戦的で反イギリス的になっていた民衆は熱狂的に受け止めた。演説は、イギリスに理性的になるよう呼びかけるアピールの形を取ったものであり、もしイギリス政府が和平交渉に応じなければイギリス国家を破壊するという脅しを伴っていた。リッベントロープはチアーノ伯爵に、「総統は心の底からこの呼びかけが拒絶されないよう願っているのだ」と確言している。だがこの呼びかけは「宥和政策」の主唱者だったはずのハリファックス卿によって、にべもなく拒絶された[26]。

もっとも、イギリスへの上陸作戦という考えは「あしか作戦」の名ですでに具体化されていた〔七月九日開始〕。ただ、ドイツ側ではレーダー提督も陸軍首脳も、空軍がイギリス海軍を撃滅することがない限り、この作戦に全面的に賛成していたわけではないし、ヒトラー自身もこの作戦に夢中になっていたわけではない。ヒトラーに行動の決意をさせたのは、ポーランド、ノルウェー、フランスでの成功で元帥に任じられたゲーリングからの度重なる進言による。

疑い深い一方で、自信を持ってもいたヒトラーは、イギリスが譲歩をしないのはスターリンの方針転換を当てにしているからだと想像していた。この想像から、ヒトラーは、イギリスを跪かせるには前もってロシアを粉砕せねばならぬと結論した。ドイツ国防軍参謀総長ヨードルは七月二九日にこうした見方を伝えられ、軍司令部に「ヒトラーは、来年五月にロシアに対し奇襲をおこない、これを限りにボリシェヴィキを厄介払いすると決めた」と告げる。そうなれば一九四一年の秋には、イギリスに対して何でもできるようになるだろう。[27]

それでも、一九四〇年八月一日には、空海両面からの攻撃を強化し、「イギリスを最終的に屈服させるため」の指示書にヒトラーは署名していた。ゲーリングが彼に約束していたように、ヒトラーはドイツ空軍のみでこの目的が達せられると思っていたのだろうか。だが、これはやはりふたつの戦線を開くという計画であって、その計画の実施は独ソ不可侵条約という大きな成功を無効にするものに他ならなかった。

イギリスに対するドイツ空軍の攻撃は実際には一九四〇年七月中旬から開始された。その目的は港を使用不能にすることにあった。攻撃が本格化するのは八月一〇日前後からである。しかしそれが大々的に宣伝されることはなかった。もしイギリスとの間で妥協が得られるなら、それに越したことはないという考えが残っていたからである。ゲッベルスが用いた比較を用いるならば、「ヴェルダンならよいが、カルタゴはいけない」〔ヴェルダン（フランス北東部）は第一次大戦の激戦地。この地でドイツ軍はフランス軍に大損害を与えたが、フランスを滅ぼしたわけではない。しかしカルタゴは、ローマ帝国と地中海世界の覇権を争い、ローマ帝国によって完全に壊滅させられた〕。主要な敵が失墜すれば、ドイツにとっては倒錯的な効果を及ぼすかもしれないのだ。

ヒトラーの七月一九日の呼びかけに対するイギリスの頑なな拒否は、彼をたいへん苛立たせた。そして、コヴェントリー同様イギリスの町々を破壊し（Koventrieren）、イギリスを地図から抹消する（ausradieren）はずの作戦にイギリスが抵抗したことは、彼をさらに苛立たせた。「電撃的空襲」は想像されていたような効果を得られなかった。またこの失敗は、ゲーリングにとっては個人的に大きな失望となった。彼はイギリスの戦闘機ハリケーン、スピットファイヤーが果たす役割や性能について過小評価し、とりわけイギリス軍のレーダー網の能力をしっかりと認識できていなかった。[28]

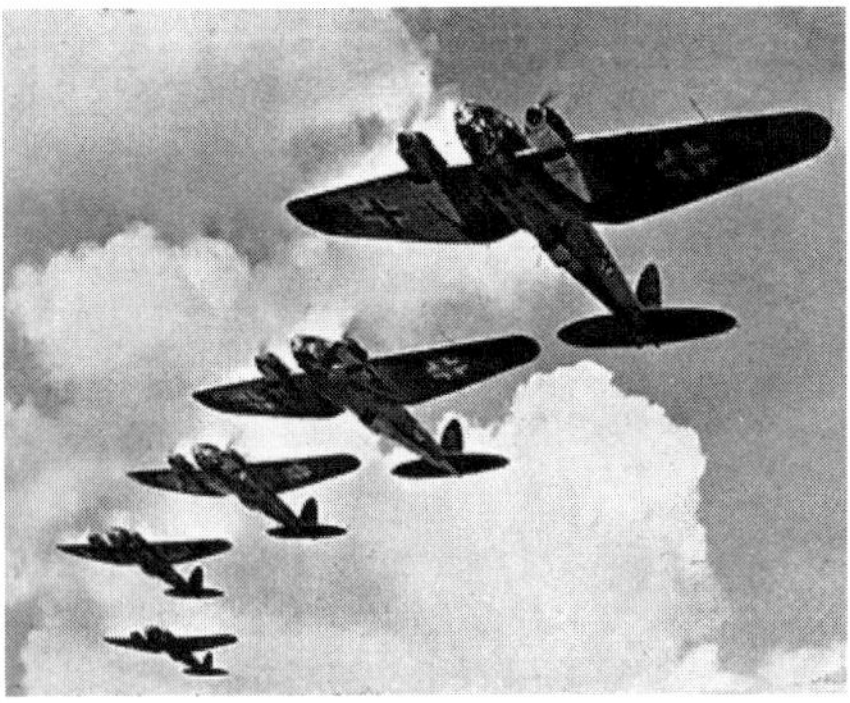

ドイツ空軍の主力爆撃機ハインケル He111。1939～42年頃。

七月一〇日から一〇月三一日までの間に、イギリス空軍が失った戦闘機は九一五機、これに対してドイツ空軍は一七一七機が撃墜された。たしかに「電撃的空襲」はイギリス側に二万三〇〇二名の死者と三万二一三八名の負傷者を出した。ヒトラーは、そのほぼ六〇パーセントをロンドンに割り当てて投下した三万二〇二トン（イギリス側の発表によれば三万四二〇三トン）の爆弾が、さらなる戦果を挙げるものと期待していた。しかし、ドイツ側の失敗がどれほどのものだったかは、翌年、一九四一年にドイツ軍が投下できた爆弾の量からも推測できる。その量はわずか二一七六トンにとどまったのだ。

「我慢だ、我慢だ」――ヒトラーは一九四〇年一一月一日と五日になお繰り返す。だが九月末以後、彼はもはや空軍力で勝利が得られるとは思っていない。この九月末に、ヒトラーは「あしか作戦」を放棄した。そもそもこの作戦はしっかり準備されたものではなかった。

総統はこの外交的、軍事的失敗を十分に意識していた。しかも、これほど大きな失敗ではないものの別の失敗も重なった。それはフランコに関わるものだった。フランコはイギリス相手の戦争に加わるのに過大な条件を出していた。そのためドイツはこれを受け入れることができず、地中海におけるイギリスの力を破壊することが難しくなっていたのだ。モントワール〔フランス中西部の町〕でのペタンとの会見に先立つ総統《カウディーリョ》フランコとの会見の後、ヒトラーは言う――「またあのフランコと交渉するぐらいなら、歯を四本抜かれるほうがましだ」〔一九四〇年一〇月二三日のこの会見で、フランコは対英宣戦を拒否した〕。この時期とくに目立つのは、ヒトラーがイギリスに対して、もっぱら憎しみ、軽蔑の言葉のみを発していることだ。

「イギリスはポーランドを支援し、戦争を開始し、私と交渉もせずに私に抵抗する。まったく、イギリスは決まりどおりの戦争をしないのだ……」[29]。

ボリシェヴィキのロシアかイギリスか――この夏の数カ月、ヒトラーはどちらが自分にとって主要な敵か自問し続けた。そしてどちらを先に打倒すべきかを考え続けた。独ソ不可侵条約締結は黙ってでもこの疑問に答えていたはずなのだが。

しかしイギリスの抵抗は、一方を片づけてからもう一方に当たるという彼の当初の考えを放棄させつつあった。一九四〇年七月二三日のドイツ国防軍参謀本部の報告は、その年の秋にソヴィエト連邦を攻撃するのは不可能だとした。これを知らされた後、ヒトラーは自身の考えをハルダー将軍に次のように語っている。

「イギリスの希望はもっぱらロシアとアメリカにかかっている。ロシアへの希望が消えれば、同時にアメリカへの希望も消えてしまうはずだ。なぜならわれわれが前者を滅ぼせば、極東において日本の勢力が非常に増すからだ。〔中略〕ロシアが打ち負かされれば、イギリスにとって最後の希望が霧散するだろう。そうなれば自分がヨーロッパとバルカン諸国の主人になるだろう」。

その三日後ヒトラーは再びハルダー将軍に言う。

「もうひとつの仮定として、イギリスを打倒するためにわれわれが本気でソヴィエト連邦と同盟するのでなければだが」[30]。

この二度の発言のいずれにおいても、ヒトラーは結論している。「だが一九四一年中に行動せねばならない。一九四二年になってしまえば、アメリカも戦争準備を整えているだろうから」。

後に一九四五年になって、ヒトラーは、あのときはスターリンが最初に攻撃を仕掛けてくることを恐れていたと述べている。しかし、当時ヒトラーがソヴィエト連邦の戦争遂行能力について何度も表明していた判断を見るならば（たしかにソヴィエトはフィンランドに和平条約を押し付けてはいたが）、一九四〇年七月に彼がバルバロッサ計画〔後世英雄と讃えられた神聖ローマ皇帝フリードリヒ一世（在位一一五二～九〇）の綽名、バルバロッサ（赤髭王）の名を冠した、ヒトラーによる対ソ戦計画〕なるものを準備することになったのは、この恐れが理由だったとは考えにくい。[31] ヒトラーは、アメリカ大統領選挙での共和党候補ウェンデル・ウィルキーの勝利を予想し、アメリカは戦争に加わらないだろうと考えていた。だが一一月にローズヴェルト再選という結果を知ると、ヒトラーは意見を変えた。ローズヴェルトの再選後ただちに制定されたイギリスへの武器貸与法は、アメリカの工業生産力の一部をイギリスのために役立てるものであった。

一九四一年、外務大臣を務めた後にモスクワ駐在ルーマニア大使となったイギリス贔屓のグリゴーレ・ガフェンクは、まさにこの時期、ヒトラーの対ソヴィエト政策についての分析をおこなっている。ガフェンクによれば、当時のヒトラーの主要な考えは、アメリカの資源がイギリスに対して果たしている役割と同じ役割を、ドイツに対してはソヴィエト連邦の資源が果たさねばならないというものだ。そうであってみれば、モスクワが示すかもしれぬ気まぐれな政策の影響を被るより、ロシアの資源を直接手に入れるようにするほうがいい。戦争が長引くに従いロシアへの依存度を高めていくより、ロシアを飲み込んでしまうほうがいい。そのうえ、ロシアとウクライナを征服するというこの考えは、イギリスとの戦闘（そしておそらく、まもなく始まるアメリカとの戦闘）によって条件づけられているとはいえ、ヒトラーを自らの起源へ連れ戻し、かつて彼がボリシェヴィキへの憎悪を示すことで獲得した人気の源へと連れ戻す。十字軍戦争へのこの移行は、西欧においては何よりもボリシェヴィキの勢力伸張を恐れる人々の共感を呼ぶだろうし、東方――トルコ、イラン、アフガニスタン――においてはロシア＝ソヴィエトの勢力減退を見て喜ぶ人々を共感させるだろう。ドイツ人にとって、自らを解放者、国家を越えたより上位の単位であるヨーロッパの構築者、その先唱者として示すことは未知の感情だった。だがこの新たな秩序を魅惑的なものにするには、それを構築するときにそれに加わる諸国民をドイツが養えねばならなかった。ところがイギリスによる封鎖によってそれがどんどん難しくなりつつある。ガフェンクは言う。「イギリスを打ち負かすには、ヒトラーはヨーロッパを征服せねばならなかった。ヨーロッパを征服してその主人にとどまるには、ヒトラーはヨーロッパを養えねばならなかった。そしてヨーロッパを養うには、ヒトラーはロシアに対する支配を自らのものとして確保せねばならなかった」[32]。

しかし、それはまだ成し遂げられてはいなかった。

リッベントロープとドイツの駐モスクワ大使シューレンブルクがとくに唱えていたスペインからロシア、日本へと至る大陸のブロック化は、イギリスに対する戦いの統一性を永続化するものであり、依然バルバロッサ計画に代わる選択肢として残されていた。この考えが採用されれば、日本にロシアとの関係において自由を与え、日本の太平洋支配によってアメリカを中立化させられるはずだった。

ただ、西においてはフランコが、たっぷりと代価を与えられなければこうした企てへの参加を拒否していたし、東においては日本の消極的な姿勢と、ロシアのバルカン地域への強力な勢力伸張が見られた。これらがこの計画にとっては大きな足枷となっていた。ロシアの勢力伸張は、イギリスの勢力伸張に対する反応だったのだろうか。それともそれは、勝利したヒトラーが一九四〇年八月の「ウィーン裁定」〔ドイツとイタリアが調停した、ハンガリーとルーマニアの国境問題に関する裁定〕で押しつけた、ドナウ川流域におけるヨーロッパの再組織化――これはルーマニアを犠牲にして、とくにハンガリー次いでブルガリアの利益を図るものだった――に対する反応だったのだろうか[33]。

一九四〇年一一月一二日から一三日にかけて、ベルリンでモロトフがヒトラーと会見した時期にも、バルバロッサ計画の準備はまったく中断することなく続いていた。総統は、モロトフがドイツの「東方への圧迫 Drang nach Osten」について細かく問い質そうとする態度に驚かされはしたものの、自身がルーマニア、ブルガリア、ユーゴスラヴィアへと勢力を伸張していくたびにスターリンが後退するのを見て、確信を深めていた。総統にとっての根本的な敵、ボリシェヴィキはさしたる苦労もなく打ちのめせるだろう——ドイツ国防軍はそのように判断していたし、ヒトラー自身もずっとそのように考えていた。ヒトラーはまた、イギリスとの戦いが主に海と空だけで展開されている以上、ソヴィエトと戦いを開始してもふたつの戦線を作ることにはならないと考えていた。

モロトフがドイツ側とおこなった会見では、独ソの決裂を示す兆しが数多く現れはじめる。リッベントロープはソヴィエト連邦がペルシャ湾に進出する懸念を表明し、ゲーリングはドイツからソヴィエト連邦への物資の引渡しの遅れを、ドイツ西部における工場の破壊とその再建の必要性を口実にして正当化する。とくにモロトフと総統との会見は、初日は二時間半、二日目は三時間半にわたったが、いずれも両者の見解の不一致を露わにさせた。独ソ不可侵条約では認められていないのに、ヒトラーはフィンランドとルーマニアに軍隊を入れたことを正当化し、「戦争をしているのはわれわれであって、あなたがたではない」と説明する。

これに対しモロトフは、「ニッケルと石油についてはわれわれも理解できる。だがわれわれの間には協定があり、それはドイツ軍のこのふたつの国への駐留を説明するものではない」と返答し、さらにつけ加える。「それにブルガリアでは何が起きているのですか」。結局ヒトラーは初日の会見を中断し、二日目の会見では、ルーマニアと異なりブルガリアはモスクワに保証を求めてはいなかったと主張する。要するに、これまで総統に対してこのような調子、このような辛辣な口調で語りかけた人間は誰ひとりいなかったのだ。[34]

ヒトラーは側近たちに、ロシアについて一連の判断を述べている。ロシア人は「兎のような弱々しい種族」であり、ロシア軍は壊滅的な状態にある。「ロシア軍はほとんど戦える状態ではない。フィンランド人があれほど頑強に抵抗できたのは、おそらくそのためだ」。ヒトラーの言によれば「ロシア人の平均的知能レベルは低い。そのせいで連中が近代兵器を使えない」ことは十分ありうる。「どの国でもそうだが、とくにロシアでは中央集権制が官僚主義を生み、個人の創意を阻んでいる。農民たちは土地を与えられたが、何もせずに与えられた土地の脇に座り込んでいる。だからロシア人たちは、そうして放っておかれた畑を耕すために国営農場を作ったのだ。工業についても事態は同様だ。ロシア人が自分たちの力を効果的に使えないのは、こうした害悪が国中に蔓延しているからだ」。ゲッベルスがこれにコメントする。「まったく素敵な同盟者をわれわれは見つけたものだ」。

一九四一年にヒトラーはまたもコメントする。「連中はフィンランドで、にっちもさっちもいかなかくなった。赤軍は本当にほとんど役に立たないものらしい」。また別のときには、リヴィウ〔ウクライナの都市。ロシア語名はリヴォフ、ポーランド語名はルヴフ、ドイツ語名はレンベルク〕での軍事パレードについて、「訓練も行き届かず、武装もなっていない。ボリシェヴィキの決算はこんなものさ」と断言している。「ボリシェヴィキは古くからのヨーロッパふうのエリートをお払い箱にしてしまった。彼らだけがロシアを、政治的な行動をなしうる巨人にできたのだ。幸いなことに、現在の状態はそうではない。ロシアはロシアのままだ。われわれがしなければならないのは、ボリシェヴィキがヨーロッパに達するのを防ぐことだけだ[35]」。

一九四一年春、ヒトラーはひっきりなしに部隊をソヴィエトとの国境へ移動させる。また、ソヴィエト連邦との敵対関係に終止符を打つ条約〔ソヴィエト・フィンランド講和条約。一九四〇年三月一二日〕に署名したフィンランドにも部隊を派遣する。さらにブルガリア、ルーマニアにも部隊を派遣する。ソヴィエト連邦がドイツに約束していた一次原料の引渡しを忠実に履行すればするほど、ドイツは自らの約束の履行を遅らせる。

「スターリンは蛇の前の兎のようなものさ」とヒトラーはコメントしている。

ユーゴスラヴィアではヒトラーの面前で日独伊三国同盟に加入〔一九四一年三月二五日〕したばかりの摂政パウル公の政権にクーデタが引き起こされ、新政府が成立〔三月二七日。成立と同時に新政権は三国同盟への加入を解消〕するとすぐにスターリンはこの政権に自らの保証を与えた〔一九四一年四月五日、ソヴィエト・ユーゴ友好・不可侵条約〕。これはドイツに対する挑戦だろうか。そうは思われない。というのも、ソヴィエト政府は、自分たちが与えた保証はドイツとソヴィエトの良好な関係の枠組み内のものだとヒトラーに確言していたからだ。また、パウルに対するクーデタについて言うなら、このクーデタがイギリス贔屓のガヴリロヴィチに利益をもたらしたとは言え、クーデタそのものはドイツとの同盟に反対するものというより、ベオグラード〔当時はユーゴスラヴィアの首都。現在セルビアの首都〕の政府の親クロアチア的政策に反対するものだった。しかし、事情はどうあれ、総統はこれによって侮辱されたと感じた。ヒトラーはただちにドイツ国防軍をユーゴスラヴィアに送った〔四月六日〕。このユーゴスラヴィアへの侵入は平和裏になされねばならなかった。その目的はギリシャに達すること、苦境に陥っているイタリア軍を助け、イギリス軍がこの地域に落ち着くのを妨げることにあった。テサロニカ〔ギリシャ北部にあるギリシャ第二の都市〕が、パウル公に約束された代償になるはずだった。だがパウル公はもはや政権に就いていない。しかも代償を受け取るどころか、首都ベオグラードはひどい空爆を受け、次いでオーストリア、ハンガリー、ブルガリアからやってきたドイツ軍の侵入を受けた。ヒトラーは将軍たちに、この軍事行動によってバルバロッサ作戦に一カ月の遅れが生じ、すでに東ヨーロッパに配置していた部隊のいくつかをバルバロッサ作戦用に移動させねばならぬと告げる。

ドイツ陸軍が急いでイタリア軍と合流したザグレブ〔現在はクロアチアの首都〕では、クロアチア人がドイツ軍を熱狂的に歓迎した。残っている映像がそのことを教えてくれる。クロアチア人のセルビア人に対する恨み——クロアチア人にとってセルビア人はユーゴスラヴィアを不当に支配している者たちである——は、それほどに強かった。ベオグラードまで、ヒトラーはこの軍事行動を特別列車から督励した。「総統がこれを指揮した」と「ドイツ週間映画ニュース」は伝えている。事実、映像では、白い豪奢な軍服をまとったゲーリングの脇で（ヨードル将軍、フォン・ブラウヒッチュ将軍はいかにも慎ましく見える）、ヒトラーはこれまでになく満足気に映し出されている[36]。

このような姿の彼が見られるのはこれが最後である。

このときヘス事件が勃発する。

ルドルフ・ヘスの脱出――チャーチル、ヒトラー、スターリンは考えあぐむ

総統代理ヘスの試みは、イギリスとの妥協点を見つけようとナチスドイツが空しくおこなってきた最後の試みだった。

ただ今回の試みには、ヒトラーは一切関わっていない。

一九四一年五月一一日、ヘスの右腕の副官のひとりカール＝ハインツ・ピンチが総統に、ヘスから委ねられた手紙を届けにきた。総統の側近アルベルト・シュペーアは突然、「ほとんど動物のような唸り声」を聞いた。「ボルマンはどこだ」。秘書を呼ぶ総統の顔は蒼ざめていた。その手紙には、自分はイギリスに飛び、ハミルトン公――相変わらず「宥和政策」を支持していたグループのメンバーのひとり――に会い、イギリスとの友情という総統の昔からの考えを実現したいと記されていた。この考えを総統は、あらゆる努力にもかかわらず、実現できないでいたのだ。手紙にはさらに、もし総統が私の行動に賛成でなければ、ヘスは気が狂ったとでも説明してほしいと書いてあった。

ヘスがイギリスに飛んだのは前日の五月一〇日である。スコットランド上空に差しかかると、ヘスはパラシュートで飛び降り、乗っていた飛行機はそのまま墜落した。逮捕されて、彼が誰であるかが明らかになった。ヘスはハミルトン公に会うことができた。ハミルトン公は国王にその旨を知らせ、ヘスが自らの意志でイギリス・ドイツ間の矛を収めにやってきたと説明した。ヘスは総統に知らせもずに、イギリス人を説得しにやってきたのだ。イギリスは戦争に勝利できない、ならば和平をおこなうことが最も賢い解決策となる――これをイギリス側に理解させるのが目的だった。[37]

この信じられない脱出は、イギリス、ドイツ、ソヴィエトではそれぞれ違ったふうに解釈された。

ヘスの到着を知らされたチャーチルは、当初この事件に全然注意を払わなかった。彼はそのとき映画館にいて、(マルクス兄弟主演の)『マルクスの二挺拳銃』を観ており、邪魔されるのを嫌がった。そのあと彼はこの事件をどのように解釈すべきかを考えた。

ヒトラーは怒り狂っていた。彼は、ヘスが目的地までひとりでたどり着けるほど優秀なパイロットではないと疑いつつも、急いでムッソリーニに連絡を取った。ドイツはイタリアを置き去りにして単独和平を結ぼうとしている——ムッソリーニに決してそのようなことを想像させてはならなかった。ただちに、《ルドルフ・ヘスは精神疾患を起こし幻影を見た恐れがある》との声明が出された。たぶんヘスは事故にでも遭ったのだろう。そう説明された。宣伝相ゲッベルスが翌日ヒトラーのもとを訪れると、ヒトラーは意気消沈していた。そこで宣伝相は彼に付言する。「気が触れた人間が総統を救おうなんて、世界の前にさらされた何たる見世物」。

ロンドンからの声明によってヘスがイギリス当局の手にあることを知ったとき、ナチスの指導者たちの間ではしばし、一カ月後に予定されたバルバロッサ作戦の実施時期をヘスがイギリス側に漏らすのではないかと恐慌を来たした。五月一三日、ヒトラーは大管区指導官の集会でほとんど涙ながらに演説し、忠実さと裏切りというものについて、そしてヘスの精神疾患について語った。

真実はそのように単純なものだったとヒトラーは言うのだ。

だが、ドイツにおいてさえ、人々は誰もそんなことを信じていなかった。国家の指導部内に意見の分裂があったと想像するのでない限り、このような行動が総統の承認なしにおこなわれることなどあり得ない。だから、その数カ月前にダーレルス(イギリスとの和平交渉を模索するよう命じられたスウェーデン人)に任務を与えたゲーリングでさえ、わざわざヒトラーへの愛着を公言することで、そうした不信感が世間に広まらぬよう注意を払っていたのだ。

イギリスでは、ヘスに対していかなる返答も与える気はなかった。外務大臣イーデンと同様、チャーチルは、総統がこの使者を遣わしたのではないと確信していたので、ヘスが自ら果たそうとした任務とは何だったのか、そのヘスを今後どのように利用すべきかについて考えていた。ところがサイモン卿もアメリカ人サムナー・ウェルズも、ヘスからは何ひとつ、総統の政策について真実の情報を引き出せない。おそらくヘスの意図はヒトラーをもっぱら反ソヴィエト的な政策に引き戻すことにあった。したがって、ヘスが自らに課した任務はその実現のために西方で和平の道を開き、ヒトラーが反ソヴィエト的な政策に復帰するのを助けることにあったと思われる。そのためにもまず、ヘスは自身の行動によって、愛する総統から寵愛を得なければならなかったのだ。ハリファクス卿、イーデンらはチャーチルに、「もしものときのために」ヘスを囚人として取っておくよう求め、「ヘスの行動はナチスの指導者たちの困惑の表れだ」という噂を利用するだけで満足すべきだと述べていた[38]。

モスクワではどうか。スターリンは当初、この使節はイギリスがドイツと和平を結ぼうとしていることの証拠だと判断していた。もしそうなら、これを念入りに準備したイギリスが、ドイツにただひとつの戦線で戦えるよう、すなわちドイツにソヴィエトを攻撃するよう仕向けていることになる。ロンドン駐在大使マイスキーからの報告もスターリンにこの確信を強めさせた。その報告によれば、ヘスへの尋問は「宥和政策」を主張するグループのメンバーだったサイモン卿に委ねられていたのだ。しかし一方でスターリンもまた、ナチスの指導者の間には意見の分裂があると考えていた。

結局、モスクワでは、バルバロッサ作戦が開始される一九四一年六月二二日まで、ヘスをイギリスに派遣したのはヒトラーに他ならないと、だがイギリスがヘスの受け入れ方を間違えたのだと判断する。そしてスターリンがこの意見――一九三九年秋以来変わらぬ意見――を変えるには、スターリンへの全面的な支援を表明するチャーチルによる六月二二日の演説が必要になるだろう。それまでスターリンは、イギリスの政策の唯一の目的はドイツにソヴィエト連邦を攻撃させることだと考えていた。[39]

スターリン——「ミュンヘン会談流」の振舞い

一九四一年六月二二日のドイツ軍によるソヴィエト攻撃に対するスターリンの困惑、その攻撃がもたらした被害規模に対するスターリンの無理解についてはフルシチョフの『回想録』（一九七一年出版）で知ることができるが、その証言の正しさは軍人たちの他の回想録〔原注40参照〕が裏づけている。たとえば、スターリンが発言したのはようやく七月三日になってからであり、最高司令部の頭《かしら》の役割を果たしはじめたのは攻撃の一カ月後になってからである。海軍提督クズネツォフの証言によれば、スターリンが最高司令部に姿を見せたのは戦争の第二週であり、戦争の指揮を執ったのは七月三日の演説の後である。砲兵元帥ヴォロノフは戦争開始からの数日間スターリンをほとんど見かけなかったし、姿を見せたときのスターリンは神経質そうな様子で打ちひしがれていたと述べている。チュレーネフとボルディンの各将軍やバグラニャン元師は、戦争の最初期にスターリンが出した数々の命令は彼が状況をきちんと把握していないことを示していたと言明している。西部戦線司令官エレメンコ元帥はスターリンと会見もせずモスクワを発ったが、しかめ面のスターリンは自分に近しい人々にしか会わなかったため、被害の程度は徐々にしか把握できなかったと言う。[40]

スターリンに批判的なこれらの証言に対立する証言としては、一九九一年に公刊されたモロトフによる証言がある。フェリックス・チューエフとの対談においてモロトフは、スターリンにとってずっと有利な証言をしている。もちろんこの証言は完全には信用できない。というのも、この対談においてモロトフは、自身が署名した独ソ不可侵条約の秘密条項の存在を否認しているからである。* 戦後モロトフはフルシチョフによって「反党グループ」と見なされ、国家指導部から追放されていたので〔スターリン死後、モロトフはフルシチョフ路線に反対して外務大臣を解任され、一九六一年に党を除名された〕、おそらくは喜んでフルシチョフの証言に対して異なった証言をしたのだろう。たとえばモロトフは、「ドイツ軍による攻撃の報を聞いたスターリンはいかなる『意気消沈の危機』にも陥ることはなかった」と主張し、ジューコフによる証言（彼は、状況の深刻さを知らせるために自分がスターリンの「目を覚ました」と書いた）を意図的な嘘として非難している。[41] しかしモロトフの言にも留意する必要がある。というのも彼とてすべてを偽ることはできないからだ。

「意気消沈の危機」というこの個別の点について言うなら、スターリンの「面会帳」（すなわち日程表）は、彼が六月二二日のその日に朝五時四五分から二九人の人間に面会したことを明らかにしている。その中にはモロトフ、ベリヤ、チモシェンコ、メフリス、ジューコフがいる。六月二三日には二一人と面会している。「面会帳」によれば、この時期、毎日スターリンに会っていた「唯一の」指導者はモロトフであり、しかも六月二二日以後、七月三〇日と八月一日を除けば、まず最初にスターリンと面会していたのは彼である。そしてこの状態は何カ月も続く。言葉を換えれば、モロトフこそ、スターリンの協力者のうち最も身近にいた人物ということになる。他にも、こうした意気消沈の危機はなかったという証言をする人々がいる。このことについては後にも触れるだろう。[42]

フルシチョフと同様モロトフも、当時のソヴィエトがドイツの攻撃を予想していなかったなどと想像するのはまったく滑稽だと考えている。実際、スターリンは全力を尽くして、この攻撃を少しでも遅らせようと

＊　この否認は、秘密条項（独ソ間のポーランド分割条項）が関係者すべてに秘密として認識されていたわけではなかったことを意味しているのだろうか。

していた。六月二二日にベラルーシ戦線が奇襲によって突破されたとき、すぐに反撃しなかったのは単なる慎重さによっても説明されうる。つまり、敵の挑発を避けるため、部隊を国境付近には近づけないようにしておいたのだ。モロトフはこう説明している――「[ドイツ軍部隊の移動について]チャーチルやその他の人々が流す情報には、われわれを闘争に巻き込もうとする意図があった。そう判断する理由がわれわれにはあったのだ」。「スターリンはあらゆる人間を警戒していたから、チャーチルやその他の人々を警戒しない理由などあろうはずもなかった」。たしかに不意打ちを喰らったのがパヴロフ将軍である。バルバロッサ作戦の前日、六月二一日に彼は劇場にいた。その後彼はソヴィエト軍の敗退の責任を問われ、銃殺されてしまった。まことに不幸な話である。

だが人間は、毎日休みなく、至るところで、警戒などしていられるだろうか*――。

戦争するにしてもまだ数カ月は遅らせられるだろう――そう考えていた点で「予測の誤り」はあった。独ソ不可侵条約によってすでに一年以上の時間は稼ぎ出されていた。結局のところ、モロトフにとって重要だったのは、ソヴィエト連邦がドイツ以上の武力を身につけることだった。しかし一九三九年の時点ではドイツ国防軍に抵抗できるだけの力は持っていなかった。「たしかに、スターリンはドイツ軍の攻撃開始から二、三日は居心地が悪そうだった。交渉によって攻撃を止められる余地がまだあるかもしれないとも考えていたし、戦争状態を宣言しなければならない場合にはその宣言を私にさせようとも考えていた。彼は自分が発言するのは、もはや戦争の流れを止められないことがはっきりしてからだと考えていた。それが七月三日だった」。独ソ不可侵条約に署名したのはモロトフである。だからその破棄を告げるのも署名者本人であるほうがスターリンにとっては都合がよかった。

モロトフはつけ加える。「ドイツ軍による攻撃後におこなわれた最初期の会合で、スターリンはわれわれに言った。『われわれは上から糞をひっかけられた』[43]」。

実際はまだまだ遅らせられると見込んでいたこの開戦によって、スターリンは精神の均衡を失っていた。戦争開始後、わずか二週間でこれほどの被害が出るとは思いもしなかった。彼をとりわけ驚愕させたのはミンスクの陥落だった。ヴォルコゴーノフ将軍の証言によれば、スターリンはモロトフ、ベリヤとともにブルガリアの駐ソヴィエト大使イヴァン・スタメノフに支援を求め、「第二ブレスト＝リトフスク」条約〔ブレスト＝リトフスク条約は一九一八年に第一次大戦の終結のためにドイツを中心とする同盟国とソヴィエトのボリシェヴィキの間に結ばれた条約〕を結ぶべくヒトラーへの仲介を頼むことさえした。だが大使はこれを拒否し、最後にこう言った。「たとえあなたがたがウラル山脈まで撤退せざるを得なくなっても、そんなことは重要ではありません。最終的な勝利はあなたがたのものです」。

その数日前、六月二九日朝から七月一日一七時半まで、すでに二日半も会合がおこなわれていなかったので、モロトフがイニシアティブを取って数人でスターリンのもとへ赴き、スターリンに少人数の国家防衛委員会を構成するよう陳情した[44]。これは、当時、外国貿易人民委員を務めていたミコヤンの証言である。このときスターリンのもとへ行ったのはベリヤ、ヴォロシーロフ、モロトフ、マレンコフらである。その後、カガノヴィチ、ヴォズネセンスキー、ミコヤンがこれに合流し、陳情後に一斉に退出した。この集団の思いがけない訪問はスターリンを驚かせたが、一方では彼に自分の権威について安心を与え、自分の優位について自信を与えたように思われる。彼が判断を失えば、すべての者が判断を失うことは明らかだった。スターリンの「面会帳」を調べてみると、この時期こうした一団がスターリンのもとに出向いた唯一の日付は七月三日である。彼らは夜の一〇時半に訪れ、翌日午前三時二〇分に一斉に退出している[45]。

それでも度重なる敗退に、スターリンは打ちひしがれ続ける。娘スヴェトラーナ・アリルーエワは、この

＊　一九四四年六月六日、ノルマンディー上陸作戦の開始当日、ドイツ国防軍のロンメル元帥が休暇中だったことを思い出しておこう。

二週間の間に伯母エヴゲーニャ・アリルーエワがスターリンを訪ねたときの様子を次のように証言している。

「伯母たちは、私たち一家に起きたあらゆるドラマを知っていた。彼女たちはママ〔スターリンの二度目の妻、ナジェージダ・アリルーエワ〕の自殺についてすべてを知っていたし、ママが死ぬ前に書いた手紙についてもすべて知っていた。しかし、父が伯母エヴゲーニャを何にも増して許せなかったのは、一九四一年の戦争初期、父が彼女にその子どもらとともにウラルへ出発するよう急かしたとき、滅多に見せることのない自分の弱気な姿を彼女に見られてしまったことだ。彼女は言っていた。『私はヨシフ〔スターリン〕があんな状態になったのを見たことがない。すっかり動転し、呆然としていた。私は元気をもらおうと、少しは励ましを得ようとして彼に会いに行ったのだ。私の生まれ故郷の町がドイツ軍に占領された時期で、私はすっかり途方に暮れていた。ところが何とおぞましいことだろう。私はヨシフが私とまったく同じ状態になっているのをそのとき見たのだ。彼は言った。「事態は悪化している…、すぐに出発しなさい。誰もモスクワにとどまっていてはいけない」。彼は錯乱しているふうだった。私は独り言をつぶやきながらそこを出た。「もう、おしまいだわ」』。

父はこのときのことをずっと覚えていて、そこで見せた自分の姿を誰にも知られたくなかった。これがエヴゲーニャ・アリルーエワが一〇年の刑で牢獄に繋がれた理由であり、そしてよりよく秘密を守るために、入獄六年後に父が死んでようやくそこから出られた理由である[46]」。

確信から試練へ

一九三八年のミュンヘン会談以後、いやそれ以前から、スターリンはナチスドイツとの衝突は避けられないと考えていた。だが力関係の不均衡は彼にその衝突を遅らせるよう強いたのである。一九三九年八月の独ソ不可侵条約の締結時、彼は喜びを露わにした。そして一九四〇年六月のフランスの敗北を知って怒りを爆発させた。彼の計算は間違っていた。西方での戦争は長くは続かなかったのだ。予想より早く、ヒトラーは矛先を変えて彼に向かってくるだろう。時間を稼がねばならなかった。ヒトラーをなだめ、さらに時間を稼がねばならなかった。ところが雷鳴は一九四一年六月二〇日に襲いかかってきた。領空が侵されたのだ。だが、それを知らされたときもなお、スターリンはドイツの行動を信じたがらなかった。

そしてドイツ軍による侵攻の第一報が届いたときでさえ、スターリンは事実を認めるのを拒んだ。彼は相変わらず、それは誤解が積み重なった結果の産物、もしくは好戦的なドイツ軍人による挑発行為だと考え、そのことをイギリスが大げさに言い立て、ソヴィエト連邦に即時の反撃を、つまり戦争をさせようとしているのだと確信していた。

取り返しのつかないことはすまい。スターリンはこのことばかり考えていた。というのも、彼は、自国の軍備が正面衝突に耐えられるようになるには――たとえ正面衝突が避けられないとしても――一九四二年まで待たねばならないことをよく知っているからだ。

フィンランド戦争〔一九三九年一一月三〇日～四〇年三月一二日〕は多少の成功を収められたとは言え、耐えがたい敗退だった。「われわれは自軍の死者を葬るのに必要なだけの領土は勝ち得た」とソヴィエト軍の将軍のひとりは述べている。すでに一九三九年一二月末時点でのドイツ側の評価は非常に厳しく、「ソヴィエト軍には、しっかりと指揮された近代的な軍隊と戦う能力はない」と結論している。

ドイツは――そしてフランスとイギリスもまた――、小国フィンランドが「強国ロシア」に被らせたこの屈辱的な失敗を嘲笑した。一九四〇年三月にフィンランド戦争が終わり、同年六月にフランスが敗退する。フランスが打ち負かされた今、ドイツ軍によるロシア攻撃は明白だった。

ロシアでは一九四〇年一二月と四一年一月に、これらの事件から教訓を導き出すために一連の臨時机上演習War Games*をおこなっている。[47] 分析されたのはこのふたつの戦争だけだろうか。そうではない。一九三九年夏、日本軍に勝利を収めたノモンハンの成功もまた分析された。この成功はまだ西欧諸国には知られていなかった。日本軍を打ち破ったのはジューコフ将軍で、臨時机上演習の後はその彼がメレツコフを引き継いで最高司令官となった。スターリンはわざわざ演習の日程を早め、メレツコフがこの演習で自分の地位を保つのに必要としていた詳細情報の入った報告書を入手できないようにして、彼の地位を不安定なものにした。

　この机上演習の討議に参加した将軍たちの報告書によれば、その場の雰囲気は重苦しいものだった。最初の討議で、機甲部隊の編成に異議を唱えたクリーク元帥が除かれた。クリーク元帥は「機甲部隊は砲兵隊によって粉砕されるだろう」と述べ、スペイン戦争の例を引きながら騎兵隊を編制するほうがいいと主張していた。事実、スペイン戦争では土地の起伏が激しかったので、大規模な自動車部隊の展開は不可能だった。クリーク元帥は一九三九年にスターリンが支持していたこの主張を今回も繰り返した。しかし、この主張の結果として、ソヴィエト軍の大機甲部隊は散り散りばらばらにされていた。また、その後のポーランド戦争とフランス戦争では、機甲部隊の集中を支持する者たちの正しさが示されてもいた。この論争はドイツ国防軍の将軍たちによってもおこなわれていた。フランスではド・ゴール大佐が、機甲部隊の集中を主張する代表者だった。結局スターリンは、一九四一年一月の机上演習でノモンハンの勝利者ジューコフが唱える大機甲部隊論に賛同し、一九三九年時点での自分の立場を転換した。そして、大砲、とりわけ八七インチと一二〇インチの重砲の大量鋳造に好意的な意見を示した。

　スターリンも参加したこの討議では、参謀本部の準備不足はソヴィエト軍自体の準備不足の反映であると見なされ、T34戦車〔当時としては強力な砲を装備し、装甲についても高性能の最先端の戦車〕と巨大戦車の生産量を数倍に加速し、KV戦車〔当時としては破格の重装甲を備えた戦車〕中隊を六二五、T34戦車中隊を一二二五に増やすことが決められた。この数字はすでに一九四〇年六月一日の会合においてスターリン自身が赤線を引いていたものである。[48]実際、一九四一年六月には二〇〇〇のT３４戦車中隊が活動に入れる状態になるだろう。スターリンはこの討議を次のように締め括っている。「近代戦は機械戦である。地上に走らせる機械、空に飛ばす機械、海に浮かべる機械、海に潜行させる機械だ。最も強力な機械を最も数多く使える者が、勝利者となる」[49]。

この不確かな情勢の中で、スターリンが最も恐れるのは、一貫してソヴィエト連邦の敵だったイギリスがソヴィエトに参戦を強いることはないにせよ、自らを救うためにヒトラーと講和することである。イギリスはスターリンの方針転換を当てにしている間しか、断固とした姿勢を取り続けはしないだろう。

実を言えば、フランスの敗退以来、イギリスはソヴィエト連邦の機嫌を取り続け、ソヴィエトとドイツの関係を弱めるべく努力を続け、バルカン諸国においては悶着を起こし続けてきた。スターリンが抱いていた疑いは十分理解できる。ミュンヘン会談以前、そしてそれ以後におけるイギリスの策謀――モスクワとの同盟を避け、うまくいけばドイツとソヴィエトの衝突に好都合な状況を生み出そうとする策謀――はまだ記憶に新しい。独ソ不可侵条約がこうした策謀の可能性に一応の終止符を打ちはしたものの、それがいつまた引き起こされるかという懸念は、イギリスとフランスが一九三九年から四〇年にフィンランドへの支持を表明したように、どこかに残っていた。

イギリスこそ、ソヴィエト体制にとっての主要な敵だった。フランス敗退後、チャーチルは状況の改善を図るためにスタッフォード・クリップスをモスクワに派遣した。このときクリップスはスターリンに、独ソ不可侵条約締結以来ドイツはソヴィエト連邦の経済資源を用いることができるようになったが、そのためにイギリスはもはやヨーロッパ大陸に足場を持たなくなってしまったと強調した。するとスターリンは次のよ

＊　これらの机上演習では、それぞれの参加者が代わる代わる敵軍の役割を演じる。

うにドイツについて触れながら答えた。「フランスを打ち負かしても、海や一次資源や植民地を持たなければ、ヨーロッパを支配したことにはならない。それに比べ、あなたがたにはアメリカ合衆国がついているではないか。あなたがたはそのことを忘れている」[50]。

さらに、クリップスがバルカン諸国とくにトルコへのドイツの関心について懸念を表明すると、スターリンは、イギリスがロシアに、次いでソヴィエト連邦に攻撃を仕掛けてきたのは常にそちらの方面からだったことを思い出させる。一八五四年〔イギリス、フランスがロシア、トルコのクリミア戦争に介入、トルコと同盟〕にも、一八七八年〔ロシア・トルコ戦争にイギリスがトルコ側につき介入〕にも、一九一九年〔イギリス等の連合国がソヴィエトに干渉、出兵〕にもそうだった。そしてスターリンは、かつてチャーチルがソヴィエトに対する外国の干渉軍の参加を推進していたときに、バクー〔現在はアゼルバイジャン共和国の首都〕においてソヴィエト側の政治委員二六人が銃殺されたこと〔一九一八年〕を話題に出す。

もしヘスの逃走が、ソヴィエトに襲いかかることをドイツに許すような、イギリスとヒトラーとの和平協定につながっていくものならば、スターリンの議論は一貫している。「イギリスの政策には唯一の目的しかない。ドイツをソヴィエト連邦との同盟から引き離し、ソヴィエト連邦を戦争に引きずり込むことである」。

スターリンとモロトフはこうした観察、こうした思考を、自分たちのマルクス主義的な歴史認識に接木した。それは経済的な要因を、歴史を動かす他の要因以上に重視するという認識法である。クリップスが会談の当初からソヴィエト連邦との経済関係を大幅に拡大したいと提案していたことは、スターリンらのそうした考え方をさらに強めることになった。そもそもソヴィエトの指導者たちは、ドイツとの経済関係を体系的に強化したいと望んでいた。とくに、ドイツとの経済交流を確実にする任務を与えられたミコヤンは、ソヴィエトがさまざまな物資を大量に必要としている実情を熟知していた。ヒトラーが徐々にドナウ川流域のヨーロッパに浸透してくるのを見てどれほど失望していたにせよ、また、そのことに対していかにヒトラーに抗議していたにせよ、ソヴィエトは経済協定によって定められた物資を律儀にドイツに引き渡し続けた――

一九四一年以後、ドイツから同様の供給を受けられなくなっても、ソヴィエトは彼らに物資を送り続けた。この点についてはゲーリングがモロトフに謝罪している。[51]「われわれにとって最悪の事態は、ロシアによるわれわれへの供給の中止だろう」。ドイツ側ではヴァイツゼッカーですらそう判断していた。彼はリッベントロープやドイツの駐モスクワ大使シューレンブルクとともに、ドイツが大陸内部にとどまることに賛成し、戦争には賛同していなかった。[52]

スターリンやモロトフは、歴史についての経済主義的な見方に影響され、いわば一九一一年のモロッコ危機の直後にカウツキー、ベーベル、ハーゼらが展開した理屈を繰り返していた――経済的利害を救おうとしたこと、そして帝国体制の崩壊への恐れが、戦争の回避を可能にしたという理屈である。しかしその後の事の成り行きは、この理屈が大きな判断ミスであったことを示した。たとえば、万一起こりうるドイツ軍の攻撃がどの地域を目指すかについての議論になったとき、このような経済主義的分析はスターリンとその軍事顧問、その他の顧問たちに、ドイツ軍はウクライナの小麦を目指して展開するだろうと考えさせた。

ドイツ軍による攻撃はないだろう。そう考えるもうひとつの理由は、もちろん、ドイツがふたつの戦線で同時に戦えるはずはないという判断に基づく。ベルリンでは「イギリスは降伏するに違いない」と確信していたのに対し（ドイツの人々は、「二カ月後か三カ月後には」と一九四〇年の秋にも冬の終わりの直後にも繰り返していた）、モスクワではそれとはまったく異なる見方をしていた。第一に、ソヴィエト側では、一九四〇年一一月のローズヴェルトの再選とそれに続く翌年三月の武器貸与法の成立以来、アメリカ合衆国は戦争に参加するにせよしないにせよ、しっかりとイギリスの背後に控えていると判断していた――このふたつの国はひとつの塊をなしている。* 第二に、ドイツ空軍の「電撃戦 Blitzkrieg」に対しておこなわれたイギ

＊　当時、アメリカのイギリスへの援助はカナダのマッケンジー・キングの政府を通じておこなわれていた。

リス空軍の報復は、ソヴィエトの人々に強烈な印象を植えつけていた。一九四〇年一一月、ベルリンを訪れていたモロトフがイギリス空軍の空襲に遭い、リッベントロープの掩蔽壕に避難しなければならなかったことは、イギリスの変わぬ健在をしっかりと確認させた。このことはまた、イギリスが依然ソヴィエト連邦を戦争に引きずり込もうとしているのは確かだとしても、イギリスがドイツと同盟する危険はもはやなくなったことを証明していた。

イギリスが地中海において戦い続けていることもスターリンには確認できた。リビアにおけるイギリスの抵抗〔一九四〇年一二月〜四一年二月、リビア戦線でイギリス軍はイタリア軍を圧倒する〕、イタリア・ターラントにおけるイギリスの勝利〔一九四〇年一一月一一日〕がそれを証明しており、その間にギリシャ人たちは一九四〇年から四一年の秋冬にかけてイタリア軍を屈服させていた。ドイツに占領されたヨーロッパにおいてドイツの軍事力が打倒不可能なように見えていたとき、また、イギリスの抵抗がイギリス人にとってもヒトラーにとっても奇跡的な猶予期間のように見えていたとき、スターリンはこれとはまったく違ったふうに事態を判断していた。彼はそこに確かなひとつの戦線、まごうかたなき戦線を見、ヒトラーがもうひとつ別の戦線を開くような危険など冒すはずはないと考えていた。

スターリンは、実はそれ以上のことさえ考えていた。彼にとっては、日本の外務大臣、松岡洋右がモスクワ、ベルリン、ローマと回り、再びモスクワに立ち寄ってソヴィエト連邦との中立条約（一九四一年四月一三日）を結んで以来、第二戦線が開かれる危険はなくなった。スターリンとモロトフにとって、これは独ソ不可侵条約の署名がおこなわれたときと同様、大きな喜びだった。彼らはすっかりほろ酔い機嫌で松岡を列車まで見送っている。[53]

昭和天皇の使者はスターリンに対し、「暑い海」への通路を持ちたいというスターリンの周知の願望の実現を助ける旨の提案を怠らなかった。その提案はカラチ〔現パキスタン最大の都市〕を通り、イギリスのくびきから解放されたインドに達するというものだった。松岡はまた、日本は中国国民と戦争状態にあるのではなく、アングロ＝サクソンの帝国主義の手先である蔣介石と戦っているのだと説明し、ソヴィエト連邦による蔣介石への援助の中止を願い出た。スターリンはこの点については返答せず、自分にとってはもちろん、サハリンの北部の未来が重要だと示唆するにとどめた。そしてこの中立条約によって半世紀来敵国同士だった日本とロシアが友好国になるだろうと、彼は強調した。

たしかに満州国とモンゴルとの間の係争はなお続いており、この両者それぞれの保護者である昭和天皇とスターリンがそれぞれに与える支援は、日ソ間の争いの引き金になるかもしれなかった。だが、どちら側もこの争いを望んではいなかった。重要なのはソヴィエトと日本の間の中立条約だった。*54

東方について安心したスターリンは、西方において（たとえ挑発されてもそれに乗ることなく）どんな小さな誤りも犯したくはなかった。

自らの脆さを十分に知りつつ、このクレムリンの主人は、イギリス上空におけるドイツ空軍の哀れな戦果や地中海におけるイタリアの敗退について思案していた時期と、日ソ中立条約に署名した時期との間、つまり一九四〇年一〇月から一九四一年四月にかけて、ドイツ軍のドナウ川流域におけるヨーロッパへの浸透を前に退却を続けながら一九四二年が来るまでは何としてでも武力による決着を避けたがっていた。

大げさでなく、この時期のスターリンは、「ミュンヘン会談」でイギリス・フランスが取ったような、腰が引けた政策を進めていたと言える。

たしかにモロトフはドイツに対して抗議はしてきた。だがそれは単なる修辞の彩にすぎなかった。事実はそれを雄弁に語っている。ウィーン裁定〔一九四〇年八月三〇日〕、ルーマニアへのドイツ軍駐留〔同年一〇月一二日〕、ブルガリアへのドイツ軍駐留〔一九四一年三月二日〕、さらにはユーゴスラヴィアへのドイツ軍侵攻〔同年四月六日〕と、いずれの場合も

＊　日本側の観点については次節「昭和天皇――姿が見えない天皇のふたにらみ戦略」を参照されたい。

受動的な態度に終始した（ユーゴスラヴィアに対しては、打倒された体制を支援する条約を結んでいたにもかかわらず、ドイツ軍の侵攻に目をつぶった）。ヒトラーが唯一越えなかった境界はドナウ川下流域だが、それは、そこを破壊してしまえばルーマニアの石油を手にできなくなってしまうからだった。[55]

リッベントロープはスターリンに、ドイツの一連の行動はイギリスによるバルカン諸国への勢力伸長を妨害するためだと説明していた。たしかに、イギリスがギリシャに与えた援助はそうした意図を証明しているように思われた――イギリスはその後ギリシャからの撤退を余儀なくされた。

スターリンはそれでも、今や主要な敵はドイツだと判断している。したがって、どのような口実によっても戦争への参加を強いられたりしないよう、彼は各地に弱小な状態で散在している各国共産党に対して、もはやコミンテルンの決定に従って行動するのではなく、それぞれの国の利害に従って行動するよう指示を送る。国際共産主義運動のこのナショナリズム化もまたひとつの後退であった。

中央ヨーロッパとバルカン諸国がドイツの攻撃にさらされているさなか、たとえ諸所の海峡へのイギリスの脅威が実体のないものだとしても、イギリスが何としてでもロシアを戦争に引きずり込みたいと願っているのは紛れもない事実だった。チャーチルがロシアに伝えてくるドイツ軍部隊の動向に関する数々の情報は、スターリンにとっては一種の挑発だった。しかしその挑発は実質的には無益なものだった。というのも、スターリンは思われている以上に状況をよく知っていたからである。

ロシアの文書館で見つけられる諸情報とドイツ側から得られる諸情報を突き合わせてみるとひとつのことが浮かび上がってくる。

ベデカー〔旅行案内書の草分け的存在であるドイツの出版社〕のガイドブックを利用していたドイツ軍は、ロシアについて誰がモスクワに住んでいるかまで熟知していた。バルト諸国でおこなったのと同様、ロシアの首都の占領がなった暁にはどの建物を占拠するかまで決めていた。だが彼らは、ロシアの奥地で何がおこなわれているかまでは知らなかった。一九四一年六月二二日より後になって、ヒトラーは「私は未知の土地に入る」と言っている。自分たちの軍事的な優越を確信していたドイツ軍は、言ってみれば前世紀にイギリスとフランスがアフリカの征服を開始したときと同じような仕方でロシアに入っていったのだ。

　そのうえ、ヒトラーはゲッベルスに、「［軍に伝統的に付属している秘密機関を除けば］自分はスパイ活動を好まない。真偽が常に確かめられるわけではない情報によって本当の責任者を毒するあの数多くのスパイを、自分は好まない」とも言明していた（一九四〇年一月）。ロシア人の武器使用能力に関しては、ドイツ人はロシア人をかなり過小評価していた。これについては、独ソ不可侵条約の締結時期にブレスト＝リトフスク〔ベラルーシの州都、現ブレスト〕でおこなわれたソヴィエトの軍事パレードの折、フォン・マンシュタイン将軍が見せた哀れむような、そしてからかうような視線を観察すればわかる――実はこの軍事パレードのとき、ロシアは最新兵器を見せなかった[56]。とりわけドイツは、ロシアで一九三七年におこなわれた軍人への粛清と元参謀総長トハチェフスキーの処刑に気を取られ、ロシア軍が指導者を欠いている状態にあると思い込んでいた――もっとも、フランスもそのような見方をしていたが。ドイツは、スターリンが一九四〇年五月に強制収容所から四〇〇〇人の士官を呼び戻していたこと、その中にロコソフスキー将軍がいたことに気づいていなかった[57]。

　これとは対照的に、ソヴィエトのスパイたちはドイツにおける生活のどのような細部をも見逃さなかった。ヒトラーが士官の集まりで話をすれば、翌日にはスターリンは、「同志ヴィークトル」のおかげでヒトラーが何を話したのか知っていた。たとえば、一九四一年一月一日には、「六〇〇〇万のイギリス人が地球の六分の一を支配しているのに、九〇〇〇万のドイツ人はほんのわずかの領土しか持っていない」と述べた総統の言葉が伝えられる。また、その二週間後には「情報源ロラン」が、ウクライナが一旦占領されればチェコ人がウクライナの植民地化に協力させられると知らせてくる。ロシアの文書館には、このようにしてKGBのスパイ機関INOに届いた何百、何千もの情報が保存されている。毎日、軍の秘密機関がその暗号解読表を使って、KGBとそのスパイ、そして最後に行動的な共産主義活動家によってもたらされた情報をモスクワに供給していた。こうした形で集まる情報についてはベリヤが次のような指示を与えるほどだった。

「諸国の共産党の秘密構成員を過度に信頼してはならない。彼らの情報収集能力を、われわれが放ったスパイの仕事の補助として用いるのは許可する。だが、彼らの情報収集能力を、われわれが得る情報の主要な基礎とするのは誤りである」。

この警戒の理由は、おそらく独ソ不可侵条約が共産党の活動家たちに与えた動揺に由来している。それゆえ彼ら活動家は以前ほど信頼できないのではないかと恐れられたのだろう。ドイツ（四八名）やフランス（三五名）においても、スイスやベルギーにおいても、「赤色オーケストラ」〔ソヴィエトのスパイ〕の一一七名の構成員はたしかに信頼に値する。だが、「ケンブリッジの五人組」は、彼らがイギリス人であるがゆえにモスクワでは警戒された。

これらの名士たちは独ソ不可侵条約が結ばれた当時からすでに、最終的にはソヴィエト連邦がナチスに勝利するだろうと考えていた。この五人の中には、美術評論家ブラント、高級官僚フィルビーがおり、フィルビーは一九四四年にはソヴィエトのスパイ活動を監視するイギリス側の部局の長になるという離れ業をやってのけるだろう。一方、スターリンとベリヤは、一九四一年九月に「五人組」の構成員ケアーンクロスのおかげでドイツの原子爆弾製造計画を察知し、一九四三年にイギリスの暗号解読システム「ウルトラ」のおかげでドイツ軍のクルスク〔ロシア南西部の工業都市〕攻撃計画の情報を入手するまでは、このイギリス人たちが偽情報を送り込んでいると考え続けるだろう。同じ「五人組」のマクリーンから送られてきた秘密情報の内容だけでも、ロシアの文書館には四五巻もの文書が収められている。「ケンブリッジ五人組」がようやくスターリンから公式の賞賛を得るのは一九四四年六月になってからである。[58]

それまでの時期、常に警戒心を抱き続けるスターリンが信頼を寄せていたのはセルゲイ・トルストイの指揮下にある暗号分析官たちだけである。実際、彼らは一九四一年一一月二九日、すなわち真珠湾攻撃の約一〇日前に東京がベルリン駐在日本大使館に宛てて打電したテキスト（これはリッベントロープに渡された）を翻訳する過程で日本の暗号の解読に成功している――「攻撃は北に対してではなく、南に対してなされるとヒトラーに伝えてください」。これによってスターリンはただちに部隊を極東から西へ移動させ、この部隊をモスクワ戦の最終過程で用いることができた。[59]

だが、KGBが最も活発に活動するのは、二二一名のスパイを配置していたアメリカにおいてである。それが可能だったのは、当時のアメリカの伝統的民主主義はいわゆるスパイ活動に無縁であり（CIAの前身であるOSSがようやく発足したばかりだった）、むしろこうした活動を嫌い、こうした活動の手練手管について無知であったからだ。ローズヴェルトは彼の知己である顧問のバールから、「モスクワの目」が自分たちを監視していると確言されても信じようとしない。「モスクワの目」とは政府高官のヒスのことを指しているのか、それとも財務次官補のホワイトのことを指しているのか。実はその両者ともが「モスクワの目」だった。それどころではない。後年の証言だが、一九四四年の選挙まで副大統領を務めたウォレスは、もしローズヴェルトが任期中に亡くなり、自分が後を継ぐようなことになれば、ホワイトを財務長官に、またもうひとり別の「モスクワの目」である南米局長のダガンを国務長官に据えるつもりだったとさえ言明している[60]――彼らがソヴィエトのスパイであることをウォレスは知らなかった。

一九四一年七月末、ローズヴェルトはスターリンが今何を緊急に必要としているかを尋ねるため、顧問のハリー・ホプキンズをモスクワに派遣し、ヤコヴレフ将軍に打診したが、将軍からそれを聞き出すことはできなかった。後のホプキンズの証言によれば、彼が重戦車であれ軽戦車であれ何か不足はないかと尋ねても、将軍は次のように答えるのみだった。「われわれは優れた戦車を持っていますが、私にはわが国が対戦車砲を必要としているかどうかをあなたに述べる権限は与えられていないのです」。ホプキンズは続けてこう証言している。「将軍はしばらくしてようやく、戦車は不足していないと言った」。「スターリンは、合衆国がどのような種類の大砲を持っているかも知っていたし、合衆国が所持する銃の口径や武器備蓄の状況まで正確に把握していた[61]」。

スターリンはと言えば、あまりに多くの情報を受け取ることに不平さえ漏らしていた。一九四一年六月初め、メレツコフ将軍がソヴィエト軍とドイツ国防軍の相互の状況について報告しに来たときはこう言っていた。「私にあなたの長たらしい報告を読む時間などあると思っているのか」。

一九四〇年七月九日の内部人民委員部（ＮＫＶＤ）〔スターリン政権下のソヴィエトで政治警察、刑事警察、国境警察、諜報機関を統括した国家機関。後のＫＧＢの母体〕の報告は、ドイツ歩兵の東方へ向けての出発、シュレジエンとポーランドの間に建設される要塞について語っている。七月二〇日にはゴリコフ将軍による報告がこれにつけ加わり、フランスから六ないし七師団が、またポーランドからは約一五師団が移動させられているとの情報が伝えられる。続く八月一七日には、カウナス〔リトアニアがソヴィエトに合併される以前の首都〕にいたＮＫＶＤのスパイが、東プロイセン〔バルト海南岸地域。現在は大部分がポーランドとロシアの領土〕におけるドイツの部隊の動きをベリヤに伝え、ベリヤがこれをスターリンに伝える。一九四一年六月に至るまで、スターリンは半月ないしひと月に一度、チモシェンコ将軍とメレツコフ将軍から月次報告書を受け取っていたが、それらの報告書はドイツ軍のソヴィエト国境方面への大規模な移動を明らかにしていた。それによれば、一九四〇年九月一八日時点で、ソヴィエト方面へ移動させられたドイツ軍はすでに一一三師団、一万台の戦車、一万三〇〇〇機の航空機という規模に達していた。その一〇日後には、諜報員スドプラトフが、スロヴァキアにドイツ軍部隊が到着したこと、鉄道が複線化されたことを知らせてきた。ウクライナ方面には三〇近くのドイツ軍の師団が移動しつつあることも情報として入ってきた。

さらに、ドイツ国防軍がソヴィエトに行き渡らせようとして流す偽情報もソヴィエト軍司令部とＮＫＶＤによって同時に伝えられ、これらが正確な情報と混じり合う。たとえば、一九四〇年一二月七日には、ドイツ国防軍がウクライナ方面とフィンランド方面を同時に攻撃するだろうという情報が伝わる。しかしフィンランドにはたしかにドイツ軍がスウェーデンを通って到着するが、彼らは武装していなかった。ドイツ国防軍参謀総長ヨードルがすでにその年の九月時点から、バルカン諸国方面へのドイツの攻勢をほのめかす偽情報を流すよう指令していたのだ。

いずれにせよ、ソヴィエト軍司令部もスターリンも、バルバロッサ作戦と呼ばれるドイツの計画の存在を知っていた。この作戦名がヒトラーによって決定されたのは一九四〇年一二月一八日だが、ソヴィエト側はその計画自体が同年七月から練られていたことを知っていたし、それが実行されることについては一一月一二日にモロトフがベルリンを訪問する直前に把握していたのである。したがって、同年七月に、ドイツ軍の移動についての数々の情報と並行する形でソヴィエト側が取った措置も驚くべきことではない。早くも六月七日には、スターリンはＴ３４戦車の生産命令を出している。その内容は、この年の一二月末までに、Ｔ３４生産工場では一八三戦車中隊分の台数を、ハリコフ〔ウクライナ北東部の都市。一九四一～四三年ドイツに占領〕の第一八三工場では五〇〇戦車中隊分の台数を、そしてスターリングラード〔現ヴォルゴグラード〕のトラクター生産工場では一〇〇戦車中隊分の台数を生産し、さらに第七五工場では二〇〇〇個以上のモーターを生産せよというものだった。

ここに奇妙な一致の現象がひとつ見られる。これはまったくの偶然だろうか。同じ頃、一九四〇年七月九日、ドイツはポーランド東部の道路の改修を決めるのだ。ロシアはそれを知り、即刻反応を示す。七月一二日、チモシェンコ将軍はスターリンに、年末すなわち一九四〇年末までに新しい鉄道を二六二キロ敷設し、二七二キロを複線化し、一九四一年には二二八九キロを複線化すると伝える。同時に、シベリアにおいても、ドイツ軍の攻撃に合わせて日本軍が介入してくる場合に備え、ハバロフスクからウラジオストクまでの鉄道を複線化すると伝える。同じく七月からは、工場における労働者への監督が強化される。工員たちは職場の移動を禁止され、労働時間中の集会も禁止される。一九四一年の最初の数カ月間、スターリンはドイツ軍の配置についての報告を定期的に受け、まもなく秘密機関からドイツ軍の攻撃の日付を知らされる。それは五月か六月である。ところが、その後、別の情報が入ってくる――ユーゴスラヴィアとギリシャに対するドイツの攻撃が、ソヴィエトへの攻撃時期を六月下旬に遅らせるかもしれない。この情報を伝えてきたのは東京にいるリヒャルト・ゾルゲである。これは他のさまざまの情報、とくにイギリスの秘密機関が「ウルトラ」により入手した情報とも合致していた。このイギリスの情報は、チャーチルからスターリン宛のメッセージとして、「スターリンに直接手渡すよう」命じられた駐ソヴィエト大使スタッフォード・クリップスを通じて次のように伝えられた。

「ドイツは、ユーゴスラヴィアの保持について心配なしと判断した三月二〇日以降、ルーマニア駐留のパンツァー戦車部隊五師団のうち三師団をポーランド南部へ移動させはじめた。ところがセルビアの革命〔三月二五日のユーゴスラヴィア軍部クーデタ〕の知らせが届くと、この移動に中断命令が出された。閣下はこの事実の重要性がおわかりでしょう」。

イギリスが伝えるこの事実は、ドイツ軍によるソヴィエト南部国境沿いの防衛体制の整備がユーゴスラヴィア情勢の緊張によって遅れていること、そしてこの防衛体制の整備が実際にはソヴィエト領土の侵略を目的としていることを意味していた。この情報はわざと欠落がある形で伝えられている。それはこの情報についてスターリンが、「自分の神経を刺激するために流したのだ」と思ったりしないようにするためだ。

だが、スターリンはまさにそのように思っていた。彼はゾルゲからの情報も信用していなかった。ゾルゲを推薦したのはかつてのトロツキストである。だからスターリンはゾルゲを警戒していた。* ソヴィエト領空が三月六日、九日、一〇日、そして二一日に侵犯されたときも、それは何かの間違いだと、あるいは単なる挑発にすぎないと考えていた。また東方へのドイツ軍部隊の移動についても、イギリス空軍の空襲から部隊を逃すひとつの方法であろうと考えていた[62]。

一九四一年六月一四日、タス通信の外電はベルリンの意図を探るために、他国の報道機関、とくにイギリスの各紙が報じた「ソヴィエト連邦とドイツの戦争は近い」とする噂を「滑稽」と表現し、次のように言明した。「ドイツは独ソ不可侵条約の条項をソヴィエト同様、遵守している。［中略］ドイツ軍部隊の移動は他の理由による」。タス通信の声明は、いわばドイツに向けての「新たな交渉」の呼びかけでもあった。

これはドイツからの回答を期待しつつ、まだなお時間を数週間稼ごうとするスターリンの試みだったのか。回答は六月二二日に明瞭に出される。

一九四二年八月にスターリンはチャーチルに打ち明けるだろう〔八月一二日〜一五日、チャーチルがモスクワを訪問、スターリンと会談〕。「私にはいかなる警告も必要なかった。戦争が始まるのを私は知っていた。だが、まだ六カ月やそこらは時間を稼げるかもしれないと思っていた[63]」。

自分の意に反する情報を受け入れたがらなかったこと、そしてイギリスからの情報であれ他からの情報であれ、それは自分を操ろうとする策謀に他ならないと想像したがったことは、彼のこうした時間稼ぎの戦略に由来している。そのことは、そもそも一九四〇年の夏以来取られてきたあらゆる措置が証明している。

しかし、この戦略は、とくに「ミュンヘン会談流」の彼の退歩にもかかわらず失敗した。彼に残った切り札はたったひとつだけとなった。少なくともこれについては、彼は大きな期待をかけていた。日本は攻撃し

＊　スターリンは「『売春窟の経営者』の情報には信を置かない」とも言明していた。ゾルゲは多くの女性を誘惑したがその中には駐日ドイツ大使の妻も含まれていた。

てこないだろう。

昭和天皇――姿が見えない天皇のふたにらみ戦略

第二次大戦の根は、第一次大戦とその結果としての諸条約にある。だが、国際関係史において広く流通している見方は、第二次大戦の「真の」始まりを一九三一〔昭和六〕年の「満州事変」、すなわち日本が満州〔中国東北部〕を侵略した段階としている。歴史を西欧中心に見るこの見方は、中国戦争の責任を軍国主義だけに負わせ、軍国主義をある種の人種差別主義と同一視させることで、昭和天皇がこの大戦に果たした個人的役割を脇に退けてしまうだろう。

こうした見方には再検討が加えられるべきである。

皇位に就く以前、若き皇太子（昭和天皇）は、自分が神の子孫であるという教えをほとんど信じていなかった。ヴォルテールの読者であった西園寺（公望）公は、若き皇太子に、大事なのはこうした教えを信じることではなく、その教えが何の役に立つのかを理解することだと説明していた。天皇の神格化によって国民を盲目的服従に誘《いざな》える。この信仰を永続させるには、伝統的盛儀・儀式は以前にもましてより盛大に執りおこなうことが適切である。[64] このような教えは、皇太子がイギリスへ赴いたとき国王ジョージ五世が彼に理解させたことでもあった。バッキンガム宮殿内ではリラックスした振舞いが支配的だったのに、王家が外部向けに繰り広げていた儀式の豪華さはそれとはまったく異なるものだった。「あのとき私は、〔日本で〕自分が籠の鳥のように暮らしていたのを理解した」と皇太子は言った。ことに彼が意識したのは、地上最大の君主ジョージ五世がかなりの政治権力を行使していること、しかもそれが舞台の影で、まったくの中立を装いながら諸政党の上に超然とし、代議制の仕組みを尊重した形でなされていることだった。昭和天皇はこの二重の教訓を自分のものとしたが、彼の国の伝統は彼にそれを許すこととなった。

こうした彼の考え方は皇室——すなわち諸政党や議会から独立した権力を作り上げて天皇の「神聖な」権威を権力の行使に役立てたいと考える有力者たち——にとって都合がよいものだった。ただこの場合問題となるのは、軍の大元帥である天皇とともに軍人たちも大きな権力を行使しはじめることだった。いずれにしても、天皇はものごとの中心にいた。彼は「静かな蜘蛛のように」巣の中心にいて、さまざまな極から発信される情報を捉えて国家の諸問題をよりよく知り、さまざまな集団同士を、より自分の望みに適うよう対抗させることができた[65]。

ヨーロッパ歴訪中の皇太子（昭和天皇）、オックスフォードで。1921年５月14日。

ご理解いただけると思うが、こうした配置は、広島の原爆投下後に日本人とアメリカ人が持ち出した「操り人形としての天皇」という像とは一致しない。この像によれば、天皇は日本の敗戦に先立つ諸事件には関係しておらず、天皇が唯一その役割を越えて発言したのは降伏を決めたときだけだとされている。しかしピエール＝フランソワ・スィリ Pierre François Souyri が示唆しているように[66]、表には見えないが非常に能動的であった天皇は、これとは逆に自らを、自分の意志で白馬に跨る将軍と見なしていたのであり、一九四五年の敗戦によって初めて、アメリカ人が与えた「市民としての天皇」という役割に自分を収めていったのだと思われる。

昭和天皇のヨーロッパ歴訪当時、日本では代議政体が半世紀来機能していたが、政府はこの政体において極左の脅威が増しつつあることを懸念していた（誕生まもない日本共産党は一九二四〔大正一三〕年に厳しく弾圧され、解党を余儀なくされた）。一方、昭和天皇はそうした代議政体の状況や、皇室、軍部、あるいは西欧列強（アメリカとイギリス）――彼らは日本に海軍力の制限を押しつけてきていた――等の状況を見て、むしろ融和的な態度を取ろうとしていた。しかし実際にそうした態度を取ったとき、彼は、政府に抑え込まれていた軍人たちの苛立ち――海軍の苛立ち、あるいは中国での活動を活発化させたがっていた関東軍の苛立ち――を見誤る。そしてこのことが、軍部にまったく同情的だったはずの彼の権威を弱めていく。一九二五〔大正一四〕年以来、中等学校以上の学生にはすでに軍事教練への参加が義務づけられていたが[67]〔一九二五年四月の現役将校学校配属令によって中等学校以上に配属将校が置かれ、軍事教練が正課とされていた〕、天皇は人心の軍国主義化をも過小評価していた。

一九二九〔昭和四〕年の世界恐慌は軍人たちに、その欲望を満たす機会を与える。世界恐慌の影響で日本ではまず生糸市場が暴落し、この不安感はたちまち他の市場にも広がっていった。他方、アメリカの外交は世界恐慌によって麻痺状態に陥っていた。

「満州事変」は朝鮮半島を拠点とした満州地域への侵略を正当化する挑発行為であったと言われるが、この事変が勃発したとき（一九三一〔昭和六〕年）、それを知らされた天皇は、まず「軍隊は、以後、より慎重に行動せねばならないこと」、次に「作戦行動が成功し続ける限り、軍部を支持すること」、最後に「作戦行動が成功しても、進軍は万里の長城より先に進めてはならないこと」を自らの意志として知らしめた[68]。これらの命令は、むろん、ソヴィエト連邦とアメリカが反応するかもしれないということに関係している。

松岡洋右と近衛（文麿）公の説明によって、日本経済の生き残りと発展のためには満州を管理下に置く必要があると確信していた天皇は、軍部の勃興にこれまで以上に反対することは不用心だと判断した。国際連盟による日本への断罪、次いで国際連盟からの日本の脱退（一九三三〔昭和八〕年）は、天皇をあらゆる傾向の国粋主義者に接近させたが、その彼らは「日本はアジアを支配すべく定められている」と怒号する者たちであった。

一方、これと並行して、天皇はイギリス、アメリカとの関係を完全に決裂させかねないあらゆる政策に歯止めをかけていた。すでにその任務を領海の防衛のみとされていた海軍は、天皇のこの態度に不満を抱いたが、陸軍のほうは逆に、自分たちは大陸で好きなようにしてよいのだと思い込んだ。大陸においては征服された満州が傀儡国家満州国となるのである（一九三二〔昭和七〕年）。こうして軍部による北京の占領、中国領海の制海権の掌握と続く一九三七〔昭和一二〕年から三八〔昭和一三〕年にかけての二度目の攻撃が開始されると、結局、天皇は南京攻略に伴う数々の残虐行為*や、揚子江（長江）に停泊するアメリカ艦船パネー号への空爆を含めた軍部の行動を受け入れてしまう。首相の近衛公は空爆の「過ち」をワシントンに謝罪し、賠償金の支払いを申し出た――しかし天皇はこの謝罪には関わっていない。『ロサンジェルス・タイムズ』紙はこのとき、権力は天皇によって行使されているのか、軍部によって行使されているのかと問うていた。天皇は軍の動きとは無関係だとする後者の仮説は、後々ひとつの「信仰」と化していく。

問題は、天皇がこうした諸事件に直接関わっていたか否かを知ることである。パネー号事件がいわば一種の試金石となってくれる。一九三七年〔昭和一二〕一二月のこの事件は将校たちによって引き起こされた。目的は、西欧人が中国において歓迎されていないことを彼らに理解させるためであった。ところで、この事件を引き起こした責任者の大部分は反自由主義的陰謀〔一九三六年の二・二六事件〕に関わって一九三六〔昭和一一〕年に投獄された人々である。このとき彼らを釈放するよう天皇に対して要請がなされたが、天皇はこれを拒否した。

＊　これは中国人たちが「三光作戦」と名づけたものである。殺し尽くし、奪い尽くし、焼き尽くす。

第１次近衛内閣（前列右端が近衛）。1937年６月。

「彼らは日本の恥である」。しかし、軍部は彼らへの共感者を糾合し、中国へ派遣した。リーダーは橋本欣五郎で、彼がこの反西欧的作戦を指揮した。

ローズヴェルトは、謝罪や他の外交的儀礼が片づくと天皇に直接語りかけることを望んだ。アメリカの公文書館にはローズヴェルトが天皇に送ったメッセージの痕跡が残されている。ところがこのメッセージは不思議なことに天皇には届かなかった。明らかに軍部がこのメッセージの天皇への伝達を邪魔し、政府がこれに反対できなかったのだ。この顛末についてある研究者は述べている。「天皇の赤子であり、忠実な臣下である海軍と陸軍は、天皇の命令下にあるとされた以上、そのもとで自分たちの望むことをおこない、天皇がおそらくは望みもしないし裁可することもできない残虐行為を遂行し続ける」[69]。

一九三八〔昭和一三〕年に近衛公は三度にわたって声明を発した。第一次声明では「爾後、国民政府を相手にせず」として蒋介石との和平の道を閉ざし、蒋のライバルにして後に南京傀儡政権の首班となる汪兆銘との接触を選ぶ。第二次声明では天皇の了承のもと「東亜新秩序」建設を呼びかける*。そして第三次声明では対中国和平についての三原則を次のように示す。一、中国は日本と友好関係を保ち、満州国を承認せねばならない。二、中国は共産主義と戦うために日本と力を合わせねばならない（このことは中国国内への日本軍の駐留権を含意する）。三、両国の間には経済協力がなされねばならない（これによって日本は中国北部と内モンゴルの資源を活用できるようにする）。

これらの計画は、蔣介石と汪兆銘の間に日本が一角を占めることを含意していた。すでに日本軍が占領している地域から、これから日本軍が影響力を振るおうとしている地域を管理するような、協力的な新しい政府が作られるだろう〔一九三八年三月二八日、日本軍が南京に中華民国維新政府を成立させたことを指す。一九四〇年三月三〇日には同政府を解消し、同じく日本の傀儡政権である汪兆銘の中華民国国民政府（南京国民政府）が樹立される〕。

共産主義の台頭を前にして、日本はドイツとの間で一九三六〔昭和一一〕年に防共協定を結んでいた。これはソヴィエト連邦が万が一侵略してくる場合への備えだった。しかし日本の指導者たちは、大陸において現状から先に進むことを望んではいなかった。一九三九〔昭和一四〕年八月、中国とモンゴルとの国境地帯ノモンハンにおける対ソヴィエト戦の大敗は彼らを驚かせたが、彼らは何よりもアングロ＝サクソンを敵とすることを恐れていた。このノモンハン「事件」は天皇に一師団分の被害を与えたが、天皇は事件の責任者、すなわち軍人たちを罰することはしなかった。むしろ、別の問題で大臣たちを叱責していた。当時、アメリカは日本への石油・金属供給（くず鉄）を保証していた日米通商航海条約の破棄を通告していた〔一九三九年七月〕。天皇はこれを予期できなかったとして大臣たちを叱責していた。しかしローズヴェルトが条約を破棄したのは、まさしく日本軍が中国を侵略したからである。

それ以上のことがある。ドイツとソヴィエトの不可侵条約締結は天皇には防共協定への侵害に見えた。そこで彼は、怒りに駆られて平沼内閣を総辞職させた〔一九三九年八月、平沼首相は「欧州の政情は複雑怪奇」と声明し総辞職〕。先に、中国における軍事作戦を勝利のうちに終わらせられないのを見て近衛公の第一次内閣〔一九三七年六月〜一九三九年一月〕の総辞職を止めなかったときの怒りと同様の怒りである。

＊　次節の「蔣介石――共産主義者と戦うべきか、日本人と戦うべきか」を参照されたい。

つまり、失敗あるいは失意の原因がどのようなものであれ、天皇による非難は常に大臣たちに向けられ、軍指導部が標的になることは一度もなかった。

この時期の日本の政治方針で変化しなかったこと、それは一種のアジア版モンロー主義〔モンロー主義はアメリカ第五代大統領モンローによって提唱された、アメリカ・ヨーロッパ間の相互不干渉を唱える説〕を確立しようとする動きである。これは少なくとも、中国において日本が意のままに振舞えることを前提としていた。しかしソヴィエト連邦の強大化、これと対峙するドイツの強大化、そして日本の願望を抑えたいとするアメリカの圧力が、このアジアだけの枠組みの外へ出て世界政治に参画することを余儀なくさせた。そして、日本の政治方針の中でもうひとつ変化しなかったのが、アメリカとの関係を劣悪なものにしたくないという天皇の願望である。[70]

それでも軍部は、ドイツとの同盟に事態を導こうとした。天皇は、この同盟がソヴィエト連邦を抑えるのに必要不可欠でない限り、これには乗り気でなかった。天皇の当時の判断では、とにかく重要なのは中国問題の解決だった。ところで西欧との関係で言えば、一九四〇年には、フランス・オランダの反ドイツ連合からの脱落やイギリスの孤立が日本にとって大きな可能性を開いていた。オランダ領東インド（インドネシア）、フランス領インドシナ、そしてイギリスの植民地シンガポールは、日本の目と鼻の先だった。

それまでおこなってきた政策を覆し、南方の誘惑に身を委ねるべきだろうか。しかしそれはイギリス、アメリカとの決裂を意味する。これが天皇の第一のジレンマである。しかも、そうなれば、全能の陸軍は中国における「聖戦」の遂行において欲求不満を覚え、大喜びをするのは海軍であるというもうひとつのジレンマが生じるだろう。

この第二のジレンマは、陸軍と海軍の国内政治への影響力の比重をどのようにすればよいかという問題である。この陸軍・海軍の影響力についての考慮は、中国と南方というふたつの選択肢の利点や弊害についての評価と同じくらいの重みを持つものだったろうか。

三つの考え方が主張されていた。そしてそれらは互いに多少とも対立していた。ひとつは数年前から主張されていた考え方で、一九三六〔昭和一一〕年の日独防共協定と一九四〇〔昭和一五〕年の日独伊三国同盟を支持しつつ、ドイツの勝利からより実質的な果実を引き出せるような新たな日独同盟を望むとするものである。軍部はこの考え方を熱心に支持し、この支持は毛沢東の共産主義と戦う蔣介石のもとへドイツが一時的に軍事顧問団を派遣した後、ヒトラーが最終的に中国ではなく日本を選んだことでいっそう強まった。しかし東京への相談なしに締結された独ソ不可侵条約という背信は、この立場を支持する勢力の力を弱め、ドイツとの実質的な同盟を留保するふたつ目の考え方を生じさせた。天皇も、ソヴィエトに対する盾となる限りでしか、ドイツとの新たな同盟を望む軍部の意見を受け入れる気はなかった。そして三つ目の考え方、それはアメリカを決定的に敵にまわすような、いかなる政策にも反対するというものである。アメリカは日本の対外貿易における全輸入量の三六パーセントを占め、しかもその四分の三は石油に関係していた。この考え方に立つ勢力によれば、フランスとオランダの敗北やイギリスのインド以東における活動不能状態から日本が利益を引き出すには、脅し、限定的攻撃、交渉を駆使して、一次資源の宝庫であるアジアの熱帯地域を支配することが重要となる。長い間、天皇もそのように考えてきたし、天皇の望みは、危険を冒さずに日本の勢力伸張を実現させることにあった。[71] しかし、海軍と陸軍の主戦派は、事態は日本に不利に動いており、いずれにせよ避けがたくなりつつあるアメリカの介入を何とか予防せねばならないと考えていた。

ヒトラーは、ソヴィエト連邦を打ち破るには三カ月もあれば十分であり、そうすれば次の段階で、イギリスに勝利するための基地と資源も確保できると判断していた。これと同様に、日本の指導者の大半は天皇に対し、戦争準備が整う前のアメリカに打撃を与えれば、アメリカを中立化させることができ、そうすればアメリカも交渉に応じて、ソヴィエトへの攻撃も可能になると説明していた。天皇は彼らの議論に耳を傾ける。よく知られているように、軍部のこの判断は実際には誤っていたことが後に明らかとなる。だが、天皇、東条英機将軍、その他の有力者が参加した会合の記録を見る限り、問題がこのような仕方で扱われていたことは間違いない。それに、軍部の親ドイツ派――自らを親ナチスと言っていた人々――も、独ソ不可侵条約が生きている限り、日本が対ソ戦争をおこなうことについてはまず軍内部の支持を得られないだろうと判断していた。

天皇は、彼自身のドイツへの警戒心がいかなるものであるにせよ、三国同盟への日本の加入が満州国に対するソヴィエト連邦の圧力を減ずるのであれば、それを肯定的に捉えていた。しかしその加入が、イギリスやアメリカとの争いにつながるような事態は望んでいなかった。彼は説明している。「もし日本とソヴィエト連邦の間に相互不可侵条約が結ばれれば、われわれは南方に進出し、主役は海軍ということになろう。〔中略〕軍はこの方向で必要な措置を取っているだろうか。ドイツもソヴィエト連邦も信を置けぬ国であり、両国が同盟を結んでいるのは自然に反する。もし両国のいずれかがわれわれを裏切り、われわれがアメリカに向けて努力している状態を利用しようとするなら、問題が生じるとは思わないか。両国に対抗して行動できるためにはよい機会が必要だ。たとえばドイツ軍がイギリスに上陸するといったようなことだ。〔中略〕そうなれば、われわれは南方で自由に行動できるだろう。なぜならその場合、アメリカはイギリスの救援に向かうだろうからだ[72]」。

この仮説を述べて以降、天皇はますます、その時点の国際状況から遅延なく利益を引き出そうとする方針に傾いてゆく。この時点でなされたのが一九四一〔昭和一六〕年七月の仏領インドシナの一部占領だが、この行動がローズヴェルトに、日本向け石油輸出の停止という措置を取らせる〔一九四一年八月一日〕。これに対し、「イギリスやアメリカへの不意打ちは確実に成功する」と永野修身軍令部総長が保証したので、天皇は、中国での作戦行動の凍結によって万が一ソヴィエトが攻撃してきた場合、どれだけ抵抗が可能かを検討させた。現地には十分な規模の日本軍が駐屯していた。陸軍大臣東条の説明によれば、この時点でアメリカに譲歩することは、中国における日本の戦果を危うくし、ひいては満州国さらには朝鮮の未来をも危うくしかねない。ドイツのソヴィエト侵攻直前の時期に松岡がヨーロッパ訪問の結果としてスターリンと締結した日ソ中立条約〔一九四一年四月一三日〕は、天皇を安心させていた。しかし当時、第二次近衛内閣〔一九四〇年七月～一九四一年七月〕を運営していた近衛公は以前と考えを変えていて、ドイツはソヴィエト連邦との戦闘で敗れるだろうと判断していた。この時点でこのように考えていたのは日本では近衛公だけだった。第三次〔一九四一年七月～一〇月〕まで続く近衛内閣はまもなく総辞職し、「天皇の意思により」東条将軍が近衛公に代わって首相に任命される〔一九四一年一〇月〕。これにより文民政権は終わりを迎える。

東条英機首相（中央）と閣僚。1941年10月18日。

この間、天皇は自国の部隊を満州国に駐屯させ続けた。これが、ドイツの侵攻に対してソヴィエト軍が西部戦線で全面展開できぬ原因となった。ヒトラーを助けようとしたのではない。三カ月前にスターリンと結んだ中立条約の内容がいかなるものであるにせよ、その保証となるものをシベリア地域に確保すべく準備をしていたのだ。天皇は、万一ドイツがモスクワに入城した場合、「バスに乗り遅れたくなかった」。しかし、陸軍が望んでいたような作戦行動には反対した。それよりも資源豊かな南方へ進出するほうが彼には好ましく思えた。そのためには、行動を起こす前に、アメリカを戦争から外してしまわねばならなかった。一九四一〔昭和一六〕年一〇月中旬には、本土が空襲を受けた場合に備えて、日本の映画ニュースはさまざまな種類の爆弾に対処するための、必要な情報を流しはじめていた。[73]

天皇はまた、勝利を収めたならドイツ軍と日本軍がオビ川〔西シベリアを流れる川〕

で合流しようというリッベントロープの示唆にも反対した。しかし、モスクワを前にしてのドイツ軍の失敗は近衛公の予測の正しさを示したものの、時機至ればシベリアをドイツと日本で分け取りしようという考えはその後も消えなかった。シベリア横断鉄道は日本とドイツによって管理されるべきであり、樺太のロシア人は島の埋蔵資源を日本の利益にするために活用されるべきであると考えていたのだ。そしてこうした複雑な状況にもかかわらず、日独防共協定は一九四一〔昭和一六〕年一一月に更新され、これに続いて同年一二月には日独伊単独不講和協定が締結される。

アメリカ、イギリスを敵として賽は投げられていた。山本五十六提督はすでにハワイ、フィリピンに攻撃対象を絞っていた。天皇はこの戦争準備を詳細に知っていた。最後の瞬間に至るまで、天皇は予定された複数の作戦行動が同時に、確実におこなわれるかどうか、気を揉んでいた。攻撃の目標は真珠湾、フィリピン、グアム島、ウェーク島〔北太平洋、南鳥島の東に位置するアメリカ領の環礁〕、香港だった。彼が神経を使ったのはふたつのことだった。ひとつは、この攻撃が日本に対する経済的――とくに石油に関する――締め上げに対応した行動であることの論拠を見つけること、もうひとつは、真珠湾を攻撃するにあたり、山本提督に対しては北方を通過する場合、ソヴィエトの海岸には接近しすぎないよう命令することである。スターリンがこの日本の行動を脅しと取って、これに反応するようなことがあってはならなかった。

いずれにせよ、スターリンの順番は後になってやってくるだろう。

真珠湾攻撃〔一九四一年一二月七日、日本時間八日〕の成果は期待にたがわぬものだった。アメリカ海軍のかなりの部分に打撃を与えた。しかし、攻撃を担当した指揮官の中には、さらに「攻撃を強化するよう」命令を受けなかったので、すなわちアリューシャン列島・カリフォルニア間の西海岸方面に対する上陸命令が下りなかったので、失望する者もいた。

この点を除けば、電撃戦は大勝利だった。

日本海軍の六隻の航空母艦は戦闘機数でアメリカに対し常に四対一か五対一の優勢を保ち続けた。そしてこれらの艦船はハワイからセイロン〔現スリランカ〕に至る海域に展開し、真珠湾、ラバウル、ダーウィン港〔オーストラリア北海岸の港〕、コロンボを急襲した。

グアム、ウェーク島、香港は降伏した。まもなくオランダ領東インド、マレーシアも降伏し、シンガポールは北方からの攻撃によって陥落した（一九四二〔昭和一七〕年二月一五日）。そこには、傲岸に勝ち誇る山下奉文中将の前で震えるパーシヴァル将軍の姿があった。その姿を映し出したイギリス軍要塞での降伏の情景は、これまでカメラが捉えた最も屈辱的なもののひとつである。

シンガポール降伏、山下中将（日本側左端）とパーシヴァル将軍（イギリス側中央）。1942年2月15日。

真珠湾攻撃直後の一九四二〔昭和一七〕年一月一八日、日本はふたつの同盟国と世界の戦略的分割に関する協定を結んだ〔日独伊秘密軍事協定〕。東経七〇度以東のすべての地域はシベリアの一部と北アメリカの一部を含めて日本の支配下に置かれる。線より西と南アメリカはドイツとイタリアの支配下に置かれる。南東においては、インドのどこかで三軍の邂逅が予定されることになった――この協定の存在ゆえに、ドイツ国防軍ロンメル将軍による同年春のエジプト方面への攻撃目的のひとつが、この日本軍との合流にあったと見る人々もいた[74]。

一九四二〔昭和一七〕年五月一五日、リッベントロープは再び、ドイツ国防軍の大攻勢に協力するよう日本に要請した。これに対し駐独大使の大島浩は、日本軍は各地に分散しているため、ソヴィエトへの攻撃はもっと後に、おそらく同年一〇月頃に延期せざるを得ないと答えている。

蔣介石――共産主義者と戦うべきか、日本人と戦うべきか

すべての証言は次の点で一致している。真珠湾攻撃に先立つ一年間、蔣介石は戦争を指導していたリーダーたちの中でも最も明晰な人物だった。日本の近衛公と彼だけが、ドイツがロシアで勝利するとは考えていなかった。彼だけが、日本は国際状況を利用して、シベリアではなく西欧帝国主義の「柔らかな腹」すなわちオランダ領東インド、マレーシア、フィリピンを攻撃するだろうと判断していた。彼だけが、日本は日本の傀儡政権である南京国民政府〔一九四〇年三月三〇日に樹立された汪兆銘の政府〕でさえ受け入れられないような要求を、中国に突きつけるだろうと判断していた。彼だけが、日本の好戦主義を過小評価せず、戦争が継続すると確信し、そうなれば中国は真の同盟者――この場合それはアメリカだが――を得られるだろうと推論していた。彼だけが、自分の妻である宋美齢や、自分の党〔国民党〕の一部の者の意見とは反対に、中国共産党との対立においてスターリンを当てにできると考えていた。実際、ソヴィエト連邦が飛行機や戦車を引き渡したのは蔣介石にであり、毛沢東には「わずか数丁の拳銃しか」与えなかった。

蔣介石は、ローズヴェルトが派遣した顧問のオーウェン・ラティモアに言っている。「戦争終結後、共産主義の問題は武力で片をつけられるだろう。だがソヴィエト連邦、コミンテルンの問題はそれとは別のものとして考えねばならない。中国の共産主義者と交渉できない理由は、彼らとわれわれとでは同じ言葉が同じ意味を持たないからだ。しかしスターリンは当てになる。彼は約束を守る」。戦争の最終段階の蔣介石の判

断はおそらくこれとは違っていただろう。しかし、一九四一年における彼の判断はまさしくこのようなものだった[75]。

全体状況についてのこのような判断が、当時の彼の戦略を暗黙裡に説明してくれる。真珠湾攻撃後、蔣介石は、日本の打倒はアメリカに任せ、アメリカから得ていた援助物資は毛沢東との戦闘のために取っておこうと考えていた。しかし、自分の軍の劣勢を口実とするこの待機主義は、結局彼にとっては有利に作用しなかった。中国人たちはむしろ、占領者に対して祖国が攻撃に出ることを期待していたのだ。共産主義者たちはまさしくこの選択——まず日本と戦うこと——によって人心を得るのに成功した。諦めの長い歳月を経て、中国人は勇気を取り戻しつつあった。

蔣介石が取ったこの方針は、彼とアメリカとの関係も悪化させた。アメリカは中国の軍事的な立ち直りを当てにしていた。それがなれば中国を援助しようと言い、蔣介石の国民党と共産主義者たちとの統一戦線の再構築によって内戦状態が再び起きなくなるよう望んでいた。しかし、蔣介石、中国の共産主義者、スターリンの三者による駆け引きには他の利害も絡んでおり、二〇年近くも互いに恨み合い、不信を増幅させてきたため、結果的にはこの恨みと不信が何よりも先に立ってしまったのだ。

この三者による駆け引きを詳細に知るには、時代を遡り、一九二七年かそれより少し前の時期から検討せねばならない。

この駆け引きが真の意味で始まったのは一九二三年である。清国最後の皇帝溥儀の退位と中華民国の成立から一一年を経たこの年、中華民国と国民党の創設者である孫文は、まだ萌芽状態の中国共産党のメンバーと同盟関係にあった。この年の一月、孫文はブレスト＝リトフスク条約〔一九一八年、ソヴィエト政府がドイツとその同盟国（オーストリア＝ハンガリー、ブルガリア、オスマン帝国）と締結した講和条約。これによりソヴィエトは第一次大戦から離脱した〕の署名者のひとり、ソヴィエトのアドリフ・ヨッフェと共同宣言を発表した。「孫博士は、共産主義体制、いやソヴィエト体制でさえも、中国には導入し得ないと考えている。これらの体制を取り入れるための条件は中国には存在していないと言うのだ。この意見にヨッフェ氏もまったく賛成であり、ヨッフェ氏は中国にとって最も重要で喫緊の課題は統一と国家の独立であると考えている。ヨッフェ氏は孫博士に対し、この壮大な企図においてロシアは中国を全面的に支持すると確言した」[76]。

ヨッフェの支持を確かなものとするため、孫文は自分の側近のうち、ロシアとの接近に好意的な人物をモスクワに派遣した。それがその後自分の義弟となる蒋介石将軍である。このモスクワ訪問には、他の人々とともに、共産党の指導者のひとり張太雷も同行した。蒋介石の訪問の目的は武器と助言の獲得だった。

ソヴィエト連邦では軍人が政治委員と協働していた。しかも、政治委員には軍人を政治的に教育する任務が与えられていた（そのことはワシーリエフ兄弟の映画『チャパーエフ』〔一九三四年、貧農出身の赤軍の英雄を主人公とする映画で「社会主義リアリズム」の最高峰と言われる〕に見られる）。これを見た蒋介石は、共産主義体制の実際について疑念を抱き、モスクワを後にする。彼はモスクワで、ジノヴィエフが議長を務め、ヴォイティンスキーも出席するコミンテルンの会合に参加していた。ヴォイティンスキーという人物はその一年半前に中国共産党の創設に参加した人物で、彼の活動はみなを満足させていた（中国における彼の後継者、オランダ人マーリンは権威的で、自分の話し相手を「インドネシアの原住民」と見なすような人物であったため、ヴォイティンスキーのような成功は収められなかった）。この会合で蒋介石は次のように言明した。

「『三民主義*』の旗印のもとに活動する国民党は、帝国主義に対する戦いにおいて、抑圧されたあらゆる諸民族の側に立つ。中国におけるわれわれの最大の敵は、帝国主義者によって養われているあの封建主義者ども、すなわち軍閥である。われわれは二、三年のうちにわれわれの革命が勝利すると期待している。私はソヴィエト連邦のこの旅で多くを学んだ。中国革命の現実について、人々はまだかなり誤解しているように私には思われる。インターナショナルに集うわれらの友人が中国を実際に訪問して実地に観察され、東洋諸国における革命の諸問題を研究されるよう私は希望する」[77]。

しかし、この蜜月にもすでにいくつかの誤解が生じていた。まず、『イズヴェスチヤ』（ソヴィエト・ロシアの機関紙）に掲載された文書からは、孫文・ヨッフェ共同宣言の最初の言葉、「共産主義、あるいはソヴィエトを中国に導入するには、それに適した条件が欠けている」という一文が脱落していた。

また蔣介石がモスクワから帰国してまもなく、孫文は広東、香港へ赴き、イギリス流の議会主義を賞賛し、イギリス政府のやり方を模範とせねばならないと言明していた。[78]

そしてその一年後、北京においてはソヴィエトの外交官カラハンがモスクワ政府の名において、軍閥のひとりと中国の鉄道の将来について条約を結んでいた。[79]

一貫性の欠如は明白だった。しかし、実はそれ以上に重大なことがあった。

蔣介石はコミンテルンの指導者ボロディン（国民党の顧問）に、「モンゴル人たちは、中国人ではなく軍閥を敵視しているのだ」と言っていたが、この発言は、外モンゴル地区で進行中のモスクワによる占領を防止するためになされたものである。孫文は「ロシアはモンゴルに対していかなる野心も持っていない」と確信してはいたが、それでもやはりロシア軍部隊がこの地域に駐屯していることに変わりはなかった。このことはこの地域の占有へと発展しかねないものだった。[80]

モスクワでは国民党に入党した中国の共産主義者を、国民党の内部における酵母、あるいは国民党を動かすための梃子と見なしていた。国民党の側から見れば、共産主義者に国民党への入党を許すことは、ソヴィ

＊　民権主義、民族主義、民生主義。すなわち民衆の運命を改善し、外国勢力を駆逐し、国を近代化するという三主義からなる政治理論。孫文が一九〇五年に提唱したことに始まる。

エト連邦からの援助を獲得するために支払うべき代価だった。しかしこうした状況はまた、北京にいる北方軍閥との対立において国民党の立場を強めてもくれた。そして、公式にはロシア共産党の代表であるが、誰にとっても、同時にコミンテルン、ソヴィエト政府の派遣使節であったボロディンによる教唆は、ソヴィエト体制がどのように動いているかを国民党によりよく理解させてくれるものとなった。[*81]

　実を言えば、国民党内部への共産主義者の浸透は、その一〇年前のロシアの場合とは異なり、兵士たちに立脚したものでもなければ、何らかの労働者組織に立脚したものでもなかった。国民党に入党した共産主義者は、共産主義運動の幹部だけであり、言ってみれば知識人によって構成された萌芽状態の官僚組織にすぎなかった。国民党の右翼は共産主義者の浸透を危険と判断していた。蒋介石自身も同じ判断だったが、しかし彼はモスクワと自分との同盟関係の維持に執着していた。北京を支配する軍閥を打倒するため北方遠征に出た蒋介石は言明している。「たしかに、共産主義者を国民党に引き入れた当事者は自分だ。そのことを私は喜んで認める。［中略］しかし私はまた、もし彼らの勢力が優勢になるなら、その影響力に反対の立場を取るとも言明していた」[82]。

　ところで、モスクワのスターリンが、「レモン［すなわち国民党］を絞った後で捨てる」つもりだったとしても、そこでは複数の異なる方針が同時に大っぴらに遂行されていた。一方では蒋介石の国家統一運動を助け、彼に北方の軍閥を打倒させようとする。他方では軍閥のひとりによって率いられる北京政府との外交関係を維持し、中国の鉄道の将来に関する条約を同政府との間で調印する。さらには、蒋介石を転覆させようとする国民党左翼を援助し励まし、国民党左翼より優位に立とうとする中国の共産主義者も支持する。相互に一貫性を欠く複数の方針が同時に取られていたのだ。

　こうした状況を見て、蒋介石はモスクワから派遣されたボロディン使節団を追放する。しかし、スターリンは、中国の共産主義者が彼らだけで単独で蒋介石に対抗するのに反対する。スターリンにとって優先すべきは、帝国主義者、軍閥との戦いだったからである。蔣介石は北方における軍閥との戦闘に勝利した後、上海では彼の勝利に貢献した労働者の活動家たちを粛清する。次いで彼は「広東コミューン」を粉砕する——広東コミューンはスターリンのスローガンである「反帝国主義統一戦線の政策」によって身動きが取れなくなり、言わば虐殺されるがままになった。アンドレ・マルローの作品『人間の条件』（一九三三）はトロツキーのこだまとも見なすべき作品だが、そのトロツキーは「労働者の運動をブルジョアジーに従属させるこの政策」を弾劾するだろう。

スターリンとブハーリンが強調したのは次の点だった。「蔣介石の軍事力は、まだ民衆の力より優勢である。後者は一見すると活力があるように見えるが、実際は押さえ込まれたままである」[83]。とくにソヴィエト国家と、いまだ萌芽状態にある中国共産党の組織の懸隔に鑑みれば、ソヴィエト国家にとっての利害の追求、すなわち国民党国家の当面の強化こそが、中国共産党の強化よりも優先されねばならない。中国共産党は革命政党だと称しているが、勝利するための手段も、固有の支持勢力も有していない。また、たとえ中国共産党が優位を占めるに至っても、南部に共産主義者による政権が成立すれば、それはただちにイギリスとの間で争いを招くだろう。ソヴィエトのロシアはそうなることを望んでいない。トロツキーもスターリンも、外交関係において「ロシアは休息を必要としている」と判断していた[84]。

それにしても、共産主義者たち、とくに陳独秀が、少なくとも上海、広東と二度にわたって蔣介石の行動、方針転換に不意打ちを食らったのは理解に苦しむ。この方針転換は、あまたの徴候によってまったく予測可能なものだったはずだ。マルクス主義の活動家だった彼らは、軍人である蔣介石の知的能力を過小評価し、その彼にいささか憐れみの眼差しを向け、軽蔑していたのだろうか。

＊　ここにはスターリンの名において機能する三つの機関が見て取れる。外務省、コミンテルン、ロシア共産党である。

国民党指導部の一員であり、「来たるべき革命の審判者」であり、中国共産党の構成員でもあった毛沢東が、「中国においては農民こそ指導的立場に立ち、ブルジョアジーとプロレタリアートの対立に裁定を下す」という考えを練り上げる――この点で毛沢東は彼なりの仕方で、瞿《く》秋白*とブハーリンの弟子だった。国民党との共闘が崩れると、彼は湖南地方で騒擾を指導し、農民各層が取るべき行動を理論化し、農民たちを革命の主導勢力として導いた。そうしながらも、毛沢東は国民党と中国共産党の内部にとどまり、自分の行動を全体の戦略の中に位置づけようとしていた。この反抗者は異端者になっていたのだろうか。

スターリンは共産主義者に対して国民党左派との連携を勧めていた。そして、この方針から外れる者をあらかじめ断罪していた。それゆえ毛沢東はスターリンの方針内部にとどまろうとしたのだ。毛沢東の同志たちが広東で粉砕された後、彼は破れかぶれの徹底抗戦を指導した。だが、当初は破れかぶれの戦闘と見えたこの戦いも、中国西部地域の山岳地方に逃げ込んだ数千名の同志たちによって補強され、まもなく攻勢に転じる。この人々が後に長征〔一九三四年一〇月、中国共産党の紅軍が国民党軍の包囲攻撃で江西省瑞金の根拠地を放棄して西方へ脱出、約一年後に陝西省延安を新たな根拠地にするまでの一万二五〇〇キロメートルにわたる大行軍のこと〕を決行することになる。

一九二五年に孫文が死去し、蒋介石が権力の座に昇ったとき、「帝国は流砂にすぎなかった」。しかし三年後、蒋介石は共産主義者たちを退け、軍閥の大半を打倒していた〔一九二八年、国民党軍、北京入城、北伐完了〕。中国はついに再統一されるのだろうか。

たしかに、蒋介石にはいまだ多くのライバル、敵対者はいたが、その未来は決して暗くはなさそうだった。日本がかねてからの計画を実現しつつ満州〔中国東北部〕を侵略したのは、中国の再統一を妨げるためだったのだろうか。

攻撃が始まったのは一九三一年九月一八日である〔満州事変〕。二〇日の日記に蒋介石は次のように記している。「日本の軍国主義者は軍馬に跨った。連中は、その征服計画を完遂するまで動きを止めないだろう。だから東アジアにもはや平和はないだろう」。そしてその二日後、二二日に彼はつけ加える。「中国へのこの攻撃によって、第二次大戦が始まった。世界の指導者たちはそのことをしっかり意識しているだろうか[85]」。「満州事変」が勃発した九月一八日、蔣介石の南京政府〔一九二七年、共産党を排除して樹立した国民政府〕は、毛沢東と朱徳の誕生まもない紅軍〔一九二七年創設〕を相手に戦闘中だった。この日、ムクデン〔現在の瀋陽の満州語名、一九二三年奉天軍閥の拠点となり奉天と呼称された。その後瀋陽、奉天、瀋陽と呼称が変化〕から北八キロ地点の線路脇で一発の爆弾が爆発した〔柳条湖事件。日本軍（関東軍）が満鉄線路を爆破〕。被害は僅少で、列車は予定どおりの時刻に到着した。しかし、秩序の壊乱はこの地方において危機的な状態にあるとして、日本軍はこの事件を口実に軍事介入した。日本軍は軍事的に満州の首邑《しゅゆう》を占領した。数カ月後、日本は傀儡国家、満州国の独立を宣言する〔一九三二年三月一日〕――人口のおよそ二〇パーセントが満州人であった。この国の玉座には清国最後の皇帝、溥儀が就いた。

日本の攻撃が始まると、中国国内の疲弊を見た蔣介石は、中国の三〇の大学の学生が呼びかける抗日戦争を求める声には応えず、国際連盟の仲裁に頼ろうとした。国際連盟は当時、ギリシャ・ブルガリア間の紛争を平和裏に解決したばかりであり、なおアメリカのケロッグとフランスのブリアンが推進したパリ不戦条約（ケロッグ・ブリアン協定）〔一九二八年、日本を含む一五カ国が調印。条約違反国への武力行使や自衛権としての武力行使は禁止外とした〕の影響下にあった。そのため、国際連盟が満州事変調査に派遣したイギリス人のリットン卿を長とする調査団の報告書では日本に罪ありと結論されたが、侵略者に対する断罪は修辞的なものにとどまった。一方、日本代表団は国際連盟にいわば挑戦状を叩きつける形で連盟を脱退した。危険なソヴィエト連邦と混沌の中国を前にして、日本人は西洋列強が望む秩序の唯一の守護者と見なされることを期待し、罰せられることはないと信じていたのではないだろうか。

一九三一年九月二二日の日記に書かれた予言が、本当にその時点での蔣介石の考えであったとすれば、そ

＊　瞿秋白は上海の若き指導者であり、ヴォイティンスキーと親しかった。

れに続く数年間の彼の態度は理解できる。事実、日本の攻撃は、第一次大戦中になされた対華二一カ条〔一九一五年〕の要求における主題のひとつを取り上げ直したものだった――それは経済的従属であり、同時に、中国における領土拡張という日本の昔からの願望の実現であった。しかし日本の行動はこれにとどまらなかった。一九三七年七月七日の新たな攻撃〔盧溝橋事件。日中戦争勃発〕は、またもや、全面的な侵略を正当化するための挑発だった。

日本が攻撃を仕掛けたこのふたつの日付の間、日中の対立は中断されてはいなかった。しかし蔣介石は、この対立を真の姿で捉えるのを避けていた。その結果、軍人たちは、蔣介石の方針に反対する学生たちの主張に同調し、彼を拉致、監禁した〔一九三六年一二月一二日、西安事件〕。そして彼が述べるさまざまな言い分に理解を示したスターリンの意見が表明された後に、ようやく彼は解放された〔一二月二五日〕。

この「西安事件」は、反日感情が国内で高揚する一九三六年末当時の、中国の指導者が抱えていたジレンマを浮き彫りにするいわばミニチュアである。そこでは次のような驚くべきことが引き起こされていた。

西欧での戦争の可能性が高まり、日独反コミンテルン協定（日独防共協定）が締結されたのを見て、毛沢東は、より効果的に日本と戦うためには蔣介石との休戦が必要だと感じていた。だが蔣介石のほうはむしろ、共産主義者に対して最後の攻撃「第六次包囲戦」を仕掛ける時期が到来したと判断していた。この包囲作戦の指揮は張学良将軍に任せられていた。だが将軍は、蔣介石が毛沢東との交渉で過大な要求を突きつけてしまったと考え、自分の責任において、中国北東部の西安で蔣介石の逮捕に踏み切る〔蔣介石はこのとき共産党討伐を督促するため西安に来ていた〕。蔣介石の護衛たちは深夜の攻撃によく抵抗し、蔣介石を雪に覆われた岩山へと避難させた。だが、彼は狭い洞窟の中で、夜着だけを身に着けて寒さに震えているところを発見される。そのときの蔣介石は、あわてて逃げる際に入れ歯を部屋に置いたままであったため、明瞭に発音することさえできなかった。若い隊長に背負われて連行された蔣介石は、総司令部に待機する張学良将軍の前に引き出された。将軍は蔣介石に、この夜の振舞いを詫びたうえで、内戦継続等の方針を変えるよう迫った。[86]

「私が総司令官だ」と蔣介石は答えたらしい。「私に対して敬意を欠かぬようにしてほしい。私を捕虜だと考えるなら殺せばよい。だが私に無礼を働くことだけはやめなさい」[87]。

張学良から通報を受けた毛沢東は、蔣介石を裁判にかけて処刑するよう提案する。この間、重慶では蔣の妻、宋美齢が交渉を開始すべく工作を進めていた。一方、国民党の右派は陝西省の西安を爆撃しようとしていた。モスクワではディミトロフが、張学良の行動は毛の承認なしには考えられないと判断していた。第一の敵は日本であり、一九二四年〔第一次国共合作〕と同様、本来は国民党と共産主義者の統一戦線が形成されるべきだったのだ――スターリンは周恩来を通じて張学良に、「蔣介石の拘束は革命的行動とは認められず、むしろ日本の陰謀だと見なされる」と伝える。スターリン主義的に歪曲されたマルクス主義の論理に従えば、「客観的に見て」この事件は、それ以外のものではなかった。アメリカの中国通、エドガー・スノーが伝えるところによれば、「毛は、蔣を解放せよとの命令を受け取ったとき激怒した。彼は呪詛の言葉を吐き、足を踏み鳴らした」。その後で、彼はようやくコミンテルンの命令に従うことに同意した[88]。

西安事件で拘束直後の蔣介石（中央）と国民党幹部。1936年12月。

蔣介石は、日本の勢力圏外にとどまっていた中国の部分を日本が侵略しはじめたときから、自らの立場をしっかり説明せねばならないと考えていた。「平和への希望がまったくなくなるときまで、決してこの希望を捨ててはならない。そして、犠牲を払うべき危機的状況が出現するまで、決して無益に犠牲を呼びかけるべきではない」。

蔣介石はこのような原則を一九三七年にも今一度公表し、中国はあまりに弱く、分裂しており、日本と戦争状態に入る力はないと説明していた。まずは国の団結を強化し、国力を高めねばならないのだと。彼の説明によれば、こうした方針を採ることで一九二八年から一九三七年にかけての中国は国力を高めたのだし、敵の勢力拡大を、熟慮のうえでとりあえず放置し得たのである。それは近い将来、敵をその占領地に囚われの身とするためだった[89]——蔣介石の賞賛者のひとりは彼の戦略をこのように表現するが、一九三一年九月の日記に示された彼の未来予測の論理に従えば、これにも一分の真実が無いわけではない。実際、問題の戦略には蔣のライバルたち、とりわけ、この間に長征を終えて雲南に落ち着いた毛沢東との休戦も含まれていた。しかし、国家主権や国土全体を外敵から奪取する必要性について、表向きは非妥協的な態度を強調しながらなされる彼の説明は、彼の軍勢が外敵ではなくライバルたちを打倒するために用いられてきたもうひとつの事実を覆い隠している[90]。

これこそ国民党左派、とくに孫文の未亡人である宋慶齢〔蔣介石夫人である宋美齢の姉〕が非難していたことであり、それゆえに毛沢東は蔣を処刑させようと望んだのだ。しかしスターリンの介入があったため、毛もまた、スターリンが蔣のみを中国全体の体現者と見なしている限りは事柄の優先順位を変えなければならなかった。こうして一九三七年以後は、第一に優先すべきは「日本人の仲間」蔣介石との闘いではなく、日本人との闘いであると認めるようになった。また同時に、この切り替えによって、力ずくで蔣と権力を争うより、もっと効果的に中国人を蔣から引き離せるだろうと考えるようにもなった[91]。

一九三八年、そしてこれに続く時期、数々の残虐行為を犯しながら日本の侵略は状況を変えていく。北京、南京、上海は彼らの手に陥ち、蔣介石が根拠地としていた武漢も同様となった。その後、侵略は一時停滞する。蔣介石は今や四川省の重慶に立てこもる。そこまでは日本軍の手は及ばない。だが蔣介石は孤立させられていた。一九四〇年にイギリスが、東京の機嫌を取るために蔣介石が逃れるためのビルマ〔現ミャンマー〕への通路を遮断したからである。蔣介石は東京との交渉を拒否したことはないが、常に自分に有利な条件で決着を計ろうとしてきた。その結果、日本は彼との交渉を断念し、華々しい経歴を持つ汪兆銘との協約のほうを選んだのだ。後に「中国のペタン」と呼ばれることになるこの人物は、蒋介石を見捨て、日本の支援を得て南京に中華民国国民政府（南京国民政府）を樹立する〔一九四〇年三月三〇日〕。

これ以後、毛沢東の中国を含め、三つの中国が並立することになる〔汪の国民政府（南京）、蒋の国民政府（重慶）毛の中華ソヴィエト政府（雲南）〕。毛の中国もまた一種の国家の体裁を取りはじめていた。そしてこれら三つのいずれもが、国民党の統一戦線の、あるいは改革された国民党の名において行動していた。しかし、一九三七年から三八年にかけて毛と蒋の間でなされた、「よりよく戦うために中国を統一する」という原則を口実とするこの新たな妥協も、ほどなく崩壊する。そもそも蒋介石の考え――国土を失っても時間を稼ぐ――は、彼にとっては共産主義者との敵対関係においてしか意味を持たなかったことが明瞭になる。日本軍による真珠湾攻撃の後、当然のように蒋介石が日本に宣戦布告したとき、ワシントンから蒋に提供された武器の矛先は占領者日本にではなく、毛沢東の軍に対して向けられたのだ。蒋のこの行動についてはアメリカのスティルウェル将軍が苦情を述べている[92]。

毛沢東はと言えば、蒋介石との同意を勧めてきたコミンテルンやディミトロフ、スターリンの意見を蹴って、彼らにこう伝えていた。「蒋とは異なり、自分たち共産主義者は本当に日本軍と戦っている。そのことを中国の民衆が理解した今となっては、蒋との同意などもはや問題にはなり得ない」。

ローズヴェルトにとって本当の敵は誰か。真珠湾以前も以後もそれはヒトラーである

二〇〇一年九月一一日の世界貿易センタービルへの攻撃と同様、一九四一年一二月七日〔日本時間一二月八日〕の真珠湾への攻撃におけるアメリカ人の精神的外傷は非常に大きなものであった。以後、彼らはこのとき何が起きたかを理解するため、何十年も頭を悩まし続けてきた。ほとんど一〇〇〇冊になんなんとする著作がこの問題に取り組んできた。

たしかに現在では、日本の攻撃に先立つ数日間、どのような事実があったかについては一刻一刻、事細かに知られている。この攻撃でアメリカは八隻の装甲艦、三隻の軽巡洋艦、三隻の駆逐艦、四隻の補助艦艇、六七機の爆撃機、一三機の戦闘機、四機の重爆撃機Ｂ１７を失い、一五〇機以上の飛行機に損害を受け、二四〇三人の死者、一一七八人の負傷者を出した[93]。

調査が終わったのち強調されたのは、アメリカ軍側の機構の働きが信じられないほど鈍かったことである。この機能不全が、少なくとも部分的には、これほどの被害がもたらされたことの説明となる。真珠湾があるホノルルには日本の暗号の解読装置が備えられていなかった。この解読装置はワシントンには四台、ロンドンには二台、フィリピンのマニラにも一台備わっていた。マニラではマッカーサー司令官が空襲を受ける可能性について通報を受け、警戒体制を敷いていた。だが彼はホノルルに暗号解読装置がないことを知らなかった。キンメルとショートの海・陸軍司令長官が真珠湾で不意を突かれたように、マッカーサーも不意を突かれたのである。真珠湾では飛行機が近づきつつあることは気づいていたが、その飛行機をカリフォルニア

からやってくる自軍機と思い込んだ。真珠湾の司令部には、ワシントンでの日米交渉が暗礁に乗り上げていたことは知らされなかった。一通の電報が打たれてはいた。「戦争の危機」が近づいていることを知らせ、海軍に対し、こちらからの発砲は控えるよう命令する内容だが、一二月七日の時点でこの危機が真珠湾に関わるものと想像していた人間は誰もいない。日本海軍の再軍備を阻止するべく建造された数隻の装甲艦が春には真珠湾を離れるよう命令されていただけに、なおさらそんなことなど考えなかったに違いない。そして一二月七日、米英軍合同参謀本部議長マーシャル将軍が、傍受した通信を読み日本軍がどこかのアメリカ軍基地を攻撃するという確信を得たとき、将軍は電話を使わない。電話が日本軍に傍受されれば日本側の即時の反応を誘発するかもしれないと恐れ、電報が使われた。しかも、電報はまず優先的にフィリピンに、次いでパナマ、サンディエゴに、そして最後にハワイに送られた。通報がハワイに届いたのは、攻撃の八時間後だった[94]。

ワシントンと海軍当局の協調の欠如、そして日本が攻撃を仕掛けるとしてもハワイではなくフィリピンかオランダ領東インドに襲いかかるだろうという確信（これは議会にとっては戦争状態を意味しない）――しかしこれだけでは、アメリカ側の動きの鈍さを十分に説明したことにはならない。ここにはローズヴェルト大統領を疑わしめるもの、真珠湾をおとりに使ったのではないかという疑念が残る。事実、武装を欠いた基地への日本軍の攻撃はアメリカの宣戦布告を正当化した――襲われたのがハワイでなければ、おそらく議会は宣戦布告を可決しなかっただろう。

ローズヴェルトの振舞いをどのように分析すべきだろうか。

真珠湾攻撃の知らせを受けたとき、海軍長官フランク・ノックスは「それは何かの間違いだろう」と叫んだ。「きっとフィリピンの間違いに違いない」。

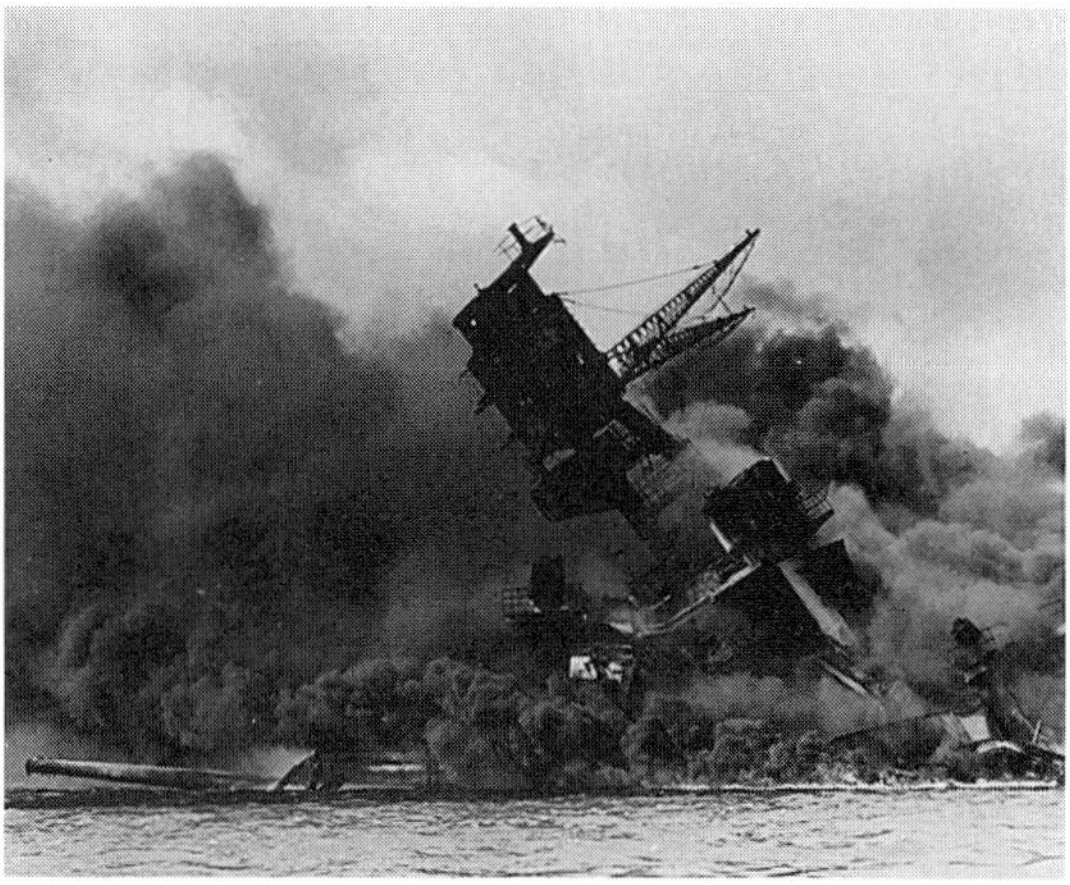

日本軍の奇襲攻撃で炎上するアメリカ海軍戦艦「アリゾナ」。1941年12月７日（日本時間12月８日）。

キンメル提督が彼に答える。「いいえ、長官。真珠湾です」。

ローズヴェルトの最も近しい顧問であったハリー・ホプキンズは証言している。

「一三時四〇分に私が大統領と彼の仕事机で食事をしていると、海軍長官ノックスが、真珠湾が今空襲されている、これは演習などではないと知らせてきた。私は、これは何かの間違いに違いない、日本がホノルルを襲うはずがないと、自分の確信を大統領に述べた。

大統領は、アメリカを争いの圏外に置き続けるために彼がなしてきた努力、そして戦争の勃発を見ることなしに任期を終えたいという彼自身の強い願望について語った後、こう言った。『だがこの攻撃の知らせが正しいならば、私にはまったく責任はないことになる。なぜなら私の代わりに日本が決定を下してくれたのだから』。彼は、その知らせは正確なものに違いないと考えていた。『奇襲とはまったく日本人らしいやり方だ』。しかも攻撃は、彼らがワシントンで太平洋の平和について議論しているその瞬間におこなわれたのだ[95]」。

一二月七日〔日本時間八日〕当日の夕刻に書かれたこの短い証言は、事件の所与を要約してくれる。

――真珠湾が攻撃されたことに海軍当局は驚いた。

――国務長官コーデル・ハルも、国際情勢に最もよく通じていた政治顧問も、やはり驚いた。
――大統領は、戦争があったとしても、それはまったく自分の責任ではないと断言した。
――大統領は、アメリカを争いの圏外に置くためにおこなってきたそれまでの自分の努力について語った。

その四日後、ヒトラーはどうやらゲッベルス以外には誰にも告げることなく、アメリカ合衆国に対して宣戦布告する。彼はモスクワの戦いが敗北に終わることをすでに知っていたこの時点で、主導権を握っているのは自分なのだと主張したかったのだ――アメリカ合衆国に宣戦布告されれば、ドイツ人の士気が挫かれるかもしれなかった。だがある意味で、ヒトラーはローズヴェルトの役に立った。実際、アメリカ議会が対日に次ぐ二度目の宣戦布告を可決するかどうかはわからない。こうしてここでもまた、大統領には責任が「まったくない」ことになった。*

ローズヴェルトの『回想録』[96]を読み返してみると、真珠湾攻撃に先立つ時期に関してはその四分の三がヒトラーによって引き起こされた危機とそれを避ける方法について書かれたもので、日本と極東の問題についてはせいぜい三〇ページ程度しか割かれていないことが確認できる。このことは、アメリカの主要敵が、アメリカ世論のかなりの部分にとっては旭日の帝国だったとしても、ローズヴェルトにとっては疑いの余地なくナチスドイツだったという事実を示している。

だがもうひとつ、この『回想録』から間違いなく浮かび上がってくるのは、アメリカ合衆国憲法の存在である。アメリカ合衆国憲法は大統領の権限を厳しく限定しており、それはアメリカが世界の強国であるにも

＊　ヒトラーが宣戦布告しなければどうなっていただろうか。ロバート・シンスハイマー Robert Sinsheimer のこの質問に、アメリカの駐ソヴィエト大使だったウィリアム・ハリマンは次のように答えている。「おそらくわれわれは、ドイツを非難する口実を得るために自軍の船舶の一隻を魚雷攻撃していただろう。それが宣戦布告の正当化のための口実となったことだろう」（親切にもシンスハイマーが与えてくれた情報である）。

かかわらず、アメリカを「縛られたガリヴァー」（スタンリー・ホフマン Stanley Hoffmann〔アメリカの政治学者〕）と見なさねばならぬほどだった。したがって、ローズヴェルトが自分の確信に従って行動するには、孤立主義に染まる強力な議会を前に、おおいに企みをめぐらさねばならなかった。ローズヴェルトの確信とは、民主主義諸国を助けることであり、一九四〇年六月以後はイギリスを救うこと、そして日本を抑えることである。

ところが、アメリカ大統領は「アメリカの領土が攻撃されたのでなければ」宣戦布告できない。また「中立の法」を犯すこともできない――「中立の法」では戦争状態にある国への軍事物資の供給を禁止している。フランスの一九四〇年六月の絶望的な呼びかけに対し、ローズヴェルトはほんのわずかな救援さえもおこなえなかった。彼はそれまで経験したことのない完全な失敗という、非常に苦々しい感情に苛まれた。動転し打ちひしがれた彼は、統治する権利を要求する。以後、彼がフランスに対して抱き続ける怨念は、おそらくこのフランスの敗北が彼に与えた失望に関係しているが、それはまた、口当たりのいい言葉でしかフランスを助けられなかった自らの無力さの思い出にも関係しているのだ。

このときまでのローズヴェルトは世論や議会のずっと先を行っており、彼らよりはるかに正確に、ナチスの勃興の危険を理解していた。またアメリカは非常に強固な孤立主義に染まっており、その時点では平和主義的であり、ナショナリズム一色であった。一九二九年の金融危機は、約束された成功の実現を常に味わい続けてきたこの国民にとっては「果たされなかった約束」と見えた。一九三三年、国民はローズヴェルトを大統領に選出した。そして、彼の「ニューディール」のおかげで自信を取り戻すことで、再びアメリカ神話と絆を結び直した。ニューディール政策の成功は再び差異への権利を、つまり今度こそはヨーロッパ内部の争いに関わらないという権利を正当化していた。ヨーロッパ内部の争いが第一次大戦直後に生み出したものは失望だけだった。滅亡すべき世界であるあのヨーロッパとは距離を取ること、孤立を守ること、これこそがアメリカ国民の大多数の信条だった。ローズヴェルト自身、長い間こうした見方を共有していた。とくに国際連盟の失敗を見て以来、そうした見方を強めていた。

だが今や状況は変わった――もし強力な圧力団体が孤立主義を守るために、あるいは孤立主義を破るために戦闘的な立場を取ることがなかったなら、世論はこの状況変化に無縁のままとどまっていただろう。孤立主義の陣営にいたのは、かつて（一九一四年から一八年）のようなドイツ系アメリカ人で構成される少数派ではもはやなく、相変わらずのイギリス嫌いのアイルランド系アメリカ人である。加えてさらに強力だったのは、アメリカ・ファースト委員会〔一九四〇年にダグラス・スチュワートによって創設された、第二次大戦へのアメリカの参戦に反対する圧力団体〕の運動家たちであり、その指導者の中には有名な飛行家チャールズ・リンドバーグもいた。リンドバーグはローズヴェルトがアメリカの戦闘機の生産台数を数倍にしようとすると、彼を「狂人」扱いする。孤立主義の支持者にはハースト新聞社グループや、ヘンリー・フォードのような実業家もいた。ドイツの復興に魅了されていた彼らは、そうした活力に富んだドイツ経済との活発な取引を夢見ていた。彼らはみな「宥和政策」を推奨することだけが、ヒトラーの要求に応えられる唯一の回答だと考えていた。

一方、対立陣営は「ホワイト委員会」に結集する。ホワイト委員会では国務次官補ディーン・アチソンをはじめとする何人かの人々が、「民主主義諸国が自らを守るには必要不可欠な戦争だ」として、この戦争への参加を主張する。この委員会の創設者はファシストの黒シャツ隊やナチスの茶シャツ隊（SA＝突撃隊）を、クー・クラックス・クラン団〔アメリカの白人至上主義団体〕の構成員と同様の連中と見なす。反孤立主義を主張する彼らの立場の困難は、彼らの間の意見の分裂にある。ある人々は、アメリカが参戦せずに済むのはイギリスの力の強化によってのみだと考え、他の人々は、平和主義者ではあったものの、平和以上に民主主義の擁護が重要だと判断する。

一九三九年八月の独ソ不可侵条約の締結によって共産主義者の平和主義がいっそう攻撃的なものになると、孤立主義の陣営は共産主義者やそのシンパをはじめとする極左陣営から思わぬ支持を受ける。

アメリカの状況は同年九月のイギリス、フランスによる対独宣戦布告によっても変わらなかった。この月にアメリカのローパー社がおこなった世論調査の結果によれば、フランス・イギリスの側に立って参戦すべきと回答したのは全体のわずか二パーセントにすぎなかった。[97]

独ソ不可侵条約はアメリカ国内の政治地図をより複雑にした。ローズヴェルトがこの点に注意を払っていたのは当然である。彼は一九四〇年の大統領選に再出馬を決めていた。印刷報道媒体と並び、映画は無視できない力となっていた。映画制作者たちは観客である選挙民の政治的選択に大きな影響力を持っていた——彼がそのことを意識したのはこの時期だった。

アメリカの報道の自由には映画の自由も含まれていた。規制と言えばヘイズ規則と呼ばれる、良俗を守るために課された自己検閲ぐらいであった。以前のローズヴェルトは同世代の名士たちと同様に映画を単なる娯楽と見なしていたが、彼がすっかり考えを変えファシズムの勃興と戦う決意を固めたのは、一九三七年にホワイトハウスで観たある映画がきっかけである。上映されたのは、ヘミングウェーが書き、彼自身のナレーションによるコメントが付いたヨリス・イヴェンス監督の作品、『スペインの大地』〔一九三七年。スペイン内戦時における反ファシズム、民族独立の闘いを描いたオランダの記録映画監督の作品〕であった。

今やローズヴェルトは、民主主義諸国を擁護する宣伝映画の果たしうる役割を、より高く評価するようになっている。スペインの共和主義者たちを擁護する映画制作の計画にも補助金を出す。たとえばジェームズ・ホーガンの『マドリッド行き最終列車』、マンキーウィッツの『三人の友人』等がその対象となった。映画界もまた、映画愛好者ではなかったローズヴェルトに関心を寄せはじめた。映画界ではここ数年来、ラング、ディターレ等の監督をはじめ、ドイツからの移住者を盛んに受け入れていた。そして移住者たちはアメリカの反ファシスト同盟に参加していた。映画界ロビーはたしかに分裂していたが、それでも大勢としては一九四〇年のローズヴェルトの再出馬を支持した。だからローズヴェルトもその映画界に恩を返した。[98]

実を言えば、映画界で起きていたのは本物の内戦だった。この内戦は当時の政治的論争を反映している。そこではいくつかの争いが重なり合っていた。ジョージ・ラフト、ポール・ムニといった俳優らと結託したシナリオ作家はプロデューサーと争う。ワーナー社に代表されるような対ヨーロッパ介入主義者は孤立主義者と争う。共産主義者のシンパ（彼らはその敵対者によって「おめでたい連中」と呼ばれた）と結んだ自由主義者は企業の「召使たち」（彼らはリトヴァクの『ナチスのスパイの告白』やチャップリンの『独裁者』のような、ドイツの気分を害すかもしれない映画を警戒した）と争う。

独ソ不可侵条約が結ばれたとき、俳優のメルヴィン・ダグラスやゲーリー・クーパーといった自由主義者たちは反ファシスト同盟を去る。それ以後、ふたつの陣営が対立する。一方は真正のローズヴェルト支持者であり、この陣営には映画制作のワーナー社やデイヴィド・O・セルズニック、あるいは俳優のフレデリック・マーチ、ハンフリー・ボガート、ジェイムズ・スチュワートなどがいた。他方は、「ニューディール」を一種の共産主義と見なし、ローズヴェルトはソヴィエトと同盟して開戦を画策していると判断していた人々であり、こちらの陣営には俳優のアドルフ・マンジュー、ジョン・ウエイン、ロバート・テイラーや、漫画家で映画制作者のウォルト・ディズニー、あるいは監督のサム・ウッド、キング・ヴィダー、エドワード・ドミトリックなどがいた。後者は、後のマッカーシズム（赤狩り）の時期に、有名な「ブラックリスト」を作って民主党に報復するだろう。

真珠湾攻撃の後、ローズヴェルトは海軍の意見に反対してでも、アメリカ独自の戦争ニュースを作るべく個人的な介入をせねばならなかった。というのも、当時、海軍は映画会社のフォックス社やパラマウント社のカメラマンに海軍船舶への乗船を禁じたがっていたので、「映画ニュース」はしばしばイギリス側から画像を借用していたからだ。ローズヴェルトは、ジョン・フォードとロバート・パリッシュがミッドウェー海戦を監督・撮影できるよう、策を弄しさえせねばならない（彼らは感謝の印に、その長編映画『ミッドウェー海戦』に、海軍士官であるローズヴェルトの息子、フランクリン・ジュニアがこの海戦に参加しなかったにもかかわらず彼を登場させようと、彼のストック映像を用いるだろう。ローズヴェルトはその場面を眉をしかめもせずに観る)。

ローズヴェルトは反ファシズムのヨリス・イヴェンスふうの記録映画をキャプラ監督に注文しさえした(『なぜわれわれは戦うのか』)。だが最も驚くべきは、おそらく、勝利を導くために制作すべき映画の数、主題についての彼の個人的な関与である。ノルウェーを賞賛するためには一本の映画(『月は沈みぬ』)、ソヴィエト連邦を賞賛するためには二本の映画(『モスクワへの使者』『北の星』)、反ナチス運動を賞賛するためには三本の映画(『ヒトラーの子どもたち』『ライン川を見ろ』『私が結婚した男』)、フランスを賞賛するためには二本の映画(ルノワール『この土地は私のもの』〔邦題『自由への闘い』〕、カーティス『カサブランカ』)といった具合である。日本を攻撃するための映画は一本だけある(ドミトリックの『旭日の後ろに』)。さらには海軍についての映画、陸軍についての映画、空軍についての映画、正義の戦争を正当化するための映画(『ヨーク軍曹』等)、工業生産についての映画、田舎の生活についての映画もある。ローズヴェルトは手ずから、アメリカが保持している「無敵の要塞」の栄光を讃えるべき監督たちを選び、その名前に下線を引く。「無敵の要塞」とはアメリカ家庭のことである。

戦争中、ヒトラー、スターリンを含め、他のいかなる指導者も、これほど完全な映画作成プログラムを練り上げはしなかった[99]。

このような国内状況のもとフランクリン・D・ローズヴェルトは、逆風に遭っても目指すべき進路について、いささかのためらいも見せない。しかし、議会をかわすためには、慎重に行動し、策を弄さねばならず、世論との接触を断ってはならない。議会も世論も、ローズヴェルトが長いあいだ孤立主義者であったのを忘れてはいないからだ。

彼の方針転換は、日本が中国を本格的に侵略しはじめた後の一九三七年一〇月になされた。彼はそれまで支配的だった孤立主義を疑問に付し、一〇月五日にシカゴでおこなわれた演説では「隔離演説」という演題で自らの意志を示した。これは巧みな命名だった。というのも、「隔離」とは通常、港に入ってくる船舶に対してなされる衛生上の隔離を指し、一般には肯定的な印象で捉えられるものだが、ここでローズヴェルトが提案したのは、まさしく日本に対する経済封鎖であったからだ。

この演説は「晴天に鳴り響く雷鳴」だった。ローズヴェルトはこの演説で、世界に拡がりつつある恐怖の支配を告発した。それは「本物の疫病」と見なされた。

アメリカ艦船パネー号への日本の攻撃がこだまのように鳴り響いた〔南京、一九三七年一二月一二日〕。しかし、ただちに孤立主義者の上院議員ボラーとラドローが上院において、「危険海域で一隻の船が沈められたからといって、『少年たち boys〔アメリカ兵〕』を極東に送ったりなどしない」と言明する。また、ラドローは、アメリカが参戦する場合はすべて国民投票を前提条件とするよう要求する。そしてそのための動議を提出する（アメリカ自体が武力攻撃を受けた場合は除く[100]）。

このように大統領は手足を縛られていた。危険を予測しながらも、国際状況に対応する真の力を持ち得ていなかった。日本がパネー号事件について陳謝すると〔同年一二月一四日〕、彼の怒りは多少とも収まったが、それでも中国で日本が犯している数々の罪深いおこないは彼を憤慨させていた。彼が中国に派遣した大使ウィリアム・バリットは大統領に冷静を保つよう勧めた。「たしかに感情的には中国で起きていることに強い憤りを覚えます。しかしわれわれにとって、中国における利害はたいしたものではありません。われわれにとって最重要の利害はあそこにはありません[101]」。

太平洋で手も足も出ない状態に置かれていたローズヴェルトは、ヨーロッパにおいても何もできない。彼はドイツによるオーストリア併合〔一九三八年三月〕にも、ミュンヘンの危機〔同年九月、ミュンヘン会談〕にも何ら対応策を打ち出せない。チェンバレンはジョルジュ・ボネが思いついた考え（ローズヴェルトに裁定を求めようという考え）をローズヴェルトに伝えるのを拒否していた。一九三九年一月にはフランスとイギリスを助けるために飛行機の大量生産計画が練られたが、中立を命じるアメリカの法律は、この二国が戦争状態にある場合には飛行機の引き渡しを許していなかった。したがって、引き渡すとすれば戦争が勃発する以前になされねばならなかった。一方、ケロッグ・ブリアン協定（パリ不戦条約）〔一九二八年〕を思い起こさせる一九三八年から三九年にかけてのローズヴェルトの数々の声明、すなわち国際会議を呼びかける彼の提案は、ヒトラーにからかわれるだけだった。[*] しかし、ヨーロッパで起きつつあること、とくにユダヤ人の運命を憂慮して、アメリカ大統領はチェンバレンに「部隊の派遣と金銭の貸与以外なら、自分たちを当てにしてもらっていい」と言明し、少なくとも、「Cash and Carry（支払いなさい、そして持っていきなさい）」なる法律（一九三九年一一月二七日と一九四〇年二月一三日）を可決させていた。この法律もまた「中立の法」と言われたもののひとつである。ところが、実を言えば、この法律は「アメリカとの友好国、大西洋を支配する国との間で」という一項を加えることで、「事実上」はドイツへの物資輸送を不可能にするものであった。

連合国側に付くというこのローズヴェルトの方針は、一旦戦争が始まり、「宥和政策」に好意的なイギリス駐在アメリカ大使、ケネディが彼に仲介役を演じるよう提案したとき、ますますはっきりしたものとなる。仲介によって得られる平和が、力で維持された攻撃的な体制を強化しその体制の存続を可能にする限り、ローズヴェルトはそうした提案を拒否したのだ。[102]

ローズヴェルトは自らの感情を公に示唆した。「われわれの国は中立を守る。だが個々の市民に、魂の底から中立を守るよう要求することは私にはできない」。彼は自らの言動が観察され続けているのを知っている。だから、自らの目論見とはあえて逆のことを言うことで、「取り返しのつかないこと」をしないようにしている。たとえば、シカゴのある実業家が自分の壁紙工場を焼夷弾工場に変えたとき、ローズヴェルトはこう言明する。「われわれは、防衛体制についても、国内経済についても、国民を戦時編制に置こうと考えたことなど一度もない。それこそ私たちが避けようとしてきたことだ」。冬の戦争の折、「小国フィンランド」への援助を彼が口にしたときには今度は極左から激しい非難を浴びるが、そもそも慎重である彼はここでも慎重に振舞わねばならぬことを承知している[103]。

後に、ロンドンがドイツ軍による空襲を受けていた時期、ローズヴェルトは自国の飛行機の年間生産量をイギリスの八〇〇〇機に対して五万機に、そしてパラシュートの年間生産量をそれまでの五倍にするよう要求している。ただしこの数字は孤立主義者たちの介入によって抑えられる。彼はまた、国家防衛研究委員会の創設を提案し、その指揮を電気工学者ヴァネヴァー・ブッシュに委ねている（原子爆弾製造の計画を軌道に乗せるのは彼である）。次いで、大西洋における輸送船団の安全確保上必要とされる五〇から六〇隻の駆逐艦をイギリスに引き渡す際には、「引き渡す船は旧式艦にすぎない」と議会で強弁しているが、スターク提督は初めから、それらの旧式艦が軍事的に十分価値のある船だと確言しているのである。その交換条件としてチャーチルがバミューダ諸島〔北大西洋にあるイギリスの海外領土〕とニューファンドランド島〔カナダ東海岸に位置する島。現在はカナダ領だが一九四九年までイギリスの自治領〕をアメリカに貸そうと申し出ると、スターク提督は「それらの基地はアメリカの防衛体制を強化するだろう」と言うにとどめる。この交渉は秘密裏に進められたが、ローズヴェルト同様やはり介入主義者になっていた次期大統領選の共和党候補ウェンデル・ウィルキーも、選挙運動期間中はこの問題に触れないことを約束した。彼は約束を守った。

＊　フリードランダー Friedländer, *op.cit.*, 121, p.46. ヒットラーはローズヴェルトが招集し呼びかけようとしていた三〇カ国のそれぞれに、「あなたの国は脅かされていると感じていますか」と質問した。このヒトラーの振舞いもまた、からかいの対象となった。

炉辺談話のためにマイクの前に座るローズヴェルト。

まさにこの選挙運動期間中、ローズヴェルトは非常に巧みに自分の真の意図を隠し続けた。ウィルキーは国内でイギリスへの共感がどんどん高まるのを見て、「自分の対立候補は国防を蔑ろにしている」と非難したほどである。ローズヴェルトは、自分が常にかわそうとしてきた「中立の法」を自分のものとして要求しさえし、さらにつけ加えた。

「お父さんがた、お母さんがた、私は今、あなたたちに話している。だからここでもう一度、あなたたちを安心させておきたい――私はそのことをすでに言ったが、ここでもう一度繰り返し言っておきたいし、今後も繰り返し言うだろう。あなたたちのお子さんは、外国の戦争に送り出されたりはしない[104]」。

たしかにそう言った。外国の戦争に送り出されたりはしない。だがアメリカが攻撃された場合はどうなるのだろう。

一九四〇年一一月、ローズヴェルトは再選された。再選されると彼は、炉辺談話〔ローズヴェルトが好んでおこなった気楽な形式の政見放送〕で初めてナチスについて思い切って話し出す。

このとき彼は庭師のたとえ話を創案した。「隣家が燃えているのを庭師が見る。火事は広がるかもしれない。だが彼はその隣家に、植木に水をやるホースを売るのではなく、貸してやるのだ」。

それが一九四一年三月一一日に可決された武器貸与法である。

ナチズムのドイツ、ファシズムのイタリア、軍国主義の日本、それらと戦うイギリス、ギリシャ、蔣介石の中国。後者三国の利益に寄与するこの新制度を立ち上げながらローズヴェルトは言う。「私はこうやってドルに対する妄信を取り払うのだ」。

再選されてもなお、ローズヴェルトは足に鎖が付いていると感じている。イギリスを助け、「この自由同盟」を機能させ、自らの計画（アメリカを「民主主義の武器庫」にする）を実現させるにあたって重要になるのは、アメリカを平和の状態から経済戦争の状態へと移行させることである。たしかに、一九四一年六月のドイツ国防軍によるソヴィエト連邦への侵攻はイギリスに休息を与える。だが同時に、この事態は「自由の国」とソヴィエト連邦との事実上の連帯は一種の裏切りだと考える人々の孤立主義を目覚めさせる。

もっとも、こうした反応はもはやアメリカ世論全体の反応ではない。アメリカの世論はフランスの敗北、イギリスの孤立を目にして、アメリカ自体が脅かされている危険を今まさに感じている。フランスの敗退直前の一九四〇年五月には、アメリカ人の六四パーセントが戦争に加わるべきではないと考え、三九パーセントがイギリスを助けるべきだと考えていた。しかし同年一二月には、イギリスを助けるべきだと考える人々の割合は六〇パーセントに上昇する。イギリスの敗退が続き、とくにギリシャにおいてイギリスが敗退した後の四一年三月二九日には七〇パーセントにまで上昇する。同年七月初めの、ドイツ軍のソヴィエト侵攻直後でもこの割合は六一パーセントである。[105]

こうして世論の支持を得たローズヴェルトは（チャーチルの言によれば、世論が支持しているのにローズヴェルトの動きは鈍かったが）、一九四一年七月、「輸送船団の安全を確保するため」に海軍をアイスランドに派遣する。すでに同年春にはアメリカ艦船ロビン・ムーア号がドイツ軍の魚雷攻撃を受け、次いで同じくグリーア号が攻撃されていた。徐々にアメリカは交戦直前の状態へと移行していく。だが、それ以上に事態を進めることは論外だった。唯一認められたのはアメリカの輸送船団の武装であり、議会はこの件については同年一〇月に同意する。

一方、遠く距離を置いて成立した「自由連合」は、ニューファンドランド島沖合でのローズヴェルトとチャーチルの、当初は秘密にされていた会談によって具体化される。この会談の最後に、二人の国家指導者による初めての共同声明が出される。これが一九四一年八月一四日に発表された大西洋憲章である。八カ条からなるこの憲章は、秘密条約を断罪し、民族自決権を主張し、力による領土併合に反対する内容からなり、行動計画というよりは権威主義的諸国を断罪する性格を持ち、その点では支配されている諸民族に希望を与えることを目的とするもののように見えた。しかし最も重要なのは、これによって精神的に、アメリカがイギリスおよび民主主義諸国の残存勢力によって遂行される戦争の戦列に加わったということである。ローズヴェルトはこうしてドイツを挑発した。ところが、実際に攻撃を仕掛けてきたのは東京だったのである。

「隔離演説」（一九三七年一〇月）以来、日米関係は緊張したままだった。その主たる理由は、中国領土の日本軍による占領がどんどん拡大していたことにある。だがローズヴェルトが最初におぞましさを覚えたのは、おそらく、日本軍による暴虐と残忍な行為、とくに一九三七年一二月の南京略奪の折のそれだった。一九三八年には地上の作戦とはまったく連携なしに日本海軍の七二機が重慶を爆撃する（これは前年四月におこなわれたドイツ空軍によるゲルニカ以来の大規模爆撃であり、五〇〇〇人の民間人が犠牲となった）。この後アメリカは日本の航空機産業向けの輸出に出航禁止措置を取る。

この経済制裁は日本にとって重いものだった。たとえば一九四〇年時点での日本の総輸入量の三六パーセントはアメリカからのものであり（日本で使用される鉄の七〇パーセント、機械の三二パーセント、銅の九〇パーセント）、その四分の三は石油関連で占められていた。[106]

ローズヴェルト、そしてとくに太平洋地域問題を担当していた国務長官コーデル・ハルは、これによって日本に圧力をかける最も強力な手段を得たと確信する。

アメリカにとってこの地域の問題は重要だった。「なぜなら大西洋と違って太平洋は、単に利益を生む市場への通路だっただけでなく、自らの植民地と領土――島嶼からなる――がある場所だったからだ「フィリピンがアメリカから独立するのは一九四六年になってからである」。ヨーロッパを支配しようとする戦いとアジアを支配しようとする戦い、このふたつの戦いに対するアメリカの態度の違いはこれによって説明できる」[107]。

日本の勢力伸張を前にして、ワシントンは一九一一年に東京との間で結んだ日米通商航海条約の破棄を一九三九年七月に通告する。その後、航空機産業用の物資に続いてアメリカが制限を加えたのはくず鉄の輸出である。一九四一年七月二八日、日本がヴィシー政府の同意のもとで仏領インドシナに進駐したことは、その三日前にアメリカがおこなった在米日本資産の凍結によるところが大きい。コーデル・ハルと近衛との際限ない交渉が、両国大使の仲介によって再開される。この時点では、同年春に締結されていた日ソ中立条約は日本が熱帯海洋地域へ向かうことを意味しているかもしれなかった。そこでアメリカは、イギリスに対しシンガポールの防衛協力を拒否することで、日本への挑発を避けたい考えでいることをイギリス側に示した――他の多くの人々と同様にローズヴェルトも、イギリスが倒れないうちは日本がこの地域で軍事介入することはないだろうと判断していた。

だがイギリスの外務大臣イーデンは、アメリカの特使ホプキンズから情報を得ていて、「〔オランダ領東インドの〕オランダ人が日本に襲撃されたという理由だけでは」アメリカ議会は決して宣戦布告を可決しないことを知っていた。ローズヴェルトとハルは、一九四一年の夏にドイツとソヴィエト連邦の戦争が始まると、日本がこの戦争に加わらないよう、日本を苛立たせることは何としても避けようとした。

ところがその間にも、経済制裁によるアメリカの締め付けは徐々に厳しさを増す。日本の石油は不足に陥るかもしれない。中国で日本軍は泥沼状態に陥っている。アメリカは石油の対日禁輸措置を解く条件として、日本に中国からの全面撤退を断固要求する。しかしこの交渉は決裂し、近衛は辞任を余儀なくされる〔一九四一年一〇月〕。今や国を率いる東条将軍は、たとえ日本がフィリピンを攻撃してもアメリカの宣戦布告はないことを知っている。軍事的に考えて、アメリカは太平洋で戦う準備ができていない。太平洋でアメリカが展開している空母は、日本の一〇隻に対し三隻にすぎない。駆逐艦は日本の一一三隻に対し八〇隻、装甲艦・巡洋艦は日本の三六隻に対し二四隻である。このアメリカの海軍力にイギリスのそれとオランダのそれを加えたとしても、日本に及ぶかどうか怪しい[108]。

それでもアメリカ大統領は、真珠湾攻撃前夜の彼の考えについてすでに見たように、主要な敵はナチスドイツであると考えていた。それはもちろん、ニューファンドランド島沖合における大西洋会談の折、チャーチルが望んでいたことだった。

そしてアメリカ国旗の翻る真珠湾が攻撃されたのだ。これによってローズヴェルトは、議会に宣戦布告を可決するよう要求できることになる。

攻撃が真珠湾を襲うと考えていた人間は誰もいなかった。大映画会社パラマウント社だけが例外である[109]。実際、一九四一年一一月一三日付の「映画ニュース」が日本との戦争の可能性に言及したとき、解説者はフィリピンでも他の攻撃目標地でもなく、「すばらしい防衛体制が敷かれ、どのような事態にも対応できる」真珠湾について語っていた。

ローズヴェルトは、あらかじめ、真珠湾をおとりにする意図を持っていたのだろうか。そうは思えない。彼にしても他のアメリカ人にしても、彼らが持っていた優越感からして、日本がこのような大胆な行動に及ぶとは想像もしていなかった——日本の基地により近い旅順港が攻撃を受けたという前例〔一九〇四年、日露戦争時に日本海軍がおこなったロシア旅順艦隊海上封鎖作戦〕があるにもかかわらず、想像できなかったのである。石油輸出制限を強めつつ、アメリカの指導者たちは日本を戦争へと追いやるつもりでいたのだろうか。彼らが日本との戦争を望んでいたことを示すものは何もない。それほどに彼らは、主要な敵はナチスドイツだと判断していたのである。それでも、人を操ることの好きなローズヴェルトの振舞いには、そうした疑いを抱かせるところがある。

ハインリヒ・ハイム Heinrich Heim が歴史家ヴェルナー・マーゼルに語ったところによれば（この証言は一九七一年に公表された）、ヒトラーは真珠湾攻撃を知って次のように言ったらしい。「こうなったからには、イギリスはシンガポールを失うだろう。私はそんなことを望んではいなかった。われわれは戦う相手を間違っている。われわれはアングロ＝サクソンの強国の同盟国であるべきなのだ。だが状況のせいで、われわれは歴史的誤りを犯さねばならなくなった[110]」。

それでもヒトラーはこの数日後にアメリカに対し宣戦布告する。

その理由については先に見た（本書一八七頁参照）。

ドイツはそれまで日本に参戦するよう圧力をかけ続けていたのだから、自分たちの同盟国が実際に行動に移ったことを当面は喜んだ。リッベントロープは奇襲の知らせを受けたその夜にチアーノに電話し、ニュースを知らせる。一九四〇年秋、イギリスが降伏を拒否して以来、ヒトラーはアメリカとの戦争は避けがたいと判断していた[111]。そうならないためには、ソヴィエト連邦を打ち破り、大陸全体を占領してしまうしかない。大陸を占領すればアメリカを後退させられるだろう。イギリスもアメリカも上陸は不可能になるだろう。

真珠湾攻撃は一九四一年一二月七日だった。

ところで、真珠湾の前日の六日、ヒトラーは劣勢に立たされたドイツ国防軍のモスクワ攻撃を中止させる命令を出さねばならなくなった。

ローズヴェルトとチャーチルは今や「同じ船に乗っていた」。二人は米英両国の共同戦略について互いに省察をめぐらしていた。すでに一九四一年三月には、ドノヴァン、マーシャル、スターク等のアメリカ側の要人を加えてワシントンで米英間の秘密会談がおこなわれ、日本とドイツを相手に戦争になった場合の戦略、すなわち「ヨーロッパを主戦場とし、極東では防御を主とする」という戦略がＡＢＣ－Ｉ文書において了解されていた。この文書は、「宥和政策」の支持者たちが徹底的な主戦論者チャーチルの権威を脅かしていたその時期に、チャーチルのイギリスを支援するという配慮で作成されたものである。

ナチスドイツのソヴィエト侵攻は、ソヴィエトにとってはまったく好都合なこのＡＢＣ－Ｉ文書の戦略的選択を変更させることはなかった。イギリス軍とアメリカ軍のヨーロッパ大陸への上陸は、ソヴィエトにとっても一刻も早くなされるべき決定だった。

しかし一九四一年末の真珠湾、そしてフィリピンに対する日本の攻撃がこうしたＡＢＣ－Ｉの考え方に再考を迫る。心臓部を攻撃されたアメリカは、日本に応戦しようと望むが、アメリカ海軍の一部はすでに大西洋方面にあり、シンガポールからオランダ領東インドに及ぶ地域での戦争初期の日本軍の勝利も大きかったので、反撃するにはいくらかの時間を必要とし、ただちに応戦するのは難しかった。それゆえオーストラリアは自国への脅威を感じることになった。彼らはチャーチルが主導していると思われた戦略の犠牲にされたのだ。彼らはこのことについてイギリス人たちを許さないだろう。

これらの問題をめぐっては当初からさまざまな困難が生じていた。しかし、そうした困難はローズヴェルトとチャーチルの間でというよりも、むしろアメリカ軍を率いる軍首脳部の間で生じていたものだった。また、この間、ムッソリーニとヒトラーの間でも、主要敵は誰かという問題では一致していたが、戦略上の問題については意見の相違が生まれていた。

問題の再評価

それぞれにとって主要な敵は誰だったのか。この問いを検討してみて強い印象を受けるのは、主要敵が非常にしばしば明確には同定されていなかったという事実である。おそらく唯一の例外はスターリンである。彼はコミンテルンが長い間とくにドイツにおいて活発に活動していただけに、何が起きているのかをよく知っていた。先に見たように、その逆は言えない。つまりヒトラーにあってはソヴィエト連邦を攻めたとき、「未知の土地」へ入っていくようにすら感じていた。これは彼の自信過剰とロシアに抱く彼の軽蔑――この問題は後ほどもう一度考えよう――、そして自分でその出元を管理できない情報に示す彼の警戒の念にまず原因がある。また、ソヴィエトの政治体制の不透明さ、交通手段の貧弱さ、あまりに巨大な国土が、彼にソヴィエト国家の存在を希薄に感じさせていたことにもよる。後者は帝政ロシアの遺産である（一九八五年に至ってもなお、ウラジオストク地方で狐の皮を大量に運ぶあるトラクターの運転手は笑いながらこう言明していた。「ここではいまだに、ピョートル大帝が定めた毛皮取引の規則は適用されていない」）。

やはり極端に不透明だったもうひとつの事例は、西欧人にとって文化的に理解不能な国、日本である。この国にあっては、諸制度のすべてを覆っていた秘密尊重が加わる。一九四一年以前には列車の時刻表さえ秘密にされていた。であってみれば、日本政府がどのように機能しているかについては何をか言わんやである。見かけは憲法によって動かされているようであっても、アメリカの駐日大使ジョセフ・グルーにはこの政府がどのように機能しているか、ほとんど理解できていない。日本文明の賞賛者であるグルーは、表面的な知識しか持たないうえに、日本の指導者たちが持つ妥協への意志を過大評価し、国家の最上層部における力関係を理解することができない。

真珠湾攻撃に関する秘密は当然非常にしっかりと守られた。秘密は海軍が情報遮断をしていただけに、いっそう厳しく守られた。真珠湾の前日、何ごともないかのように、日本海軍は「日本のノルマンディー号」〔ノルマンディー号は一九三二年建造のフランスの巨大客船〕である龍田丸〔日本郵船がサンフランシスコ航路に就航させていた一九三〇年建造の巨大客船〕の出発を止めなかった。そして真珠湾への奇襲が終わった後に、ようやく龍田丸に引き返しを命じた。このように真珠湾奇襲は綿密な計画のもとにおこなわれ、何百人もの当局者に秘密の絶対厳守が課されていた。

日本当局もアメリカで起きつつあることについてはほとんど情報を持っていなかったが、カリフォルニアに定住していた人種的少数派の日本人のおかげで、「アメリカ人が疲れている日曜日、週の終わりに攻撃せねばならない」ことを知っていた。真珠湾攻撃の後には、日本軍がカリフォルニアやパナマに上陸する場合に備えて、スパイたちはより実のある情報を日本当局に送ってくるようになるだろう（先に見たように山本提督の参謀の中には真珠湾攻撃の後「もっと遠くまで攻撃しなかったこと」に失望する者もいた。このことは士官のひとりが証言している[112]）。

予防的な措置として、あるいは報復のために、カリフォルニア州当局はただちに日本出身の住民を拘束する。

有能な諜報機関を持たないことを自覚させられたこの時期（当時、アメリカの戦略諜報局ＯＳＳには数人の職員しかいない）、アメリカはイギリス情報局秘密情報部 Intelligence Service の助けを借りるほかない。これはアメリカにとって屈辱だった。この屈辱感はジョン・ヒューストン監督の一九四二年の映画『太平洋を越えて』（仏語題名『黄色い爪』）によく現れている。映画では、アメリカ海軍の士官役であるハンフリー・ボガートが、この役者にはめずらしいことだが、パナマで軍用飛行機の出発時間を探ろうとしている日本のスパイにしてやられるのが見られる。

それでも、平時においてはそれが真実だったとしても、戦時にはそうではなくなるだろう。最初に日本の暗号の解読に成功するのはイギリスではなく、アメリカ海軍の諜報機関である。これによって彼らは一九四二年四月にはすでに、日本軍によるポートモレスビー〔現在はパプアニューギニアの首都、戦争中はオーストラリアの委任統治下〕上陸作戦〔五月、珊瑚海海戦〕を知っていたし、ミッドウェーに対する攻撃〔六月、ミッドウェー海戦〕が準備されていることも察知していた。

戦争の初期、ローズヴェルトが情報を持っていなかったのは日本についてのみではない。劇作家ロバート・E・シャーウッドによれば、ローズヴェルトは再選の一〜二カ月後に「自分は、枢軸国側は勝利しないと確信している。自分の確信のもとになっているのは、最新の、非常に精度の高い情報である」と言明しているが、彼の秘密情報源なるものは『ニューヨークタイムズ』や『シカゴデイリーニューズ』の情報源以上のものではなく、嘆かわしいほど不正確なものだった[113]。

ＣＩＡはまだ誕生していなかった。

もうひとつ確認できるのは、ドイツにとっても日本にとっても、「主要敵」は単に敵であるばかりでなく獲物でもあったことだ。たとえばソヴィエト連邦とその領土がそうである。ベルリンと東京はボリシェヴィキ、共産主義を嫌っていた。同時に、ソヴィエトの指導者たちが握る領土を狙っていた。ただ、ヒトラーと昭和天皇が考えていた攻撃の順番は逆だった。ヒトラーはまず第一にウクライナとコーカサスを手中にし、そこにある資源を手に入れてから、イギリスとその武器庫であるアメリカとの長期戦に勝とうと考えていた。日本は、太平洋地域でアメリカとイギリスに中立を守らせた後に、東シベリアとモンゴルを手中にしよう――これは日本にとって昔からの計画である[114]――と考えていた。

どちらの計算も誤っていた。

こうした誤りの原因は数々あるが、とくに大きいのは、このふたつの国の指導者たちが抱いていた、自分たちは優等人種に属しているという確信、そして繰り返すが、敵に対する侮蔑である。「ロシアを支配するには拳骨が必要だ」――侵攻を始めて二週間後の一九四一年七月五日、ヒトラーはそう言明している。彼は、勝利は目前だと判断していた。「イタリア人は蜜蜂のように勤勉だ。だがロシア人は違う。彼らの目から見るなら、文明が与えてくれた主要な恩恵はウォッカなのだ。ロシア人の理想は必要最低限のことしかしないことだ。彼らにとって、仕事についてわれわれが持っているような考え方は呪いなのだ。［中略］ロシアでは、自然状態への回帰の願望がその革命のうちに見える」。その一週間後、食事中の談話でヒトラーは侮蔑の言葉を吐き出す。「ロシア人たちは死刑を下すのを嫌がる。だからスターリンは中国人やラトビア人を死刑執行人として用いるのだ。ツァーたちの帝国の時代も同じ連中が死刑執行人の務めを果たしていた」。七月二七日、ドイツ軍はスモレンスク〔モスクワから西南西三六〇キロに位置するロシアの都市〕前方での戦いで三〇万以上の捕虜を得る。ヒトラーは分析を続ける。「この東方地域を支配するためには、よく訓練された二五万人の人間がいれば足りる。インドのイギリス人を見習おう。この東方の空間は以後ずっとドイツ人によって支配されねばならない。われわれにとって、その地の大衆を教育しようとすることほど大きな誤りはない。連中は文字が読めないのだから、そのままでいなければならない。彼らは慎ましく生きねばならないのだ。それがわれわれにとっても利益となる。連中は生まれながらの奴隷であるから、われわれは連中を学校にやって苦しめたりはしない。連中に蒸気機関車を運転させようとすることさえ、すでに誤りだ。［中略］クリミアをわれわれはドイツ人専用の保養地にするだろう。クリミアこそわれわれドイツ人にとっての南仏だ[115]」。

日本では幼少時の昭和天皇に仕えた顧問たちが彼に、天皇の先祖は神であり、そのことを日本人に教え込む有用性を説明していた。だが日本の教育にはもうひとつの役割があった。「日本人に生まれたことの特権性を理解させること」である。昭和天皇と同世代の日本人が子どもの頃に学んだ作文教科書の最初の課題は次のような一文で始まる。「よく、私たちの国は他国より優れており、尊重するに値する国だと言われます。私はこの判断の根拠を知りたいと思います」。そして教科書ではもちろんこれに解答を与える。なぜなら、提示されているこの一文は「良い質問だからである」。解答はこうである。以前尊重されていた西洋的諸価値は、アメリカとヨーロッパが「日本を抑えつけよう」としはじめて以来、尊重されなくなった。外国の土地は今や賞賛には値しなくなった。上海は騒音だらけの町であり、ロンドンは人が多すぎ、カイロは灼熱の町である。教科書にダーウィニズムが浸透しているのは、おそらくこの教説が、人間についてのキリスト教的見方を問題に付すからであり、また日本の優越性と日本の勃興を正当化してくれるからである[116]。

日本は他国には何も負っておらず、隣国は無政府状態を体現するか（これは中国の場合である）、脅威であるか（これはロシアの場合である）、そのどちらかだ。中国人が万里の長城を建造したのは前もってロシアの脅威に対抗するためだった。したがって中国への日本の駐留は人道的援助の一形態と見なされなければならない――東条が「お上の命により」首相に任じられた週に、昭和天皇は靖国神社に日本の平和のために死んだ一万五〇一三人の中国人を祀る。

一九一四年から一九一八年にかけての戦争では「外国の党派」は存在しなかった。しかし一九三九年そしてその後には、ほとんどすべての国がこの問題を経験していた――ただし、程度はそれぞれ異なっていた。ヒトラーとスターリンもこの問題を免れられなかったが、この問題がとりわけ目立ったのは占領された国々においてである。フランスでも他の国々でも、ノルウェーの事例が再現された。ノルウェーでは対独協力政権の首相クヴィスリングがそうした対敵協力の体現者となっていた。

蔣介石は日本によって据えられた本物の傀儡政権、汪兆銘の南京国民政府の出現に直面させられていた。これに加え確認されるのは、日本は蔣介石がいる重慶への爆撃には熱心だったが、毛沢東がいる雲南に対しては同様の爆撃をおこなわなかったことである。毛沢東は占領者に対する戦いを優先していたはずだ。だがこのとき日本は、毛に、蔣介石を打倒するための余地を残しておかねばならないと考えていたのかもしれない。あるいは、毛を攻撃すればスターリンを敵に回す危険があると考えていたのかもしれない。この問題が歴史家たちによって扱われてこなかったのは興味深い。

チャーチルは、よく知られているように、以前は「宥和政策」の主唱者たちを打倒する必要があった。ボリシェヴィキに対する恐怖と拒絶の感情が、ドイツに対して共感を示す人々の出現を許すかもしれなかったからだ。しかし一九四〇年夏以降に始まるドイツによる空襲の時期には、もはやそうした必要はなくなっていた。ヒトラーがイギリスに対し当てにしていたのはモズレーの弱小ファシズム政党であったが、この時期のイギリスは祖国愛による一体感が支配的となり、チャーチル首相と国王ジョージ六世がその体現者となっていた。「その党員の一万一〇〇〇人の逮捕がウィンザー公の力を奪った」。だが宮廷では、このウィンザー公すなわち前王エドワード八世と、その妻である元シンプソン夫人の振舞いが不安を与えていた。二人ともナチズムに共感的な態度を示していたため、もしドイツ軍がイギリスに上陸するようなことがあれば、ドイツはエドワード八世をスペインあるいはポルトガルから連れ戻し〔一九四〇年六月と七月にエドワード八世はそれぞれスペインとポルトガルに滞在していた〕、彼をジョージ六世の代わりに王位に据えようとするかもしれなかった。チャーチルは戦争以前にはこのカップルの結婚を支持していたが、この時期にはエドワードを遠ざけることが必要と考え、彼をバミューダ諸島の総督に任命した[117]。

ロンドンにいたド・ゴールにとっての問題は、自らの正統性をしっかりしたものにすることだった。一九四〇年と一九四一年、フランス領赤道アフリカの地位はブラザヴィルの出来事〔ド・ゴールがこの地に自由フランスの解放総本部を設置〕によって確固たるものになったが、メルス・エル・ケビールとダカールの事件は彼にとって有利には働かなかった〔本書一一七～一一八頁参照〕。事実上イギリスに依存していることがド・ゴールにとっての弱点である。したがって、自らが体現しようとするフランスの諸権利について、彼は非妥協的な態度を取らざるを得なくなる。この非妥協的な態度によって二度非常な危機が生じ、イギリスとド・ゴールの関係はほとんど断絶寸前にまでいく――シリアにおける戦闘〔一九四一年六月〜七月〕とイギリスがマダガスカルに手を付けようとした事件〔一九四二年五月〜一一月〕がそれである。このマダガスカルの事件についてのチャーチルの言いわけは、「ダカールで起きたような、フランス人がフランス人に発砲する事態を避けるため」というものだった。[118]

ド・ゴールの硬直的な態度は、ロンドンにいた他のレジスタンス参加者に、自由フランスの名においてド・ゴールを抑え込もうとする口実を与える。自由フランスのミュズリエ提督とアンドレ・ラバルトがチャーチルへの働きかけの先頭に立つ。彼らはド・ゴールの共和主義的確信を疑問に付す。しかしチャーチルによる裁定の後、指導集団が構成されると、最終的にド・ゴールがこの指導集団を指揮することになる。

ペタンによる対独協力政策が発表された後〔一九四〇年一〇月、モントワールでヒトラーと会談したペタンが対独協力政策に同意〕、フランス本土でド・ゴールとは独立して活動を始めたレジスタンスの参加者たちは、ロンドンにいるド・ゴールという人間についてよりよく知りたいと望む。北部解放戦線の組合指導者クリスティアン・ピノーが、ド・ゴール将軍の共和主義への忠誠度を試験するという任務を与えられる。一九四二年五月、ピノーはロンドンで将軍と会う。このときピノーに強い印象を与えたのは、ド・ゴールが国内のレジスタンスについてほとんど何も知らなかったことである。ピノーの判断によれば、歴史についてのド・ゴールの見方は純軍事的なもので、フランス社会へのド・ゴールの見方はピノーを落胆させる。ド・ゴールはピノーに組合指導者たちへの伝言を依頼し、次のように言う。「私はあの勇敢な人々を裏切ったりはしない、そう言っていたと伝えてくれ」。

共和国と民主主義に対する自らの忠誠について、ド・ゴールはこの訪問者に、「それについては問題はない」と確言した。そもそもレジスタンスの指導者ジャン・ムーランの見方を認めていたド・ゴールは、政党による権力の独占体制は非難するものの、政党を復興させることについては自らにかけられたファシズムの疑いや独裁志向の疑いを払拭し、ローズヴェルトの憎しみを和らげ、自由フランスが民主主義を支持していることを証明するうえでは必要だと確信していた。

スターリンは、言葉の真の意味で、「外国の党派」には直面することなく済んだ。しかし、ソヴィエト連邦に従属する諸国家・地域、すなわちバルト諸国、コーカサス、その他の国々の敵意に対処せねばならなかった（第三章の「スターリン、ユダヤ人、そして諸国民」の項を参照）。

また、歴史についての彼の国際的見方によれば、スターリン主義の敵はトロツキー主義とその「永久革命」の計画だった。そのためソヴィエト連邦内部ではヨッフェ、ラコフスキーらのトロツキー主義の代表者、そして彼らの仲間と考えられた者が前例のない抑圧を被った。ソヴィエト連邦の外では、コミンテルンにおいて、トロツキー主義者狩りが停止されたことはない――それでもなお彼らトロツキー主義者はインターナショナルへの浸透工作を続けるだろうか。争いが起きた場合、スペインでそうだったように、彼らは真の力となりうるだろうか。「トロツキー主義者はすべて追放し、打倒し、殲滅せねばならない」とスターリンは言明していた。彼がドイツとの再接近を図るときには、その障害になるかもしれないポーランド共産党は解散され、その党員はトロツキー主義者として打倒された。一九一九年にハンガリー革命を指導したベーラ・クンも、スターリンのもとで同じレッテルを貼られて粛清された。しかし、トロツキー本人は、一九二九年の亡命以来、スターリンをあざ笑い続けた。一九三八年、軍の参謀本部に対しておこなわれた粛清の直後、トロツキーは彼の『反対派報』にこう書いた。「何だって！　スターリンはなお舞台裏で笑っている。戦争の恐ろしい脅威が襲いかかろうとしているのに、スターリンはまさしくこのタイミングを選んで軍を活動停止に追い込み、国民を踏みにじろうとしているのだ」[119]。

反対派と想定されるあらゆる人々、反対派に走るかもしれないあらゆる人々をトロツキー主義者と名づけるのは便利なやり方だった。こうしてスターリンにおいては、トロツキー自身を黙らせることが固定観念となる。

　スターリンはトロツキーに対して個人的な怨恨を抱いていた。世界革命を燃え上がらせることを主唱するこの人物の雄弁の才と、自身はそうではないのにこの人物が知識人階層に属していることを嫉んでいた。一九一七年の革命についての最も洞察力に富む観察者、スハーノフはかつてスターリンを、トロツキーをはじめとする輝かしいマルクス主義の理論家の中に紛れ込んだ「灰色の染み」と見なしてはいなかったか。スターリンの秘密、スターリンの「薔薇のつぼみ」〔本書二頁参照〕はこのようなものだった。それは、輝かしい才能を発揮する人々、自分以外のレーニンの仲間、そして「知識人」に対して彼が抱く劣等感の表れだった。彼はこれらの人々を、たとえそれがトロツキーのライバルであっても、一緒くたにしてトロツキー主義者呼ばわりし火刑台に引きずっていった。ジノヴィエフ、ラデック、ブハーリンといった人々である。スターリンは彼らよりも、同郷のグルジア人であるベリヤやアルメニア人のミコヤン、ぱっとしないモロトフのほうを好んでいた。彼らはスターリンの前で自らの才能をひけらかしたりする心配はなかった。

　トロツキーその人を抹殺するという仕事がなお残っていた。一九三七年の最初の試みが失敗すると、トロツキー主義者に対抗するあらゆる行動の責任者として抜擢されたゲーペーウー（ＧＰＵ）〔国家政治保安部。スターリン政権下の秘密警察〕長官ベリヤが二度目の試みを準備する。一九三九年、この目的のために、内務人民委員部外国局の副局長に任じられたパーヴェル・スドプラトフがスターリンのもとへ呼び出される。トロツキーの殺害が命じられたときの最も明瞭で最も完全な証言は彼によるものである。

　スドプラトフがスターリンに会う前、ベリアはスドプラトフに言った。「トロツキー主義者は共産主義革命の前衛の座をわれわれと争っている」。

　スターリンはすでに葉をいっぱい詰めたパイプを手にしていた。彼はマッチを擦り、立ち上がり、部屋の中を行ったり来たりしはじめた。ベリヤはスドプラトフに説明した。「私の任務は、内務人民委員部が使えるあらゆる手段を動員し、人民の最大の敵トロツキーを抹殺することだ」。

スターリンが言った。「トロツキー自身を除けば、トロツキー主義運動にはたいした政治家はいない」。

スターリンは最初の試みがおこなわれたときの仕方に不満を表明した。そして、まるで命令を与えてでもいるかのように身体を強ばらせた。

「避けられない戦争が始まる前に、年内にトロツキーとはけりを付けなければならない。帝国主義者たちがソヴィエト連邦を襲う前にそれがなされていなければ、スペインの前例が示すように、われわれは国際共産主義運動の同盟者たちを信頼することさえできなくなるだろう。同盟者たちが後衛においていくら罷業やゲリラをおこない、敵を不安定化させようとしても、もし、浸透を謀ろうとするトロツキー主義者たちの卑怯な行動を同時に警戒せねばならぬとしたら、同盟者たちが自らの任務を果たすのは大変難しくなってしまうだろう」。

作戦には暗号名ウトカ（あひる）が与えられた[120]。

この会合がおこなわれたのは一九三九年三月だった。メキシコに逃亡していたトロツキーは一九四〇年八月二〇日、コヨアカン〔メキシコシティの一地区名〕において、彼の信頼を得るのに成功していた内務人民委員部の工作員に襲われ、翌日死去した。一九七二年に公開されたロージー監督の映画『トロツキーの殺害者』〔邦題『暗殺者のメロディー』〕ではスドプラトフが証言したこの情報は取り上げられていない。この情報が知られるのは一九九四年だったからである。

最後にイタリアであるが、この国ではドイツとの同盟に人気がないのをムッソリーニは知っている。だから「イタリアは交戦状態には入らない」という彼の発表は王党派、教会から好意的に迎えられた。世論の大部分からも同様に歓迎されたと思われる。しかし一九一五年の統治者たちと同様、頭領はイタリアを戦争に参加させたいと望んだ。「ファシズムとは行動である」。彼の権力の強大さとその性質は、独断で決定を下し「ヒトラーとの協定を尊重する」ことを彼に許す。

イタリアが戦争に参加すると、反ファシスト陣営であるキリスト教民主主義者、王党派は、これまでにもましてファシズム体制を忌避するようになる。だが弾圧が彼らを分断する。彼らは互いに連絡を取ることができず、その活動は断片的なものにとどまる。そのうえ、イタリアの戦争は当初、帝国植民地とギリシャだけでおこなわれていた。言葉のうえではともかく、実際にはイタリアの国力の動員はおこなわれなかったため、イタリア国内では戦争が始まったことさえほとんど実感されていなかった。映画ニュース「ルーチェ」がそれを証明している。

次いでやってきた食糧配給をはじめとするさまざまな制限が、しだいにイタリア国内でも辛く感じられるようになる。そしてまもなくの軍事的敗北、とくに国内の町々への爆撃が厭戦気分と不満を表出させるようになる。頭領への反対行動は、反対派からというよりもむしろ、体制内部から湧き上がってくるようになる。

第三章

戦争か、殲滅か（一九三九～四五年）

争いの特殊性

アウシュヴィッツ、広島に代表される殲滅戦の側面は、第二次大戦の特徴のひとつである。たしかに、第一次大戦でも、一九一五年のアルメニア人の虐殺や、新兵器（ガス、潜水艦等）の使用は、その時期はその時期なりに、好戦的な人々が自分の支配を確実にするにはどんな極端なことでもやってのける用意があった事実を示している。一九一四年にイギリス海軍提督フィッシャー卿は、「戦争の本質は暴力であり、戦争の時代に示されるあらゆる穏健さは愚かさでしかない」と判断していた。そしてこの戦争が終わるとドイツ海軍提督インゲノールは言うだろう――「一九一四年の状況の深刻さは、あらゆる良心の咎めから自由になることを要求していた」。一九一六年のヴェルダン〔フランス北東部の都市。第一次大戦時の独仏両軍間の激戦地〕の時期、ドイツのファルケンハイン将軍にとって重要だったのはフランス軍を「血の気がなくなり白くなるまで失血させる」ことだった。後にフランスのジョゼフ・カイヨーは、国民の人口を大幅に減らすような大虐殺がなされるのではないかと心配している。フランス国民はこの虐殺を生き延びられるだろうか。クレマンソーはカイヨーがそうした心配を提示したことを裏切りと見なす。

第一次大戦に続く数年間におこなわれたことはまさしく戦争だったが、戦争とは呼ばれていなかった。この戦争はナチス体制と共産主義体制がそれぞれに人種と進歩の名においておこなった戦争であり、前者の場合の敵はドイツのユダヤ人、次いでボヘミアのユダヤ人、後者の場合の敵は「階級」としてのブルジョアジー、あるいは共産主義体制が「富農（クラーク）」と規定する農民だった。第二次大戦はこの大きな戦争の枠組みに組み込まれながら、その枠組みの特徴、成り行き、強度を変化させていった。

だが自由を高らかに掲げる他の体制もまた、殲滅戦に訴えるのをためらわなかった。この体制によってなされた殲滅戦は、そのためのいかなる理論化も計画的な殺戮もおこなわなかったとはいえ、それでも敵が示す模範に倣って、中・長期的な悪影響に目をつぶりながら原子爆弾を使用し、やはり町々全体を破壊した。日本の偉大な作家、大江健三郎が原子爆弾を投下した者たちを非難するのは主にこの点である。

東方でおこなわれていたのは戦争か、それとも殲滅の始まりか

「ポーランドのような運命を被らないようにすること」、これこそフランスのピエール・ラヴァルが一九四〇年に自らの対独協力政策を正当化する際に用いた議論のひとつである。

事実、一九三九年にドイツ軍とソヴィエト軍によって占領されたポーランドの住民は、殲滅へと変化した戦争の苦悶の、最初の犠牲者だった。

独ソ不可侵条約で定められた境界線の西側では、ドイツがポーランド軍を打ち破るや否やポーランド国家を消滅させた。また境界線の東側では、ソヴィエトは後のフランス・ヴィシー政府のような傀儡国家が生き延びるかもしれないという希望さえ与えなかった。ヒトラーは、第一次大戦以前にドイツ領だったダンツィヒおよびポーゼン（ポーランド語ではポズナニ）地域を併合した。面積は約九万一〇〇〇平方キロメートル、九〇〇〇万の人口のうち六〇〇万がユダヤ人、同じく六〇〇万がドイツ人だった。ヒトラーは併合したこの地域を、ナチスの警察権を司るヒムラーとハイドリヒに委ねた。また併合地域以外のドイツ占領地を総督府領とし、こちらはナチスの法学者ハンス・フランクに委ねた。

ポーランドをドイツ化しようという意志は、ドイツ植民者の利益に基づく植民地建設となって現れた。数

年後には七五万のドイツ人が併合地域に落ち着く一方で、三三万のポーランド人が処刑され、八六万のポーランド人が強制労働のために総督府領もしくはドイツ帝国に移送された。[1]

こうした非ポーランド化は、ワルシャワとクラクフがある総督府領ではエリート層の殺害となって現れた。医師・法律家・上級技術者の半数、教師の四〇パーセントが殺害された。後にドイツの歴史家ルドルフ・フォン・タッデン **Rudolf von Thadden** は、「ドイツ週間映画ニュース」のクレジットタイトルのバックに映し出された地図を見て、ポーランド西部と総督府領はドイツ帝国領として示されているのに、フランス北部の同じ占領地エルザス＝ロートリンゲン（フランス語でアルザス＝ロレーヌ）はドイツ帝国領に含まれていないのに気がづいた。ルブリン〔ポーランド東部の都市〕はドイツの都市として示されていた。ポーランドにおけるドイツ化は郵便切手にまで及んでいたが、これに対して占領地チェコスロヴァキアのボヘミア地方では町中の標識は二カ国語（ドイツ語とチェコ語）で示されていた。[2]

総督府領のユダヤ人は一九四〇年一月からゲットーに集められ、警察に監視された。行政はユダヤ評議会 **Jüden Rade** に委ねられ、強制労働に関して責任を持たされた（ジプシーにも強制労働が課された）。ユダヤ人が法律によって保護されることはなかった。身ぐるみを剝ごうが殺そうが、彼らへの虐待が処罰されることはなかった。ユダヤ人が一日に摂取できる栄養は一八四カロリーと定められていた。これに対しポーランド人は六六九カロリー、ドイツ人は二六一三カロリーとされていた。ソヴィエト軍がポーランド東部に侵入〔一九三九年九月一七日〕する以前の小恐怖と呼ばれた時期だけでも、飢えと処刑によって一〇万のユダヤ人が殺されている。

ドイツに占領されたポーランドでは、一九三九年から戦争の終結時までに二七〇万のユダヤ人が殺された。ポーランド人全体としては六〇二万八〇〇〇人が殺害されたので、ユダヤ人以外でも三三〇万人が殺されたことになる。この期間内にポーランドでは全人口の五分の一が殺された。彼らのうち六六万四〇〇〇人は武器を手に死んだ。[3]

ポーランド東部へのソヴィエト軍の侵攻は、破壊的な砲撃もなく、恐怖をもっておこなわれることはなかった。すでに敗北していたポーランド軍はガリツィア〔現在のウクライナ南西部を中心とした地域〕方面に退却し、そこからさらにルーマニア、ハンガリーへと逃走したからだ。しかし、それらの国ではドイツ軍はそれ以前に撤収していたものの、ドイツ軍に代わって入ってきた赤軍がこのポーランド軍の退却を妨げた。ドイツ軍が四二万のポーランド人を捕虜としたのに対し、赤軍は二〇万のポーランド人を捕虜とした。

赤軍の前進は、一九二一年に不当にポーランドに組み入れられたベラルーシ人、ガリツィアのウクライナ人を解放するためだと主張された。このことがポーランド軍の将軍、エドゥヴァルド・ルィジ＝スミグルイとミチスラウ・スモラヴィンスキがソヴィエト軍に発砲するのを自軍に禁じた理由の説明となる。ソヴィエト軍も、この将軍たちの軍を武装解除しようとはしなかった。[4] 実を言えば、ソヴィエトに併合された地域には四五〇万のウクライナ人、一二〇万のベラルーシ人、一一〇万のユダヤ人、そして一〇〇万の他の民族（リトアニア人、ラトビア人等）がいた。またナチスから逃れるため、ドイツに併合された地域からも約三〇万のユダヤ人が東部地域へ移っていた。

しかし、時を置かず、とくにフロドナ〔ベラルーシ西部の州〕地方では「解放」は征服となり、ポーランド軍将校や「社会的に危険な分子」と言われた人々への虐殺が始まった。[5]

何千というポーランド軍兵士がロシアに移送され投獄された。ソヴィエトによるポーランド東部の非ポーランド化はまずは指導層の抹殺から始まった。カチンの森〔ロシア西部スモレンスク近郊にある森〕では一九四三年になって四五〇〇体の死体が掘り出された。[6] これらポーランド軍将校の処刑はスターリンの同意のもと、ベリヤの命令によってなされた。「あれは誤りだった」と後にスターリンは打ち明けるだろう。一九四〇年三月五日の書簡では、「『ソヴィエト権力にとっての矯正しがたい執拗な敵』である二五万七〇〇〇人の将校を、法廷出頭も

カチンの森の犠牲者の発掘。1943年。

起訴状もなしに軍事法廷で裁き、銃殺刑に処するつもりだ」と彼は書いていた。[7]

この書簡から一年数カ月後の一九四一年六月二二日、ドイツ軍はソヴィエト連邦に侵攻し、再びポーランドのこの地域を占領した。

ナチス絶滅収容所の生存者サミュエル・ピサールの証言によれば、ドイツ軍がビャウィストク〔ポーランド北東部の都市〕に進軍してすぐ、この地域では一〇〇〇人近くのユダヤ人がシナゴーグで生きたまままいぶり殺された。[8]

ヒトラーとロシアの戦い

ソヴィエト連邦への侵攻開始から三カ月を経た一九四一年九月二一日、フォン・ボック将軍はヒトラーに、モスクワ攻撃をするよりも先に、もしこれに失敗した場合に備え、越冬用の装備の強化を考えておくべきだと進言する。

総統は答えた。

「まだ帝国の首相になる以前、私は、参謀本部はブルドッグだから、繋いでおかなければ通行人に必ず噛みつくものと考えていた。

ところが、首相になったら、ブルドッグなどではまったくないことがわかった。私が必要と判断したことを、参謀本部はいつも邪魔しようとしてきた。再軍備に反対し、ラインラントの占領に反対し、オーストリアにわが軍を入れるのに反対し、チェコスロヴァキアの占領に反対し、最近は対ポーランド戦争に反対した。参謀本部はフランスを攻撃しないようにと私に言った。だからいつも私は、このブルドッグをけしかけねばならなかった」[9]。

かつて自分は数々の賭けに勝ってきた――そのことに自信を得ていたヒトラーは、ロシアの戦いにおける最初の数週間の戦果を見て、これまでの自分の華々しい成功がそのまま続いているものと信じた。ゲッベルスもその『日記』に、ヒトラーのこの思いに対してこだまを返している。「一五〇〇機の飛行機が蝿のように落ちる。われわれの宣伝の甲斐あって、ヨーロッパではボリシェヴィキに対する十字軍精神が駆けめぐった。スペインの新聞はわれわれの味方だ。スウェーデンの新聞もわれわれの味方だ。［中略］アメリカでは危機感が蔓延している。イギリスでさえ、われわれの行動を喜んでいるのが感じられる。イギリスには強い反ボリシェヴィキ感情が根付いているからだ。［中略］対ロシア戦勝利へのわれわれの新たな讃歌の準備は、すでにできている」[10]。

ドイツ国防軍にとってはまさに勝利の行進だった。一九四一年の六月と七月、「ドイツ週間映画ニュース」の映像は、毎週、勝利の讃歌を陽気に歌う若い兵士たちの姿を映し続けた。彼らは一年前にフランスの戦いのときに見せた躍動を再び取り戻す。違いは、彼らの前進する距離である。以前とは比べものにならない。町々は次々と陥落する。六月二五日、ドイツ軍部隊はミンスク方面へ向けて二九〇キロ前進した。一八日間の戦闘の結果として、ドイツ国防軍は四五〇キロも前へ進んだ。ベラルーシ、ウクライナを征服し、バルト諸国にまで達した。捕虜は何十万にもなった。ベラルーシでは六二八の村を焼き尽くし、多くの住民を殺害した[11]。カイテル元帥は書いている。「人々は言っていた。赤軍以外のどんな軍が、このような打撃を乗り越えられるだろうか」。

総統はソヴィエト軍の防御が無力化したと確信し、七月と八月には武器製造の優先順位を変更し、間近と予想されイギリスとの戦いに新たな推進力を与えるため、海軍用の兵器の強化を決めたほどである。「ロシア軍などというものは冗談にすぎない」[12]と、ヒトラーはブルガリア大使ドラゴミロフに言っていた。

ところがこの冗談は長くは続かなかった。「ドイツ週間映画ニュース」の映像が示すように、一九四一年九月には、ドイツ軍部隊はたちまちT34というソヴィエト軍の怪物戦車に直面させられることになる。ドイツ軍参謀本部はそんなものが存在するとは夢にも考えていなかった。映像には、動かなくなった一台のT34戦車を、脅えた様子で調べる兵士の様子が映し出されている。ラインハルト将軍は「敵軍の戦車は、われわれの戦車をマッチ箱のように燃やした」と後に証言するだろう。ドイツ人はまた、それまで見たこともないような巨大装甲列車を目にして、これにも驚愕する。[13]

この年は例年以上に早く零下三〇度に達した。その厳しい冬の到来以前にドイツ軍が経験したふたつ目の困った驚き、それは厳冬に先立つ雨だった。主要街道も細い道も、あらゆる道路が雨にやられ、トラック、カタピラー車、その他の装甲車は通行不能な状態となった。車両はスリップし、一夜にして凍った泥がそれらの車両を走行不能な状態にした。この点でも、ダニエル・コステル **Daniel Costelle** とアンリ・ド・テュレンヌ **Henri de Turenne** によって掘り起こされた「ドイツ週間映画ニュース」が、ドイツ国防軍がどのようにして、いわば一撃で麻痺させられたかを見せてくれる。不凍オイルが到着する以前、レニングラードでは大砲の発射もできなかった。[*]

六月二五日のモスクワへの最初の空襲の際、またもやドイツ軍を驚かせたのは、モスクワの防空体制の非常な堅固さであり、その後ドイツ空軍は、少数の飛行機による夜間攻撃しかできなくなる。

レーダー提督にヒトラーはなお自分の驚きを語った。「われわれは地図上に載っていない鉄道に出くわした。〔中略〕鉄道を建設する際、われわれの国ではまずレールを敷く前に費用のことを考える。これには時間がかかる」。彼には、最大時速二〇キロでしか走れないのを覚悟のうえでバラストを省き、一夜で鉄道を敷いてしまうロシアのやり方など想像もできない。

これによって、ノヴゴロド〔ロシア西部の都市〕、ミンスク、スモレンスクにおいて、一日か二日で工場全体が引越ししたこと、それらの工場の資材がウラルへと運び去られたことが説明できる。[14] 一九四二年、クイビシェフ（モスクワから東南東八〇〇キロの場所にある）〔現在の名称はサマラ〕に立ち寄ったフランスの物理学者エヴ・キュリーに、あるボールベアリング工場の工場長は説明している。その工場は彼女が訪れる直前の一〇月に引越しをした。有蓋貨車が不足していたので、すべての機械を厚いグリースで覆い（気温は零下三〇度だった）、移設先で組み立てやすい順に貨車に積み込んだ。一週間後の一〇月二四日には機械は動きはじめていた。[15]「一年前には人知れぬ村々しかなかった場所に、国営ヘルマン・ゲーリング製作所〔ナチスがゲーリングの提案で作った工業複合体〕ほどの規模を持つ工場ができていた」とヒトラーも確認している。そして彼だけでなく、ゲーリングも驚いていると一九四三年の初めにゲッベルスは報告している。「［ゲーリングは］『ボリシェヴィキたちはいったいどこから戦車や兵士たちを調達してくるのか』と絶望しつつ、倦むことなく考え込んでいる」（『日記』一九四三年三月二二日）[16]。

軍の指揮権をわがものにしていたヒトラーは、モスクワ進軍に先立って軍を一方ではキエフへ、他方ではフィンランド支援のためレニングラードへ派遣したのだが、今や自らの失敗を理解する。一九四二年に彼は、スターリンがおこなったトハチェフスキーらソヴィエト軍の将軍たちへの大粛清〔一九三七年〕について、自らの判断を修正する。自分が与えた指示の遂行を自軍の将軍たちは怠っているのではないか。そのように疑ったヒトラーは彼らをひっきりなしに激しく叱責し、スターリンが配下の将軍たちを厄介払いして若い将軍たちにすげ替えたことを今ではいい考えだったと思いはじめている。自分もそうすべきだったのだ。一九四三年そして一九四四年にも、二度、三度とヒトラーはこれと同じ考えを繰り返し述べることになるだろう。

＊　ヒトラーはこれについてボルマンに不平を述べている。「ドイツ週間映画ニュース」（ＤＷ１２５）に映し出された砲撃はしたがって偽りのもの、モンタージュによって作られたものである。

ヒトラーはまた、一九三九年一一月三〇日に開始されたソヴィエト・フィンランド戦争の結果について、「ずる賢いスターリン」は敵に弱いと思い込ませるために自分の策謀を隠していたのだと判断する。実際にはヒトラーは間違っていた。スターリンはこの戦争での惨敗によって、自分の軍隊の実情や、大規模な軍備計画の遂行能力について危機感を持つに至ったのである。そしてそれゆえに、例の臨時机上演習がおこなわれ〔本書一四六頁参照〕、その場でジューコフが傑出したのである。

一九三九年九月のポーランド進撃では、ヒトラーは軍事作戦の指揮を国防軍最高司令部OKW〔最高指揮権者であるヒトラー自らが軍を直接指揮するために一九三八年に創設した国防軍の組織〕に任せていた。次いで一九四〇年四月のノルウェーの戦いでは、自ら作戦指揮をおこない、ゲーリングに大損害を与えた。この作戦ではゲーリング指揮下のドイツ空軍が大きな役割を演じていたが、海軍と陸軍が共同する作戦においては、ヒトラーはのびのびと作戦指揮ができなかった。続くオランダ、ベルギーへの侵攻、アルデンヌ高地〔フランス北東部からベルギー南東部、ルクセンブルク北部にかけての高原〕への侵入では、ひとりながら彼と同じ考えを持つフォン・マンシュタインと共同作戦を立てた。一九四一年のロシアの戦いでは、OKWに不信感を抱くヒトラーはこの戦争を自ら指揮すべく、数カ月間に二〇人以上の将軍、一〇人ほどの元帥、さらには司令官たちを罷免した。フォン・ボック、ブラウヒッチュ、フォン・マンシュタインといった人々である（最後の人物をヒトラーは後に呼び戻す）。彼が信頼を寄せるのは、総統の「軍事的天才」に魅了されているヨードルとカイテルだけだが、今やヒトラーは彼らをも軽蔑している。すべての指揮官のうちヒトラーが最も信頼できると見なすのはグデーリアンである。

ドイツ国防軍をコーカサスまで導いた一九四二年の第二次夏季攻勢の後、戦争は「近代戦の性格を失う」。この転換は、ソヴィエト軍の軍事力が徐々に強化されていったがゆえに重大であり、多くのドイツ軍部隊は塹壕掘りを強いられた。それまで容易に成し遂げられる進軍しか経験してこなかった兵士たちの間には、極端な疲労、厭戦気分が引き起こされていく。兵士たちは無気力、無関心になり、しばしば発作的に泣き出す者も現れたが、もはや言葉だけで彼らを鎮めることはできなくなっていた。食料は減り、肉の配給も減少する。巡回食堂車はもう巡回しない。一九一四年から一八年の状況が再現されたのである。

一九四二年末のスターリングラードの状況は以上のようなものだった。

ヒトラーは事態を完全に自覚していた。

一九四三年一月二三日、ゲッベルスの日記は報告している。

「総統の隠れ家で、軍需大臣のシュペーアと私は何時間も暖炉の前にとどまっている。憂鬱な雰囲気が支配している。届く知らせは息が詰まるようなものばかりだ。総統は私が傍で夜を過ごすのを喜んでいる。総統は私に、包囲された二〇万の兵士を救い出せる望みはまったくないと言う。空軍によって取られた措置は不十分である。兵士は飢えで死んでいる。彼らにはもはや備蓄はなく、落ち窪んだ目でじっと自分たちを襲う厄災を見つめている。彼らの堂々とした態度はいくら褒めても褒め足りない。ドイツ史のこの英雄的なドラマには前例がない［中略］。

ヒトラーの説明によれば、この状況は主に同盟軍の過失に由来する。連中は戦おうとしなかった。ロシア軍の最初の襲撃で、連中は一台の戦車を見るや否や、武器を捨て去り逃げ出してしまった。さもなくば降伏してしまった。

ルーマニア軍はひどかった。イタリア軍はそれよりひどい。そして比べようもなく最悪なのがハンガリー軍だ。彼らは装甲部隊の武装一式を投げ捨て逃げ出してしまった。連中は負傷兵を帰国させるための空いた列車さえ奪い取った[17]」。

実際、ルーマニアの二軍団はたった四日で消え失せてしまった。

一九四三年三月九日、ヒトラーはゲッベルスに、「もう東部戦線ではあれらの同盟軍はいらない」と言明する。同年一〇月には、ドイツ帝国と同盟していたヴラソフ〔独ソ戦のさなかに投降して対独協力者となったソヴィエト軍の中将〕指揮下のロシア人

降伏直後のパウルス。1943年1月31日。
Bundesarchiv, Bild 183-F0316-0204-005／CC-BY-SA

軍兵士の多くがクルスクで脱走し、この軍もヒトラーの軽蔑を浴びる。もはや、「ヨーロッパ対ボリシェヴィキ」の戦争だとは言えなくなる。ヒトラーはさらに、包囲を受けた兵士に毎日三〇〇トンの食糧を空輸すると豪語していたゲーリングに食ってかかる。この供給は一度も一五〇トンを越えたことはなく、それどころかこの数字は今や、悪天候と着陸用の空港施設の破壊のため四〇トンにまで落ちていた。[18] しかしヒトラーはとりわけ司令官たちに腹を立てたと、ゲッベルスは説明している。「[彼らは] 芳しくない知らせばかり持ってきて総統を疑い深くさせた。党の昔からの同志はそんなことはしなかった」。昼食のとき、ヒトラーは再びイタリア軍について語りはじめる。「連中がこんなにだらしなかったことはない」。そこに陸軍総司令部参謀総長ツァイツラーからの電話が入る。ツァイツラーはボリシェヴィキが六キロにわたってドイツ軍の防衛線を突破したと報告する――「わが軍はもう抵抗できません。飢えと寒さで非常に弱っているので、戦えないのです」。この知らせは総統に深い衝撃を与える。

敗北に負けず劣らずヒトラーを心配させていたのはパウルス元帥とその参謀本部の振舞いである。一九四三年一月、彼らは自殺せず、ソヴィエト軍に降伏したのだ。さらにひどいことがあった。同じくソヴィエト軍に投降したフォン・ザイトリッツ将軍によって反ナチス組織「ドイツ自由国民委員会」が設立され、次いで「ドイツ軍将校同盟」が創設されたのである。後者がドイツ国防軍の兵士に戦いの中止を呼びかけたことは、軍首脳に対するヒトラーの不信をさらに深めさせる原因となった。

これを受けて、ヒトラーの権力奪取の記念日（一九三三年一月三〇日）を祝う行事の縮小と、ゲベッルスのスポーツ宮殿での全面戦争計画（Total Kreigs Führung）の発表が決められる。「ドイツ週間映画ニュース」には、ゲッベルスがその戦士的狂騒をナチス党の幹部に伝染させるさまが映し出されている（一九四三年一月三〇日）。ゲッベルスが発した「諸君は全面戦争を望むか」という問いかけに、彼らは熱狂して「もちろん」と叫び返している。

八年来、国内、国外でヒトラーが収めてきた前例のない成功は、何によっても失われ得ない人気を彼に与えていたが、それでも彼の確信を裏切ったロシアの戦いと連合軍によるいや増す空爆の被害は、ヒトラー本人の自信を揺るがせた。ヴッパータール〔ドイツ西部の工業都市〕、ハンブルク、ヴィルヘルムスハーフェン〔ドイツ北西部の都市〕、エムデン〔ドイツ北西部の都市〕、次いでエッセン〔ドイツ西部の工業都市〕が空爆を受け、ベルリン住民の一部の避難が決められた。「われわれはまるで両手を縛られた状態で、イギリス軍の攻撃にさらされている」[19]。

これが焦眉の問題である。ところで、ヒトラーは、戦争のおぞましさに自らが直面させられることには耐えられない。ゲーリングも同様である。一度としてヒトラーは空爆を受けた都市を訪れない。彼を麻痺させるのは肉体的恐怖ではなく、一種の拒否である。彼はまた一度として前線に赴かない。「ドイツ週間映画ニュース」を調べてみると、一九四一年秋以後、ヒトラーの姿はほとんど映し出されていない。彼の姿が映し出されるのはわずか数回、ミンスク地方の上空を飛ぶ飛行機の機中での姿であり、参謀たちと一緒の姿であり、兵士の暖房用に考案された携帯小型ストーブを視察しているときの姿である。しかし、もはやヒトラーは公衆の前では話さない。しかもゲッベルスが一九四三年夏に、スターリングラード攻防戦〔一九四二年八月～四三年二月〕やイタリアの諸事件〔一九四三年三月～四月のイタリア諸都市での反戦スト〕やムッソリーニの逮捕〔一九四三年七月〕について語ってほしいと懇願したにもかかわらず、そうしようとはしない。この間、彼は二度口を開いているが、いずれも声明のテキストを口述するにとどめている。一九四三年一一月九日になってようやく彼は再び公衆の前で演説する。

たしかに、彼は周囲の人々に対して優越的な立場を維持している。しかし彼はしだいに姿を見せなくなり、自分の掩蔽壕《えんぺいごう》に閉じこもって軍事作戦の総指揮を執るようになる。ゲーリングと同様ゲッベルスも、「総統はここ三年半の戦争の間に一五歳も年を取った」と感じている。「孤立し、あんな健康に悪い生活を送っている彼を見るのは悲しい。彼は決して新鮮な空気を吸おうとせず、休息もまったく取らない。隠れ家で、仕事をし、考えごとに明け暮れている。彼は戦争を彼独特の、完全なスパルタ式でおこなおうと決めた。たぶん、われわれはその考えを絶対に変えられないだろう」とゲッベルスは一九四三年三月二日の日記に記している。「ときどき彼は人生に倦み、死は恐くないとはっきり言う」。

死が長いことヒトラーを恐れさせてきたのは間違いない。より正確に言うなら、彼は「自分がなすべき仕事を完成させる前に」自分の健康が悪化し、「戦局が再び好転する前に」死が訪れるのを恐れてきた。アルベルト・シュペーアによればヒトラーの病的な焦燥はここに由来していた。一九三八年五月には自筆の遺書を準備していた。そしてそれ以来彼は絶えず心配していた。ずっとモレル医師の診断を受け続け、薬を大量に服用していた。一九三六年から四五年までの間に三〇種ほどの異なった薬を飲んでおり、いつも医学雑誌を眺め、スキーをするのを避け、愛人エヴァ・ブラウンには自分がいなくなった後の生活を考えておくよう伝えていた。事実、しばしば顔色は青白く、またしばしば意気阻喪し、手は震え、それを何とか隠そうとしていた。胃痛、腸のガス貯留に苦しみ、視力は低下し、目は光を失い飛び出してきていた。[20]

とくに、声はその機能の一部を失っており、話すときには唾液が口の端からこぼれているのを彼は知っている。まもなく彼は黄疸の症状を見せるようになる。こうしたすべては、意固地に人前に姿を見せまいとする彼の振舞い、姿勢を理解させてくれる。しかしそれでも、気落ちから立ち直ったときには相変わらず神がかった状態で話せたし、昔のように怒りを爆発させ、未来についての新たな計画を熱心に推し進めることができた。一九四五年にヒトラーは、先にソヴィエト戦線の縮小を企てた理由で更迭したブッシュ元帥の気力を奮い立たせている。

一九四四年七月二〇日のヒトラー暗殺未遂事件は彼の健康状態をさらに悪化させた。外耳管を出血し、両足におよそ一〇〇もの木片の打撃を受け、その後の歩行に困難を来たすようになる。しかし奇跡的に死を免れたことが彼を刺激し、しばらくのあいだ彼の震えは収まる。それでも彼は敗残者となっていた。「スターリングラード以来、もはや将軍たちはヒトラーを信頼していない」とゲッベルスは判断している。[21] ヨードルは、総統について悪い冗談を飛ばすまでになっていた。

国防軍の長老フォン・ルントシュテットはヒトラーについて、「戦争初期の優れた戦略家は二流の隊長に成り下がってしまった」と書いている。

一九四三年九月、ゲッベルスは初めて総統に思い切って尋ねる――「いつかスターリンと折り合いをつけるというのは不可能でしょうか」。この夏の間に、ムッソリーニの失脚や南部イタリアの喪失によって状況は深刻化していた。ロシアではソヴィエト軍の機甲部隊がクルクスで勝利を収めて以来、彼らはオリョール〔ロシア西部の都市〕、ブリアンカ〔ウクライナの都市〕、そしてとりわけハリコフ〔ウクライナ北東部の都市〕を次々と奪い返していた。ところがヒトラーは周囲に、ハリコフとドネツ〔ウクライナとロシアに跨る炭田地域〕の工業はあくまでドイツ国防軍の手に残ると確言していた。

ヒトラーはゲッベルスの示唆をはねつけはしなかったが、ドイツ軍が守勢にある間はそうしたことを語るのは適当でないと思っていた。そのうえ、ヒトラーはイギリスと折り合いをつけるほうが好ましいと判断していた。というのも、その頃準備を進めていた弾道弾がイギリスのドイツ空襲に対する報復手段として使用可能になれば、これによってイギリス政府に方針転換を迫れるだろうと踏んでいたからであり、海軍のデーニッツ提督も、潜水艦戦争によってドイツの華々しい戦果を約束してくれていたからである。また、チャー

ヨーロッパ東部における戦争

1941年

6月22日　ドイツ軍、ソヴィエト連邦に侵攻。

6月30日　ドイツ軍、リヴィウを占領。

7月10日～8月10日　スモレンスクの戦い。ドイツ軍、ジトームィル〔ウクライナ西部の都市〕からキエフへの進軍。

9月2日　レニングラード、ドイツ軍の砲撃を受ける。

10月2日　モスクワへの攻勢。ドイツ軍、カリーニン〔現トヴェーリ。ロシア西部の都市〕を占領。

12月6日　ソヴィエト軍、カリーニンを奪還。セヴァストポリ〔ウクライナ南部の港湾都市〕の攻囲戦。クリミアにおける戦闘。

1942年

1月末　ソヴィエト軍の反攻により戦線は前年10月のラインまで押し戻される。

5月8日　ドイツ軍、クリミア半島における春季反攻の開始。

7月2日　セヴァストポリの陥落。

7月27日　ドイツ軍、ロストフ＝ナ＝ドヌ〔ロシア西部、ドン川下流河畔の丘上の町〕を占領。

8月22日　コーカサスのエルブルス山にハーケン＝クロイツの旗が立てられる。

8月23日　ドイツ軍、スターリングラードへの爆撃開始。

9月13日　ドイツ軍、スターリングラード市街地へ突入。

1943年

2月2日　スターリングラード攻防戦終わる。ドイツ軍、投降。

2月　ソヴィエト軍、クルスクを奪還。

7月5日　クルスクにおいて戦車部隊同士の戦闘が開始される。

8月23日　ソヴィエト軍、ハリコフを奪還。

9月6日　ソヴィエト軍、キエフを奪還。

1944年

8月1日　ソヴィエト軍、ワルシャワ付近に達する。ワルシャワ市民の武装蜂起（～10月2日）。

8月13日　ソヴィエト軍、エストニアの首都タリンに達する。

8月31日　赤軍、ルーマニアの首都ブカレストに入城。

9月15日　ソヴィエト軍、ブルガリアの首都ソフィアに達する。

9月20日　ソヴィエト軍、チトーと連携してユーゴスラヴィアの首都ベオグラードに入城。

10月7日　ソヴィエト軍、ハンガリーに入る。

10月10日　ソヴィエト軍、ラトビアの首都リーガに達する。

10月13日　ドイツ軍、バルト諸国から撤退。

1945年

1月17日　ソヴィエト軍のジューコフ元帥、ワルシャワに入る。

4月13日　ソヴィエト軍のマリノフスキー、ウィーンに入る。

4月25日　トルガウ〔ドイツ東部エルベ河畔の町〕においてソヴィエト軍とアメリカ軍が合流。

5月2日　ソヴィエト軍、ベルリンを占領。

5月9日　ソヴィエト軍、プラハを解放。

チルが共産主義にどれほど敵意を持っているかも知っていたので、ボリシェヴィキに対抗しアングロ＝サクソンと同盟するのは自然の理に適っていると判断していた。

イギリスは民主国家であるから、一旦和平が調印されれば、たやすく戦争再開に踏み切る恐れもなくなるだろう。そうすればドイツの将来は保証されるだろう。これに対しソヴィエト連邦は独裁国家であるから、この国とどんな同意がなされても、スターリンが慎みを失えば何が起きるかわからない。

ところが、こうした判断にもかかわらず、二カ月後には逆のことを言う。「スターリンとは話し合える。その証拠はわれわれが一九三九年に結んだ条約だ」。「食欲は、食べるにしたがって生まれてきた。東方に対しては、われわれは己を抑えねばならない」。そしてヒトラーは、東方で和平を得るためにいくつかの手段を考えはじめる。ただこの時点で、『わが闘争』で述べられた「ヨーロッパ東部におけるドイツ民族の生存圏『構想』」はもはや問題にならなくなっている。「袋小路を抜け出すためなら、誰でもどんなことでも言い出すというのは本当だ」とゲッベルスは記している[22]。

スターリンの策動

「脅えて騒ぐ者、臆病者はその場で殺さねばならない」。

一九四二年のこの「日日命令」はヒトラーによるものか。否、そうではない。これはスターリンが署名したものである。彼はつけ加えている。

「われわれはウクライナ、ベラルーシ、バルト諸国、ドネツ炭田、そして他の多くの地域を失った。われわれの領土は減り、国民も減り、所有する金属も減った。われわれは敵に対し、もはやいかなる優越性も持たない。［中略］

もはや一歩も退却してはならない。これこそ、今のわれわれの主要なスローガンであらねばならない」。

この総司令部命令二二七号はさらに言う。「指揮下の部隊に持ち場を放棄させるような司令官、派遣委員を許し続けることはできない。彼らは、戦場において、脅えた者どもが状況を決定するのを放置している。これを許し続けることはできない」。

こうして交戦中の部隊の後方には、それらの退却を防ぐための軍団が配置される。また「苦戦している戦場に派遣するための」軍団、あるいは軍規を正すための軍団が編成される。戦い方がまずかった者、祖国をしっかりと防衛しなかった者に、過ちを償わせるのが目的である。[23]

一九四一年のソヴィエト軍側の抵抗の崩壊は驚愕すべきものだった。ソヴィエト連邦の西部地域の住民はその崩壊を見て呆然とした。子どもだったサミュエル・ピサールはビャウィストク〔ポーランド北東部の都市〕でこの崩壊を目撃している。「部隊はどれもこれも降伏していた。脱走兵が至るところにいた。私の教師たちは見えなくなってしまった。軍隊はいったいどこに行ったのか。党はどこに消えてしまったのか」[24]。

先に引いた一九四二年の日日命令以前にも、やはりスターリンの署名によるもうひとつ別の日日命令が出ている。一九四一年九月のこの日日命令は、スターリンがジダーノフとジューコフから、ドイツ軍に包囲されたレニングラード周辺でドイツ軍が女と子どもを盾にしているとの報告を受けた後に出されたものである。

「報告によれば卑劣なドイツ人どもは彼らの部隊の前面に女、子ども、老人を並べているとのことである。また報告によれば、レニングラードのボリシェヴィキの間には、このような状況下で武器を用いるのは不可能だと考える者たちがいるとのことである。私の意見では、もしボリシェヴィキの間にこのような人間がいるとすれば、まず第一に彼らを皆殺しにせねばならない。なぜなら、そうした人間はドイツのファシストよりなお危険だからだ。感傷主義に陥ってはいけない。敵を、そして意図すると意図せざるとを問わず敵の共犯者となっている者どもを、打倒せよ。Ｂ・シャポシニコフに口述」[25]。

この苛酷さ、この断固とした態度はスターリンの性格の特徴のひとつであった。

ドイツ軍部隊は一九四一年一〇月八日の時点で首都モスクワから西に六〇キロ足らずのモジャイスク〔モスクワ防衛の西側の拠点であった〕にいた。ジューコフは午前二時半ごろスターリンに電話した。

ジューコフ「ドイツ機甲部隊がわが陣を突破するかもしれません。われわれには援軍が必要です」。

スターリン「一六軍、一九軍、二〇軍、それに二四軍、三二軍はどこにいるのか」。

ジューコフ「ヴャジマ〔モスクワ西方二〇〇キロにある町〕の西方、そして北西で包囲されています」。

スターリン「あなたはどうするつもりか」。

ジューコフ「私は行って、ブジョンヌイ将軍に会います」。

スターリン「彼の司令部が今どこにあるのか知っているのか」。

ジューコフ「いいえ、知りません。マロヤロスラーヴェツ〔モスクワの南西一〇〇キロにある町〕の近くで探してみます」。

その集落には誰も生きている人間はいなかった、とその後ジューコフは報告する。司令部でも、消えてしまったブジョンヌイの消息についてそれ以上何もわからなかった。しかしさらに進むと、ジューコフは車に灯りが点っているのを見つける。ひとりでいたブジョンヌイは、ヴャジマとユーフノフ〔モスクワ南西一八〇キロにある町〕の間で別れたコーネフ元帥の軍を探していると言う。

ジューコフ「誰がユーフノフを守っているのか」。

ブジョンヌイ「私は知らない」。

こうした証言を見れば――同じような証言は他にいくつも引用できる――、状況がどのようなものだったのかがわかる。踏ん張るように命じられていた五つの軍はまだ包囲されている。戻ってきたジューコフに、「なお踏ん張るんだ」とスターリンは言う。

もっとも、援軍は周辺に到着していたのである。だが、スターリンは援軍の数が十分に確保され、反撃の成功が確実になるまで、これらの援軍を敵に差し向けようとはしなかった。

ジューコフ「そのとおり。このような状況においてスターリンは鋼鉄の神経の持ち主であることを示したのだ[26]」。

苛酷さ、鋼鉄の神経、たしかにそのとおりだろう。だがヒトラーと同様にスターリンもまた、自らの感じやすさを試練にかけるような危険は冒さない。スターリンはクレムリンに閉じこもったまま、モロトフ、ベリヤ、ミコヤンに囲まれ、毎日、軍司令官たちおよび派遣委員たちを呼び出し、彼らの日日報告を読み、それを検討した後で彼らの話を聞いていた。その報告が数時間遅れれば、彼らはヴァシレフスキー将軍のように叱責を受けた[27]。

「目で」情報を得るために、スターリンは映画ニュース「ノーヴォスチ」を見ていた*。彼が戦闘中の兵士に会いに行ったのは一度か二度だけで、それも「映画カメラの前に立つ」ためだった。砲兵元帥ヴォロノフはこうした映画の場面でスターリンに返答する役に選ばれたひとりである。

「私はユーフノフまで呼び出され、森の中に隠された小さな家に連れて行かれた。スターリンがそこにいた。ソコロフスキー将軍がやってきた。カメラがわれわれに向けられた。地図の上で、われわれは両軍の位置を示した。

『細かいことはいい』とスターリンは言った。『春にはスモレンスクに到達できるだろう。軍の勢力を結集し、町を奪回せよ』。

この台詞が録音のために繰り返され、撮影は終わった。

『でも十分な装備も、予備兵力もありません』と誰かが言った。

『できるだけのものは与える。もし必要が満たされないなら、手持ちのもので何とかせよ』とスターリンは言った」。

砲兵元帥ヴォロノフは、こんな撮影のためにここまで来させたのかと悪態をついた。[28]

非常に要求の多いスターリンは、権威的に決定を下し、その決定はいつも周囲を驚かせた。たとえば一九四一年一一月、ソヴィエト軍がようやく包囲を脱出し、モスクワから五〇キロ足らずの位置でドイツ国防軍を食い止めることに成功すると、スターリンは「まるで何ごとも起きなかったかのように」、一一月六日の革命記念日に盛大な軍事パレードをおこなうよう命令する。すると数日のうちに、モスクワを部隊が通過できるよう何千台ものトラックが動員される。兵士の一部は、赤の広場を行進した後もそのまま行軍が続き、前線に連れていかれることを知らなかった。[29]

二年後、スターリンは何千人ものドイツ兵捕虜を、同じようにモスクワで行進させるだろう。これは「ノーヴォスチ」によって記録された前代未聞の映像となった。

戦争初期の数カ月間に、スターリンがかなりの数の将軍を処刑したのは確かだ。その理由は少なくとも彼

＊　この時期「ノーヴォスチ」はソヴィエト軍の退却や敗北についてのいかなる映像も示していない。これはまったく当然である。襲撃されっぱなしの軍は、自分たちの映像記録など取っている余裕はない。一九四〇年六月のフランスにおける映画ニュースの場合もまったく同様だった。「ノーヴォスチ」がもっぱら見せているのは、前線の強化のために訓練を続ける軍隊の姿である。

の言によれば、それらの将軍が「無能」だったからであり、一九三七年から三八年の「粛清」のようにイデオロギー上の理由、あるいは不信感によるものではなかった。このような処刑は数十に達し、他にも相当な数の転属、降格処分があった。それでも一九四一年のヴォロシーロフの降格、そしてスターリングラードにおけるエレメンコの降格の後、スターリンによる指揮官の任命には一定の傾向が見られた。当初、最重要の役割を担わされたのは、内戦時にも軍の指揮を執っていた将軍たち、すなわちチモシェンコ、ヴォロシーロフ、ブジョンヌイといった人々である。次いで、一九四三年以後彼らと交代したのは職業軍人たち、すなわちシャポシニコフ（彼はその後病に倒れた）、ジューコフ、ヴァシレフスキー、ヴォロノフ、さらに後にはアントーノフといった人々である。こうして徐々に、最も困難な任務はジューコフに任されていった。彼はあちらの前線こちらの前線と動き回り、その間スターリンはクレムリンにとどまり続けた。一九四一年八月にスモレンスク近くのエルニアでドイツ軍の精鋭部隊を撃退したのもジューコフだったし、次いでモスクワの戦いに勝利し、スターリングラードの戦いに勝利し、クルスクの戦いに勝利し、ベルリンへの行軍を指揮したのもジューコフだった。

ところで、ヴォルコゴーノフ将軍による著作〔巻末書誌546b〕の情報のすべては軍事文書館の文書に仰いだもので、収録された対話は後に再構成されたものである。この著作の中で彼は、将軍たちの回想録の大半は検閲を受けて書かれたという理由でその内容に異議を唱えている。また、後になって著作物を発表した活動家、著述家の大半と同様、ヴォルコゴーノフ将軍は独裁者スターリンが自身の天才について残そうとした像を疑問に付している。ヴォルコゴーノフはその根拠となる文書、報告書を動員して、スターリンが自らの影響力を利用して、自らの栄光だけを讃える戦史を書かせていたことを、明らかにする。そして他の書き手たちと同様、しかしヴォルコゴーノフの場合は証拠を示しつつ、この独裁者の伝説、すなわち彼は真の軍事的才能を持つシャポシニコフ、ヴァシレフスキー、ジューコフといった人々との近しい交わりのおかげで軍人の仕事を学習し「非常な進歩を遂げた」のだとする伝説を破壊する。実のところ、ジューコフは、スターリンの性格の特徴を脇に置き、「彼は創造性を示した」「彼は『スターリングラードの勝利者』の名に値した」と述べてしまうほど彼に譲歩していただけなのだ。[30]

スターリンが編み出した新しい戦略的行動とは、前線の諸軍団を一体的作戦によって動かすというものだ。ある個別の目的のために、一〇〇に達する師団、三〇〇〇台から五〇〇〇台の戦車、そしてとりわけ五〇〇〇機から七〇〇〇機の飛行機を相互に連関させて動員する。ある個別の目的のために、異なった前線における作戦行動を噛み合わせる。スターリンが実行に移したこのアイディアは、各前線の司令官に対して独裁者だけが——ただし彼らの同意を得たうえで——強いうる戦略だった。

スターリングラードの戦いでは、この戦略によってヴォルガ川の右岸を守りきった。だがそれは、あらゆる弱気を罰するための、恐怖を与える措置と組み合わせることで成し遂げられた——「特殊部隊」[31]を動員したこの措置によって一万三五〇〇人の兵士が銃殺された。この間ソヴィエト側は、強力なドイツ軍を前にしても誰もヴォルガ川左岸には撤退しようとしなかった。一件一件の家屋をめぐるこの激しい戦いについては、ソヴィエト側ではワシリ・グロスマンの著作『見られたこと』によって、またドイツ側ではテオドール・プリーヴィエの著作『スターリングラード』によって見事に描かれている。[32]

スターリングラードは、少なくとも戦略的な観点や接近戦の激しさという観点から見ると、まさしくソヴィエト軍にとってのヴェルダン〔フランス北東部、第一次大戦の西部戦線の激戦地〕だった。レニングラードの包囲戦の場合は市民と軍人が相携えて大都市を守ったがゆえにすべてのロシア人の戦いだったと言えるが、スターリングラードはヴェルダンと同様に、まず何よりも大会戦であり兵士の戦いだったのだ。[33]

スターリンと軍司令官たちとの関係は、ベラルーシ、ハリコフ、クリミアの大敗北のときには決して良いものではなかったが、スターリングラードの戦いの前、司令官に対する政治委員の監視が中止されたときには良好になっていた。スターリンはその象徴的な身振りとして、みなに毛嫌いされていたメフリスを国防人民委員代理から解任し、今後、政治委員は自分と協力して働く軍の上官の属官になると定めた。

次いで象徴的な措置として、スターリンは最高幹部会議長のカリーニンに将官の軍服の一新を命じ、これにより将官たちは旧体制で用いられていた肩章を再び付けるようになった。他にも伝統主義的な措置が取られたが、こちらは教会に気を使っての措置だった。無神論の主唱者ヤロスラフスキーが死ぬと〔一九四三年〕、スターリンは無神論者たちの機関紙の発行を禁止した。スヴォロフ勲章、クトゥーゾフ勲章、アレクサンドル・ネフスキー勲章、ボフダン・フメリニツキー勲章〔いずれもロシア、ウクライナ史上の英雄的な軍人の名にちなむ勲章〕を創設した後には、スターリンは「ソヴィエト人」という言い方をしだいにしなくなり、ロシア人、ウクライナ人、ポーランド人、ユダヤ人という言い方を用いるようになった。要するに、かつての物言いを断絶し、ナショナリズムへの移行を目に見えるようにしたのである。もっとも、この変化は一九四一年七月三日の彼の演説のずっと以前から始まっていた。この演説では彼は聖なるロシアの祖霊に呼びかけている[34]。

こうしてコミンテルン指導部に操られた各国共産党の役割も縮小された。

ポーランド共産党は一九三八年にその三七人の構成員のうち三〇人が粛清され、その後解散されていた。だからその再建が求められていた。しかしスターリンはディミトロフに伝えさせる──「共産党を再建するよりも共産主義的綱領を持った労働者の党を作るほうがいい。共産党という名称は多くの人々を恐がらせるものだからだ」。彼はさらにつけ加えていた（一九四一年八月二七日）。「今なさねばならぬのは、国の解放のために戦うことだ。その党は、形式上、コミンテルンに従属していてはならない。その党は労働者、農民の政府の創設という呼びかけを断念せねばならず、逆に本物の民主主義体制を要求せねばならない」[35]。

これにより、昔からのポーランド共産党員と新しい「労働者党」党員（当時ドイツ占領下のワルシャワではこの党は非合法だった）との間で争いが生じる。そしてこれに、ロンドンのポーランド亡命政府とスターリンとの間での厄介な交渉が加わる。独ソ不可侵条約の時代にソヴィエト軍はポーランド東部を占領し大量のポーランド兵を捕虜にして投獄したが、その兵員を使ってソヴィエト国内でポーランド軍を編制し直すという事案である。

二〇カ月にわたる囚われの境涯から解放されたポーランドのアンデルス将軍が、一九四一年一二月に、ロンドンのポーランド亡命政府の長シコルスキ将軍とスターリンとの交渉に加わる。アンデルスはソヴィエト領内でのポーランド軍の編制に関するこの交渉について、戦後に証言を残している。それによれば、まずシコルスキはスターリンに、この軍に参加するはずの囚人たちの状態について尋ねた。するとスターリンは「彼らはみな解放されました」と答えた。シコルスキが「自分は『消えた』四〇〇〇人の将校の行方を探しているのです」と述べると、スターリンは「彼らは逃亡したに違いない」と答えた。

「だが、どこへ逃げたというのですか」。

「満州です」。

シコルスキが信じようとしないので、スターリンはつけ加えた。

「間違いがなされたこともあったかもしれぬが、そうだとすれば、それは単に官僚によってなされたものです」。

シコルスキは応じた。「私はクイビシェフでわが国の男たちが移送されていく列車を見たが、その様子は私におぞましい印象を与えました。彼らの労働条件は最良のものでなければなりません」。

スターリンは、彼らの労働条件はソヴィエト市民と同じだと答えた。

次いでスターリンは、解放されたポーランド兵たちが彼らの将軍と再会したとき、まともな靴がないので裸足になり、それでも非の打ちどころのない行進を将軍の前でおこなってみせた嘆かわしい光景について話しながら、ポーランド人の勇敢さは知っていると言った。

スターリンはまた、シコルスキがイギリス軍とともに戦いたがっているのを見て取り、苛立つ。「どうもイギリスにはやるべきことが沢山あり、ポーランド兵を必要としているようですね」。

シコルスキが、ロンドンのチャーチルの政府と結んだ良好な関係を自慢し、軍の名に値する兵員一五万規模のポーランド軍をソヴィエト側で編制するのは無理ではないかと指摘すると、スターリンは答える。

「あなたが言っているのは、われわれは野蛮人で、何も改善できないという意味なのか。ロシア人にできるのはポーランド人を迫害することだけだというのか。よしわかった。われわれはあなたがたなど当てにすまい。われわれだけでポーランドを占領し、それをあなたがたに返してやろう」。

二度目の交渉でスターリンが「前回は侮辱されたと感じたのだ」と説明すると、シコルスキは謝罪する。

このときシコルスキは、スターリンがポーランド兵の一部をイラン経由で出発させてイギリス軍と共同で戦わせる意図のないことを理解した。妥協がなされた。ポーランド兵の一部はカザフスタンへと向かうだろう。

しかし、ポーランドが一九三九年の国境を回復できるか否かという問題はいまだ解決されていなかった。またポーランド軍にいたベラルーシ人、ウクライナ人、ユダヤ人の運命についての問題も解決されていなかった。スターリンは彼らをソヴィエト連邦領内で編制される軍にとどめておきたがっていた。ここに見られるのはコミンテルンの国際主義とはほど遠いものである。

それはまた、「人類愛の最初の共和国」ソヴィエト連邦ともほど遠いものだった。アンデルスとシコルスキは、何千ものポーランド軍将校がカチンの森において虐殺されたのをまだ知らない。ポーランド軍機甲師団を編制することが話題になったとき、その参謀長に任じられたベルリンク大佐が口を挟む。「スタロビルスク〔ウクライナのルハンシク州の町〕とコゼリスク〔ロシア西部カルーガ州の町〕の収容所にはわが軍の優秀な幹部がいます」。「いや」とベリヤが答える――「あちらの人々は当てにしないほうがよい。われわれは重大な誤りを犯した」[36]。

古くからのコミンテルン活動家であるユーゴスラヴィアのチトー！すなわちヴァルター〔チトーが一時用いていた偽名〕と、スターリンとの関係は複雑である。一九四二年のソヴィエト連邦は前年にイギリスに亡命したユーゴスラヴィア王ペタルと外交関係を保ち続けていた。しかしチトーの言によれば、ユーゴスラヴィア亡命政府の陸軍大臣となったミハイロヴィチ将軍指揮下の抵抗運動家たちは、ドイツ軍と戦うより、共産主義の愛国者と戦うのに熱心だった。「彼の配下はわれわれの背中に刃を突き立てている」――一九四一年夏、チトーはスターリンの傍らで自分を支えてくれていたコミンテルンの書記長ディミトロフに書き送っている。スターリンは、自分も追い詰められており、チトーを援助する手段はないと返事させる。一九四二年には、ユーゴスラヴィアの山地に達することはほとんど不可能だとスターリンは強調する。そして彼は慎重になり、自分が躊躇する理由を明らかにする――「あなたの行動のすべては、あなたがユーゴスラヴィア亡命政府を正しいと見ており、すなわちユーゴスラヴィアをソヴィエト化しようとしていると推測させる。なぜあなたはプロレタリア部隊など結成するのか。目指すべきはヒトラー、ムッソリーニに対抗する国民的闘いなのだ[37]」。こうしてチトーはスターリンに見捨てられた。援助を求める悲壮な懇願にもかかわらず、そして革命家としての自分の経歴にもかかわらず…。一九四五年にチトーはそれを忘れていない[38]。スターリンのこうした立場は、彼が中国に対して取ったそれとまったく同じだった（第二章の「蔣介石――共産主義者と戦うべきか、日本人と戦うべきか」の節を参照）。コミンテルンの延命にスターリンは関心を失っていた。コミンテルンはいつ消滅してもおかしくない状態だった。実際、コミンテルンは一九四〇年来消滅したも同然だった。だが、独ソ不可侵条約の時期にこれを解散すれば、ファシズムに対する降伏と見なされる恐れがあった。さらには、追い詰められたソヴィエト連邦の弱気に発する行動と見なされる恐れがあった。

国際共産主義のすべての指導者――ディミトロフ（ブルガリア）、マヌイリスキー（ロシア）、ラーコシ（ハンガリー）、トレーズ（フランス）、ピーク（ドイツ）、ドロレス・イバルリ（スペイン）、パウケル（ルーマニア）——が揃った一九四三年五月二三日の会合で、フランス共産党書記長トレーズは次のように言う。「赤軍が勝利し、ヒトラーのドイツがアフリカで打ち負かされた現在の状況では、コミンテルンの解散を退却だと言うのは難しいだろう。私はこの解散決定を支持する。この決定は、フランスにおける反ヒトラー国民運動の勢力増強に貢献するだろう」。そして同党のアンドレ・マルティがつけ加える。「ソヴィエト連邦の国際的威信はたいしたものだ。国際主義の真の基盤を構成するのは、赤軍の数々の勝利である」。それでもやはり古くからの革命家たちは、インターナショナルの解散証書に泣きながら署名したのである。[39]

スターリンは彼らに説明する義務があった。

「第三インターナショナル〔コミンテルン〕を創設したとき、われわれは自分たちの手であらゆる国の革命運動を指導できると考えた。しかし、われわれは自分たちの力を過大評価しすぎていた。あれはわれわれの誤りだった。こうした誤りのために国際共産主義の信用が失われることをわれわれは望んでなどいなかった。「中略」そのうえ、事実として、各国共産党は外国の手先だと非難されており、このことが大衆への働きかけにおいてマイナス要因となっている。コミンテルンの解散により、われわれは敵の手から切り札を奪えるのだ」。[40]

その少し前、ローズヴェルトは駐ソヴィエト大使デーヴィスに、コミンテルンの解散をスターリンに要求するという任務を与えていた（その理由は、アメリカの古くからの共産党員による多くの「厄介な」活動にあった）。だからある人々の中には、増大しつつある自国への経済・軍事援助と引き換えにスターリンはローズヴェルトのこの要求に応じたと考える者もいた。たしかに、コミンテルンの解散決定〔一九四三年五月一五日〕は、時期的にはデーヴィスのモスクワ着任と一致する。しかしこれは、たまたまの一致にすぎないかもしれない。

スターリン、ユダヤ人、そして諸国民

ソヴィエト連邦においてユダヤ人はまさに「見えない犠牲者」だった。

スターリンとソヴィエトの指導者たちは、ドイツ人がドイツ占領地域すなわちバルト諸国、ウクライナ、ベラルーシで一九四一年におこなった、ユダヤ人の絶滅を目的とする体系的選別に見て見ぬ振りをしようとした。ロシアの二冊の資料集 Dokumenty obviniayut （一九四五）が、それらの犯罪のリストを提供してくれる。資料集ではある委員会が、ハリコフ近くのドロビツキ峡谷で一五万人の犠牲者を出したユダヤ人大量処刑について証言している。この委員会は一一人の構成員からなり、幕僚長一人、首席司祭一人、教員四人を含んでいる。証言では、ハリコフのゲシュタポの指揮官の名前、特殊部隊の責任者の名前が名指しされている。[41]

今日では、ドイツによるソヴィエト連邦領内での殺害だけで六八万から八〇万のユダヤ人が犠牲になったことが明らかになっている。[42]

ところでヴァクスベルグ Arkady Vaksberg によれば、『プラウダ』紙がユダヤ人の殺害について明瞭に語ったのは一度だけである。一九四四年八月五日付のもので、そこではミンスクにおいておこなわれたことを「ユダヤ人の完全な抹殺」と報じている。

それ以前は違っていた。たとえば、一九四一年九月のバビ・ヤール〔キエフ近郊のこの地でユダヤ人が大量に虐殺された〕での虐殺について言及した一九四三年一二月の中央委員会による声明の草案では、事実に即しつつ、「ヒトラーに従うならず者どもはユダヤ人住民の大量虐殺に及んだ。〔中略〕連中はユダヤ人住民を集合させ、彼らの持つ貴重品を取り上げた後、〔中略〕彼らを銃殺した」と記述しているが、中央委員会による検討の後、新聞に出された公式声明の言明は以下のようなものになった。「一九四一年九月二九日、ヒトラーに従うならず者どもは〔中略〕何千人ものソヴィエト市民を集合させた。連中は彼らの身ぐるみを剝ぎ、銃殺した」。殺された

のがユダヤ人だったとはもはや言われていない。

また別のとき、一九四二年一二月にはソヴィエト情報局 Sovinformburo によって「ヨーロッパのユダヤ人殲滅計画」に関する情報が暗にほのめかされはしたが、続報はなかったようである[43]。

ここで必然的に浮かび上がる疑問は「なぜこのような沈黙がなされたのか」ということである。また、この沈黙についてスターリンが個人的に果たしていた役割とはいかなるものだったのか、といった疑問も沸いてくる。これらの疑問に答えるには、いささか回り道が必要になる。

この時期の多くの人々と同様、スターリンも反ユダヤ主義的な言い回しを用いたり用いられたりすることがあった。たとえば、一九四一年一二月、ポーランドのシコルスキ将軍との間でソヴィエト領内でのポーランド軍の編制について話し合いが持たれたとき〔本書二三九頁参照〕、スターリンは、ユダヤ人は「良い兵士ではない」から、編制されるポーランド軍には加えないと言明した。また一九四三年、ヴォルガ川流域にいたドイツ人が強制移住により追い出された後のその土地にユダヤ人共和国を樹立するという話が持ち上がったときは、モロトフがスターリンにこう言った。「あれは穀物が取れる土地です。あなたはトラクターを運転するユダヤ人など想像できますか[44]」。

イスラエルが建国されて後、このようなふたつの固定観念はもはや通用しない。しかしその後も生き延びた固定観念、あるいはその後に生まれた固定観念もいくつかある。そうしたものが一九四六年から四八年の時期以後、スターリンに反シオニズムの混じった反ユダヤ主義を抱かせることになる。

それでも、戦争が始まる前までは、事情は違っていた。たしかに当時も、かなりほろ酔い気分のベリヤが反ユダヤ主義的冗談を言うとき、それを笑わないカガノヴィチにスターリンは「ユダヤ人は酒の飲み方を知らない」と言い放っているが、控えめな男であるカガノヴィチがこの言動に対し、迫害されてきたユダヤ人は「ミモザの花のように感じやすい」〔ミモザは刺激に敏感で、葉に触れると動く〕のだと説明すると、スターリンは食卓に居並ぶ人々に、カガノヴィチがいるところでは反ユダヤ主義的冗談は慎むようにと要求する。

ソヴィエトの最高指導者たちの間に反ユダヤ主義者がいたとすれば、まず考えられるのは、ゲーペーウー（GPU）のシチェルバコフであり、あるいは「カラスたち」（すなわちドイツの強制収容所の生存者）が自分の村へ帰るのに反対したフルシチョフであり、さらにはモロトフである。ただモロトフの妻はユダヤ人だった。

実を言えば、スターリンの周囲には、サイモン・セバーグ・モンテフィオーリ（彼はクレムリンにおけるスターリンの私生活について最も詳しいイギリスの歴史家である）が「スターリンのユダヤの女たち」と呼んでいる人々がずっと以前からいた。例を挙げれば、スターリンの官房長の妻である血気盛んで陽気なブロンカ。あるいは、クレムリンにイディッシュ〔高地ドイツ語方言にヘブライ語、スラブ語が混じった東ヨーロッパのユダヤ人の言語〕の芸術家たちを呼び寄せてスターリンのために『リア王』を上演させた、GPUの虐殺者エジョフの妻でありブロンカの友人であるエヴゲーニャ・エジョワ。スターリンの義理の妹マリア・スワニゼも、スターリンの長男ヤコフの嫁ユーリアもそうだった。独裁者の周囲にはユダヤ人女性が多数いたので、ナチスはスターリンの妻が死んだ後、スターリンの愛人もまたユダヤ人女性だと考えたほどである（この愛人はカガノヴィチの親戚筋に当たる）。スターリンの息子は捕虜になり尋問された際、これを否定した。[45]

スターリンが忌み嫌っていた民族は、ユダヤ人ではなくポーランド人だった。それはポーランドが、一九二〇年代初頭にウクライナの一部を併合したからだろうか。それともポーランドが、ソヴィエト体制を嫌って亡命してきたソヴィエトの人々を受け入れたからだろうか。あるいはまた、ロシア人に自己同一化したスターリン〔スターリンはグルジア人だった〕が、ロシア人がポーランド人に対して伝統的に抱く軽蔑、憎しみの感情を自分のものとしたからだろうか。いずれにせよ、大恐怖の時代、一一万のポーランド人が処刑された後、スターリンはエジョフが提出した報告書の余白に次のように書いた。「これで良し。あのごみ屑のようなポーランド人のスパイどもを引き続き狩り出し、粛清せよ。ソヴィエト連邦の利益のために奴らを根絶やしにせよ」[46]。

一九四六年以前、ユダヤ人に対して同種の言葉あるいはそれに近い言葉をスターリンが発した形跡はない。だがそうした言葉が見当たらないのは、スターリンが周囲に気兼ねして、潜在的に持っていた反ユダヤ主義を抑えていたためであるかもしれない。というのも、スターリンはレーニンの弟子を自認しており、そのレーニンは常に反ユダヤ主義を断罪していたからだ。たとえば一九三一年にスターリンは、反ユダヤ主義は一種の「食人」だと言明する。このときの彼はまさにレーニンのそうした態度を自分のものとして採用しているのだ。一九一三年に書かれた著作〔『マルクス主義と民族問題』〕（そこで表明された思想は、彼のライバルたちによれば、部分的には、スターリンよりもその問題に詳しい社会民主主義者の友人らによって彼に吹き込まれたものだ）以来、民族問題については折り紙つきの専門家であるスターリンは、領土こそ民族の基礎であるという、その後正統となる考え方を取っている。ところでユダヤ人は領土を持たない。しかし、彼らのパスポートに「ユダヤ人」と記載してあってもそれは彼らに対する差別の証拠とはならない。というのもソヴィエト連邦のギリシャ人もパスポートには「ギリシャ人」と記載してあり、領土を持たず、また領土を持たない民族は他にもまだいるからだ。

後に、スターリンはユダヤ人に領土を与えようと考える。場所は東シベリアのビロビジャン〔一九三四年に成立したロシア極東のエブレイ（ユダヤ人）自治州の州都。ロシア人、ウクライナ人も多く住む〕で、これは強制居住地区という旧制度の廃止以降、ロシア内で増えすぎたユダヤ人を、厄介払いするためのひとつのやり方だと言われた。スターリンは逆に、自分こそユダヤ人に最初に領土を与えた国家指導者だと自慢する。

ここでの最初の経験が失敗に終わった後、戦争末期に今度は、ソヴィエトの指導者たちはヴォルガ川流域のドイツ人がいた場所を、次いで、タタール人が強制移住で追放されたクリミア半島をユダヤ人に与えようと考えた。クリミア半島は「ユダヤ人のカリフォルニア」になると言われた。このアイディアが出されたとき、スターリンを含むソヴィエトの指導者は、すでにクリミア半島はスラブ人が到着する以前にユダヤ化されていたこと、また、ハザル人〔七世紀から一〇世紀にかけてカスピ海の北で栄えた遊牧国家の民〕がヴォルガ川からドン川に至る領土を占領したときに彼らの王ブランを改宗させたのはクリミア半島にいたラビ〔ユダヤ教の指導者〕のひとりであったことを知らなかった。[47]

「トロツキーの人種的帰属を考慮すれば〔トロツキーはクリミア半島ヘルソンのユダヤ系地主の子として生まれた〕、ロシア正教の聖職者から強奪する任務を担うのはトロツキーではなく、もともとのロシア人であるカリーニンでなければならない」と一九二二年にレーニンは指示していた。レーニンと同様スターリンもこうした問題に注意を怠らなかった。

それでも、ひとつ確認せねばならない。ソヴィエト最高指導部には一九二四年時点で六人のユダヤ人がいたのに、一九四一年になるとカガノヴィチとメフリスの二人しかいなくなっていることである。

実を言えば、スターリンは自分をかすませる恐れのあるあらゆる人々を憎んでいた。彼のユダヤ人同志のほとんどが彼より裕福な生まれだったことに注意しておこう。例外は靴屋の息子カガノヴィチだけであり、彼に対してスターリンは生涯を通じて友情を抱き続けた。スターリンが反ユダヤ主義者だと思われることがあったのは、厄介払いされ、処刑された彼のライバルの大半がユダヤ人だったからである。トロツキーはもちろんそうだが、ジノヴィエフ、カーメネフ、ラデックもそうだった。ところがルイコフ、ヤゴーダ、トハチェフスキーもやはり銃殺されたが、彼らはユダヤ人ではなかった。それに処刑された人々はユダヤ人として告発されたわけではない。そもそも一九二〇年代の初頭、カーメネフはレーニンから反ユダヤ主義との闘いを計画・立案する任務を与えられていた。トロツキーについて言うなら、スターリンが彼を憎んでいたのは、彼がスターリンと対立したからであり、それ以上に、トロツキーがスターリンよりも才知に富み、弁舌において優っていたからである——もっともこのことは、トロツキーのユダヤ性がスターリンの振舞いの一因でないということではない。

いずれにせよ、たまたまユダヤ人であった指導者たちは、自分をユダヤ人と考えていたのではなく、共産主義者と考えていた。メフリスははっきりとそう言っていたし、トロツキーはそもそもユダヤ人問題についてものを書くことさえなかった。他の社会主義者のユダヤ人、またメンシェヴィキ〔ボリシェヴィキに対するロシア社会民主労働党の右派〕のユダヤ人も同様である。たとえばメンシェヴィキの指導者でユダヤ人のマルトフは、ロシア革命以前、「ポグロム〔ユダヤ人大虐殺〕」には民衆の意識を覚醒させるという利点がある」とまで考えている。

彼らの誰もが、民衆の間に根付いている反ユダヤ主義を過小評価していた。革命の成功後、彼らは社会主義的考え方が人々の中で優勢を占めるようになると思い込んでいた。

「ユダヤ人ケレンスキーを打倒せよ、トロツキー万歳！」。臨時政府の首相ケレンスキーが裏門から逃げ出したとき、一九一七年一〇月、「冬の宮殿」（冬宮）〔ロシア皇帝が冬に使用していた宮殿、現在はエルミタージュ美術館の本館〕の壁に掲げられたスローガンはこのようなものだった。ケレンスキーは一九六六年に私にこの逸話を語りながら笑っていた。というのも、彼は母親だけがユダヤ人の「半ユダヤ人」なのに対し、トロツキーは両親ともがユダヤ人の完全なユダヤ人だったからである。実を言えば、この二人はどちらも不可知論者であり、一度もシナゴーグに足を踏み入れたこともなく、自分をユダヤ人とは考えていなかった。それでも、他の人間にとっては、彼らがユダヤ人かそうでないかだけが問題だったのである。[48]

一九一七年に体制から排除された人々は皇帝支配に対し抗議行動をおこなう労働者、兵士たちに取り囲まれていた。革命の拠点ペトログラード〔レニングラードの旧称。現サンクト＝ペテルブルク〕のソヴィエト〔二月革命後は労働者・兵士の代表からなる革命指導機関、十月革命後は農民代表との合同によるロシアの正式な権力機関〕では、どこかの党に属している者にせよそうでない者にせよ、彼らはラトビア人であれ、ユダヤ人であれ、グルジア人であれ、ウクライナ人であれ、最も活動的な人々だった。彼らは自分たちをまず何よりも、社会民主主義者あるいは革命的社会主義者、サンディカリスト〔急進的労働組合主義者〕、協同組合主義者と考えていた。例外は、自分たちをユダヤの社会主義者だと見なしていたブンド〔帝政ロシア時代に創設されたロシア支配地域におけるユダヤ系住民の社会民主主義組織。正称「リトアニア・ポーランド・ロシア・ユダヤ人労働者総同盟」、略称「ユダヤ人ブント」〕の構成員だけである。[49]

これらの闘争家はしばしば一般の兵士や労働者よりも活動的だった。数カ月後、彼らは「労働者」の諸党の指導者たち（シュリアプニコフを除いて）が労働者ではないことに、また国家の指導者たちが民衆階級ではなく名士階級に属しその大半がロシア人ではないことに気づいていただろうか。実は気づいていなかった。その理由は、新たな指導者たちが、上部の権力（すなわち諸党の指導部の権力、ソヴィエトの大会の権力）に下部の権力（すなわち諸委員会や地方ソヴィエトから構成される民衆的権力）を巧妙に接木していたからだ。下部権力のこうした諸委員会や地方ソヴィエトの出身者がまもなく新たな階級、新たな「官僚」を形成し、一九一七年以後の国家機構の中で徐々に階段を上昇していく。

民衆階級出身のこのようなエリート政治局員は、必ずしも社会主義的思想の持ち主ではない。しかし帝政が復活すれば絞首台送りになるから、彼らは「ボリシェヴィキよりもなおボリシェヴィキ的」である。ウクライナにおける内戦時に、彼らは白軍に負けず劣らずポグロムにいそしむ。ソヴィエトにおいて彼らは徐々に頂点に昇りつめ、自らの反ユダヤ主義的、反フェミニズム的考え方を広げていく。

彼らは、大土地所有者、旧制度の地方長官、行政官、工場主らが消えた後、農民、労働者から昇進して国家の幹部に変身した人々である。しかしその彼らは体制と一体化することによって、自分たちがそもそも持っていた願望を自ら裏切っていることさえ自覚せぬまま体制に仕え、国家の頂点に立つ人々の民族的出自についても気づかない。[50]

さて、富農の抹殺や反党分子に対する訴訟が繰り返される以前の革命初期の国家指導部には、グルジア人、アルメニア人、ユダヤ人、ラトビア人など多数の非ロシア人がいたが、これに続く時期、戦争直前にソヴィエトを支配していた人々となると、ロシア人、スラブ人の割合が多くなっている。一九一七年当時、政府の多数派を占めていた頃のボリシェヴィキ党の場合、指導者のうちユダヤ出身者は五パーセントから七パーセントも占めていたが、一九四一年にはそうした傾向はなくなっている。また、内務人民委員部幹部に占めるユダヤ出身者の割合を見ると、一九三四年に三一パーセントだったのが、一九三九年にはわずか四パーセントにすぎなくなっている。「われわれはあのシナゴーグときっぱり手を切るだろう」とモロトフが言ったのは、リトヴィノフの後を継いで外務大臣となった一九三九年のことである。[51]

この権力にはしたがってふたつの起源があった。ひとつ目のものは国家の上部に発し、これはスターリンによって管理されていた。ふたつ目のものは国家の下部に発し、これは国家の「諸機関」、あるいは社会そのものに起源を持つ他の民衆的諸制度によって構成されていた。権力のこのふたつの発生源の力の強化によって、新しい統治の形態が生まれた。それまで権力にあった人々が交代すると、もはやそこには政治的権力、行政、社会の間の断絶はなくなっていた。権力は、国家の頂点においてはひとりの人間によって占有されていたが、下部においては多少ともボリシェヴィキ的な民衆階級によって行使されていた。このふたつの権力の境目は固定されておらず、相互浸透を可能としていた。それぞれの委員会は、絶対的であると同時にそれ自体が監視を受けていた。

この結果スターリンは、頂上にあって全能の権力を振るい、そもそもソヴィエト体制にあっては相互に交換可能な民間人と軍人を管理しつつ、血なまぐさい命令を発することができた。彼はウクライナとその豊かな隣接地域を飢えさせることができ、命令に従わない地域の住民を強制移住することができ、密告者がその不吉な仕事を完遂するがままにさせておくことができた。ところがこの間、同時に、クレムリンから遠く離れた場所では、中央権力に管理もされずソヴィエト体制に疑義を突きつけることもない、自律的な領域が残され続けたのである。革命後のソヴィエト体制についてわれわれが明らかにした諸資料、とくに歴史家ニコラ・ヴェルトが公刊した資料は、秩序が支配していたと見えるこの体制の背後では制度的無秩序が支配的であったことをはっきりと示している。[52]

こうした特徴が、集団化への敵意の傍らに、女性解放や前衛芸術への敵意が生まれ得たことの、そして社会の奥底から反ユダヤ主義が湧き出し続け、広範に拡がったことの説明となる。反ユダヤ主義はその指導者が民衆出身であろうとなかろうと、彼らの精神を汚染したのである。戦争中、反ユダヤ主義は後衛で再生する。侵略され土地を追われた住民の中には多くのユダヤ人がいた。とくにベラルーシでは、追放された住民の一〇パーセントがユダヤ人だった。

スターリンと同じグルジア人のベリヤはスターリンに言っていた。「ユダヤ人を保護せねばなりません。なぜなら、彼らが滅ぼされた後は、今度はわれわれという順番だからです」。よく事態をわきまえていたわけではないにせよ、彼の言葉は遠くまで見通している――一九七〇年代、そしてその後の時期の反コーカサス的人種感情を思い出していただきたい〔南コーカサスはアルメニア、アゼルバイジャン、グルジアからなる地域。一九七〇年代以降、この地域ではソヴィエト連邦体制との関係や自治をめぐる運動・衝突が顕在化していく〕。

戦争中、ウクライナ人の激しい反ユダヤ主義を知ったスターリンは、ウクライナ人がドイツ人を歓迎するのは部分的には侵略者ドイツがユダヤ人の処刑を引き受けてきたからだと考えるようになる。犠牲者のうちユダヤ人だけを「特別扱い」すれば、ソヴィエト体制はユダヤ人の「仲間」だと見なされる恐れがあるだろう――これがユダヤ人犠牲者をユダヤ人としてではなく「ソヴィエト市民」として扱った理由のひとつである。

反ファシズムユダヤ委員会（イリヤ・エレンブルグやワシリ・グロスマン等の作家が所属）の後援で作成された「黒書」がソヴィエトで公刊されなかった理由もここにある。一九四二年創設のこの委員会の活動は、スターリンに激しい反ユダヤ主義的感情を抱かせた。この委員会はアメリカのユダヤ人から援助を受けていただけでなく、クリミアでのユダヤ人定住計画にも関わっていた。要するに、この委員会は、イディッシュの民族的、文化的、歴史的な活動だけを手がけていたのではなかった。他の宗教と同様、迫害されてきたユダヤ教ではあるが、この委員会の活動はユダヤ教への復帰を求める表現は取らずに、共産党の、そして共産党だけの権能に属する領域に手を出そうとしていた。共産党は一九一八年以後、共産党以外の組織をひとつひとつ解体してきたが、一九一七年以前に社会民主主義のライバルであったユダヤのブンドも、そのひとつとして解体された。以来、彼らは単に一市民の資格でしか革命運動に参加できなくなり、組織の構成員としての参加は認められなくなった。ところが今、このシオニストたちの傍らに再びユダヤ人の組織が結成されたのである。しかもこの連中はアメリカ人の援助を受けている。一種のユダヤ＝アメリカの「陰謀」が姿を見せかけていた。この陰謀をスターリンとその仲間は粉砕しようと試みる。

そのやり口はいつもと同じである。

モロトフは、クリミア半島の計画に加担したとされたユダヤ人の妻の逮捕について票決がおこなわれる際、投票への参加を忌避した。そして党の判断に同調しなかったことをスターリンに詫びた。党の機関の動きが活発になり、ユダヤ人狩りが始まっていた。芸術家、作家、しばらく後には医師が追放された――不吉な白衣組の陰謀である〔白衣組とはフランス第二帝政時代、白い上っ張りを着て労働者に変装し、騒乱を扇動した警察のスパイ〕。

これ以後、スターリンの傍らにはカガノヴィチを除いてユダヤ人はいなくなる。

ソヴィエト連邦――強制収容所送りか、あるいは死か

ユダヤ人に対する活発な迫害は戦争末期に始まったが、ロシア人、ウクライナ人等に対する迫害は、すでに一九三六年の大恐怖〔スターリンによる大粛清〕の際に例外的な規模に達していた。一九三〇年台初頭の、計画的に引き起こされた飢饉を考慮に入れるなら、彼らへの迫害はそれ以前から始まっていたとさえ言えるかもしれない。そのときおこなわれたのは「階級としての富農の除去」だった。強制労働、強制収容所はこうした労働力の使用を可能にした。収監者の逮捕、移送、受け入れの恐ろしい状況を考えると、強制労働、強制収容所

がもたらす「付随的」結果は死だった。遠くシベリアへの収監は、殺害にも等しかった。最近、ニコラ・ヴエルトが、遺棄にも等しい追放の極端な事例をひとつを明らかにしている。それはオビ川〔西シベリア低地を流れる川〕にあるナジノ島への収監であり、ここでは「社会にとって有害な分子」とされた六〇〇〇人の収監者が、食糧も道具もあらゆるものを奪われて飢えによる拷問を被り、食人行為に及ぶに至った。[53]

一九四一年一月一日、強制収容所には一九三万人が収監され強制労働に従事させられていた。だが同年六月にドイツによる攻撃が始まると、そのうち一〇〇万人ほどが軍隊に入れられ、その多くが士官の地位に付けられた。強制収容所に残された人々の中には、独ソ不可侵条約の締結以来獲得された領土出身の、五〇万人の政治犯容疑者も含まれていた。うちポーランド人とバルト諸国出身者は三八万一〇〇〇人で、彼らは「ブルジョアの民族主義者、兵士、かつての土地所有者」だった。ドイツとの戦争が始まると、ポーランドはソヴィエトの同盟国となったため、牢獄に囚われていた者も、強制収容所の収監者も、罪を免じられるか解放されねばならなくなった。だが、先にシコルスキとスターリンの対話について見たように〔本書二三九〜二四〇頁参照〕、そのときにはすでに多くの者が殺されていた。

戦争が始まると、スターリンは強制収容所以外の労働条件も厳しくするよう命じた。また、刑法による有罪判決の数は一九三九年の七〇万件から一九四一年には二三〇万件に膨れ上がり、これに伴って強制労働も当然ながら増えた。

とりわけ、ドイツ国防軍がソヴィエト領内に深く侵入するにつれて、この侵略者と協調する民族が出てくることへの恐怖から、予防措置が取られていった。ウクライナの西部地域、とくにリヴィウ、ジトームィルでは民族主義者や他の体制の敵たちが多数虐殺された。ドイツはそれらの死体の山を示して、これらを引き起こしたのはユダヤ人のボリシェヴィキだと告発した。その後、今度はドイツ自身が「復讐」へと乗り出していくだろう。

一九四一年八月に最初に強制移送された民族はドイツ人である。エカチェリナ二世の時代以来〔一八世紀以来〕ロシアに落ち着きロシア化していたヴォルガ川流域のドイツ人だけでなく、ソヴィエトの他の地域、とくにレニングラードに分散していたドイツ人もその対象となった。彼らのうち一二〇万人がカザフスタンやシベリアに移送され、移送の途中で何万人もが犠牲となった。たとえば、一三万九九八人のドイツ人が到着するはずだったノヴォシビルスク〔シベリアの主要都市〕には一一万六六一二人しかたどり着けなかった。

しかし、チェチェン人とドイツ国防軍との共謀関係を引き合いに出されて、とくに激しい懲罰の対象とされたのはコーカサスの諸民族である——チェチェン人は帝政ロシアの権力、次いでソヴィエトの権力に一貫して抵抗していた（ロシア革命の内戦時だけは例外で、このときチェチェン人は白軍ではなく赤軍側に付いている）。グルジア人ベリヤの内務人民委員部は、中央アジアやシベリアへのこの移送作業を円滑に成し遂げるため、一一万九〇〇〇人の作業員を動員せねばならなかった。一九四一年、まず工場の大量移送がおこなわれ、その後数年にわたって「諸民族」の大規模な強制移住が続けられた。しかし広大な国土と貧弱な交通網で知られるこの国でそれを続けるには、交通手段の絶えざる大動員が必要となった。五二万一二四七人のチェチェン人、イングーシ人〔北コーカサスの民族〕を移送するだけで六五両連結の貨車を一九四本走らせねばならなかった。一九四四年には、これにアメリカのステュードベーカー社製のトラック九〇〇台がつけ加わった。

一九四一年以後に強制移住させれた諸民族のリストは膨大である。クリミア半島のタタール人、カルムイク人〔モンゴル高原の西部から東トルキスタンの北部にかけて居住〕、トルコ人、メスヘート人〔旧ソヴィエト諸国に分散して居住。スンニ派イスラム教を奉じる〕等もその対象とされた。彼らはすべて「潜在的なスパイ、ドイツ相手の密売に手を染める者」と見なされていた。

「移送作業は大成功だった」とベリヤは説明している。軍に動員された「富農から離脱した者たち」に代わる要員はこうして確保された。

一九四一年、マリンスカヤ〔極東ハバロフスク地方、大キジ湖沿いの町〕の強制収容キャンプでは、辺境の地での、身体に負担を強いる強制歩行に疲れ果てた、ノヴォシビルスクからの護送者の三〇パーセントがひどく痩せ、ペラグラ〔ニコチン酸欠乏症〕に冒されていた。強制収容所では、一九四二年に二四万九〇〇〇人、四三年に一六万七〇〇〇人が死んだと記録されている。

「処刑された者を加えると、牢獄、強制労働キャンプ等、強制収容施設全体の収監者のうち、一九四一年から四三年の間だけで六〇万人が死亡したと推計される[54]」。

ヒトラーとユダヤ人虐殺

第二次大戦中にナチスドイツがおこなったユダヤ人殲滅の企てについて、われわれはヒトラーによる個人的関与をどのように検証し、評価すべきなのか。

戦後のニュルンベルク裁判において、特別裁判所はナチスの軍人・非軍人のうち最高指導者たちだけを裁くことにした。そしてその後、下僚を裁く仕事については、ふたつの占領地域〔後に東ドイツとなるソヴィエトによる占領地域と後に西ドイツとなる米英仏による占領地域〕のドイツ当局に委ねられた。

こうした方針のもとで裁判にかけられたのはゲーリング、ヘス、リッベントロープ、カイテル元帥、デーニッツ提督等、全員で二〇名ほどである——ヒトラー、ゲッベルス、ヒムラー、ボルマンはすでに自殺していた。副裁判長ピーター・カルヴォコレッシは説明している。「親衛隊（SS）と突撃隊（SA）の関与は自明のことだった。私が思うに、ナチスの階梯を段階的に降りていき、何らかの決定権が委ねられていたすべての階梯を被告とすべきだった。たしかに参謀本部はヒトラーに反対していた。だが、参謀本部もまた被告とすべきだった。参謀本部は侵略戦争を指導していたからだ[55]」。

被告たちは自殺した者に責任を押しつけようとはしなかったが、犯罪の事実そのものを否認する傾向にあった。それでも裁判では、自殺した者たちと同様、被告たちは民族大虐殺、そしておぞましさが明らかになったばかりの他の数々の犯罪についておおいに責任ありと見なされた。

しかしまもなく、指導者たちが果たした役割に出発点を置くこうしたアプローチでは、悲劇がどのように生起したかを理解することはできないことがわかってきた。ゲシュタポにしろ親衛隊にしろ、あるいは後になって明らかになる国防軍にしろ行政にしろ、それらの関与は諸民族全体を対象とする殲滅の企てとして――ユダヤ人、ジプシー、ポーランド人、ロシア人、そして身体障害者、精神障害者も――、より複雑な歴史的文脈の中に根づいていたものであり、その点では単にナチスイデオロギーの効果に還元できるものではなかった。

その結果、さまざまなイデオロギーが存在する中で、このナチスイデオロギーを優勢にした社会的、政治的、心理的諸構造に検討が加えられることになり、それによってナチスイデオロギーの主唱者たちが果たした役割はそれまでより低く評価されるようになった。ナチス体制の性格、ドイツ社会の果たした役割、あるいはナチス体制を分泌したドイツやヨーロッパの土壌についての、より広範で、より深い分析が好まれるようになったのだ。

この点についての研究をめぐる深い知見に基づき、フランスの歴史家クリスティアン・アングラオ Christian Ingrao が指摘しているのは、一九三九年以前のユダヤ人への迫害と同様、それ以後のユダヤ人殲滅の企ても当初はさまざまな集団――あちらでは大管区指導官、こちらでは親衛隊、そして別のところではゲシュタポやアインザッツグルッペン（特別殺戮部隊）――がそれぞれ個々に率先しておこなった行為の結果であるということだ。大量処刑、計画的に仕組まれた飢饉、ガストラックによる殺害、銃殺等といった数多くの行動は、同時進行的なものではなく、個々の地域的な所与に従って引き起こされた。やがて中央によって管理された殲滅の局面がやってくるが、その最頂点が一九四二年一月二〇日のヴァンゼー会議だった。この会議でナチス首脳部は体系的な仕方で、絶滅キャンプあるいは死を伴う強制労働キャンプでのユダヤ人殲滅の処方を決定する。[56]

ユダヤ人の殺害にはさまざまの機関——親衛隊、軍等——が中心的な役割を果たしたが、これらの暴力的行動に、補助的な単位で遂行された同様の行動がつけ加わる。遂行者はバルト諸国の人々であり、ウクライナ人であり、クロアチア人であり、ルーマニア人である。こうした諸民族によるユダヤ人殲滅への関与は、かつてポグロムがおこなわれた時代の反ユダヤ主義的行動を再生するものであり、ドイツ軍の存在や振舞いによって再び活性化させられたものである。一九四一年七月一〇日、ポーランド東部のイェドヴァブネで起きたユダヤ人虐殺がその一例である。このとき市当局の呼びかけに応じて虐殺に及んだのは普通のポーランド人だった。「イエス・キリストを十字架にかけた者どもへの、復讐のときがやってきた」。自分の家にユダヤ人を避難させようとしたキリスト教徒はひとりもいなかった。虐殺は、溺れさす、棒で殴るといった方法でなされた。当時、イェドヴァブネには一五人ほどのドイツ軍人がいたが、彼らの誰ひとりとしてこれに参加した者はいなかった。彼らのうちの何人かはその虐殺の様子を写真に撮って残している。[57]

西方ではドイツの勝利によって、反ユダヤ主義者は自らの願望に法の力を与えることができた。ドイツの衛星国となった国々の指導者やドイツに協力的な国々の指導者の何人かはそれによってユダヤ人絶滅に加担することになった。たとえば一九四〇年一〇月三日にペタン元帥はヴィシーでユダヤ人の資格に関する規定を発布したが、これはヒトラーに要求されたものではなかった。またスロヴァキア政府の首班であったティソはドイツ人がそうする前に「神殺しの罪人たちを強制収容所送り」にすることを思いついたが（それは一九四一年の夏に総統と会見した直後のことだった）、まず対象にされたのはドイツに居住するスロヴァキア国籍のユダヤ人であった。さらにクロアチアでは民族主義団体ウスタシャ〔ナチス侵攻によりクロアチア独立国が成立するとウスタシャの指導者パヴェリッチが国家元首となる〕が自らの手でユダヤ人共同体の大半を殺戮した。[58]

証拠によって明白な事実と認定された虐殺行為とそれに付随する殲滅行為のこうした広がり、根深さは、ついにはヒトラー個人が演じた役割を見えなくしてしまう。総統が「最終解決」の命令を下したことは書面によっても他の手段によっても一度もないと指摘して喜ぶ向きがあるだけに、なおさらヒトラーが果たした個人的役割を思い起こしておく必要がある。こうした指摘の援用により、ガス室存在否定論者と呼ばれる「学派」は「最終解決」の存在を否定できたのである。彼らがそうした主張をおこなうのは、もう一方の逆の事実が存在するからである。すなわち、アインザッツグルッペン（特別殺戮部隊）の設立やソヴィエト軍の政治委員の処刑についてはヒトラーによる命令が確実に存在していたし、ヒトラーが「レニングラードの住民を飢えによって死ぬがままにせよ」とはっきりと命令したこと、あるいは、「キエフを徹底的に破壊せよ」というヒトラーの命令をドイツ空軍が拒否したとき彼が激怒したこと、さらには、ヒトラーが数度にわたって「ペテルスブルク〔サンクト＝ペテルブルクのドイツ語名〕を地上から抹消せよ」と要求したことも知られているのだ。[59]

「われわれはユダヤ人の絶滅を計画している、そういう噂が流れるのは悪いことではない。恐怖は救いをもたらすものである」。これはヒトラーが一九四一年一〇月二五日に親衛隊の全国指導者であるヒムラーと同隊の大将であるハイドリヒに語ったもうひとつ別の明白な発言である。「これらの発言は、恐怖を与えはするが純粋に宣伝用のものであるがゆえに、実際にはヒトラーは絶滅計画を持っていなかった[60]「ということの証拠になる」」と主張する人々もいる。しかし、いずれにせよヒトラーによってひとつの計画が実行されたことは確かだ。というのも、右のような発言がたしかに存在したとしても、これとは別種のいくつかの発言も存在するからだ。たとえば一九三九年一月三〇日の演説がそれであり、そこではそうした計画のひとつが述べられている。まさしくユダヤ人の抹消の計画である。「もしユダヤ人による金融が世界を全面戦争に投げ入れることになったら、その結果として生じるのは地上のボリシェヴィキ化、すなわちユダヤ人の勝利ではなく、ヨーロッパにおけるユダヤ人種の破壊となるであろう」。この脅しは、そう信じられていたように、ローズヴェルトを標的にした単なる宣伝なのだろうか。この脅しは、ヒトラー政権成立（一九三三年）

の記念日である一九四一年一月三〇日にも、さらには一九四二年九月三〇日（この日、この絶滅計画は全ドイツにポスターで貼り出された）と同年一一月八日にも、繰り返しなされた[61]。たしかにそこには総統による明確な命令も、総統個人によって練り上げられた綿密な計画もない。しかし、ゲーリング、ハイドリヒ、ヒムラーは次々とユダヤ人絶滅を含意する命令を出し、ヒトラーの計画を現実化した。彼らは総統の言葉――それらの言葉はすべて願望、目標を語っていた――をしっかりと頭に叩き込み、その履行を急いだのである。

自殺の直前、ヒトラーは側近たちに言うだろう。「自分は勝利を得たが、その勝利は厳格さを欠いていた。私が自分の功績と言えるのは、あからさまにユダヤ人を打倒し、ドイツの生存圏からユダヤの毒を掃除したことだけである[62]」。

ヒトラーにとって、地上のあらゆる悪の責任はユダヤ人にある。たとえばフィンランドに精神疾患が多いのはユダヤ人のせいである。ある会話の折、側近のボルマンが言う。「その国では農家が互いに孤立しており、それがその国の人々の、信仰深さの理由なのです」。これにヒトラーが続ける。

「嘆かわしいのは、その宗教的精神が旧約聖書のユダヤ的三百代言以外の素材には発揮されないことだ。終わりのない冬の静寂のうちに、聖書のみを導きの灯りとして、同じ悩み事を永遠に考え続けてばかりいては虚弱化してしまう。あの哀れな連中はヘブライの錬金術に意味を見出そうと努力しているが、そんなものはまったく存在しないのだ。〔中略〕われわれは理性的なドイツ人として熟考することで、カトリックの坊主ども、プロテスタントの牧師どもによって美化されたユダヤの出鱈目ごとがどのようにして人々の頭を狂わせ、発狂の危険を冒させてきたのかを理解しなければならない[63]」。

この例が示しているのは、ヒトラーの思い描く歴史の中でユダヤ人が果たす役割には強迫観念的性格しか見られないということである。たとえば後にボルマンの同意のもとでまとめられた一五五の『卓話』（ヒトラーが私的な場で語った言葉が、ボルマンの命令によって記録されたもの）において、ヒトラーは一九四一年六月から一九四四年までの間にユダヤ人を五〇回以上も攻撃している。ただし、ただちに指摘しておきたいのは、これらの言葉はあくまで私的な場で第三者に対して語られたものであり、公の場でユダヤ人に呪いの言葉を投げつけるのはしばしばゲッベルスのほうだったということである（それは、一九三三年以前においてはユダヤ人支配の新聞に対して、それ以後においてはユダヤ人全体に対して、という形で）。また、このようなヒトラーの反ユダヤ主義的側面は、キリスト教、教会、「坊主ども」に対しての、より広範な、仮借ない弾劾の枠組みの中に位置づけるべきだということも指摘しておかねばならない。「連中の順番がいずれやってくる。そのときには私は一直線に進むだろう。私は連中を粛清してやる。坊主どもは国家が弱みを見せるたびに頭をもたげてくる蛇だ。だからわれわれは連中を踏み潰さなければならない」（一九四二年二月八日、ヒムラーとシュペーアへの言葉）。そして一九四二年八月一一日には次のように言う。「ユダヤ人どもがでっち上げた御伽噺など、どうしてわれわれに必要だというのか[64]」。

「ユダヤ人」の悪行、キリスト教の悪行、ボリシェヴィキの悪行が相互に結びつくという考え方。これこそ、ヒトラーが多少ともディートリヒ・エッカートから受け取り、一九二〇年に彼とともに『ボリシェヴィズム、モーセからレーニンまで』（一九二四年出版）の中で論じていた考え方である。

ヒトラーはこのような結びつきの存在を戦争中も絶えず再主張している。一九四二年二月一七日、彼はヒムラーに説明している。

「［ユダヤ人たちは］自然の秩序を壊した。古代世界で世間を驚かせた出来事、それは盗人どもが既成秩序を壊すために動員されたことだ。キリスト教によるこの企ては宗教とはいかなる関係もなかった。それはマルクス主義的社会主義が社会問題とは何の関係もないのと同じだ。ユダヤ的キリスト教によって示される諸概念は、ローマ的な頭脳の持ち主にはまったく考えられないものだ。［中略］そのような秩序破壊が起きるには、ユダヤ人がやってきて、いわゆる『彼岸まで続く人生』という馬鹿げた考え方を持ち込む必要があった。いかさまによってキリスト教を古代世界に持ち込んだユダヤ人――その目的は古代世界を腐敗させることだった――は今日懲りもせず、今度は社会問題を口実に、その傷口を再び開こうとしている。サウルが聖パウロに姿を変えたように、モルデカイはカール・マルクスになった」[65]。

これがヒトラーの反ユダヤ主義の第一の構成要素である。そしてそれは、その第二の構成要素である人種差別論的側面と結びついている。ヒトラーによれば、ユダヤ民族は均一な人種であり、宗教のおかげで代々続いているが、これに対しドイツ国民は複数の要素からなり、したがって自分たちを破壊しようとする寄生人種たるユダヤ人によって傷つけられやすい。彼のこのような見方がまったく根拠のないことは言うまでもない。よく知られているように、ユダヤ人はセム人種、ベルベル人種、ハザル人種等さまざまな起源を持つ民族であり、民族内結婚だけをおこなってきたわけでは毛頭ないのだ。また、ヒトラーがドイツ人種の純血を守るために数々の措置を取ろうとするときには、ナチス流儀のこうした考え方はナチスの人々を異人種のカップルあるいは混血の子孫という問題に直面させることとなる。こうした一貫性の欠如、不正確さは、歴史家や哲学者をはじめ多くの分析者に、ヒトラーの世界観 Weltanschauung は雑駁で、知的にも非常に貧しく、借り物の議論に基づくものであると結論させた。もっとも、ヒトラーにとって言説は、まず何よりも効果的であることが第一なのだ。それも、とりわけ民衆階級に対して効果的であることが重要なのであり、彼の扇動は既成エリートである法律家、外交官、教員等の信用を失墜させるためのものだった。

そういうわけで、ヒトラーによれば、ユダヤ人種は他民族を征服しようと企てている者たちである。これが彼の反ユダヤ主義の第三の構成要素をなす。ユダヤ人種はロシアのボリシェヴィキ、世界資本主義に手を伸ばした。ユダヤ人種はフランスにも手を伸ばし、ルール地方を占領することでこの国を国際ユダヤの傭兵にした。ユダヤ人種はイギリスの新聞にも手を伸ばし、これを「ユダヤ化」した。この第三の構成要素の議論はとくにゲッベルスによって展開されたものだが、部分的には、ヒトラーが有名な偽書『シオンの賢者の議定書*』を読んだことに由来している。

「ユダヤ人に対するヒトラーの判断は、ユダヤ人がおこなっていること（それはヒトラーによって悪とされている）に基づいてなされたのではなく、ユダヤ人がどのような人間であるかに基づいてなされた」と考えるジャンケレヴィチとは逆に、フランスの政治学者ドミニク・コラ Dominique Colas は、ヒトラーの反ユダヤ主義の特殊性を分析し次のように指摘する。ナチスがユダヤ人を迫害したのはむしろ、「『ナチスがどのような人間であるか』というユダヤ人側の見方に基づいてユダヤ人がおこなったこと」のためである。コラによれば、「ナチスの見方では、自らの運命を完遂しようとするドイツ人の行動をユダヤ人が妨げるがゆえに、ナチスはユダヤ人の犠牲者なのである」。ドイツ人が完遂すべき運命とは、東方における領土の征服であり、ヨーロッパの支配であり、そして未来においては地上の支配である（『わが闘争』[66]）。

ドイツ国籍のユダヤ教徒に対してはどのような措置が取られたのか。少なくとも、今やユダヤ人と呼ばれるようになったユダヤ系ドイツ人に対する措置は、すべて同じ方向に、すなわち迫害へと向かっていた。それは、ヒトラーの反ユダヤ主義の構成要素のいずれかに関係するものであれ、また戦争前には自然発生的と言われたもの（すなわち「民衆の怒りを誘導するたったひとつの方法」[67]）、あるいは戦争中にはイデオロギー的な動員の手段とされたものであれ、すべてがそうなっていた。

最初の重要な措置は、ゲーリングが帝国議会 Reichstag に提案した一九三五年九月公布の国籍に関する法律である。この法律は一方に「ドイツの血を引き、同じ人種に属する帝国市民」、他方に「ただの市民」（ユダヤ人）を置いて区別し、以後、後者から諸権利を剝奪する。もちろん差別的なものであるこの措置は、古い伝統に棹差すものであった。事実、ウェストファリア条約（一六四八年）以来、ドイツ連邦内においては国籍を認められない権利喪失者となるのに外国人である必要などない（たとえば、かつての「昔からのルター派」〔今日のプロテスタントの最大教派〕がそうであり、現代ではドイツに住むトルコ人がそうである。トルコ人は「われらの外国出身の同郷人 unsere auslandische Mitbürger」と呼ばれている）[68]。

当初、この最初の措置は並外れたものには見えなかった。しかし、徐々にこのニュルンベルク法は強化され、ユダヤ人を社会生活、政治生活から除外していった。投票権、公職への就任等、ユダヤ人の諸権利は次々と奪われ、禁止はさらに公証人や公立病院の医師、教員、薬剤師といった職へと及び、ついにはユダヤ人全体がドイツ国内の経済生活から追放された。一九三六年から三七年の間に実施されたユダヤ人に対する措置は一五〇に及んだ[69]。

一九三八年一一月七日、ドイツから追放された一万七〇〇〇人のポーランド系ユダヤ人難民のひとりが、パリ駐在のドイツ帝国大使館参事官を射殺した。このテロ行為が二日後の「水晶の夜」事件の口実となった。ゲッベルスが発した復讐への呼びかけと新聞キャンペーンによって引き起こされたこのポグロムでは九一名のユダヤ人が虐殺された。数多くのシナゴーグに火が放たれ、ユダヤ人経営の商店が突撃隊（SA）によって破壊された〔割られたガラスが街炉に照らされて光ったことから、この事件は「水晶の夜」と呼ばれる。本書三七頁参照〕（当時の映画ニュースを見れば、それがどのようになされたのかがわかる）。さらに三万人のユダヤ人が強制収容キャンプに入れられた。次いでおこなわれたのが、ユダヤ人経営企業のアーリア化〔ナチスは自分たちアーリア人を純粋最高の人種と見なしていた〕であり、それらの企業の清算である。その後、ユダヤ人は映画館に行くことも、公園や特定のホテルに入ることも禁じられ、宝石などの装身具を差し出さねばならぬ義務さえ負わされた。

ナチス体制が取った数々の措置は、ドイツ国外に居住するユダヤ人にも反感を抱かせた。彼らは一種のド

＊　帝政ロシアの警察によって一九世紀に作成された反ユダヤ主義の偽書で、「ユダヤ人による世界的な陰謀」の存在を信じさせることを目的に発行された（モーリス・オランデール Mourice Olender／書誌811b）。

イツ製品ボイコット運動をおこなった。そしてこのことが、強力な国際ユダヤ組織 Weltjudentum の存在という、ナチスが抱懐した神話を養った。ナチス体制はドイツ国内のユダヤ人をパレスチナに移住させるべく、シオニストとの交渉を開始する。重要なのは「どんな仕方であれ so oder so」ユダヤ人たちがいなくなることだ――ヒトラーとゲーリングはそう言っていた。シオニストとの交渉の結果「ハーヴァラ協定」（シオニスト＝ナチス通商協定）〔パレスチナへ移住するドイツ・ユダヤ人の資産の移転に関する協定〕が成立し〔一九三三年八月〕、二万人のユダヤ人が自分の財産とともにドイツからパレスチナへ出発した。しかし、まもなくナチスはこの協定を尊重しなくなる〔移住政策は一九四一年まで続けられたが、協定そのものは一九三九年九月の大戦勃発でほとんど機能しなくなった〕[70]。

大戦が始まるまでは、ユダヤ人追放の目的はドイツ住民から非アーリア的要素、とくにユダヤ的要素を取り除き、ドイツ住民を純血化することにあった。ユダヤ人は国外移住税を払って国を去ることになったが、これを支払えたのは最も裕福な層に限られていた。一九三八年段階では自分の所有物の所有権を放棄しさえすれば税を払わずに出発することもできたが、その翌年においてもなお、およそ一八万のユダヤ人がドイツ国内に残っていた。一方、一万人近くの子どもが、西欧諸国を経由してパレスチナに送られていた。

この時点までは、組織的殺害も、遠隔地への強制収容所送りもなかった。

最初におこなわれた遠隔地への強制収容所送りは、一九三九年から四〇年の冬にかけての、モラヴィア地域〔現在のチェコ東部〕に住むユダヤ人のそれだった。

ソヴィエト連邦との戦争の開始は、ヒトラー固有の反ユダヤ主義に発する人種差別論的、経済的、文化的要素の傍らに、独ソ不可侵条約によって一時期棚上げされていた反ボリシェヴィキ的要素を浮かび上がらせる。

アインザッツグルッペン（特別殺戮部隊）がポーランド占領地域で活動を始めると、ドイツ国防軍は一九四一年九月、キエフ近郊のバビ・ヤールでなされた最初のユダヤ人集団虐殺において、この部隊と共働する。この虐殺で三万三七七一人のユダヤ人が銃殺されたが、その多くは女性と子どもだった。ユダヤ人問題の最終解決（大量虐殺）の方針が打ち出された一九四二年一月のヴァンゼー会議以前、すでにポーランド総督府支配地域のユダヤ人たちはクルムホーフ〔ポーランド語ではヘウムノ。ポーランド北部の町〕においてガストラックに詰め込まれ、窒息死させられていた。その後、虐殺装置は長足の進歩を遂げた。ドイツに居住するユダヤ人、さらにはドイツ占領地域に居住するユダヤ人たちは、アウシュヴィッツ、ソビボル、トレブリンカ、マイダネク等の施設内に設置されたガス室に送られ、皆殺しにされた。[71]

アウシュヴィッツの子どもたち、解放直後の映像。1945年。

五二八万五〇〇〇人の人間がこうして銃殺されたり、他の手段で殺害された。その大半はさまざまな国籍のユダヤ人であり、なかでもポーランド国籍のユダヤ人が最も多かった。

ヒトラーの反ユダヤ主義的計画は当初から殲滅を目指していたわけではない、ましてやその実施にヒトラー自身が個人的に関わったことなどない——そのように考えようとする人々がいる。[72]しかし、先に見たように、公の席でヒトラーが何を言ったかや、ヒムラー、ゲーリング、ハイドリヒ、その他の側近にヒトラーが常に何を言っていたかという問題とは無関係に、「ヒ

ヒムラー（左）とハイドリヒ。1938年３月。

トラーが何を望んでいるか」について彼ら側近たちが誤解するはずはなかった。ゲッベルスが書き残したものを読めば、こう主張することさえできなくはない――それを実行するための方針と時期は、しばしばヒトラーその人によって決定されていた。

たとえば、戦争の勃発直後、一九三九年一〇月六日に、ヒトラーは「国籍の再編制によって新たな民族誌的秩序を創設する」意図を述べている。「ユダヤ人について何が問題になっているか明らかにし、ユダヤ人問題を解決する努力がなされねばならない」。翌日、ヒトラーはこの任務をヒムラーに与えた。[73] 一九四〇年七月には前月のフランスに対する勝利を機に、ポーランド総督府の首班フランクが「占領地域のユダヤ人をマダガスカルに強制移住させる計画につき総統の了承を得られたこと」を告知する。ポーランド総督府の経済大臣ヴァルター・エメリヒは、この追放措置が「何がしかの混乱を引き起こす」としても「追放によってユダヤ人たちが置いていく物資を用いれば、われわれの公務員は家庭で必要な物資を確保することができる」と考えていた。ところが一〇月になると、マダガスカルへの強制移住というこのアイディアは実行不能であることがわかる。それでもなおユダヤ人の追放「計画」は途切れずに続く。その計画は、今度は経済生活からユダヤ人を排除する口実として用いられるのである。[74]

この計画に伴う一連の措置は、ヴァルター・エメリヒにとっては住民総数を減らして総督府支配地域の経済的、人口学的再生を図るという全体計画の一部をなしている。それゆえ、ウィーンやドイツから総督府支配地域に強制連行されるユダヤ人の数が増え続けることは、エメリヒの思惑の障害となっていた。ヒトラーのほうは、すでに一九三九年の時点で、「［総督府支配地域は］以前からの帝国の領土あるいは新たに獲得した帝国の領土からユダヤ人、ポーランド人、その他の屑どもを厄介払いするために役立てるべき［地域である］」と公言していた。その一年後には、「ザクセンの人口密度は一平方キロメートル当たり三四七人、ザール地方のそれは四四九人にも達しているのだから、総督府支配地域の人口密度など自分にとってはどうでもいい」とさえ発言している。ヒトラーにはなぜ総督府地域の人口密度がザクセンやザールのそれより低くなければいけないのかが理解できなかった。ヒトラーは言う。「ポーランドの生活レベルは低く抑えねばならないし、この地域は他の経済地域と分かたれた、自律した、自分の必要を自分で満たす地域であってはならない。この地域はむしろ、下級労働のための労働力の貯蔵所、ポーランド人を労働力とする労働キャンプであらねばならない」。そして以前と同様、再び次のようにつけ加えている。「この地域は、帝国からユダヤ人、ポーランド人どもを排除するのに役立つだろう[75]」。

したがって、エメリヒら技術官僚とヒトラーとの間には、全体計画の適用方法について意見の相違があった。技術官僚たちは、経済的効率性を人口減少政策という人口学的要請と結びつけてものごとを考えていた。ヒトラーのほうは、何を緊急になすべきかという順番については反スラブ的、反ユダヤ的な人種差別論によって決めていた。

そのどちらの意見においても、ユダヤ人が犠牲者となった。

マダガスカルへの強制移住が実現不可能であるとわかったとき、プリピャチ川〔ウクライナとベラルーシを流れる川〕周辺の沼沢地域への強制移住が考えられたこともある。しかし最終的にはガリツィア〔現在のウクライナ南西部を中心とした地域〕をポーランド総督府支配地域に併合する形となった。この地域の戦略的価値、この地域に眠る資源のほうがより重要だと見なされたからである。ただ問題は、すでにそこには多数のユダヤ人が居住していることだった。

ところで、ヒトラーはそれ以前、「空間がないので『ユダヤ人の貯蔵庫』はルブリン〔ポーランド東部の都市〕に作る」という自分の計画が妨げられていると言明したことがある。またヒムラーも独ソ不可侵条約が結ばれた時期、「［ロシア人が］さらに五〇万人ほど余計にポーランド人を連れて行ってくれていたなら」自分は魅了されただろうと言明していた。このように、ユダヤ人とポーランド人は常にいくつもの強制収容計画の間を漂わせられていたのだ。

ヒトラーは言葉の上だけでそうした意図を示していたわけではない。自分のアイディア、自分の計画の実施に執心していたことは別の領域においても確認できる。食糧調達について見ればよい。

ソヴィエト連邦への侵攻が始まり、ドイツ国防軍への肉の配給量が減少しつつあったその時期、ローゼンベルクはウクライナからの食糧調達が急務であると説明する。ゲッベルスが証言している。「ベルリンにはジャガイモはほとんどなく、野菜もまったくと言っていいほどなかった。地方によっては本物の飢饉が起きていた」[76]。総統はロシアで何百万頭の豚、牛を屠殺したいと考える。ゲーリングもじきに同じような判断をする。「フランス人こそ、連中が持っている牛をわれわれに提供すべきなのであり、われわれドイツ人は、フランスの連中が牛を出し渋りすることの犠牲になるべきではない」。その一カ月後に開かれた会議で、ヒトラーはローゼンベルク、ラマース、ゲーリング、ボルマン、そしてカイテル元帥に言明する。「われわれは、必要な措置は何でも取る。処刑、追放、すべてだ」。ゲーリングが補足した。「まず食糧調達を確かにすることだ」。

レニングラード攻囲戦の折に再び同じ心配事が持ち上がる。町の占領は、そのあとで二〇〇万の人間に食糧を確保せねばならなくなることを意味するだろう。町を飢えさせ、それから破壊するほうが良策ではなかろうか――ヒトラーは数度にわたって、町を根こそぎにすべきだという考えを表明した。

このように、戦争遂行上の必要や長期の経済的・人口学的目標、あるいはヒトラー個人の、またはナチス全体の人種差別論的計画といったものが、相互に混じり合ったり、ときにはそれらのどれかが優勢を占めたりしながら、ユダヤ人政策は進められたと言える。しかしながら、ヒトラーにあっては、しばしばこの人種差別論的計画が他の動機より強かった。また、ナチスドイツの政策決定者たちが常に考え続けていたのは、少数派であるユダヤ人を追放し、彼らの住居、仕事、さらには土地を、それらを持たない人々に分かち与えることだった。ヒトラーはハンガリー王国の摂政ホルティ提督に（ホルティは自国の指導者の一部によるナチス贔屓に歯止めをかけようとしていた）、ドイツと同様の政策を強力に推進するよう促した――「ハンガリーはスロヴァキア同様、ユダヤ人を強制収容所に入れればよい。そうすれば、それまでユダヤ人によって占められていた職を空け、ハンガリー市民に多くの可能性を提供し、若い世代には職業生活の新たな展望を開いてやることができる」。一九四四年一〇月、ホルティは船の針路を変え、戦争から身を引きたいと考える。ホルティの息子は親連合軍的立場のレジスタンスに参加していた。ドイツが彼を逮捕し、ヒトラーの後押しで首相となったサーラシ率いる矢十字党が権力を握ると、サーラシはユダヤ人に対して他のどこにも見られなかったような残虐行為を続けることになるだろう。

こうした強制移住と虐殺の混じり合いはジプシーに対しても見られた。ただ、ヒトラーたちにとって彼らのケースの「困難」は、異人種間の結婚問題に関わるというより、彼らが持つ種族そのものの性質に関わっていた。彼らの一部は「純粋な血統」（アーリヤ人種）に属していたので、彼らをアウシュヴィッツに送るわけにはいかず、むしろ彼らを軍内部にとどめねばならなかった。彼らは「反社会的分子」とされて脅かされた。「連中はわが国の田舎の住民にとって最も大きな厄災である」とヒトラーは判断する。それでもジプシーのケースはヒトラーを困惑させる。彼らはキリスト教徒でもあったからだ[77]。ジプシーに与えるべき運命についてのヒトラーのためらいと、ボルマン－ヒムラー間の権力争いが、この複雑な状況を長引かせる。しかしユダヤ人についてと同様、彼らを排除する措置も次々と取られていった。

一九四二年夏、ゲッベルスはこの問題について法務大臣オットー・ティーラックと議論する。ティーラックはゲッベルスに、犯罪人が牢獄で安全に暮している一方でドイツ人が前線で生命の危険にさらされ続けているのは正常ではないと説明した。そして「ユダヤ人とジプシーの全員および三、四年の刑に付されているポーランド人、さらには死刑囚、終身懲役囚となっているすべてのチェコ人とドイツ人を殺す」よう提案し、「労働によって殺すという考え方が最良のものだ」と結論した。ヒムラーもこれに同意した。同年一〇月、ティーラックは「ドイツ国民をポーランド人、ロシア人、ユダヤ人、ジプシーから解放し、併合したすべての領土をドイツ人のものにする」ための了承をヒトラーに求める。これにより、牢獄からヒムラーの収容所へ移送された人々の半分は、すぐさま殺されるか、移送後数カ月で死を迎えた。

第二次大戦が始まったのは一九三九年だが、ヒトラーがとくにユダヤ人に対して仕掛けた戦争はもっと早くに始まっていた。最初は迫害行為だけであり、次に領土問題の「解決」、強制移住へと進み、大量虐殺が日程に上ったのはだいぶ後であったことから、歴史家の中には、ユダヤ人の運命は「状況の変化」によって決定されたのであり、初めからヒトラーの脳裏にユダヤ人を絶滅させる意図があったわけではないと判断する人々もいた。こうした「状況の変化」を重視する歴史家たちは、あちらこちらでなされた虐殺の間で相互に調整がおこなわれていたという事実についても、また総統がユダヤ人殲滅に全般的命令を下していたという痕跡についても、確認されていないとして否定する。

しかし、総統の言説や意図と、ユダヤ人殲滅のための諸行動との関係を否定するこうした指摘は、もはや信頼できる分析とは言えない。

事実、総統は、ユダヤ人が迫害され、殺害されていく諸段階を近くからずっと見守ってきた。それらのほとんどは、総統の「願い Wunsch」の名のもとに（たとえばリガにおける惨殺〔一九四一年から四二年にかけての冬、ラトビアのリガで推定一万九〇〇〇人

〔のユダヤ人が惨殺された〕）、または総統の「許可 Ermachtigung」の名のもとに（たとえばヴァンゼー会議）、あるいは総統の「命令 Befehl」の名のもとに（オットー・ブラドフィシュによればミンスク地方で）実行されたのだ。ヒムラーはこの点についてはっきりと述べている。一九四四年一月二四日、ポーゼン〔ポーランド語ではポズナニ〕で、彼は何百人という高級将校を前に言明した。「ユダヤ人問題の最終解決を実施に移すよう総統が私に命令を下したとき、私は、そのような恐ろしい仕事の実行を部下の勇士たちに要求できるだろうかと考えた。〔中略〕しかし、それは総統の命令だった。これに応えるのに躊躇があってはならなかった。こうして仕事は完遂された。今やユダヤ人問題は存在しない」[78]。

また別のときに、ヒムラーは部下の親衛隊（SS）にこう言明した。

「あなたがたの大部分は、自分の目の前の地面に一〇〇体の、五〇〇体の、一〇〇〇体の死体を見ることがいかなることか、知っているだろう。

こうした光景を耐え忍び、まったく動じなかったことが、われわれを堅固にした。こうした試練があなたがたにとってどれほどの名誉になるか、言葉ではとても言い表すことはできないだろう」。

この言明もまた総統の願いを隠している。

ヒトラーが彼らに幾度も繰り返し述べていたことを考えれば、ヒムラー、ハイドリヒ、ボルマンは、ヒトラーが自分の願いを直接言わなくても「それを先回りして」実現することができた。総統としては前言を翻すわけにはいかなかった。だから、少なくとも彼は、自分に忠実な部下たちに行動する権限を与えつつも、時期の決定権については自ら保持し続けた。そうすることで、彼は部下たちを自らの戦略に従わせ、あるときはこちらの方向、別のときはあちらの方向へと行動させることができたのである。

たとえば、ヒトラーはヒムラーに、戦争終了までにユダヤ人を絶滅せねばならないと、一度（一九四一年四月一八日）、二度言った後で、アメリカへの宣戦布告の日〔同年一二月一一日〕には自らの計画をさらに拡大している――「アメリカはユダヤ人の手に握られている。和平交渉をおこなう時期が来たら、われわれがまずアメリカに要求すべきは、連中のところにいるユダヤ人全員の引渡しということになるだろう」[79]。

それでも、戦争遂行の困難に直面すると、一九四二年一二月、ヒムラーは総統に「身代金の獲得と引き換えにユダヤ人を解放する許可を求めた」。そしてヒムラーによれば、「総統は評価に値する額の外貨が手に入るという条件で、この種の取引を許可し、私に全権を与えた」。ヒムラーは一九四三年一一月の演説で最終解決〔ユダヤ人殲滅〕の方針に賛成する意志を強調しながらも、ヒトラーから与えられた裁量権を利用して、アンカラ駐在大使フォン・パーペンと共謀し、ユダヤ人団体やアメリカの戦争難民委員会〔枢軸国の一般市民難民を援助する目的で一九四四年にローズヴェルトによって創設された機関〕を通じて連合国側と間接的な交渉をおこなおうとしていた。彼がしようとしていたのは、一九四四年三月〔三月一八日、ドイツ軍によるハンガリー侵入。ホルティ傀儡政権の成立〕のホルティの方針転換以後、まだ殺害されずにいたハンガリーのユダヤ人たちの生命を「売る」ことだった[80]。その目的は何だったのだろう。それは、敗戦が近いと思われたので、アングロ＝サクソンの国々と個別に和平条約を結び、それらの国々をソヴィエト連邦との戦いに参加させることだった。しかし、よく知られているように、ヒトラーはそのような交渉事に耳を傾けようとはしなかった。ヒトラーはむしろ、自分が持つであろう秘密兵器を使用することで、連合国を同様の状態に追い込めると期待していた。一九四四年の末から四五年にかけてなされたブダペストでのユダヤ人虐殺の後、ヒムラーがおこなったスウェーデン赤十字副総裁ベルナドッテとの交渉について言うなら〔一九四五年四月二四日、ヒムラーと平和使節ベルナドッテが西側連合国（ソヴィエト連邦を除く）に休戦降伏を申し入れたが、連合国はこれを拒否した〕、どうもこれについては、ヒトラーはまったく知らされていなかったようだ。ただ自殺〔同年四月三〇日〕直前には察知していたらしい（第五章の「ヒトラー――私はベルリンで死ぬ」の節を参照）。

一九一八年六月、ロシアでは恐怖の蔓延を前にしての不安を表明しながら、チェカ〔人民委員会直属の秘密警察〕がその恐怖の推進者たちを抑え込もうとしていた——そう、まさしくあのチェカが、そうしていたのである。当時、レーニンはペトログラードにおけるチェカの責任者ジノヴィエフに次のように書き送っている。「私は強く抗議する。われわれの立場は悪くなりつつある。われわれは固い決意を持っていて、ソヴィエト代議員を大衆によるテロで打倒すると脅すことにはためらいを見せないのに、いざ実行となると、民衆のまったく正当な革命的熱意を抑え込もうとする。こんなことを続けていては、彼ら大衆テロリストはわれわれを腰抜けだと思うだろう。テロをおこなおうという民衆のエネルギー、その本性を励まさねばならない。とくにペトログラードにおいてはそれが大切であり、ペトログラードが示す模範は決定的でなければならない[81]」。

これはまさしく、虐殺について後にヒトラーが取った立場とまったく同じである。

違いは、ロシアにおけるこのテロはまったく民衆的なものであり、民衆に発するものであったが、ドイツの反ユダヤ的なテロはナチス党の指導者に発するもので、総統の願望に応えようとする行為に他ならなかったことだ。つまり、「ドイツ社会」としてはこうしたことに熱意はなかったのであり、体制の優先事項にしぶしぶと従っていただけなのだ。すべてが崩壊するとき、ヒトラーは「ポーランドにおいてそうしたように」ハンガリーにおいてもユダヤ人たちを絶滅させようと望んだと、リッベントロープは述べている。こうしてドイツでは、敗戦の破局の中で、他の民族への殺害も加速されていった。

皆殺しを前にして——ローズヴェルト、そしてその他の人々

一九三九年に戦争が開始される以前においては、フランクリン・ローズヴェルトは、ドイツのユダヤ人が被った数々の措置に憤慨し、迫害された人々を救うべく国際的解決法に道を開こうとした唯一の国家指導者である。彼はアメリカの製鋼会社USスチールの元社長マイロン・C・テイラーに、そのための会議を招集する仕事を任せた。この会議は一九三八年三月にフランスのエヴィアンで三九カ国を集めて開催された。だ

が難民を受け入れようとした国はなかった――唯一の例外はドミニカ共和国で、この国がそうしたのは経済的な利益を期待したからだ。エヴィアン会議での唯一の成果は委員会がひとつ設立されたことだが、国際連盟はこれを国際連盟の領分の侵害だと判断していた。

ドイツにおいてもナチス体制の最初期に、ユダヤ人問題が最重要課題とされ、その解決法に関する議論がとくに外務省と財務省との間でなされていた。財務大臣シャハトは、総統からユダヤ人の国外退去についての任務を与えられ、ゲーリングもこれを確認した。これによって一種の形式的同意がシャハトとローズヴェルトの使者ジョージ・ラブリーとの間で結ばれた。労働年齢にある一五万人のユダヤ人が国外へ出られること。次いでこの一五万人に扶養された二五万人が国外へ出られること。そして老齢のためドイツに残る二〇万人は慎ましい仕事への従事が許され、国外に出たユダヤ人に依存せずに生活できるようにすること。ヒトラーはこれらの同意を了承していた。ちなみに、ヒトラーがシャハトを罷免したのはまったく別の理由によるもので、シャハトがドイツの再軍備計画に反対したからである。ユダヤ人問題の一件書類を引き継いだゲーリングによれば、この同意の根底には次のような目算があった。まず国外へ出るユダヤ人たちにドイツ商品を購入させ、それらを受け入れ先の国で彼ら自身が売り、その利益で彼らをそこに落ち着かせるというものだ。しかし、この計画はほどなく頓挫する。このやり方は金銭の強奪に他ならないと、ユダヤ諸団体が抗議したからである。また、この移住計画によってパレスチナ地域のユダヤ人人口が増えるわけでもなく、ユダヤ諸団体自身がこの計画に関心を失くしたからである（パレスチナ地域への移住が進まなかったのは、アラブ系住民の離反を恐れたイギリスがこれに反対したからである）。この計画が頓挫した理由は他にもある。アメリカ以外のどの国もこの交渉に参加しなかったことである。したがって交渉はそれ以上の進展を見なかった。

アメリカの世論調査では、組合を筆頭に三分の二の人々が、ユダヤ人移住受入国のそれぞれに割り振られた受入人数をそれ以上増やすことには否定的だった。結局、すでに決められた割当以外で受け入れられたのは一万人のユダヤ人児童だけだった。

こうした事態を受け、ローズヴェルトは仲介者の役割を断念した。[82]

すでに一九四一年一〇月の時点で、アメリカではガリツィア地方におけるユダヤ人虐殺に関する情報が出回りはじめていた。もっとも、これを報じたのはとくにユダヤ人向けのイディッシュ語の新聞で、『ニューヨークタイムズ』紙は小さな囲み記事で言及したにすぎなかった。一九四二年、マディソン・スクエア・ガーデンでこれらの犯罪に抗議するキリスト教諸宗派主導の集会が開かれたとき、『ニューヨークタイムズ』紙はこの一件を再び取り上げ、ヒトラーによる残虐行為を厳しく非難したが、迫害を受けている人々がユダヤ人であることについては触れなかった。

こうした傾向は、戦争期間中全体を通して観察される。一九四五年、アメリカ軍部隊を指揮していたある将軍は、強制収容所内で自分が見たものに憤慨し、非難しているが、戦争末期のこの時点でもなお、彼が分類している犠牲者と言えば政治犯であり、一般法による犯罪者であり、良心的兵役拒否者等々である。彼は二ページにわたる報告書の結論部分になってようやく、わずかに、次のように書いている。「とくに、ユダヤ人、ロシア人、ポーランド人が他に比較して苛酷な取り扱いを受けているようだ[83]」。

たしかにヨーロッパにおいてユダヤ人は以前から「姿の見えない被害者」だったが、一旦戦争が始まってしまうと、アメリカにおいても、そしてローズヴェルトにとっても、ユダヤ人は「姿の見えない被害者」になっていた。

しかもローズヴェルトは、反ユダヤ主義がアメリカで勢力を伸ばしているのを知っていた。一九四〇年頃には一〇〇ほどの反ユダヤ団体が存在していた。世論調査でも、キリスト教原理主義的な起源を持つ反ユダヤ感情や、「実業界」でユダヤ人が占めている地位に起因する反ユダヤ感情の高まりが示唆されていた。しかも、こうした反ユダヤ感情は、共産主義、ニューディール政策、そしてローズヴェルトその人への反感と軌を一にしていた。

ローズヴェルトは注意を払っていた。ナチスのテロの犠牲者であるユダヤ人を、アメリカとイギリスは特別扱いしているのではないか――そういう印象を与えてはならなかった。一九四三年四月、バミューダ諸島でおこなわれたナチスの戦争犯罪に関する米英首脳会談では、今後いかなる演説・声明においても、ナチスの犯罪の最大の犠牲者がユダヤ人住民であると窺わせるような文言は一切用いないことが同意された。これはゲッベルスの宣伝に利用されないようにするためである。ゲッベルスは、ローズヴェルトとチャーチルにとっての唯一の戦争目的はユダヤ人を助けることだと宣伝していた。

戦争開始前に開催されたエヴィアン会議でと同様、もしユダヤ人が救出された場合にどの国がどれだけの難民を受け入れ、どのように移住させるかという問題が残っていた。ヴァージン諸島〔カリブ海の西インド諸島にある島嶼、イギリス領とアメリカ領の島々からなる〕に、いやリビアにと、いくつもの案が出された。しかし結論は得られない。アピールや断罪の文書も次々と出された――「罪人たちは戦争犯罪の廉で裁かれるだろう」。チャーチルは、「今後の戦争の目的は罪人たちの逮捕である」と言明する。ローズヴェルトも同じ件について大演説をおこなう。しかしアメリカ大統領の演説に対する扱い方としてはまことに異例だが、『ニューヨークタイムズ』紙はこの演説を第二〇面でしか報道していない。

一九四二年から四三年の時期にはまだ、人々は、ユダヤ人が告発するような残虐行為がまさか本当におこなわれているとは信じられないでいる。第一次大戦中、ドイツ人に対して、子どもの腕を切っているとか、死者の骨で石鹸を作っているといった非難がなされたときに出回った偽情報を、人々は思い出す。人々は、ユダヤ人の強制移住は労働力の確保が目的なのだと思い込んでいる。それに、挙げられている数字は、現実とは思えないほどの多さである。ある日には七〇万人の犠牲者が話題にされ、別の日には二〇万人のユダヤ人やポーランド人が話題にされるのである。[84]

ローズヴェルトは、虐殺の実際について、どの情報を信ずべきかを知っている。しかし、戦争の全般的状況は、彼に何をすることも許すものではなかった。

一九四二年五月、チェコの愛国者たちによってハイドリヒが暗殺され、報復としてドイツ軍がリディツェ〔チェコの小村〕を破壊して住民たちを虐殺したとき、ロンドンのポーランド亡命政府の首班シコルスキはローズヴェルトに、その報復のお返しにドイツの町々を空爆するよう提案した。しかしローズヴェルトはこれを拒否した。理由は、空爆は報復合戦を引き起こすだけというものだった。連合国側にはそうした事態に対応する手立てがない。もし、こちらが空爆をおこなえば、ドイツの再報復は一層ひどいものになるかもしれなかった。ポーランドのワシントン駐在大使チェハノフスキは、犠牲となった国々に連帯の意志を示すだけでもアメリカに何かをしてくれるよう、ポーランドの名において要請し続けた。[85]だが、いったいアメリカに何ができただろう。

たしかに、囚人の問題については、中立国の仲介によって第三帝国〔ナチスドイツ〕と交渉することはできた。しかし、ローズヴェルトはどのような問題についてであれ、ナチスとの直接交渉を拒否していた。他方、チャーチルも、一九四〇年から続いているドイツに対する経済封鎖を緩和しようとはしなかった。チャーチルの主張は、たとえ人道援助をおこなっても、それが不幸な強制収容所収監者のもとに届くとは到底考えられないというものだった。

バミューダ諸島での米英首脳会談は期待外れに終わった。この会談はアメリカのユダヤ諸団体に何も約束するものではなかった。彼らに残された希望、それはパレスチナにおけるユダヤ国家の建設というアイディアのみとなった。

しかし、一九四四年の夏、最後の試みの可能性が検討された。ハンガリーのユダヤ人をアウシュヴィッツへ移送するのに使われている道路・鉄道を、空爆によって遮断してしまうという計画である。ところが、ワシントンで検討されたこの計画は、結局、ピンポイント爆撃のみにとどまった。当初の計画は軍当局によって忌避された。この計画を遂行すれば、東方と西方から同時にドイツを攻撃するという作戦に混乱が生じかねないと見なされたからだ（移送路を遮断するこのような計画があるのを知ったアウシュヴィッツの収監者が、空爆によるガス室の破壊を期待したことは知られている）。ドイツの町々に毒ガス攻撃を仕掛けるというワシントンで検討された別の作戦案についても、軍当局はこれを拒否した。連合軍の行動計画外のものだったからである。

こうしたさまざまな計画の詳細がローズヴェルトに報告されていなかったことは明らかにされている。また、ハリソン・ゲアハート大佐の証言によれば、ローズヴェルトは「難民たちの救出は勝利に貢献する」と判断していたが、軍事的決定は彼の領域ではなかったので、彼自身が司令部に何かを要求することはなかった。それでも彼は、チャーチルからの要請を受け、やはり悲劇的な状況にあったワルシャワのポーランド人の救出には全力を注いだのである。[86]

したがって、まだ殺害されていないユダヤ人を救出するために、連合軍側はほとんど何もなさなかった。たとえ救出できても、彼らをどの土地に避難させるかが決定されない限り、人々はこのユダヤ人たちの運命を絶望視するしかなかった。アメリカに住むユダヤ人たちでさえ、最後には、収監されている同宗者の運命よりも、パレスチナに自分たちの新国家を誕生させることに関心を移していった。

ローズヴェルトは、期待を持たせる言葉は惜しみなく使った。しかし、世論の動向に注意して、「ユダヤ人の戦争」に関わっているという様子は見せまいと努めた。また彼は、自分に対するユダヤ人の支持については不安を持っていなかった。だから、そのような彼が絶滅収容所の収監者の救出という危険を引き受けていたとしても、何ら利益は得られなかっただろうと見る人々もいる。力を分散することなく、できるだけ早く戦争に勝利すること、これこそ最大多数の収監者を救出するための最良の方法である――ローズヴェルトの擁護者によってなされた議論はこのようなものだった。

大量破壊兵器

一九三九年と一九四五年の間におこなわれた、「通常兵器」と呼ばれるものを使った戦争の暴力性は、先の第一次大戦中のそれを凌ぐものであった。

第一次大戦において、包囲戦によって住民を飢えさせ、苦しめようというアイディアは新しいものではなかったが、潜水艦による反撃というアイディアは新しいものだった。第二次大戦においてもこうしたやり方が使われ、同様の成功と失敗を繰り返したが、ここでもまた新しいやり方がつけ加わった。第一次大戦における戦争の法則をはるかに越えていたのは空軍の領域である。

すでに一九三四年にはファシストのイタリアが爆発性のダムダム弾をエチオピアの町に降り注がせていた。一九三七年にはナチスドイツのコンドル軍団〔ドイツ空軍を主体にした遠征部隊〕がスペイン内戦に介入し、ゲルニカの町を空爆していた。一九三八年には日本の航空隊が重慶の市民を攻撃していた。オランダ侵攻がおこなわれてまもなくの一九四〇年五月一四日にはドイツ空軍がロッテルダムの二万五〇〇〇件の家屋を破壊していた。

ドイツ空軍による空襲はその後、イギリスの町々をひとつひとつ破壊していくはずだった〔ドイツ空軍によるイギリス空襲は一九四〇年八月一五日～一〇月三〇日〕。最初に標的となったのがコヴェントリーの町だった。他の町々も次々と標的となった。「コヴェントリーする」とは、この体系的な破壊計画にゲーリングが与えた名称だった。

空襲で破壊されたドレスデンの町。1945年。Bundesarchiv, Bild 146-1994-041-07／CC-BY-SA

チャーチル――「あなたは『コヴェントリーする』と言ったか？」

一九九五年、悲劇の五〇年後、ドイツの古都ドレスデンの住民たちはその日も窓に旗を掲げ、自分たちの町が犠牲となった一九四五年二月一三日の夜の、史上最も恐ろしい空襲の惨禍を人々に思い出させようとしていた。

イギリスの八〇〇機以上の爆撃機、それに続くアメリカの四〇〇機の爆撃機、そしてその二日後の二月一五日、同じくアメリカの二〇〇機の爆撃機がこの有名な都市を襲い、広島の原爆をしのぐ厖大な数の死傷者を出した。いくつかの場所では、焼かれた町の温度は一〇〇〇度近くにまで上昇した。破壊された地域は一三平方キロメートルに達した。すでに戦争の帰趨が決しつつある時期になされたこの作戦は戦争犯罪のようにも見え、被害を受けたドイツ人は彼らの敵と同じように無辜の犠牲者とさえ見えかねなかった（ドイツ人はこのとき以来、毎年、その日に追悼式をおこなっている）。

この空襲についてはかなりよくその詳細が知られている。ベルリン、ザクセン方面への攻撃を準備していたソヴィエト軍は、チャーチルと意見を同じくするアメリカのスパーツ将軍に、ドレスデン、ライプツィヒ、ケムニッツ〔ドイツ東部、ザクセン州の都市〕の地域を空爆するよう要求していた。ドイツの防衛線の後方で混乱を引き起こすことが目的だった。住民が逃げ惑い交通網が遮断されれば、ドイツ国防軍は赤軍が攻撃を仕掛ける場所に援軍を送れなくなるからだ。

連合軍の意図は、ライン川の向こう側でソヴィエト軍が苦労しながら前進を続けているそのときに、スターリンを満足させることにあった。そしてその意図のうえに、一九四四年六月六日のノルマンディー上陸作戦以前から練られていたイギリスの戦略に由来するもうひとつの所与がつけ加わる。

ドイツ人は一九四〇年にゲーリングが言っていたことを忘れてしまったのだろうか。[87] チャーチルは一九四三年六月三〇日にそれを彼らに思い出させる――「風を撒き散らす者は嵐に襲われる」。チャーチルはつけ加える。「ドイツ軍、ドイツの大管区指導官がほぼヨーロッパ全域の人々に耐え忍ばせた残酷さを思い出すなら、われわれの剣は正義の剣であり、われわれはこの剣をこのうえなく厳しく用いるだろう」。彼はここで、最初に民間人を爆撃したのはドイツ空軍であること、したがって今度はドイツ人が空襲の恐怖を味わうのは正当であることをドイツ人に思い出させたのだ〔一九四三年三月～六月、英米空軍がドイツ西部のルール地方諸都市に大空襲〕。

事実、一九四〇年のドイツによる「電撃」作戦当時、すなわちコヴェントリーを皮切りにイギリスの町々が空襲で破壊されたとき、イギリスの指導者たちは住民たちが精神的に疲弊してしまうことを恐れていた。

しかしそんなことはまったく起こらなかった。

当時、イギリスの反撃はあまり効果的ではなかった。一九四三年一一月、ベルリンに対するイギリス軍の空襲は一〇回にわたったが、ドイツ側の犠牲者は一三三人にとどまった。続いておこなわれた空襲では、目指した目標のほんのわずかしか破壊できなかった。そのうえ、出撃のたびにイギリス側の損害は出撃機数の五パーセントに及び、ニュルンベルク爆撃の際にはそれが一一パーセントにも達した。一方、ドイツは飛行機の生産数をますます増大させていた。このことは、町々の無差別攻撃よりも爆撃目標を定めて破壊するというアメリカ軍が好む戦略の破綻を意味していた。

ドイツ軍によるコヴェントリー空襲のときは住民八〇〇人につき一トンの爆弾が落とされたが、これによりこの町の活動は一カ月近くにわたって通常の三七パーセントまで縮小した。これを知ったチャーチルは、彼の古くからの仲間であり「教授」と綽名された物理学者・数学者のチャーウェル卿や空軍元帥のポータルとともに、四〇〇〇機の爆撃機をもってすればドイツの四三から五八の主要都市の民間住居を破壊できると試算した。ドイツ軍の空襲後になされたキングストン・アポン・ハル〔イングランド東海岸に位置する都市〕での調査でも、被災した市民たちは隣人や近親の死よりも住居の破壊によって意気消沈したという結果が出されていた。強力なドイツ軍を前に、イギリス海軍によるヨーロッパ封鎖も連合国の軍事力も勝利を収められない時期にあって、この調査結果は取るべき戦略について大きな示唆を与えていた。

ただ、一九四三年の時点では、イギリスの工場はこの戦略で必要とされる爆弾の半分しか生産できておらず、使える爆撃機は一〇〇〇機しかなかった（一九四五年には爆撃機は二〇〇〇機になるだろう）。

ケルン地方に出撃した一九四二年末のイギリス、アメリカ両軍による大規模爆撃（一〇四六機）では二万軒の家屋を破壊したと信じさせたが、実際に破壊できたのは三〇〇〇軒に「すぎなかった」。この経験から、「アメリカがもたらしてくれるものを考慮に入れれば、三年間で二五〇〇万人のドイツ人から家を奪える」というアイディアも芽生えた。

計画に則り空襲はしだいに規模を拡大し、回数も増えたが、その後この計画はソヴィエトの要求に応えるために一九四五年に「変更された」。

ドレスデンの爆撃〔一九四五年二月一三日〕からヴュルツブルクの爆撃〔一九四五年三月一六日〕までの時期、イギリスの世論は、工場その他の軍事目標にほとんど被害を与えないこの種の地域限定的な無差別空爆に反発を強めた。野党労働党は、ポータルの後任ハリス元帥が「攻撃を軍事目標や戦略目標に限定しないよう」命令されているのではないかと疑っていた。チャーチルはイギリス南部チチェスターの司教に答えている――「行動を制限せねばならないなど想像もできないことだ。ドイツの民間人は都市を去って田舎へ避難せねばならない。都市では戦争のための仕事がおこなわれているのだ」。しかし、それからしばらくして、チャーチルはドレスデンの破壊には「問題があった」と認め、このようなテロ行為を戦略的爆撃に優先しておこなわれるようなことがあってはならないと言明した。ハリスのほうはあくまで、徹底的な破壊が最重要の方法だと考えていた。[88]

ところで、この無差別空爆によってたしかに連合軍はドイツの鉄道網に大きな損害を与え、ドイツ人はその猛攻に辛抱強く耐えたが、実を言えば、連合国側の勝利は空爆の結果ではなく、軍の前進、まずソヴィエト軍の前進、次いでイギリス、フランス、アメリカ軍の前進によって得られたものだった。

極東における大量殺戮戦争について言うなら、その手始めは連合軍によって一九四五年三月一〇日におこなわれたB29による東京大空襲である。二六万七〇〇〇軒の家屋が破壊され、八万人が死に、一〇〇万人の一般住民が家を失った。

これが実行されたのは最初の原子爆弾が投下される五カ月前だった。

ヒトラー――爆弾か、それともロケットか

一九一四年から一八年の時期の国家指導者たちと同様、ヒトラーもまた、敵の武器と同等の、あるいはそれ以上のものを手にするために自国民の創造性を当てにしていた。新兵器の開発は彼の主要な目的のひとつだった。当時、原子爆弾の開発計画と長距離ミサイルの開発計画は競合していた。しかし一九四〇年から四二年にドイツ国防軍が収めた華々しい成功が、ロケット（あるいはミサイル）開発のほうに有利に働くこととなる。原子爆弾の完成にはなお数年が必要だと見込まれていた。長期戦争は総統の展望のうちには入っていなかった。総統が自分の健康問題を気にし、もう長くは生きられないと思い込んだ一九四二年以降はとくに、総統にとって長期戦争はなおさら考えられないものになっていた。一方、原子爆弾の開発者たちがその完成のために克服せねばならない諸困難について常に口にしていたので、シュペーアとヒトラーはこの研究をしばらく放置することにした。

実は、ドイツの原子爆弾の開発者たち、とくに一九三二年にノーベル物理学賞を受賞したヴェルナー・ハ

ドイツ空軍の主力爆撃機ハインケルンHe111に吊り下げられたＶ１ロケット。1944年８月８日。

イゼンベルクは、原子爆弾の完成のために、必要なすべてを試していたわけではなかった。アメリカ、イギリスの学者やアメリカに亡命したドイツの学者によれば、ハイゼンベルクの周りではすでに原子爆弾の開発を最初に成功させうるだけのチームが活動していたにもかかわらず、計画を遅らせた。したがって、ドイツにおける原子爆弾製造の最大の障害は、計画の実現に対する科学者たちのためらいにあったと考えられる。彼らは、計画が実現すればヒトラーが間違いなくこの爆弾を使用することを知っていた。亡命したいわけでも、体制と祖国の脆弱化を望んでいるわけでもない彼らは、シュペーアやヒトラーには正確に評価できないこの計画について、さまざまな困難を大げさに説明していたものと思われる。アメリカの著述家トマス・パワーズは、ドイツ側の科学者のためらいを示す徴候を指摘している。アメリカで原子爆弾の開発に携わっていた連合国側の科学者の場合、関係機密を漏らすような発言は一切聞かれなかったのに対し、ドイツ側では、そのような発言が一九三九年から四五年四月までに一九も数えられているのである。[89]

原子爆弾がどのようなものでありうるかを知らないヒトラーは、その開発に興味を失い、Ｖ１ロケットの研究の進捗のみに関心を注いだ。一九四四年六月一三日、一〇基のＶ１ロケットがロンドンを標的に発射された。うち四基は発射時に爆発し、この攻撃による成果は僅少に終わった。しかし数日後に発射された二四四基のＶ１ロケットは、「これでロンドンを破壊できるだろう」という幻想をヒトラーに抱かせた。

Ｖ１ロケットに続いて同年九月にはＶ２ロケットがイギリスに向けて発射された。Ｖ２ロケットによる死者は翌年三月二七日までに二七二四人に達した。ただし、ヒトラーがロンドンを標的にしたいと考えていた五〇〇〇基のうち、最初期に発射できたのはわずか二五基にすぎなかった。V2ロケットはベルギーのアンベルス（アントワープ）でもロンドンと同じくらいの被害を出したが、いずれにせよその被害規模は軍事的に考えるなら無視できる程度のものだった。

したがって、ヒトラーが最後まで「勝利は秘密兵器によって確実に得られる」と言っていたのは、（ゲッベルスがよく観察していたように）主観的な思い込みにすぎなかった[90]。

V1ロケットの発射準備の知らせを受けたチャーチルは、すぐに迎撃体制に入るよう指示した。そして実際にV1ロケットの多くは飛行中に撃墜された。しかしチャーチルは、V2ロケットについては撃墜が難しいと考えていた。V2ロケットの重さは八〇トンもあると思われていたからである。そこで彼はヒトラーに対しマスタードガスで反撃するという脅しをかけようとした。チャーチルに細菌戦争という反撃、炭素菌の使用を示唆したのはイギリスの陸海空軍共同作戦委員会である（一九四四年七月一六日）。もっとも、V2ロケットの実際の被害規模がベルリンへの一度の空襲のそれより小さいことがわかると、国防省の責任者たちに不評だったこの細菌戦、ガスの使用という考えは退けられる。チャーチルはなぜヒトラーがガスを用いなかったのか知りたいと思った。得られた情報によって彼が見出した答えは、ドイツ人はイギリスのガスのほうが種類が豊富で、武器（催眠ガス、麻痺ガス）として完成されていると思い込んでいるため、というものである。

それは誤謬だった[91]。

いずれにせよ、ドイツ軍が通常兵器戦争においてガスを用いないと決めたことは確かである。

大量殺戮秘密兵器に最も強い関心を示していたのはたぶんローズヴェルトだった。フランスの歴史家アンドレ・カスピ André Kaspi はローズヴェルトについての著作でこう指摘している。「彼は革命的発明に熱中していた。たとえばそこには日本に対する戦いで蝙蝠《こうもり》、蛇、蜂を使うといった新奇な計画も含まれる」。一九四二年に彼は、炭疽菌や、ボツリヌス中毒〔ボツリヌス菌を原因とする重い食中毒〕を引き起こすような有毒物質の生産にも資金を提供している。もっともこの「有毒」爆弾は実際には一度も使われなかった。

さまざまな計画のうち、圧倒的に重要だったのは原子爆弾のそれだった。そもそも原子爆弾の開発研究を始めたのはイギリス人の学者で、それを手伝ったのはフランス人やカナダ人の学者たちである。まもなくアメリカ人研究者がイタリアの物理学者エンリコ・フェルミやフランスの学者、ドイツの亡命研究者らの力を借りてイギリス人を追い越した。原子爆弾開発計画の主導権はアメリカに移り、アメリカがもっぱらこの計画を進めることになるが、ローズヴェルトはこの計画の結果を同盟国に伝えるのを拒否した。チャーチルにさえ教えなかった。そもそもこの計画を始めたイギリスでさえ、アメリカ人が持っているのと同様の開発計画情報を得たのは、一九四三年八月におこなわれたチャーチル・ローズヴェルトのケベック会談（クワドラント〔四分儀〕会談）のときだった。[92]

ロス・アラモス〔ニューメキシコ州北部の町〕で進められた「マンハッタン計画」〔一九四二年六月〜〕と呼ばれる原子爆弾開発計画には、かなりの予算が投じられた。理由は、この計画に携わる者たち全員にとっての師匠であるハイゼンベルクが、ドイツにおいて彼らより先に開発に成功するかもしれなかったからである。そうならなかった理由についてはは先に見た。

ロシアの研究者、とくに核物理学者のゲオルギー・フリョロフは不安を抱いていた。ロシアの研究者たちはドイツの学者の質が非常に高いことを知っていた。ドイツの学者はウラニウムを所有していたし、同位元素を分離する方法も知っていた。他方でフリョロフは、ソヴィエトにおいてこの計画に十分な熱意を示さないカピッツァやクルチャトフといった学者らを批判するのは自分の立場を悪くしかねないと感じていた。そこで彼はスターリンに直接手紙を書くことにしたが、ベリヤはこの行動に気分を害した。ベリヤはアングロ＝サクソンの国々で進められているこの研究について憂慮すべき情報（ロンドンの「ソヴィエトの友人たち」と関係を持つ情報提供者クラウス・フックス〔「マンハッタン計画」に参加していたドイツの物理学者でソヴィエトのスパイ〕によってもたらされたもの）を受け取ってはいたが、この情報を、飛行機と戦車の大量生産に邁進するソヴィエトの努力の方向を変えさせるために敵が仕組んだ偽情報と考えたのだ。その後、ベリヤとスターリンはドイツの原子爆弾研究がV1ロケット、V2ロケットの開発のために休眠状態に入ったのを知る。この時点で彼らは、アメリカ人によって依然進められていた開発計画にも関心を失っていく[93]。「マンハッタン計画」の存在は知っていた。しかし、一九四五年七月のポツダム会談〔ドイツのポツダムでおこなわれたトルーマン、チャーチル、スターリンによる会談。大戦後のヨーロッパの処理、日本の降伏条件などが決定された〕に至るまでこれを気にかけることはなかった。

以後、ソヴィエトがこの分野でアメリカに追いつくには三年を要した。

日本において大量殺戮戦争という概念が発語され、想像され、あるいは議論されたことはない。これは確かだ。しかし、それでもやはり、それを進める方向が存在しなかったわけではない。昭和天皇は個人的にこうした方向に関与していた。

化学兵器の使用にしろ、「絶滅」作戦と呼ばれる行動にしろ、標的となったのはもっぱら中国人である。天皇の命令は、これらのやり方をインドシナ地域で適用することは明瞭に禁じていた。そのことは一九四一〔昭和一六〕年の杉山元《はじめ》将軍の命令書によって確認されており、この命令書は後のヨーロッパ人、アメリカ人相手の戦闘においても依然、有効とされていた。

中国においては三光作戦〔本書一六三頁原注＊印参照〕と呼ばれる日本軍の絶滅作戦と残虐行為によって二七〇万の民間人が犠牲となったが、これは化学兵器、生物兵器の使用による死者数より多かった。

ところで、このような作戦は昭和天皇の個人的な介入を必要とするものだった。国際法を学んでいた昭和天皇は、日本が一九二九〔昭和四〕年のジュネーヴ条約〔捕虜の待遇に関するジュネーヴ条約（赤十字条約）〕に署名はしたが批准していないことを完全に知っていた。彼はまた、自分に先立つ天皇たちが「ジュネーヴ条約は戦時捕虜に関する限りにおいて尊重される」と他国に伝えていたことも知っていた〔戦時の傷病兵、捕虜、抑留者などの保護を目的とした最初のジュネーヴ条約は一八六四年にヨーロッパ一六カ国の政府代表によって締結された〕。だから彼は、中国人捕虜が日本軍から被っていた扱いについては人々の視線を逸らすことができた——中国人捕虜は公式には戦時捕虜とは見なされていなかったのだ。化学研究に通じた昭和天皇が、ガスの使用について無知だったということもあり得ない。しかも、催涙ガス、窒息性毒ガスの使用については昭和天皇による明瞭な許可が必要だった。すでに一九三七〔昭和一二〕年から三八〔昭和一三〕年の段階でそのようになっていた。一九三八〔昭和一三〕年八月から一〇月までの期間だけで、これらのガスは三七五回も使用されていたことが確認されている。一九三九〔昭和一四〕年には岡村寧次《やすじ》将軍の参謀本部が、この種の大規模作戦のために一万五〇〇〇発のガス弾の使用を許可している。この作戦は、「われわれの部隊の評判を立て直し、われわれの部隊に勝利の感情を与えるために」おこなわれた。一九三九〔昭和一四〕年四月一一日、昭和天皇は中国北部とモンゴルでその使用を認める指令、大陸指一一〇号〔大陸指とは、参謀総長が天皇直隷の指揮官に伝える大本営陸軍発簡（大陸命）に関して参謀総長より出される「指示」のこと〕を了承している。[94]

この種の実験におおいに関心を持っていた昭和天皇は、関東軍の七三一部隊が細菌兵器を用いるのを少なくとも一九四二〔昭和一七〕年まで放置したらしい。こうした非難は戦後、数多くのアメリカの歴史家、日本の歴史家によって取り上げられ、議論されてきた。スティーヴン・エンディコット Stephen Endicott、エドワード・ハガマン Edward Hagerman、ジョン・W・ダワー John W. Dower、吉見義明、伊香俊哉といった歴史家たちによる議論がそうである。[95]

1942〜44年

1942年

1月1日　連合国26カ国が枢軸国との単独不講和を共同宣言し、大西洋憲章を原則的に確認。

1月2日　日本軍、マニラに入城。

1月11日　日本軍、オランダ領東インド（インドネシア）に上陸。

1月14日　ワシントンにおけるアルカディア会談終了。ドイツとの戦いを優先させることが決まる。

1月18日　日独伊秘密軍事協定調印。この三国で戦後の世界をどのように分割するかが合意される。

1月20日　ユダヤ人絶滅計画についてのヴァンゼー会議。

1月21日　ドイツ・ロンメル将軍、ベンガジ〔リビア北東部の港湾都市〕への攻撃。

2月15日　イギリス・パーシヴァル将軍、シンガポールにおいて降伏。

3月12日　アメリカ・マッカーサー司令官、ルソン島（フィリピン）を去る——「私は戻ってくる」。

3月27日　アウシュヴィッツへ向けて最初のユダヤ人強制収容所収監者を送る列車が出発。

4月18日　フランス・ヴィシー政権のラヴァルが内務大臣、情報大臣、外務大臣に就任。

5月4日〜8日　珊瑚海海戦、アメリカの日本に対する最初の勝利。

5月5日　イギリス軍、フランス保護領マダガスカル島へ上陸。

5月8日　ドイツ軍、ソヴィエト侵攻を開始（ウクライナのケルチ）。

5月2日〜17日　ソヴィエト軍、ハリコフ方面への攻勢。

5月20日　イギリス・ハリス元帥の計画——イギリス空軍によるドイツの町々への徹底的空爆。

5月27日　プラハ、保護領総督ハイドリヒに対するテロ。

5月29日　占領地域のユダヤ人に「ダヴィデの星」の標識着用を義務化。

6月1日　イギリス空軍、ドイツ・エッセンへ1000機の飛行機による攻撃。

6月1日　イギリスのBBC、「ドイツ軍はポーランドの70万のユダヤ人を皆殺しにした」と放送。

6月5日〜7日　ミッドウェイ海戦、太平洋におけるアメリカの大勝利。

6月11日　自由フランス軍、ビル・ハケイム〔リビアのオアシス〕における勝利。

6月21日　ロンメル、トブルク〔リビア東部地中海岸の都市〕を占領。

6月22日　ラヴァル——「私はドイツの勝利を願っている」。

7月6日　ドイツ軍の攻勢（ロシアのヴォロネジ、スターリングラード、コーカサス）。

7月16日　パリの「冬期競輪場」におけるユダヤ人の一斉検挙。

7月22日　フランスの司教ら、ユダヤ人に対する迫害に抗議するためペタンに訴える。
8月7日　アメリカ軍、ガダルカナル島における攻勢。
8月12日～15日　スターリンとチャーチルの会談（モスクワ）。
8月19日　カナダ軍、フランス・ディエップに上陸。ノルマンディー上陸作戦の立案者モントゴメリー将軍（イギリス）の任命。
9月12日　ドイツ軍、スターリングラードへの攻勢。
9月30日　ド・ゴールとチャーチルの関係が悪化（レヴァント、マダガスカルをめぐって）。
10月23日　第2次エル・アラメイン〔エジプト北部、地中海岸の町〕の戦い、始まる。
11月3日　ヒトラーからロンメルへ――「一歩たりとも退いてはならぬ」。
11月6日　スターリンがチャーチルに抗議する――「それで第二の戦線は？」〔スターリンは米英がヨーロッパに上陸しドイツがふたつの戦線で戦うようになることを望んでいた〕。
11月8日　トーチ（たいまつ）作戦――連合軍、フランス領北西アフリカへの上陸。
11月9日　ドイツ、ヴィシー政府に最後通告――「宣戦布告せよ」。
11月11日　ドイツ軍、フランス南部の自由地域に侵攻。
11月13日　イギリス軍、トブルクを奪還。
11月17日　ドイツ軍、チュニジアを占領。
11月22日　アルジェにおけるダルラン提督（ヴィシー政府代表）とクラーク（北アフリカ戦線の連合軍副司令官）の合意〔ダルランが北アフリカ全般で連合軍に対する抵抗をやめることに同意〕。
11月27日　ドイツ軍のフランス・トゥーロン港占領に対し、停泊中のフランス艦隊自沈。ドイツ軍によるペーネミュンデ計画、V1ロケットの製造〔バルト海のウーゼドム島のペーネミュンデでV1、V2の開発がおこなわれた〕。
12月6日　ドイツ軍、連合軍の進軍をチュニジアで止める。
12月12日　スターリン――「パウルス〔ドイツ陸軍元帥〕はスターリングラードで包囲された」。
12月19日　ヒトラー、ラヴァル、チアーノが東プロイセンのラステンブルク〔現ポーランド領ケントシン〕で会談。

1943年

1月14日～25日　カサブランカ（モロッコ）会談――ローズヴェルト、チャーチル、ド・ゴール、ジロー。
1月25日　イギリス軍、リビアのトリポリを占領。フランスのジャン・ムーラン、統一レジスタンスの先頭に立つ。

2月2日　ドイツ軍、スターリングラードにおける降伏。
3月　アテネでゼネスト。イタリアで大規模反戦ストライキ。
4月13日　カチンの森の死体置き場が発見される。
4月19日　ワルシャワのゲットー、反ナチス蜂起。
5月12日　ドイツ・イタリア両軍、チュニスにおける降伏。
5月13日　イギリス・フランス・アメリカ三軍、チュニスを占領。
5月30日　ド・ゴール、アルジェに入る。
7月10日　連合軍、シチリア島に上陸。
7月25日　頭領ムッソリーニ、イタリア国王ヴィットーリオ＝エマヌエーレによって罷免。バドリオ元帥、政権に就く。
9月3日　連合軍、イタリアとの休戦。
9月23日　ムッソリーニ、北イタリアにおいてサロ共和国（イタリア社会共和国）の建国宣言。
10月4日　ユダヤ人殺戮についてのヒムラーの演説。
11月22日　カイロ会談（セクスタント［六分儀］会談）——ローズヴェルト、チャーチル、蔣介石。
11月28日　テヘラン会談——ローズヴェルト、チャーチル、スターリン。
12月31日　モスクワにおいてポーランド政府（ビエルトを中心とする）が組織される〔ソヴィエトはロンドンのポーランド亡命政府に対抗して、自身が支持する政府の設立を企て、ポーランド軍団を中心に独ソ戦末期を戦った〕。

1944年

1月11日　イタリアのチアーノ伯爵、サロ共和国のヴェロナ裁判で処刑。

ユダヤ人、スラブ人、ジプシーを対象としておこなわれたヒトラーによる民族浄化作戦は、ドイツ内部でも、またドイツ以外の場所でも、こうした作戦に対する社会の反応を明らかにした。戦争状態にあった他国の指導者たちは、こうした社会の反応を考慮に入れた。

爆弾や最新兵器を使用した大量殺戮戦争について言うなら、それは、被害を受けた国民が、指導者によって体現された自国の体制にどれだけ愛着を抱いているかを測る物差しとなった。イギリス人の場合は、そのような攻撃を受けることで抵抗の姿勢をいっそう強めた。ドイツ人の場合は、そのような攻撃を受けても決して屈服しなかった。逆に、イタリアの場合は、そのような攻撃を受けたことが一種の敗北主義を生み、国民をムッソリーニの体制から引き離した。実際、ムッソリーニは、ローマが爆撃された後には国民の前に姿を見せることすらできなくなっていた。同様の状況において、ヒトラーとゲッベルスはラジオで敵を罵倒していたし、チャーチルは被害を受けた場所に必ず国王、王妃とともに赴き犠牲者たちを力づけていた。

多数の死者を伴うこうした集中爆撃のみで得られた軍事的勝利はただひとつ、パンテッレリーア〔シチリア海峡にあるイタリアの島〕の降伏〔一九四三年六月〕の事例だけである。このときには地上戦はおこなわれなかった。

もっとも、日本の場合、国民に連帯し、国民からも強い支持を受けていた昭和天皇に降伏を決意させたのは、やはり度重なる空爆、そして原子爆弾の投下だった。空爆と原子爆弾の投下により、日本人はドレスデンの住民同様、戦争の犠牲者のように見えることになった。そして、彼ら自身が、長い歳月にわたって犯してきた罪をその後忘れてしまった。

第四章

同盟と不釣り合いな関係（一九四〇～四五年）

指導者間の個人的な関係、直接的な接触は、戦争の展開を左右する決定の過程に――たとえ部分的であっても――どの程度影響を与えていたのだろうか。そして指導者たちはそのパートナー、同盟者に対してどのような視線を注いでいたのだろうか。指導者間の会談、会議は彼らの振舞いをよりよく理解するためにとくに好都合な観察の機会となる。

しかし、戦争の展開を左右する決定にはまた別の要素も関係するかもしれない。そうした要素は数多くあるが、彼らの私生活、彼らと親族との関係もそのひとつである。それはとくに頭領ムッソリーニと総統ヒトラーの関係において当てはまる。

ムッソリーニとヒトラー――友情から依存へ

恥あるいは変節

頭領ムッソリーニは後ずさりしながら戦争に突入した。一九四〇年六月、ムッソリーニの軍隊はまだ戦争準備ができていなかったが、「彼は誓いに背きたくなかった」。海上のイタリア海軍には耳も目もなかった。レーダーを備えていなかったので、夜間も霧の場合も敵の様子を知ることができなかった。それゆえ敗北に継ぐ敗北を被り、海軍を救うはずの飛行機はいつも遅れて到着した。一九四〇年から四一年の時期、頭領の軍隊は失敗ばかりしており、とくにギリシャではイタリア軍最強の部隊である「トスカーナの狼」まで敗北を喫した。リビアのキレナイカでも同様であった。部隊は時代遅れの装備しか持たず、戦闘への備えができていなかった。だから兵員数で優っていながら敗北を繰り返した。シディ・バラーニ〔リビア国境から一〇〇キロほどのエジプトの町。一九四〇年九月、リビアから侵攻したグラツィアーニ将軍指揮下のイタリア軍がこの地でイギリス軍に敗北〕では一〇万人のイタリア軍が三万人のイギリス軍に敗れて捕虜にされ、バルディア〔リビアの港湾都市。一九四一年一月、イギリス海軍は陸軍支援のためバルディア付近のイタリア軍を砲撃し、この地を奪取〕やトブルク〔リビア東部、地中海岸の町。イタリア軍の要塞があり、北アフリカ戦線では両軍の争奪戦の対象地。同じく一九四一年一月にイギリス軍が奪取〕では敵軍よりはるかに多くの砲を有していながら敗北した。エチオピアでもイタリア軍は敗れた。イギリスに亡命中の皇帝ハイレ・セラシエ一世がエチオピアに戻ってきて兵士たちを熱狂させ、イギリス軍はケニヤから、自由フランス軍はソマリアから皇帝を援助した。まもなくスエズ運河の交通が遮断されると、頭領のイタリア部隊は補給を受けられなくなった。一九四一年七月、イタリア領東アフリカ帝国の副王、アオスタ公がイギリス軍に投降した。そのためデブラ・タボル〔エチオピアの町〕では、イタリア軍勢四〇〇〇名のうち八週間で死者二名と負傷者四名を出すにとどまった。この投降は、捕虜となることなく武装も解かない名誉の降伏をもっておこなわれた。

一九四二年四月、頭領はザルツブルクで総統ヒトラーと再会する。ブレンナー峠での出会い〔一九四〇年三月一八日、本書一二五頁参照〕以来であったが、この再会の前、頭領はチアーノに「恥ずかしくて顔を赤らめるほど私の血は多くない」と言った。

「敗北したフランスがその帝国を保持したというのに、どうしてヨーロッパの主人であるわれわれが帝国を失わねばならなかったのか」。エチオピアの喪失は、頭領にとっては何よりも恥ずべきことだった。ファシズムに決定的な栄光を付与したのはエチオピアの占領に他ならなかったからである。

それでもザルツブルクでの会談を終えると、ムッソリーニはまたもやヒトラーの自信に魅了され、「陶酔」した。イタリアのあらゆる失敗を知っているのに、それについてほとんど語らないヒトラーに、ムッソリーニは感謝せずにいられない。ヒトラーへの軽蔑や、過去、現在における不満が消えてなくなるわけではないが、ヒトラーのこの優越性を頭領は受け入れた。この同盟者、自らムッソリーニの弟子だと言っているこの協力者の栄光の一部をムッソリーニは自分のものとする。そしてヒトラーの数々の成功の保証人は自分なのだと信じる振りをする――実際、ヒトラーの成功はそもそもファシズムの印のもとに、したがって頭領の旗のもとに置かれていたことを思い出そう。

総統が出発すると、ムッソリーニは、この友人が自分をエチオピアの支配者と認めて以来、自分に経験させた数々の屈辱を反芻する。

ドイツによるオーストリア併合〔一九三八年三月〕の際、ムッソリーニは総統に譲歩した。それなのに総統はその後のプラハ占領〔一九三九年三月〕をムッソリーニに予告もせずにおこなった。鋼鉄協約（独伊軍事同盟条約）が締結〔一九三九年五月〕された後も、総統は独ソ不可侵条約〔一九三九年八月二三日〕の締結を予告しなかったし、一八三九年八月二五日に総統がイギリスに同盟を提案したときも、やはり彼はそのことを知らせなかった。

ブレンナー峠における出会いの前とザルツブルクにおける会談の前、ヒトラーは二度にわたってムッソリーニに、言わば緊急「呼び出し」をかけた。またドイツ・イタリア両軍がギリシャを侵略〔一九四一年四月〕した際には、ドイツ軍はまるでイタリア軍の侵攻からギリシャ人を守りに来たかのような振舞いを演じた――「ドイツ週間映画ニュース」は、そもそもドイツ国防軍が少なくともテッサロニキ〔ギリシャ第二の都市〕では歓迎されなかったわけではなかったことを見せつけている。こうしてドイツ軍は、アテネでツァラゴグル内閣を成立させたように、クロアチアでもイタリア側に知らせることなく傀儡内閣を成立させた〔一九四一年四月、クロアチアの民族主義団体ウスタシャの指導者パヴェリッチがナチスの傀儡政権であるクロアチア独立国の国家元首、独裁者となる〕。このときドイツ軍は主人として行動したが、その二年前に総統はムッソリーニに、ダルマチアとクロアチアは当然イタリア政府のために「割り当てられる」地域だと確言していたのである。さらに一九四〇年から四一年の時期には、ドイツ軍はアルバニアにおいてもイタリア軍の行動を妨げ、リビアでは現地に入ったロンメルがイタリア軍の将校たちに、「もしイタリア軍がしっかり戦わないなら軍法会議にかける」とまで脅している。同じ時期には、ドイツは頭領に、イタリアの海軍と空軍をドイツ軍の指揮に委ねるよう提案もしている。そしてついには、一九四一年六月二二日午前三時、駐イタリア大使館付き参事官オットー・フォン・ビスマルクがチアーノのところに、ソヴィエト連邦への攻撃を予告する総統からの手紙を持ってくるのである。ムッソリーニは激怒する。ムッソリーニはその直前にゲーリングから「戦線をもうひとつ開いて戦争をするのは慎重さを欠く」と告げられていたばかりだったのだ。真夜中に起こされたムッソリーニの妻ラケーレは、夫にこの事件はどのような意味を持つのかと尋ねた。「戦争は負けに決まったということだ」と頭領は妻に答える。[1]

アフリカ戦線のロンメル。1942年春。

　あんまりだ。あまりにひどすぎる。他にもある。かつてイタリアはフランコに援助を与えた。だからムッソリーニは、スペイン総統《カウディーリョ》になったフランコとの交渉はもっぱら自分がおこなうべきだと考えていた。ところが、ドイツがそのスペインと協定を結ぼうとしていた。これを知ったときも、ムッソリーニは激怒する。イタリア政府内でおこなわれた演説では、彼はドイツとの間で自分が結んだ同盟について弁護するのを控えた。大管区指導官ホーファー〔オーストリアのナチス活動家〕のてこ入れによりドイツがトレンティーノ＝アルト＝アディージェで失地回復運動を再開したときには、その内心の怒りを婿で外務大臣のチアーノにぶちまけてもいる。このときチアーノはムッソリーニに、ドイツとの約束から自らを解放し、少なくとも非交戦状態に戻るようにと進言した。

ムッソリーニは一九四一年七月、チアーノに厳命する。

「君の手帳に書いておけ。私はイタリアとドイツの間で必ず争いが起きるだろうと考えている。ドイツがわれわれに、国境をサロルノまで、もしかするとヴェローナまで下げるよう要求してくるのは明らかだ。そうなれば、イタリアにとって、そして体制にとって大変な危機となるだろう。私はそれを乗り越えるつもりだが、それはあらゆる危機の中でも最も厳しい危機となるだろう。私には動物的本能によってそれがわかるのだ。われわれの将来のためには、今やドイツの勝利よりイギリスの勝利を願うほうがいいと私は本気で考えはじめている。現在、イギリスはドイツを昼夜を問わず空爆している。私はそれがとても嬉しい。［中略］いずれはドイツと戦わねばならぬのだ。だから、ドイツが無敵だという神話を創り出してはならない。だが私は自国民をほとんど信頼できないでいる。有名などこかの鐘塔、一枚のジョットの絵、そうしたものが空爆でやられたら最後、イタリア人は芸術を愛する感傷に捉われ発作を起こし、両手を上げて降伏してしまうだろう」。

ドイツではイタリア人労働者がほんのわずか就業規則に触れただけでひどい扱いを受け、彼らに猟犬がけしかけられている。それを知って、ムッソリーニは怒りを爆発させる。

「私はこのことをずっと恨み続ける。まだまだ辛抱できるとしてもこの借りは必ず返してやる。カエサル、ダンテ、ミケランジェロを人類に与えたわれわれの種族が、フン族のブルドッグに噛まれることなど絶対認められない」[2]。

しかし、ムッソリーニがこの言葉を吐いた直後の閣議では、前回の閣議と同様、何も問題にされない。前回の閣議で彼が怒鳴り声を上げたのはむしろ富裕層に対してである。そのとき彼がつけ加えたのは、「アニエッリ家〔イタリアの自動車メーカー、フィアット社の創業者ジョヴァンニ・アニェッリ一族〕の人々が一般労働者より多く食べたりしないよう」、導入されたばかりのパンの配給証を戦争が終わった後も維持させるということだけである。
ムッソリーニの頭にあるのは、ロシア戦線へのイタリア部隊の派遣のみである。それほどにヒトラーの成功は華々しいものとなりそうなのだ。ムッソリーニはルーマニア軍がすでにオデッサ〔黒海北岸のウクライナの港湾都市〕に達していることに精神的に深く傷つき、軍人たちを絶えず激しく叱責する。とくに叱責されたのは、イギリスの中東軍総司令官ウェーヴェル将軍に敗北を重ねたグラツィアーニ将軍である。ムッソリーニはグラツィアーニ将軍を裁判にかけることさえ考えたらしいが、最終的にはそうしなかった。
「頭領、あなたはひとが良すぎます。あなたは決して独裁者にはなれませんよ」――ある日、総統はムッソリーニに言った。[3]
ロシア戦役が始まったとき、ムッソリーニは自ら抱いた「並行した戦争」という計画が失敗に終わったことをはっきり理解した。彼にとっては、北アフリカにおいてもギリシャにおいてもドイツの援助が何としても必要なのは明らかだ。それを彼はたいへん屈辱に感じている。イタリア国民について言うなら、彼らが気にしているのはむしろイタリア軍の度重なる敗北である。とくにエジプトのシディ・バラーニでの敗北は、結局のところ参戦など本当は望んでいなかった国民の士気を揺るがした。その証拠に、一九一五年とは違い、志願兵はほとんどいなかった。しかも、この戦争はイタリアの国土の外でおこなわれたため、一般国民には自国が本当に戦争をしているという実感がなかった。一般国民が戦争を実感しはじめるのはまず食糧統制によってであったが、事実、それはまもなくかなり厳しいものとなる。しかし全体的雰囲気は戦時のそれではない。そのことはこの時期（一九四一年）の映画ニュース、イタリアの「ルーチェ」のそれと、イギリスの「パテ・ニュース」のそれを比較するとはっきりする。後者のニュースのほとんどは軍事作戦とその準備に割かれている。これに対し、「ルーチェ」のニュースではイタリアが戦争をしている様子はほとんど見て取れない。たとえ兵士が話題になっても、それは病院にいる兵士に本を届けるというシーンであり、映し出されるのは戦争で負傷した兵士ではなく病の兵士である。

頭領の人気は衰えていない。しかしイタリア人は戦争には無関心なままである。一九四二年三月の閣議で、ムッソリーニは「国民はこの戦争をまったく理解していない」と認めざるを得なくなる。彼の考えでは、明瞭な戦争目的がないとなれば、イタリア人を奴隷状態に陥れかねない敗北の危険を強調するほうがいい。ところが、イタリア人はそんなことなどあり得ないと思っている。敗北を憂慮しているのはむしろ指導者層のほうである。ただし彼らは、危険は連合国側でなくイタリアの同盟国からくると考えている。だがこれに対しては、ファシスト党指導部が、イギリス贔屓と見なされている名士や大ブルジョアへの民衆の敵意を煽り、自分たちの政策を支持するよう仕向ける。たしかにだいぶ色褪せてしまったものではあるが、イタリア流儀の「われらが海 Mare Nostrum」〔本書六六頁参照〕の夢を支持させ続けようとするのだ。

こうした状況は、頭領の健康状態を悪化させるばかりだった。娘のエッダと妻のラケーレは、こっそりと診断してくれる医師を探す。潰瘍だろうか、それとも初期癌だろうか、あるいはアメーバ赤痢だろうか。彼の苦しみは次第にひどくなり、しばしば虚脱状態に陥る。生来、強健そのものと見える男なのに、頻繁に血圧降下が起きる（もっとも、彼は昔、妻の最初の出産の折にも気を失っている）。今や彼の顔色はくすんでいる。ある医師の観察によれば、「前線から良いニュースがくれば顔色も良くなるだろう」とのことだった。実際、頭領は、届くニュースによって欝の状態、躁の状態の間を揺れ動いた。しかし、ほとんど良いニュースはない。彼が苛立てば苛立つほど、周囲の人間の彼に対する影響は強まっていく。その中にはもちろん、大ブルジョアや宮廷との仲立ちをしてくれる婿チアーノもいる。かつてチアーノはドイツとの同盟の主唱者だった。その後彼は戦争への突入に反対し、次いでイタリア軍によるギリシャ遠征を後押しした。この後押しにはいくつかの目的があったが、そのひとつはヒトラーと敗北したフランスとの接近を予防することであり、自国の参戦によってバルカン半島での保証を確かなものにすることであった。

一九四一年夏以降、チアーノは義父ムッソリーニとイタリアをヒトラーの魔法から解き放ちたいと望む。しかし頭領は自説を曲げようとせず、度重なる敗北の恥辱にもかかわらずいつかドイツの勝利から利益を得ようと期待している。たしかにムッソリーニは婿に耳を傾け、心の内を打ち明ける。しかし、ドイツ人を憎みながらもこの同盟者に忠実でありたいと望んでいる。ムッソリーニに溺愛された勝気な娘エッダは、夫チアーノを熱愛しながらも夫の内でしだいに大きくなっていくドイツ嫌い、彼の平和主義を強く非難する。夫の平和主義が、父が体現するもの、すなわち反ブルジョア的、反資本主義的ファシズムを父から奪ってしまうかもしれないのだ。エッダはドイツ人の振舞いに欺かれてはいない。ドイツでイタリア人労働者が被っているひどい扱いを父に言いつけたのは彼女である。それでも名誉が絡む問題となれば、身をしっかり持さねばならない。彼女はその強固な意志をすべて父親のために用いる。社交家で遊び好きで、じゃじゃ馬の彼女だが、行きつく果てにはたぶん敗北が、首吊り台が待っているのを彼女は知っている。しかしそれは彼女の運命、彼女の父の運命なのだ。

エッダは母ラケーレを恐がらせる。ラケーレはエッダに我慢ならなかった。ラケーレはムッソリーニが娘に注ぐ愛情に嫉妬していた。先祖伝来の田舎臭さが抜けないラケーレは、婿が出入りする社交界から夫と一族を守ろうとする。彼女は、社交界がファシストの独裁者を打倒しようとしていると感じている。ラケーレは彼女のベニトの止むことなき幾多の無分別を大目に見る。何をしようとも、彼が彼女に愛情を抱き、彼なりに彼女に忠実であるのを彼女は知っているからだ。ラケーレは覚えている。生まれ故郷のロマーニャの村の木靴をはいた彼女を、彼が連れ去った日のことを。彼は彼女に、「自分に子どもを与えるのはおまえだ」と言った。もしそれを断るなら、彼女を殺して、「テーブルの上の拳銃で自殺する」とまで言ったのだ。あの頃の彼は衝動的だった。他の誰よりも勇気があり、しょっちゅう決闘し、自動車競走をし、飛行機まで操縦していたのだから、もし断られたなら本当に自殺しただろう。たしかに彼は、ラケーレにとっては我慢のならない愛人を持ったことがある。相手はジャーナリストのインテリ女だった。でもそれは昔のことだ。

　ところが、単なる浮気でない関係が、それまでどこにもいなかったほど頭領にぞっこんの女との間に結ばれる。今回この女を憎みはじめるのはエッダである。女の名はクララ・ペタッチといい、ファシスト仲間に出入りしていた。しかし思想的指導者というわけではまったくない。官能的で正真の情熱が二人の間に芽生え、彼女はムッソリーニの行く所どこにでも付いていくようになる。それでもベニトは毎日、自分の子どもたちの母親に手紙を書くか、連絡を取るかしていた。[4]

　ムッソリーニの身辺にいたこれらの人々は、頭領の健康状態のみならず、もしそれが突然に悪化したら起こるであろう事態に注意を強めていく。家族内部の争いが国家の政治に影響するようになる。一九四一年七月一六日、ラケーレはドイツ側に、自分の婿が夫に対し陰謀を企んでいると通告する。チアーノがうってつけの「後継者」のように見えていたことは、たとえばファシストの古参親衛隊メンバー、ファリナッチがそう感じていたように、体制が徐々にその根源から遠ざかっていくと見ている人々を苛立たせた。その苛立ちは、軍人たちがドイツの拘束や同盟の拘束という従属関係から逃れたいと思っているだけに、また、国王に意見できることが知られているその軍人たちとの関係をムッソリーニが保ち続けているだけになおさらだった（ただし、ムッソリーニは軍人たちを嫌悪し、軽蔑している）。一九四二年夏の数々の成功――ドイツ軍のスターリングラード方面への進出、ロンメルの進軍、イギリス・カナダ両軍のディエップ〔英仏海峡に面したフランスの町〕への上陸の失敗等――はムッソリーニをいっとき和やかな顔にする。しかしその後、ドイツ国防軍はスターリングラードで釘付けになり、ロンメルの進軍はエル・アラメイン〔エジプト北部、地中海沿岸の町〕を前に退却せざるを得なくなり、連合軍がフランス領北アフリカに上陸することになるのだが、それでもなお、ムッソリーニは――トリポリを失ったにもかかわらず（「われわれは戻ってくるだろう」）――全体状況を比較的肯定的に捉えようとした。潜在的な強国としてのフランス、ヴィシーのもとにあるフランスは姿を消し、イタリア軍とドイツ軍はチュニジアだけでなくコルシカをも占拠下に置いている。ムッソリーニは説明している。

「コルシカとチュニジアを含む、敵側に占領されていない地域の存在はまだまだ大きい。この点については誤解の余地がない。フランスはその本土の領土をもはや有していないし、その植民地も有していない。フランスにはお金もなければ海軍も陸軍も空軍もない。フランスには何もないのだ。もはやフランス人には魂さえない。これこそ彼らが被った最も深刻な喪失だ。それは一国民の最終的な衰弱を含意しているからだ」。

一九四二年一一月、ドイツのフランス・トゥーロン港占領に対するフランス艦隊の自沈は、ムッソリーニを安心させる。彼にとって重要な問題は、彼にまだ残されていた地中海における自主独立を、維持できるかどうかにあったからだ。彼はもはや、ドイツ軍と協力しマルタを中立化させようという計画も、またロンメルがチュニジアまで退却するのを止めようという考えも顧みなくなっていた。「チュニスでは『ヴェルダン〔第一次大戦の仏独の主戦場。ドイツ軍は大軍を投入したにもかかわらず、この要地を陥落させられなかった〕におけるように』しっかりと防衛をおこなう」とヒトラーはムッソリーニに知らせてくるが、ムッソリーニはいずれ祖国の土地が脅かされるだろうと、つまり北アフリカに落ち着いた連合軍がイタリア海軍をはね除けサルデーニャ島かシチリア島に上陸するだろうと感じていた。実際、連合軍に協力するフランス海軍の力を恐れる必要はなくなっても、イタリア海軍にも連合軍を止めるだけの力はなくなっていたのだ。

ムッソリーニは側近のアルフィエーリに言った。「私の弱みは艦隊の不足だ」。

ドイツ軍のロシアでの度重なる失敗——一九四一年末のモスクワの戦い、一九四二年末のスターリングラードの戦い——を前にしてもムッソリーニは相変わらず、東において和平を結び、地中海の状況を立て直さねばならないと繰り返していた。

イタリア側の見方とドイツ側の見方の違いが明瞭になる。

ムッソリーニがヒトラーに「イタリアを助けるよう」呼びかけても、ヒトラーからは空しい約束の返事しか帰ってこない。イタリア側は、スターリングラードがどれほどひどい敗戦であったのか、想像もできなかった。スターリングラードでドイツ軍が正式に降伏するのはようやく一九四三年二月になってからだが、「ソヴィエト軍が殺到してくる」のを恐れたドイツからすれば、イタリアへの援助などには、ほとんど手が回らなかった。ところで、同年一月におこなわれたローズヴェルトとチャーチルのカサブランカ会談でローズヴェルトが「枢軸国の無条件降伏こそ戦闘停止の絶対条件」と宣言して以来〔一月二四日〕、ドイツとしても、民主主義諸国とではなく、ソヴィエト連邦との単独和平のほうがましだとする考えを強めていく。ゲーリング、ムッソリーニ、そしてチアーノ——彼はムッソリーニにそうするよう勧めた——がこの点について発言する。彼らが考えていたのは、日本がその調停役になれるということだった。一方、リッベントロープは、イタリアがこの交渉を始めるのが良いだろうと、あえてこの和平案を総統に進言しさえしたが、ヒトラーが怒りを爆発させたので、それ以上の発言は控えた。それでもリッベントロープは、スターリンの感触を秘密裏に探るため、スターリンがスウェーデンに派遣していた大使アレクサンドラ・コロンタイのもとへ側近のクラウスを遣わした。この件はその後沙汰止みになる。イタリアは、ルーマニア、ブルガリア、トルコとともに、反ソヴィエト的でもありソヴィエト連邦と条約締結の用意もある共同戦線を結成しようと考えたが、これも同様に滞る。話を持ちかけられたトルコがこれに乗ろうとしなかったからである。

重要な点は、こうした交渉をチアーノはイタリアが戦争から手を引くための第一歩と考えていたのに対し、ムッソリーニは戦争から手を引くことなど論外だと見なしていたことである。

一九四三年一月、その敵から「ドイツの下僕」と呼ばれていたカヴァレッロ将軍が任務遂行能力を欠いているとして解任される。ムッソリーニはアンブロジオ将軍を代わりに任命する。ところがアンブロジオ将軍

第2次大戦とイタリア　1940〜43年

1939年4月7日　イタリア、アルバニアを併合。

1940年

6月　イタリア、イギリスとフランスに宣戦。
8月　イタリア軍、イギリス領ソマリアを占領、ケニヤに侵攻。
9月　イタリア軍、リビアを攻撃、ソロウムを占領。
10月　イタリア軍、ギリシャに侵攻。
11月　イギリス軍、ターラント（イタリア）を攻撃。
12月　ギリシャ軍の反撃、アルバニアに侵攻。

1941年

1月　ハイレ＝セラシエ1世がエチオピアに戻る。イギリス軍、リビアへ反攻しバルディアとトブルクを奪取。
2月　ロンメル将軍（ドイツ）のアフリカ師団、リビア到着。イギリス軍、ジェノヴァを攻撃。
3月　イタリア軍、エリトリアのケレンでイギリス軍に敗北。イタリア海軍、マタパン岬〔ギリシャのエーゲ海に突き出た岬〕でイギリス海軍に敗北。
3月〜4月　ロンメルによる攻勢。
7月　エチオピアのアオスタ公、イギリス軍に降伏。
11月　オーキンレック将軍（イギリス）の反攻。トブルクを除くキレナイカを奪回。

1942年

5月26日　ロンメルとカヴァレッロ（イタリア）、エジプトを攻撃。
8月31日　イタリア・ドイツ両軍、攻勢の中止、ガソリンの欠乏。
10月23日　モントゴメリー指揮のイギリス軍、エル・アラメインを攻撃。
11月　イギリスとアメリカの連合軍、フランス領北アフリカ（アルジェリア、モロッコ）に上陸。
11月〜12月　イギリス軍、キレナイカを占領。

1943年

1月　イタリア軍、トリポリを失う。
7月10日　連合軍、シチリアに上陸。
7月25日　ムッソリーニ、失脚。
9月3日　カッシビレ休戦〔カッシビレはシチリア島シラクサ近くの小村。この村で連合国とイタリアの間の休戦条約が結ばれた〕。

はイタリア軍のヨーロッパ大陸への引き上げを頭領に進言する。当然、頭領はこれに反対である。そしてロンメルの後継としてアフリカ師団長となったケッセルリンクやフォン・アルニムとの協力関係の強化をアンブロジオが進言するとこれに賛成する。まもなくムッソリーニはチアーノと袂を分かつ。その後、チアーノの後継として任命したバスティアニーニから対外政策について尋ねられると、ムッソリーニはこう答える。
「戦争をするときには、同盟者の傍らにとどまるものだ[5]」。

頭領が誰にも予告せず婿を外務大臣の職から解任しヴァチカン大使に任命したのは一九四三年二月五日である。この任命は交渉の開始を可能にするためであったのか。そんなことはあり得ない。ヴァチカンとの関係は冷えきっていた。これに続きムッソリーニは法務大臣のグランディ、文部大臣のボッタイ、そして他七人の大臣も解任する。これは「衛兵の交代[6]」と呼ばれた。この「連中」の解任は、本質的な重要事を隠すためだった。頭領に厄介払いされたのは、平和主義に傾き、国王の周囲でうろついていた人々である。彼らにとって主要な敵はドイツになっていた。ムッソリーニのほうは、一九一四年以後に自分の約束を破ったような態度（それまで彼は社会党員だった）は二度と繰り返したくなかった。

ムッソリーニにとって、屈辱を被り敗北の恥をかくことはもはや致し方のないことだった。しかし、自説を曲げることだけは何としてもやりたくなかったのだ。

裏切りと頭領の失脚

ムッソリーニに献辞の入った写真をくれるよう頼んだ一九二二年以来、ヒトラーは好んで自分の思想の師と言っていたこの人物に一定の賞賛の念を抱いてきた。これに対し、おそらく頭領のほうは、一九三三年のヒトラーの勝利を喜びながらも、彼に対してはより慎重な視線を注いできた。しかしヒトラーの度重なる成功とその力強さはムッソリーニに強い印象を与え続けた。ヒトラーはムッソリーニとは異なり、国王や憲法を気にかける必要がなかった。たちまちのうちにヒトラーはムッソリーニに対し優位に立った。総統は、一九三九年の鋼鉄協約〔独伊軍事同盟条約〕以降この二人の署名者間の関係が逆転するにつれて、ますますこの不運の同伴者に深い愛情を感じるようになっていた。

　ムッソリーニはこの鋼鉄協約の結果とヒトラーの数々の食言に何度も怒った。たしかにムッソリーニの側でも約束をたがえたことはあった。しかし、そうしてみても、イタリアの軍事的弱さ、いやいやながらの参戦、あまりに数多い軍事的失敗のせいで、ムッソリーニは何も得られなかった。誤った計算が生んだ一連の危険による成果は、あまりに貧弱なものだった。一九四二年段階でまだ残っていたのは、アルバニアの併合と、ダルマチアにおける軍隊駐屯と、フランスの一部の軍事的占領だけだった。戦争は国民の支持を得ていなかった。戦争は一九四二年の秋までイタリア国民の生活にほとんど影響せず、[7]食糧統制がおこなわれたにすぎなかった（もっともこの食糧統制はその後苛酷なものになっていく）。映画ニュース「ルーチェ」でもイタリアの戦争はほとんど話題にならず、トブルクよりもロシア戦線の映像を映すことのほうが多かった。

　グロッセートやカリアリ等、イタリア国内の都市が初めて爆撃されたときには、さすがに一定の不満が観察された。しかし国内においてもファシスト体制は力を欠いていた。体制成立二〇周年を記念してファシスト体制の功績が讃えられても、それは住宅政策、ポンティン湿地〔ポンテイノ原〕の干拓、青少年教育といった、すでに色褪せたものだった。イタリア領東アフリカ帝国についても戦争についても一切語られることはなかった。

　一方、反ファシズム陣営の諸勢力を結ぶ鎖は（まだ）繋がれていなかった。かつての左翼の闘士たち（たとえばリッツァーニ）は、自分たちがファシスト体制に抱くのと同様の敵意をカトリックの側も感じているとは想像したくなかった。しかし、ロシア正教会と違い、カトリック教会は愛国的言辞を弄しはしなかった。ロシア正教会のほうは、修道院長ピティリムを先頭として、確信を持ってスターリンの軍隊を支持していた。

一九四三年一月、イギリス軍によるトリポリの占領は、アフリカにおけるイタリアの存在に終止符を打ったのみならず、地中海における枢軸側の敗退を予告するものとなった。「これ以上アフリカにとどまるのは自殺行為にしかならない」とロンメルは総統とムッソリーニに言明する。この判断は、後に「補給の問題のために評判を失った最良のドイツ元帥」と呼ばれるこの人物の解任を招く。

というのも、問題の鍵はまさにそこにあったからだ。ロンメルによるこの判断は、イタリアのどこかに連合軍が必ず上陸することを含意していた。

数字を見れば、状況がよりよく把握できる。イタリア艦船の総トン数を見ると、一九四〇年の時点では三三〇万トンのほか、休戦時〔同年六月二四日、独仏休戦協定調印〕にフランスから獲得した五六万トンを加えることができた。これが一九四三年三月の段階になると、問題なく航行可能とされたのは五九万五〇〇〇トンにまで減っていた――スターリングラードの降伏直後にあっては、ドイツ軍も機甲部隊を東部戦線から引き離すわけにはいかない。したがってドイツ空軍による充実した援助もままならない。これではイタリア軍が部隊を移動させるにはまったく不十分だった。

ムッソリーニのヒトラーへの援助要請は、しだいに急を告げるものになっていく。しかし、今や、連合軍の大陸上陸を阻むためにドイツ軍ができることは、せいぜい米英軍の車列へ攻撃を仕掛けることぐらいである。ドイツ軍にとって最重要なのはロシア戦線であり――当時クルスクの反攻が準備されていた――、ヒトラー自身、イタリア戦線にどんどん関心を失っていくのを隠そうともしない。総統は頭領に、リッベントロープを介して個人的なメッセージを伝える。「あなたと数日を過ごしたいと私がどれほど強く願っているか、あなたはおわかりですか。私たち二人で、戦争の全体的状況を検討したいのです」。このメッセージの意味を、新しいイタリア軍総司令官アンブロジオは完全に理解する。彼はロンメルの後継者ケッセルリンク将軍を通じて総統にこう伝える。「以後、軍事的問題はイタリアの国益の視点のみから検討されるでしょう[8]」。

「チュニスはヨーロッパを守る要塞だ」とムッソリーニは繰り返していたし、ヒトラーはスターリングラードの敗北後も、この新たな戦線を失いたくないと思っていた。しかし、メッセ将軍（イタリア）もフォン・アルニム将軍（ドイツ）も東西から押し寄せる連合軍に挟撃されてしまう。援軍はやって来ない。彼らは自分たちが降伏せざるを得ない状況に追い込まれていることを認識する。チュニジアにおけるイタリア軍とドイツ軍の降伏は一九四三年五月一二日におこなわれた。

しかも頭領にとっては、もうひとつ別の戦線が開かれたばかりだった。「われわれは二〇年も逆戻りしてしまった」――彼はフィアット〔イタリアの主要な自動車製造会社〕でストライキが起きたという知らせを聞いて言う。四万五〇〇〇人がストライキに入る。その数は一万人とも言われていたが、そんなことはどうでもいい。重要なのは生活条件の悪化に対する不満が噴出してきたという事実だ。ファリナッチが頭領に言う。「頭領、思い違いをしてはいけません。このストライキは政治的なものです」。このストライキは実際、体制に反対し、ムッソリーニの指揮下で失敗しかもたらさぬ戦争に反対したものだった。失敗ばかり積み重ねる間に、爆撃による犠牲者の数はどんどん膨らんでいた。

頭領を不安にするのは、ファシスト国家の巨大機構がこうした事態をまったく予想できなかったこと、ことここに至っても、この機構が何の手も打てないでいることである。このストライキでは全部合わせても四七六人の逮捕しかおこなわれず、内、扇動者として断罪された八七人はすべて微罪で済まされた。ファシスト体制は、統一社会党書記長マッテオッティの暗殺〔一九二四年〕以降、最大の危機に遭遇していた〔マッテオッティの暗殺というこの白色テロに対しては当時、広範な反ファッショ運動が展開された〕。ファシスト党幹部会において苛烈な抑圧措置を繰り返し主張していたのはファリナッチである。ムッソリーニはこうした過激な意見を述べる者たちを鎮めようとした。彼は一三八万七〇〇〇人のファシスト党員が動員されているのだから、何よりも大事なのは国内戦線の状況を安定化させることだと、そして「神経質になりすぎてはいけない」と演説で説いた。

「かつても今と同じように、ロシア軍がルーマニア軍の前線を突破し、次にイタリア軍の前線を突破し、三番目にハンガリー軍の前線を突破し、そしてドイツ軍の前線を突破したとき、その度ごとに神経質な人々はスターリンがわが国の海岸に迫ってくると信じ込んだものだ。〔中略〕わが国の労働者の話をすれば、戦時において仕事を放棄したり、ただちに平静さを取り戻そうと努めないなら、追放でもされない限り彼らの家族には一銭の金も与えられないだろう。そういった連中は、戦場で持ち場を放棄した兵士と同様に扱われるだろう。一九二四年と同じように、姿を消して自分のことを忘れてもらおうとする連中がいる。われわれは連中のことを決して忘れないだろう」[9]。

この演説内容を伝えるマッケンゼン将軍からの電報を手にした総統は、その余白に「イタリアには男は頭領しかいない」と記した。しかし、それからまもなくの軍略会議の席では、共産主義者の陰謀についてヨードルが語ると総統は次のように言明した。「人々が八つもの工場でストライキを決行したなど、私には考えられない。しかも、それを阻止するために誰も何もできなかったとは。徹底的に介入すべき局面であるにもかかわらず、連中はそうすべきか否かを考えているうちに機会を逸してしまったのだ。こんな場合にわずかでも弱みを見せれば、それで破滅だ」。

そしてこのとき初めてヒトラーは、「頭領を信頼できるか否か」ではなく「頭領の体制を信頼できるか否か」について考え込む。

この時点まで、ドイツの治安機関は総統から友好国での活動を許可されていなかったが、これ以後、友好国でも活動できるようになり、頭領に対して企てられていることについてリッベントロープに知らせるため、イタリア側には知らせず無線機を用いるようになる[10]。

イタリアのカヴァリア将軍は、「ムッソリーニの運命よりもイタリアの運命に関心を抱く一〇〇人ほどの上院議員が必要だ」と記していた。参謀本部、そしてみなの注目を集めていた国王の立場もこのようなものだった。国王が注目された理由は、少なくとも憲法によれば、国王には頭領を解任する権限が与えられていたからだ。国王は慎重だった。非常に慎重だった。国王は、このような決定がもたらすであろう危険をよくわきまえていた。しかし連合軍のシチリア、サルデーニャへの侵攻が始まりかけていたからには、イタリアをドイツとの同盟から引き離すか、あるいは少なくとも、総統にソヴィエト連邦との戦闘を止めさせ、ふたつの戦線をひとつに絞る同意を取りつけるか、いずれにせよ何らかの対処法を見出さねばならなかった。

一九四三年四月初め、頭領と総統は再びザルツブルクで会見をおこなう。ムッソリーニにとってはひどい下痢と胃痙攣に悩まされながらの、身体を折り曲げての旅となる。到着したとき、ヒトラーもまた目の下に隈をつくり、疲れ果てていた。どちらも蒼白で、こわばっている。誰かが言う。「二人とも病人だ」。イタリアのポッツィ医師が答える。「いいや二体の死体だ[11]」。

ザルツブルクでのヒトラー（左）とムッソリーニの会見。1943年４月。

彼らはスターリングラードとトリポリの衝撃に打ちのめされている。

それでもヒトラーは力を取り戻し、頭領と別れたときには、彼に元気を与え直したと満足する。しかしチアーノの後継バスティアニーニは状況を見誤っていない。

頭領は説明する。「私はヒトラーに東方での戦争を止めるよう要求した。彼は同意したと言った。しかし彼は、近いうちにロシア軍に決定的な一撃を与えることもできると確信している。和平交渉のための密使の件については話せなかった」。それどころかヒトラーは頭領に、もうじきソヴィエト連邦は崩壊するとまで確言していたので、単独和平についてはもはや問題にさえならなかった――これはリッベントロープがアンブロジオに語ったことである。

チュニジアにおいてイタリア軍とドイツ軍が降伏した後の五月一九日、ヒトラーはムッソリーニに「私は決してあなたを見捨てない」と打電する。東部戦線、クルスクの戦いが始まるのはこの日である。しかし二カ月近くにわたるこの戦いもドイツのパンツァー戦車にとって手痛い敗北に終わる。この敗北は、「難攻不落」と言われたパンテッレーリア島の陥落〔六月〕と、さしたる抵抗もなく完了した連合軍によるシチリア上陸〔上陸開始は七月一〇日〕直後のことだった。

二人の独裁者は、緊急に、今度はフェルトレ〔イタリア北部、ヴェネト州の町〕で会見する。事実上、またもや総統による「呼び出し」である。ムッソリーニはしぶしぶこの会見場所に赴く。軍内部でも宮廷でも、彼に期待させているのは鋼鉄協約の破棄であることを彼は知っている。また、イタリア軍がドイツ軍の指揮下に入ることを、ヒトラーは再び彼に要求するだろうとも予測している。会見場所にはベルリン駐在イタリア大使アルフィエーリが先に到着していた。しかしムッソリーニは彼に何も言わない。「ムッソリーニはもはや何の反応も見せない。彼が何を考えているのかは誰にもわからない」。アンブロジオ将軍がムッソリーニに圧力をかける――「イタリアは二週間以内に戦争から手を引かねばなりません」。頭領は言う。「ドイツと手を切るだって。言うのは簡単だ。ヒトラーがわれわれを勝手にさせてくれると思うのか」。

フェルトレでの会見で頭領は一言も口を挟めない。実際、今はひとつのことしか気にかけられないでいる。ローマが爆撃されたことを知らされたばかりだったのだ。それはローマへの初めての爆撃〔七月一九日〕だった。国王、王妃、教皇は犠牲者たちを見舞う。彼、ムッソリーニはその場所にいない。ローマ爆撃の被害が伝えられると、ヒトラーは、自らを守ることもできないイタリア軍司令部を非難し、潜水艦による戦争はまもなく新たな武器の使用を可能にすると言明する。とくにヒトラーが予告するのは、八月にはロンドンがこの秘密兵器によって数週間で根こそぎにされるということだ。昼食の席でヒトラーはわめきちらし、握り拳でテーブルを叩く。

フェルトレを発つ際ヒトラーはカイテル元帥に言う。「彼が必要とするものを送ってやれ」。ヒトラーはアンブロジオ将軍にも同じ内容を繰り返す。アンブロジオはバスティアニーニに叫ぶ――「奴はまだ幻想を抱いている。奴は狂人だ。はっきり言うが奴は狂人だ」。

実際、ヒトラーはムッソリーニに自由を返そうとは考えていなかった。これははっきり言えば、ヒトラーはイタリアが戦争から手を引くのを許さないということを意味した。

ローマに戻ったムッソリーニは、サン・ロレンツォ地区に降り注いだ爆撃がどれだけ凄まじかったかを見る。二八〇〇人から三〇〇〇人が死亡し、一万人近くが負傷した。爆撃の衝撃は、国内を戦争に引きずり込んだ体制に対する民衆の怒りで充満していた。サン・ロレンツォ地区では教皇の訪問を受け入れた。しかし国王とムッソリーニの訪問は拒否した。ムッソリーニは被害状況を見に行くために変装せねばならなかった。[12]

国王の周囲では、速やかな行動を目指すさまざまの集団が蠢いていた。「難攻不落」のパンテッレーリア島がほとんど戦闘もなしに失われたことは最悪の事態を予測させた。陰謀の糸を操っていたのは宮内大臣アックアローネである。彼はグランディ伯爵を頼りに、バドリオ元帥の意図を探らせていた。バドリオ元帥はかつての民主党員で、一九四三年以来、六つの反ファシスト的政党をつなぐ連絡委員会のメンバーのひとりだった。ボノーミもまた、鋼鉄協約は国家と国家の同盟ではなく、盟約の前文が述べているように「ふたつの体制、ふたつの革命」の間の同盟だと国王に説明していた。ファシスト体制が失墜すれば、盟約は有効性を失うだろう。

したがって、考えられたのは、ファシスト大評議会を招集し、立場のはっきりしない数人のファシストの助けを借りて、頭領の解任投票をおこなうことだった。

当時、チアーノが書いた義父の人物描写からは、気力をすっかり失なったムッソリーニの姿が浮かび上がってくる――シチリア島への連合軍の上陸から数えて一〇日後の七月一九日、「彼は哀れな状態で、まったく無気力だった。語の魔法、行動の魔法を駆使していた男の面影はまったくない。決断力がなく、公の生活から身を引こうとしているような印象すら与える。彼は私に会おうとしないだろう。私の話を聞こうとはしないだろう[13]」。

ムッソリーニはファシスト大評議会に赴くことを了承する。罠を嗅ぎつけた妻ラケーレは夫に正式の制服姿でそこへ行くように勧める。だが彼はそれを拒否する。そこでラケーレは「会議が始まる前に連中を全員逮捕してしまいなさい」と叫ぶ。七月二四日、大評議会が召集され、ムッソリーニが発言する。このとき会議の参加者は、自分たちの前にいる諦めきった男の姿を見て衝撃を受ける。彼の言い分は、状況がひどくなったのは軍人たちが自分に従わなかったからだということに尽きた。それに対しグランディが体制の崩壊と国の崩壊を非難し、それは頭領の責任だと発言する――「あなたはわれわれをヒトラーの後に従わせた」。そして憲法への復帰を説く。これは軍の指揮権の国王への返上を意味しており、ムッソリーニは今後、党の実質的指導に当たり、党を再び「花崗岩の塊」にしなければならないというのだ。次いでチアーノが頭領を弁護するために、頭領を裏切ったのはドイツ人だと発言する。しかしこの発言にムッソリーニは激怒する。側近たちは頭領を慰める。いや、そうではないのだ。頭領は自分に対する解任案の投票を拒まないつもりでいる。実際、彼は拒まなかった。一方で彼は、その案文の修正さえ拒否する。口頭による投票の結果、賛成票はチアーノを含む一八票、反対票は八票、棄権は一票となる。そしてムッソリーニは、慣習どおりに頭領に敬礼しようとする彼らの如才なさをも拒否する。

さらに彼は、「強硬な」ファシストたちが提案する「一九人の裏切り者ども」の逮捕も拒否する。だがこの一九人は逮捕される。翌日、ムッソリーニは呼び出しに応じて国王のもとへ赴く。国王は彼を解任する。そして後任にバドリオを据え、ムッソリーニを逮捕させる。頭領は、介入しようと望んだ彼の親衛隊やその長にさえ助けを求めようとはしなかった。彼は黙って逮捕された。彼はそのとき次のように言う。「闘うフランスがフランス人の名誉を救うように、ムッソリーニのイタリアはイタリア人の名誉を救うだろう[14]」。わずか数時間で、街頭にはファシスト党の徽章がひとつも見られなくなる。頭領の個人親衛隊は抵抗もせず武装解除される。

わずか数時間でファシスト体制は崩壊した。

気力をなくした頭領は、牢獄のあるポンツァ島〔イタリア中部、ティレニア海に位置する島〕におとなしく連行されていく。国王は彼に、その場所での安全を保証すると約束した。ポンツァ島に着いたとき、彼は病んでいて、しかも何も持っていなかった。コルヴェット艦ペルセフォーネ号の二人の海兵のひとりが四〇〇リラを、もうひとりがパンツを彼に与えたほどである[15]。

国王はグランディに感謝を述べた。しかしグランディのほうは、ムッソリーニの後継の座が自分には与えられず、バドリオに委ねられたのに失望した。国王は言う。「あなたはロベスピエール〔フランス革命時の恐怖政治の推進者〕にとってのタリアン〔フランス革命の指導者でロベスピエールをクーデタで追い落とした〕のような人物だったからね」。「それは違います、陛下。私はタリアンなどではありませんでした。それにムッソリーニがロベスピエールだったことなどありません。もし彼がロベスピエールだったなら、二五年もの間、議会、憲法、王制をそのままにしておくなど決してしなかったでしょう[16]」。

「少なくとも、あなたは、国王の良心だったと言われるでしょう」と国王は答えた。

バドリオ元帥は権力の座に就くとすぐ、ドイツ側に「戦闘は継続する」と言明する。一方、牢獄のムッソリーニは社会党員時代の同志でありかつて自分が投獄させたアントニオ・グラムシを思い出していた。そし

救出されたムッソリーニ。1943年９月12日。Bundesarchiv, Bild 101 I-567-1503C-14／Toni Schneiders／CC-BY-SA

てその牢獄からバドリオに宛てて、自分はバドリオと国王を支持すると書き送った（七月二九日）。だがヒトラーは新しいイタリア政府の言うことなどまるで信用せず、新政府による提案――もしドイツ軍がイタリアから撤退するならイタリアは中立を守るという提案――を拒否する。ヒトラーが拒否する理由は、そこに「いかなる保証」もなかったからだが、この決定を彼は後になって後悔するだろう。これを受け入れていれば、戦力を東か西のどちらかに集中することができただろう（これはヒトラー自身が一九四五年三月にナチスの指導者カルテンブルンナーに対して語った言葉による）。

とくに総統が望んだのは友の救出である。彼はヒムラーにアラリック作戦、すなわちムッソリーニの解放を準備するよう命じる。その機に乗じてバドリオに対するテロと国王の逮捕も予定されていた。しかしローマにはごくわずかのドイツ軍しかいない。作戦全体を決行するのは難しかった。できるのは頭領の解放のみである。ムッソリーニはどこに監禁されているのか。調査がおこなわれ、彼の移送経路が判明すると、九月初め、親衛隊（SS）のオットー・スコルツェニーとその部下たちはムッソリーニがグラン・サッソ〔イタリア中部、アッペンニーノ山脈の最高峰の山塊〕周辺にいることを突き止める。「ドイツ週間映画ニュース」にはパラシュート急襲の任務を与えられたスコルツェニーの親衛隊が頭領を救出したときの様子が映し出されている。九月一二日、頭領は小さな飛行機で助け出された。ところで、この救出劇は親衛隊の武勲であるように紹介されたが、実際には、後にロマン・ライネロ Roman Rainero が明らかにするように、頭領の監視役はたった三人の退役軍人しかおらず、彼を解放するときには戦闘はまったく必要としなかった――「この遠征には英雄的な奇襲のようなところはまるでなかった」。

ムッソリーニは総統の司令部に暖かく迎えられた。リッベントロープ、ラケーレ夫人、そしてムッソリーニの息子ヴィットーリオがそこにいた。[17] 鋼鉄協約はすでに死に絶えていた。それでも二人の間の友情はなお失われていなかった。

チャーチルとローズヴェルト――水先案内人と船長

ローズヴェルトに信頼され、彼の打ち明け話の相手ともなっていたハリー・ホプキンズは、自分が仕える大統領とチャーチルを比較する人物描写を残している。彼は証言する。ホワイトハウスでは、空が崩れてきても誰も気づかなかっただろう。それほどに、大統領の周囲には落ち着きが支配していた。一方、チャーチルのほうは、いつでも指揮所や危なっかしい橋頭堡にいるような様子で、彼が会話する場面にいるといつも大砲の唸りばかりが聞こえてくるようだ。どこにいようと彼は常に前線にいるのであり、戦争の話しかしなかった。今回の戦争だけでなく、カンナエ〔イタリア南部の古戦場。紀元前二一六年、第二次ポエニ戦争でカルタゴの将軍ハンニバルがローマ軍を殲滅した場所〕からガリポリ〔一九一五年、ガリポリの戦い。本書八六頁訳注参照〕まで、過去の戦争も話題にしていた。

ローズヴェルトに深夜零時まで夜更かしさせたいなら、少なくとも真珠湾か大統領選挙か、あるいはかなり熱の入ったポーカーゲームが必要である。夜の一〇時頃、一方のチャーチルはまだまだ元気である。午前二時や三時でも、彼の協力者たちはベッドから引きずり出されるかもしれない。新しい計画をきっちり定めるためには、いつ何どきでも、ただちに多くの細部を詰めなければならないのだ。チャーチルはとんでもない量のアルコールを消費していた。起きている間ずっと、適当な間隔を置いては飲み続けた。それでも健康や思考のすばやさには何の影響も与えていないように見えた。彼はまさに、オリンポスの神々のような飲酒能力に恵まれていた。ローズヴェルトは酒はほとんど飲まず、社交界の席にもほとんど時間を割かなかった。彼は、少人数で語り合ったり、笑い話を聞かせ合ったりするのを好んだ。読んだり書いたりするより、話をするほうが好きだった。不精だが元気いっぱいで、捉えどころのない性格だったが、胸襟を開いて話をした。[18]

振り返る意味で、ホプキンズによるこれらの証言に相当する、「ヒトラーに関する」唯一の証言を以下に記しておこう。これはミュンヘン会談におけるヒトラーとムッソリーニの一対一の会見〔一九三八年九月〕に立ち会った通訳、シュミットによる証言である。

「ヒトラーはわずかに身体を丸くして座っていた。彼が熱を込めて話すと、有名な前髪が額に落ちてきて、彼にボヘミアンのような風貌を与えた。彼にチェコ人の血が流れていたとしても、私には何ら不思議ではないように思われた。〔中略〕蒼ざめて、黒髪で、低く響くしゃがれた声で、R音を転がすような口調、その目は情熱で燃え上がり、怒りの閃光を発していた。私は自分の傍にいる人が典型的なドイツ人のようには感じられなかった。オーストリア＝ハンガリー王国によく見られる、混血から生まれ、今でもウィーンのいくつかの地区で出会う人のように私には見えた。

真向かいに座ったムッソリーニの印象はまるで違っていた。背筋を常にぴんと伸ばし、話すときにわずかに腰の上で身体を揺するその姿は、カエサルのような顔とも相俟って、古代ローマ人を思わせた。彼がボリシェヴィキ、国際連盟をけなして怒鳴るときには、その顔つきはヒトラーより表情に富んでいた。彼の顔は代わる代わる、怒り、軽蔑、決意、狡猾さを示していた。私は、彼が自分の思考に与える明快さ、透明さに強い印象を受けた。彼の発言にはひと言も無駄な言葉はなかった。だから彼が言ったことはそのままただちに印刷できたほどだ。二人の笑い方の違いも興味深かった。ヒトラーの笑いには常に軽蔑、皮肉が含まれていた。その笑いには、かつて味わった数々の失望、押さえつけている野心の痕跡が見て取れた。ムッソリーニはそれとは逆に、大口を開けて笑った。それは人を解放するような笑いであり、この男にはユーモアの感覚があることを示していた」*。

往々にして、互いに対する互いの立場、記憶を決定するのは最初の出会いである。この戦争の期間、ローズヴェルトとチャーチルは少なくとも一対一で六回会っている。最初の会談が開かれたのは真珠湾攻撃の四カ月前、大西洋、ニューファンドランド沖に停泊したイギリス最新鋭艦船、プリンス・オブ・ウェールズ号上においてである〔一九四一年八月九日〜八月一二日。大西洋会談〕。この会談の計画はもちろん秘密裡に進められた。チャーチルは大西洋を渡らねばならなかったし、ドイツの装甲艦ビスマルクがその辺りをうろついているかもしれなかったからだ。

プリンス・オブ・ウェールズ号上でのローズヴェルト（前列左）とチャーチル（同右）。1941年8月。

この会談で言われなかったこと、言われたことが、以後四年間の米英関係を照らし出すことだろう[19]。それは一九四一年の真夏だった。チャーチルが八月初旬に乗船したとき、ドイツ国防軍は六週間来ソヴィエト連邦に侵攻しており、その進軍は止めがたいもののように見えていた。

＊　この文章が書かれたのは一九五〇年である。*Op.cit.* 160, p.122–123.

イギリス首相にとっては不安を抱いても不思議のない状況だった。気力を取り戻すためだったのだろうか。プリンス・オブ・ウェールズ号上で、彼はそれがもう五度目の鑑賞だったが、アレクサンダー・コルダの映画『レディー・ハミルトン』を観た。その映画は、イギリスの海軍力でナポレオンのイギリス上陸を阻止した英雄、ネルソン提督の晩年を扱ったものだ。この映画が回想させる状況は最近の状況をそのまま思い起こさせた。もっとも、今度のドイツのイギリス上陸を妨げたのは空軍力である。上映が終わると、すっかり感動したチャーチルはそこにいる人々に話しかけた。「この作品は、今あなたたち自身が役割を演じている事件に似た事件を、映画化している」[*20]。

ニューファンドランドに赴く前、ローズヴェルトは息子エリオットに次のように打ち明けている。

「われわれは、強力な軍隊を作るために必要な時間を稼がねばならず、そのために日本をなだめようとしている。イギリス人はどうかと言えば…。おまえは向こうにいたね。おまえはイギリスの人々を見てきた。おまえは彼らが痩せて、顔色も青く、疲れきっていると言っていた。今回の会談は彼らの士気を高めるのにとても役立つだろう。そう思わないか。ナチスはその絶頂期に達した。今や連中がヨーロッパの主人だ。近い将来、われわれが大砲や爆弾の標的になりたくないなら、少なくともわれわれはイギリスに精神的な支援を与えねばならない。そう考えているアメリカ人は以前よりずっと多いはずだ。見ていればわかるが、チャーチルが私に最初に要求するのは参戦だよ。

［中略］イギリス人が心配するのは、われわれの生産したものがどのくらいロシアに渡されるかだろう。戦争になったらロシアはどのぐらい抵抗できるか、この点についてチャーチルがどう考えているかを私は知っているからね」。

そして彼は指を丸くしてゼロを作った。

「あなたはそれ以上にロシアを信用している。そう私は思いますが」とエリオットが口を挟むとさらにこう続けた。

「ハリー・ホプキンズの考えはそうだ。そして彼は私を納得させた。〔中略〕イギリスの戦争遂行能力について言えば、参謀本部の責任者たちが正確に計測し、その能力が本当に限界に達しているかどうかを検討してくれるだろう。〔中略〕われわれがイギリス人にまず理解させねばならないのは、イギリス帝国をへまから引っ張り出すだけのおめでたい役回りなど、われわれは決して引き受けないということだ。それにまだ誰にも言っていないが、われわれがこの戦争でイギリスを助けるのは、植民地の諸国民を乱暴に扱い続けている彼らにそれを許すためではない」[21]。

ローズヴェルトは息子にすべてを語っていると思われる。

プリンス・オブ・ウェールズ号上での会談は熱意にあふれたものとなり、最初の会食で、チャーチルはすぐに本題に入った。以下はエリオットの報告に基づく。

「フランクリン、アメリカ国民はわれわれに対して非常に好意的であるようです。実際、アメリカ国民は戦争に加わろうという気になっています」。

「逆の方向を示す徴候についても見つけられるはずですが」。

「しかし、武器貸与法〔アメリカ、一九四一年三月一一日成立〕についての議論を見てみれば…」。

＊　一九四一年の後半から大西洋における連合軍側の被害はかなり小さくなっていた。当時イギリス側は、ドイツのUボート（ドイツの潜水艦）が利用していた暗号（エニグマ Enigma という装置を使って作成）を解読するのに成功していた。これによってUボートのいる位置が発見しやすくなり、Uボートはもはや「猟犬」のような作戦行動を取れなくなっていた。その後一九四三年五月に「大西洋の戦いは負けに終わった」とデーニッツ提督に言わしめたのは、とくにUボートの設備品の不足であった。

「ウィンストン、もしあなたがアメリカの世論に興味がおありなら、議会の『公式日報』を読まれたらいい」。

食事の後、チャーチルは演説をおこなったが、それは熱にあふれ雄弁なものだった。

「私たちは彼の言葉の滋味を味わった。［中略］私たちが同意できない事柄でさえ、彼は私たちを魅了した」とエリオットは報告している。

チャーチルが言う。「われわれは敗北しかけていた。しかしヒトラーとその将軍たちはそれに気づかなかった。［中略］あなたたちに残された唯一のチャンスは、彼らが先制攻撃を仕掛けてくる前に宣戦布告することです。われわれが打ち負かされたらすぐに、連中はあなたたちに最初の一撃を加えるだろうが、その一撃は最後の一撃になるはずです」。

「それではロシア軍は？」とローズヴェルトが尋ねた。

チャーチル「私には彼らがいつまで抵抗できるかわからない」。

この席では、一個の「諾」も一個の「否」もアメリカ側からは発せられなかった。

この会談が始まる八月九日以前に、すでにスモレンスクはドイツ軍のボック将軍の手に落ちていた〔七月二九日〕。

会談初日から約一週間後の八月一四日、プリンス・オブ・ウェールズ号上で大西洋憲章への署名がなされた。

この憲章の草案は、アメリカの国務次官サムナー・ウェルズによって準備され、チャーチルとの間で長い時間をかけて書簡によって協議されてきたものである。ニューファンドランドで過ごした数日間、ローズヴェルトはひたすら相手の話に耳を傾けた。彼以外の人間ならば、誰もが自身の意見を言い出しはじめるところだったろう。

双方はすべての点で合意した。しかし本当にすべての点で合意されたのだろうか。別れる前にローズヴェルトは釘をさす。彼はいたずらっぽく確信をこめて言う。「当然のことだが、戦争が終わったら、長く平和を続けねばなりません。そのための前提条件のひとつは、より自由な通商が保証されなければならないということです。人為的な貿易障害、最恵国待遇は認められない」。

チャーチル「イギリス帝国内の通商協定は…」。

ローズヴェルト「それは研究が必要な問題です。その通商協定によってインドの人々、アフリカの人々は遅れた状態にあるのだから…」。

チャーチル「大統領、イギリスは帝国の偉大さの源である現在享受している特権的地位を放棄するなど、一瞬たりとも考えておりません」。

ローズヴェルト「おわかりでしょう、ウィンストン。あなたと私の間で意見の違いが生じるとすれば、まさにその問題についてなのです」。

ローズヴェルトと別れる際、チャーチルは人指し指を彼に向け、感動した面持ちで言い放った。

「大統領、あなたはイギリス帝国を消滅させたがっているように私には思われます。戦後の平和の構造についてあなたが持っておいでのあらゆる考えがそのことを示しています。しかしそれにもかかわらず…」。

「それにもかかわらず、何ですか」。

「あなたはわれわれにとっての唯一の希望なのです」。

エリオットが報告するこれらの言葉はチャーチルの『回想録』には見当たらない。[22]

その次の会談は真珠湾攻撃の直後の一九四一年一二月末におこなわれた〔一二月二二日〜一九四二年一月一四日、アルカディア会談〕。二人の首脳は今や「同じ船」に乗っていた。しかしワシントンにやってきたチャーチルは、太平洋で被害を被ったアメリカがその軍事力を日本に集中させるべく方向転換し、「何よりもドイツを第一に」という原則を捨て

連合国の首脳会談と、連合国によってなされた作戦

1941年

3月　ABC-I作戦：チャーチルとローズヴェルト、初めての共通戦略の案。

8月　大西洋憲章：チャーチルとローズヴェルト（ニューファンドランド）。

1941〜42年

12月22日〜翌年1月14日　アルカディア会談：チャーチルとローズヴェルト（ワシントン：第1回）。

1942年

5月　モロトフとチャーチル（ロンドン）。

5月　モロトフとローズヴェルト（ワシントン）。

- ライフベルト（安全ベルト）作戦：外交によって決着をつけられたアゾレス諸島〔大西洋中央に位置するポルトガル領の群島〕についての作戦。
- ボレロ作戦：アメリカ軍のイギリスへの集中。
- ジュピター作戦：ノルウェーへの上陸作戦。
- ジムナスト（体育家）作戦：フランス領北アフリカへの上陸作戦。この作戦は後にトーチ（たいまつ）作戦となる。
- マグネット（磁石）作戦：アメリカ軍のアイスランドへの派遣。

6月20日〜25日　チャーチルとローズヴェルト（ワシントン：第2回）。

8月12日〜15日　チャーチルとスターリン（モスクワ）。

- スレッジハンマー（前方を叩く）作戦：ロシアの前線が崩壊した場合、あるいはドイツが内側から崩壊した場合には小規模の上陸作戦をおこなう。
- ラウンドアップ（結集）作戦：1943年に予定されていたヨーロッパへの大規模上陸。この作戦は1944年にはオーヴァーロード（領主）作戦になる。

10月　ライトフット（軽快な足）作戦：バーナード・モントゴメリーによるエジプトへの攻勢。

- ヴェルヴェット（サテン）作戦：コーカサス地方での空軍力の創設、1942年末に予定。

1943年

1月14日〜24日　チャーチルとローズヴェルト、ド・ゴールとジロー（カサブランカ）。

5月12日〜27日　チャーチルとローズヴェルト、トライデント（三叉）会談（ワシントン：第3回）。

8月17日〜24日　チャーチルとローズヴェルト、クワドラント（四分儀）会談（ケベック）。

11月22日～26日　チャーチルとローズヴェルトと蔣介石、セクスタント（六分儀）会談（カイロ）。
11月28日～12月１日　チャーチルとローズヴェルトとスターリン（テヘラン）。
- フリントロック（火打石銃）作戦：アメリカ軍によるマーシャル諸島への攻撃。
- アヴァランチ（雪崩）作戦：連合軍によるイタリア・サレルノへの上陸。
- アナキン作戦：ビルマへの攻勢。
- バッカニーア作戦：東南アジアへの上陸（放棄）。
- シングル作戦：ローマ南方への上陸（放棄）。
- ハスキー（エスキモー）作戦：シチリア島への上陸。
- ストラングル（絞殺する）作戦：イタリアからドイツへの連絡網を遮断するための爆撃。

1944年

６月　オーヴァーロード（領主）作戦：ノルマンディーへの米英軍上陸。
７月７日　ド・ゴールとローズヴェルト（ワシントン）。
８月　ドラゴーン（竜）作戦：仏英両軍によるプロヴァンスへの上陸。
９月12日～16日　チャーチルとローズヴェルト（ケベック）。
10月９日～19日　チャーチルとスターリン（モスクワ）。
- ポイントバンク（銃口を突きつけて）作戦：ドイツにおける交通網爆撃。

12月　ド・ゴールとスターリン（モスクワ）。

1945年

２月４日～11日　チャーチルとローズヴェルトとスターリン（ヤルタ）。
７月17日～８月８日　チャーチル（のちにアトリー）とトルーマンとスターリン（ポツダム）。

去るのではないかと恐れた――キング提督とマッカーサー将軍はそうした方針を推進していた。

チャーチルが説いたのは地中海における作戦活動だが、これはインドへの通路の確保を彼が第一に考えていると疑われかねないものだった（この推測は間違ってはいなかった）。しかしチャーチルはアメリカの戦略変更と同じくらい、アメリカ人が西ヨーロッパにあまりに早く上陸してしまうことも恐れた。いずれにせよ、チャーチルが説く作戦活動への疑念は、アメリカ人の中でも、自国の軍事力を大西洋よりは太平洋へ向けるべきだと考える人々の論拠を強化するのに役立った。

米英軍合同参謀本部議長マーシャル将軍の発言が、「真珠湾攻撃以前からの全体的戦略に変更なし」との決意をローズヴェルトに固めさせた。ローズヴェルトの説明は簡潔である。たしかに短期的に見れば日本の脅威が最も大きく見えるが、最も弱い敵は勝利を重ねているはずのドイツに他ならないというものだ。ドイツが弱いのはふたつの戦線で戦っているからである。しかもアメリカは大西洋のほうが戦場との距離が近く、この点でも第一になすべきは大西洋の支配権を握ることである。彼はこのように説明したうえで、さらにつけ加えた。「この戦略的選択が、ソヴィエト連邦の、戦争からの離脱を妨げるだろう」[23]。

論理はしっかりしていた。しかしそれを実施する各種の措置に関しては、英米双方の間で深刻な意見の相違を見た。それでも、一緒に考え行動するという共通の意志は揺るがなかった。

だが戦況の変化がひとつの作戦を変更させることになる。

当初目指されたのは、西ヨーロッパのどこかへの、力尽くの上陸である。そして「ドイツの一二の機甲師団を凌ぐ勢力で作戦が遂行できなかった場合は、部分的な形でもそれを成し遂げる」ことが目標とされた。少なくともそれが成功すれば、極めて困難な状況下でそれを「解放のお守り」のように待ち望んでいたソヴィエト軍を、救い出すことができるだろう。この作戦はスレッジハンマー（前方を叩く）と名づけられた。

ところが一九四二年の初夏、ミッドウェイにおけるアメリカ軍の対日戦の勝利〔六月五日～七日〕は太平洋における良い兆しとなったが、アメリカの同盟諸国のほうは、たったひとつの成功を収めていたにすぎなかった。一〇〇〇機の爆撃機によるケルン大空襲〔五月三〇日～三一日〕のみである。他の戦線における状況は惨憺たるものだった。ドイツ軍はセヴァストポリとハリコフに達しており、アフリカでもトブルクがドイツ軍の手に落ちた。これは、イギリス軍にとってはシンガポール陥落と同じほど強烈な打撃となった——エジプトも中東も、今やロンメルの手に届くものとなっていた。そのうえ、ドイツ軍の潜水艦による攻撃は連合国側に甚大な被害を与えていた。一九四二年七月一四日の週に、総計四〇万トン分の艦船が魚雷攻撃で失われた。このペースで行くなら、沈没させられた船二・五艦に対して無傷な船は一艦しか残らないことになる。

イギリスの同盟諸国の軍人たちは西ヨーロッパのどこかに力尽くで上陸しようとしたがっていた。だが「バトルワーシネス」（戦争への適性）はそんなに簡単に得られるものではない。それをどうやってイギリスは同盟軍の軍人たちに理解させられるだろうか。チャーチルはワシントンでの会談〔一九四二年六月、チャーチルとローズヴェルトのワシントンにおける二回目の会談〕でそれを理解させようと、芝居がかった様子で英仏海峡を「血の河」として描き、彼らにパッシエンデールとソンム〔前者はベルギー西部、後者はフランス北部の第一次大戦における激戦地。英仏連合軍はこれらの地でドイツ軍に攻撃を仕掛けたが大敗し、大量の犠牲者を出した〕の殺戮を思い出させる。そして周囲を見渡しながら、それらの殺戮現場の生き証人を探す素振りをしてこうつけ加えた。「しかし、彼らの顔はここにない[24]」。

こうして西ヨーロッパの上陸作戦はフランス領北アフリカの上陸作戦へと変えられた――このジムナスト（体育家）作戦はやがてトーチ（たいまつ）作戦〔一九四二年一一月八日〕へと進む。作戦の切り換えの正しさを証明するかのように、英仏海峡からフランス・ディエップへの上陸を目指すイギリス・カナダ両軍の作戦〔一九四二年八月一九日〕は失敗に終わっていた。これは総練習だったのだろうか。あるいはロシア人とアメリカ人に、正面作戦に伴う危険がいかなるものかを示すために、あえてなされた失敗だったのだろうか[25]。

ただトーチ作戦は何よりもアメリカ軍がおこなうものであり、これについてはワシントンでもロンドンでも、フランス人がどう出るかを心配していた。一九四二年四月二三日時点で、フランスのダルラン提督はスペイン経由でワシントンに打電し、アメリカ国務省に次のように伝えていた。「もしわが国でラヴァルが優勢になるならば、またペタンがラヴァルを前にして事態を掌握できなくなった場合には、私ことダルランは、アメリカが私をフランス代表として認知するよう公の行動に出るだろう。ダルランは植民地へ向けて出発するだろう。電文終了[26]」。

ローズヴェルトは戦略に関するこうした一連の考察と並行して、ドイツとの敵対関係が始まった時期にはすでに心理戦争にも注意を注いでいた。そしてアメリカの外交機関がこの心理戦争に消極的なことを確認していた。大西洋を渡る軍の派遣に一部世論が慎重になっていることを知ると、アメリカ大統領は「オーストリア人、ポーランド人、そしてナチスの犠牲者たるドイツ人に至るまでの、精神的に打ち負かされていない人々」に向けて、「自らの手でナチス体制に終止符を打つよう」キャンペーンを開始する。征服され抑圧された諸国民の蜂起によって、さらにはドイツ内部からの国民の蜂起によって、ドイツを内側から「崩壊」させられればそれが理想的だろう。「ドイツ国民全体が殺人者とヒトラーの手先であるかのような見方をしても、われわれの利益とはならない」（一九四二年五月二日）。

アメリカに住むドイツ人に自分の政策を支持させるため、ローズヴェルトは自分と同様のシナリオを描こうとする映画作りを援助した。たとえば、アーヴィング・ピシェル監督（彼は反ナチスの移民である）の『月は落ちた』、エドワード・ドミトリック監督の『ヒトラーの子どもたち』、フレッド・ジンネマン監督の『七番目の十字架』などである。しかし、ドイツ人に自分たちの指導者を警戒するよう促すこれらの映画は、公の制度に対する忠誠心が人一倍強いこの国の人々を動かすには至らなかった。

ローズヴェルトはまた、ナチス指導部の内部事情を把握し彼らの計画を予測しようと、独自の情報網を手に入れたいと望んだ——このことはコーデル・ハルと国務省の気分を害した。ローズヴェルトが利用したのはある報告書である。この報告書は、かつてのナチス党員でヒトラーの側近だったエルンスト・ハンフスタングルにローズヴェルトが直接依頼して作らせたものだ。ハンフスタングルは戦争直前にドイツを逃れ、カナダでイギリスの監視下に置かれていた人物だが、イギリスはいくらか勿体をつけて彼をローズヴェルトに譲った。ローズヴェルトはその彼を、自分の手元において利用できる一種のルドルフ・ヘスにしようとした[27]。

ローズヴェルトが考えていたのは、いわばダルランのドイツ版を作ることだった。シャハト、ノイラート、あるいはゲーリングがその候補にあげられていた。そもそもド・ゴールも、「ローズヴェルトのこの計画は、ペタン、フランコ、シコルスキ、ゲーリングの周囲に形成された新しいヨーロッパを、ソヴィエトさらにはイギリスに対抗させようと目論むアメリカのある人々にとっては不快なものではない」と強く感じていた（この一文をド・ゴール将軍はその『回想録』から削除しているが、歴史家ジャン＝バティスト・デュロゼルがその痕跡を見つけ出した）[28]。

実際、この時期のローズヴェルトは、チャーチルが戦争の成り行きについて自論を押しつけてくるのを快く思っていない――「チャーチルが『自分は大英帝国を清算をするために大臣になったのではない』と言うとき、もはや彼は博物館の陳列品であり、現代ではもの珍しい聖遺物だ。彼の話を聞いていると、まるで墓の彼方から声が聞こえてくるようだ。彼がロシアの意図について語ることのすべては現実的だとは思えない。彼は遠い過去を生きているかのようだ」。イギリス首相の主治医モラン卿は、「ローズヴェルトはチャーチルに嫉妬している」と判断している。ハリファックスの証言によれば、マーシャル将軍はハリファックスに、「ローズヴェルトはチャーチルが訪ねてくるのを望んでいない」と言ったらしい。チャーチルが軍事問題に通じすぎていたからだ[29]。

しかし、ダルランのドイツ版を作ろうとするこの考え方に代わって、まもなく別の見方が支配的となる。すなわち、ドイツの攻撃的性格はプロイセンの軍国主義に体現された伝統に根ざすものであり、単にヒトラー個人の政策的な表現ではないとする見方だ。この点についてチャーチルよりはイーデンと意見を同じくするローズヴェルトは、ヒトラーに敵対するドイツ人たちと手を組もうという希望を捨てる。イギリス人はまもなく、ローズヴェルトがカサブランカにおいて、「枢軸国の無条件降伏こそ戦闘停止の絶対条件」と宣言するのを聞いて喜ぶ〔一九四三年一月二四日、ローズヴェルトとチャーチルによるカサブランカ会談最終日の発言。本書三〇四頁参照〕。

チャーチルのド・ゴール観――魅力的だが苛立たしい人物

フランスあるいはフランス領北アフリカへの上陸作戦が検討されていた時期、チャーチルとローズヴェルトの間では、ヴィシー政府やド・ゴールに対して取るべき態度についての意見は一致していなかった。

一九四二年一月一日、連合国二六カ国による「共同宣言」〔枢軸国との単独不講和〕が出された。その作成段階ですでに、その後まもなく国際連合と呼ばれることになる「連合した諸国」についての米英共同文書をめぐり、いくつかの用語、署名者の順序が議論の種となっていた。たとえば、ソヴィエト連邦のワシントン駐在大使リトヴィノフは、宗教的自由という用語よりも信教の自由という用語が好ましいと判断し、ソヴィエト連邦を署名者の最後尾に置くのは巧みなやり方ではないと主張していた。ド・ゴールの自由フランスの扱いについて言えば、アメリカのホプキンズが、署名者の中に自由フランスを入れるのは時期尚早だと考えていたのに対し、チャーチルは、「署名者である諸政府」という文言を「署名者である諸政府および諸当局」に変えるよう要求していた。コーデル・ハルはこれに反対した――自由フランスに属する人々へのハルの反感は非常に強固なものだった。イーデンは、チャーチルの意見に傾きかけていたローズヴェルトの援軍に回った――「自由フランスの人々は、言葉のあらゆる意味でわれわれの同盟者である。彼らの軍事力は多くの地域、とくに南太平洋のニューカレドニアにおいてわれわれと協力している。彼らを署名者から外す権利はわれわれにはない」[30]。

それでもチャーチルとローズヴェルトの間に見解の相違がなくなったわけではない。ジムナスト＝トーチ作戦、すなわちフランス領北アフリカへの上陸作戦の決定は、両者の意見の違いをさらに明瞭にしただけだった。

ド・ゴールに対する多くの賞賛と怒りが渦巻いた後のこの時期、チャーチルが熱心にド・ゴールを擁護するのは大きな政治的利益を期待していたからに他ならない。チャーチルはコーデル・ハルにこう語りかけている〔一九四一年一二月〜翌年一月、第一回ワシントン会談時〕。「自由フランスおよびヴィシー政府に対するワシントンの国務省の現在の態度は、フランス本土やその他の場所でドイツと戦おうとしている人々に誤解を与えかねないと私は危惧している。そう思わせるしっかりした根拠がいくつもある。不名誉の唱道者に対して価値を認めるのは戦時において良いことではない。［中略］ヴィシーにいるのは、征服者の足元に這いつくばり、征服者を拝跪する人々だ。［中略］戦い続ける人々について言えば、十中八九のフランス人が彼ら〔自由フランスの戦士たち〕をどんどん尊敬するようになっている。希望が再び、この戦士の種族を立ち上がらせつつあるのだ」。

一九四〇年六月のフランスの敗北以来、孤立したド・ゴールの要求は「自分をフランスの主権の体現者として認知せよ」というものだったが、それがどれほど耐えがたい要求であるにせよ、チャーチルにとってド・ゴールとの連帯は自明の理だった。二人の連帯は、太平洋地域におけるフランス領の島々がド・ゴール側に付いたことによって強化された。また、自由フランスのルクレール将軍、ボワランベール将軍、プレヴアンらによるチャド、カメルーンでの賭けとも言うべき行動がイギリスの側面援助のもとで功を奏し、これらの地域もド・ゴール側に付いたことによって、この連帯はさらに強化された。ダカールにおける共同軍事作戦〔一九四〇年九月二三日〜二五日〕は明らかな失敗だったが、これも二人の連帯を揺るがすことはなかった。この失敗が示していたのは、フランス本土でもそれ以外の地域でも、フランス公務員の幹部職員がヴィシー政権のペタン元帥に忠実だったことのみである。少なくとも、ダカールではフランス人が同胞に発砲するということはなかった。イギリス海軍の砲撃によってヴィシー政府側のダカール駐在部隊とダカールの地元住民に一五〇名の死者を出し、自由フランス側では一二名がフランス・ヴィシー軍の捕虜となったものの（ボワランベール将軍もそのひとりとなった）、それでもこの失敗によってイギリスと自由フランスの関係が損なわれることはなかった。しかし、一九四一年夏のシリアとレバノンにおける危機ではそうはいかなかった〔一九四一年六月八日、イギリス軍と自由フランス軍によるシリア侵攻〕。

事件は、対独強力を再び活性化しようとするダルランの政策に関係していた。ヒトラーと会見し、彼の南東ヨーロッパ征服を目指す進出に強い刺激を受けたダルランは、ヒトラーのこの動きにヴィシー政権を遅滞なく協力させようとした。そして自らの目論見を「ギヴ・アンド・テイク」政策と規定し、ドイツ側に最初の保証として、ドイツ国防軍のチュニスへの駐留と、シリアの飛行場のドイツ国防軍との共用を提案した。一九四一年五月に署名されたこのパリ協定〔ヴィシー政府、対独軍事援助に関する認定書調印〕には国防大臣ウェイガンが強く反発し、彼はペタンがダルランに同意するのを見て辞表を提出している[31]。

ド・ゴールとチャーチルの間に初めて大きな対立が生じたのはこの文脈、一世紀前から対立を生み出し続けてきた土地、中東地域をめぐる文脈においてである。フランスのレオン・ブルム首相によって一九三六年に署名され、シリアとレバノンを三年以内にフランス保護領でなくすることを約束した協定の成立以来、その批准についてはダラディエによっても、レノーによっても、ペタンによってもなされないままできた。

一方、チャーチルは一九四〇年にフランスがドイツに敗れると、翌四一年には、ユーゴスラヴィアとギリシャに対するヒトラーの迅速な進出に伴い噴出したアラブ人による領土返還要求を考慮に入れないことにした（フランス同様、イギリスもまたこのアラブ地域に勢力を張っていたのだ）。アラブ人の怒りはエルサレムの総ムフティ*の口から語られた。「ドイツ人の敵とわれわれの敵は共通である。イギリス人、ユダヤ人、共産主義者だ」。

保護領のフランス高等弁務官ガブリエル・ピュオは当初、ロンドンのこの態度に満足を示していた——あらゆる伝染の回避を目的とする「良いやり方」だと彼は言っていた。しかし、ダルランの指示により、まもなく彼は、「イギリスは自由フランスのカトルー将軍と共謀し、シリアとレバノンを自由フランス側に付かせようと『企んでいる』」と非難する。ガブリエル・ピュオの後任デンツ将軍もまた、イギリス側に敵意を示す。そのためイギリス側は、アラブ民族主義者の運動を鎮めるにはこのペタンの代理人の言い分を聞き入れる必要があると判断するのである。このことが中東全体を燃え上がらせた。

ギリシャへのドイツ国防軍の進出が決定的なものに見えると、総ムフティの呼びかけに応えてイラクがイギリスに対して立ち上がる。バグダッドで起きたクーデタは親ドイツ派のラシッド・アリを権力の座に就ける。ただちにヒトラーは、ヴィシー政府とのパリ協定に従い、飛行機と軍事顧問をアレッポ〔シリア北部、同国第二の都市〕に派遣し介入を試みる。この動きに応じてフランス・ヴィシー軍のデンツ将軍が、イギリス軍に援助されたルジャンティオム将軍〔ソマリア駐在フランス軍を率いていた彼は、最も早くロンドンのド・ゴールに合流していた〕率いるド・ゴール派の軍隊（自由フランス軍）に抵抗を図る。そしてイギリス・自由フランス連合軍の侵攻に対しヴィシー軍が最後の一戦を交えた後、ダマスカスは連合軍に占拠される。しかしヴィシー軍がほとんど抵抗しなかったことを評価し、イギリス軍はデンツ将軍を丁重に扱い、アッコ（アクル〔現イスラエル北部の港湾都市〕）における交渉からド・ゴールを除外する。この交渉によって、シリアの統治権はフランスからイギリスへと移った。

これこそが危機だった。

この結果、ド・ゴールとチャーチルはほとんど断絶状態となった。ところが一九四一年八月、この自由フランスの代表者はカイロ駐在イギリス全権代表リットルトン卿に次のように書き送った。「イギリスがシリアおよびレバノンに興味を感じていないことについて、そして自由フランスがこの地域についてなした約束に従いこれらの国々が独立した際には、イギリスがこの地域におけるフランスの特権的な地位を認めることについて、あなたが与えてくれた保証に私は満足している」。独立の保証である憲法はフランスの欲しがる「特権的な」地位とは馴染まないはずだが、シリア人やレバノン人が非難する植民地主義的精神を失っていないド・ゴールはそのことに気づいていない。この間、イギリスはエジプト、イラクにおける自らの立場を

＊　ムフティはイスラム教の戒律・教義上の問題を裁く法学者。

回復し、総ムフティはドイツに逃れた。「ドイツ週間映画ニュース」の映像は、ヒトラーが総ムフティを盛大な儀式で迎えた様子を伝えている[32]。

アラブ人の要求に対する過小評価という誤りを、この同じ男たち――ド・ゴール将軍とカトルー将軍――はマグレブ地域でも繰り返す。違いは、彼らがこのとき恐れたのはイギリスによる支配ではなく（もちろんイギリスに下心がなかったわけではない）、アメリカによる支配（アメリカにも下心はある）、さらにはソヴィエト連邦やエジプト（のナセル）による支配だった。イギリスとド・ゴール派の対立という危機によってできた傷口は、それほど早くは塞がらないだろう。

瑕疵のない主権の体現者として認知されるよう、そしてフランスのみならずアメリカからもイギリスの傀儡とは見なされぬよう、ド・ゴールはブラザヴィルで『シカゴ・デイリー・ニューズ』紙のインタビューに応じることにした〔一九四一年八月二七日〕。その内容をチャーチルは侮辱と受け止める。「ロンドンはなぜヴィシーと断交しないのか」との質問にド・ゴールは次のように答えたからだ（後に彼はこの発言を取り消す）。

「イギリスはフランス海軍を恐れている。実を言えば、イギリスはヒトラーと戦争を継続する期間について彼と一種の取引をしたのであり、ヴィシーがその交渉の仲介役を担ったのだ。ヴィシーはフランス国民を従属の状態に置き、フランス帝国を少しずつドイツに売り渡すことでヒトラーの役に立っている。ただ、忘れていただきたくないのは、ヴィシーはフランス海軍をヒトラーの手に渡さないことでイギリスの役にも立っていることだ。イギリスもドイツ同様、ヴィシーを利用している。唯一の違いは双方の意図である。われわれが立ち会っているこの取引は、実は、敵対するふたつの強国のどちらにとっても利益になる取引なのだ。イギリスとドイツのふたつの強国がこの状態に利益を見出す限り、ヴィシーは存続し続けるだろう[33]」。

これは侮辱的だったろうか。この記事がアメリカで出たことについて言えば、たしかにそのとおりだろう。

チャーチルはこの記事を忘れはしない。しかしそれでも彼は、この言葉に目をつぶり、すでに見てきたように、その数カ月後にはコーデル・ハルを前に自由フランスの大義を熱心に擁護した。もっとも、ド・ゴールのこうした態度には嫌気もさしていただろう。一緒にマダガスカル島を治めて敵の攻撃（日本が参戦していた）を防ごうというド・ゴールの提案をチャーチルは脇に置き、ド・ゴールに予告もせず、しかもヴィシーに対しては「終戦時には島はフランスに戻される」と約束しながらディエゴ＝スアレス〔マダガスカル島北端の都市。現在の地名はアンツィラナ〕に軍を送ったのだ。これが新たな対立の種となる。激怒し、絶望したド・ゴール将軍はすべてを放棄しようとさえ考えた。しかしイーデンが修復に成功する。チャーチルは自らのこの行動を「ダカールを繰り返さないためだった」と説明した[34]。

そもそも、老ライオン・チャーチルはド・ゴールを深く敬い、一九四二年六月一二日にはビル・ハケイムの勝利〔同年五月二六日〜六月一一日、リビアのビル・ハケイムにおいて自由フランス軍とイタリア・ドイツ軍が戦い、自由フランス軍が勝利した（六月一二日）〕について大々的に祝意を述べている。

この頃、外務大臣イーデンとイギリス政府は、フランスで対独協力の積極派ラヴァルが権力に復帰したのを見て、ヴィシー政府との外交関係を絶つようチャーチルに要求していた。イギリスの歴史家R・T・トマス **R. T. Thomas** のおかげで、われわれはチャーチルとイーデンの間で交わされた秘密の書簡のやり取りを知ることができる。これらの書簡は、ド・ゴールがブラザヴィルではっきり感じ取っていたように、チャーチルが彼なりのやり方で、ド・ゴールに裏表のある行動を取っていたことを裏づけるものである。

チャーチルは書いていた。

「ヴィシー政府には警戒せねばならないが、われわれがヴィシー政府の諸政策について抱くそれ自体正当な嫌悪、軽蔑の感情がいかなるものであろうと、ヴィシー政府はこの国からなお期待できるものをわれわれに与えてくれる恐らくは唯一の政府なのだ。そのことをわれわれは忘れてはならない。それははっきり言えば、トゥーロンに係留されている海軍の参戦、フランス領北アフリカにおける参戦だ。はっきりと見極める必要はあるが、その可能性は無視できないようだ。〔中略〕中心人物がダルランであろうがラヴァルであろうがドリオであろうが、ヴィシー政府は毎週自分たちの主人たるドイツに保証を差し出さねばならない。この保証を怠れば、ドイツから大管区指導官が派遣され、フランスは完全な占領状態に置かれるだろう。〔中略〕現在までのところ、ヴィシー政府がそうした状態を避けるために、ドイツに対して最低限必要な保証以上の行為をおこなったとは私には思われない。彼らはわが軍によってオラン、ダカール、シリア、マダガスカルを攻撃され、わが国による経済封鎖を受け、わが空軍の空襲を受けたが、われわれに対してはごくわずかな怒りしか示していない。こうした態度を彼らが取らざるを得ないのは、おそらく、住民の大半が抱く反ドイツ感情のためだろう。アメリカを完全に敵にまわしてはならないという、彼らの確信のためかもしれない。フランスの民衆の間に大きな変化が生じ、連合軍の勝利が確実なものと見えはじめたとき、ヴィシー政府の行動には決定的な変化が起きるだろう」。

イーデンのチャーチルに対する返答は次のようなものである。

「ヴィシー政府にはもはや政策の変化を予想させるものは何もありません。ゆえにイギリスとヴィシー政府の接近は、政治的にも道徳的にも破滅的であると言えるでしょう。レジスタンスの大義のために、そして連合国の大義のために、危険を冒してでも死んでいく何百、何千ものフランス人がいます。たとえペタンが二度目の豹変によってわれわれの陣営に加わったとしても、それは耐えがたいこととして受け止められるだけでしょう」。

イーデンは、アメリカについてもつけ加えている。

「彼らの誤りは、人々の精神のうちに、ある種の混乱を維持していることです。フランスで、このアメリカの混乱から利益を受けているのは対独協力者か、二股をかけようとしている連中だけです。利益を得ているのはこうした連中だけなのです。ヴィシー政府からアメリカや連合国が得られた利益は何もないのですから」。

チャーチルは一九四二年六月一四日にイーデンに返書を送っている。

「私はこの三五年間フランスの友であり、何を当てにすればよいかについて判断できる程度には、状況をしっかり捉えているつもりだ。ヴィシー政府が取った恥ずべきおこないのリストを作成するのはたやすい。しかしそうした行為は、敵の脅威下にある政府に支配されたこの敗戦国が持つ、優勢な、例外的な諸状況をまったく考慮しないことに等しい。〔中略〕そうした諸状況は、いつかフランス海軍がアフリカでわれわれと合流するだろうという期待、イギリスとアメリカがアフリカに入るよう誘われるだろうという期待をいささかも失わせるものではない。どのような形であれ、ヴィシー政府はわれわれにこのすばらしい贈り物を期待させる唯一の機関なのだ。〔中略〕ローズヴェルトもこの点については私と同じ意見だ。そして参謀本部も同じ考えだと私は思う。

あなたが展開している断定的な見方は、イギリスが取るべき政策の諸局面全体に及ぶものではない。われわれの対フランス政策は、ペタンを騙し、ド・ゴールを支持することに尽きるものではない。〔中略〕ド・ゴールを支持し続けねばならないが、そのためには、最も代表的なフランス人たちを彼の勢力に加え、その勢力が拡大するよう彼を励まさねばならない[35]」。

チャーチルのこのような考えは、イギリスのシリア、マダガスカルでの行動をド・ゴールがフランスの名において非難した際、チャーチルが返した次のような言葉からも明瞭に浮かび上がってくる。「あなたはフランスではない。あなたは闘うフランスだ。〔中略〕あなたはドイツと戦争をする代わりに、イギリスに戦争を仕掛けている」。そして次のようなことまで言っている。「私は椅子をたたき壊すようにあなたを壊すだろう。摑んで真っぷたつにしてやる[36]」。

フランス当局が示すペタンへの忠誠をチャーチルは重視する。それゆえ、北アフリカへの連合軍の上陸は、またもやド・ゴールへの予告なしにおこなわれるだろう。

ただし、ド・ゴールへの予告に反対したのは、まず誰よりローズヴェルトだった。

ローズヴェルトのド・ゴール観——あの男は危険だ

一九四〇年六月二二日の独仏休戦協定の調印以来、ローズヴェルトを心配させていたのはやはりフランス海軍である。一九四〇年五月二六日〔ドイツ軍に追いつめられたイギリス・フランス両軍は、この翌日よりダンケルクから三四万人の大撤退を始める〕のフランス軍の総崩れはローズヴェルトを驚愕させるが、すでに敗北が正式に決定する前から、ローズヴェルトはフランス艦隊を戦闘地からスエズ、ジブラルタル経由で遠ざけさせようと、そのための諸条件の準備を怠らない。アメリカの駐フランス大使ウィリアム・バリットは、フランス艦隊をリスボンに係留させるよう提案する。数カ月後、バリットの後任、リーヒ提督は、ローズヴェルトに宛てて「ペタン元帥とその内閣のメンバーは、ドイツ国防軍の進軍を遅らせられなかったことに非常に強い衝撃を受けており、もはやイギリスの勝利などあり得ないと考えています」と書き送っている。リーヒは、フランス国民はイギリスの勝利を願っているし、多くの重要人物もそう願っていると判断しているが、「しかし、彼らは精神的に非常にまいっているので、ベルリンとの間でどんな妥協もしかねない状況です」とも書いている。

ペタンは連合国側をただひとつの点では安心させようとした。海軍である。

「私は貴国政府に対し、そして個人的にはチャーチルに対して約束をした。私は改めて約束する。フランス海軍の艦船はドイツには引渡さない」。

リーヒ提督に愛想よく振舞い続け、これみよがしに彼と公の席に姿を見せたことで、この一九四一年初めの時期には、「ペタンは二股をかけている」と広く信じられていた。実際、ペタンは北アフリカに派遣されていたローズヴェルトの特使ロバート・マーフィーを歓迎している。このときマーフィーは、アメリカが北アフリカとフランスに与える経済援助についてウェイガンとの交渉を申し出る。ちなみにウェイガンは、ラヴァル、次いでダルランの政策に代わる選択肢の体現者である。彼は国民革命の絶対的な支持者であり、イギリスに対しては紛れもなく敵対的であり、彼が憎悪しているド・ゴールに対してはさらに敵対的であることは確かだが、それでも彼は明らかに、報復を代表する人物であり、敗北を代表する人物ではない。北アフリカ総督である彼は、ドイツ、イタリアからの要求が休戦協定の条件を越えるような場合、彼らに「否」と言う術を心得ている。彼はこの点では一徹でさえある。

ローズヴェルトの信頼を得ている国務次官サムナー・ウェルズの判断によれば、「もしわが国の政府が自由フランス委員会を承認するようなそぶりを見せれば、アメリカにとってヴィシー政府との関係を維持するのは難しくなるし、こちらのほうはもっと重要だが、フランス領北アフリカ当局との関係を維持するのも難しくなる[37]」。

この間、ワシントンではフランスの駐アメリカ大使アンリ・エが目を光らせている。彼はかつて、ミュンヘン会談〔一九三八年九月三〇日〕の三カ月後、ドイツへの宣戦布告〔一九三九年九月三日〕の八カ月前に、仏独和解委員会と呼ばれる仏独の委員会主催の大レセプションに（ペタンと同様に）招待された人物である。彼は対独協力に好意的である。彼は対独協力に積極的に過ぎると言ってもいいほどであり、アメリカの参戦を予想したペタンは彼を経済学者シャルル・リストに代えることさえ考えたほどである。しかし、ペタンにあってはよくあることだが、東部戦線におけるドイツの成功を見てダルランが対独協力を強め、パリ協定〔一九四一年五月〕の後にウェイガンが辞表を提出すると、自らの方針を変え、大使の交代を断念する[38]。

フランスの降伏とアメリカの参戦を隔てる一八カ月の間〔一九四〇年六月～四一年一二月〕に、ラヴァルやシャンブラン〔ラヴァルのひとり娘と結婚したフランスの法律家〕と強い関係を持つアンリ・エはヴィシー政府に協力する積極的な活動を、とくにアリアンス・フランセーズ〔一八八三年創立のフランス語普及機関。本部パリ〕などのフランスの文化機関をとおして展開した。それらの文化機関は、カトリック色が強く、ヴィシー政府に好意的なカナダのケベック地域の支援を受けていた。ニューヨークにおける自由フランスの代表だったラウル・アグリオン Raoul Aglion の証言やアメリカに亡命したフランスの知識人・芸術家に関するエマニュエル・ロワイエ Emmanuelle Loyer の研究が明らかにするように、こうした人々によるド・ゴールへの敵意が、ローズヴェルトの抱くド・ゴール将軍への警戒の念を正当化するのに貢献した。[39]

よく知られるように、一九四〇年六月にロンドンにいたフランス人たちも、ド・ゴールにはいい顔をしなかった。ただし、彼らのほとんどは国家のさまざまな機関に所属する人々で、その数はそれほど多くはなかった。これに対しニューヨークでは、事態は全然違っていた。そこにいたのは文化的、政治的なエリートたちであった。歴史家ジュヌヴィエーヴ・タブイから弁護士アンリ・トレスに至る、あるいは小説家サン＝テクジュペリから批評家アンドレ・モロワに至る、そして詩人アンドレ・ブルトンから作家ポール・モランに至る多彩な人々のほか、政治家にはジャン・モネ*、ピエール・コット、カミーユ・ショータンなどがいた——彼らのうち最も影響力を持っていたのは外交官で詩人のアレクシ・レジェ（サン＝ジョン・ペルス）である。ところで、アレクシ・レジェは一九四〇年三月にポール・レノーが権力の座に就くとすぐ、レノーによってパリのオルセ河岸の外務省から追われていた。ド・ゴールは、レジェにとってはまさに「ポール・レノーの配下」であり〔ド・ゴールは一九四〇年六月、レノー首相のもとで陸軍次官となる〕、レジェ以外の人々にとっては「チャーチルの配下」だった。ド・ゴールはまた、自由フランス委員会の結束を望むある人間に宛てて、「多くの代表的なフランス人がロンドン、ニューヨークで合流できないのを残念に思う必要はない」と書き送っていたがゆえに、反共和主義的で反民主主義的だと見なされていた。彼の軍人という身分がさらにこうした印象を強めた。その結果、アメリカには二万人のフランス人が居住していたにもかかわらず、「フランスよ、永遠に France For Ever」委員会〔一九四〇年六月にニューヨークで数人のフランス人居住者によって結成された、ド・ゴール支持者の団体〕に参加したのは三〇〇〇人をわずかに上回るだけにすぎなかった。アメリカに居住していた多くのフランス人たちは、自分を受け入れてくれた国が公式に表明する政策以外は政治には関わりたくなかったのだ。ハルやローズヴェルトは、ド・ゴールが自由フランスのプレヴァンをワシントンに派遣し自らの立場を表明しようとしたとき、プレヴァンに会おうともしなかった。アメリカ大統領が信を置いていたのはアレクシ・レジェであった。レジェはフランスの敗戦以前に、間近に迫った破局をローズヴェルトに予告し、その責任はポール・レノーにあると述べていた。このように、ローズヴェルトにとってド・ゴールは何者をも代表していなかったし、ヴィシーに敵対的なアメリカのフランス亡命者たちにとってもやはりド・ゴールは何ものをも代表していなかったのである。[40]

ド・ゴールが自由フランス軍のミュズリエ提督にサン＝ピエール島およびミクロン島〔カナダのセントローレンス湾、ニューファンドランド島南部に位置する島。フランスの海外準県〕の占拠を任せてもいいと考えたのは、一九四一年一二月の真珠湾攻撃の直後のことだった。この行動計画について予告を受けたチャーチルは半ば目をつぶった。一方、計画を知らされたアメリカ国務省はこれを止めようとした。ド・ゴールはアメリカ国務省の意見を無視した。ミュズリエが現地住民から自由フランスへの熱狂的な支持を得たからだ。ハルは激怒する。この占拠にいささかでも同意を与えれば、ローズヴェルトの対ヴィシー政策は破綻してしまうだろう。ハルは「自称、自由フランス」を非難し、カナダにこの問題を解決するよう要求した。ところが、アメリカとカナダの世論がこの作戦を容認したので、結局ローズヴェルトはこの事件の影響はたいしたものにはならないと判断する。チャーチルは公の席で自由フランスに対して祝意を述べるが、私的な場所ではド・ゴールを叱責する。ド・ゴールのこの行動は連合国間の良好な関係を危うくしかねなかったからだ。ミュズリエはワシントンの意向に反して行動させられたことに不満を抱く。彼はアメリカ側に言う。「こうしたやり方は受け入れがたかった。私はギャングではない」。

＊　イギリスとフランスの軍事物資の管理に関する共同委員会の構成員として。

彼は自由フランスに辞表を出し、ド・ゴールは彼を解任する。重大な危機が生じたが、イーデンはこれを解決できない[41]。

ローズヴェルトとの関係を改善するため、ド・ゴールはフランス領タヒチとニューカレドニアにおけるアメリカ航空機の利用について便宜供与をおこなうことに同意する。条件はただ、フランスの主権の承認と、自由フランス委員会の権威の承認である。次いで彼はアメリカに、ボラボラ島〔フランス領ポリネシアのソシエテ諸島にある島〕とニューカレドニアにおけるアメリカ軍基地の設置に許可を与える。まもなく四万人のアメリカ海軍先遣隊が上陸する。先遣隊のパッチ将軍は六〇〇〇人の兵力を要する自由フランス軍のティエリ・ダルジャンリュー提督に出迎えられる。

ミュズリエは四度にわたってド・ゴールと袂を分かった。亡命者仲間の黒幕であるアレクシ・レジェはアメリカにおけるド・ゴール派の運動に加わりこれを指導することを拒否した。ニューカレドニア等のフランス植民地では、ド・ゴールは疑いの目で見られていた。アメリカの新聞やカナダの新聞がド・ゴールに共感を示し*、「自称、自由フランス[42]」と彼を揶揄したコーデル・ハルを「自称、国務長官[43]」と皮肉ったとしても、フランス植民地の人々は、ド・ゴールはアメリカ当局から「望ましからぬ人物」と見なされているに違いないと見ていた。ド・ゴールについての貸借対照表は否定的なものだった。

ド・ゴールとアメリカの不和の主たる原因は、彼のアメリカについての考え方の中にある。そのことは、一九四二年五月二八日に交わされた彼とエティエンヌ・ボグネールとの対話にはっきりと見て取れる。エティエンヌは、アメリカにおいて自由フランスを代表させるためにプレヴァンが創設した五人の代表団のひとりであり、ボグネール牧師の息子である。アレクシ・レジェの文書から発見されたこの対話は、フランス人作家エリック・ルーセル Eric Roussel 著の『ド・ゴール』によってほぼその全体が公刊されている[44]。

ド・ゴール将軍は、彼に会いにロンドンまでやってきたアメリカにおける自らの代表に対し、非常に乱暴な言葉をぶつけている。

ボグネール「ご機嫌よう、将軍。またお会いできて嬉しく存じます」。

ド・ゴール「そうか、私はそうでもない。ワシントンで起こっていることは知っているが、まったく気に入らない。いったいあれは何なんだ。しっかり説明してくれなければ困る」。

ボグネール「いったい何の話でしょうか、将軍。それより何より、私が国務省とおこなった会談では…」。

ド・ゴール「問題はそれだ。国務省さ。いったい君たちはいつになったら、国務省とぐるになって私に戦を仕掛けるようなことをやめるのか。君が今日ここに来たのはそれを伝えるためなのか」。

ボグネール「将軍。将軍はアメリカで遂行すべき政策について考え違いをしておられます。私の話をわかっていただけていないのではないか。そういう気がします。私が戦争捕虜への援助を頼んだとき、私はプレヴァン夫人を筆頭とするド・ゴール派の人々から、たいへんな目に合わされました。彼らによれば、私の誤りはド・ゴール派以外の人々を助けようとしたことらしいのです。また、私が残念でならなかったのは、ティクシエ〔アメリカで自由フランスを代表する代表団のひとり〕があなた宛に、共和主義的信条を表明されるよう望む書簡を送ったとき、あなたがお返事をくださらなかったことです。さらに残念に思ったのは、サン＝ピエール島およびミクロン島への攻撃です」。

ド・ゴール「私はサン＝ピエール島、ミクロン島を占拠した。何度でもあの島を取り返すだろう。私がフランスなのだ。サン＝ピエール島は私のものだ」。

エティエンヌ・ボグネールが、国務省の扉は自由フランスに開かれていると強調すると、ド・ゴールは、

＊　しかし、カナダのケベック地域においては、世論は圧倒的にペタンを支持していた。

そんなことは自分にとってどうでもいいと応じる――「大事なのは、フランス政府として承認を得ることだ」。ド・ゴールは続ける。「あのアメリカ人どもは、リーヒとぐるになって公にヴィシーの連中を保護している。リーヒはフランスで私に対して戦を仕掛けているのだ。リーヒはヴィシーの死刑執行人どもを保護しているのだ」。

エリック・ルーセルによって明るみに出された資料は、続いてド・ゴールの怒りがどれほどのものだったかを示す。

ボグネール「とにかく、国務次官サムナー・ウェルズ氏は私に、将軍は自分の周囲に置く人間をよりよく選ばねばならない、委員会の枠組みを拡げねばならないと言いました。アメリカが出している唯一の制限は、戦争終結以前に、フランスの領土外で、自由フランスの政府を承認することはできないということだけです」。

ド・ゴール〔ボグネールによれば前代未聞の激しさで〕「わかった、君の友人のウェルズに、おまえは馬鹿だ、間抜けだ、愚か者だと言ってやりなさい。私は連中など糞喰らえだ。いいかね、連中など糞喰らえなんだ。連中は何もわかっていない。そうだ。戦争が連中を片づけてしまうだろう。そしてフランスである私が残り、連中を裁いてやるんだ。そうだとも。連中はマルティニック〔西インド諸島東部〕の問題についてロベール提督〔アンティル諸島（西インド諸島の主島群）におけるヴィシー政府の代表〕と交渉しようとしている。ロベールと交渉することは、ラヴァルと、そしてドイツ人と交渉するのと同じだ。実際アメリカ人はロベールのところへ監視員を派遣し、ロベールと交渉している。しかしアメリカ人が交渉すべき相手はこの私なんだ。聞いているかね、私と交渉すべきなんだ。私がフランスなのだ。アメリカ人は私にマルティニックをただちに引き渡すべきだ。あのアメリカ人どもにはもう、うんざりだ。わかったかね。私は連中に、歴史とはどのように書かれるべきかを教えてやろう。連中のところへ船と兵士を送って銃撃を喰らわせてやる」。

それでもエティエンヌ・ボグネールはド・ゴールに、アメリカで自由フランス委員会を拡充するよう食い下がる。この拡充要求は、一年半前にロンドンの自由フランス委員会に対し他の人々がおこなった要求と似たものだった。将軍は答える。「私はレジェとマリタン〔アメリカ在住のフランス人哲学者〕にわれわれに加わるよう頼んだ。だが国務省は連中にこれを拒否するよう圧力をかけたんだ」。

ボグネール「そうは思いません。彼らがどうしてそのようにしたのか、あなたにお話できます」。

ド・ゴール「何だと⁉　私はマリタン氏に、われわれに加わりに来るよう頼んだ。だが奴は来れない。どうして来れないのか。奴は買い物をしていたんだ。いずれ人々は、フランスがマリタン氏を必要としたとき彼は買い物に行くほうを選んだことを知るだろう」。

ボグネール「アレクシ・レジェには奉仕をする準備があります。彼は私に、あなたへふたつの質問をするよう任務を与えました」。

ド・ゴール「何だね」。

ボグネール「まず、あなたが本当に心底、民主主義的伝統に愛着を抱いていらっしゃるかということ…」。

ド・ゴール「私は民主主義者だ。私は常に自分は民主主義者だと言っている。私はそれを何度も繰り返し言ってきた。もうたくさんだ。もはや繰り返す必要はない」。

さらに会話が続いた後、エティエンヌ・ボグネールはド・ゴールに言う。「アメリカがあなたにどれほど軍事的手段を提供しているか、あなたは理解されていない」。将軍は答える。「いったいどんな軍事的手段を提供していると言うんだ。私はアフリカで使うための輸送機を四機、彼らに要求した。ところが連中はそれを私に寄こさない。だから私も、連中には私の飛行場は使わせない。連中が使いたいと言うのなら、実際にポワント＝ノワール〔現コンゴ共和国南西部の港湾都市〕への着陸を試みるがいい。私は命令を出す。連中の爆撃機を銃撃し、墜落させてやる。ポワント＝ノワールで命令を出すのは私なんだ。連中に思い知らせてやる」。

ボグネール「ハリファックス卿は、われわれの行動はまず何より軍事的観点からなされるべきだとお考えです」。

ド・ゴール「ハリファックス卿はアメリカの手先だ。奴は私を蹴落とそうとばかりしている。奴の忠告など知ったこっちゃない」。

ボグネール「アメリカの行政機関には躊躇が漂っています。フランスはそこから利益を引き出せないでしょうか」。

ド・ゴール「躊躇だって、君のウェルズ〔サムナー・ウェルズ〕は躊躇などしているかね。連中は私を承認しようとしない。それならいい。私も連中など必要としない。私がフランスなんだ。私は妥協はしない。［中略］そうだとも、私にはわかっている。連中は私を入れ替えたがっているんだ。連中は、私に戦を仕掛けるために裏切り者どもと交渉している。そんな裏切り者など銃殺にしてやる。わかっているのか、全フランスが私の後ろに控えているんだ。全フランスが控えているんだ。私の後ろに従っていないフランス人などひとりもいない。もちろん、あのアメリカ人どもは、私を捕まえたいと思えばそうできる。連中のほうが私より強いからな。だが歴史が連中を裁くだろう」。

アメリカに来てローズヴェルトと面会するよう示唆するボグネールに、ド・ゴールは答える――「ローズヴェルトが私を招待すればいい。私が彼に面会を乞う必要はない。私は裏口からは入らない。私はフランスなのだ。私は正面玄関から入っていく。もしローズヴェルトが私に会いたいなら、彼が私を公式に招待すればいいのだ」。

ボグネール「その御意見には承服しかねると申さねばなりません」。

ド・ゴール「そんなことは問題ではない。まず大事なのは真っ直ぐに歩くことだ。私は、なすべきことを避けようとする人間は嫌いだ。君はうぬぼれの強い青二才でしかない」。

エリック・ルーセルの本で再現されたこの証言によれば、その後ボグネールは立ち上がり、部屋を出た。結語は、「われわれは握手もせず別れた」という彼の言葉で締めくくられている。

この時期、ド・ゴールは、アメリカが彼に代えてジロー将軍を立てようとしていると思い込んでいる。ドイツ軍の捕虜となったジロー将軍は一九四二年にドイツから逃亡してきたばかりで、「政治には関わろうとしない」。ペタンに忠実でありながら、彼はフランスの非占領地域からも逃亡し、ジブラルタルの連合軍に合流する。彼こそ神の摂理が遣わした男なのだろうか。

実は、北アフリカへのジローの到着に先立って、ダルランもやはり北アフリカに到着しており、ローズヴェルトとチャーチルは、イギリス、アメリカの世論の憤慨にもかかわらず、ダルランを認知していた。その後まもなく、ローズヴェルトはフランスのアンドレ・フィリップに告白している――「そうだとも。私を助けてくれる人間は誰でも歓迎するのだ。今はダルランが私にアルジェを与えてくれるから私は『ダルラン、万歳』と叫ぶ。もし明日ラヴァルが私にパリを与えてくれるなら、私は『ラヴァル、万歳』と叫ぶだろう[45]」。チャーチルとローズヴェルトをおおいに安心させたことに、ダルランはまもなく殺害される。そして残ったのがジローである。

ローズヴェルトは息子エリオットに、ジローは人間としては無価値だと述べている。それでもローズヴェルトはジローとド・ゴールと三人で並び写真撮影されるのを拒まない〔一九四三年一月のカサブランカ会談〕。ド・ゴールのほうはジローと握手せねばならない。しかも撮影は二度おこなわれねばならない。最初の撮影でド・ゴールは、ジローに手は差し伸べたが顔を背けてしまったからだ[46]。

チャーチルに押されてド・ゴールに会う前、ローズヴェルトはド・ゴールのことをどのように息子に語っていただろうか。「ド・ゴールは、フランスにただひとりの人間によって支配される政府を樹立しようとし

ジロー将軍（左）と握手するド·ゴール。後ろはローズヴェルト（左）とチャーチル。1943年1月。

ている。彼以上に警戒心を呼び起こさせる人間など私には想像できない。彼が指導する組織は警察のスパイでいっぱいだ。彼にとって言論の自由とは、誰の批判も受けず自分勝手に振舞える自由に帰着する。彼を支える諸勢力にどうして全幅の信頼など置けるだろう。それに彼は、全身全霊、イギリスのものだ」[47]。

ここに見られるように、ローズヴェルトのド・ゴールに対する見方は、非ド・ゴール派のレジスタンスのそれとまったく同じだった。ローズヴェルトの考えは右の言葉どおりである。証拠が必要だろうか。彼がカサブランカ会談でジローを迎え入れたとき、対話は儀礼抜きでおこなわれた。これに対しド・ゴールを迎え入れたときには、部屋の四隅を警護要員が監視していた。

ローズヴェルトはエリオットにこうも言っていた。「私が譲歩しているのに、ド・ゴールの反応は不平ばかりだ」。

メルス・エル・ケビールにおけるフランス艦隊への攻撃以来〔一九四〇年七月三日〕、そしてレヴァントのフランス部隊がマグレブ地域に戻って以来〔一九四一年、イギリス軍とフランス・ヴィシー軍が現イスラエルのアッコで休戦協定を結び、レヴァント地域にいたヴィシー軍が北アフリカに移動した〕、イギリスは北アフリカにいるフランス人が自分たちに敵対感情を持ち続けているのを知っている。そのため一九四二年一一月の連合軍による北アフリカ上陸作戦では、イギリス軍は海上での必要な作戦のみにとどめ、陸上での作戦はアメリカ軍に任せ、身を引いていた。これを受け、アメリカ軍もフランス当局がどのような反応を示すかわからないので、司令官は「自分たちは敵地に上陸するのではない」と水兵たちに告げるのを怠らなかった。これが効を奏し、ペタンの右腕であるダルランの命令でなされた最後の象徴的な一戦〔アメリカに降伏する前に、ヴィシー軍は形だけの発砲をおこなった〕の後、アメリカ軍はフランス・ヴィシー軍からかなり歓迎され、ほとんど死者も出さずに上陸作戦を完了することができた。

たしかにペタンは北アフリカを防衛するよう命令していたし、この上陸作戦を知らされなかったド・ゴールも「フランスにこんなふうに勝手に入るものではない」と激怒しアメリカ軍に発砲すべきだと言っていた。しかしそのド・ゴールも、一九四三年一月のカサブランカへの旅、すなわちアンファ〔会談がおこなわれたホテル名〕でおこなわれたカサブランカ会談の後には、自分も再び作戦遂行に関与できるようになったことで怒りの矛先を収めた。

ジロー、ド・ゴールの「二頭体制」はローズヴェルト、チャーチルの画策によるものである。アメリカもヴィシーも、ジローに政治的援助を与えたいと望んでいた。そしてジロー自身も、軍事問題にしか関わりたくないと考えていたから、そうした援助を必要としていた。アメリカ側はアレクシ・レジェがこの介添え役を拒絶したのでジャン・モネを代わりに立て、ヴィシー側はジローの経済顧問としてクーヴ・ド・ミュルヴィルを立てて、それぞれアルジェに派遣した。[48]しかし、すぐに彼らは、ジロー将軍とド・ゴール将軍のどちらが政治的に賢いかを理解した。それに彼らは、フランス本土においてレジスタンスが、ド・ゴール陣営との合流を目指しひとつになりつつあることも知っていた。

こうして、ジローは自分でも知らない間にコルシカ遠征を組織するのに成功し、フランス領の最初の解放者となったのだが〔一九四三年一〇月四日〕、歴史のページはド・ゴール側に有利な形でめくられようとしていた。

当初、ド・ゴール将軍の妥協のない反ヴィシー的な姿勢は、彼に不利に働いていた。しかし、この同じ姿勢が、ペタンとラヴァルの体制が対独協力と抑圧に踏み込んでいくに連れてド・ゴールにより大きな価値を与えていくことになった。このような事態の展開は、当初ド・ゴールに味方するのに慎重だったフランス国内のレジスタンスをド・ゴールの軍旗のもとに合流させた。かつての諸政党に由来する諸勢力に地位を与えることで、ド・ゴールはこのレジスタンスを自らの側に従わせることができた。諸勢力に対するこのような姿勢は、民主主義的、共和主義的伝統へのド・ゴール自身の忠誠を示すものとなった。

連合軍のフランス本土への上陸がなされる際、国内レジスタンスは蜂起しようとする。ド・ゴールはこの蜂起に賛成なのか、それとも反対なのか――ド・ゴールとアメリカの連合軍総司令官アイゼンハワーの関係は良好だが、連合国はこの点については慎重だった。とにかく、一九四四年六月六日〔連合軍によるノルマンディー上陸作戦が開始された日〕にド・ゴールが発表したアピールでは蜂起については語られていない。蜂起のための諸条件が整っていないと彼は考えていたのだろうか。それとも共産主義者がフランスに手を出すのを彼は恐れていたのだろうか。ともあれ、彼が主張するのはもっぱらフランス国外にいるフランス軍の、ヨーロッパ上陸作戦への参加であった。すなわち、イタリア上陸においてはジュアン将軍指揮下のフランス軍の参加、そして英仏海峡においてはルクレール将軍指揮下のフランス軍の参加である。

国内蜂起の引き金となるのは、フランス陸軍ケーニグ将軍の動きと連動した地方各地における行動である。それは連合軍のアイゼンハワーやモントゴメリーにとって頼りになるものだったし、一九四四年八月の南仏プロヴァンス上陸の際にはこれを指揮したアメリカのパッチ将軍にとっても頼りになるものだった。しかし、こうした蜂起はローズヴェルトに、アルジェの臨時政府〔一九四四年六月二日、ド・ゴールは前年六月にジローらと設立したフランス国民解放委員会をフランス共和国臨時政府と改称した〕がフランス共和国を体現しているとする主張を認めさせるものにはならなかった。ローズヴェルトは連合軍が解放した地域を「占領」地域と呼んだ。相変わらず、ド・ゴール将軍をフランスの正統な支配者として認知することは問題とされていなかった。

大同盟の諸会議

これらの会議をスターリンはどのように見たか

アンドレイ・グロムイコの『回想録』には格別の利点がある。ソヴィエト連邦の全権代表を経て一九三九年以降にはローズヴェルト政権下の駐米ソヴィエト大使を務めたグロムイコは、テヘラン（一九四三年一一月二八日〜一二月一日）、ヤルタ（一九四五年二月四日〜一一日）、ポツダム（一九四五年七月一七日〜八月二日）の各会談の折には常にスターリンの傍らにあった。『回想録』が書かれたのは晩年の一九八九年になってからだが、この『回想録』の利点は、テヘラン、ヤルタにおけるチャーチルとローズヴェルトの政策や振舞い方に対するソヴィエト連邦側の見方と、ポツダムにおけるアトリーとトルーマンの政策や振舞い方に対するソヴィエト連邦側のそれとを比較することで、スターリンの行動に関する総合的な見方を提示している点にある。[49]

たしかに、モロトフもこの三回の会談に出席している。しかし、彼とチューエフの対談に見られるその証言〔本書一四〇頁参照〕では、モロトフはいくつかの挿話を語るだけで、それぞれの会談の政策的な問題や参加者たちのそれぞれの振舞いについては、相互の関係をしっかり突き合わせることなく、個別の問題、個別の瞬間として語っているのみである。[50]

モロトフの証言と同様、グロムイコの『回想録』でも、リッベントロープと交わされた一九三九年八月の合意〔独ソ不可侵条約〕に秘密条項〔本書七七頁原注＊印参照〕があったことは否定されている。この合意を結んだ当人、モロトフの言としては信用ならないかもしれないが、グロムイコの証言であれば、その信用度はモロトフの場合ほど傷つくものではない。グロムイコが秘密条項の存在を否定するのは、たぶん、公式の指示に従っているからだろう（スターリンが、カーゾン線〔ヴェルサイユ条約が締結された一九一九年にイギリスの外務大臣カーゾン卿によって提唱されたポーランドとソヴィエト＝ロシアの境界線。第二次大戦後のポーランド東部国境はほぼこのラインに沿っている。本書三六七頁原注＊印参照〕の東側にあるベラルーシおよびウクライナに属すると考えられていたポーランドの東部、さらには一九二〇年にラトビアと結ばれたソヴィエト・ラトビア間のリガ条約および一九二一年にポーランドと結ばれたソヴィエト・ポーランド間のリガ条約〔第一次大戦後、ロシア革命に対する干渉戦争の一環とされるロシア・ポーランド政権間の戦争を終結させた二国間講和条約〕によって失われたバルト諸国を回収したいと望んでいたことは、クレムリンではみな知っていた）。それでもグロムイコの証言はひとつの視点を提供してくれるし、ここで重要なのはまさにそのことである。

　グロムイコによれば、ローズヴェルトもスターリンも、チャーチルを含めた三者会談が必要だと考えていた。ローズヴェルトはカイロかバグダッドでの会談を提案した。スターリンはテヘランのほうを好む。スターリンは書いている。「安全が問題なのではない。その点については心配していない。だが、テヘランならモスクワとの間で電話、電報が使える」。スターリンにとってはウクライナにおける戦況を注意深く見守る必要があるのだ[51]。

　テヘラン会談は、イタリアと連合国が休戦協定〔一九四三年九月〕を結んだ三カ月後におこなわれた。この会談で最も重要だった話題は、西部において第二戦線を開くことに関わっていた。しかし一九四二年八月のチャーチルとの会談（モスクワ）のときと同様、スターリンの要求にもかかわらず、チャーチルはバルカン諸国や北イタリア以外の場所に第二戦線を開くことに同意しようとはしなかった。グロムイコは説明している。「チャーチルのこのような選択の理由ははっきりしていた。ソヴィエト軍の進軍を止めること、ソヴィエト軍をベルリンへ押し出すこと、そしてヨーロッパの南東部を占領してソヴィエト国境への直接の進路を西欧列強に開くことである」。

テヘラン会談でスターリンは、ヨーロッパ上陸作戦の期日を決定するようチャーチルに迫り続けたが成功しない。グロムイコは述べている。「こうした議論が続く中、ほとんど満足が得られないスターリンは椅子から立ち上がり、モロトフとヴォロシーロフに話しかけながらこう述べた。『われわれには国でやることが沢山あるのだから、こんなところで時間を潰してなどいられない。ここでは問題を解決できない』」[52]。

グロムイコによれば、長引く混乱のうちに明らかに議論の決裂を恐れたチャーチルが大急ぎで言明した——「上陸は一九四四年五月になるでしょう」。ここで三者間のひとつ目の同意がなされた。

ドイツの敗北がはっきりした今、もうひとつの問題はドイツの将来である。イギリスとアメリカはドイツをばらばらにしようとしている。そういう噂も流れていた。しかし、チャーチルにもローズヴェルトにもしっかりした計画はない。ただひとつ確かなのは、ドイツで最も好戦的な地方であるプロイセンの「翼を折らねばならない」ことである。

テヘラン会談。左からスターリン、ローズヴェルト、チャーチル。1943年11月。

二人の話を聞いた後で、スターリンは次のようにコメントする。

「戦場では、プロイセン人も、バイエルン人も、ザクセン人も、そしてドイツの他地域出身の兵士もみな同様の覚悟で戦っている。私の考えでは、ドイツ領を分割してもドイツ問題は解決しない。私の意見を言わせてもらえば、あなたがたはロシアを世界地図から消せないのと同様、ドイツについても世界地図から消すことはできない。解決は、ドイツ全体の非軍事化、民主化に求めねばならない。ナチズムとドイツ国防軍を清算し、国民の前に第三帝国の罪人どもを引き出さねばならないのです」。

スターリンは、三者それぞれがこの問題について引き続き考え、改めて議論する場を再度設定するよう提案した（その議論の場は実際には次のヤルタではなく、ドイツ降伏後のポツダムになるだろう）。テヘラン会談でローズヴェルトは、当時ソヴィエト連邦にいたポーランドの軍隊について問題を提起した。この軍隊は「合意を破って、ポーランドから連行されていた」ものだった。「ローズヴェルトは、次の大統領選挙で投票する七〇〇万人のポーランド系アメリカ人について考えていた。［中略］その一方で、彼はチャーチルを警戒していた」とグロムイコは述べている。グロムイコによれば、チャーチルはソヴィエトにももともと敵対的だったポーランド政府を、アメリカとソヴィエトに押し付けようとしていた（しかもチャーチルが押し付けようとしていたポーランド政府は西欧列強とロシアとの戦いを望むような存在ですらあると、パメラ・ハリマン〔チャーチルの息子の元妻。アメリカに渡り民主党の活動家となる〕は後に言うだろう[53]）。

それでもグロムイコは、「チャーチルとローズヴェルトはポーランド政府の態度が慎重さを欠くのに気づき、この政府に道理を聞き分けさせようと努めていた」と評価している――「しかし彼らの努力は空しかった。ポーランドの反動的な亡命者たちは、向こう見ずに、滅亡へ向けて突き進んでいった[54]」。

グロムイコはさらに、ロンドンのポーランド亡命政府はポーランドの国境問題について「馬鹿げた要求をした」とも綴っている。このことについてチャーチルはマッチを三本取って自分の考えを示したという。マッチのそれぞれがひとつの国境を表現していた。東側には一九四〇年の国境、中央と西側にはそれぞれ一九三九年の国境がある。彼は言明する。「これらのマッチは西側へ移動されねばならない。こうすればソヴィエト連邦の西の国境は保証される」。これを受けてスターリンは、「ソヴィエト連邦は一九三九年『末』のソヴィエト・ポーランド国境を認めるし、それが正当だと考える」とコメントする。こうしてテヘラン会談では二つ目の同意、すなわち「ポーランド国民の大部分はカーゾン線とオーデル川〔オーデルはドイツ語名。ポーランド語ではオードラ。中央ヨーロッパを流れる河川〕の間に居住している」と見なされ、ケーニヒスベルク〔ポーランドとリトアニアに挟まれたロシアの飛び地である現在のカリーニングラードの、一九四六年までの旧称〕はソヴィエト連邦に帰属するという同意がなされた。

そして三つ目の同意がなされるのである――スターリンは以上ふたつの同意を受けて、「ソヴィエト連邦はドイツが降伏した後、日本を打ち負かすために連合国に必要な援助をおこなう」と言明する。

その後三者は相互に同意した原則に基づき、安全保障のための国際機関の設立について議論した。

上陸の期日が決められ、スターリンが日本を敵として連合国を助けるための介入を約束したことで、会談の終盤の雰囲気は序盤よりもはるかに良いものとなった。再会が約束された。ひとつの逸話が出回りさえした。これは会談の空気を和ませるのに役立った。終盤を迎えた会議の冒頭でチャーチルが言ったらしい。「私は夢を見た。自分が世界の主人になる夢を」。ローズヴェルトは話をさらに大げさにしたようだ。「私は自分が宇宙の主人になる夢を見た」。そしてローズヴェルトがスターリンに言葉を継がせる。「で、あなたはどんな夢を見たんだい」。スターリンは次のように答えたらしい。「あなたがたを任命するための承認を、却下する夢だよ」。

アメリカの国家元首の健康は悪化していた。グロムイコがローズヴェルトにワシントンで再会するのは一九四四年二月である。「このときローズヴェルトは、魅力的な微笑を浮かべながら、同意に至るためにチャーチルに圧力を加えねばならなかったこと、そして彼に難題を与えてしまったことを、こっそり教えてくれた」。

一九四三年一一月から一二月にかけてのテヘラン会談の時期、前線から届くニュースは会談の雰囲気を和らげるものばかりだった。スターリンは、かつて失い今や奪還したキエフ、ホメリ〔ベラルーシの南東、ウクライナとの国境に近い都市〕、ジトームィル〔ウクライナ西部の都市〕の解放と、敵の軍団の殲滅、粉砕を喜んでいた。イタリア方面では連合軍がギュ

ヤルタ会談。左からチャーチル、ローズヴェルト、スターリン。1945年2月。

スタヴ線〔第二次大戦中、イタリア半島の幅が最も短くなる線に沿って設けられた要塞群による防衛線。この線とイタリア半島を貫く大街道の近くにカッシーノ山がある〕とカッシーノ山に近づいていた。連合国側の唯一の失敗は、その年の九月にナチスに許した、ムッソリーニの「解放」ぐらいである。

三人の指導者は一年後の一九四五年二月上旬にヤルタで再会する。このとき、戦況は終戦を予測させながらも強い緊張を漂わせていた。実際、ソヴィエト軍がベルリンの一五〇キロ付近まで近づく一方で、「ヒトラーの最後の賭け」であるドイツ軍のアルデンヌ攻勢は連合国の上陸作戦を脅かしていた。スターリンは強い立場に立っている。その後ローズヴェルトがヤルタ会談であまりに大きな譲歩をしたと非難されるが、スターリンのそのときの立場については皆まったく知らぬふりをしていた。

この点についての所与を検討する前に、ヤルタ会談についてのソヴィエト側の証言を検討しておこう――そしてそれを他の証言と突き合わせてみよう。

グロムイコの証言によれば「会談の雰囲気は荘厳で、勝利の喜びに満ちていた」。「ソヴィエトのアントーノフ将軍は、連合国を援助するために攻勢の期日を早めたと説明した。ローズヴェルトは理解を示しながら耳を傾け、落ち着き払っていた。チャーチルは逆に苛立ちを隠せなかった。〔中略〕葉巻の吸い方に彼の内心が表れていた。苛立ちを覚えたとき、彼はいつもよりずっと多くの葉巻を吸っていた。吸殻の量は会談の緊張の度合いによって明らかに異なっていた」。スターリンがローズヴェルトに共感を覚え、その共感がイギリス首相に及んでいないことは否定しようのない事実だった。

スターリンはソヴィエト代表団の構成員に、この会談の主目的をしっかり呑み込ませようと配慮していた。認識を共有させるためにカクテルパーティーを開き、一人ひとりと話しかけさえした。グロムイコは記している。「彼は私〔グロムイコ〕に尋ねた。『ローズヴェルトは自分の国でどのような社会勢力を当てにしているのか』と。私はこう答えた。『極右の連中は、馬鹿げたことに、彼が社会主義に共感を抱いていると非難しています。しかしこれは宣伝の手段にすぎません。現在、大統領選挙においてローズヴェルトを脅かすライバルはいません。彼は自分の行動に確信を持っています』。スターリンが最も重視したのはこの言葉だった」[55]。

グロムイコによれば、この会談における議論の中心はドイツが支払うべき戦争賠償金についてだったが、この問題は「解決されなかった」。スターリンは、ローズヴェルトとチャーチルがなぜこの問題を重視しようとしないのか理解できなかった。話題になった三〇〇〇万ドル、四〇〇〇万ドルという賠償額は、二六兆ルーブルとも見積もられていたドイツ軍侵攻によるソヴィエト側の被害からすれば、「水の一滴」にすぎなかった。「連合国はソヴィエト経済の急速な復興を嫌っていたのではないだろうか」。最も無口なのはローズヴェルトだった。彼は、ソヴィエト連邦にはいかなる好意的行動も取らないとしていたチャーチルと対立するのは何としても避けたかった。スターリンからの質問にグロムイコは、「この点について、ローズヴェルトがチャーチルにまったく圧力をかけていないのは偶然ではありません」と答えた。「連中はあらかじめ同意しているかもしれないな」とスターリンはつぶやいた。

「翌日、会談が再開される前に、スターリンは私を呼び出し、彼がローズヴェルトから受け取ったばかりの書簡を翻訳させた。『繰り返してくれ、繰り返してくれ』と彼は私に言った。書簡の中でローズヴェルトは、『アメリカはソヴィエト連邦によるサハリンの領有および千島列島の半分の領有を認める』と言明していた。スターリンはすっかり満足し、部屋の中を縦横に歩き回りながら『それはいい、とてもいい』と何度も口にしていた。彼はその手紙を置こうともせず、私と別れるときまでそれを握りしめていた」。

もっとも、グロムイコの評価によれば、スターリンがローズヴェルトに共感を覚えたとしても、ポーランド問題に関する両者の姿勢はいささかも変わるものではなかった。東側については「ポーランドへの配慮から若干の修正を加えたうえで」カーゾン線で同意が得られたものの、西側については、ソヴィエト側がオデール＝ナイセ線〔現在のドイツとポーランドの国境線、オーデル川とその支流のナイセ川によって構成される〕を提案したのに対し、「イギリスとアメリカ側は、そうなってもポーランド住民はこの新たな領土で資源を利用することができないと判断した」。ポーランド西部の国境問題は解決を見ないまま、首脳会談は終わった。

しかし最も大きな困難を伴ったのは、将来のポーランド政府に関わる問題である。スターリンの主張は、「ポーランドは、この国を破局に導いた人々によってではなく、ヒトラーと戦った人々によって率いられねばならない」というものだった。これに対しチャーチルとローズヴェルトは、ふたつのポーランド政府〔ロンドンの亡命政府と一九四四年一二月三一日にポーランド東部のルブリンに設立された臨時政府〕を解体し、反動的な亡命政府の主要メンバーを含む新たな政府を構成すべきだと提案していた。「ソヴィエト連邦と民主主義諸国はこの妥協案で同意した[56]」。

ソヴィエト側によれば、真の問題は国境問題ではなかった。ポーランドの敵がポーランドを横切れたのは、この国が弱小国家だったからである。ロシアはこの回廊を外部から閉ざすことはできないと考えていた。この回廊を閉ざすには、内部から、ポーランド軍によっておこなわれる他はない。「したがって強力で、自由で、独立したポーランドを創り出さねばならない」。「ロシア兵、ドイツ兵と並んで、ポーランド兵は本当に最も粘り強い兵士だった」とスターリンはつけ加えた。

ヤルタにおいて、ローズヴェルトの健康状態は悪化した。ある日の会議はアメリカ大統領が部屋から出られなかったので中止となった。スターリンはモロトフとグロムイコを伴ってローズヴェルトを見舞った。アメリカ大統領はこの見舞いを喜んだ。しかし、ローズヴェルトはクリミアの美しさについてスターリンと平凡なやりとりを少しおこなった後、「周囲のことに関心を失ったような、奇妙なほどよそよそしい様子になった。彼はわれわれを見つめていたが、その視線は遠くを彷徨っていた。そしてスターリンはわれわれに言った。『なぜ自然は彼をこんなふうに罰するのだろう。彼のどこが、他の人々より悪いというのだろう』」。グロムイコはつけ加えている――「たしかにスターリンはローズヴェルトに個人的共感を覚えていた。そしてそれをわれわれに隠そうともしなかった」。

ポツダム会談〔一九四五年七月一七日～八月二日〕については後ほど詳述するが（第五章の「ポツダム会談――A爆弾が新時代を動かす」の節を参照）、少なくともその段階ではすでに、勝利を喜ぶ空気が支配しても何ら不思議はなかっただろう。しかしチャーチルが出席していた会談の当初（チャーチルは総選挙で破れたため、会談の途中からはその席をアトリーに譲る）の雰囲気はまだ儀礼的なもので、あらゆる問題について意見の相違が噴出していた。スターリンによれば、アメリカ首脳として出席したトルーマン大統領（このときにはローズヴェルトは死去していた）にとってのこの会談の目的は、ドイツの戦争賠償金の問題についてはソヴィエト側に最低限の譲歩しかしないこと、そしてドイツを西欧陣営に引き入れることであった。トルーマンは七月に予定された原子爆弾実験が成功することを見込んで、会談の日程をそのときまで遅らせた。トルーマンの判断によれば、ヤルタにおいてローズヴェルトは譲歩しすぎていた。それゆえスターリンも戦争賠償金の問題について譲歩せねばならなくなったが、これと引き換えに彼はオーデル＝ナイセ線の国境についての同意を得た。

スターリンは言った。「連中はわれわれの喉を締め上げようとしている。だが心配しなくていい。われわれは内戦を生き延びた。今回も生き延びるさ」[57]。

ポーランド政府の構成の問題が再び激しい議論の種となった。ポツダム会談ではルブリンの臨時政府の代表団（ルブリン委員会）〔ルブリンはポーランド東部の都市。一九四四年七月ソヴィエトによってポーランド東部が解放されると、ソヴィエトの後押しによって同地域のヘウムに「ポーランド国民解放委員会」（通称ルブリン委員会）が成立し、数日後にルブリンへ移転する〕がポーランドのボレスワフ・ビエルトによって紹介された。このとき三大国は、ロンドンの亡命政府に代わって新しい政府が構成され承認を受けたことに満足を表明した。「そもそもロンドン亡命政府はすでに存在していなかった」――グロムイコの判断によれば、ロンドン亡命政府のメンバーのうち、代表だったミコワイチクはポーランド国民にとり信頼に値する人物ではなかった。

これらの会議をチャーチルはどのように見たか

これらの二者会談、三者会談の展開とそこで問題化された事柄に関するチャーチルの見方は、多くの点で先のソヴィエト側の見方を裏づけるものである。意見の一致を見た点、疑義がある点、あるいは争点について、両者の見方はいずれも同じである――しかし、彼らは意識的に異なった議論を展開している。

そうした議論の中で最も重要だったのは、第二戦線の設定であり、次いでその日付、場所の決定である。たとえば、チャーチルは後になって書かれた『回想録』で、かつて自分の身近な協力者たちの前で語った話を再確認している。それは、一九四二年後半から四三年にかけての冬、戦況がソヴィエトに有利に転換した時期の話であるが、そのとき彼が目指していたのは、ヨーロッパ南部に連合軍を上陸させ、ソヴィエト軍の展開を妨げ、ソヴィエト軍の西への進軍を断ち切ること、そして可能ならソヴィエト軍より先にベルリンに到達することだった。ドイツ軍を弱体化させる役はソヴィエト軍に任せ、そうさせることでソヴィエト軍をも弱体化させ、その後に介入するというのが彼の視界にある選択だった。[58]

他方、西ヨーロッパへの正面切った上陸に反対するチャーチルの姿勢――ソヴィエト側はそのような上陸を望んでいた――は他の多くの所与に由来していた。

まず、一九三九年から四二年まで、イギリスが敗北に敗北を重ねたのをチャーチルは忘れない。すなわち、ダンケルクからの撤退、ギリシャそしてクレタ島からの撤退、シンガポールの陥落、装備と兵員にまさりながらのトブルクの喪失、ディエップへの上陸失敗（一九四二年八月、チャーチルがモスクワでスターリンと会談した翌週）といったものである。チャーチルは新たな敗北を避けたがっていた。彼は自国の軍隊がドイツに勝利できるとは思っていなかった。このことが、何としても西ヨーロッパへの上陸作戦を拒否し、あるいは少なくともそれが正面切ったものになるのを回避しようとするチャーチルの態度につながり、より危険の少ない、周辺部を攻める戦略に彼を向かわせる理由となった。さらに彼は航空機を用いる戦争を選ぼうとしていた。それは工業施設を標的とする破壊であり、さらにはドイツの町々の破壊である。この戦略は「コヴェントリーする」〔本書二八〇頁参照〕に対する応酬と見なされたものだが、一九四二年一一月のケルンに対する一〇四六機の爆撃機による大規模空襲はその最初の頂点となった。

　一九四二年八月のモスクワ会談でスターリンはチャーチルに、イギリス人は「臆病者」だと言った。このときチャーチルは、独ソ不可侵条約の時期やフランス敗北のときに戦い続けたのはイギリス人だけだった、とは返答しなかった。そのことはすでに駐イギリス大使マイスキーに言ってあった。チャーチルはむしろ、上陸作戦はおこなえないのだからスターリンを静めるための方策は唯ひとつしかないと考え、イーデンを説得した。こうしてポーランド東部国境についてはスターリンの見解をそのまま受け入れる約束をするのである。すでにチャーチルは、モロトフがロンドンを訪問したとき〔一九四二年五月二一日～二六日〕スターリンにこれを伝言していたし、二〇年有効の英ソ相互援助条約が署名された際（一九四二年五月二六日）にもそう言明していた。この条約には単独和平を結ばないという約束も含まれていた。

　チャーチルが非常に強く望んでいたはずのアメリカの参戦は、しかしながら、チャーチルに自分の立場の調整を余儀なくさせた。「太平洋戦略」ではなくドイツとの戦いを優先してほしい――ワシントンに対しそう望むなら、アメリカが前者の誘惑に駆られないよう、イギリスとしては彼らを十分納得させるだけの攻勢が必要だった。しかし一九四二年六月のトブルクの陥落は、イギリス軍主力部隊がいる地中海北部での作戦行動を悲観させるものだった。また、アメリカ艦隊のキング提督が望むようなフランスにおける正面切っての作戦も、まったく非現実的と思われた。ところがアメリカ側は、ドイツ国防軍がどれほど手強いものであるのかを理解しようとしなかった。とくにローズヴェルトは、大西洋岸や英仏海峡沿いへの上陸作戦を頑なに拒否するチャーチルの姿勢について、地中海地域の支配権を保持しインドへの通路を確保するのが目的だと考えていた。確かだったのは、アメリカ人がイギリスの植民地支配、とくにインドにおけるそれに終止符を打ちたいと望んでいるのを、チャーチルがはっきりと意識していたことである。

まもなく、後にトーチ（たいまつ）作戦と呼ばれることになるジムナスト（体育家）作戦、すなわち英米連合軍によるフランス領北アフリカへの上陸作戦が選択された〔一九四二年一一月八日〜一一日に実施〕。これはあらゆる要素を考え合わせてみてもチャーチルの勝利だった。今やアメリカは太平洋地域ではなく北アフリカでの戦いに乗り出そうとしていた。しかも、西ヨーロッパへの上陸という案をアメリカ軍総司令官マーシャルは一時放棄することにした。だがチャーチルのこの成功はイギリスにとって高くついた。この成功に伴う危険を耐え忍ぶのはイギリス軍だからである。イギリス海軍は北アフリカ地域に集中させられていた。彼らにとって運がよかったのは、北アフリカ上陸作戦が予定されていた時期、エル・アラメイン〔一九四二年一〇月二三日〜一一月上旬、第二次エル・アラメイン（北アフリカ）の戦い〕において風向きが彼らに好都合なものになったことである。

一九四二年八月のモスクワ会談の折、トーチ上陸作戦の決行をスターリンに予告したチャーチルは相手の戦略眼の確かさと力強さに強い印象を受けていた。

「スターリンは一目でトーチ作戦のあらゆる戦略的利点を理解した。彼はその戦略が優れている理由を四つ数え上げた。まずロンメルを背後から攻撃できる。次いでスペインから解放される。さらにフランス側とドイツ側の反目をフランス内部において生み出すことができる。最後に、この作戦によってイタリアを全面的な戦争に直面させることができる。

私はこの瞠目すべき分析に本当に感心した。その分析は、ロシアの独裁者に、戦争のどんな新たな所与でも利用できるだけの能力があることを示していた。われわれがそれを実施するのに長時間かけ軽重を測った数々の所与を、彼は数分で理解した。このような人間は極めて少ない。スターリンはすべてを一瞬で［in a flash］理解した[59]」。

チャーチルが『回想録』で書いていないのは、この会談の始まりが険悪だったことである。イギリスがUボートによる攻撃を見越して北海経由の物資供給を中断していたことについても、また上陸作戦の実施場所として北アフリカを選んだことについても、スターリンはチャーチルにたっぷり侮辱の言葉を浴びせかけた。翌日の会談でチャーチルは、正面切った西ヨーロッパへの上陸作戦で一五万の兵士を死の危険にさらすことは困難だったと、誠意を尽くして説明した——しかしこの直後、西ヨーロッパへの上陸の試みがなされる（それはディエップへの上陸作戦で失敗に終わる〔本書三二七頁参照〕）。守るべき兵員一五万という数字は、スターリンの心をほとんど動かさなかった。しかし誠意に満ちたチャーチルの語り方がスターリンの機嫌を直した。「あなたが語った内容よりも、私はあなたの語り方を大事にします」とスターリンはチャーチルに言う。チャーチルはこの個人的接触が成功したことに満足して帰国する。

西ヨーロッパへの上陸作戦の決行を一九四四年五月と予告したテヘランでの三者会談〔一九四三年一一月二八日〜一二月一日〕の後、チャーチルはヤルタで予定された三者会談〔一九四五年二月四日〜一一日〕の前にスターリンと再び二人だけで会談を持ちたいと考えた。状況はまったく変わってしまっていた。すでにノルマンディー上陸作戦がおこなわれ、パリは解放されていた。東方ではハンガリー国境に達した赤軍がバルト諸国のドイツ駐留軍を攻囲していた。「砲声が唸るソヴィエト軍の前線の後方では共産主義が再び頭をもたげていた。ロシアは贖い主となり、共産主義はロシアがもたらす福音となっていた」。

ローズヴェルトとスターリンの間に共謀関係が生まれていると感じたチャーチルは、一九四四年九月、この共謀の効果を減ずるために、スターリンとはどうしても二人だけで会わねばならないと考える。

タイミングは非常によかった。この時期、ローズヴェルトはチャーチルに同伴することができない。アメリカ大統領ローズヴェルトは共和党のデューイを対立候補に、再選をかけた一一月四日の大統領選の準備に追われ国を留守にできなかった〔デューイは一九四四年と四八年、二度にわたって大統領に出馬するが落選〕。

会談を提案するスターリン宛の書簡（一九四四年九月二七日付）にチャーチルは、「〔翌日の下院では機会を捉えて〕ドイツの戦争機械の歯車を砕いたのはロシア軍であり、今現在、前線の敵の大部分を引き受けているのもロシア軍である」[60]ことを繰り返し述べると記した。

冷戦の時期、歴史家たちはこの証言を無視したように思われる。そしてその後もこの証言については語られていないようだ。

「一九四二年八月に比べ、われわれにとってははるかに有利な状況の中でモスクワを再訪できることを、私は嬉しく思っています」〔このモスクワ会談は一九四四年一〇月九日〜一九日〕。チャーチルが示すこの喜びの理由に、ローズヴェルトはいささか疑いを抱いていたに違いない。会談の予定を知ったローズヴェルトはスターリンに、アメリカは自分たちが与り知らぬ決定に拘束されるつもりはまったくないと電報を打っている――「現時点では、アメリカに関わりのない問題など何ひとつないからです」。またチャーチルに対しては、パメラ・ハリマンを会談に同席させるよう提案している。スターリン自身も、チャーチルがなぜ自分と個人的な会見を望むのか訝しく思っていた。ローズヴェルトの反応を見て、スターリンはこの会談をモロトフの家でおこなうことにする。こうしてチャーチルは何とかスターリンと二人だけの会談を持つことに成功した[61]。

チャーチルの『回想録』によれば、彼はこの会談において以下のようなヨーロッパの「分割」案を一枚の紙に殴り書きした。「ルーマニアはロシア九〇％・他の国々一〇％。ギリシャはイギリス九〇％（アメリカとの合意のうえで）。ユーゴスラヴィアは五〇％・五〇％。ハンガリーは五〇％・五〇％。ブルガリアはロシア七五％・他の国々二五％」。

チャーチルは物語る。「私は紙をスターリンの前へ押しやった。スターリンへの翻訳がなされた。ちょっとの間沈黙があった。次いで、スターリンは青鉛筆を手に取り、同意した印として太い線を引いた。そして紙をこちらに戻した。そしてそれを書くのに要したよりも短い時間で、すべてが決着した。〔中略〕そこで私は言った。『こんな大雑把なやり方で何百万人もの人々の運命を決めたと見られたら、人々はいささか破廉恥に思うのではないでしょうか。この紙は燃やしましょう』。スターリンは言った。『いいや、それは取っておいてください』[62]」。

その後長く信じられ、ついには「歴史的事実」と見なされるに至る伝説とは異なり、ヨーロッパが強国の勢力圏に分割されたのはヤルタではなく、その数カ月前のモスクワでの会談だったのであり、この分割を提案したのはスターリンではなく、チャーチルだったのである。アメリカと中央ヨーロッパではローズヴェルトに対し、この分割に同意したという非難がなされた。

自分がそのような提案をおこなったことについて、当時チャーチルはローズヴェルトにいささかなりとも釈明するため長い書簡を書いていた[63]。しかしチャーチルはこの手紙を送らなかった。

見ていただければおわかりのように、チャーチルのこの世界分割案では、国境においても未来の政府の構成においてもずっと議論の種だったポーランドについては話題にされていない。ロンドン亡命政府の首班ミコワイチクは決して妥協しないだろうと見られていた。ミコワイチクはモスクワにいた。チャーチルは彼に言った。「あなたはヨーロッパを転覆させようと望む手に負えない人々の仲間だ[64]」。

一方、ルブリン委員会の人々も、チャーチルに非常に不快な印象を与えた。委員長のビエルトが「ポーランドの名において、リヴィウをロシアに与えるよう要求する」と言明したとき、その不快はとりわけ強くなった。チャーチルは、当事者たちが実際に会ってポーランド連合政府を構成せねばならないと判断していた。スターリンとモロトフは、ロンドンのポーランド亡命政府の出身者が少数派になるという条件を付けたうえで、この判断に同意していた。ビエルトの言明に対してチャーチルは、「これは化膿する傷だ」とコメントした。

ソヴィエト軍はポーランドのすぐ近くまで迫っていた。この戦況でのイギリス・ポーランド双方の非妥協的態度は、クヴィスリング（ノルウェー）を首班とする傀儡政権のような政府に権力を取らせかねないものだった。しかし、こうした態度は数カ月後のヤルタでも繰り返される。ヤルタ会談の時期、ミコワイチクは同僚であるロンドン亡命政府の大臣たちに、ルブリン委員会と交渉することを提案したため、辞任を余儀なくされていた。そしてヤルタ会談では、ポーランドでの自由選挙の実施のほか、ポーランドがその東部で領土を放棄し、代替措置として西部で領土を回復するという同意がなされた。会談終了から一〇日後の一九四五年二月二一日、チャーチルはポーランドのアンデルス将軍と面会する。将軍は怒りを爆発させる。

チャーチルはフランス語で「あなたはヤルタ会談の結果に満足していないのですか」とアンデルス将軍に尋ねる。

アンデルスが応じる。

「満足していないなんてものではありません。たいへんな不幸が出来したと思っています。ポーランド国民はこのような決着を押し付けられるようなことなど何もしていません。われわれ軍人も、こんなことが起きるとは思ってもいませんでした。ポーランドこそが、今回の戦争で真っ先に血を流したのです。ポーランドはたいへんな被害を受けました。戦争の当初からポーランドはイギリスの同盟国であり、最も厳しい時期にも同盟国であり続けました。ポーランド国外でも、われわれこそが空で、海で、陸で、最も大きな軍事的努力をしたのです。ポーランド国内においても、ドイツに対するわが国のレジスタンス運動は、あらゆる国々のレジスタンス運動のうちで最も重要なものでした。それがこんなことになるとは。われわれリーダーは兵士たちに何と説明すればいいのですか。一九四一年までドイツの忠実な同盟者だったロシアが、今、われわれの領土の半分を取り上げ、ポーランドの残余の部分にも彼らの権威を押し付けようとしています。経験によって、その結果がどのようなことになるか、われわれは知っています」。

これに対しチャーチルは激しく言い返す。

「こんなことになったのはみなあなたたちが悪いのです。長いこと私は、カーゾン線*の東側の領土は譲ってロシアと話をつけるよう忠告していた。もしあのときあなたたちが私の言うことを聞いていれば、成り行きはまったく違っていたでしょう。われわれはポーランド東部国境について保証を与えたことは一度もありません。われわれには十分な軍隊があります。あなたたちに協力してもらう必要はありません。部隊は引き上げていただいて結構です。あなたたちの部隊なしでわれわれはやっていきます[65]」。

こうした言葉はポーランド人に恨みを残したかもしれない——実際、歴史は彼らが苦しんだことについては認めてきたが、彼らの軍隊がヨーロッパの解放に積極的に参加したことを正当には認めてこなかった。彼らの働きは、とくにイタリア戦役で大きかった。

＊　ヴェルサイユ条約締結〔一九一九年六月〕後、イギリスはポーランドとソヴィエトの国境を、ポーランド人の民族的居住地域の限界に設けようとした（カーゾン線）。ポーランド・ロシア戦争の終結に伴うリガ条約〔一九二一年三月〕では国境線をこれより二〇〇キロメートル東方に定め、ポーランドに対しベラルーシとウクライナの一部の領有権を認めた。

チャーチルはアンデルスに、ポーランドの国境問題は講和会議で議論されること、またポーランドは西部すなわち東プロイセン地域に代償の領土を得ること等について説明した。一方アンデルスは、未来のポーランド政府について、その政府がルブリン委員会の人々*だけで構成されることを望んだ。そうなれば、ポーランド国民はそれが真の政府ではないとはっきり認識することになるからだ。

チャーチルはヤルタ以降、かなり陰鬱な気分で過ごしていた。

チャーチルがローズヴェルトとスターリンの間に予感していた共謀関係は、フランスをドイツ占領に参加させようというチャーチルの圧力に二人が揃って反対したとき、いっそう明瞭な形で現れた。たしかに最終的にはチャーチルの意見は通った。チャーチルは「ライオンのように奮闘した」。しかしチャーチルは、イーデンに「世界にとっての唯一の希望は三国間の相互理解だ」と書き送りつつも、「世界がアメリカとソヴィエト連邦の二国の間で分割され、イギリスの全地球的役割は終焉を迎えるだろう[66]」と、はっきり感じ取っていた。

すでにヤルタからの帰途の時点で、彼にそう感じさせる最初の徴候があった。

ローズヴェルト・チャーチル間の書簡のやりとりからもわかるように、ローズヴェルトは当時、サウジアラビアにどんな資源が埋蔵されているかを十分認識したうえで、チャーチルに知らせもせず同国の王イブン・サウードとカイロで会見すべく準備を進めていた。アメリカ大統領は、サウジアラビアの石油資源を独占的に確保しよう狙っていたのだ。参入企業が社名に「アメリカ」を入れてアラムコ（ARAMCO＝アラビアン・アメリカン石油会社）と改称したのはこの時期である〔前身は一九三三年設立。この社名に変わったのは四四年一月〕。それまでイギリスが自国の専用禁猟地と見なしていたこの地域に、突然アメリカが姿を見せる。それはどんなふうに始まったのか。

イブン・サウードとの会見はスエズにおいてクインシー号の船上でおこなわれた〔一九四五年二月一四日〕。チャーチルはこの会見に招待されなかった。しかし彼は、サウジアラビア国王がイギリスに抱いている反感を承知のうえで、この会見に自分を招待するよう働きかけた。そしてそれに成功する。ひとつ面白い逸話がある。イブン・サウードが用意してきた贈り物（チャーチル、イーデンのために用意されたダイヤモンドを象嵌した剣、そして二人の妻のために用意された真珠の首飾り）に比べると、チャーチルがサウジアラビア国王のために準備させた一〇〇ポンドの値の香水瓶はいかにも見劣りする代物だった。そこでチャーチルは、香水瓶は最新のロールス・ロイスが届くまで待っていただくための取りあえずの品だとイブン・サウードに伝えることにした。それは完成しだい国王に贈られるだろう。実を言えば、このロールス・ロイスは彼がイギリス王妃のために発注していたものだった。ウィンストン・チャーチルはこの件について弁明を迫られ、もう一台、改めて王妃陛下用にロールス・ロイスを購入せねばならなくなった。代金は、イブン・サウードから贈られたダイヤモンドで支払われた。[67]

これらの会議をローズヴェルトはどのように見たか[68]

ヤルタを離れる際、ローズヴェルトは彼の三人のブレーン・トラスト（政府の専門顧問団）のひとり、アドルフ・バールに言った。「アドルフ、私は、結果は良好だと言ったわけじゃない。私が得られる限りでの最良の結果だと言ったんだ[69]」。

おそらく、後になってから彼になされた非難――スターリンに譲歩しすぎたという非難――には、結局のところ根拠はなかった。ヨーロッパを大国の勢力圏に分割するというのは、ローズヴェルトの思いつきでもスターリンの思いつきでもなく、チャーチルの考えだった。しかもヤルタ会談が開かれたときにはすでにソ

＊　これらの人々はスターリンによって指名されていた。

ヴィエト軍は実際に中央ヨーロッパとポーランドを占領していた。「唯一可能な態度は、状況の改善に向けて、われわれが持ちうる影響力を行使することだった」。ローズヴェルトは、ポーランドに関してソヴィエト連邦に敵対的な政府を置けないことは認める。しかし、代議制の政府による選挙を三大国の大使の監視下で実施するという取り決めをソヴィエト側が認めた後、この原則をスターリンが蔑ろにするのを放っておいた。これはまったくの譲歩だった。

実を言えば、ヤルタ会談、テヘラン会談のずっと以前に、ローズヴェルトはソヴィエト連邦の強力な戦争遂行能力、ドイツに抵抗しうるだけの優れた能力に驚かされていた。このことは彼に後々まで残る強い影響を与えた。一九四〇年のフランスの敗戦もやはり彼には強い衝撃を与え、その結果、フランスの将来については暗い結論を引き出していた。ワシントンのアメリカ政府は共産党関係者のアメリカ滞在を禁止してはいたものの、ソヴィエトに対しては一九一八年以来、フランスやイギリスのような攻撃的態度を取ったことはなかった。たしかに一九一七年のボリシェヴィキ革命に対する干渉戦争〔一九一八年二〕にアメリカも参加したが、それは白軍、反革命軍側の闘いに参加するためというより、シベリアにおける日本軍の行動を監視し妨害することが目的だった。一九二〇年代初頭のチフスの流行の際には、アメリカは他の国々よりも多くの人道援助をソヴィエトに送った。そしてドイツによる一九四一年六月二二日のソヴィエト侵攻以来、ドイツ国防軍の力を過小評価していたアメリカ（そしてとくにローズヴェルト）はソヴィエト支援に乗り出し、この「時期尚早の」あるいは「行き過ぎた」支援に敵対的とは言わぬまでも積極的でないチャーチルにあらゆる疑念を抱いてきた。

アメリカでは左翼陣営の外側にも、このソヴィエト支援に先立つ数年前からソヴィエト連邦に好意的な思潮が育ちはじめていた。かつて大使としてソヴィエトに派遣されたジョセフ・デーヴィスもそのリーダーのひとりである。一九四三年に映画化された彼の著作『モスクワへの派遣』ではブハーリン、ラデック、ジノヴィエフ裁判が正当化され、「ソヴィエトは民主化されつつある」ことが示唆された。ルイス・マイルストン監督とリリアン・ヘルマンの脚本による映画『北の星』では、ドイツに侵攻される以前のソヴィエト連邦がアメリカ中西部と同様の宝の国として描かれた。ローズヴェルトはこうした映画の制作を奨励していた。

ローズヴェルト、スターリン、チャーチルによるテヘラン会談が検討されていた一九四三年五月一五日、スターリンがコミンテルンの解散を決定したことはアメリカ大統領に好意的な印象を与えた。

スターリンがこうした決定を下した理由は、先に見たようにひとつではなかった〔本書二四〇～二四二頁参照〕。スターリンはコミンテルンの解散をすでにその二年前から考えていた。一九四一年四月二〇日、スターリンはコミンテルンの書記長ディミトロフに、アメリカの共産主義者たちがヴォーリス条項（外国と関係を持つ組織に対し透明性を要求したアメリカの法律〔一九四〇年採択〕）によって手痛い打撃を受け、コミンテルンを脱退せねばならなかった事実に言及しながら、こう言っていた。「君は、指揮下の各国共産党を失うことになる。しかし、これはそんなに悪いことではない。各国共産党はそれ自体として独自に発展していかねばならない。そうすることによって強くなれるからね。〔中略〕その後で、国際組織を復興すればいいんだ」。これは、西部戦線においてドイツ軍が勝利を収め、西ヨーロッパの共産党のいくつかが息の根を止められた後に語られた言葉である。[70]

その二カ月後に起きたドイツによるソヴィエト侵攻はスターリンにこの解散計画を放棄させたが、チャーチル、ローズヴェルトとのテヘラン三者会談が検討されていた時期、再びこの計画が持ち上がる。そもそもアメリカ側では以前から、ウィリアム・バリットがスターリンに、共産主義インターナショナルを解散すればローズヴェルトにとってはそれがスターリンの善意の証になるだろうと知らせていた。[71] コミンテルンはもはや瀕死の状態だった。だからスターリンも、その自殺の必要性について、ディミトロフ、トレーズ、ドロレス・イバルリ、ウルブリヒトら各国共産党の指導者を説得するのに苦労はしなかった。解散の決定はスターリンの国際主義的な政策の未来を案じるローズヴェルトを安心させた。アメリカの八〇紙に及ぶ日刊紙がこの決定を歓迎した。すべては、スターリンがその国際主義的な政策を捨てたかのように経過していた。

ポーランドのワシントン駐在大使ヤン・チェハノフスキの報告によれば、ローズヴェルトはテヘランからの帰途、アメリカの駐イラン大使館でスターリンから厚遇されたことについて質問を受けた際、明瞭に答えるのを避けた。この態度は、独裁者とその体制への断罪、少なくともそれへの批判を期待していたアメリカ人やポーランド人の気分を害した。チェハノフスキによれば、大使館でのスターリンは、とくにフィンランドとバルト諸国の将来について宥和的な言葉でローズヴェルトに語っていた。「フィンランドの首相パーシキヴィは共産主義者ではなく民主主義者だが、私は彼を全面的に信頼しています」。そしてこうつけ加えていた。「少なくとも、ポーランドにパーシキヴィのような人物がいれば、事態はずっと単純になるでしょう」[72]。アメリカのアーノルド将軍によれば、「このときスターリンはローズヴェルトに、自分を本当の民主主義者と思い込ませることに成功した」。ローズヴェルトはスターリンをすっかり信頼する気になり、彼に共感を抱いた。そして、米ソ間の友好的な関係をチャーチルが妨げているのではないかと疑った。

後にモスクワでミコワイチク、チャーチル、ハリマン、モロトフの四者会談がおこなわれたとき〔一九四四年一〇月〕、モロトフは、「テヘラン会談の折、ローズヴェルト氏はカーゾン線をポーランドの東部国境とするのに完全に同意しました」と言明し、ハリマンとチャーチルのほうを向いてこうつけ加えた。「ミコワイチク氏はこの点について詳細を知らないように思われます。また、この件に関するアメリカの意向を疑っているようにも見受けられます」。

ハリマンもチャーチルもこの挑発には応じなかった。実を言えば、ローズヴェルトとチャーチルは、ソヴィエト側の主張する東部国境に関わるカーゾン線に異議を唱えることより、シュチェチン〔ポーランド語名。ドイツ語名はシュテッティン。現在はポーランド北西部、ドイツとの国境沿いに位置する港湾都市〕など西部における広大な代替地をポーランドに与えるという議論のほうを優先していた。反ソヴィエト的なイギリスの専門家が一九一九年におこなった調査では、カーゾン線の東側にはほとんどポーランド人は居住しておらず、住民の大半はベラルーシ人とウクライナ人であることが確認されていた。それでもテヘラン会談では、ポーランド側がウクライナのリヴィウとその近くの油田を要求し続けたので、チャーチルは、東部国境問題については後の講和会議で再評価がなされうると説明していたのである。

すべては、ロンドンのポーランド亡命政府が、西部国境問題におけるオーデル＝ナイセ線までの広大な代替地案（三大国が彼らに提供しようと提案していた部分）については無視しようとするかのごとく展開していた。

アメリカで、ポーランド系の少数派は本当に重要な役割を果たしたのだろうか。それとも、ローズヴェルトは一九四四年一一月七日の再選まで、そのように信じさせておこうとしたのだろうか。実は、再選を果たしたばかりのローズヴェルトは「ルブリン委員会によって統治されるポーランド政府の実現」という真の問題とは別の主旨でミコワイチクに書簡を送っている。一一月一七日（ヤルタ会談の直前）付のこの書簡で、ローズヴェルトは外交的な言葉遣いでポーランドへの共感を示しながらも、西部に代替地を与えることと、ポーランド人に自由の権利を保証すること以外は何も約束しなかった。政府の構成についても未来の選挙の透明性についても何ひとつ語らなかった。これは、ポーランドが「ヤルタの甚だしい降伏」と呼ぶもの、「ポーランドの埋葬」[73]と呼ぶものだった。

コーデル・ハルの後任、新国務長官ステッティニアスは戦後こう述べている。「ヤルタで平穏を得るために合衆国の重要な利益が犠牲にされた、と考えるのは誤っている」。彼の判断によれば、戦後の世界が混乱したのは、ヤルタでなされた約束が破られたためである。具体的に言えば、東ヨーロッパの国々で真に自由な選挙をおこなうという約束を、ソヴィエトと各国共産党が守らなかったからである。

しかしローズヴェルトに対する非難はヤルタ会談の前からすでに、とりわけ共和党上院議員ヴァンデンバーグによって開始されていた。彼は、「大国の勢力圏」という考え方がローズヴェルトに発するものではないことを認めようとしなかった。そればかりか、ソヴィエト軍がヴロツワフ〔ポーランド語名。ドイツ語名はブレスラウ。ポーランド南西部の大都市〕付近まで進軍していた一九四五年二月時点〔ヤルタ会談がおこなわれた時点〕でもなお、ヴァンデンバーグは、西部戦線の連合軍がすでにアルデンヌの戦い〔一九四四年一二月一六日〜二五日〕でほぼ瀕死の状態となっていた事実すら認めようとしなかった――それでも彼は多くの共和党議員と同様に、ベルリンに最初に到達する者には「ブラヴォー」と言わねばならないと考えていた。しかしその成功が、最初の到着者に特別の権利を与えることになるとは考えていなかった。

たしかに、ヤルタにおいてローズヴェルトは、降伏後のドイツをどうするかという問題では優位に立っていなかった。ドイツの非武装化と非軍事化についてはパートナーたちと同意していた。しかし、スターリンとチャーチルは、それぞれの国が占領している地域と一致しない形でドイツを五分割することには賛成しなかった。ローズヴェルトはスターリンと同様、フランスにも占領地域を与え、フランスをドイツ占領国の一角に加えるというチャーチルの提案について譲歩した――「これは親切心からの特別扱いです」とローズヴェルトはコメントした。それを受けてスターリンは「本来ならばフランスはそうした扱いには値しないのですから」とつけ加えた。スターリンはローズヴェルトの国際連合構想に賛成した。これによってソヴィエト連邦には国連で三票の投票権が与えられることとなった〔国連創設についての協議では、ソヴィエトは連邦を構成する各共和国がそれぞれ票を行使することを主張し、ソヴィエト連邦、ウクライナ、白ロシア（ベラルーシ）が議席を持つことで妥協がなされた〕。共和党はローズヴェルトがこうした形でソヴィエト連邦を諸国家間の協議に引き入れたことをも、やはり非難した。

しかしローズヴェルトにとって大事なのはそんなことではなかった。スターリンはアメリカに、日本についてはフリーハンドを与えていた。「南サハリンと千島列島の権益をアメリカがソヴィエト側に保証する」

というアメリカとの密約の代償である。ヤルタ会談でローズヴェルトが得た、より重要な成果は、日本との戦いにソヴィエトを参戦させたいとするアメリカ軍部の圧力にスターリンが応え、その参戦時期をドイツ降伏後二～三カ月以内と約束したことである。そして、ローズヴェルトにとってのもうひとつの成果は、スターリンが毛沢東ではなく蔣介石を同盟者として認めたことである。

このヤルタでの三大国の取り決めで「犠牲」にされたと考えたのはポーランド人とド・ゴールである——ド・ゴールに味方したのはチャーチルだけだった。

イギリスの歴史家モンテフィオーリが参照した資料を考慮に入れるなら、テヘラン会談とヤルタ会談においてスターリンとローズヴェルトが共謀したことは、チャーチルを怒らせただけでなく、スターリンに羽目を外させた。スターリンは冗談を連発し、自制を欠いた粗野な言動さえ見せていた。こうした言動はヤルタの前年の一二月以前からド・ゴールをも不快にさせていた。

ヤルタでスターリンがチャーチルに尋ねる。「どうして五万、一〇万のドイツ人将校を処刑しないのですか」。「イギリス人が持つ正義の観念に合致しないからです」とチャーチルが答える。「それでは四万九〇〇〇人にしておきましょう」とローズヴェルトが提案する。同席していたローズヴェルトの息子エリオットがつけ加える。「いずれにしても彼らは死ぬんだ」——彼は終始ほろ酔いだった。気分を害したチャーチルがエリオットに言う。「あなたは同盟国の仲を引き裂くためなら何でもやってのけるらしい」。教皇を同盟者にしようというチャーチルの提案に対しては、スターリンがその後有名になった冗談で応答する。「教皇だって？　教皇は何個師団持っているのですか？」ローズヴェルトが「ポーランドにおける選挙は、カエサルの妻同様、非難の余地のないものでなくてはなりません」〔ローマの英雄カエサルは、妻ポンペイアに不倫の嫌疑がかかった際「カエサルの妻たる者はいかなる嫌疑も受けてはならない」とし、妻を離縁した〕と言明したときには、「彼女はよく言われるほど純潔ではなかった」とスターリンは応じた。さらに、「私は王政主義者ではないが、ジョージ六世の健康を祝して杯を上げましょう」と言い放つ。するとチャーチルが切り返す。「ここにいる三人の国家指導者に杯を上げるだけで満足しましょう」。

思いがけない客が到着した。ベリヤである。「その方は誰ですか」とローズヴェルトが尋ねる。「わが国のヒムラーです」とスターリンは笑いながら答える。この返答はローズヴェルトをぎょっとさせたが、これを耳にしたベリヤ本人はまったく笑わなかった。

賓客たちが帰ると、スターリンはジューコフを散歩に誘った。「君はヤコフ〔ドイツ軍の捕虜となっていたスターリンの長男〕がどうなったか知っているかね」とスターリンが尋ねる。そして「あの人殺しどもはヤコフを銃殺するだろう。連中はヤコフに祖国を裏切らせようとしているんだ」とつぶやく。「いいえ、ヤコフは決して母なる祖国を裏切ったりはしないでしょう」とジューコフは答える。彼らは食卓についた。しかしスターリンは何も飲み込めなかった。

スターリンは息子がすでに二年前に死んでいたのを知らなかった。[74]

これらの会議を蒋介石はどのように見たか

蒋介石はヤルタ会談には招かれていなかった。それでも彼は、テヘラン会談の直前にカイロでチャーチルとローズヴェルトに会っていた〔カイロ会談、一九四三年一一月二二日〜二六日〕。蒋介石は出席しなかったが、ヤルタにおいて東アジアの運命が扱われなかったわけではない。

そしてヤルタでローズヴェルトはスターリンに中国の領土を譲ったのである。

したがって、秘密条項を含んでいたのは独ソ不可侵条約ばかりではない。ヤルタでの同意にもやはり秘密条項が加えられていたのだ。その秘密条項については滅多に語られないことを指摘しておこう。

一九四五年二月一一日、ヤルタ会談の最終日に、ローズヴェルトはソヴィエトが対日参戦するという条件と引き換えに、以下の条項をスターリンとの間で密約した。一、外モンゴルの現状維持を保証すること（外モンゴルは当時事実上、共産主義者によって統治されていた）。一、日露戦争〔一九〇四年〕の敗北の翌年、一九〇五年に踏みにじられた「ロシアの諸権利」を回復すること（とくに大連とポート・アーサー〔旅順〕は海軍基地としてソヴィエトに貸与されるだろう。また一九〇五年以前のように、中東鉄道〔中国大陸の東西を結ぶ〕と南満州鉄道〔中国大陸の南北を結ぶ〕についてもソヴィエトの権益は回復されるだろう）。

これに加え、今回は日本に犠牲を払わせる形で、ソヴィエトにはサハリン南部の返還と千島列島の引き渡しがおこなわれるだろう（この条項は今や秘密にされていなかった）。

チャーチルはこれらの交渉について事前に知らされていたが、介入はしなかった。

カイロ会談。左から蔣、ローズヴェルト、チャーチル。1943年11月25日。

「アメリカには第三者に属する領地を譲る権利があるのですか」――中国駐在大使ハーリーの問いに、困惑したフランクリン・ローズヴェルトは「同意の道を見つけてくれ」と答えたらしい。イギリスとフランスの帝国主義的なやり方を問題視してきたアメリカ大統領だが、今や彼自身が中国を犠牲にして、皇帝支配下にあったかつてのロシアの帝国主義的やり方を復活させる側に立っていた。違いは、それが帝政ロシアの利益ではなく、今度はソヴィエト連邦の利益になっただけである。

「このことは、蒋介石に話してはならない」。ローズヴェルトが急死した一九四五年四月一二日の後、新大統領トルーマンは大使ハーリーに言った。同年六月二六日のサンフランシスコ国際会議〔連合国五〇カ国の代表がサンフランシスコで国連憲章に署名した会議〕では、トルーマン自身が蒋介石の遣わした大使宋子文に、中国にとって損害となるいかなる決定もなされていないと説明した。しかし、すでに秘密条項の内容を入手していた宋子文は、アメリカの譲歩によって得られるソヴィエトの権益は一九二四年の中ソ協定においてソヴィエトが放棄したものだと答えた。

スターリンは蔣介石に中国との友好同盟条約を提案するため、大使A・A・ペトロフを重慶に遣わした。このときペトロフは蔣介石に、「前提条件」があることを示唆し、こう言った。

「それらの前提条件にはローズヴェルトとチャーチルも同意しています」。

「あなたはそれがヤルタで同意されたと言っているのですか」と蔣は尋ねた。

「そうです」とスターリンの大使は答え、「この友好同盟の提案は、ソヴィエト連邦が予定している対日宣戦布告に対応するものです」とつけ加えた。

そしてやはり重慶に遣わされたアメリカの大使、ハーリーがヤルタで話し合われたことを確認する。「ヤルタで、スターリン氏は明瞭に、中国における権力の統一が蔣介石氏のリーダーシップの下で成就するようできるだけのことをすると約束しました。毛沢東が率いるのは本当の共産主義者ではなく、偽物の共産主義者だけであるからです」。

宋子文が外交部長（外務大臣）の肩書を持ってモスクワへ友好同盟条約を結びにやってきたのは、サンフランシスコ国際会議の翌日、六月二七日である。彼には蔣介石の息子、蔣経国が付き添っていた。蔣経国には非公式に交渉を進める任務が与えられていた。迎えたスターリンは当初、非常に愛想が良かった。しかし突然口調を変え、乱暴に蔣経国に言い放った。「われわれはこれらの前提条件を基礎に交渉せねばなりません。しかもこれらの前提条件についてはローズヴェルトも署名したのです」。

蔣経国がその前提条件、とくに、外モンゴルをソヴィエト連邦に合体させること、さらには外モンゴルの独立さえ拒否すると、スターリンは再び愛想良くこう言った。

「お聞きなさい。正しいのは結局のところ、あなたたちかもしれない。しかし、あなたたちが理解せねばならないのは、今日、助けを必要としているのはあなたたちであって、私があなたたちに助けを求めているわけではないということです。もしあなたたちが日本を打ち負かせるなら、私はあなたたちに何も要求しないでしょう。しかし、あなたたちには、日本を打ち負かす方法がありません。なのにどうしてモンゴルのことでぐずぐず言うのですか[75]」。

蔣介石の息子がこのような形で譲歩を受け入れ立場を失って帰国することのないよう、日本の敗北が決定的となるまでは、ここでの合意は秘密にされることとなった[76]。スターリンの要求は、実を言えば、ヤルタで合意された「前提条件」をはるかに越えるものだった。それは前もって与えられていた代償だったのだろうか。

カイロ会談でローズヴェルトは蔣介石に、「インドシナを回復したいと望んでいますか」と尋ねた。蔣介石は驚き、否と答えた。インドシナ地域は中国ではない。ローズヴェルトはイギリスとフランスによるこの地域での勢力保持に強い反感を抱いている。イギリスとフランスに向けられた彼の反帝国主義は、ソヴィエト連邦あるいは共産主義に対する彼の警戒よりもさらに一貫したものに見えた。蔣介石を驚かせたのはこの点である。ローズヴェルトのこの反感は、一九四五年三月九日、日本軍が仏領インドシナを攻略したときにも確認される。このときローズヴェルトは、駐中アメリカ空軍司令官シェノールト将軍に、「アメリカ政府はフランスがインドシナから力尽くで追い出されることに関心を抱いている」と通知したのである。

蔣介石はこうしたものの見方を評価しない。彼は日本の敗北後、日本軍の北インドシナ地域からの撤退の管理を任されることになるだろう。この場合、彼にはトンキン〔紅河流域のベトナム北部を指す呼称。その中心都市ハノイの旧称〕が中国人に引き渡されるよりも、そこにフランス人がいてくれるほうが好ましいのだ。というのも、そこに居座る中国人の大立て者たちはまもなく毛沢東の手先になりかねないからである[77]。

辱めを被るド・ゴール将軍

ド・ゴールもヤルタ会談には招待されていなかった。しかし彼が被ったもっとひどい侮辱は、この会談が開催されることすら知らされていなかったことだ。チャーチルとイーデンは少なくともドイツ問題が話し合われる場にはド・ゴールを参加させたいと考えていた。だが、ド・ゴールがそれを知るのは会談に参加している三人に自分のメモ書きを届けた後でしかなかった。

こうした屈辱は初めてのものではなかった。そして最後のものでもなかった。

もっとも大きな屈辱は、フランス代表としての認知を長い間待たされたことである。ド・ゴールは一九四四年六月にフランス本土へ戻って以来、国民から多くの支持を集めていた。フランス全体が、とくに国内レジスタンスがこの自由フランスの頭《かしら》に喝采を送り続けていた。それはローズヴェルトに対し自分こそがフランス国民の体現者なのだ主張できる十分な証拠となるはずだった。しかしローズヴェルトは彼をなかなか認知しようとはしなかった。バイユー〔フランス西部、ノルマンディー上陸作戦で最初に解放された町〕上陸後にド・ゴールが得てきた勝利をアメリカ大統領が評価し、ワシントンに彼を迎え入れたのは七月七日である。

しかし公式の認知がなされたのは、ようやくパリ解放の二カ月後、一〇月二五日だった。解放後の二カ月間はド・ゴール将軍にとって栄光の絶頂であり、彼の正統性を光り輝かせるものとなった。認知は一〇月二五日、つまり、連合国のイタリア進軍の際ムッソリーニの失墜に協力はしたがそれ以前は彼を承認していた国王のもとにあるイタリアの首相、イヴァノエ・ボノーミが連合国から認知を得た一カ月後である。

「フランス政府は、その正式な名を呼称できるようになったことに満足している」とド・ゴールはあるジャーナリストの質問に答えた。

しかしこの資格でド・ゴールがローズヴェルトをパリに「招待する」と――ローズヴェルトのほうはド・ゴールをワシントンに「迎え入れた」だけだった――、返ってきた答えは次のようなものだった。「私はいつの日かフランスに赴きたいと思っています。しかし、まずロシアとイギリスの首脳に会うほうが大切だと考えています」[78]。

重要なのは、この屈辱的な返答の背後には、フランス軍の八個師団の装備に関する意見の相違が隠されていたことである。ド・ゴールは師団の数を倍にしたいと望んでいた。ローズヴェルトはドイツ国防軍が執拗に抵抗しているアルザスでの戦闘の困難さを引き合いに出して、彼以前にすでにアイゼンハワーがそう言っていたように、ド・ゴールの要求に応えることは無理だと言っていた。しかしローズヴェルトが実際に恐れていたのは、彼が使った言葉が示すように、「ド・ゴールを強くしすぎる」ことだった。ローズヴェルトは自分たちが占領軍であるかのように語っていたのである[79]。

第２次大戦中のチャーチル（左）とド・ゴール。1944年１月13日。

とはいえ戦争はまだ勝利したわけではない――アルデンヌにおけるドイツ軍の攻勢がその証拠である。ヤルタ会談の時期、この試練を前にしてローズヴェルトはようやくフランス軍の強化に同意する。

したがって、そこに見られたのは逆説的な状況だった。ロシア生まれのイギリスのジャーナリスト、アレクサンダー・ワースの表現を用いれば、それは「裏返しになった奇妙な戦争」だった。一九四〇年には比較的良好な装備を持つフランスが戦争を嫌がっていたのに、一九四四年末には逆に、そのフランスの有力な同盟者が、戦争に参加したくて地団太を踏んでいたこの国の指導者たちに装備を与えるのを嫌がっていたのである。

ローズヴェルトの特使ハリー・ポプキンズがド・ゴールに会うためパリにやってきた。アメリカ側がなぜ彼およびフランスに不信感を抱くのか、そのそもそもの理由を説明するためである。ホプキンズはローズヴェルトの言葉を繰り返した。ド・ゴールはポプキンズの礼儀正しさを考慮して、自分がヤルタに招かれなかったことをさほど不名誉には感じていない振りをした。

それでもなお最後の屈辱がやってくる。ド・ゴールはアメリカ大統領ローズヴェルトに、ヤルタからの帰途の際には「どこでもあなたの都合のよい場所に」招待したいと提案する。しかし、ローズヴェルトが選択した対応は、彼自身がド・ゴールをアルジェに「招待する」ことだった。これは十分に計算ずくの侮辱だった。ド・ゴールはこれを拒否した（理由は「緊急の用件により」とした）。この拒否は痛烈な返答である。この侮辱がド・ゴールにとって我慢ならないのは、ローズヴェルトがまるで自国に招待するかのような感覚でフランス領のアルジェリアを指定したからである。この拒否を受け取ったアメリカ大統領は、「プリマドンナ」のように「振舞う輩がいる」が「それはたいへん残念なことだ」と述べている。[80]

ド・ゴールがアメリカに対して不機嫌だったのは、ヤルタでフランスのドイツ分割占領が認められる際、イギリスのチャーチルとイーデンが支持したにもかかわらず、スティッティニアス（アメリカ）とスターリン（ソヴィエト）が反対に回ったことを知ったからだ。そのうえアメリカは、ヤルタ後の三月九日に仏領インドシナが日本軍によって攻撃された際、相当数のフランス人が戦死し、拷問を受け、牢獄に入れられたにもかかわらず、フランス人への共感をまったく示さなかったのだ。

チャーチルでさえ、軽率な振舞いをした。フランス側に知らせもせずに、まるでそこが占領地域であるかのようにコルシカに立ち寄った後、出し抜けにパリ訪問を予告してきた。ヤルタ会談の三カ月前のこの時期、英仏関係は相変わらずシリアとレバノンでの危機のせいで緊張していたが、それでもレジスタンスの指導者ジョルジュ・ビドーからの執拗な要望を受けて、老ライオン・チャーチルは一九四四年一一月一一日〔第一次大戦の休戦記念日〕を祝いに行くことにしたのだ。実際、パリに着いた彼をフランス人は大歓迎した。そこで演説中チャーチルは涙を浮かべながら自由フランスの代表者との関係について気の利いた言及をする。「二人はあらゆる天候を経験しながら互いを知った。私が言いたいのは二人の関係には良い時期、悪い時期があったが、それを乗り越えて互いを認め合ってきたということだ」。

しかし感情の吐露では現実は隠せないだろう。この場合の現実とは、三大国家の首脳間の力関係である。フランスの作家エリック・ルーセルは、チャーチルがローズヴェルトとスターリンに送った一九四四年一一月一五日付の電報を発見しているが、それによれば、この一一月一一日時点でド・ゴールとの間で話し合われた内容は限られたものでしかなかった。まず何より、ド・ゴールはフランス軍のために武器を手に入れたがっており、ドイツの一部を占拠したがっていた。電報でチャーチルは、「彼は、われわれの間で今何がなされ、何が決定されようとしているかについて、ほとんど知らされていない」と結論している。そもそもチャーチルはド・ゴールの要求に反対するどころか、むしろまったくこれに好意的である。しかしこの電報で彼が米ソ首脳に強調するのは、新聞が書いているのとは逆に、ド・ゴールとの間ではまだ何も決まっていないという点である[81]。

ド・ゴールにとって、スターリンのソヴィエトと強固な関係を築かねばならないことは自明だった。それは、アングロ＝サクソン諸国に非常に強く依存しているフランスの立場を、均衡の取れたものにするためである。また、戦後のドイツを注意深く統御していくのに必要な、伝統的な同盟関係を復活させるためでもある。補足的な理由もある。イギリスにしろアメリカにしろ一旦勝利が得られれば、いつまでもヨーロッパに軍隊を置いているはずはない。直近の過去の動きはド・ゴールにとって励ましとなっていた。というのも、たとえソヴィエトの駐フランス大使ボゴモロフがロンドンの男ド・ゴールをパレフスキー、プレヴァンといったフランスの「札付きの反動家」に囲まれた人物と見なしていたにしても、ド・ゴールはあらゆるところで、とくにアルジェではスターリンの支持を当てにすることができたからだ。その一年前、一九四三年五月に連合軍がチュニスに入城したときにも、アメリカの「映画ニュース」がジロー将軍だけを映し出していたのに対し、ソヴィエトの「ノーヴォスチ」はド・ゴール将軍を讃えていた。

フランス軍は他国の軍、すなわちソヴィエト軍やアングロ＝サクソン諸国の軍に比べ脆弱だったが、そのことを評価し損ねていたド・ゴールは、自分を招待するようソヴィエト側に依頼した後、一八九一年のときのフランス代表と同様に〔一八九〇年代初頭、国際的孤立状況からの脱却を目指すフランスはロシアに接近し、一八九一年にはお互いに艦隊を親善派遣する〕、まるで対等な交渉をしに行くかのようにモスクワへ出発した〔一九四四年一一月二日、モスクワに到着〕。カイロ、スターリングラード経由のこの長旅に出かける前、彼は諮問議会に「フランスは独立のための手段を再び見出しつつある」と知らせた。

直接の証人であるアレクサンダー・ワース〔当時、BBCの特派員〕の報告によれば、このときド・ゴールはスターリングラードで、この町でおこなわれた戦いを「連合国の統一」の象徴として語るという最初のミスを冒した。スターリングラードの勝利は、実際には純粋にソヴィエト軍による勝利、一〇〇パーセント、ロシア製の武器による勝利だったはずである。これに続くモスクワでの会談で、ド・ゴールは小物として何の宣伝もなく迎え入れられ、一般の人間と同様に混雑した地下鉄の中に放り込まれた。彼が誰であるのか、人々にはまったく知られていない。このことに気分を害した同行者のビドーは、ロシア人を「冷淡なひとでなし」[82]と見なした。敬意も歓迎もないこのような受け入れ方に不快な驚きを覚えたド・ゴールは、隠しマイクが仕掛けられているとの口実を作って迎賓館への滞在を拒否し、大使館へ泊めるよう要求した。

この会談におけるスターリンのド・ゴールへの態度は氷のように冷たかった。「両国の不幸の原因は一九三九年に両国間に同盟がなかったことだ」――ド・ゴール将軍のこの主張に対しモロトフは、ラヴァルが一九三五年に仏ソ協定〔一九三五年五月二日に締結された仏ソ相互援助条約。結局フランス議会で批准されず効力を発揮することはなかった〕を無視したことを思い出させる。「しかしド・ゴールはラヴァルではない」と将軍は返答する。

他にも攻撃的な言葉が発せられる。スターリンはからかうように、フランスの復興の遅さに驚いてみせる。彼は皮肉を言う。「南仏の町々の解放はかなりたやすかった。パリでもたいした戦闘はなかった。工業系の企業も無傷です。なのにどうしてフランスの工業は復興しないのですか」。これに対しド・ゴールは、戦前に二万二〇〇〇両あった機関車が現在では五〇〇〇両しかなくなり、すべてを阻害しているのはこうした輸送の問題だと答える。

次いでド・ゴールは中心的な問題に話題を移す。ドイツの将来についてである。

ド・ゴール「ライン川左岸はドイツから切り離され、フランスに統合されねばなりません。経済的、政治的、軍事的にはそれがぜひ必要です」。

スターリン「連合国はその問題をどのように見ていますか」。

ド・ゴール「イギリス軍とアメリカ軍はいつまでもライン川沿いにはとどまりません。しかしフランスとロシアはこれからもずっと、自分の国がある場所にとどまらねばならないのです」。

スターリン「もちろん、そのとおりです。しかし、大陸の二大国だけでは、ドイツを十分統御するだけの力はありません。そのことは歴史が示しています」。

さらにポーランド問題に話が移る。ド・ゴールは西部国境をオーデル＝ナイセ線とするソヴィエト側の主張に同意し、これによって東部国境の問題も解決されると言った――「カーゾン線を東部国境とするには、ポーランドに対して、西部国境でドイツの土地を与えることを保証すれば認められるでしょう」。この東の国境は「〔一九一九年のヴェルサイユ講和会議において〕すでにクレマンソーが主張していた国境である」ことを、スターリンはド・ゴールに思い出させる。

今度はド・ゴールが攻勢に移って尋ねる。

「ポーランドにおける人心の状態はいかがですか」。

スターリンは答える。

「その問題を検討しています。ポーランド国民は困惑しはじめています。彼らはポーランドが解放されるときに、なぜロンドンの委員会〔ロンドンのポーランド亡命政府〕がポーランドにいなかったのか不思議がっています。ワルシャワ蜂起〔一九四四年八月一日〜一〇月二日のワルシャワ市民の武装蜂起。ドイツ軍に全滅される〕のとき、ポーランド国民はこの蜂起が赤軍の知らぬ間に赤軍司令部の同意を得ずに始められたことを、蜂起の失敗後に知りました。［中略］もし司令部に伝えられていれば、司令部はまだ準備が整っていないことをポーランドの人々に知らせたでしょう。［中略］それに、ロンドンの委員会のポーランドにいた要員は、一八世紀末のフランスの場合と同様、大土地所有者の土地を没収するための農地改革に反対しました。もはや彼らロンドンの委員会にはまったく権威などないのです」。

そしてこうつけ加える。「フランス人は、イギリス人、アメリカ人よりも早くそのことを理解するでしょう」。ド・ゴールは、自分が望んでいるのはロシア人、ポーランド人、フランス人を近づけること以外に何もないと答えたうえで、それでも自分はポーランドのルブリン委員会〔ポーランド国民解放委員会〕にオブザーバーを派遣するつもりだと断言する（ある証人によれば、このオブザーバーはクリスティアン・フーシェである）。しかし、スターリンはド・ゴールの言うことなどまったく信用しないそぶりを見せる。

その後ド・ゴールは再びドイツの未来、そして条約を結ぶべきフランス・ソヴィエトの同盟について語る。彼は説明する。「［イギリス政治は］反応が鈍く、ライン川左岸に与えるべき地位に関してはフランスとイギリスの間に見解の相違が生じうる」。一方のスターリンは、フランスとの二国間条約よりも、フランス・ソヴィエト・イギリスの三国間条約が望ましいと言う。というのも、今やイギリスはドイツの工業を破滅させるだけの強力な手段を有しており、第一次大戦後に起きたことを教訓とすれば、イギリスはそのように行動するだろうからだ。

このようにスターリンはド・ゴールに、ポーランド問題に関するド・ゴールの疑問には根拠がないと理解させる一方で、ド・ゴールが提起するドイツ問題や将来のフランス・ソヴィエト同盟についてはイギリスと同意のうえで行動するのが適当だと答え続ける。

実を言えば、この会談についてのソヴィエト側の報告では、この時期チャーチルがスターリンに電報を送り、もしフランスとの間で同盟が結ばれるならイギリスもそれに参画したいと申し出ていたことについては言及を省いている。スターリンはこの会談において、戦争の期間中フランス人がほとんど戦わなかった事実を将軍に思い出させ、将軍の傲慢さをへし折らずにはいられなかったし、会談の終わりにはフランス共産党書記長であるトレーズを賞賛し「私がド・ゴールなら、トレーズを獄につないだりはしない、少なくとも当面はそんなことはしないでしょう」と述べている。しかし、これらについてもソヴィエト側の報告では何も言及されていない。

ド・ゴールにはさらなる侮辱が加わる。「条約を批准するのは誰ですか」――モロトフがド・ゴールにそう尋ねるのをスターリンは止めなかった。これは、フランスにはまだ選挙で選ばれた議会が存在しないことをド・ゴールに思い出させるひとつのやり方だった。不意打ちを喰らったド・ゴールが、「あなたがたはチェコとは条約を結んだではないか。彼らとて臨時政府しか有していません」と答える――「問題がないことはおわかりでしょう」[83]。

温和な雰囲気とはとても言えないこうしたやりとりは、二人の対話者に非常に悪い印象のみを残した。アレクサンダー・ワースによれば、スターリンは会談後、「これほど不快な交渉相手は見たことがない」と言明した。ド・ゴールもまた不機嫌なまま出立した。外交官やトレーズをも銃殺しかねない犯罪的な専制君主を気取るグルジア人スターリン、その彼が繰り出すいささか野卑で挑発的な冗談をド・ゴールはほとんど評価しなかった[84]。

たしかにド・ゴールはルブリン委員会を承認するとは言わず、オブザーバーを派遣すると言っただけだった。結局彼はこのモスクワ会談でドイツについては何も獲得できなかった。条約という着想のみが語られたが、会談を終えた直後はそれが二国間条約になるのか三国間条約になるのかさえ不明なままだった〔その後一九四四年一二月一〇日、仏ソ相互援助条約が調印される〕。

一年後〔一九四六年〕、ド・ゴールは自分なりの流儀で、このモスクワの旅について副官のギー中尉に語っている。

「私が意図していたのは、スターリンと紙切れ上で署名を交換すること〔条約の調印〕だけではなかった。私がとりわけ望んだのは状況を理解することだった。内心では、もし彼がライン川左岸をめぐる争いで明確にわれわれを支援すると言ってくれていたなら、それと引き換えにポーランド、ルーマニアについては彼を支援するつもりでいた。私には目をつぶる用意があったのだ。［中略］スターリンはもちろん口先では約束したが、実際にわれわれの努力を支援するはずはなかった。［中略］道徳的に言って、もはやロシア人には何の借りもない。彼らはわれわれを助けなかった。それどころか、彼らはドイツの復興を支援しつつある。障害は取り除かれた。今や私は、アングロ＝サクソンと結ぶ準備さえできている。そうだ、当然のことだ[85]」。

容易に想像できるように、このような説明では、この会談でのド・ゴールの幻滅がどれほどのものだったかはわからない。その幻滅の結果、彼はスターリンがドイツの復興を手助けしているとさえ言っている。だが、一九四六年にこの言葉が語られた時期、現実は彼が言った状況とはまったく異なっているのである――ソヴィエト占領地域においてさえ、そんなことはまったくなかった。

実を言えば、このモスクワの旅はド・ゴールの立場をすっかり変化させる旅となった。彼はどんどん反ソヴィエト的になっていく。その後ヤルタでスターリンが取ったドイツ占領地域に関する決着の仕方は、ソヴィエトの国家元首が「善意から」フランスにも占領地域を分け与えると同意したにもかかわらず、ド・ゴールにその変化の必要性を確信させる。実際、フランスに与えられた占領地域は、ソヴィエトではなく、イギリス、アメリカの占領地域から分け与えられたものだった。

降伏文書に署名するカイテル元帥。1945年５月８日。

結局フランスが望んでいた地位を与えたのはイギリスとアメリカである。ド・ゴールの西側諸国への接近は、彼が権力から一旦しりぞき、フランス共産党が権力の座にとどまり続けていた時期にはさらに活発となる。

一九四五年から四六年の時期、彼は第三次大戦が起きるかもしれないと本気で考えていた。チャーチルは一九四六年三月五日のアメリカ・ミズリー州フルトンでの演説で、東側と西側の間には「鉄のカーテン」が下りたと喝破した。ローズヴェルトは一九四五年四月一二日に病死した――彼の後任はどのような行動を取るだろう。ドイツ軍の無条件降伏文書調印式典はランス（フランス）とベルリン（ドイツ）において二回おこなわれたが、これによりフランスはまたもや屈辱を味わった〔西側連合軍との間で交わされた一九四五年五月七日のランスでランスの式典にはフランス軍から将軍〔の調印を不服とするソ連軍（この時期にはソ連軍はまだ東部戦線で戦い首都ベルリンを占領していた）の主張により、同じ降伏文書の調印が翌日八日にベルリンでもおこなわれた〕。のひとりが参加した。ところがベルリンの式典では、ド・ラットル将軍〔ヴィシー政府に従っていたが、ドイツ軍が自由地域に進軍すると、命令に反してドイツ軍に抵抗し逮捕・投獄。その後逃亡に成功し、ド・ゴールの傘下に加わる〕の参加をヴィシンスキー〔ソヴィエトの外交官、法律家〕が除外しようとした。ソヴィエト側のジューコフ元帥がこのフランス将軍の参加予定を知らなかったと言い張ったのだ。何という屈辱だろう。これは、式典においてフランス国旗が他の戦勝国の国旗の脇に飾られているのを見て怒りを表明したドイツのカイテル元帥の屈辱（ちなみに彼はフランスの戦いに勝利した一九四〇年六月にレトンドにいた〔レトンドは一九一八年の第一次大戦（ドイツの敗北）の休戦協定と、一九四〇年のフランスの戦い（ドイツの勝利）の休戦協定が締結された観光地コンピエーニュの近くにあるフランス中北部の村〕）よりもさらに重大な屈辱である。式典でカイテル元帥は、「こんなにひどいことはないな」と言っていた。

決算はどのようなものか

戦争指導者たちのそれぞれの視点を突き合わせてみると、大同盟について、あるいは大同盟の原因と結果について、さらには指導者間の対話が明らかにするものについて、これまでなされてきた診断を検討し直すことができる。

第一に指摘すべきは以下のことである。ヨーロッパでの大国の勢力圏に関するチャーチルとスターリンの暗黙の合意は、ヤルタの約束よりも長期間にわたり、その後の成り行き――そしてその現実――を規定した。東ヨーロッパは多かれ少なかれソヴィエトの管理下に入り、ギリシャはイギリスの管理下（次いでアメリカの管理下）に入った。

自国民からあまりに妥協的だと問題視されたローズベルトの政策は、スターリンとしばしば共謀関係に入った彼の個人的振舞いに起因するものであり、テヘランやヤルタでなされた行動および決定の実態に起因するものではなかった。しかし、イギリスやフランスの植民地政策に対する彼のあからさまな反感は、蔣介石をも驚かせた。

ローズヴェルトとスターリンの共謀関係はチャーチルを孤立させたが、結果としてこのソヴィエト・アメリカ間の合意の萌芽をイギリス・アメリカ同盟に置き換えた。この傾向は、一九五六年のスエズ危機〔スエズ運河の国有化を宣言したエジプトと、運河建設を事実上支配してきた英・仏・イスラエルとの軍事衝突。このときアメリカは、冷戦で対立していたソヴィエトと手を組んで、停戦と英・仏・イスラエル軍の即時全面撤退を通告し、英・仏・イスラエルは、圧力に屈してこれを受諾した〕の折に明瞭に現れるだろう。そこでは何が起きていたのか。すでにオーストラリアが離脱していた大英帝国の弱体化である。このことは、時代を戻せば、ローズヴェルト大統領にあってはまだ冷戦という観念が芽生えていなかったことを意味する。しかし、たとえばフォレスタルをはじめとする彼の顧問の何人かはすでにそうした観念を抱きはじめていた。チャーチルにあっては、この観念はまだ潜在的であった。

スターリンは、世界革命を放棄したわけではまったくなかった。コミンテルンの解散は状況のなせる業であり、それは多かれ少なかれアメリカとの接近に関わる戦略的な必要に応じてのものだった。

米英関係は基本的には良好だったが、そこにはいくらかのライバル関係、さらには相互不信がないわけではなかった。チャーチルとローズヴェルトは互いに相手に背を向けようとした。チャーチルのほうはヤルタ会談以前にそうしていたし、ローズヴェルトのほうはヤルタ会談以後にそうしていた。スターリンは非常に細心なやり方で、バルト諸国から中国にかけての、そしてベッサラビア〔現在のモルドヴァ共和国地域の旧称〕からサハリン、千島列島にかけての地域について、失われた領土を、あるいは失われたか放棄された諸権利を回復しようと望んでいた。

次のこともまた確認できる。ヨーロッパの将来に関して係争点になっていた諸問題については、結局のと

1944～45年

1944年

3月4日　カルパティア山脈〔主にスロバキア、ポーランド、ウクライナ、ルーマニアにまたがる山脈〕方面におけるソヴィエト軍の攻勢。

3月10日　ギリシャ国民解放委員会結成、レジスタンス国民委員会の計画。

3月18日　ヒトラーとホルティ〔ハンガリーの執政〕の会見。ホルティ、ナチス政策に距離を置くカーロイ首相を解任。

3月25日　ドイツ軍、グリエール〔フランス南東部、オート＝サヴォワ県内にある台地〕のレジスタンスを壊滅。

5月15日　アメリカ軍、北太平洋のウェーク島を日本軍から奪取。

6月2日　アルジェでド・ゴールがフランス国民解放委員会をフランス共和国臨時政府と改称。

6月4日　連合軍、ローマ入城。ドイツ軍からローマを解放。

6月6日　連合軍、ノルマンディー上陸作戦を開始。

6月13日　ドイツ、V1ロケットによる初めてのロンドン爆撃。

6月23日　ドイツ軍の支配下にあったソヴィエト領、全面的に解放される。

7月20日　ヒトラー暗殺未遂事件。首謀者フォン・シュタウフェンベルクの処刑。

7月21日～30日　ドイツ軍、ヴェルコール〔フランスアルプスに連なる山塊〕のレジスタンスの壊滅作戦。

8月1日～10月2日　ワルシャワ市民の武装蜂起。ドイツ軍に鎮圧される。

8月15日　連合軍、南仏プロヴァンスへ上陸。

8月20日　ペタン、ドイツ軍により逮捕。ジグマリンゲン〔ドイツ南部の町〕に移送される。

8月19日～25日　連合軍、パリ入城。ドイツ軍からパリを解放。

8月21日～10月7日　ダンバートン・オークス会議。ワシントン郊外のダンバートン・オークスで米英ソ中の4カ国が国連憲章案を作成。

8月23日　ルーマニアでミハイ王によるクーデタ。ファッショ政権を倒し対ソ休戦。

8月31日　ルーマニア軍とソヴィエト軍、ブカレスト入城。ドイツ軍からブカレストを解放。

9月6日　ドイツ、V2ロケットによるロンドン爆撃。

9月9日　ソフィアの蜂起。ソヴィエト軍のブルガリア進攻に合わせ祖国戦線がクーデタを起こす。

9月12日　チトーが連合国によりユーゴスラヴィア首相、総司令官として認知される。

10月9日～19日　モスクワ会談――チャーチルとスターリンによる勢力圏の分割。

10月4日　イギリス軍、ギリシャ上陸。

10月14日　イギリス軍、アテネ入城。ドイツ軍からアテネを解放。

10月24日～26日　フィリピンにおけるレイテ沖海戦。日本軍、アメリカ軍に大敗北。
11月　連合軍、ドイツ軍からアルザス〔ライン川左岸地方〕を解放。
12月3日　ギリシャ国民解放戦線の蜂起。政府軍およびイギリス軍と戦う（1945年1月11日、内戦終結）。
12月10日　ソヴィエト軍、ブダペスト包囲戦を開始。
12月16日　ドイツ軍、アルデンヌ〔ベルギー国境に接するフランス北東部の高地〕でアメリカ軍に対する最後の反撃。

1945年

1月1日　ルブリン委員会〔ポーランド国民解放委員会〕、自らをポーランド臨時政府と宣言する。ロンドンのポーランド亡命政府と対立。
2月4日～11日　ヤルタ会談――チャーチル、ローズヴェルト、スターリン。
2月13日　ソヴィエト軍、ブダペスト解放。
2月13日～14日　連合軍、ドイツの古都ドレスデンを無差別爆撃。
2月15日　日本軍により封鎖されていたビルマ経由の中国への援助物資輸送ルートが再開。
3月9日　日本軍、仏領インドシナ駐留のフランス軍を武装解除。
3月10日　アメリカ軍による東京大空襲。
3月16日　ソヴィエト軍、オーストリア国境に達する。
4月1日　アメリカ軍、沖縄本島に上陸（4月6日～7日、日本連合艦隊全滅）。
4月9日　イタリア、レジスタンスの蜂起。
4月12日　ローズヴェルト、病死。
4月25日　ドイツ・エルベ河畔のトルガウでアメリカ軍とソヴィエト軍が合流。
4月28日　ムッソリーニ、パルチザン部隊に銃殺される。イタリアにおけるドイツ軍部隊の降伏。
4月30日　ヒトラー、自殺。
5月2日　ソヴィエト軍、ベルリンを占領。ベルリン降伏。
5月5日　プラハの人民蜂起（8日、ソヴィエト軍、プラハ入城）。
5月7日～8日　ドイツ、無条件降伏。ヨーロッパにおける第2次大戦の終結。
7月17日～8月2日　ポツダム会談――トルーマン、チャーチル、スターリン（7月26日、アメリカとイギリスと中国の3カ国が日本に無条件降伏を促すポツダム宣言を発表）。
8月6日　広島に最初の原子爆弾が投下される。
8月8日　ソヴィエト連邦、日本に宣戦布告。
8月9日　長崎に原子爆弾が投下される。
8月14日　日本、ポツダム宣言の受諾を決定（15日、昭和天皇がラジオで発表）。

ころ公になされた議論以外には三大国間に大きな見解の相違はなかった。見解の相違は戦争賠償金についての事項に限られた。しかし三大国は、彼らの支配を逃れる諸勢力の自律能力については見誤った。それがとりわけはっきりと現れたのはギリシャ、ユーゴスラヴィア、中国においてだった。これらの国々の共産党はスターリンに「従わなかった」。ヤルタにおける合意では、ソヴィエトによって解放された東ヨーロッパの戦後処理のあり方について、共産主義者が全権力を握るとは規定されていない。この点で、ヤルタの合意は踏みにじられたが、共産主義が最も苛酷だったのはむしろソヴィエト軍部隊が駐留していない場所でだった。チトーが指導していたユーゴスラヴィア、それにアルバニアである。そしてモスクワの同意もなしにギリシャでは内戦が始められた。しかも、ヤルタ会談の時期――一九四五年――には、西ヨーロッパの多くの民主主義者にとってソヴィエト軍の存在は、ドイツもしくはファシズムの影響力の復帰、あるいはそのふたつの影響力の復帰を妨げる保証と考えられていた。これが、その後ソヴィエト体制の影響下に入るハンガリー、ルーマニア、ブルガリア等の東ヨーロッパ諸国の場合において見られたことである。

さらに、これに続く数十年間に起こったことについての省察をつけ加えておこう。

ソヴィエト体制は結局は民主化するのではないか――こうしたローズヴェルトの信念が、彼は信じやすい、彼は素朴だという評価を広める原因になったと考えられる。

歴史の歩みは必ず世界革命に導く――実際に起きたその後の諸事実は、この言説に誤りはないと信じていた人々の目を覚ますことができただろうか。

第五章

勝負の結末

「これは終わりの始まりだ」とチャーチルが言って以来、まさしくこの一九四二年一一月〔米英連合軍、北アフリカ上陸〕を戦争の転換点と見なすことについて、彼と意見を同じくする人は多い。この時期、ドイツ国防軍はスターリングラードを前に進軍を阻まれ、ドイツ・イタリア両軍はエル・アラメインで打ち負かされた。この敗戦が連合軍による北アフリカ上陸作戦の成功を導き寄せた。太平洋では、日本軍がガダルカナル島の戦いで最初の敗北を被っていた。

その意味で、一九四二年後半から四三年にかけての冬に起きたこの局面転換は、たしかに「戦争の分岐点」（アンリ・ミシェル Henri Michel〔フランスの歴史家〕）として捉えられてよい。しかし、ドイツの占領下にあったヨーロッパ諸国の住民にとっては、たとえこの分岐点を目撃していたにせよ、未来の解放まではなお期待のうちに生活せねばならない数年が必要だったことを指摘しておこう。彼らがこの時点で強く感じていたのは、自分たちの運命がどんどん苛酷になり、弾圧がどんどん残酷になっていることだった。

チャーチルは未来をよく見とおしていた。しかし自分の判断を公にはしていなかった。これに対し、ド・ゴールは一九四一年一二月〔アメリカの対日宣戦布告〕の段階で、ある人物に次のように語って驚かせている。「戦争は終わった。しかもその最終段階は私が考えていたよりも早く来る」。彼の見方では、抗戦を続けているソヴィエト連邦の力に加えて、強国アメリカの力が、ドイツ、イタリア、日本の敗戦を確かにしていた。彼によれば、アメリカが各地で被っている敗北は「ちょっとした波乱」にすぎず、そんなことよりアメリカを戦争に参加させた利点のほうがよほど大きかった。

ナチスドイツの宣伝大臣ゲッベルスもまた、一九四二年一月の『日記』で、戦争は負けかもしれないと予感している。彼に最悪の事態を予感させたのは、前年一二月初旬に被ったモスクワを前にしての敗北である。しかし彼はすでにその年の九月、モスクワ戦を指揮するフォン・ボック将軍がドイツ国防軍のための冬服の準備を拒否したときからそうした予感を抱いていた。それでもゲッベルスは、この冬服準備の必要性をヒトラーに話し、冬服の寄付を募る大規模キャンペーンの許可を得て国民的連帯を高揚させた。たしかにモスクワの戦いの敗北が招いた陸軍最高司令官フォン・ブラウヒッチュ元帥の解任は、ドイツ国民の確信を揺るがせた。だが同じ時期、同盟国日本が収めた数々の勝利は、ヨーロッパで喫した数々の失敗の大きさを見えなくし、人々の気を取り直させた。

ナチスドイツの軍需大臣トートはゲッベルスと同様の現状判断に基づき、ヒトラーに、戦争の政治的な終結方法を考えるよう進言した。一九四一年一一月二九日のことである。しかしトートは翌年二月に飛行機事故で死ぬ。ロンメル元帥はヒトラーに同様の進言をしたという理由で自殺の命令を受けたが（一九四四年一〇月）、トートはその事故死によってこれを免れた。しかしこのふたつの進言の間に、ヒトラーは同様の進言を一〇回ほども受けていた。

戦後のニュルンベルク裁判においてドイツ空軍総司令官ゲーリングは、ドイツの敗戦がはっきりしたのは一九四〇年秋、イギリスの戦いに勝利できなかった時点だと言明した。これによって彼はドイツ敗戦の原因をドイツ空軍の失敗、すなわち自分自身の失敗としたのである。もちろんこれは「事後的に」なされた判断である。その点で、総統の通訳シュミットが「終わりの始まり」を一九三九年九月と位置づけたのも同様である。彼はドイツ軍がポーランドに侵入したこの時点で「すでにヒトラーは、自分の野心に限界を設ける術《すべ》を失っていた」と言うのである。

したがってわれわれは、それぞれの人間が言った言葉のみでなく、彼らの行動をも考慮に入れて初めて、この第二次大戦という争いの立役者たちが「勝負の終わり」をどのようなものとして捉え、そのときどのような精神状態にあったのかを問うことができる――もし彼らが「勝負の終わり」について考えていたとしての話だが。

ヒトラー――勝利か、それとも黙示録か

「もし連中に、生き延びるためにあらゆる犠牲を払う用意がないなら、ドイツ人など滅びるがいい」。マルリス・シュタイネルト Marlis Steinert によれば、ヒトラーがこうした類の警告を初めて発するのは一九四一年末から四二年にかけての冬の初めである。[1] 蒸気機関車もガソリンスタンドの給油口も、あらゆるものが凍てついていた。ヒトラーの命令は次のようなものだった。「今いる場所にとどまれ。一歩も後退してはならない」[2]。機甲部隊総司令官グデーリアンがヒトラーに、そうした命令は無益な犠牲を生むと指摘すると、ヒトラーは皮肉っぽく「フリードリヒの精兵たちは自分自身の喜びのために死んだとでも想像しているのか」と言葉を返した〔第三代プロイセン国王フリードリッヒ二世は軍事的才能に恵まれ、プロイセンをヨーロッパの一大強国へと変えた〕。

数日後、ヒトラーはグデーリアンを現役から外した。その前の週、一九四一年一二月一八日にはモスクワへの攻勢を指揮したフォン・ボック将軍の辞任を受け入れ、翌一九日には陸軍最高司令官ブラウヒッチュ元帥の解任を決めていた。そしてその後は北部軍を率いていたフォン・レープ元帥の番であり、あるいはヘプナー元帥の番だった。ヘプナーは軍法会議にかけられた。

総統の日日命令は述べている――「各部隊に自らの持ち場を死に物狂いで守らせねばならない」。この日

日命令で総統は「国家社会主義的精神」に則った戦い方を知らぬ軍機構、軍首脳を非難した。一九四一年一二月一九日、ヒトラーは陸軍の総指揮権を掌握する。彼はこの「精神」を軍に吹き込むだろう。

　この時期、総統はまだイギリスの戦いに本当の意味では関わっていない。軍の指揮からは身を引いていた。だからこそ彼は、次から次と得られる成功を自らの功績と考えることができた――それらの成功は彼が危険を好み、その賭けがうまくいったことによって得られたものだ。カイテル元帥の『回想録』を読めば、当時のヒトラーが周囲のすべての人間、とくにカイテル元帥に対して非常に強い影響力を持っていたことが確認できる。

　しかし一九四一年に実施された戦略の失敗、次いで一九四一年末から四二年にかけての冬の惨憺たる敗北は、それまでドイツ国防軍最高司令部が総統の「戦略的天才」に示してきた完全な服従的関係を弛緩させる。一九四二年には、ナチス親衛隊（ＳＳ）の機甲分隊によるロストフ〔現在のロシア西部、ドン川下流域の州〕方面への参戦を妨げたという理由でリスト元帥が弾劾された。その直前にはヨードルが、黒海沿岸の港の戦略的価値に疑問を呈している――彼は、コーカサス山脈を越える進撃でそれらの港に達するのはまず不可能だと主張した。ヒトラーは彼の最も身近な協力者のひとり、参謀総長のハルダー将軍に、「否定的なニュースしか持ってこない」と非難を浴びせている。このとき問題にされたのは、ドイツ国防軍最高司令部の経済部門長、トマス将軍による報告だった。この報告にはウラル山脈の向こう側で生産されている、ソヴィエトの戦車の数、ソヴィエトの予備兵力の数について、ドイツを意気阻喪させるような数字が並んでいた。これによりハルダーとトマスは一九四二年一〇月に更迭された。ハルダーによれば、ヒトラーは、ソヴィエトの戦車製造台数が月間一二〇〇台（すなわちドイツを二五パーセント上回る台数）にも達するとの報告を聞くと、拳を振り上げ脅すようにハルダーに詰め寄り、「参謀本部と戦うのに自分の神経の半分をすり減らさねばならない[3]」と言ったらしい。

一九四四年、ヒトラーはゲッベルスにこう語っている。

「軍人どもは卑怯者だ。連中は重大な決定をしなければならない段になると逃げ出し、自分の責任を政治家に押し付けようとする。〔中略〕連中は否定的な『報告』を書いて、自分の名誉を守ろうとする。もし事がうまく運べば、自分が書いたことは忘れてもらえるだろうと期待する。もし事態がまずくなれば、自分が書いたものを持ち出してきて、自分は適切な時期に危険を警告していたと主張する」（一九四四年一月二五日）。

しかしまもなく、この軽蔑にさらに不信が加わる。

スターリングラードにおけるパウルス元帥の降伏〔一九四四年一月三一日〕、そしてモスクワにおける自由ドイツ国民委員会の結成〔一九四四年七月一二日～一三日〕がヒトラーの怒りと不安に実質を与えることになる。以後、ヒトラーは軍指揮官の大半に警戒心を抱く。ヒトラーにとっては、ベレジナ川〔ベラルーシの中央を流れる川〕への撤退を彼から非難されたブッシュ元帥にしろ、輝かしい実績を持つ「機甲軍団のすばらしい指揮官」しかし「ヨーロッパに戻って以来は柔軟性も活力も欠いている」ロンメルにしろ、みな同じである。

一九四四年六月六日の連合軍によるヨーロッパ上陸の直前、ヒトラーはジレンマを抱え神経を尖らせながら、ひとつの決断を迫られていた。上陸作戦はどの場所で決行されるのだろうか――パ＝ド＝カレ〔フランス北部、ベルギー国境近くの地域〕か、ノルマンディーか、それともノルウェーか。上陸した襲来軍をどの地点で迎え撃つか。英米両軍が流す偽情報作戦（「不屈の精神 Fortitude」作戦）に欺かれて、ドイツの最高司令部は国防軍をノルマンディーにおいてどのように配置すべきかで迷う。選択肢はふたつである。国防軍の長老フォン・ルントシュテットは、かなりの予備兵力を海岸から離れた地点に配置すべきだと主張する。ロンメルは逆に、軍をできるだけ海岸近く、大西洋岸の防御壁のすぐ後ろに配置せねばならないと主張する――連合国側の空軍力が優勢である限り、前者の方法では敵の空爆によって自軍は海岸地点にたどり着くことさえできなくなり、敵の上陸を許してしまうからである。

　総統が選んだ解決法は襲来軍をただちに撃退するというものだった。しかし彼はロンメルに三機甲師団しか与えず、他の軍は予備兵力として温存する。実を言えば、「不屈の精神」作戦に欺かれたドイツ側は、ノルマンディーへの上陸は陽動作戦にすぎず、本物の上陸作戦は別の場所でなされると思い込んでいた。そしてこれによるドイツ側の対応の遅れは、連合軍側のアイゼンハワーとモントゴメリーに戦力強化のための時間を与えた。悪天候によって作戦の進行は予定よりいくらか遅れたものの、この悪天候は同時にドイツ側の計算をも誤らせた。連合軍の上陸当夜、ロンメルは総統司令部に呼び出された。総統は海軍が伝えてきた情報を聞いて毒づいた。

　ヒトラーにはよくあることだが、彼においては苛立ちや極度の緊張の瞬間と、楽観論や自信に輝く瞬間とが代わる代わるやってくる。結局、連合軍によるノルマンディー上陸後も、あるいはイギリス軍によるペーネミュンデ〔バルト海のウーゼドム島にある小村でドイツ軍の長距離兵器実験場があった。現在、同島東側はポーランド領〕基地への空襲後も、ヒトラーはイギリスに発射された二四〇〇基のV1ロケットが救いをもたらすと期待している〔発射開始は一九四四年六月一三日〕。一九四四年一二月、アルデンヌへの攻勢が失敗するときもまた、彼はV2ロケットに同様の期待をかけるだろう。このようにして彼は、ドイツ民族が備え持つ創造的天才への信頼を示すのだ。

　しかし戦況は悪化する。

　一九四四年六月一七日、国防軍の長老フォン・ルントシュテットがいる前で、ロンメルがヒトラーに進言する。「敵はドイツ軍にまさる圧倒的な空軍力を有しています。われわれは戦争の終結を考えねばならない時期にきています」。しかしヒトラーは耳を傾けようとしない――「戦争の全般的状況まであなたが考える必要はない。あなたは敵に攻め込まれているあなたの前線のことだけを考えなさい」。同年、ソヴィエト軍による夏期攻勢が始まると、総統は指揮権をカイテルから取り上げ、フォン・クルーゲ元帥に委ねる。フォン・クルーゲは当初ロンメルの悲観論を非難していた。だが一旦任務に就くと、戦況をよりよく理解するようになる。ロンメルは自分が抱く不安の理由を今度はフォン・クルーゲをとおして間接的に総統に伝え続けた。そして自分の副官シュパイデル将軍にはこう語った。「もし総統が私の伝えた内容から当然引き出すべき結論を引き出さないなら、行動せねばならないだろう」。これは何を意味しているのだろう。[4]

その意味するところをヒトラーは完全に予感していた。

一九四四年六月二九日、ヒトラーは側近アルベルト・シュペーアが連れてきた経済界の指導者たちに次のように言明している。その二日前、ドイツ占領下の軍港シェルブール〔フランス北西部〕はアメリカ軍によって解放されていた。

「この戦争は、単なる兵士の戦争ではない。この戦争は何よりも技術者の戦争なのだ。開戦時、われわれはいくぶん優勢だった。その時点までに兵器廠を作り上げていたからだ。敵側はその後、多くの領域でわれわれに追いつき、われわれの経験を自分のものとした。部分的にはこれが、われわれが被った苛酷な失敗へとつながった。アメリカ人技術者の大半はドイツ系か、アレマンシュバーベン〔ドイツ西部の地域〕の血を引いている。わが国で働いている技術者も同じ血を引く人々だ。アメリカの技術者と同様の結果を出せぬとすれば悲しむべきことだ」。

そしてさらにつけ加える。

「われわれが失敗しているからと言って、われわれが『降伏』に追い込まれつつあると考えてはならない。一九三九年、われわれの敵がライン川沿いに陣を張っていた頃には、降伏もあり得たかもしれない。しかし今日では降伏など笑うべきことだ。今回の戦争は、日々の勝ち負けなどでは決まらない。シェルブールのような拠点を失っても、そんなことは何でもない。一九一八年の再現を許したりしてはならない。私が生きている限り、そして私の親衛隊がひとりでも生き残っている限り、『降伏』など考える者はすべて滅ぼされるだろう。ドイツが外部の敵によって打ち負かされたことなど一度もない。ドイツはいつもドイツ人のせいで敗北を被ってきたのだ。しかるに、ドイツを敗北に追い込んできた輩は今やもう誰も生きていない」。

しかし一九四四年七月二〇日のテロ事件〔ヒトラー暗殺未遂事件〕の後には、総統は自らの立場とその現状認識をさらに詳しく、明瞭に述べなければならない。「一九一八年のときは軍が後衛に裏切られた。今日では後衛のほうが軍に裏切られる危険にさらされている」。

そして最高司令部のかなりの部分が陰謀に関わり、陰謀計画を知りながら告発しなかったことが明らかになる。

七月二〇日のテロはヒトラーが免れた最初のものではない。しかし今回のテロはしっかり準備された陰謀の結果のように思えたし、暴動の最初の段階であるようにも思えた。たとえば、テロの決行が知れ渡るや否やパリではC・H・フォン・シュテュルプナーゲル将軍がゲシュタポの頭《かしら》オーベルクほかナチス親衛隊（SS）の指導者たちを逮捕するが、テロの失敗が判明すると、将軍は彼らをすぐに釈放した〔シュテュルプナーゲルはその後、陰謀に連座したとしてナチスに処刑される〕。

ムッソリーニはこの騒擾の事件現場、東プロイセンのラステンブルク〔現ポーランド領ケントシン〕の総統本営にその日の午後に駆けつけていた（彼はその前年九月、ドイツ軍に救け出されている）。そしてこの爆弾テロの被害規模の凄まじさにたいへん驚き、総統を励ました。「これは奇跡だ。ゆえに勝利を保証するものだ」。

ヒトラーはテロの罪人どもについて彼なりの考えを持っている。七月二〇日、事件直後に石工たちとすれ違ったとき、ヒトラーは彼らに語りかける。「君たちはこんなことはしない。私はそれをよく知っている」。

事実、総統は相変わらず民衆にはたいへん人気があった。それを知っているから彼は立ちどころに、苗字に

暗殺未遂事件の現場をムッソリーニ（左）に示すヒトラー。1944年７月。Bundesarchiv,Bild146-1970-097-76／CC-BY-SA

「フォン」（ドイツ人の貴族の姓には「フォンvon」が付く）が付いた輩、軍最高司令部の貴族どもを公然と非難する。

ゲッベルスにとっては、この陰謀に加わったのはもちろんユダヤ人とイギリス人の影響下にある者たちということになる。デーニッツの考えでは、裏切ったのは陸軍だ――爆弾を仕掛けた張本人として陸軍予備軍参謀長フォン・シュタウフェンベルク大佐がただちに同定された。現場にはまだゲーリング、リッベントロープ、ヨードル、それに爆発のとき体を張って総統を守ったカイテル元帥がいる。総統は爆発の衝撃から立ち直っていない。誰かが総統に、「この事件はレーム事件を思い出させる」と仄めかす。すると、それまで呆然としていたヒトラーが跳ね上がり、「犯人とその家族を、想像もできないようなやり方で罰せねばならない。連中を全員皆殺しにしてやる」とわめき出す。彼が怒りを爆発させたのはこの一九三四年の事件を思い出したからだ。このとき突撃隊（ＳＡ）の隊長レームはヒトラーに「国防軍に用心するよう」警戒を促した。しかしヒトラーはむしろ軍との和解を選び、親衛隊（ＳＳ）を使ってレームらＳＡの幹部を多数粛正し殺害したのである（「長刀の夜」（一九三四年六月三〇日～七月二日、同志エルンスト・レームらが一揆を計画したとして、レーム隊長ら突撃隊（ＳＡ）の幹部八〇数名を殺害したヒトラーの「血の粛清」。本書三七頁参照））。

自分の無謬性が疑問にさらされるたびに、ヒトラーはヒステリーの発作を起こした。

この陰謀をヒトラーは、スターリングラードでソヴィエト軍に投降したパウルスの「裏切り」に関係すると考えたが、実際にはそうではなかった。この陰謀は、敗戦を予期しながら何とか破局だけは避けたいと願った者たちの、絶望と怒りの現れだった。この陰謀は、たとえば「赤薔薇」〔第二次大戦中のドイツにおいておこなわれた非暴力主義の反ナチス運動〕その活動家たちのような、体制の専制がもたらす非人間性を断罪していたカトリック、プロテスタント、その他の反体制派に発するものではなく、フォン・シュタウフェンベルク大佐や将官集団に率いられていた者たちによって計画されたのである。参謀本部に所属するか否かにかかわらず、彼らは総統とナチス党が軍事的決定権を我がものとしはじめて以降、屈辱を感じてきた。軍内部に見られたこうした傾向は、テロ事件の後、ナチスドイツの指導者ヒムラーが「国内軍」の総司令官に任じられるとさらに強まった。

もっとも、こうしたテロや政治的暴動の試みは軍機構による最後の激発、敗北の際《きわ》にある自国の救出を目的とする動きではあっても、ナチス体制がおこなったロシア、ポーランド、セルビア等での犯罪に対する反発などではまったくなかったし、ましてやナチスがおこなったユダヤ人大虐殺に対する反乱でもなかった[5]（フォン・ボックをはじめとする何人かの将軍がこの大虐殺に対して一九四一年夏から声をあげていたとは言え）。

七月二〇日の石工たちと同様、民衆階級はむしろ、総統は祖国への裏切り者たちによって狙われたのだと思いたがった。実際、テロの失敗を知って自殺したフォン・トレスコウ将軍の死体は彼の親族の面前で墓から引きずり出され、親族たちは周囲の人々から激しく罵られた。

ヒトラーはラジオで話した。

「私がここで話をするのは、あなたたちに私の声を聞かせるためであり、ドイツ人に国家史上比類ないこの犯罪の詳細を知らせるためである。野心的で、愚かで、恥知らずで、同時に犯罪的でもある将校の徒党が、私を除くために、そして実際に最高司令部の参謀本部を殲滅するために陰謀を企てた。この犯罪人の小集団は仮借なく絶滅されるだろう。今回も、事態はわれわれ国家社会主義者のいつもどおりの慣習に則って決着が付けられるだろう」。

弾圧は恐ろしいものだった。

「この人間の屑どもと決着を付けねばならない。今回、私は目的を真っ直ぐに遂行する。この犯罪人どもは軍事法廷では裁かれないだろう。軍事法廷の裁判官の中にも連中の共犯がいる。したがって軍事法廷にかけても裁判はいたずらに引き延ばされるだけだ。連中は普通の犯罪人同様、絞首刑に処されねばならない。判決が下されてから二時間以内、連中が自分の言い分を世間に聞かせる暇などないうちに、刑は速やかに執行されねばならない。フライスラーがその執行の監督を務めるだろう。彼はわれわれのヴィシンスキー〔ソヴィエトの外交官、法律家〕だ」。

断罪された者には臨終における司祭の介助も禁じられた。最初の八人は木靴を履かされ、吊りベルトを取り上げられた格好のまま首を吊られた。末期の苦しみはできるだけ長引かせられた。命令を受けた死刑執行人はひとりの処刑が終わるごとに、気を取り直すためにブランデーを飲んだ。「ドイツ週間映画ニュース」は、吊りベルトを取り上げられたために尋問中しょっちゅうズボンを引き上げねばならないヴィッツレーベン老元帥の画像を映し出している。処刑現場のフィルムをヒトラーが自分のために上映させたかどうかは知られていない。

処刑がおこなわれてからまもなくして、ヒムラーはこう言明する。「こうしたやり方はボリシェヴィキを模範にしたものではまったくない」。ヒムラーによれば、このやり方はドイツの古い伝統に遡る。「かつては次のように言われていたものだ。『この男は裏切った。彼の血は裏切り者の血だ。だから彼の家族の血管に流れている血は悪い血だ。この血は除かれねばならない』。したがってフォン・シュタウフェンベルク伯爵の家族は、その最後の構成員に至るまで根絶やしにされるだろう」。フォン・ザイトリッツ、フォン・トレスコウ、フォン・クライスト等、反ナチスの軍人家族についても同様に処されねばならなかった。約五〇〇〇名が逮捕され、その多くが処刑された。

しかしロンメル元帥の運命は違っていた。

ロンメルは総統に、ふたつの戦線を抱えた戦争を終わらせねばならないと進言していた。そのため彼は一九四三年末以来、疑惑をかけられていた。実際、ロンメルはこの陰謀計画のことを知っていた。しかし一九四四年六月の連合軍によるヨーロッパ上陸の直後に事故で負傷していたので、この陰謀には直接加わっていなかった。とはいえ、彼の参謀長フォン・シュパイデルによれば「ロンメルはすでに私同様、ルビコン河を渡っていた」。あるリストには、ヒトラーが死んだ場合の未来の帝国大統領としてロンメルの名があがっていた。しかし本人はそれを知らなかった。彼にそのような地位が割り振られたのは、アフリカでの戦争指揮において彼が敵からも尊敬されていたからであり、彼なら敵との交渉を有利に進めるだろうと思われていたからである。

ヒトラーから呼び出されたとき、ロンメルは新たな任務が与えられるものとばかり思っていた。ところが総統はロンメルに、選択肢はふたつしかないと言った。裁判に被告として出廷し自分の権利も家族の権利もすべて失うか、あるいは自殺して国葬に付してもらい家族の権利は守るかのふたつである。

ロンメルの息子は言う。

「父は自殺を選んだ〔一九四四年一〇月一四日〕。このことは参謀長の息子も確認している。家まで迎えがくることになった。家には裁判の判事である二人の将軍がやってきた。彼らは父に青酸カリのアンプルを渡した。父は連行される車の中でそれを飲み込んだ。秘密は守られねばならなかった」。

彼の葬儀には多くの将軍が列席した。彼は発作で死んだと言われた。彼の遺体の解剖は禁じられた。[6]

ゲッベルス、ヒムラー、ボルマンは大粛清者の役割を演じていた。彼らはみなヒトラー同様、軍人たちが陰謀を企てたのは敗北の破局を予防するためだったとは考えない。むしろ数々の敗北は彼らの裏切りの結果だと確信していた。

ロンメルの国葬。1944年10月18日。Bundesarchiv, Bild183-J30704／CC-BY-SA

ゲッベルスやヒムラーらナチス党の幹部たちが、軍人のみならず、内紛により党の中核から離れたラマースやシュペーアなど行政責任者に対しても、優位な位置を占めるようになる。第三帝国を武力で守るため、ゲッベルスらは党と市民社会をつなぐ立場にあるラマースらの力を利用したいと考えていた。ヒトラーにはこのような党の内紛を解決するだけの手段がなかった。彼はゲーリングの権力を縮小することには反対だった。だが党内からは、ゲーリングはその逸楽の生活ゆえに今や空軍を立て直す力はないと見なされていた。世論もまた、空軍がドイツの町々を防御できないのは彼の責任だと考えていた。

ヒトラーは至るところに裏切りを見ていた。彼から離れていった同盟国にも、また彼が疑っていた高級軍人たちにも、裏切りを見ていた。一九四四年七月、西部軍総司令官フォン・クルーゲ元帥がファレーズ〔アルデンヌの町〕の孤立地帯からの撤退を進言したとき、総統はこれを拒否した。拒否された後に元帥が自殺したことは、総統をさらに怒らせた。この行動は総統に、元帥が陰謀に参加し連合国と交渉しようとしていたことを確信させた。

同年八月二五日にはフォン・ショルティッツ将軍がパリで連合軍に降伏する。この行動は、配下の最良の将軍たちに対する総統のヒステリーじみた不信感をさらに増幅させた。かつて他の将軍がレニングラードとキエフにおいてそうしたように、パリではフォン・ショルティッツ将軍がこの都市を破壊せよというヒトラーの命令に従わなかった。

東でも西でもドイツ軍は退却している。プロヴァンスへの連合軍の上陸、アルザスの戦い、ワルシャワの陥落と続き、その後ヒトラーは態勢の立て直しのために、イギリス・アメリカ両国とソヴィエト連邦との間に「必然的に」生じるはずの分裂を当てにする。あるいは秘密の新兵器V2ロケットの威力を当てにする。そしてそれ以上に彼は、新しい陸軍総司令官モーデル元帥とともに、秘密裏に準備している攻勢を当てにする。この攻勢によって状況は完全に逆転させられるはずである。老いてしまったものの、彼はその準備のために活力に満ちた気分を取り戻す。ヒトラーは説明する。

「敵の計画が成功することは決してない。われわれは敵に攻勢をかけることでそのことを思い知らせ、時にそうした攻勢による衝撃によって敵の確信を奪うことが重要だ。防御は、たとえそれが成功したとしても、それによって敵が自らの成功を諦めるということにはならない。戦争において勝負が決まるのは、交戦しているふたつの側の一方が、そのまま戦争を続けても勝ち目はないと認めたときのみだ。敵がどう出ようとも、われわれは敵に決して降伏しない。降伏など絶対にあり得ない[7]」。

アルデンヌを進軍するドイツ兵。1944年12月。

一九四四年一二月一六日、アルデンヌにおける攻勢は華々しい成功によって始まる。英語を話しアメリカ軍の制服を身につけたドイツの特別攻撃隊員が、オットー・スコルツェニーの指揮下、前線の後ろに忍び込む。この急襲によって二五万のドイツ兵が八万のアメリカ兵を攻め立てる。他方、V2ロケットがロンドンとアントワープに向けて発射される。早くもドイツ側では敵の大軍勢を海に追い落とすことが夢見られる。しかし濃霧が消え天候が回復すると、イギリス・アメリカ空軍は態勢を立て直し、ドイツ軍の攻勢を打ち破る。ヒトラーは自らの決意を伝えるべくドイツ国民に向けて檄を飛ばす。

この同じとき、ソヴィエト軍はブダペストを陥落させる一方で、ドイツの七倍の兵力を持つ機甲部隊およびドイツの二〇倍の兵力を持つ砲兵隊を動かし、オーデル川〔ドイツとポーランドの国境を流れる川〕に接近しつつあった。しかしヒトラーは、西に展開中の兵力を東へ移動すべきと主張するグデーリアンの意見を拒否した。

「接近戦を続けよ」「決して後退するな」。こう命令する一方でヒトラーは一九四五年三月一九日、「焦土命令」と呼ばれるものを布告する。この頃には、ドイツ兵がアメリカ兵に投降しつつあることがヒトラーにも知らされていた。一万近くの兵力を持つエルスター将軍の部隊がフランス国内軍*に投降しつつあることも知らされていた。ヒトラーにとり、そんな連中は将校を含めてみな裏切り者である。この連中にはもはや自らを犠牲にする覚悟がない。偉大な総統にはふさわしくない者どもである。

「ドイツ国防軍の強さを支えてきた地下工場、その他の工場を、敵に攻められ利用される前に破壊せよ」。

ヒトラーのこの「焦土命令」にアルベルト・シュペーアは従わなかった。すでに大都市地域では二〇〇〇万のドイツ人が町から退去させられていた。破局には終止符が打たれねばならなかった。たとえばドレスデンの町は爆撃によって完全に破壊されていた〔一九四五年二月一三日〜一四日〕。

もう沢山だった。

ヒトラーの命令を拒否したシュペーアに続いて、ヒムラーやゲーリングのようなナチス党員も総統に内緒で連合国と交渉し黙示録的事態を避けようとしていた。

「虚無への失墜と見なされた歴史に対抗したいのだ」とヒトラーは言っていた。『パルジファル』〔リヒャルト・ワーグナー作のオペラ〕におけるように、ドイツ国民は、虚無へと失墜していく最初の民となるだろう。

ドイツ人はすでに失墜を始めていた。

病がローズヴェルトを連れ去る

わずか一八日の間に、戦争の立役者のうち三人が死んだ――このことは十分に強調されてきただろうか。ローズヴェルトが一九四五年四月一二日に病死し、ムッソリーニが四月二八日に処刑され吊るされて、ヒトラーが同じ月の三〇日に自殺した。

記録映画の映像は証言している。一九四五年初め、ヤルタ会談に出席したフランクリン・ローズヴェルトは非常に疲れている。顔は痩せ細り、会議の間、彼はしばしば放心していたらしい。アメリカに戻った彼は、三月一七日、四〇回目の結婚記念日に、ボタン穴に花を挿し、健康を取り戻したように見える。それから彼は休息を取るためにウォーム・スプリングズ〔ジョージア州にあったローズヴェルトの別邸。リトル・ホワイトハウスと呼ばれた〕へ向けて出発する。しかしローズヴェルトの演説の執筆を担当しているロバート・シャーウッドや、ローズヴェルトとドイツの将来について語り合ったヘンリー・モーゲンソーは、手が震え口をきくのも難しいローズヴェルトの姿を見て恐ろしい思いに駆られる。

ウォーム・スプリングズで彼の周囲にいるのは従妹と女友達ルーシー・マーサー・ラザフォードで、ルーシーは画家のエリザベス・シュマトフにローズヴェルトの肖像を描くよう頼んだ。死の当日、突然ローズヴ

＊　第二次大戦中、ドイツ軍のフランス占領下におけるフランス側の抵抗運動組織。

ェルトがこめかみに手をあてる。「頭の後ろがひどく痛い」と彼が言う。これが肘掛け椅子に倒れ込む前に彼が言った最後の言葉である。ルーシー・マーサー・ラザフォードが目立たぬようにウォーム・スプリングズから姿を消す。一方、ワシントンにいた妻エレノア・ローズヴェルトのもとには危篤を告げる電話がかかる。彼女はすぐさま飛行機に飛び乗るが、到着したときにはすでに夫の息はなかった。彼女は娘に、ルーシーがいたことを隠していたと文句を言う。その後は、葬儀を執りおこなうために、すべてはあるべき姿に――そして沈黙に――戻る。

この日、それまであらゆる決定から遠ざけられ情報もまったく与えられてこなかった副大統領ハリー・トルーマンが大統領に任命される。そして翌一三日、――これがその後の先例となるのだが――彼は聖書に手を置いて憲法への忠誠を誓い、ローズヴェルト夫人から言われたことを反復して、「［先任者は］兵士として死んだ」[8]とつけ加える。

ロンドンでは、他のすべての人々と同様にチャーチルも、ハリー・トルーマンがどういった人間かまったく知らない。ローズヴェルトの葬儀に出ればトルーマンに会えるのだが、ぜひともそうしたいとは思っていない。偉大な戦友の死に大きな衝撃を受けているが、大西洋は越えないと決める。イーデンを自分の代理にできる。イーデンはサンフランシスコ会議〔一九四五年四月二五日〜六月二六日〕の準備のために近々アメリカに行くことになっていた。そのうえリットルトン卿、クランボーン卿、そして野党労働党党首アトリー少佐もすでにアメリカにいた。[9]

パリのド・ゴールはどうか。彼は自分が呼ばれなかったヤルタでの会談で、フランスがローズヴェルトとスターリンの反対にもかかわらずドイツに占領地域を持てたことを承知している――アメリカのハリー・ホプキンズや、イギリスのイーデン、チャーチルが、アメリカとソヴィエトの代表を説得してくれたのだ。とくにド・ゴールは、ローズヴェルトがヤルタからの帰途、フランス領であるアルジェに自分を「招待」したことについて恨みを抱いていた。また、そのアルジェにレバノン、シリアを含むアラブ諸国の国家元首を招待したことについても恨みを抱いていた。それでも彼は、ローズヴェルトの死に際して賛辞を捧げる。「実を言えば、彼はアメリカに大きな奉仕をした貴族だった」——ド・ゴールはドヌデュー・ド・ヴァーブルにそのように打ち明けている。ド・ゴールにとって残念だったことは何だろう。フランクリン・ローズヴェルトが一度として、彼、ド・ゴールの振舞いの意味を理解しなかったことである。[10]

ローズヴェルトの死の直前、スターリンはローズヴェルトに対していささかの恨みを抱いていた。スターリンは、ローズヴェルトがイタリア駐留ドイツ軍部隊を指揮する親衛隊（SS）の将軍、カール・ヴォルフと降伏交渉を進めているのではないかと疑っていたのだ。もしそれがなければ、ヴォルフはイタリア駐留部隊の一部を東部に移動させ、ソヴィエト軍に立ち向かわせることが可能になる。ローズヴェルトがはっきりとこれを否定したので、結局スターリンはローズヴェルトを信用した。死の一二日前である。ローズヴェルトはスターリンの気持ちを鎮めることができたが、これについてローズヴェルトは、「議論を取り巻く不信の雰囲気を残念に思う」と語っていた。[11]

ドイツで最初にローズヴェルトの死を知ったのはゲッベルスである。彼はただちにそれをベルリンの掩蔽壕にいたヒトラーに知らせた。「総統、お祝いを申し上げます。運命はわれわれの最大の敵を打倒しました。神はまだわれわれを見捨てていません。神はあなたを二度にわたって、鎖を解き放たれた敵からお救いになられました。そして今、神は、われわれの最も危険な敵を打倒されたのです。奇跡が起きました。これはまさに、かつてフリードリヒ二世に対抗する連合軍の危険からわが国を救ったロシアの大エリザヴェータの死去にも匹敵する出来事です」。

シャンペンの杯があげられた。[12]

「ほらこのとおりだ。君たちは私の言うことを信じようとしなかっただろう」——総統は集まっていた協力者に言った。掩蔽壕は喧噪と熱狂であふれ返っていた。しかし数時間後には、座り込み、ほろ酔いになり、疲労困憊したヒトラーがそこにいたと、アルベルト・シュペーアは証言している——「彼は絶望している様子だった」。それでもヒトラーは東部軍への日日命令を口述した。この日日命令は、ソヴィエト軍のベルリンへの攻勢が開始されたとき東部軍に伝達されることになっていた——「最大の戦争犯罪人が死んだ今、われわれは戦争の転換点にいる」。四月一六日、ソヴィエト軍は四万一六〇〇門の大砲、六二五〇台の戦車、七五六〇機の飛行機で攻勢を開始していた[13]。

それから何日かを経て、ムッソリーニの死去の知らせが届いた。

ベニト・ムッソリーニの二重の死

拘束からドイツによって発見され、解放された頭領ムッソリーニがドイツにいた間に、頭領の後任、バドリオ元帥はドイツとともに戦争を継続するという神話に終止符を打ち、連合国との間で休戦交渉をおこなっていた（一九四三年九月三日〔バドリオ首相、連合軍と休戦協定に調印〕）。この交渉によってバドリオは連合軍がローマ近くに上陸することを期待し、そうなれば自軍がドイツの復讐から守られると想像していた。ところが、押し付けられた休戦の条件は国王にとっても彼にとっても、まるでファシスト体制に与えられたかのような苛酷なものだった。それればかりか、上陸作戦はナポリのずっと南でなされた。結果、バドリオのイタリア政府はドイツ軍の攻勢からローマを防御できず、ブリンディジ〔イタリア南部、アドリア海に面した港湾都市〕まで退避を余儀なくされた。イタリア軍の部隊は至るところでドイツ軍に降伏した。占領地ドデカネス諸島〔エーゲ海南東部、現在のギリシャ領の諸島〕とケファアリニア島〔ギリシャ西部、イオニア諸島の島〕ではドイツ空軍に圧倒される前に激戦を交わしたが、ケファリニア島においては三〇〇〇人のイタリア兵士とともに将軍ガンディンが虐殺された。海軍の一部だけが逃げおおせた。

解放されたムッソリーニに対する総統の歓迎は、ゲッベルスによれば、「人間同士、友人同士の忠実さの、非常に感動的な模範」だった。その場にいた頭領の側近パヴォリーニが、「ファシスト国民政府は、頭領がこの政府を認可するのを待ち望んでいます。この政府の正統の頭《かしら》は頭領だからです」と頭領に伝える。

「あなたのした仕事は賞賛に値する。だが、またゼロから出発せねばならないな」とムッソリーニは彼に答えた。

カイテルとロンメルは、「太陽に当たって雪のように溶け失せた」体制を甦らせることには懐疑的だった。ヒトラーは北イタリアとローマを統御するために各種の措置を取っていた。「頭領は自分を裏切った者たちに復讐をしたがっている」――ヒトラーはそう考えていたのだ。しかし、ムッソリーニは娘エッダの仲介で、娘の婿、自分を逮捕に追いやった張本人チアーノと和解していた。ヒトラーはコメントする。「頭領、あなたは家族思いだ。私にはそれがよく伝わってきます」。一方、二人が和解したことは、そこにいたファシストたちを憤慨させた。彼らはあの「毒キノコ」チアーノが再び外務大臣になるとすら思い込んだ。

一九四三年九月一八日、ムッソリーニはミュンヘンからのラジオでイタリア国民に語りかけた。「世間と再び接触するまで、自分は待たねばならなかった」と彼は言った。そして人々に、イタリアの独立を成し遂げたのは王制ではなく共和主義者たちであって、独立の使徒は一九世紀イタリア統一運動の推進者マッツィーニであったことを想起させた。ムッソリーニが新たに構成する政府は「国民的で社会的な、すなわちファシストによる政府」となるだろう。彼が必要だと考えるのは「再び、ドイツ、日本、その他の同盟国の側に立って武器を取ること」である。なぜなら「われわれは血を流すことによってのみ、この歴史の恥ずべきページを消せるだろう」からであり、「そうすることによってのみ、裏切り者どもを抹殺し寄生者たる金権政治家どもを排除できるだろう」からである。

バドリオの仇敵であり、北アフリカでの失敗後一九四一年に更迭されていたグラツィアーニ元帥が、「卑怯者」の汚名を免れるためにこのドイツ傀儡政権、新たなファシスト政府の軍事大臣を引き受ける。

ただ、信頼を失ったピアーヴェ師団〔イタリアの自動車化歩兵師団。イタリアが連合軍と和平した後はローマをドイツ軍から守る戦いに参加していた〕はドイツ側によって武装解除された。

また、ドイツ側は、イタリア軍の再構築を望まなかった。

グラツィアーニ率いる民兵組織はドイツ軍の指揮下に置かれるだろう。[14]

ヒトラーはムッソリーニが再びローマに落ち着くことは望まなかった。ローマは「開放都市」と宣言された。新たなファシスト共和国はしたがって、ヴェローナから遠からぬ北イタリア・ガルダ湖岸のサロにその機構が置かれることになった〔一九四三年九月二三日、サロ共和国（イタリア社会共和国）の建国宣言〕。サロでは新たな体制の基本方針を決定するため会議が招集された。そこに集まった人々の精神はひどく混乱しており、ファシズムのそもそもの性格とは完全に矛盾する私有財産の廃止さえ主張する人々もいた。

彼らにとって真に解決せねばならない問題は、イタリア国内で反ファシズム勢力が台頭して以来続いてきたパルチザンとの戦いのみならず、まるで征服地であるかのように振舞うドイツの支配にどう対抗するかという点にあった。サロ体制の中で指導的立場にあったグラツィアーニでさえ、移動する際には移動の理由をいちいちドイツ側に説明するよう要求されていた。ケルンテン〔スロヴェニアとイタリアに接するオーストリア南部の地域〕の大管区指導官にはオーストリア人のホーファーが、またトレンティーノ＝アルト＝アディージェ〔イタリア北部の自治州。しばしばオーストリア領となり一九一九年以降イタリア領〕の大管区指導官には同じくオーストリア人のライナーが任命された。ドイツ人ラーンはムッソリーニの傍らにあって、かつてドイツの外交官フォン・レンテ＝フィンクがペタンの傍らでヴィシー政府のために演じたのと同じ役割を演じていた。サロ体制の宣伝大臣パヴォリーニは、トリエステ〔イタリア北東部の町。一九四三年九月イタリアが連合国と講和するとドイツに占領された〕の町をイタリアの町だと公言したという理由で、この町から追放された。

まもなく、イタリアのレジスタンスに対するドイツの復讐は、ポーランドやフランスにおけるそれと同様に、その実相を示しはじめる。三三五人の人質がローマのアルデアティーネ堀で処刑された。ドイツ側の手先によってユダヤ人狩りも開始された。そしてほどなく強制収容所へ送られた。たしかにファシスト体制のもとでも、一九三八年以後、総統に気を使うムッソリーニが主導して反ユダヤ主義的措置を取り続けてはいた。しかし厳格に適用されてきたわけではない。むしろイタリアの占領地域に住むフランスのユダヤ人たちは当局から保護を受けていたほどである。[15] この状況がサロ共和国の誕生とともに変化する。これについてはアウシュヴィッツからの生還者プリーモ・レーヴィが証言を残している。

クーデタの膿が出されてから、頭領の健康状態は良好になった。まるでグラン・サッソ〔クーデタによりムッソリーニが幽閉されていたアペニン山脈中の山塊〕の爽やかな空気が、彼の回復を助けたかのようだった。もはや幻想を抱いているわけではないが、いくらかは活力を取り戻したようにも見えた。ただ、彼に面会した多くのドイツ人、イタリア人は、彼が本当に「仕事に戻りたい」のか疑問に思った。たしかにファシストの古くからの同志と一緒にいれば多少とも充実感はあったろう。しかし復讐を叫ぶ若者たちの存在は彼を不安にさせ、自分を守ってくれるドイツ人に対して自分はまったく無力だという考えが彼を落胆させていた。せいぜい彼が喜んでするのは、パルチザン相手に機関銃を手に取ることくらいである。そうなれば、彼は武器を手にして死ぬことになろうが、かつての戦いに再び復帰できたということにもなろう。

この状況において彼を最も苦しませたのは、彼の人生にとって重要な三人の女性の間に昂じた憎しみ合いと、娘婿チアーノの裁判である。すでに一九四三年八月二七日、スペインへ向けて飛び立ったチアーノの飛行機をドイツ側が捕らえ、チアーノはサロ共和国に引き渡されていた。チアーノの妻エッダは彼を救うためにヒトラーのもとへ急いだ。

やってきたエッダに総統は言う。「あなたの夫ですか。心配する必要はまったくありません。彼は釈放されるでしょう」。

実際ムッソリーニは総統に、婿の忠誠は自分の生命に賭けて保証すると確言していた。しかしイタリアに戻ったエッダはチアーノがどれほど憎まれているかを理解する。彼が憎まれたのは、彼の政治的な行動のためではなく、彼が権力を得たときに彼の周りに蔓延した腐敗のためだった。チアーノを憎んでいた人間の筆頭は頭領ムッソリーニの妻ラケーレである。素朴で強い女性だったラケーレは、サロに落ち着いてからどんどん活動的になり、総統との神聖な同盟が尊重されるよう注意を払っていた。また、そもそもラケーレは娘のエッダが頭領に対して持つ影響力のゆえに、この娘を嫌悪していた。今、その娘が、みなから憎まれている裏切り者の婿チアーノを助けるためにあらゆる手を打とうとしているのだ。ラケーレはそれを見て激昂する。一方、頭領の公然の愛人クララ・ペタッチは、ジレンマから抜け出せない頭領を支え続ける。頭領は考える。「この婿を擁護すべきか、それとも擁護すべきではないのか」——頭領は婿が自分を本当に裏切ったわけではないと信じたいのだ。[16]

エッダは総統ヒトラーに、夫を解放してくれるなら、引き換えに夫が付けていたノートを渡そうと提案した。ヒムラーはこのノートが手に入ることを願っていた。そうすればチアーノと通じていたリッベントロープの立場が悪くなるだろうと期待したからだ。しかしそうはならなかった。一九四四年一月八日、裏切り者たちを裁くヴェローナの法廷が開廷された。法廷で人々はムッソリーニが証言台にいないことに気づく。やがて被告たちに死刑が言い渡されると、彼らは頭領に対する請願書に署名する。このファシスト法廷の審理に頭領は介入しなかったのだ。彼は繰り返して言う——「私にとってチアーノは、もはや死んでいるのだ」。

しかし、彼の娘はなお夫を助けようとする。彼女は父に次のような手紙を送る。

「頭領、

私は今日まで、あなたがわずかでも人間的な感情の徴、あるいは愛情の徴を示してくださるものと期待していました。でももう待ちきれません。もしガレアッツォ［・チアーノ］が三日以内に、私がドイツ側に示した条件に則ってスイスにたどり着くことができなければ、私は自分の知る限りのあらゆる手段を講じます。もし私たちを平穏で安全なままに放っていただけるのであれば、あなたは私たちの消息を耳にされることはもはやなくなるでしょう[17]」。

「みなに、そして自分の娘にさえ裏切られるのが私の運命なのだ。彼女はたぶんスイスに逃亡するのだろう」とムッソリーニはコメントした。

実は、ドイツ側はチアーノに女スパイ、ビーツ嬢を接近させていた。彼女に与えられた使命は、エッダとチアーノが隠し持つ例のノートを発見することだった。しかしビーツ嬢は、自分が探るよう命じられた囚人に恋してしまった。彼女は、ノートを持ったままのエッダをスイスに逃亡させ、エッダとガレアッツォの子どもたちがすでにスイスにいるのを知りながら、これを上司に報告しなかった[18]。

一月一一日、ムッソリーニが請願書に署名しなかったため、チアーノはヴェローナで処刑される。

ムッソリーニはチアーノの告解師を務めたキオ師に尋ねた。「チアーノは［死に際して］赦しを求める言葉を言ったでしょうか、私にも許しを求める言葉を言ったでしょうか」。

キオ師「もちろんです」。

ムッソリーニ（手が震えている）「具体的にどのようなことを彼は言ったのですか」。

キオ師「彼はこう言いました。『義父を呪ったことを、神がお赦しくださいますように。私たちはみな難破するのです。ムッソリーニの番がまもなくやってきます。暴力への報いは暴力なのです』」。

ムッソリーニ「暴力への報いは暴力……」。

彼はこの文句を何度か繰り返した。

その数日後、彼は妻に言う。「ラケーレ、今朝、私は死にはじめた」[19]。

頭領の精神的遺言

一九四四年一二月、ムッソリーニは生涯最後の炎を燃え上がらせる。ドイツ軍によるアルデンヌへの攻勢と、秘密兵器V2ロケットのロンドンおよびニューヨークに対するまもなくの発射は彼に大きな勇気を与えていた。彼は最後の希望に活力を掻き立てられ、一九四三年七月の陰謀以来中断していた公の大演説をミラノでおこなった。演説では自分の解放の顚末を語り、現在の困難な状況について語ってから、ファシズム精神の起源に立ち返ろうという自らの決意を表明した。この希望の賛歌はミラノ民衆から大喝采を浴びた。演説中のみならず、頭領が幌付きオープンカーで町中を練り歩いたときにもそれは続いた。

しかしあらゆる証言が一致して述べるところでは、ムッソリーニはまもなくすべての幻想を失った。苦々しい思いと幻滅が彼の言葉の基調となり、長い意気阻喪の時間と短い意気軒昂の瞬間とが代わる代わる訪れるようになった。ドイツの報道官の妻でジャーナリストのマッダレーナ・モリアによれば、当時、ムッソリーニは彼女にこう言っている。「私はもう死んだようなものだ。すでに私の星は落ちた。すべては茶番劇と知りながら、今の私は忙しく動き回っている。私は悲劇の終末を待っている。もはや役者としてではなく、観客としてそれを待っているのだ」。あるいはこんな様子である。「彼は以前と同じように語り、以前と同じように振舞っていた。しかしそれはもはや彼ではなかった。私が想像の中で創り上げていた男の姿はすでにそこにはなかった」[20]。もはや彼はガルダ湖岸のガルニャーノの町から幽霊と化したサロ体制を指導する単なる端役でしかなかったのだろう。ドイツ側は北イタリアでの戦闘を終結させるために連合国と交渉をおこなっていたが、ムッソリーニにはこれを知らせなかった。

この時期についての証言の中には、ムッソリーニやファシズム体制を扱ってきた歴史家たちでさえ知らなかったものがある。当時、ジークマリンゲン〔ドイツ南部の町〕にいたフランスの対独協力者ドリオが頭領のもとに遣わした「大使」、ヴィクトール・バルテレミ〔サロ共和国においてフランス民衆党を代表した〕による証言である。彼はムッソリーニと二度の対話をおこなっている。最初の対話は長いもので、ドリオの死の直前である（ドリオの死は一九四五年二月二二日。この日、ドリオの車は連合国側の空軍機から機銃掃射を受けた）。二度目の証言は短いもので、同年四月、ドイツの「南方軍」司令官〔イタリアおよび地中海方面の空軍総司令官〕に任命されたケッセルリンクに代わってフィーティンゴッフ将軍がイタリア任務を引き継いだ直後で、頭領の逮捕・処刑〔四月二八日〕の数日前である。

ムッソリーニやファシズム体制について扱ってきた歴史家たちの知らないこれらの対話を、頭領の精神的「遺言」と見なすこともできる。* まず、一度目の対話についての証言から見ていこう。

「ムッソリーニは痩せ、表情は少しやつれていた。顔からは疲労が窺えた。しかし目はまだ多少の活力を保っていて、声は以前同様に力強く、響きがよかった。私の自己紹介が済むと、頭領はすぐに語りはじめた。

『お目にかかれて嬉しく思います』。彼はとても正確なフランス語で私に語りかけ、こう続けた。『私は、フランスのファシストでありジャック・ドリオの主要な協力者であるあなたと話し合えるのが嬉しいのです。私はドリオの政治的、軍事的勇気に賞賛の念を覚えています。ですから、気楽に語り合いま

＊ これらの対話はヴィクトール・バルテレミ自身の著作『共産主義からファシズムへ *Du Communisme au fascisme*』（Albin Michel, Paris, 1978）において再現された。

しょう。たっぷり時間はあります』」。

ヴィクトール・バルテレミが、「各国の共産主義者はコミンテルンを中心に互いに良好かつ頻繁な接触をおこなっているというのに、各国のファシストはこれに比べてわずかな接触しかなく、残念に思います」と述べると、ムッソリーニはこう答える。

「そうかもしれません。たしかにあなたの仰しゃるとおりでしょう。しかしそうした接触を実現するには困難があったのです。おわかりでしょう。共産主義の世界観とファシズムの世界観には大きな違いがあります。共産主義にはふたつの基本的な思想があります。歴史的な明白事と見なされる階級闘争という思想、そして共産主義の勝利を目的とする場合に必要事と見なされる国際主義という思想です。

ファシズムは、階級闘争を歴史の動力と見なす考え方を嫌ってきました。ファシズムはむしろ『国民』という枠組みを諸国民の発展のための明白事と見なし、必要事と考えてきたのです。ファシズムは国際主義的ではありません。ナショナリズムはファシズムにとって、またイタリアにとって、絶対的な必要事でした。ファシズムの第一の歴史的使命は、イタリアを大きな家にすることでした。第一次大戦直後、イタリアはまだ大きな家にはなっていませんでした。ファシズムはイタリア国民に、まずその発展に必要な領土を与え、次にその領土を守る物質的、精神的手段を与えねばなりませんでした。私たちがなそうとしたことは、これです。少なくとも私たちは、今述べた最初の部分は実現しました。あとの部分については、私たちには十分な時間がありませんでした」。

ムッソリーニは次いで、自分がどのような誤りを犯したか、そしてその誤りがどのように利用されたのかについて語る。

「私たちは、自分たちの社会主義を十分遠くまで推し進めるには至りませんでした。イタリアの資本主義者を理性に適った然るべき振舞いへと導くことはできませんでした。彼らは、ファシスト内閣が成立した一九二二年には私たちを救世主のように迎えました。そしてファシスト体制が立て直した秩序とそれによる社会的平穏のおかげで、彼らは事業を拡大し自らの富を十分膨ますことができました。ところが私たちが戦争の困難に直面すると、彼らは体制に対し、そして私に対し、七月二五日の陰謀〔一九四三年七月二五日のクーデタ。ムッソリーニの罷免、逮捕〕をたくらんだのです。これに加勢したのが、あの哀れな『道化師』ヴィットーリオ＝エマヌエーレ国王と一握りの裏切り者どもたちです。この連中は二〇年間もファシストの振りをして、体制から利益を得ていたのです」。

バルテレミ「少なくとも、その裏切り者の何人かは厳しく罰せられましたね」。

ムッソリーニ「それはまた別の話です。恐ろしくまた残酷な話ですから。ヴェローナでの裁判は、銃殺された者たちにとっても、また私にとっても、甚だ恐ろしく、残酷でした。とくに私にとってはそうでした。ローマ進軍〔ムッソリーニが一九二二年におこなった政権掌握のためのクーデタ〕の四人の指導者のひとりデ・ボーノ、そして私の孫たちの父親チアーノ。私はたとえ最悪の敵であれ、誰にも私が過ごしたような夜を過ごさせたいとは思っていません。[21]〔中略〕私たちのイタリアは、本来民衆に与えるべき権力を与えずにきました。私が言っているのは、投票という愚かで無益な権力のことではありません。そうではなくて、民衆が成し遂げようとする仕事に十分な評価を与えてこなかったということです。七月二五日よりずっと前から、私は自分たちの運動の源泉に立ち戻らねばならないと感じていました。私はそれについて口に出しさえしました。そのとき、過分な特権を手にしていた連中は自分たちが脅かされたと感じ、恐れをなしました。大企業主たち、すなわちアニェッリ、ピレリ、その他の連中です。連中は陰謀をめぐらしはじめました。連中の企業が引き起こした一九四三年春の反戦ストライキは、哀れな数人の共産主義者と示し合わせて、連中がたくらんだものなのです」。

続いてバルテレミとムッソリーニは戦況の進展を話題にする。バルテレミは最近ドイツが収めたアルデンヌの戦いでの成功を喜ぶ。ムッソリーニのほうはバルテレミに、まもなくヒトラーが比類なき威力を持つ武器〔V2ロケット〕を手に入れるだろうと確言する。ムッソリーニに総統は、自分の自信を語っていたのだ。

その後ムッソリーニは彼の固定観念について再び語り出す。

「ああ、もし私の言うことが聞き入れられていたなら！　そうすればわれわれはロシアと講和を結べたでしょう。この戦争におけるわれわれの真の敵はロシア人ではありません。アングロ＝サクソン人です。イギリス人、アメリカ人なのです。一九四二年以来、私はヒトラーに、ロシアと講和を結ぶよう何度も要求してきました。私にはわかるのです。スターリンだって、それは望むところだったでしょう。もはやヨーロッパにとって、攻撃を受けた後のロシアは脅威ではなかったのですから。

しかしヒトラーは、ロシアのことで頭がいっぱいでした。

わかりますか。たしかにドイツ人はすばらしい兵士です。世界最高の兵士です。何でもしっかりやってのけます。しかし彼らはまったく政治を理解していません。それに彼らは自分たちの先入観念を捨てようとせず、その先入観念に基づいてものごとを進めるのです。ヒトラーはふたつの考えに取りつかれています。まず、イギリスは人種的に言ってドイツの姉妹であるから、イギリスとは和解できるし、そうせねばならない、という考えです。もうひとつは、ロシアは野蛮人、人間以下の人間の国であるから、この国は消滅させねばならず、その領土はヨーロッパ人の住む植民地にしなければならない、という考えです。ここで言うヨーロッパ人とはドイツ人のことです。

このふたつの点で彼は間違っています。イギリス人は、地上で最もエゴイスティックで最も獰猛な国民なのです。彼らの歴史のすべてがそのことを証明しています。私も一時は、彼らとの和解の可能性について考えました。しかしその誤った考えを私は捨てました。ロシア人について言うなら、彼らが野蛮人だというのは本当ではありません。たしかにボリシェヴィズムは怪物的で犯罪的な誤りですが、ロシアは偉大な学者、偉大な音楽家、天才的な作家を数多く生んできた国なのです。私はヨーロッパで最初にソヴィエトと外交関係を結んだ人間です。それを後悔したことはこれまで一度もありません」[22]。

　ムッソリーニは軍人たちに怒りをぶちまける。ヒトラーの軍人非難は自分に対する「裏切り」に向けられたが、ムッソリーニの軍人非難は主にその「無能さ」に向けられた。スターリンにはそうした非難は見られない。したがって、三人の独裁者のうちスターリンだけが、彼の軍隊が被った数多くの敗北と、彼が命じた数多くの処刑にもかかわらず、最後には配下の軍事指導者たちと良好な協働関係を築くことができたと思われる。

　これについてムッソリーニは次のように述べている。

「バドリオは私に、イタリア軍は確実に速やかに勝利を収めると言いました。しかし実際にどんなことが起きたかはご承知のとおりです。〔中略〕イタリア軍の指導者たちはまったく無能でした。連中はまったく何の役にも立ちませんでした。あの貴族ども、あのサロンの士官たちは！　海軍がどうなったか考えてみてください。私はイタリア国民の犠牲的献身によって、最もすばらしい海軍のひとつ、すばらしい艦船を備えた海軍を築き上げました。ところが、その海軍がその後何を成し遂げたでしょう。何もできませんでした。いや、そうではない。連中は敗北を被りました。それも多くの場合、わがほうが物量ではまさっているのに、敗北を被ったのです。〔中略〕

一九四二年のあるとき、ヒトラーはイタリアの戦艦にドイツ海軍の参謀を配置したいと提案してきました。私は拒否しました。当時そんな提案は受け入れられませんでした。しかし、結局、彼が正しかったのです[23]」。

　さて、以下はバルテレミによるもうひとつの証言である。頭領の死の直前、一九四五年四月の二度目の対話の折、バルテレミはブッファリーニの後任としてサロ共和国の内務大臣職に就いていたゼルビーノと一緒だった。このときの対話は非常に短かった。

「彼〔ムッソリーニ〕は、最近のニュースを知るためにゼルビーノに話しかけた。ゼルビーノには伝えるべきニュースはなかった。

頭領は激しい口調で叫んだ。『われわれは囚人同然だ。われわれには何も情報が入ってこない。最悪の牢獄に入れられた最悪の泥棒でさえ、ニュースは受け取れるし、家族の訪問も受けられる。ところが、この私には何も与えられていないし何も伝えられていない。もはや自由に電話することもできない。だが確かに何かが起きているはずだ。私はここを逃げ出してやる。ミラノに落ち着くんだ。あそこでなら、少なくとも何かを知ることができるだろう』。

ゼルビーノは言った。『ミラノにはドイツのラオフ大佐がいます。しかし、彼はすべてを知っていますが何も語らないでしょう。バッシ知事もいますが、彼は何も知りません』。

『だが、ミラノは私の町だ。あそこなら誰もが私を知っている。もし死なねばならないとしたら、私はあそこで死ぬ』。

私〔バルテレミ〕は何も言わなかった。もはや私は、目の前で演じられるシェークスピア劇の一場面を鑑賞する静かな観客となっていた。

『ああ、もし私〔ムッソリーニ〕の言うことが聞き入れられていたなら！　そうすれば二年も前に、そうだ、すでに二年も前に、われわれはロシアと講和を結べただろう。われわれは戦争に勝っていただろう。ロシア人となら、われわれは理解し合えたのだ。スターリンのことをどのように考えてもかまわないが、彼は狂人ではない。他の連中こそみな狂人だ。〔中略〕数日後に、私はミラノに行く。もしそこでやれることが何もなければ、われわれはヴァルテッリーナ〔ミラノの北、スイス国境付近の一地方〕で戦うだろう。もし味方がいなければ、われわれだけで戦うだろう。そしてそこで死ぬだろう』[24]」。

二日後の四月二八日、彼は処刑された。

ムッソリーニの処刑

死の二日前、ムッソリーニはガルニャーノからミラノに向けて出立する。すでに彼はドイツが連合国と降伏交渉を進めているのを知っていたし、連合軍が北イタリアのマントヴァに向けて進軍していることも、パルチザンがロンバルディアの州都ミラノで全般的な蜂起を準備していることも知っていた。ガルニャーノを発つ前、待機知事職にあったニコレッティがムッソリーニに言う。「また近いうちに」。「いや、これが永遠の別れだ」と、今や事態の成り行きにいかなる幻影も抱いていない頭領が答える。

ミラノではシュステル枢機卿の仲介により、ムッソリーニ、グラツィアーニらファシスト側代表団と、北イタリア国民解放委員会（ローマに本部を置く国民解放委員会の支部。本部よりもレジスタンスは過激だった）の間で交渉がおこなわれた。雰囲気は緊張感に満ちていたが、どうにか合意が得られそうな気配だった。この交渉においてムッソリーニは、ファシスト側の無条件降伏を受け入れる代わりにファシストの指導者とその家族に対する生命の保証を要求した。だがその後、知事のバッシが現れ、レジスタンス側がドイツ側と降伏のための交渉に入ったことを告げる——これで、このファシスト連中に手心を加える必要はなくなった。「ドイツはわれわれをいつも奴隷のように扱ってきた」とムッソリーニは叫ぶ——「今後は自分の思いどおりにやるだけだ[25]」。

このムッソリーニの反応にレジスタンスの指導者たちは全面的蜂起の命令を出す。ムッソリーニと彼に従う小部隊は、ミラノを火と血にまみれさせることは望まない。ヴァルテッリーナで武器を手にして戦い、そこで死ぬことにする。

この最後の日々、気落ちした頭領は、それまでにもまして自分にとって親しい人々、すなわち、彼にぴったりと付いて離れない公然の愛人クララレッタ〔クララ・ペタッチの愛称〕、毎日電話で連絡を取り続けている妻ラケーレ、彼と一緒にいた娘エレーナを頼りとする。エレーナが彼のそばにいるのをクラレッタはとても嫌がった。息子ヴィットーリオも彼と一緒にいる。クラレッタ、エレーナ、ヴィットーリオに囲まれながら、ムッソリーニは絶えず他の子どもたち、アンナとロマーノのことも心配していた。ヴィットーリオはヴァルテッリーナで戦うのは狂気の沙汰だと判断している――「そんなことをすればあなたの命はもうないと人々は言うでしょう」。しかしムッソリーニは誰の言うことも聞こうとしなかった。北イタリア国民解放委員会がそう決めていたように、ムッソリーニ自身、もし自分が捕まれば裁判抜きで処刑されるのを知っている。

ムッソリーニはコモの町〔ミラノの北、スイスに接する町〕を横切ったとき、四月二七日のことらしいが、妻ラケーレに宛てて手紙を出す。手紙は青鉛筆で書かれ、署名は赤鉛筆で記された。ラケーレはこの手紙を一二年後の一九五七年に公表する。以下がその全文である。

「愛しいラケーレ

私は今や人生の最後の段階、私の本の最終ページにいる。もう会えないだろう。だからこの手紙をお前に書いている。

望んでそうしたわけではないが、私がお前に与えたあらゆる苦痛について、私を許してくれ。だが、お前も知っているように、私が本当に愛した女はお前だけだ。この最期の時に当たって、私はそれを神の前で、そして私たちのブルーノ*の前でお前に誓う。

私はヴァルテッリーナへ行かねばならない。だがお願いだから、お前と子どもたちはスイス国境にたどり着けるよう努力してくれ。彼の地で、お前たちは新たな人生を始めることができるだろう。スイス人がお前たちの受け入れを拒むとは思えない。私は彼らをずっと助けてきたし、お前たち自身は政治に関係ないのだから。[**] もし、そうならなかったなら、連合国側に出頭してくれ。彼らのほうがイタリア人より寛大だろう。アンナとロマーノをよろしく頼む。とくに、まだ世話を必要としているアンナをよろしく頼む。

お前のベニト」

その後ラケーレは電話で夫と話すことができ、一緒に戦おうとしているのは誰かと尋ねた。ムッソリーニは彼女に言った。「誰もいない。運転手でさえ私を見捨てた。私はひとりだ。すべては終わりだ[26]」。この言葉は、ほとんど真実だった。ヴァルテッリーナへ向かう彼の車列は、出発時には二〇〇台以上連なっていたが、今や数台しか残っていなかった。コモの町を出るとすぐ、このファシスト軍団はばらばらに散ってしまった。それでも、コモ湖畔の町メナッジョでは二〇〇人のドイツ軍召集兵部隊と合流できた。まもなく彼らはパルチザンと遭遇する。しかし戦う意志のまったくないこのドイツ軍部隊は、パルチザン側に降伏交渉を申し出る。ムッソリーニは変装を嫌がったが、クラレッタとエレーナが強く勧めるのでドイツ軍のヘルメットを被った。こうして彼は検問越えに成功する。だが、水夫に変装して冬の宮殿を脱出できたロシアのケレンスキーほどには運がよくなかった。まもなくムッソリーニは正体を見破られ、ミラノへと移送された。アルタ＝イタリア（北イタリア）国民解放委員会が連合国と交わした合意では、拘束したファシスト指導者については連合国側に引き渡すことになっていた。しかしそうはならなかった。ムッソリーニの処刑

＊　ムッソリーニの次男ブルーノは一九四一年、爆撃機の試験飛行の際に事故で死亡。
＊＊　実際には、スイス側はラケーレと子どもたちの国境通過を拒否し、他の逃避者たちだけに通過を許した。

ロレート広場に吊るされたムッソリーニ（左から２人目）とクララ・ペタッチ（中央）らの遺体。1945年４月29日。

を命じたのは誰なのか。多少とも自律的な活動をしているどこかの蜂起委員会が単独で命じたのか。それとも、彼を裁判にかければ過去におけるチャーチルとのやりとりが暴露されるかもしれないと恐れたイギリスの秘密機関の了解のもとで実行されたのか。もはや真相はわからない（チャーチルはどうもムッソリーニに対しドイツとの同盟を破棄して連合国側に付くよう圧力をかけていたらしい）。

処刑の場所についても複数の話が語り伝えられている。拘束されたクララ・ペタッチがムッソリーニの看守たちから、頭領に合流し共に死ぬことを許されたのは確かである。また、彼らが銃殺されたのはミラノに連行される途中、車を降りたときであることも確かである。しかし、伝えられた複数の話で食い違っているのは（二度殺されたとすれば別だが）、その場所がジュリーノ・ディ・メッツェグラ〔「Y」の字を逆さにした形になっているコモ湖のほぼ中央部、分岐点付近の西側〕の中心近くであったのか、それともベルモンテ荘〔ジュリーノ・ディ・メッツェグラ近くのホテル〕の鉄柵の前であったのか、という点である。いずれにせよ、この日、四月二八日に彼らは処刑され、翌日、彼らの死体はミラノのロレート広場の角まで運ばれ、ガレージの梁から逆さ吊りにされた〔エレーナは、逮捕されるが戦後解放、その後はスペインに四〇年居住し帰国〕。これを知った群衆が、かつては愛され今は憎悪の対象となった頭領に、憎しみの叫びを投げつけにくる。彼が憎まれたのは、ヒトラーとの同盟によってサロ共和国を作り、そのことがあの恐ろしい内戦のもととなったからだ。サロ共和国の民兵はフランス・ヴィシー政権の民兵と同様、占領者であるドイツ人に協力し、レジスタンス側の同じイタリア人と戦ったのである。

レジスタンス側に味方数名を殺されたドイツ軍がイタリア人の人質一五名を銃殺していた場所も、このロレート広場だった。このときムッソリーニは息子ロマーノに、「連中はわれわれをまるでポーランド人のように扱っている」と言って怒りを露わにしていた。妻ラケーレもその場にいた。それからまもなくして、彼女は匿名の手紙を受け取った――「われわれは連中をみなロレート広場に連れていくだろう」。一九四五年四月、彼女はクラレッタにこう言っていた。「彼らはあなたたち全員をロレート広場に連れていくでしょう」[27]。

ヒトラー――「私はベルリンで死ぬ」

ムッソリーニの死が広く知られた頃、ヒトラーはすでに自殺の準備に取りかかっていた。彼の軍隊が敗北して以来、多くの観察者がこの結末は避けがたいと思っていた。すでに、ロンドン、ニューヨークを破壊するとされた秘密兵器、V2ロケットの十分量の生産も、不可能であることが判明していた。

アメリカでは戦略諜報局〔CIAの前身〕が、精神分析医W・C・ランガーに総統の心理に関する研究プログラムを一九四一年に依頼し、一九四四年の最初の四半期にその結論が出されていた。この報告書には、まもなく訪れるであろう敗北のときにヒトラーがどのような終焉を迎えるかについても、いくつかの可能性が示されていた。この分析において、ランガーはまず自然死という仮定を退ける。なぜなら、そうなれば、ヒトラーが自分のために練り上げてきた超人という神話が崩壊してしまうからだ。また、中立国への逃亡という仮定も退ける。なぜなら、ヒトラーはかつて皇帝ヴィルヘルム二世がそのようにしたのを弾劾した人なのだ。殺されるという可能性はある。しかし、そうなれば連合国にとっては残念なことだ（総統の伝説がいっそう強化されることになる）。周囲の人間に対する彼の優位性からして、反乱はほとんどありそうにない。だから彼が捕らわれの身になることも、やはりありそうにない。そうした事態はヒトラー自身にとっても耐えがたい（彼は自分が鉄の檻に入れられモスクワへ連れていかれる姿など想像もしたくない）。残るは自殺という仮定である。報告書ではこれが「最もありそうな終焉」だと判断している。そしてさらにつけ加えている。「それは平凡な自殺ではなく、自国民との絆を永遠のものとするための、人目につく演出を伴った自殺となるだろう」。

実を言えば、ヒトラーはすでに一九二三年のミュンヘン一揆のときにも自殺を口にしていたし、一九三一年の姪ゲリの死後にも、また一九三六年のラインラント占領時（もしそれが失敗したなら）にもそれを口にしていた。しかし一九四五年春の場合は、これまでよりもいっそう強い鬱状態を示す瞬間が伴っていた。当時のヒトラーは、自分の病、とくに手の震えを気にしてこれを隠そうとしていた。彼はだんだん人前に姿を現さなくなる。この時期の彼の唯一の映像は一九四五年四月二〇日に撮影されたものだが、自分の誕生日に際してヒトラー・ユーゲント〔ナチスドイツの青少年団〕を閲兵するその姿は、ゲルハルト・ボルトによる次の証言の正しさを裏づけている。

「視線は固定されていると同時に揺れ動いていた。この視線を目にした者は衝撃を受けずにはおれなかった。まるでこの世の外から放たれた視線のようだった。［中略］顔つきは力を失った者のそれであり、歩くときには苦労しながら身体を引きずっていた。彼の動作はたいへん病んだ老人のようだった」[28]。

ヒトラーはその数週間前から掩蔽壕の中に身を隠していた。それはある意味では、ドイツ国民の目から自らの姿を遠ざけるためだったと言える。彼は自分が望んでいた自画像、精悍なドイツ青年の像とは正反対のものに成り果てていた。「私はドイツの青年が柔軟であること、筋肉質であること、猟犬グレーハウンドのように敏捷であり、皮のように堅く、クルップ社〔ドイツの鉄鋼財閥。ナチス時代はドイツ最大の兵器製造会社。戦後一族は戦犯に指名される〕製の鋼鉄のように強いことを願う」。彼の皮膚は灰色で、肉はたるみきり、両手は震えていた。

その死に際し、ヒトラーはムッソリーニが捕らえられ処刑されたことを知っていたのだろうか。そのように考えた人々もいる。とくにドイツの歴史家ヨアヒム・フェスト Joachim Fest はそう考えた。しかし、これについてはいかなる証拠もなければ、そうだと窺わせるものもない。少なくとも確かなのは、ニュルンベルク裁判でゲーリングが間違った証言をしていることだ――彼は証言台で「ヒトラーは頭領とその愛人が逆さ吊りにされた写真を見て『こんなことは私には絶対に起きない』と叫んだ」と断言しているが、ゲーリングがヒトラーに最後に会ったのは四月二〇日であり、ムッソリーニが吊るされたのは四月二九日である。したがって、ゲーリングがヒトラーに最後に会う前に、ムッソリーニの処刑写真を目にできたはずはない[29]。それでも、ロシア人の何らかの「計略」によって自分の身柄が生きた状態あるいは傷ついた状態で捕捉され、「檻に入れられ荷車に載せられてモスクワに連行される」危険だけは回避しようと、ヒトラーが自殺を考え、自分の身体を燃やすよう命じることを考えていたのは確かである。しかし同時に彼は、まだ奇跡が起きるのではないかと思い続けてもいた。このことが、失意に続く昂揚の瞬間の説明となる。彼は自分の帝国が四方から侵攻されつつあることを十分知っていた。もはやロンドン、ニューヨークを破壊できるだけのV2ロケットが生産困難になっていることもよく知っていた。だが一九四四年七月二〇日のテロは免れていたし、オーデル川の突然の解氷はソヴィエト軍の進軍を食い止めてくれてもいた。アングロ＝サクソンが方針を変えソヴィエトに襲いかかるかもしれない。彼はそう考え続けていた。そうなれば大きな展望が開けるだろう。

一九四五年一月、アルデンヌの攻勢が失敗に終わる。このとき参謀総長グデーリアン将軍はリッベントロープに、戦争は敗戦と決まったと言明した。これに続く二月一三日から一四日にかけてのドレスデン空襲は、ドイツの町々が順次、完全に破壊し尽くされる前兆のように思われた。この破局を終わらせねばならない。「敵に利用される恐れのある、あらゆる工業設備を破壊せよ」――ヒトラーによる三月一九日の「焦土命令」をアルベルト・シュペーアは独断で拒否することにした〔本書四一〇頁参照〕。命令の末尾には次のようにあった。「住民のことを考慮に入れる必要はまったくない」。命令を無視した後、シュペーアは首相府の地下壕へと通じる空調設備に毒ガスを注入しようと考えた。首相府を設計したのは彼である。彼はその建物の作りをよく知っていた。しかし彼がそれを実行する直前の時期に新たな退避路が作られていたため、この計画は実施不可能となった。八カ月の間に、ヒトラーは二度にわたってテロを免れていたことになる。総統がこの二度目の暗殺計画について知るのは、後にシュペーア本人がこのことをヒトラーに告白したときである。この間、シュペーアは彼の力で救えるだけの工場を救い続けた。[30] しかし、もはや兵士たちがヒトラーしか信じていないのを見て取って、彼を殺す計画は断念した。

　ゲッベルスだけはヒトラーと同様の黙示録的世界観を持ち続けた。彼はすべてを破壊する覚悟を決めていた。世界征服を成し遂げる術《すべ》を知らない罪ある国民の廃墟のもとで、自らを葬る覚悟でいた。他の指導者たち、ゲーリング、ボルマン、ヒムラーは、歴史に自分の名を刻むよりは総統の強大な権力を継承し、まずはアングロ＝サクソンとの同盟の道を探りながらこの敵との争いを終わらせ、それからソヴィエト軍に向かおうと考えていた（そのようにすることはヒトラーにとっては裏切りだった）。

　四月一五日、ヒトラーは、ソヴィエト軍がアメリカ軍の進路を阻むためにザクセンを攻撃し、その後ベルリンに進軍すると確信し、帝国を二分しかねないこの事態を予防する「基本命令」を布告した。北部はデーニッツ提督に、南部はケッセルリンク元帥に委ねられた。これは、総統が南部で、すなわちバイエルンのアルプス地方で戦い続けることを暗示していた。布告の中でヒトラーは、「われわれの仇敵、ユダヤ・ボリシェヴィキによっておこなわれた残虐行為」を告発し、「誰であれ、退却しながら戦おうなどといった命令を出す者は、その人間の階級がいかに高かろうとも、その場で逮捕され、必要ならば即刻殺害されねばならない」と述べ、次のように結んだ。「ベルリンはあくまでドイツのものとしてとどまる。ウィーンもまた、再びドイツのものとなるだろう。ヨーロッパがロシアのものになることは決してない」。翌一六日、ソヴィエト軍が攻撃を開始する。今回の目標は間違いなくベルリンだった。そしてその三日後、彼らの軍がベルリンのすぐ近くまで迫り、ハインリツィの率いる部隊を粉砕したというニュースが伝わった。

四月二〇日、総統の五六歳の誕生日、ソヴィエト軍による最初の砲弾が帝国の首都に達する。ヒトラーは召使に、誰にも会いたくないと言う。それでも彼はヒトラー・ユーゲントに勲章を与えに行った〔本書四三二頁参照〕。とくにソヴィエト軍の戦車を破壊した若者数名に叙勲するためだった。これが「ドイツ週間映画ニュース」によって撮影されたヒトラー生前最後の映像である。いささか取り乱した様子で、歩くのにも苦労しながら、震える右腕を背中に回して隠し、最年少の少年の頬を軽く叩いてねぎらっている――あの少年は一二歳になっているだろうか。そしてヒトラーは映像から姿を消す。陰鬱な雰囲気の中で、誕生日の祝辞を述べにやってきた指導者たちがヒトラーを待っていた。全員がゲーリングの服装に目をやる。彼はうっかりと自分がいつも愛用している飾り立てた制服ではなく、まるでアメリカ軍の将校のようなカーキ色の軍服を着てやってきたのだ。最初にうまくその場を逃れたのは彼である。別れ際、ゲーリングは総統に、南部のベルヒテスガーデンに出立することを勧め、その地から、まだ良好な状態にある軍団を効果的に指揮し立て直そうと誘った後、自ら南部へと赴く。ヒトラーはゲーリングに返事もしなかったと伝えられている[31]。

二日後、二二日の会議では、親衛隊（SS）の将軍シュタイナーに命じていた牽制作戦が実行されなかったことを知り、ヒトラーは怒りを爆発させる。軍の首脳に続き親衛隊も彼を裏切っていた。ベルリン防衛軍の支援にやって来なかったプラハ駐留の空軍も同様だった。ヒトラーは国の指導者たちをかつてないほどの剣幕で怒鳴りつけ、侮辱し、呻きながらひと言吐き捨てた。「戦争は負けだ」。そして、かつてシュペーアがヒトラーに「バカンスの土地」だと言っていたベルヒテスガーデンへの出立を拒否し、自分は最後までベルリンにとどまり作戦を指揮し、最期のときには自殺すると言明した。「イギリス、アメリカとの交渉なら、自分よりゲーリングのほうがうまくやるだろう」。将軍たち、他の指導者たちが異議を唱えても頑として主張を曲げず、「自分は何があっても、決してベルリンを離れない」と繰り返した。自分の護衛隊には、脱出口がある限り首都を脱出せよと命じた。

ベルリンの町はほぼ完全に包囲されていた。ヒトラーがいた掩蔽壕ではすでに外部との連絡は付きにくなっていたので、この時点で総統が効果的に指揮することは、もはや不可能だったと想像される。ゲーリングは一九四一年六月二二日〔ドイツ軍によるソ連進撃の日〕の法律を引き合いに出せると考えていた。この法律は、ゲーリングを総統の後継者とし、帝国内に残された軍事力の掌握を彼に許すものだった。その許可を得るためにゲーリングは、ヒトラーからの回答に最終期限を設けた。ボルマンはこの振舞いを最後通牒、裏切り行為だとして総統に伝えた。実際、ヒトラー自身、もしもの場合はゲーリングに連合国と交渉する権限を与えるとしても、自ら権力を手放すつもりはなかった。だから、自分の目から見てずいぶん前から信用を失っていたこの男のイニシアティブに、大いに気分を害した。結局ヒトラーはゲーリングをすべての職務から解任し、ゲーリングは親衛隊（SS）の監視下に置かれることを覚悟のうえでこれに服した。

この事態を見て、今度はヒムラーが、また自分の時代がやってきたと思い込んだ。しかし、総統は、ベルリン封鎖を解くための牽制作戦を親衛隊の将軍シュタイナーが実行しなかったのはヒムラーの責任であると見なした。「ヒムラーが裏切ったかもしれない」――ヒトラーのこの疑いは、「自分の忠実なハインリヒ〔・ヒムラー〕」がスウェーデンとベルナドッテ伯爵の仲介で連合国と交渉しはじめたのを知ったとき、さらに強まった。ヒトラーは「憤りと怒りで泡を吹き、狂人のように暴れた」。そして、ヒムラーに信任されていた親衛隊大将フェーゲラインを即刻処刑することで、これに復讐した。フェーゲラインはヒトラーの愛人エヴァ・ブラウンの義弟だった。ヒトラーの顔色は「煉瓦色になり、その顔はすっかり変わり果てていた」[32]。

ヒムラーの裏切りは、ヒトラーにとってすべてが終わったことを示していた。[*]

そもそも、軍事的な立て直しの希望はすべて失われていた。姿を見せていたのは、もはや味方のシュタイナーでもヴェンクでもホルステでもなく、敵方のジューコフだった。ジューコフの砲弾は首相府に達し、逃げ惑うベルリン市民の一部は下水路の中で溺れていた。今やソヴィエト軍はベルリン市内、ヒトラーの掩蔽壕から一キロメートル足らずのところにまで達していた。

これから始まる劇に配された幽霊のように、総統の禁止命令にもかかわらずエヴァ・ブラウンがベルリンへ、掩蔽壕へとやってくる。彼女は総統とともに死にたいと願った。ゲッベルスとその妻マグダも同様だった。

ナチズムの破綻という考えに耐えられないゲッベルスは、総統の黙示録的世界観を共有していた——総統の狂気じみた考えにドイツ人全員の生命を捧げようというのだ。ただ、ゲッベルスは総統とは異なり、ドイツ国民がその使命に失敗したことを呪ってはいない。自分が死なねばならないのはそのためではない。国家社会主義の理想に終止符を打つような世界ではもはや「人生は生きるに

破壊されたベルリンの町。ドイツ降伏後、1945年6月3日の様子。

＊　ヒトラーの自殺の数日後にイギリス軍によって捕らわれたヒムラーは、厳重に見張られていたにもかかわらず青酸カリのカプセルを飲み込むのに成功した。

値しない」からである。彼とその妻は、自らの生命と自分の子どもたちの生命を犠牲にすることで、その意志を示そうと決めたのだ。ボルマンを除き、こうして掩蔽壕に集まった者たちはみな、死ぬことを覚悟していた人々だった。ヒトラー、エヴァ・ブラウン、ゲッベルス、そしてその家族である。ヒトラーはゲッベルスに、シュペーアが総統に囁いていたことを繰り返した。「オベルザルツベルク〔ベルヒテスガーデン近くの山〕で自殺することは、ここにとどまり、ここで倒れるよりも、一〇〇〇倍も卑怯だと思う」。もし奇跡が生じれば、ヒトラーは総統にとどまるだろう。もしドイツがボリシェヴィキ国家になれば、ナチズムはやがて神話になるだろう。[33]

結婚式と遺言

ヒトラーとドイツ国民の絆は断たれようとしていた。そこで総統は、死ぬ前に正式に妻を迎えるため、エヴァ・ブラウンと結婚してもいいだろうと判断した。ゲベッルスとボルマンが、四月二九日から三〇日にかけて慌しくおこなわれた結婚式の証人となる。シャンパンが出され、小規模のパーティーが執りおこなわれた。ヒトラーは言う。「エヴァ・ブラウンの貞節は褒美に値するものだ」。総統の儀式的な死に配偶者として付き従うという褒美である。

ヒトラーは、死後、遺体の焼却が確実におこなわれるよう彼の最も忠実な副官たちに指示を与えていた。この目的のために掩蔽壕の出口にはガソリンが置かれていた。そして、結婚式の後、彼は遺言を口述した。私的な遺言では、結婚の理由が語られ、ナチス党員であり忠実な同志マルティン・ボルマンを遺言執行人として指名してから、残された財産が「何ほどかの価値を持つのであれば」、妻の家族と自分の秘書たちにそれらを遺贈し「ブルジョアとして」生活できるようにしてほしいと述べている。集めたすべての美術作品は出生地リンツの絵画美術館に送ってほしいとも述べている。

政治的遺言では、まず彼の代わらぬ固定観念が繰り返される。「戦争の勃発、戦争による破壊の責任は国際ユダヤの側にある。戦争の勃発を望んだのはもっぱらユダヤ人を先祖に持つ国家指導者たち、あるいはユダヤ人の利益のために働く国家指導者たちである」。ここで言われている国家指導者とはチャーチル、ダラディエ、スターリン、ローズヴェルトといった人々だろうか。いや、これらの人々の誰ひとりとして、厳密な意味でも、またそれほど厳密に考えなくても、ここに述べられた定義に合致する者はいない。彼、ヒトラー自身については、「いずれにせよ、自分が戦争を望んだことは一度もない」と言う。彼の言葉はまったく明瞭である。「もしヨーロッパの諸国民が再び、あの陰謀家たちに操られるままになるのなら、〔中略〕この大量殺戮の戦いに真に責任を持つあの種族もまた、弁明を求められるだろう。あの種族とはユダヤ人である」。そして彼はつけ加える。「私は、こうも公言していた。今回は、ヨーロッパ・アーリア種族の何百万人の子どもたちが飢えで死ぬだろうし、何百万人もの男たちが死に赴くだろうし、大勢の女、子どもたちが町に降り注ぐ爆弾の下で焼かれ押し潰されるだろう。しかし、真に罪ある者も、必ず私が用いる人道的な方法で罪を償うことになるだろう」。

ヒトラーとエヴァ・ブラウン。1942年６月14日。

「私が用いる人道的な方法」とは、絶滅キャンプのことである。彼はさらにつけ加える。「私は敵の手に落ちたいとはまったく思わない。連中は、集まった自分たちの配下の群衆を楽しませるため、ユダヤ人によってでっち上げられた見世物を必要とすることだろう」。続いて陸軍の首脳を非難しながらこう述べる。「いつの日か、ドイツ陸軍士官の名誉観について――ドイツ海軍士官の名

誉観がそうであるように――、ある防衛区域、ある都市が降伏するなどあり得ないことであり、死における
まで模範を与え続けるのは指揮官の義務だと心得るときがくるように」。

この遺言の末尾で、ヒトラーは自分の死後に後継すべき政府の要人を任命していた。ゲーリング、ヒムラー、シュペーアはこの政府から追放され、デーニッツ元帥が帝国大統領に指名されていた――ただし彼は「総統」としては指名されていない。ゲッベルスは首相に指名されていた――ただしヒトラーはゲッベルスが自分と一緒に死ぬのを知っている。ボルマンはナチス党党首に指名されていた。ヒトラーがこれらの指導者に強く勧めていたのは、「人種法を厳格に守り、すべての諸国民を毒する者たちに頑強に抵抗する」ことだった。すべての諸国民を毒する者とは「国際ユダヤ」[34]である。

ヒトラーはボルマンに、「ベルリンの降伏は拒否する」と繰り返した。そのあとでゲッベルスの妻マグダと面会した。マグダは最後まで、ヒトラーに首都から離れてほしいと懇願した。夫との合流を果たしたエヴァ・ブラウンは、赤い薔薇を付けた黒いドレスの結婚衣装を脱ぎ、白い飾りの付いた青いドレスに着替えていた。

四月三〇日の午後三時頃、ヒトラーとエヴァは二人で寝室にこもった。少し後、ボルマンと、ヒトラーの召使リンゲが扉を開ける。強い青酸の臭いがした。長椅子の上で、旧姓ブラウン、エヴァ・ヒトラーが夫の左横に倒れ込んで息絶えていた。総統の右こめかみからは血が流れていた。

この事件はデーニッツ提督によって伝えられた。しかしソヴィエトの歴史家ヴォルコゴーノフによれば[35]、スターリンはこの情報に不信の念を示し、自殺は虚報ではないかと恐れた。五月九日、ソヴィエト軍が遺体を掘り出し、総統の副官のひとりメンゲルスハウゼンがこれに立ち合って総統のものと確認した。両足は燃え尽き、こめかみには銃弾の穴があった。これが自殺説を裏づけた。しかし、総統の遺書がまだ見つかっていないこの時期はあらゆる噂が飛び交った。たとえば、ヒトラーとエヴァ・ブラウンがデンマークへ逃げた

という噂もあった。総統の護衛隊員だったヘルマン・カルナオが、自ら目撃したとする遺体焼却の顚末を公にしたときも、人々はこれを信じようとしなかった。そしてまもなくスターリンは、ヒトラーとエヴァ・ブラウンを隠しているとしてイギリスを非難する。ソヴィエト側は、二人が死んだという物理的証拠はないと言明し続けた。このことは、ソヴィエト軍の将軍たちと頻繁に接触していたアイゼンハワーにまで、二人の死について疑念を抱かせることとなった。

このように、ベルリンではジューコフの参謀本部のソヴィエト軍人たちが、「ヒトラーとゲッベルスの死体をはっきり確認した」と報告しているにもかかわらず、スターリンはローズヴェルトの側近だったハリー・ホプキンズに「自分はヒトラーが生きていると確信している。おそらくフランコのところかアルゼンチン共和国に逃げたに違いない」と繰り返していた。

「スターリンの目」であるヴィシンスキーに叱責されて、ジューコフは惨めにも意見を変えた。しかし、その後、捕虜となったドイツ側の証人たちと一緒に遺体の残りがモスクワに運ばれ、改めて確認作業がおこなわれた。結果、それがまさしく総統のものだと再確認された。スターリンはようやくヒトラーの脱出説を放棄する。これでやっと、どこかに隠されたヒトラーの遺体が巡礼の聖地になるという心配はなくなった。[36]

数年後、ソヴィエトの映画監督ミハイル・チアウレリの作品『ベルリン陥落』（一九四九）でヒトラーの自殺が語られるが、そこでは、彼の自殺はシアン化合物によるものとされた――もちろんこれは、こめかみへのピストル自殺ほど高貴な死ではない。[37]

ウィンストン・チャーチル——失脚

ドイツの降伏は、悪夢の終わりを意味していた。ヒトラーは掩蔽壕で自殺したと伝えられた。この事件は非常に大きなものとして受け止められ、同じ月にローズヴェルトが病死し、ムッソリーニが処刑されたことさえ忘れられたほどだった。一九四五年五月八日に撮影されたロンドンの映像が示すように、イギリス人はどの国よりも先に、戦争がまだ続いていることも、イギリス軍部隊がまだ日本軍を相手にビルマで激戦を続けていることも忘れてしまった。イギリス人は、試練は終わったと判断した。彼らイギリス人はそのことを自分で納得するために、「勝利の父」クレマンソーを大統領に選ばなかった一九二〇年のフランス人と同様、チャーチルを家に帰してしまう。それは、民主主義において起きる恩知らずの業《わざ》の最たるものだった。ドイツに対するイギリス人の抵抗を鍛え上げ、彼らを生き残らせたあのチャーチルをお払い箱にしたのである。

チャーチルの主治医モラン卿の回想によれば、ドイツの降伏が告げられた朝、「首相は戦争の終結に熱狂するふうではまったくなかった」。「そのうえ、彼はすぐに、非常に疲れた様子を見せ、〔中略〕力を使い尽くしたように見えた[38]」。

ドイツが打ち負かされたからには、チャーチルは約束どおり、連立内閣を解散せねばならないことを知っている。しかし一方で、日本との戦いに勝利する日までは、労働党はチャーチルを連立内閣の首相のままにしておくのではないかと期待もしている。そしてそのようにチャーチルは彼らに提案する。それでも彼は主治医に告白している——「連中は、私からの手紙に目をとおすことさえしないだろう。彼らは憎しみでいっぱいなのだ」。実際、労働党はブラックプール〔イングランド北西部の都市〕での大会で、この保守党党首と組んで政府にとどまるという選択肢を放擲する。彼らが望むのは選挙であり、権力奪取である。労働党党首アトリーはそのことをチャーチルにとげとげしく伝えた。モラン卿は首相の屈辱感を推し量っている――「五年もの間、誰に許可を得るでも、誰に文句を言われるでもなく、イギリスの名において命令を下してきた人が、ある日から、扉の前で、帽子を取って人にものを頼まねばならなくなったのだ。苛立つのも無理はない」。ＢＢＣは次期選挙のキャンペーン放送に際し、チャーチルに二〇分しか話す時間を与えない。彼の娘が彼と一緒にＢＢＣに入るには、規則どおりの手続きを取らねばならない――以前なら、父と同伴でＢＢＣに入るには、父がそうしたいと言うだけで十分だった。

要するに、首相は真の民主主義のあらゆる厳格な規則に従わされるのだ。

選挙がおこなわれるまで、チャーチルが率いるのは暫定内閣、選挙管理内閣にすぎない。アトリー副首相と労働党の閣僚たちはその内閣から去り、その穴をチャーチルはホア＝ベリーシャや、グィリム・ロイド＝ジョージといった自由党員で埋める――まるで一九三〇年代に戻ったかのようである。

選挙に先立って発表されたその「マニフェスト」で、ウィンストン・チャーチルは「偉大さ、自由、進歩の条件について語り」「その他もろもろの、似たような空疎な響きの文を繰り出した」と、モラン医師はコメントしている――「彼は現実から遊離していた。貧しい人々は、まず何よりも、病気になったときにかかる出費について心配し、医師が無料で治療してくれることを望んでいたのだ。こうした保障を人々に与えてくれる党が勝利者になるのだ」。チャーチルはダンケルクの精神〔一九四〇年、ドイツ軍の攻勢に追いつめられた英仏軍がダンケルク脱出の際に見せたような不屈の敢闘精神〕、正義、進歩を讃えていた。他方、労働党は「パン、仕事、住宅」と応じる。チャーチルにはイギリスがすでに英雄的な振舞いのページを繰っていたことが、つまりノルマンディー上陸作戦の成功以来もはや自国が戦後に入ったことが、わかっていない。[39]

ラジオでの彼の演説は平凡極まりないものだった。

「あなたがお話しになられればなられるほど、票は逃げていきますよ」と主治医が言う。チャーチルは労働党を「一種のゲシュタポを設置していた」と誹謗する——しかし彼は四年もの間、その彼らとともにこの国を統治してきたのだ。「私はそんなにひどい首相だったろうか」とチャーチルが尋ねる。すでに人々は囁きはじめていた——戦争指導者、あのブルドッグは、平和時の指導者たり得ない、おそらく彼では改革は成し遂げられない。彼のもとでは福祉国家を制度化するベヴァリッジ計画〔経済学者ベヴァリッジが一九四二年に発表した報告書「社会保険と関連サービス」は第二次大戦後のイギリスの社会保障制度の構築に大きな影響を与えた〕さえまともに進められないかもしれない[40]。「私にはもう言うべきことも伝えるべきこともない」と首相はなおも語り続ける。一週間ほど休息を取っていたアンダイエ〔フランス南西部の港町〕では通行人たちが彼に喝采を送る。「世界のどこでも私は喝采を受けるだろう」と彼は悲しげに言う。来たるべき選挙への思いが彼の気分を暗くする。

一九四五年七月二五日、ウィンストン・チャーチルは主治医に言う。「私は悪夢を見ました。夢の中で、私の人生は終わっていました。非常にはっきりした夢でした。私は、空っぽの部屋のテーブルの上に横たわる、白い布をかけられた自分の死体を見ました。ぴんと伸ばされた剝き出しの両足を見て、私にはそれが自分だとわかりました。あれはたぶん私の最期なのでしょう」。

翌二六日、彼は自分の党の敗北を知った。労働党三九三議席に対し、彼の党は二一三議席しか得られなかった。彼は自分の選挙区においてでさえ屈辱を味わわされた。彼の選挙区では、慎みから労働党も自由党も独自候補者を擁立しなかった。それなのに彼の対立候補である独立系の無名候補は一万票も獲得した。チャーチル陣営は票を伸ばせず、二万八〇〇〇票足らずにとどまった。

「だが、それならどうして彼らは私に喝采を送るのか。あの喝采はいったいどういうことなのか」。チャーチルは自分に祝福を送る人々について、目に涙を浮かべながら語った。

チャーチルは忘恩について語っていたのだろうか。
そうではない。彼は単に「人々はあまりに苦しんだ」と結論しようとしたのだ。

ド・ゴール――奇妙な勝利…

しかし、ドイツが降伏文書に署名した五月八日以後、とりわけ奇妙な勝利の様相を呈したのがフランスである。たしかに事件は祝われた。しかしそれはフランス解放時の熱狂とはまるで比べものにならぬほど低調だった。一九四四年夏から一九四五年春の間に絶滅収容所の扉が開かれ、あの言語に絶する行為が明らかになったからである。今や、帰還が待ち望まれていた人々のうち、かなりの数が決して戻って来ないということが明らかになった。町には絶滅収容所から生き延びて帰還してきた人々の姿が見られた。この生きながら死んでいるような人々の姿は、敵からひどい扱いを受けずに済んだ元気いっぱいの戦時捕虜たちの姿とは対照的だった。「彼らを並べて見てはいけない」と、当時アルベール・カミュを編集長とする『コンバ』紙が掲載した戯画の吹き出しは語っている。それでもその対照的な姿は、悲劇的な時代の陰鬱な思い出をいつまでも残すことになるだろう。

他にも、フランスには居心地の悪い思いをさせる原因があった。フランス解放後も続いたこの戦争は、軍人のもの、軍人だけに関わるものになっていた。話題になる人間はド・ラットル、ルクレール、ケーニグといった軍人だけになっていた。すでに一九四四年、解放式典の折に、行列の最後尾に押しやられた国内レジスタンスの市民たちの失望は大きかった。彼らは勝利の最中においては愛されざる者たちだった。一九四五年、捕われていた人々が次々とドイツから帰還し、そのための祝典が何度もおこなわれる。しかしその陰では、この国を包み込んだ内戦の暗部の何事かが依然として存し続けていた。

たしかに、この時期、ド・ゴールとその仲間にとって、国内レジスタンスと共産主義の危険の同一視は、正当な用心であるように思えた。たとえスターリンが、「フランスの共産主義者は『革命を実現したい』という願望を抑えて、国の再建に取り組み、政府に参加せねばならない」と判断していたとはいえ、ド・ゴールの疑念は消えなかった。現にコルシカでは、まったくの少数派であった共産主義者が、島の解放〔一九四三年九月〕以来権力を握ったではないか。

一年後〔一九四六年〕、ド・ゴールは副官のギー中尉に打ち開けている――「あなたは、まさか私が、無秩序を促進するあれらの少数派の委員会から承認されたがっていたなどとは思わないだろうね」。事態は、まるで自由フランスとレジスタンスが対立関係に入ったかのように展開していたのだ。ド・ゴールはさらに自らの診断を深めてギー中尉にこう語っている。「一九四四年に、動乱を嫌うフランスという老いたブルジョア女性がレジスタンスに喝采を送ったのは、彼女がレジスタンスを戦争の終結と同一視したからだ。彼女は、解放がなされた一年後も、実際の戦争がつい最近終わったばかりであることに気づきさえしなかったのだ」。

そのうえ、ドイツから帰還者が相次ぎ、解放以来の祝典が繰り返される陰では、止むことのない粛清が占領時代に起きたのと似た事態を引き伸ばし続けていたのだ。アルベール・カミュは『コンバ』紙に書いていた。「死刑執行人たちの時代には、犠牲者の怒りは彼らに向けられていた。しかし死刑執行人がいなくなっても、フランス人は恨みを抱えたままだ。その恨みの一部は晴らされないままだ。彼らは恨みの残りを抱えながら互いに反目し合っている」。

こうした所与が、フランス国内で起こりはじめたド・ゴールに対する意見の変化を説明してくれる。フランス解放の折にみなの喝采を浴びた英雄は、あれから一年も経たないのに、国の数々の不幸を正当に評価していないのではないかと疑われていた。それぞれがそれぞれの解放を祝ってはいたが、それらはまるで、他人に恨みを述べるためにおこなわれているかのようだった。ヴァレリアン山〔パリ西郊に位置する丘。第二次大戦中レジスタンス参加者が処刑された場所〕とシャトーブリアン〔フランス北西部の町。一九四一年一〇月、ナントのドイツ占領軍司令官殺害への報復措置として、二七人のフランスの囚人が処刑された場所〕では、「自分たちの仲間から八万の銃殺犠牲者を出した党」と自認する共産党が、まるで戦争で死んだのは自分たちの仲間だけであるかのように、この八万の死者のための慰霊祭を執りおこなう。だが、ヴェレリアン山では、レジスタンスに参加したあらゆる傾向の人々が死んだのだ。一方、ド・ゴールの政府もまた、一九四四年の一一月一日と一一日〔前者は、ド・ゴールがヴァンセンヌでレジスタンスと強制収容所収監者を称える演説をおこなった日。後者はド・ゴールとチャーチルを前にした軍事パレードがパリでおこなわれた日〕に、「三〇年戦争」〔両次大戦を指す〕の死者たちを自分たちの旗印の下に回収しようとする。こうして第二次大戦の勝利がジャンヌ・ダルク記念日〔一四二九年五月八日、ジャンヌ・ダルクのフランス軍がイングランド軍に勝利した日〕とともに祝われる一九四五年五月八日を迎えるまで、それぞれの党派がそれぞれ勝手に、勝利の祝典を催した。この勝利は、ドイツに赴いたフランス軍の勝利なのか、ド・ゴールの勝利なのか、それとも、ソヴィエト軍とその同盟者たる共産主義者の勝利なのか、連合国の勝利なのか。

　この奇妙な勝利は、祝われるには祝われたが、同時代人もすぐにその記憶をなくしてしまった。ド・ゴール自身は、モスクワへの旅の苦い思い出を噛みしめていた（第四章の「辱めを被るド・ゴール将軍」の節を参照）。ローズヴェルトとの均衡を取るため彼が支えとしてきた人物、客観的に見て同盟者とすべきその人物が、今や、不快な、脅威をもたらす人間であると判明したのだ。以来、ド・ゴールは、巨大な共産党という装置が、少しずつ東ヨーロッパの国々に手を掛けはじめるのを観察してきた。フランスにおいてもモーリス・トレーズ率いるフランス共産党が、社会に渦巻く欲求不満を自らの力としていた。フランス社会は確かに、国内のレジスタンス活動には積極的に加わらなかったが、それでもこの活動を保護し、占領軍には非常に敵対的であり続けたのである。

　左翼陣営の一部に支援された共産主義者たちは、ド・ゴールの活動初期（一九四〇〜四一年）に彼に投げかけられていた疑いを再び掻き立て、「ド・ゴールには独裁者への野心がある」と非難する。ド・ゴールはすぐさまこの非難を「鉄の軽蔑」〔鉄のように強い軽蔑感情〕をもって拒絶する。そして政界は、レジスタンスの活動家ピエール・エルヴェが『ユマニテ』〔フランス共産党機関紙〕紙上で巧みに発したド・ゴールへの応答に、大喜びする——「鉄の軽蔑、革の短袴*、木の剣」。

ド・ゴールはまもなく権力の座を去ろうとしていた〔一九四六年一月、一時政界を引退〕。ソヴィエトと共産主義の脅威についての彼の診断は、ローズヴェルトよりも未来の危険については注意深いアメリカの新大統領、ハリー・トルーマンの側近たちの懸念に近いものだった。[41]

冷戦か、それとも日本との戦いか…

大戦終結から六〇年後、ウラジミール・プーチンがナチスに対する勝利を記念し祝っていたとき、独ソ不可侵条約締結の折にソヴィエト連邦に併合されたバルト諸国の指導者たちは、五月八日を解放の日と見なすのを拒否した。彼らにとってこの日付はソヴィエトへの併合を刻印するものだった。

バルト諸国の人々は、一九四五年当時、「リガの精神」〔リガはラトヴィアの首都〕と呼ばれていたものを、つまりは抵抗精神を保存していた。その抵抗は初めは帝政ロシアの帝国主義に対するものだったが、後にはソヴィエト連邦の帝国主義に対するものとなった。こうした態度はアメリカにいたバルト諸国出身者に体現され、次いでこれらの諸国に赴任していたアメリカの外交官によって体現された。彼らは一九四一年のワシントンとモスクワの「大連合」に抗議し、一九四五年にはヤルタを支配した和解の精神になお強く抗議していた。ジョージ・ケナン、ロイ・ヘンダーソン、チャールズ・ボーレンらのアメリカの外交官が前に立ち、その後、冷戦のそれとなる論理を打ち出した——彼らは東ヨーロッパにおいてスターリンがおこなったヤルタ協定の蹂躙に応答せねばならないだろう。後に、彼らはいわゆる「封じ込め政策」を唱える。これはソヴィエト連邦の強大化を防ぎ、この国をそのときの勢力範囲内に押さえ込んでおこうとするものである。

ローズヴェルトの死去以降、彼の側近だったハリー・ホプキンズも病に倒れていたので、ケナンらは新大統領トルーマンを厳しく攻め立て、ソヴィエトに対し強硬な姿勢を示すよう、とくにポーランド問題のあらゆる点——ロンドンの亡命政府の構成員の役割、東部国境問題等——についてそうするよう、説得した。国連憲章の採択をめぐる協議を軌道に乗せたサンフランシスコ会議〔一九四五年四月二五日〜六月二六日〕の直前、モロトフに初めて会ったトルーマンは、この会談相手にぶっきらぼうに、ヤルタ会談で決められた諸条項を守るよう要求する。「私にこんな話し方をした人間はこれまで誰もいない」とモロトフはコメントした。「ポーランド問題はわれわれにとって単なる面子の問題ではなく安全保障の問題なのだ」とトルーマンは応じた。[42]

このアメリカの態度の硬化は、新大統領の経験不足を利用して沈黙のうちにおこなわれた。そして、国務長官であり、影響力のあったジェイムズ・バーンズはトルーマンに、アメリカにとっての最優先事項は国連の創設でもなければ、（まだ）ソヴィエトとの対立でもなく、ソヴィエト連邦を日本との戦争に参加させることだと納得させた。トルーマンがスターリンとポツダムで会うときには、それを忘れてはならなかった。太平洋地域でアメリカ軍は一年以上前から勝利に勝利を重ねていたが、それでも日本列島への最後の攻撃は、恐ろしいほどの人的被害が伴うだろうと予測されていたのだ。

＊「偏狭な軍人」の意味がある。

…日本との戦い

アメリカは航空戦力においては日本に勝っていた。しかしヒトラーの自殺した一九四五〔昭和二〇〕年四月三〇日時点ですでに艦船二〇隻を失い、一五七隻が被害を受けていた。神風〔神風特別攻撃隊〕はさらに五月五日に一七隻を沈没させ、一一日には空母バンカーヒルを使用不能の状態にしその数日後に沈没させていた。日本の必死の防衛はその絶頂に達していた。硫黄島では日本軍の守備隊二万三〇〇〇人のうち二万一九〇〇人が戦死していた。沖縄では兵力八万人のうち七万三〇〇〇人が戦死していた。アメリカ軍はこの沖縄で一万二〇〇〇人の兵士を失ったが、九州ではその一〇倍の戦死者が予測されていた。本州上陸となればどうなるだろうか。[43]

一九四五年七月、トルーマンはスターリンらと会談をおこなうためドイツ東部のポツダムに到着する（チャーチルは会談の前半はポツダムにいるが、七月二四日に代表の座をアトリーに譲る〔ポツダム会談は一九四五年七月一七日〜八月二日開催〕）。自らの自信のなさに鑑みて、アメリカ新大統領は会談がどのような成り行きになるのか心配していた。しかしスターリンはすぐさま彼を安心させるだろう。スターリンは日本に宣戦するだろう。

これは歴史的転換だった。一九四一年六月にドイツがソヴィエト連邦を奇襲攻撃したとき、どうして日本は東側でソヴィエトを攻撃しなかったのか――なるほど、そのように訝ることもできた。実を言えば、当時、昭和天皇はヒトラーに対して屈辱を覚えていた。一九三九〔昭和一四〕年二月にヒトラーおよびムッソリーニと交わしていた日独伊防共協定にもかかわらず、ヒトラーはこれに反してその年の八月、天皇に予告もせずにスターリンと独ソ不可侵条約を結んだのだ。一九四一〔昭和一六〕年四月、日本がモスクワとの間で結んだ中立条約〔日ソ中立条約〕は、天皇が総統に与えたそれなりのお返しだった。さらにもうひとつの屈辱があった。一九三九〔昭和一四〕年の夏、日本が中国で作戦を展開していた時期、蔣介石を支援するソヴィエトの機甲部隊に日本軍の戦車は完敗を喫していた。このことが極東をめぐるその後の展開の説明ともなり得ただろうが、しかし実際には、この戦いは当時、危機の状態にあったヨーロッパではほとんど注目されなかった。理由は同じではないが、スターリンも日本側もこの戦いを秘密にしておきたいと望んでいた。これについてはフルシチョフがその『回想録』で、この勝利はスターリンに自信を与え、後に、スターリンに自己満足の

ポツダム会談。左からチャーチル、トルーマン、スターリン。1945年７月25日。

ポツダム会談。前列左からアトリー、トルーマン、スターリン。1945年７月末。

菌を植え付けることで高くつく結果になったと報告している〔本書七七頁参照〕[44]。

一方、日本側では、ドイツのソヴィエト奇襲後にシベリア併合に取りかかっても、熱帯の海とインドネシアの石油の支配権に比べればさほどの利益にはならないだろうと考えていた。東京では、ノモンハンでの敗北となかなか期待どおりの結果を出せない中国での戦争によって陸軍は信頼を失い、真珠湾攻撃を秘密裏に準備する海軍を前に、軍旗を降ろしていた。その後の経過はよく知られている。

ところでドイツが降伏すると、スターリンは極東でフリーハンドを持つことになった。ロシアにとっての昔からの野心、満州の支配がようやく実現しようとしていた。いずれにせよ、あくまでスターリンは、東で獲得するつもりだったものを西でも獲得するために、トルーマンを安心させたのである。

ポツダム会談——A爆弾が新しい時代を動かす

驚きの事件はそのとき起きた。アメリカ・ニューメキシコ州、アラモゴードで原子爆弾の実験が成功したのである〔一九四五年七月一六日〕。トルーマンは情報についての詳細を取り寄せ、それを何度も何度も読み返した。そしてこの実験の成功について、翌日から始まるポツダム会談の席でスターリンに伝えることにした。その第一日目の会談の終わりぎわ、まるで些事を述べるかのようにトルーマンはスターリンに、それが原子爆弾であるとは言明せず「われわれには、これまでないような威力の新兵器があります」と囁いた。トルーマンによれば、このときスターリンはトルーマンと同じ調子で答えた——「それを日本に対し有効に使ったらよいでしょう」。もっとも、スターリンを観察していたアンソニー・イーデンによれば、実際には、スターリンは目立った反応も見せずにただ頷いただけだったらしい。彼は「本物のポーカー競技者」[45]だった。アメリカ側では、スターリンが事態の重要さを本当に理解したのか訝しく思った。A爆弾（原子爆弾）のマンハッタン計画についてスターリンが承知していたこと、その彼がアラモゴードでの実験の成功という情報を知らないでいるわけではないことは明らかだ。それではなぜスターリンはあのような反応をしたのか。

いったいどういうことか。後にジューコフ元帥は証言している。ソヴィエト首脳だけになるとモロトフはスターリンに、「彼らは競りをつり上げようとしています」と言った。スターリンは「勝手にさせておけ。クルチャトフに完成を急ぐよう一言しておこう」と答えた。ジューコフは述べている――「そのとき私は、問題になっているのが原子爆弾だとはっきり理解した」。

実際、ソヴィエトはアメリカに遅れを取っていた。それはI・V・クルチャトフ、P・L・カピッツァ、A・D・サハロフなどロシアの物理学者の質に問題があったのではなく、この研究の抑制を決めたベリヤとスターリンの判断に原因があった。なぜそのような判断がなされたのだろう。先に見たように、ノルマンディー上陸の直前、ドイツ側ではA爆弾の早期開発を疑問視していたアルベルト・シュペーアが、この開発を中止させ、ロケット開発のほうに研究を集中させた〔本書二八三～二八四頁参照〕。それがV1ロケット、V2ロケットである[46]。また、ドイツ側ではソヴィエトの科学的・技術的創造性を低く見積もっていたのに対し、ソヴィエト側ではドイツの研究所を過大評価しアメリカ、フランス、イギリスの研究者を過小評価していた。ドイツ側がA爆弾の研究を放棄したので、ソヴィエト側もその研究を抑制した。スターリンらは、自分たちと競合しうるのはドイツ人の才能だけだと考えていた。

ここにも、歴史における偏見の倒錯的効果が見て取れるだろう。

ポツダム会談ではドイツ、ポーランド、ヨーロッパの将来についての合意は得られなかった。これによりソヴィエト、イギリス、アメリカは、西においても極東においても、限定されたそれぞれの勢力の範囲内で自由に振舞うことにした。[47]

原子爆弾の実現によって今やアメリカは力関係において有利な立場に立ち、軍備競争に拍車をかけていた。しかし、ソヴィエト側もアメリカ側も、未来を遠くまで見とおしていたわけではない。彼らはまだ、原子爆弾が国際関係の中でひとつの新たな時代を動かしはじめたことに気づいていなかった。アメリカ側はただ単に、日本との戦争において「もはやロシアは必要ない」と判断しただけだった。

アメリカはこの爆弾の使用によって、何としても何十万という自国の兵士の死だけは避けたいと考えていた。そして戦争の終結を早めたいと思っていた。後に言われたように、アメリカはこの爆弾の使用によってスターリンに警告を投げつけようとしたわけではなかった。しかしジェイムズ・バーンズとハリー・トルーマンにとっては、ソヴィエト軍が勝関に加わる前に、日本との戦争に勝利することが何より重要だった。ソヴィエト軍はシベリアから軍備の手薄な北海道、日本北部を経由して、アメリカ軍よりも早く東京に到達するかもしれなかった。

この爆弾の長期にわたる影響を予言する学者たちの意見は無視された。原子爆弾の使用を決めた人々はこれに耳を貸さなかった。ただワシントンでは、この爆弾を日本の文化的、戦略的中心地である京都には使用しないことが決められた。こうして爆弾投下の秒読みが開始され、一九四五〔昭和二〇〕年八月六日、使用可能となっていた最初の爆弾が広島に投下された。

一九四五〔昭和二〇〕年五月二五日、再度の東京大空襲〔山の手大空襲〕で皇居の一部が火災に襲われたとき、昭和天皇は側近のひとりにこう言っていた。「少なくとも国民は、私が彼らと運命をともにしていること、が神々から特別の守護を受けているわけではないことを知るだろう」。天皇が広島の事件を八月六日に知り、ソヴィエト連邦の対日宣戦布告を八月八日に、長崎への原爆投下を八月九日に知ったとき、彼の精神の同じ傾向が、彼を降伏の方向へと導いた。

ふたつの爆弾の間の天皇

ポツダムでは、アメリカ、イギリス、中国の三国が、日本に対するひとつの宣言に共同で署名した〔一九四五年七月二六日、ポツダム宣言。ソヴィエトは日ソ中立条約が有効期間中であったため署名せず、同年八月八日の対日宣戦布告の後にこの宣言に署名した〕。この宣言の中で、三つの連合国は日本が取るべき選択肢を提示した。「完全なる壊滅」か、さもなくば「無条件降伏」である（宣言には原子爆弾への言及はない）。ただし後者で求められているのが単に軍だけの降伏なのか日本国家の降伏なのかについては、明瞭に示さなかった。「日本国家の降伏」であれば、それは天皇とその体制を含むことを意味するだろう。コーデル・ハルのような真からの共和主義者は、王政的諸制度を許すべきではないと言っていた。ジョセフ・グルーをはじめとする別の人々は、「玉砕」戦を避けるためには天皇を残さねばならないと判断していた。

東京ではポツダム宣言以前から、政府や軍の指導者は敗戦を意識していた。しかし、戦争の終結を考えていた者たちは、まずは軍人たちを屈服させるために天皇を決定に関与させ、天皇に明確な立場を取るよう仕向けなければならないと判断していた。天皇の側近たちは、まずオブラートに包んだ言葉で、天皇にこの戦争の勝利はあり得ないことを理解させようと骨を折る。内大臣の木戸幸一侯爵や侍従の甘露寺受長伯爵、そして天皇の弟の秩父宮らが、軍当局の与える情報の誤りを示そうと努力する。たとえば一九四三（昭和一八〕年一〇月に伝えられた太平洋での勝利の情報は実は敗北であり、ギルバート諸島〔現在はキリバス共和国領。第二次大戦の激戦地〕は失われていた。また、その少し後、東条に代わって首相となる小磯国昭将軍は、天皇に「戦争の帰趨はフィリピン・レイテ沖海戦〔一九四四年一〇月二三日～二五日。神風特攻隊が初出撃したこの海戦では、日本の連合艦隊および守備隊約七万五〇〇〇人がほぼ全滅する〕にかかっています」と確言していたが、結局この海戦は大敗北に終わった。一九四四〔昭和一九〕年一二月、天皇はこれらの戦いの総括を要求し、「統帥部はレイテ決戦を放棄し、ルソンでの決戦に変更したが、小磯は承知しているか」と小磯に尋ねた。[48]

戦争終結の段取りを書き付けたのは内大臣の木戸幸一である。彼の書付は一九四五〔昭和二〇〕年六月に書かれた。したがってポツダム会談以前のものである。

木戸はまず、沖縄本島への攻撃が軍首脳の予想よりも早く始められたこと〔一九四五年四月一日〕、沖縄がまもなく失われるだろうことを指摘する。神風特攻隊が三〇隻以上の敵艦を沈没させ、その他一〇〇隻の敵艦に被害を与えたにもかかわらず、九〇〇機のアメリカ軍戦闘機が日本海軍を行動不能にしている。沖縄ではその後に襲われた町々同様、焼夷弾がすべてを破壊し尽くしている——住民を殺し、収穫物を台無しにしている。東京や他の大都市への爆撃の被害については言うまでもない。

次いで木戸は物資不足と社会的混乱に触れた後、できるだけ早急に戦争終結を考えねばならないとの評価を下す。そのうえで、敵が何よりも排除したがっているのは日本の軍国主義者であるに相違ないと書く。したがって、木戸によれば、戦争を遂行している軍の代表が和平を提案せねばならない——しかし日本が提案する最低限の要求が満たされるにはその時期が遅すぎてはならない。木戸は続けて書く。「極めて異例にして且つ誠に畏れ多きことにて恐懼《きょうく》の至りなれども、下万民の為め、天皇陛下に御勇断をお願い申上げ、左〔本書では「右」〕の方針により戦局の収拾に邁進するより他なしと信ず」。天皇による連合国へのメッセージは、仲介者の役割を担う強国を通じて伝えられるだろう。それは日本とのこの戦争において中立のままとどまったソヴィエト連邦が担うだろう。天皇はスターリンを信頼していた。

この時期、木戸は、無条件降伏は考えていない。すべての占領地域からの撤退と、それらの地域の独立の承認によって和平が得られると考えていた。

しかし六月八日の御前会議〔天皇臨席の最高戦争指導会議〕で、新首相鈴木貫太郎は、周囲のあらゆる弱気に対して彼が覚える憤りを語る。「［日本人は］竹槍を持ち、いつでも敵のタンク下に身を投げて相手を粉砕するための爆薬をポケットに忍ばせている」。「勝利の道は唯ひとつ。それは決意である。全国民がこの決意を持ったとき、われわれは勝利を勝ち取ることができよう。これは徹底的な戦いであり、降伏はあり得ない」[49]。誰もこの言葉にはあえて異を唱えない。沈黙が支配する。呆然としたのか、打ちのめされたのか、天皇もひと言も発しない。

鈴木は、首相を拝命したとき天皇に言った言葉を、この御前会議でも繰り返した――「無条件降伏は天皇制日本の終焉であり、ドイツの降伏はこれにいささかの変化ももたらすものではありません」。実は、ドイツの降伏によって、日本に五六〇キロの酸化ウランを運ぶはずだったドイツの潜水艦U234がアメリカ海軍に拿捕され〔一九四五年五月一五日〕、到着できなかった。このことが、A爆弾の研究の成功を期待していた天皇の希望を打ち砕いた（化学者であり生物学者である天皇は、この研究の行方を注視していた）。鈴木は「死が、天皇のお仕事に対する褒賞として与えられることでしょう」とつけ加えた。

軍人の大半は、国民は軍とともに滅ばねばならないと考えていた。軍人たちはたしかに敗戦を予感していた。だが彼らは、敗戦後に勝利者の設置する法廷に引きずり出されるより、そしてそこで自分たちの引き起こした戦争について説明を強いられるより、戦って死にたいと考えていた。連合国側が非難する戦争犯罪について、説明を求められるなど望むはずもなかった。一方、和平を迫られるのは避けられない状況だと判断していた者たちもいる。だが彼らも、それは大成功を収めた後でなければならず、そうした場合にしか和平

1945年3月10日の東京大空襲。警防団と思われる燃え焦げた遺体の山。石川光陽撮影

はあり得ないと考えていた――これがまさに鈴木の立場だった。軍人たちは、こうしたやり方〔一撃をアメリカ軍に与えた後で降伏するというやり方〕に好意的な宮廷人を取り除くことはまず不可能だと知っていた。警察は、身分の高いこれらの人物を逮捕することができなかった。ただし、すでに警察は彼らを監視下に置いていた。

　昭和天皇に行動を決意させたのは、恐ろしいほどの被害（死者数ほぼ一〇万人）をもたらした三月一〇日の東京大空襲である。五月二五日の再度の大空襲は、東京の一九平方キロメートルを破壊し尽くし、軍人に立ち向かおうとする天皇の決意をいっそう強固なものにした。それまで天皇はそうする胆力を持っていなかった。この最後の爆撃は二〇万人近くの被災者を出した。皇居にも被害が及び、二八人が死亡した。大規模爆撃が引き起こす大火災への対策は、何ら考えられていなかったことがいよいよ明白になった。この怠慢な対応にはひとつの原因があった。ドーリットル空襲〔アメリカ軍が航空母艦搭載の爆撃機を使用しておこなった日本本土への空襲〕による最初の爆撃〔一九四二年四月一八日、東京、川崎、横須賀、名古屋、四日市、神戸への爆撃〕以来、日本側は、日本の大都会上空を飛べるアメリカ軍爆撃機はごくわずかな単独機に限られていると考え、しかも出撃基地まで戻る十分な燃料を積めないこれらの爆撃機は中国その他の方面に散り散りにならざるを得ないと思い込んでいた。日本軍司令部は、周辺の島々の相次ぐ喪失により、それらの爆撃機の出撃基地がどれほど日本に近づいていたかを把握していなかった。

　それでも沖縄での戦いを見て彼らは強い警戒感を抱いた[50]――日本側の激しい抵抗にもかかわらず、アメリカ軍の進出は加速していた。それればかりか、数量と性能において劣る日本の航空部隊はすでに燃料不足を来たしていた。今や、戦闘機には片道分の燃料しか入れられていなかった——パイロットは「神風攻撃」をおこなっていた。日本政府はソヴィエト側に、まさしく飛行機と石油の供給を要請していた。

天皇とその顧問たち、とりわけ近衛公にとっては、何としてもスターリンとの同盟を結ばねばならなかった。それも、できるならポツダム会談の前が望ましいし、少なくともソヴィエト連邦に和平の仲介役を演じさせねばならなかった。ところで、鈴木は、天皇に上奏裁可を受けることなく駐日ソヴィエト大使マリクのもとに使者を送り、こっそりと取引を持ちかけていた。取引の内容は、ソヴィエト側からの支援の見返りに千島列島全体とサハリンの南部を与えるというものだったらしい。しかし、ポツダムでもこれと同じ条件が連合国側からソヴィエト側に示されることを事前に承知していたマリクは、使者を天皇のもとに送り返した。

またもや天皇は怒りを爆発させる。すでに四月にも、天皇は首相小磯国昭を、中国と秘密交渉を企てたという理由で罷免していた。老提督鈴木はその小磯の代わりに天皇が任命した人物である。今回天皇が怒ったのは、交渉について知らされていなかったからなのか、それとも天皇が望んでいたのはあくまでソヴィエトによる「仲介」であって、ソヴィエトとの「交渉」ではなかったからなのか。いずれにせよ天皇は近衛公を使者としてモスクワに派遣しようとする。しかしスターリンは返答をさんざんじらし、密使を受け入れようとしない。スターリンは時間を稼ごうとしていた。彼は、自分が舞台に登る前に、すなわち連合国と約束した対日参戦の前に、アメリカ軍と日本軍がともに疲れきることを望んでいたのだ。スターリンは西側連合国に仕返しをしようとしていた。第二戦線を開くのにあれほど長いこと待たせた連合国に、仕返しをしようとしていたのだ。

もっとも、アメリカ側はソヴィエト側の暗号を解読していたので、トルーマンは昭和天皇の試みも、時間を稼げというスターリンの指示も、すべてを知っていた。

原爆で破壊された長崎・浦上天主堂。投下５カ月後、1946年１月７日の様子。

トルーマンはとくに、A爆弾を所有したからにはソヴィエトが日本に介入する前にこれを使用したいと思っていた。

昭和天皇は七月二七日にポツダム宣言を知ったが、このとき鈴木は、この宣言が状況に何も変化を与えないような振りをした。外務大臣東郷茂徳も昭和天皇も、とにかくソヴィエトの仲介という希望のみにしがみついていたからだ。

昭和天皇が広島の悲劇を聞かされたのは当日の八月六日だった。想像を絶する異常事態が生じたことを理解する。彼自身が発言しなければならない――側近からそう説得された昭和天皇は、甘露寺と木戸に御前会議の招集を命じる。今回は、命令を与えた直後にソヴィエト連邦の参戦（八日）と、新たなA爆弾の長崎への投下（九日）を知ったため、よりいっそうの決意を固めていた。御前会議は八月一四日におこなわれた。東郷は戦闘中止を支持する立場を取った。彼を敗北主義者と非難する側からは強い不平の声が聞かれた。梅津美治郎陸軍参謀総長と豊田副武海軍軍令部総長は、アメリカ軍の要求が彼ら自身にどれほど高くつくかを思い知らせるべく、最後の戦闘〔本土決戦〕に向かうよう主張した。そこで鈴木が「聖断を拝する」ために天皇のほうに向き直った、と後に甘露寺受長は言明している。

ここ数週間来住まいとしてきた酷暑の地下防空壕の一室で、昭和天皇は事前に準備していた文書を読むために、ついに言葉を発した。汗が眼鏡を曇らせ、文字を読みにくくさせた。天皇は非常に緊張していたので、最初の数語はほとんど意味不明となった。

昭和天皇が口を開く

「反対論の意見はそれぞれよく聞いたが、私の考えはこの前申したことに変わりはない。私は世界の現状と国内の事情とを十分検討した結果、これ以上戦争を続けることは無理だと考える。［中略］国体問題についていろいろ疑義があるとのことであるが、私は〔連合国側の〕この回答文の文意を通じて、先方は相当好意を持っているものと解釈する。［中略］さらに、陸海軍の将兵にとって武装の解除なり保障占領というようなことはまことに堪えがたいことで、その心境は私にはよくわかる。しかし自分はいかになろうとも、万民の生命を助けたい」。

「このうえ戦争を続けては結局わが国がまったく焦土となり、万民にこれ以上苦悩をなめさせることは私としては実に忍びがたい。祖宗の霊にお応えできない。和平の手段によるとしてももとより先方のやり方に全幅の信頼を置きがたいのは当然であるが、日本が全く無くなるという結果にくらべて、少しでも種子が残りさえすればさらにまた復興という光明も考えられる」。

「私は明治大帝が涙をのんで思いきられたる三国干渉*当時の御苦衷をしのび、この際耐えがたきを耐え、忍びがたきを忍び、一致協力将来の回復に立ち直りたいと思う」。

「〔中略〕この際私としてなすべき事があれば何でもいとわない。国民に呼びかけることがよければ私はいつでもマイクの前にも立つ。一般国民には今まで何も知らせずにいたのであるから、突然この決定を聞く場合動揺も甚しかろう。陸海軍将兵にはさらに動揺も大きいであろう。この気持ちをなだめることは相当困難なことであろうが、どうか私の心持をよく理解して陸海軍大臣は共に努力し、よく治まるようにしてもらいたい」。

「必要ならば自分が親しく説き諭してもかまわない。この際詔書を出す必要もあろうから、政府はさっそくその起案をしてもらいたい」。

「以上が私の考えである」[51]。

その場にいた国務大臣兼情報局総裁、下村海南はこのときの様子を次のように述べている。

「御諚《ごじょう》を承っているうちに頭は次第に下がっておもてを上げる者もない。忍び泣く声がここかしこに聞えてくる。〔中略〕たとえわが一身はいかにあろうとも、国は焦土と化し、国民を戦火に失い、何として祖宗の霊にこたえんやという御心を拝して、涕泣の声は次第に高まってくる。さらに為すべきことはいとわない、マイクの前に立ってもよいと仰せらるるに至り、忍び声を止めもあえず、声をあげた。ここにもそこにも、せき上げ、しゃくりあげる声が次第に高くなる。陛下の白い手袋の指はしばしば眼鏡を拭われ、ほおをなでられたが、私たちはとても正視するに堪えない、涙に眼鏡もくもってしまった。御諚が終わりて満室ただすすり泣く声ばかりである。しゃくり上げる声ばかりである。やおら総理は立ち上がった。至急詔勅案〔「終戦の詔書」放送の文案〕奉仕の旨を拝承し、くり返して聖断を煩わしたる罪を謝し、うやうやしく引き下がった」[52]。

陸軍省少佐、畑中健二率いる数人の将校が、「玉音放送」〔「終戦の詔書」放送〕を妨げるため一種のクーデタを試みた。彼らは上原重太郎大尉とともに近衛師団司令部に赴き、近衛第一師団長、森赳将軍に自分たちの企てに協力するよう要請した。森が拒否したため、彼らは森を拳銃で射殺し、森と一緒にいた中佐の首を日本刀で刎ねた。動員された近衛師団の将校たちは、自分たちに与えられた命令の意味さえ理解できなかったが、命令どおりにNHKの技師たちを監禁した。しかし彼らが録音した玉音放送用の録音盤はすでに放送のために持ち出されていた。昭和天皇はこうした一連の悲劇的出来事を一切知らなかった。この間、伝統に従い、天皇の禁止にもかかわらず多くの将校たちが、降伏を告げる天皇の声を聞かずに済ますため切腹した。この儀式的自殺をおこなった人々の中には、本土決戦論者で、クーデタの陰謀を予防できなかったと自責した陸軍大臣、阿南惟幾も含まれていた。

天皇がラジオで話すという予告を前に、一億の日本人が跪き、初めて聞く天皇の肉声に耳を澄まそうとしていた〔「終戦の詔書」放送は八月一五日午后〕。

文章術の奇跡によって、天皇は降伏という言葉を使わずにそれを告げることに成功している。

「朕《ちん》、深く世界の大勢と帝國の現状とに鑑《かんが》み、非常の措置を以《もっ》て時局を収拾せむと欲し、茲《ここ》に忠良なる爾《なんじ》臣民に告ぐ。

＊　一八九五〔明治二八〕年、ロシア、ドイツ、フランスの三国は日本に対し、日清戦争終結〔三月三〇日〕後の日清講和条約〔下関条約、四月一七日〕で中国〔清朝〕が日本に割譲した遼東半島〔中国東北地区南部〕を返還するよう勧告した〔三国干渉、四月二三日〕。ところが、日本が同半島を全面放棄すると〔五月四日〕、今度は三国が競って中国分割に乗り出した。

朕は帝國政府をして、米英支蘇四國《しこく》に対し、其《そ》の共同宣言［ポツダム宣言］を受諾する旨通告せしめたり。

［中略］

然《しか》るに交戰己《すで》に四歳《しさい》を閲《けみ》し、朕が陸海將兵の勇戰、朕が百僚有司《ひゃくりょうゆうし》の励精、朕が一億衆庶の奉公、各《おの》々《おの》最善を尽せるに拘らず、戰局必ずしも好転せず、世界の大勢亦《また》我に利あらず、加之《しかのみならず》敵は新《あらた》に残虐なる爆彈を使用して頻《しきり》に無辜を殺傷し、惨害の及ぶ所眞《しん》に測るべからざるに至る。而《しか》も尚《なお》交戰を継続せむか、終《つい》に我が民族の滅亡を招來するのみならず、延《ひい》て人類の文明をも破却すべし。斯《かく》の如くむば、朕何を以てか億兆の赤子を保《ほ》し、皇祖皇宗の神霊に謝せむや。是《こ》れ朕が帝國政府をして、共同宣言に応ぜしむるに至れる所以《ゆえん》なり。

朕は、帝國と共に終始東亞の解放に協力せる諸盟邦に対し、遺憾の意を表せざるを得ず。

［中略］

然れども朕は、時運の趨《おもむ》く所、堪《た》へ難きを堪へ忍び難きを忍び、以て万世の爲に太平を開かむと欲す。

朕は茲に國體《こくたい》を護持し得て、忠良なる爾臣民の赤誠に信倚《しんい》し、常に爾臣民と共に在り[53]［後略］」。

日本政府が一九四五〔昭和二〇〕年八月一〇日に連合国側に送った「通牒」は、「帝国政府は昭和二〇年七月二六日に米英支三国首脳により共同に決定発表せられ、爾後『ソ』連邦政府の参加を見たる対本邦共同宣言に挙げられたる条件中には天皇の国家統治の大権を兼行するの要求を包含し居らざることの了解の下に、帝国政府は右宣言を受諾す[54]」〔日本は天皇の地位の保証のみを条件にポツダム宣言を受諾する〕というものだった。

結語

どのような痕跡が残っているのか

真実が明かになるふたつの瞬間——七月二〇日のテロのときと、計画的になされた自殺のとき——におけるヒトラーの反応は、彼が自分の人生と自分の国の歴史との間に取り結んでいた関係のいくつかの点を考え直させる。

その死の前日にもなお、ヒトラーは掩蔽壕で、リンツの地図を広げさせていた。青年だった頃の彼はこの町の建築の再生を夢見ていたのだ。この身振りは彼の「薔薇のつぼみ」〔本書二頁参照〕、彼の内心の秘密のありどころを示している。彼が長きにわたってシュペーアと親しくし続けたのも、ヒトラー自身の芸術的野心の失敗に起因する決して癒されなかった心の痛みを表している。偉大な建築に恵まれた都市——サンクト＝ペテルブルク、レニングラード、キエフ、さらにはパリ——を彼が執拗に根こそぎにしようとしたのも（ロンドンの運命についてはこれとは別の衝動に結びつけるべきだろう）、この実存的不安と何らかの関係があったと考えられるかもしれない。

しかしより重要なのは、一九四四年七月二〇日のテロの翌日に語られた言葉である。「一九一八年のときは軍が後衛に裏切られた。今日では後衛のほうが軍に裏切られる危険にさらされている」〔本書四〇三頁参照〕。この軍と民衆の間の離反が彼の頭を去らない。彼の生前最後のヒステリーじみた怒りの発作は、計画的な彼の自殺の直前に、かつて彼によって粛清されたレームの名前が話題に出たときに起こった。一九三四年、突撃隊（SA）隊長レームは、国防軍が後衛を裏切る可能性についてヒトラーに警戒を促した。しかしそのときヒトラーは、まさしく国防軍を自分の味方につけるためにレームのほうを殺害したのだ〔本書四〇四頁参照〕。

一方、軍部が引き起こしたクーデタ、テロ事件への民衆の憤りは大きかった。それほどに総統への愛情は強いものだった。ヒトラーを批判する人々が表立って姿を見せることはまだ難しかった。イタリアのヴィスコンティ監督がつぶさに感じ取り『地獄に堕ちた勇者ども』（一九六八）で見事に描いたように、大ブルジョアジーは体制に従い、口を封じられていた。この映画では、名家フォン・エッセンベック家の食卓において、体制が用いる犯罪的なやり口を批判するのはヘルベルト・タルマンだけである。実際、一九三三年にナチス政権が発足して以来のヒトラー支持者のうち、六年後、「キリスト教とユダヤ人」に対するヒトラーの迫害を見てはっきり怒りを表明するのは工業界の実力者、フリッツ・ティッセンだけだった。これによりティッセンはドイツ国籍を剝奪され、財産を没収された。一方、軍の一部のヒトラーに対する反感はより一貫したものだったが、それは勝利が続いているのに、軍が蔑ろにされていることへの恨みに由来した――それらの勝利は本来、軍のもの、軍だけのものであったはずなのだ。またその反感は後になると、「総統が国を破滅に導いた」という判断へと発展した。原子爆弾の製造に取り組む科学者たちについて言えば、総統がいつの日かそれを実際に使用するだろうという恐れが、彼らに仕事の進捗を抑えさせた。それでもやはり、軍は、あくまで体制に協力していた。軍は、人類に対して犯された重大犯罪に加わっていた。そうした犯罪に対して軍部が非難したという事例は極めてまれだった――たとえばフォン・ボック将軍の場合がそうした事例のひとつだが、彼はまもなく罷免された。

進んで、喜んでおこなったわけではないという理由で、この軍と体制との共謀関係は長いこと否定されてきたが、この関係には互いの不信感がつきまとっており、この不信感を総統は裏切りと見なしていた。

しかし犠牲者にとっては、軍は体制の勝利、敗北、犯罪に連帯責任があった。だから軍はヒトラーとともに崩壊したのだ。またそうした考え方が正しいにせよ誤っているにせよ、国民国家としてのプロイセンの遺産と見なされたある種の軍国主義もヒトラーとともに崩壊したのである。

日本の軍国主義も同じ運命をたどった。昭和天皇はアメリカによる本土爆撃、原爆投下の時期に軍国主義と袂を分かつのに成功した――これは遅すぎたかもしれないが、少なくともこれによって天皇は玉座を保ち得た。トルーマンとマッカーサーが昭和天皇をその位にとどめたのは確かに別の理由によるものだとしても（共産主義への恐れ）、軍国主義について言うなら、完全に姿を消した。日本の軍国主義の主唱者たちはヒトラーと同様、国を黙示録に導くことさえ辞さない者たちであった。

イタリアも、ドイツ、日本と同様、敗北が国家指導者と軍人との離反を強化し、加速させた。軍人たちに対して頭領ムッソリーニは絶えず非難を浴びせ続けた。一方、ソヴィエト連邦では、軍事機構は二度にわたって打ちのめされた。まずは革命と内戦によって打ちのめされ、次いでスターリンによる粛清によって打ちのめされた。スターリンによる粛清はドイツによる奇襲攻撃の時期〔一九四一年〕にも続いていた。しかし、党政治委員の役割が縮減され、さらには格下げになると、党と軍の関係はどんどん改善されていった。

国の最高指導者としては、スターリンとヒトラーだけが参謀本部の作業に全面的に関わった。ただスターリンは自分の見方を与えながら、自らも学び、スターリングラード攻防戦では自分の意見が入れられたのに対し、ヒトラーのほうはあくまで、その支配力によって、自分の考えだけを周囲に押しつけようとした。

アメリカとイギリスは同じ種類のいさかいは経験しなかった（唯一の例外は朝鮮戦争の折のトルーマンで、一九五一年に彼は、共産中国を爆撃しようとするマッカーサー元帥を解任している）。このふたつの民主主義国では、軍人は政府の命令に従い、政府が他国との間で抱えるいさかい、ジレンマ、選択を共有していた。たとえば、大西洋を優先すべきか、それとも太平洋を優先すべきか、あるいは西ヨーロッパで攻勢をかけるべきか、それとも地中海で攻勢をかけるべきか、さらには小規模な上陸作戦をおこなうべきか、それとも大規模な上陸作戦をおこなうべきか（プロヴァンスもしくはアドリア海を上陸地点とすべきか、それともノルマンディーを上陸地点とすべきか）といった選択において、それが見られた。

チャーチルとローズヴェルトはとりわけ、軍首脳同士間のライバル関係を裁定し、彼らの不機嫌をなだめねばならなかった。ローズヴェルトはマーシャル将軍なしでは済ませられないが、チャーチルはマーシャルが我慢ならずアイゼンハワーとは気が合う。ところがアイゼンハワーは軍の頭《かしら》としてはパットンからほとんど評価されていない。パットンはまた、ブラッドレーは「凡人」で、モントゴメリーは「くだらぬ奴」だと考えている。そのモントゴメリーはパットン同様、アイク〔アイゼンハワーの愛称〕から軍の指揮権を取り上げねばならないと判断している、といった具合である。

この歴史のさまざまな段階における立役者たちの振舞いを突き合わせていくと、さらに別の観察も得られる。たとえば、スターリンの場合、ツァーの帝国時代の国境回復が、その主要な目的であったことが明瞭に浮かび上がってくる。独ソ不可侵条約の時期、リッベントロープとのたび重なる会談で粘って獲得した最後の成功は、リトアニアの回復である。これによってソヴィエトは、他のふたつのバルト諸国〔エストニアとラトビア〕、そしてベラルーシおよびウクライナに属すると考えられていたポーランドの東部とともに、このリトアニアを自らのもとに加えることができた（これは第一次大戦後の国境についての裁定人、カーゾン卿の結論に合致するものだった〔本書三五二頁参照〕）。重要な点は、ドイツ側のリッベントロープが提案した「外界に開かれた暑い海」〔地中海〕への拡張の誘惑にも、イギリス領インド方面への拡張の誘惑にも、ソヴィエト側が乗らなかったことである（これに対し、ヒトラーは明確な計画を持っていなかったので、インド人チャンドラ・ボースを盛大な儀式で迎えた）。

一九四五年にスターリンは、今度は日本に対して、日露戦争の結果一九〇五年に失っていた南サハリンの返還および千島列島の引き渡しと、かつてロシアが持っていた旅順の港および中国の鉄道に対する利権を要求した。一九四一年に松岡洋右がモロトフにサハリンの北部を買い戻したいと提案したとき、モロトフはこの申し出を冗談だと思う。外モンゴルのソビエト連邦への帰属をローズヴェルトが認めると、ソヴィエト側はこの地域を徐々に吸収していくのだが、それは、日本をソヴィエトとアメリカが共同占領するという構想にスターリンが関心を持たなかったからであろう。ヤルタ会談後のスターリンは、東ヨーロッパにおいても日本においても、戦後目指されるべき社会主義の勝利については兄弟党を当てにしていた。また、バルト諸国、ウクライナ、さらにはベラルーシが抱くかもしれない独立の願望については、「歴史の方向に逆行するもの」と判断していた。したがって、そうした願望は、スターリンにとって「反革命的」と見なすべきものだった。

ローズヴェルトがおおいに注意を払っていたのは、フランス帝国、イギリス帝国の正統性を問題に付すことであって、ソヴィエト帝国の正統性を分析することではなかった。後者の分析にはそれほど関心を持たなかったし、ソヴィエト帝国をその体制の固有の性格と関連させて分析しようという考えもなかった。状況によっては、チャーチル、ド・ゴールと対抗するために喜んでスターリンを同盟者にするつもりでいた。ローズヴェルトは、チャーチルがドイツの打倒よりも、戦後のことを優先して考えているのではないかと思い込んだ。これについては、チャーチルが、ソヴィエトによる中央ヨーロッパへの手出しを恐れていたという限りで、必ずしも誤った見方ではない。実際、一九四六年のトルーマン大統領時代にアメリカがギリシャでイギリスの役割を引き継いだとき〔戦後東ヨーロッパで唯一の自由主義圏に残ったギリシャで内乱が起きたとき、アメリカは政府軍を支援し事態の収拾に成功した〕、チャーチルは声高に、「ポツダム会談以来ずっと共産主義への警戒を怠らなかったトルーマン」を讃えている。たしかにチャーチルは、「自分がこの戦争をしたのは、戦争の終結が同時に大英帝国の終焉にならないようにするためだ」と繰り返し言明していた。そしてド・ゴールもまた、アメリカの政策についてはチャーチルと同様の見方をしていた。ド・ゴールはすでに一九四三年以来、インドシナ地域からフランスを追い出そうとするローズヴェルトの画策を意識していた。

ローズヴェルトの反帝国主義政策は、もし彼がアラビアの石油に手を出そうとしなかったら、より説得力に富んでいただろう〔本書三六八頁参照〕。このときの彼のやり方は、イギリスの植民地主義に自らが加わろうとするかのようだった。一九五六年、スエズからフランス人とイギリス人を追い出すためにアメリカとソヴィエト連邦が組むとき、さらにこの方向へと歩みが進められるだろう。

ローズヴェルトによる「黒人の不幸な運命」への激しい非難は、ブラックアフリカの人々のみに関わるものだったことをつけ加えておこう。それはアメリカの黒人、あるいはアメリカ先住民やメキシコ系アメリカ人のことを考えてのものではなかった。このことをはっきりと指摘したのはソヴィエトだけだったが、その指摘の仕方は非常に穏便なものだった。この時期には彼らもまた、アメリカの援助を必要としていたのだ。

この大戦におけるそれぞれの危機、ジレンマ、決定等の分析で本書が採用してきた方針——立役者のそれぞれを呼び出すというやり方——は、これまでの俗説が繰り返してきた多くの判断を修正してくれる。たとえばこの方法によって、戦争前の、ヒトラーの諸要求の発言は人だましにすぎなかったことが明らかとなる。たとえそれらの要求が満たされても、結局のところ彼は怒り出すかもしれなかった。一九三八年のミュンヘン会談では、彼は交渉せねばならなかったことを後悔している。そしてダンツィヒの危機のときには「もう新たなミュンヘンは二度とない」と言っている〔本書九一〜九二頁参照〕。なるほど、彼にとっては獲得物よりも獲得するためのやり方のほうが重要なのである。戦争が必要だというのは、彼にとっては信仰箇条なのだ。戦争だけがドイツ人種の優越性の証となる。ところが一九三九年に戦争へと向かうときのドイツ人はいかなる熱意も見せなかった。その後この体制がどのようにして彼らの熱意を掻き立てるのに成功したかが明らかとなるだろう。

フランスの指導者たちが取る信じがたいほどの臆病な政策をヒトラーは理解できずにいたのだが、これと並行して、イギリスもまた、戦争回避のための譲歩を極限まで推し進めた。最後には弦が切れ、ヒトラーのポーランド侵攻によって宣戦することになったが、宣戦後もイギリスは切れた弦を何とか修復しようと努めた。こうした態度に、チャーチルだけが異議を唱えた。彼がそうするだろうことは予想されていた——しかし彼の大胆さは過小評価された。

ソヴィエト連邦についてはどうか。ソヴィエトが採用した方法からはっきりとわかるのは、スターリンがヒトラーと結んだ独ソ不可侵条約の前提条件や、以後スターリンがヒトラーと決別するまで取っていた政策は次のふたつの確信を基礎に練られたということである。ひとつは、戦争が始まればフランスはしっかりと抵抗するだろうというスターリンが持っていた確信、もうひとつは、イギリスは戦争から手を引くだろうというヒトラーが持っていた確信である。結局いずれの確信も誤りだったのであり、その誤算が引き起こした結果は、スターリンを、そしてヒトラーを動揺させた。

そのうえ、フランスの敗戦の状況は、ローズヴェルトにこの国への不信感を抱かせた。たしかに彼はフランスを深く賞賛していた。しかし、彼のその賞賛はフランスのある部分のみに向けられたにすぎなかった〔ナチスドイツに海軍を引き渡さなかったこと〕。ド・ゴールはこの愛の終焉がもたらしたものを思い知るだろう。

しかしこの研究を通じてわれわれを最も驚かせたのは、それぞれの立役者がそれぞれの敵についてまったく思い違いをしていたことである。

最も驚くべきは、おそらく、ドイツ側、とくにヒトラーが、ソヴィエト連邦で何が起きつつあるかをまったく把握していなかったことである。その理由は、主に、彼の人種差別主義的考え方、スラブ人に対する彼の蔑視にあった。ロシア人の才能に対するこの過小評価——ムッソリーニはこの点でヒトラーに考えを改めさせようとしたが、空しかった——は、ドイツ国防軍には高くついた。彼らドイツ国防軍もまた、一九三九年から四〇年の数々の勝利によって、自分たちプロイセン軍は強靭だとすっかり思い込んでしまった。

これに対し、ソヴィエト体制によって、構築された国際主義的情報網は、ドイツで起きつつあることについて過剰なほどの情報をクレムリンに送っていた。ドイツ以外の地域の情報も同様で、毎日毎日クレムリンに送られ続けた。ローズヴェルトの使者は、アメリカの軍事物資の備蓄について、ソヴィエト側が自分と同じほどの情報を持っているのに気づき、大いに驚いた。

アメリカ側は、ソヴィエト体制についてだけでなく、日本の政界についても通じていなかった。日本の指導者たちの政策の危険性をほとんど認識していなかったし、昭和天皇については実権のない皇帝であると思い込んでいた。彼らはこの神話を、冷戦の時期にも持ち続けるだろう。

ここに述べたいくつかの観察をもってしても、この調査で最も重視した点についての説明とはならないだろう。それは、アウシュヴィッツから広島に至る、絶滅を求める妄想へと駆り立てたこの戦争において、その主要な登場人物たちが演じてきた個人的役割についての評価である。かつてなされた歴史的認識の進展は、その役割をいささか相対化しすぎていたように思われる。

訳者あとがき

本書はフランスの歴史家マルク・フェロー Marc Ferro の *Ils étaient sept hommes en guerre 1918-1945: Histoire parallèle*, Robert Laffont, 2007 の全訳である。

著者マルク・フェローは現代フランスを代表する歴史家のひとりである。一九二四年パリに生まれ、母親によってユダヤの血を引いており、ドイツ占領地域を避け、非占領地域のグルノーブル大学で学んだ。第二次大戦中はヴェルコールにおいて対独レジスタンスに参加していた。学業を終えた後、アルジェリアのオランで八年間教鞭をとる。その後パリに戻り、国立理工科学校、国立社会科学高等研究院で教えた。マルク・ブロック、フェルナン・ブローデルによって発刊された歴史研究誌『アナル』の主力メンバーのひとりでもあり、一九七〇年からは共同責任編集者を務めている。フェローは、近現代ロシア史の研究者として出発し、その博士論文はロシア革命を扱ったものだが、彼の研究対象はロシア史にとどまらず、両次大戦史、植民地の歴史、映画と歴史の関係など多岐にわたり、現代における歴史学の役割についての発言も多い。国際的な評価も高く、彼の著作は二一カ国語に翻訳されている。さらにフェローについて特筆すべきなのは、学者仲間だけの歴史家にとどまるのではなく、一般向けの啓蒙活動においても活発な活動を続けていることである。そうした活動の中でもとくにフェローの名を一般のフランス人にとって身近なものにしたのは、彼が「七チャンネル」「アルテ」とふたつのテレビ局をまたいで一二年間にわたって制作に携わり、また司会も務めた「並行する歴史 Histoire parallèle」という歴史紹介番組である。この番組で取り上げられた最大のトピックが第二次大戦であり、彼はここで、視聴者に当時の記録フィルムを視聴させると同時に、大戦の各段階で実際に現場に立ち会った生き証人や、この時代についての歴史研究者を多数招いて、彼らの証言、見解を紹介した。本書は、いわばこの番組制作から生まれた書物と言ってもいいだろう。

フェローの主な著作のタイトルを分野別にいくつか挙げておこう。

〈ロシア・ソヴィエト史〉

La Révolution de 1917, Aubier, 1967, 2 vol.（『一九一七年革命』）。

De la Russie à l'URSS-Histoire de la Russie de 1850 à nos jours, Nathan, 1989（『ロシアからソヴィエト連邦へ―一八五〇年から現代までのロシア史』）。

Nicolas II, Payot, 1990（『ニコライ二世』）。

La Vérité sur la tragédie des Romanov, Tallandier, 2012（『ロマノフ朝の悲劇の真実』）。

〈アラブ世界と植民地〉

Histoire des colonisations : des conquêtes aux indépendances (XIIIe-XXe siècle), Éditions du Seuil, 1994（『植民地の歴史―征服から独立まで／一三～二〇世紀』片桐祐訳、新評論、近刊）。

Le livre noir du colonialisme : XVIe-XXIe siècle, de l'extermination à la repentance, Robert Laffont, 2003（『植民地主義黒書―一六～二一世紀、虐殺から悔悛まで』）。

〈両次大戦〉

La Grande Guerre : 1914-1918, Gallimard, 1968（『大戦―一九一四～一九一八年』）。

Pétain, Fayard, 1987（『ペタン』）。
Questions sur la IIᵉ Guerre mondiale, Casterman, 1993（『第二次世界大戦についての質問』）。

〈映画と歴史〉
Film et histoire, Éditions de l'EHESS,1984（『映画と歴史』）。
Le Cinéma, une vision de l'histoire, Le Chêne, 2003『映画―歴史についてのひとつの観方』）。

〈歴史記述と歴史の役割〉
L'Histoire sous surveillance; science et conscience de l'histoire, Calmann-Lévy, 1985（『監視下の歴史』井上幸治監訳、大野一道・山辺雅彦訳、新評論、一九八七）。
Les Tabous de l'histoire, Nil, 2002（『歴史のタブー』）。

ここに挙げたのは比較的大部の、しかもフェローの単著による書物だけであり、共著、編著を加えればさらに多数にのぼる。もって、フェローの仕事がいかに充実したものであり、また多岐にわたっているかをご想像いただけるだろう。

さて本書『戦争を指導した七人の男たち　一九一八～四五年――並行する歴史』を見てみよう。
本書の主眼は、ヒトラー、チャーチル、スターリン、ローズヴェルト、ムッソリーニ、昭和天皇、ド・ゴールという七人の戦争指導者が、先の大戦の進展のそれぞれの瞬間をどのように捉え、また自分の同盟者および敵対者たちの思惑をどのように読み取りあるいは読み間違えて、個々の決断を下してきたか、それを明らかにしようとするところにある。そして蔣介石、毛沢東、フランコといった他国の指導者たち、またそれぞれの戦争指導者の近くにいたモロトフ、カガノヴィチ、ゲッベルス、リッベントロープ、チアーノ、松岡、近衛、ペタンといった政治家たち、あるいは実戦を担ったロンメル、ジューコフ、アイゼンハワー、マッカーサー、モントゴメリーといった軍人たち、さらにはエヴァ・ブラウン、ラケーレ、エッダ、クララといったヒトラーやムッソリーニの愛人、妻、娘まで登場させつつ、この複雑な戦争の過程を縦横に、地球サイズで描き出そうとしている。

戦争を指導した者たちのそれぞれの観点が付き合わされると、大戦経過の各段階が非常に立体的なものとして姿を現してくる。本書の最大の魅力はこの手法にあるだろう。たとえばこの手法によって、そもそも対立していたはずのナチスドイツとソヴィエトが独ソ不可侵条約（一九三九年）を結ぶ過程においては、ミュンヘン会談（一九三八年。英仏独伊）に呼ばれもせず、そこで結ばれた同意についても何らの相談も受けなかったスターリンの大きな不信感（英仏両国がドイツと妥協することによってドイツの戦力をソ連に向けさせようしているのではないかという不信感）が浮き彫りにされる。同時にまた、ドイツ側はこの条約によって、東部でのロシアとの衝突を恐れずに西部戦線に兵力を集中させ、ロシアを物資の供給元にして大きな利益を確保しようとしていたことが、明瞭にされる。結局はナチスドイツのソヴィエト侵攻によって独ソ戦に至り（一九四一年）、その過程では「あしか作戦」（一九四〇年）による対イギリス戦争が停滞する中でヒトラーは標的を変え、まずロシアを倒しその資源を自分の意になるようにしてからイギリスに当たるべく、方針転換を図っていくわけだが、そのさまについても詳らかにされる。さらに、ドイツとソヴィエトの持つ情報の質がこの独ソ戦の帰趨において決定的な役割を演じていたことも、さまざまな資料を駆使して明らかにされる。戦争の各段階におけるチャーチルとド・ゴールの確執、ヒトラーとムッソリーニの互いに対する見方、これらについても鮮やかに析出され、非常に興味深い。

先に述べたように、本書のもうひとつの大きな魅力は、それぞれの指導者、それぞれの国が置かれた立場を地球サイズのスケールで描き出している点にある。たとえばスターリンやチャーチルについては次のような流れの中で描かれる。スターリンは、チャーチルの意向を忖度しながら西でドイツと対峙し、東では日本と対峙していた。スターリンのソヴィエトは日本軍と一九三九年ノモンハンで衝突し大勝したが、この戦いの結果についてはソヴィエトも日本もそれぞれの思惑からこれを広く知らせようとしなかった。しかしこのノモンハンでジューコフ将軍率いる機甲部隊が日本軍を打ち破ったことが、その後の対独戦でのジューコフ重用、機甲部隊重視の戦術へとつながっていった。他方、チャーチルは、フランスの保護領であったマダガスカルをド・ゴールの意向を無視してイギリス軍に攻撃させたが（一九四二年）、これは日本軍のインド洋での活動を恐れ、マダガスカルを自陣営の影響下に確保しておくことが目的だった。チャーチルはまた、開戦当初から主要敵をヒトラーのナチスドイツと見極め、ローズヴェルトのアメリカが太平洋を主戦場とすることに懸念を抱いていた。とくに日本軍が真珠湾攻撃で大きな成功を収め、アメリカの反日世論が高揚すると、その懸念をいっそう強め、ローズヴェルトに対してはまずドイツを主要敵にすべきだと説得しようとした。しかし、このチャーチルの姿勢は、援軍の乏しい中で日本との戦いを余儀なくされる太平洋側のオーストラリアにとっては受け入れがたいものだった。このように、通常はそれぞれの局所について語られることの多い第二次大戦の各所の状況が、本書では地球サイズの文脈に収められることで新たな相貌をもって浮かび上がってくる。

本書をいっそう興味深いものにしているのが、戦争指導者たちのそのときどきの考えを明らかにするために用いられた資料である。たとえばゲッベルスの日記、ヒトラーの通訳の手記、モロトフのインタビュー記事、スドプラトフ（ソヴィエトのスパイ）の手記、ローズヴェルトの息子の手記、バルテレミ（フランスの右翼活動家ドリオがムッソリーニのもとに遣わした使者）の手記などであるが、これらは通常の歴史記述ではあまり用いられてこなかった。戦争指導者たちの身近にいたこれらの人物の証言を通じ、読者は、世界を震撼させた大戦の指導者たちの息遣いにまで、そこここで接することになる。

ただ、忘れてならないのは、そもそもフェローは、民衆史や生きた日常生活史についての記述を重んじるアナル学派の第三世代に属しており、歴史が重要人物たちの行動のみに還元されるとは考えていないことである。本書でもそうした姿勢が窺われる。彼は映像記録を歴史研究のための重要な素材のひとつと捉え、自身が司会したテレビ番組「並行する歴史」の制作においても、大戦中に各国で撮られた膨大な映画フィルムを視聴している。したがって本書は、この映像記録から得られた知見を活用し、大戦の各時期の状況の中でそれぞれの国の民衆がどのように反応したかを記述することで、指導者たちの「行動の背景」についても生き生きと描き出している。

さらにもうひとつ重要なのは、この書物がいわばフェローただひとりによるものではなく、番組「並行する歴史」に招かれた多くの人々との対話（大戦のそれぞれの過程の現場にいた人々の証言、この大戦に大きな関心を抱く歴史家、ジャーナリスト、知識人たちへのインタビューなど）を踏まえて編まれたことである。このことは、本書の記述を多様な視点を取り込んだバランスあるものに仕上げるうえで、おおいに貢献したに違いない。ちなみに本書巻末の、極東に関わる書誌のあとに掲げられた証言者（番組の出演者）一覧には、樋口陽一、川田順造、加藤周一、磯村尚徳、北山晴一、大江健三郎といった名前が挙げられている。

今年（二〇一五年）は第二次大戦が収束してから七〇周年にあたる。歴史上最大の戦争であるこの大戦も遠い記憶になりつつある。現在、自らの経験としてこの大戦を記憶しているのはよほど齢を重ねた人々のみであり、とくに日本では戦争体験の風化が著しい。だが凄まじい破壊力を備えた兵器を人類が手にしている今、しかも情報伝達速度が速まり、ものごとを地球サイズで眺める必要がますます高まっている現代だからこそ、この大戦の記憶は、さまざまな角度から掘り起こされねばならない。フェローが示したような巨視的かつ複眼的な視座でこの大戦の意味を理解することの重要性は、国際紛争をめぐる今日的議論が往々にして近視眼的になりがちであるだけに、とりわけ強調されねばならないであろう。

翻訳に当たっては、本書がそもそもフランス人読者を対象に書かれ、日本の読者には必ずしも馴染みのない事物がしばしば自明事として記述されていることから、訳注を多数挿入し、本文には適宜補足を加えることにした。また、史実上の日付等について、明らかな誤りが確認できた場合には、訳者の責任で適宜修正を加えることにした。

広大な地域、領域を扱う本書では固有名詞の発音や表記等において訳者の判断を越える場合も少なくなく、これについては多くの方々に煩わしい質問を繰り返し、協力を得た。とくに平野達志氏、佐藤元英氏、見市雅俊氏、杉山春子氏、工藤正廣氏、芳賀和敏氏、大久保大地氏には多くをご教示いただいた。記して厚く御礼を申し上げたい。

二〇一五年　一一月

小野　潮

et histoire, Paris, Galaade, 2005（偽書『シオンの賢者の議定書』についてはとくに p.17－43）.

812　Parker, Alistair, *Struggle for survival, the History of the Second World War*, Oxford, 1990, 330 p.

813　Rousso, Henry (sous la direction de), *Stalinisme et nazisme : Hitoire et Mémoires comparées*, Paris, Complexe, 1999, 380 p. (articles de Ph. Burrin, N. Werth, P. Hassner, K. Pomian).

814　Seton-Waston, Hugh, *The East European Revolution*, Londres, 1956.

815　Vidal-Naquet, Pierre, *Les Assassinats de la mémoire*, Paris, La Découverte, 1987, 227 p.〔P・ヴィダル＝ナケ『記憶の暗殺者たち』石田靖夫訳，人文書院，1995〕.

816　Yergin, Daniel, *La Paix saccagée, les origines de la guerre froide*, Paris, Balland, 1980, 328 p.

その他の証言

901　Anders, général Wladyslaw, *Mémoires (1939－1946)*, Paris, La Jeune Parque, 1948, 480 p.〔ウラディスラウ・アンデルス『裏切られた軍隊—ポーランド第二軍団の悲劇』上下，中野五郎訳，光文社，1952－53〕.

902　Ciechanowski, Jan, *Le Rançon de la victoire. Les raisons secrètes de l'immolation de la Pologne*, Paris, Plon, 1947, 514 p.

903　Curie, Ève, *Voyage parmi les guerriers*, Paris, Flammarion, 1944, 504 p.〔エーヴ・キュリー『戦塵の旅』前後篇，城西志保・福田恒存訳，日本橋書店，1946〕.

904　Gafenco, Grégoire, *Préliminaires de la guerre à l'Est*, Paris, Egloff, 1945, 408 p.

905　Werth, Alexandre, *France, 1940－1945, with a Foreword by G.D. Cole, and a Letter from P. Mendès France*, Londres, 1956, 762 p.

(1994年12月24日)/Bertrand Goldschmidt (1995年1月21日)/Henry Kissinger (1995年5月8日)/Élisabeth Byron (1995年8月26日)/Robert Maddox (1995年9月23日)/Maurice Vaysse (1996年1月13日)/Fred Macdonald (1996年3月9日)/Richard Pipes (1996年11月2日)/Jean Heffer (1996年12月7日)

総括的な論考, 分析

801 Arendt, Hannah, *Les Origines du totalitalisme*, Paris, Gallimard, 3 vol., 1990〔ハンナ・アーレント『全体主義の起源』1・2・3, 大久保和郎・大島かおり訳, みすず書房, 1972/1974〕.

802a Bosworth, R.J.B., *Explaining Auschwitz and Hiroshima*, Londres, 1993, 262 p.

802b Colas, Dominique, *Races et racisme, de Platon à Derrida*, Anthologie critique, Paris, Plon, 2004, 764 p.

803a Courtois, Stéphane, *Le Livre noir du communisme* (collectif), Paris, Robert Laffont, 1997〔ステファヌ・クルトワ+ニコラ・ヴェルト『共産主義黒書―犯罪・テロル・抑圧』外川継男訳, 恵雅堂出版, 2001〕.

803b Erinnerung und Geschichte, *60 Jahre nach dem 8 mai 1945, Hehrensgegehen von R. von Thadden and Steffen Kaudelka*, Wallenstein, 2006, 160 p.

804 Furet, François, *Le Passé d'une illusion, essai sur l'idée communiste au XXe siècle*, Paris, Robert Laffont/Calmann-Lévy, 1995, 578 p.〔フランソワ・フュレ『幻想の過去―20世紀の全体主義』楠瀬正浩訳, バジリコ, 2007〕.

805a Hermet, G., *Totalitarisme*, とくに次の論考. P. Hassner, Paris, Economica, 1984.

805b Israelian, V.L., *Histoire diplomatique de la Grande Guerre patriotique*, Moscou, 1959 (ロシア語文献), 368 p.

806 Kotek, Joel, et Rigoulot, Pierre, *Le Siècle des camps*, Paris, Jean Claude Lattès, 2000, 806 p.

807 *Le Siècle des guerres*, coll, sous la direction de Pietro Causareno et autres, Paris, L'Atelier, 2004.

808 *Le Siècle des communistes*, coll. sous la direction de Michel Dreyfus et autres, Paris, L'Atelier.

809a Michel, Henri, *La Seconde Guerre mondiale*, Paris, PUF, 2 vol., 1969.

809b Munich, *Revue d'études slaves*, tome 52, 199, 249 p.

810 *Nazisme et communisme, Deux régimes dans le siècle*, présenté par Marc Ferro (articles de Ph. Burrin, Ian Kershaw, Moshe Lewin, F. Furet, Krystof Pomian, V.V. Dam'e et J.A. Drabkin, Pierre Bouretz, Tim Mason, N. Werth, Béatrice Villate, Maria Ferreti, Claude Lefort), Paris, Hachette, 1999.

811a Nolte, Ernst, *Les Mouvements fascistes*, éd. de 1991, préface d'Alain Renaut, Paris, Calmann-Lévy〔エルンステ・ノルテ『ファシズムの時代―ヨーロッパ諸国のファシズム運動 1919-1945』上下, ドイツ現代史研究会訳, 福村出版, 1972〕.

811b Olender, Maurice, *La Chasse aux évidences, sur quelques formes de racisme entre mythe*

ローズヴェルトとアメリカ

701 Casey, Steven, «F.D. Roosevelt Ernst "Putzi" Hanfdtaengl and S-Project, June 1942-June 1944», *Journal of Contemporary History*, 2000. 33 − 3, p.339 − 361.

702 Ceplair, Larry, and Englund, Steven, *The Inquisition in Hollywood, politics in the film*, 1979, 546 p.

703 Costello, John, *La Guerre du Pacifique*, Paris, Watelet-Pygmalion, 2 vol., 1981.

704 Daniels, Jonathan, *White House Witness, 1942 − 1945*, New York, 1975, 300 p.

705 Delmas, Claude, *1941, Pearl Harbor*, Paris, Comlexe, 1996, 246 p.

706 Duroselle, Jean-Baptiste, *De Wilson à Roosevelt, la politique extérieure des États-Unis*, Paris, Armand Colin, 1960, 480 p.

707 Freidel, Frank, *F.D.R. Roosvelt, a Rendez-Vous with Destiny*, Boston, 1990.

708 Gaddis, John Lewis, *The United States and the Origins of the cold War,* New York, 1972.

709 Harriman, W. Averell, and Abel, *Special Envoy to Churchill and Stalin, 1941 − 1946*, New York, 1975, 596 p.

710 Harter, Hélène, *L'Amérique en guerre*, preface d'André Kaspi, Paris, Gallade, 2006, 214 p.

711 Heffer, Jean, *Les États-Unis et le Pacifique, Histoire d'une frontière*, Paris, Albin Michel, 1995, 504 p.

712 Hoffmann, Stanley, *Gulliver empêtré : essai sur la politique étrangère des États-Unis*, Paris, Le Seuil, 1971.

713 Irving, David, *La Guerre entre les généraux*, Paris, Belfond, 1981, 392 p.〔デヴィッド・アーヴィング『将軍たちの戦い—連合国首脳の対立』赤羽竜夫訳，早川書房，1986〕.

**714 Kaspi, André, *Franklin Roosevelt*, Paris, Fayard, 1988, 644 p.

715 *Le Mémorial de Roosevelt*, d'après les papiers de Harry Hopkins, par R. Sherwood, 2 vol., Paris, Plon, 1950.

716 Hamby, Alonzo L., *Man of the People, a life of Harry and Truman*, Oxford, 1995, 760 p.

717 Roosevelt, Eliott, *Mon père m'a dit,* Paris, Flammarion, 1947, 300 p.

718 Sherwood, Robert, *E. Roosevelt and Hopkins, an Intimate history*, New York, 1948〔ロバート・シャーウッド『ルーズヴェルトとホプキンス』1・2，村上光彦訳，みすず書房，1957〕.

719 *The Forestal Diaries*, New York, 1951.

720 Wyman, David S., *The Abandonment of the Jews-America and the Holocaust*, *1941 − 1945*, New York, 1984, 446 p.

■証言

André Kaspi（1991年9月14日，1993年3月20日）／Bernard Sinsheimer（1992年3月21日，1992年3月27日）／John Costello（1992年8月15日）／Édouard Behr（1992年9月12日）／Ridgway Knicht（1992年11月14日，1994年8月13日）／Thomas Power（1992年12月11日）／Robert Paxton（1992年12月26日）／André Harris（1992年12月28日）／Warren F. Kimball（1993年5月29日）／Ronald Spector（1993年6月12日）／Pamela Harriman（1994年6月5日）／David Brown（1994年6月18日）／Claude Julien（1994年11月5日）／Alan Stripp

1990, 248 p.
626a Lin, Hua, *Chiang Kaï-Shek, de Gaulle contre Ho Chi Minh*, preface de J. Guillermaz, Paris, Lharmattan, 1994, 326 p.
626b Miyake, Masaki, «Sino Western Rapprochment and the Response of Japanese Foreign Policy decision-makers. 1928－1938 : military Intervention in Politics and Japanese diplomacy», *The Bulletin of the Institute of Social Sciences*, université de Meiji, vol. 12, 2, 1989.
627 Mosley, Leonard, *Hirohito, Emperor of Japan*, Prentice Hall, 1966, 672 p.〔レナード・モズレー『天皇ヒロヒト』高田市太郎訳，毎日新聞社，1971〕.
628 North, C. Robert, *Moscow and Chinese Communists*, Stanford, 1953, 306 p.〔ロバート・C・ノース『モスクワと中国共産党』現代史研究会訳，恒文社，1974〕.
629 Poujade, P.-J., 1945年3月8日, *«Un Japonais parle», Journal des combattants*, 1993.
630 Sheng, Michael, and Graver John W., «New Light on the Second United Front : an exchange», *China Quaterly*, vol. 129, march 1992, p.149－183.
631 Short, Philip, *Mao Tse Toung*, Paris, Fayard, 2005. 674 p.〔フィリップ・ショート『毛沢東―ある人生』山形浩生訳，白水社，2008〕.
632 Smith, Leonard V., «La guerre entre les USA et le Japon, une guerre totale ?», in *Le Siècle des guerres*, p.71－81.
633a Souyri, Pierre-François, *Révolution et contre-révolution en Chine, des origines à 1949*, préface de J,-F. Lyotard, Paris, Christian Bourgois, 1982, 440 p.
633b Souyri, Pierre-François, *Comment enseignait-on l'Histoire aux jeunes Japonais avant la guerre*, maîtrise Paris-X, 1977.
633c Stilwell, J.W., *L'Aventure chinoise*, Paris, 1948, 337p.
634 Tchiang Kaï-Shek, *Comment les communistes se sont emparés de mon pays*, Paris, Morgan, 1958, 362 p.
635 Vie, Michel, *Histoire contemporaine du Japon*, Paris, Masson.
636 Wego, W. K. Chiand, *How Generalissimo Chiang Kaï-Shek won the Eight Year Sino-Japanese war, 1937－1945,* T'ai-pei, 1979, 360 p.
637 Wilcox, K. Robert, *Japan's Secret War*, New York, 1985.
638 Wray, Harold, *Changes and Continuity in Japanese Image of the Kokutai and Attitudes and Roles towards the Outside World*, Manoa, 1971.

■証言

Akamatsu, Paul（1991年）／Lucien Bianco（1991年10月12日）／Edward Behr（1991年12月21日）／Michel Vie（1992年3月11日）／Lucien Bodard（1992年10月3日）／Yoichi Higouchi（1993年3月13日）／Junzo Kawada（1993年5月1日）／Shuichi Kato（1994年1月1日，1994年11月13日）／Hisanori Isomura（1994年7月30日）／Seiichi Kitayama（1995年7月1日）／Kenzaburo Oe, Prix Nobel（1995年8月5日）／Carole Gluck（1995年9月2日）／J.-L. Domenach（1997年8月9日，1998年12月19日）／François Godement（1998年12月21日）／Ying Shih-Yu（1999年1月23日）／Zhao Qi-Zeng（1999年9月25日）

604　Bergère, Marie-Claire, *Sun Yat Sen*, Paris, Fayard, 1994, 536 p.

605　Bianco, Lucien, *Les Origines de la révolution chinoise*, Paris, Gallimard, 1967〔ルシアン・ビアンコ『中国革命の起源　1915－1949』坂野正高訳／坪井善明補訳，東京大学出版会，1989〕.

**606　Bix, Herbert p., *Hirohito and the Making of Modern Japan*, New York, 2000, 800 p.〔ハーバート・ビックス『昭和天皇』上下，吉田裕監修／岡部牧夫・川島高峰訳，講談社，2002〕.

607　Carrère d'Encausses, Hélène, et Schram, Stuart, *Le Marxisme et l'Asie*, Paris, Armand Colin, 1962.

608　Chang, Iris, *The Rape of Nanking the Forgotten Holocaust of World War II*, Londres, 1998〔アイリス・チャン『ザ・レイプ・オブ・南京』巫召鴻訳，同時代社，2007〕.

609　Chesneaux, Jean, et Le Barbier, Françoise, *La Chine, la marche de la révolution, 1921－1949*, Paris, Hatier, 1975, 224 p.

610　Chevrier, Yves, *Mao Tse Toung*, Paris, Casterman-Giunti, 1993.

611　*China Struggle for Freedom*, Generalissimo Chian Kai-Shek's wartime messages to the nation, the China information committee, Hankow, 1938.

612　Dimitrov and Stalin, *Letters from the Soviet archives*（とくにp.83－148）. éd. par Alexandre Dallin et F. I. Forsov., Yale, 2000, 276 p.

613　Domenach, Jean-Luc, *Chine, l'archipel oublié*, Paris, Fayard, 1992.

614　Dower, John W., *War Without Mercy, Race and Power in the Pacific War*, 1986, 400 p.〔ジョン・W・ダワー『容赦なき戦争―太平洋戦争における人種差別』斉藤元一訳，平凡社，2001〕.

615　Garçon, François, *La Guerre du Pacifique*, Paris, Casterman, 1998.

616　Guillain, Robert, *La Guerre au Japon, de Pearl Harbor à Hiroshima*, Paris, Stock, 1979, 390 p.〔ロベール・ギラン『日本人と戦争』根元長兵衛・天野恒雄訳，朝日新聞社，1979〕.

617　Guillermaz, Jacques, *Une vie pour la Chine, Mémoires, 1937－1989*, Paris, Robert Laffont, 1989, 452 p.

618　Hammond, Thomas, «The Communist takeover of Outer Mongolia», in *The Anatomy of Communists Takeovers*, 1975, 660 p., とくに p.107－145.

619　Harold, Isaacs, *La Tragédie de la revolution chinoise*, Paris, Gallimard, 1967〔ハロルド・R・アイザックス『中国革命の悲劇』上下，鹿島宗二郎訳，至誠堂，1966〕.

620　*History in Communist China*, éd. par Albert Feuerwerker, M.I.T., 1968, 382 p.

621　Irye,Akira, *The Origins of the Second War in Asia and the Pacific*, Londres, 1987, 202 p.〔入江昭『太平洋戦争の起源』篠原初枝訳，東京大学出版会，1991〕.

622　Johnson, C.A., *Nationalisme paysan et pouvoir communiste*, Paris, Payot, 1969.

623　Kanroji, Osanaga, *Hirohito, an Intimate Portrait of the Japanese Emperor*, 1975, 168 p.〔甘露寺受長『天皇さま』日輪閣，1965〕.

624　Keiji, Furuya, *Chiang Kaï-shek, his life and times*, abridged éd. par Chun-Ming Chang, New York, 1981, 978 p.

625　Lattimore, Owen, *China Memoirs. Chiang-Kaï-Shek and the War against Japan*, Tokyo,

Leonjuk（『スターリン—歴史的伝記的ガイド』）, Saint-Pétersbourg, 2000.

546a Vaksberg, Arkady, *Staline et les Juifs*, preface de Stéphane Courtois, 2000, Robert Laffont, 2003, 306 p.

546b Volkogonov, Dimitri, *Staline, triomphe et tragédie*, Paris, Flammarion, 1991, 540 p.〔ドミトリー・ボルコゴーノフ『勝利と悲劇—スターリンの政治的肖像』上下，生田真司訳，朝日新聞社，1992〕.

547 Werth, Nicolas, *Histoire et l'Union Soviétique*, Paris, PUF, 2001.

548 Werth, Nicolas, «Un État contre son peuple» in *Livre noir du communisme*, préface de Stéphane Courtois, Paris, Robert Laffont, 1997, p.49－299〔ステファヌ・クルトワ＋ニコラ・ヴェルト『共産主義黒書—犯罪・テロル・抑圧』外川継男訳，恵雅堂出版，2001〕.

549 Werth, Nicolas et Moullec, G., *Rapports secrets soviétiques : la société russe dans les documents confidentiels*, Paris, Gallimard, 1995.

550 «*Zanjat'cja podgotovkoj buduschshego mira*», Documenty, *Istochnik*, 1995, p.114－159.

■証言

Antonin Liehm（1990年9月22日，1993年12月25日）／Mikhael Narinski（1991年1月19日）／Vladislav Smirnov（1991年2月2日）／Stevan Pavlovitch（1991年4月27日）／Tamara Kondreteva（1991年5月11日）／Jan Zamoiski（1991年6月22日）／Samuel Pisar（1991年7月6日）／Vladlen Sirotkine（1991年7月13日）／Evgeni Kojokine（1991年8月8日，11日）／Lucia Cathala-Galinskaja（1991年9月7日）／Mikhael Narinski（1992年9月19日）／Nicolai V. Naumov（1992年12月26日）／G. Charachidze（1993年1月9日）／G. Mink（1993年1月16日）／Iuri Afanassiev（1993年2月6日）／Alexandra Kwiatkowska-Viatteau（1993年5月8日）／Alex Yakovlev（1993年6月17日）／Cornelius Castoriadis（1993年8月14日）／René Girault（1993年8月28日）／Jan Novak（1993年9月4日）／Leonid Plioutch（1993年11月20日）／Andrei Gratchev（1994年1月1日）／Moshe Lewin（1994年1月22日，2月19日）／Mirko Grmek（1994年2月26日）／Lily Marcou（1994年6月26日）／Jezzy Kloczowski（1994年8月6日）／B. Geremek（1994年8月28日，1995年2月11日）／Predrag Matvejevitch（1994年9月24日）／Jacques Rupnik（1994年11月12日）／Andrei Gratchev（1995年3月18日）／Karel Bartosek（1995年7月8日）／Victor Malkov（1995年7月15日）／Nikita Mikhalkov（1996年5月11日）／Michel Heller（1996年11月9日）／Michael Gorbatchev（1998年1月3日）

極東

601 Bastide-Brugière, Marianne, «Mao Zedong» in Emmanuel Le Roy-Ladurie (dirigé par), *Personnages et Caractères*, Paris, PUF, 2004, p 309－347.

602 Behr, Édouard, Hiro Hito, l'empereur ambigu, Paris, Robert Laffont, 1989, 530 p.

603 Bergère, Marie-Claire, Bianco Lucien, Domes J., *La Chine au XXe siècle*, 2 vol., Paris, Fayard, 1989－1990.

525　*Komintern i vtoraja mirovaja vojna*, pod. Red. N.S. Lebedeva i M. N. Narinski M., 1994, tome I, 1939－1941, 540 p.

526a　Knight, Amy, *Beria*, préface d'Hélène Carrère d'Encausse, Paris, Aubier, 1994, 428 p.

526b　Kostyrchenko, G.B., *Tajinaja Politika Stalina, Vlast i Antisemitism*（『スターリンの秘密政策—権力と反ユダヤ主義』）, Moscou, 2001.

527a　Marcou, Lilly, *Les Staline, vus par les hôtes du Kremlin*, Paris, Gallimard, 1979, 250 p.

527b　Lewin, Moshe, *La Formation du système soviétique*, Paris, Gallimard, 1987.

528　Molotov, V.N., *Sto Sorok Besed Molotovym* (140 entretiens avec Molotov), M,1991 (avec Tchouev).

**529　Montefiore, Simon Sebag, *Staline, la cour du tsar rouge*, Paris, Syrtes, 2005, 794 p.〔サイモン・セバーグ・モンテフィオーリ『スターリン—赤い皇帝と廷臣たち』上下，染谷徹訳，白水社，2010〕.

530　«Natachalo vojny» (01/18 I jujla 1941g), *Dokumenty, Izvestija Tskkpss, 7 (306) 1990 (début de la guerre)*.

531　Marie, Jean-Jacques, *Staline*, Paris, Fayard, 2001, 994 p.

532　Marie, Jean-Jacques, *Les Peuples déportés d'Union Soviétique*, Paris, Complexe, 1996.

533　Nekritch, Alexandre, *L'Armée rouge assassinée*, Paris, Grasset, 1968.

534　Ohayon, Isabelle, «La déportation des peuples vers l'Asie centrale», in *Siècles des guerres*, p.172－181.

535　Sokoloff, G., *La Puissance pauvre*, Paris, Fayard, 1994.

536　Soudoplatov, P. et A., *Missions spéciales*, préface de Robert Conquest, Paris, Le Seuil, 1994, 600 p.〔パヴェル・スドプラトフ＋アナトーリー・スドプラトフ『KGB 衝撃の秘密工作』木村明生監訳，ほるぷ出版，1998〕.

537　Souvarine, Boris, *Staline*, Paris, Ivrea, 1940, rééd. 1985〔ボリス・スヴァーリン『スターリン—ボルシェヴィキ党概史』上下，江原順訳，1989〕.

538　*Stalin v obiatiakh semi*（『家族の中のスターリン』）, Moscou, 1993.

539　*Stalin and His Generals*, Soviet Military Memoirs of World War II, éd. par Seweryn Bialer, New York, 1969, 644 p.

540　*Stalin*, éd. par T.H.Rigby, Londres, 1966, 176 p.

541a　*Stalin I Tito*, Moscou.

541b　Strik-Strikfeldt, W., *Contre Staline et Hitler, le general Vlassov et le movement de libération russe*, Paris, Presses de la Cité, 1971, 234 p.

542　Trotski, Léon, *Sur la Seconde Guerre mondiale*, textes rassemblés par Daniel Guérin, Bruxelles, 1970, 276 p.

543　Ulam, Adam, U., *Staline, l'homme et son temps*, 2 vol. Paris, Calmann/Gallimard, 1973.

544a　Ulam, Adam U., *Expansion and Coexistence, Soviet Foreign Policy, 1917－1973*, Holt, Rinehart and Winston Inc., 1974, 796 p.〔アダム・B・ウラム『膨張と共存—ソヴィエト外交史』１・２・３，鈴木博信訳，サイマル出版会，1978－79〕.

544b　Viatteau, Alexandra Kwiatkowska, *Katyn, l'armée polonaise assassinée*, Paris, Complexe, 1989, 196 p.

545　Vokrug, Stalina, *Istoriko-biograficheskii Spravotchnik*, pod. Red. V.A. Torchinov i A.M.

503 Andrew, Christopher, et Mitrokhine, *Le KGB contre l'Ouest, 1917－1991*, Paris, Fayard, 2000, 278 p.

504a Besymenski, Lew, *Stalin und Hitler, Das Pokerspiel das Diktatoren*, Aufbau Verlag, 2002, 488 p.

504b Bialer, Seweryn, *Stalin and his Generals*, New York, 1969.

505 Broué, Pierre, *L'Internationale communiste*, Paris, Fayard, 1999.

506 Bullock, Alan, *Hitler et Staline, Vies parallèles*, Paris, Albin Michel-Robert Laffont, 2 vol., 1994〔アラン・ブロック『対比列伝―ヒトラーとスターリン』全3巻，鈴木主税訳，草思社，2003〕.

507 Carrère d'Encausse, Hélène, *L'Union soviétique de Lénine à Staline*, Paris, Richelieu, 1972.

508 Chinsky, Pavel, *Staline, archives inédites, 1926－1936*, préface de N. Werth, Berg International, 2001, 152 p.

509a Davies, Josephe, *Mission to Moscou*, Londres, 1942.

509b Dimitrov, G., *Journal 1933－1949*, éd. par G. Moullec, Paris, Belin, 2005.

510 *Dimitrov and Staline, 1934－1943*, éd, par A. Dallin et F.I. Firsof, Yale, 2000, 278 p.

511 Djilas, Milovan, *Conversations avec Staline*, Arles, Actes Sud, 2001〔ミロバン・ジラス『スターリンとの対話』新庄哲夫訳，雪華社，1968〕.

512 Dullin, Sabine, *Des hommes d'influence, les ambassadeurs de Staline en Europe, 1930－1939*, Paris, Payot, 2001, 384 p.

513 Erickson, John, *Soviet High Command 1917－1941*, Londres, 1942.

514 Ferro, Marc, *Des Soviets au communisme bureaucratique*, Paris, Gallimard, 1981, 265 p.

515 Gor'kov, Jurii, *Gosudartsvennyi Komitet Oborony Postanovljaet, 1941－1945*, Sirfy Documenty, Moscou, 2002, 572 p.

516 Gor'kov, Jurii, *Kreml, Stavka, Genschtab*, Tver, 1995.

517 Gorodetsky, Gabriel, *Le Grand Jeu de dupes, Staline et l'invasion allemande*, Paris, Les Belles-Lettres, 2002, 570 p.

518 Goure, Léon, *Le Siège de Leningrad*, Paris, Stock, 1962, 350 p.

519 Grikorenko, Piotor, *Staline et la Seconde Guerre mondiale*, préface de Garol Head, Paris, L'Herne, n° 3.

520 Gromyko, Andreï, *Mémoires*, Paris, Belfond, 1990〔アンドレイ・グロムイコ『グロムイコ回想録―ソ連外秘史』読売新聞外報部訳，読売新聞社，1989〕.

521 Grossman, Vassili, *Stalingrad*, *Choses vues*, Paris, 1945〔アントニオ・ビーヴァー編『赤軍記者グロースマン，独ソ戦取材ノート　1941－45』川上洸訳，白水社，2007〕.

522 Holloway, David, *Staline and the Bombe (1939－1956)*, Yale, 1994, 460 p.〔デーヴィド・ホロウェイ『スターリンと原爆』上下，川上洸・松本幸重訳，大月書店，1997〕.

523 Joukov, G., *Vospominania i Rasmychliena*, M. Novosti, 3 vol., Moscou, 1992〔ゲ・カ・ジューコフ『ジューコフ元帥回想録―革命，大戦，平和』清川勇吉・相場正三久・大沢正訳，朝日新聞社，1970〕.

524 Khrouchtchev, N., *Mémoires inédits*, Paris, Belfond, 2006〔ストローブ・タルボット編『フルシチョフ回想録』タイムライフブックス編集部訳，タイムライフ・インターナショナル，1972〕.

404　Deakin, F. W., *L'Axe brisé, l'amitié brutale de Hitler et Mussolini*, Paris, Stock, 1962, 886 p.

405　De Felice, R., *Comprendre le fascisme*, Paris, Seghers, 1975.

406a　De Felice, R., *Mussolini et Hitler, 1922－1933*, Paris, Florence Le Monnier, 1983.

406b　Ferretti, Maria, «Mémoires divisées : résistance et guerre aux civils en Italie», à propos du livre d'Alesandro Portelli sur le massacre des fosses Ardéantines, *Annales*, 2005.

406c　Groppo, Bruno, «La spécificité de l'antifscisme de Carlo Rosselli dans le contexte de l'antifascisme européen», *Matériaux pour l'histoire de notre temps*, 57, BDIC, Nanterre, 2000, n° 57, p.29－36.

407　Hagen, Walter, *Le Front secret,* Îles d'Or, 1950, 422 p.

408　Höttl, Wilhelm, *The Secret Front*, Londres, 1953, 340 p.

409a　*L'Italia nella seconda guerra mondiale e nella resistenza*, collectif, Rome, 1988, 568 p.

409b　Lupo, Salvador, *Le Fascisme italien*, Paris, Flammarion, 2003, 498 p.

410　Mack, Smith, *Mussolini*, Paris, Flammarion, 1987.

**411　Milza, Pierre, *Mussolini*, Paris, Fayard, 1999, 984 p.

412　Milza, P., et Berstein, S., *Le Fascisme italien, 1919－1945*, Paris, Le Seuil, 1970. 440 p.

413　Mussolini, Rachel, *Le Duce, mon mari*, Paris, Fasquelle, 1958〔ラケーレ・ムッソリーニ＋アルベール・ザルカ『素顔の独裁者―わが夫ムッソリーニ』谷亀利一訳，角川書店，1980〕.

414　Paris, Robert, *Histoire du fascisme en Italie*, tome 1, Paris, Maspero, 1962.

415　Romano, Sergio, *Histoire de l'Italie, du Risorgimento à nos jours*, Paris, Le Seuil, 1977.

416　Tasca, A., *Naissance du fascisme*, Paris, Gallimard, 1967.

417　Zara, Felipe de, *Mussolini contra Hitler*, Rome, 1935, Textes de Mussolini Sorlot, 142 p. (interdit en1942, 2e liste Otto).

■証言

Corrado Vivanti（1991年1月5日）／Pierre Milza（1991年1月27日）／Ruggiero Romano（1991年4月6日）／Sergio Romano（1991年9月28日）／Emilio Gentile（1992年10月24日，1992年12月26日）／Pierre Milza（1993年3月5日）／Carlo Lizzani（1993年5月15日）／Bruno Archidiacono（1993年6月26日）／David Elwood（1993年7月24日）／Claudio Pavone（1993年8月21日）／Giuliano Procacci（1993年10月9日）／Ange Rovere（1993年10月23日）／Roman Rainero（1994年1月1日）

スターリンとソ連

501　Archives Naumov *1941. god, v 2-x Knigax*, Documenty, Pod. Red. V. P. Naumov M., 1998, 737 p. et 597 p.

502　Alliluyeva, Svetlana, *En une seule année*, Paris, Robert Laffont, 1970〔スベトラーナ・アリルーエワ『スベトラーナ回想録―父スターリンの国を逃れて』江川卓訳，新潮社，1967〕.

363 Sternhell, Z., *Ni droite, ni gauche : l'idéologie fasciste en France*, rééd., Paris, Fayard, 2000.

364 Tournoux, Raymond, *Pétain et de Gaulle*, Paris, Plon.

365 Wieviorka, Annette, *Ils étaient juifs, résistants, communistes*, Paris, Denoël, 1986.

366 Wieviorka, Olivier, *Une certaine idée de la Résistance : défense de la France, 1940 − 1949*, Paris, Le Seuil, 1995.

367 Winock, Michel, *La France et les Juifs de 1789 à nos jours*, Paris, Le Seuil, 2004.

■証言

Y. Durand（1990年２月１日）／François Kersaudy（1990年４月24日）／François Bedarida（1990年５月22日）／Francis Ballace（1990年６月５日）／Henri Rousso（1990年８月７日）／René Reymond（1990年10月27日，1991年１月12日）／Raoul Girardet（1990年11月10日）／D. Rossignol（1990年12月８日）／Françoise Giroud（1990年12月29日）／André Kaspi（1991年２月９日，1994年９月10日）／J. Delarue（1991年２月16日）／C. Delage（1991年３月13日）／P. Laborie（1991年５月18日）／J. -B. Duroselle（1991年８月３日）／M. C. Vaillant-Couturier（1991年11月２日）／J.-L. Crémieux-Brilhac（1992年１月25日）／Maurice Schumann（1992年２月１日）／Chr. Pineau（1992年２月29日）／Henri Amouroux（1992年３月７日）／J.-P. Britin-Maghit（1992年３月28日）／Jean-Pierre Azema（1992年４月18日，1992年９月28日）／Michel Winock（1992年５月９日）／Ph. Burrin（1992年６月13日）／Robert Paxton（1992年10月17日）／J.-B. d'Astier de la Vigerie（1992年11月７日）／Jean Lacouture（1993年１月23日）／H. Alekan（1993年３月６日）／H. Lottman（1993年３月20日）／A. Wieviorka（1993年３月24日）／S. Ravanel（1993年７月３日）／C. Castoriadis（1993年８月14日）／R. Girault（1993年８月28日）／Michel Couve de Murville（1993年10月２日）／Général Lanquetot（1993年10月30日）／Jorge Semprun（1993年11月６日）／Henri de Turenne（1994年２月５日）／J.-L. de Villalonga（1994年３月12日）／A. Métral（1994年３月19日）／Lucie Aubrac（1994年４月９日）／J. Douchet（1994年５月７日）／Pierre Messmer（1994年５月21日，1995年３月25日）／Jean Marin（1994年６月４日）／Philippe de Gaulle（1994年６月５日）／R. Ruffin（1994年６月11日）／Pierre Lefranc（1994年７月９日）／Général Delmas（1994年７月23日）／Stanley Hoffmann（1994年９月３日）／Geneviève de Gaulle（1994年10月15日）／Jean-Pierre Rioux（1994年11月26日）／Jean Meyer（1994年12月３日）／E. Burin des Rosiers（1994年12月10日）／B. Goldschmidt（1995年１月21日）／Jean Vedrine（1995年４月８日）／Serge Klarsfeld（1995年４月22日）／Alfred Grosser（1995年６月17日）／Frédéric Pottecher（1995年７月22日）／Jacques Isorni（1995年８月12日）／Jacques Julliard（1995年９月30日）／Albert Jacquard（1995年10月14日）

ムッソリーニとイタリア

401 Barthélemy, Victor, *Du communisme au fascisme*, Paris, Albin Michel, 1978.

402 Brissaud, A., *La Tragédie de Vérone*, Paris, Perrin, 1972.

403 Ciano, comte Galeazzo, *Journal politique, 1939 − 1943*, 2 vol. Paris, La Baconnière, 1946.

334b　Guérin, Alain, *La Résistance*, Paris, Omnibus, 2000.

335　Gun, N.E., *Les Secrets des archives US, Pétain, Laval, de Gaulle*, Paris, 1980.

336　Hutsfield, J. G., *America and the French Nation, 1939 – 1943*, Université de Caroline du Nord, 1986.

**337　Jackson, Julian, *La France sous l'Occupation*, Paris Flammarion, 2001, 854 p.

338　Kaspi, André, *La Mission de Jean Monnet à Alger, mars-octobre 1943*, Paris, Richelieu, 1971.

339　Kersaudy, François, *De Gaulle et Churchill, La Mésentente cordiale*, Paris, Perrin, 2001.

340　Kersaudy, François, *De Gaulle et Roosevelt, Le Duel au Sommet*, Paris, Perrin, 2004, 522 p.

341　Klarsfeld, S., *Vichy-Auschwitz : le rôle de Vichy dans la Solution finale en France*, Fayard, Paris, 1985.

342　Laborie, Pierre, *Les Français des années troubles*, Paris, Le Seuil, 2001.

343　Lacouture, Jean, *De Gaulle*, Le Seuil, 3 vol., 1999〔ジャン・ラクテュール『ドゴール』持田坦訳，河出書房新社，1972〕.

344　Langer, W. L., *Le Jeu américain à Vichy*, Paris, Plon, 1948.

345　Leahy, amiral, *J'étais là*, Paris, Plon, 1950.

346　Loyer, Emmanuelle, *Paris à New York, intellectuels et artistes français en exil, 1940 – 1947*, Paris, Grasset, 2006, 600 p.

347　Martens, S. et Vaisse, éd., *Frankreich und Deutschland im Kreig (nov. 1942 – herbst 1944), Okkupation, Kollaboration, Resistance*, 2000.

348　Milward, A., *The New Order and the French Economy*, Londres, 1970.

349　Miribel, Élisabeth de, *La Liberté souffre violence*, Paris, Plon, 1981.

350　Moulin de la Barthète, Henri du, *Le Temps des illusions, souvenirs (juillet 1940 – avril 1942)*, Genève, 1946.

351　Muselier, Émile (vice-amiral), *De Gaulle contre le gaullisme*, Paris, Le Chêne, 1946.

352　Noguères, Henri (*et al.*), *Histoire de la Résistance en France, de 1940* à *1945*, Paris, Robert Laffont, 1967 – 1983, 5 vol.

353　Passy, colonel, *Missions secrètes en France*, préface de Crémieux-Brilhac, Paris, Odile Jacob, 2000.

354　Paxton, Robert, *La France de Vichy, 1940 – 1944*, préface de St. Hoffmann, Paris, Le Seuil, 1973.

355　Pertinax, *Les Fossoyeurs*, New York, 1943.

356　Peschanski, D., *La France des camps, l'internement, 1938 – 1946*, Paris, Gallimard, 2002.

357　Piketty, Guillaume, *Pierre Brossolette, un héros de la Résistance*, Paris, Odile Jacob, 1998.

358　Pineau, Christian, *La Simple Vérité*, Paris, Julliard, 1960.

359　Rayski, Adam et Courtois, Stéphane, *Qui savait quoi, l'extermination des Juifs*, Paris, La Découverte, 1987.

360　Rémond, René, *Les Droites en France*, Paris, Aubier, 1982.

361　Roussel, Éric, *De Gaulle*, Paris, Flammarion, 2000.

362　Steinberg, Lucien, *Les Allemands en France*, Paris, Albin Michel, 1981.

font (coll. «Bouquins»), 6 vol. 1999.
308 Auphan, amiral, *Les Grimaces de l'Histoire*, 1945.
309 Aron, Raymond, *Chronique de guerre, La France libre*, Paris, Gallimard, 1990.
310 Azema, Jean-Pierre, *De Munich à la Libération, 1938－1944*, Paris, Le Seuil, 1979.
311 Azema, Jean-Pierre, Antoine Prost, Jean-Pierre Rioux, *Le Parti communiste pendant les années sombres*, Paris, Le Seuil, 1986.
312 Azema, Jean-Pierre, *Jean Moulin*, Paris, Perrin, 2003.
313 Barré, Jean-Luc, *Devenir de Gaulle*, 1939－1943, Paris, Perrin, 2003, 428 p.
314 Baruch, M. O., *Servir l'État français, l'administration en France de 1940 à 1944*, Paris, Fayard, 1997.
315a Belot, Robert, *Henri Frenay, de la Résistance à l'Europe*, Paris, Le Seuil, 2003.
315b Belot, Robert, *La Résistance sans de Gaulle*, Paris, Fayard, 2006.
316a Bois, Élie, *Le Malheur de la France*, Londres, 1941.
316b Bonnet, Georges, *De Washington au Quai d'Orsay*, Genève, 1946.
317 Burrin, Philippe, *La France à l'heure allemande*, Paris, Le Seuil, 1995, 564 p.
318 Cointet, Michèle, *De Gaulle et Giraud*, Paris, Perrin, 2006, 550 p.
319 Cordier, Daniel, *Jean Moulin, l'inconnu du Panthéon*, Paris, Jean-Claude Lattès, 1989.
320 Courtois, Stéphane, *Le PCF dans la guerre*, Paris, Ramsay, 1980.
321 Courtois, Stéphane, *Histoire du Parti communiste français*, Paris, PUF, 1995, 420 p.
322 Crémieux-Brilhac, Jean-Louis, *Les Français de l'an quarante*, 2 vol., Paris, Gallimard, 1990.
323 Crémieux-Brilhac, Jean-Louis, *La France libre*, 2 vol., Paris, Folio Gallimard, 1520 p.
324a Déat, Marcel, *Mémoires politiques*, introd. L. Theis, Paris, Denoël, 1989, 990 p.
324b Defrasne, Jean, *Le Pacifisme en France*, Paris, PUF, 1994.
325 Douzou, L., *La Désobéissance : histoire d'un mouvement et d'un journal clandestin : Libération Sud*, Paris, Odile Jacob, 1995.
326 Duroselle, J.B., *L'Abîme, 1939－1945*, rééd. Paris, Le Seuil, 1982.
327 Duroselle, J.B., *La Décadence, 1932－1939*, rééd, Paris, Le Seuil, 1982.
328 Ferro, Marc, *Pétain*, Paris, Fayard, 1987.
329 Funk, Arthur, «Nagociating the Deal with Darlan», *Journal of Contemporary History*, 2 août 1983.
330 Gaulle, Charles de, *Lettres, Notes et Carnets*, compléments, 12 vol., Paris, Plon, 1959.
331 Gaulle, Charles de, *Mémoires de guerre*, rééd., 3 vol., Paris, Pocket, 2006〔ド・ゴール『呼びかけ　1940－1942』（ド・ゴール大戦回顧録１－２）村上光彦・山崎庸一郎訳，みすず書房，1999／『統一　1942－1944』（ド・ゴール大戦回顧録３－４）村上光彦・山崎庸一郎訳，みすず書房，1999／『救済　1944－1946』（ド・ゴール大戦回顧録５－６）村上光彦訳，みすず書房，1999〕.
332 Gaulle, Philippe de, *De Gaulle, mon père*, Paris, Plon, 2005.
333a Gaulle, Philippe de, *Mémoires accessoires*, Paris, Plon, 1997.
333b *De Gaulle et la Russie*, sous la direction de M. Vaïsse, Paris, CNRS, 2006, 296 p.
334a Guy, Claude, *En écoutant de Gaulle, Journal 1946－1949*, Paris, Grasset, 1996.

211b　Livre bleu anglais, n° 1 : *Documents concernant les relations germano-polonaises et le début des hostilités entre la Grande-Bretagne et l'Allemagne*, His Majesty's Staitionary Office, Paris, 1939, 170 p.

212　Longmate, Norman, *The Bombers, The RAF Offensive against Germany*, Londres, 1983, 416 p.

213　Lukacs, John, *Churchill, Londres, mai 1940*, Paris, Odile Jacob, 2002, 252 p.

214　Moran, William I., *Mémoires, vingt-cinq ans aux côtés de Churchill*, Paris, Odile Jacob, 2002, 252 p.

215　Manchester, William, *Winston Churchill*, 2 vol., Paris, Robert Laffont, 1988.

216　Overy, R. J., *The Air War*, New York, 1981.

217a　Rowley, Antony, «Churchill» in *Personnages*, sous la direction de Leroy-Ladurie, Paris, PUF, 2004, p.225－233.

217b　Terraine, John, *The U-boat Wars, 1916－1945*, Londres, 1989.

218　Thomas, R.T., *Britain and Vichy, 1940－1942*, Londres, 1979.

219　Winterbotham, F.W., *The Ultra Secret*, New York, 1974, 280 p.〔F・W・ウインターボーザム『ウルトラ・シークレット—第二次大戦を変えた暗号解読』平井イサク訳，早川書房，1976〕.

220　Woodward, Sir Llewellyn, *British Foreign Policy and the Second World War*, Londres, 1970.

■証言

Alistair Parker（1990年7月14日，17日，1990年2月22日，1993年6月19日，1995年4月1日）／James Steel（1990年8月21日，28日，1991年12月30日，1992年12月26日，1994年10月1日）／Stephen Ashton（1993年8月7日）／Alan Bullock（1994年5月14日）／Vicomte Montgomery of Alamein（1994年6月5日）／Alan Stripp（1994年12月24日）／Anthony Rowley（1996年2月17日）

ド・ゴールとフランス

300　*Dictionnaire De Gaulle*, sous la direction de Claire Andrieu, Philippe Brand, Guillaume Piketty, Paris, Robert Laffont, 2006, 1266 p.

301　*Archives nationales*, Fonds AG II et W III.

302　*Archives Groult*, Montréal.

303　*National Archives*, Department of European Affairs of the Department of States, Fonds 851-00.

304　*Public Archives of Canada*, Ottawa, RG 25 D.

305　Agi, Marc, *René Cassin*, Paris, Perrin, 1998, 378 p.

306　Agilon, Raoul, *De Gaulle et Roosvelt, La France libre aux États-Unis*, rééd., Paris, La Bruyère, 1997.

307　Amouroux, Henri, *La Grande Histoire des Français sous l'Occupation*, Paris, Robert Laf-

ン・ヴァイツゼッカー『ヴァイツゼッカー回想録』永井清彦訳，岩波書店，1998〕.

■証言

Klaus Wagner（1989年9月，1990年4月）／Rudolf von Thadden，何度も証言をする／Daniel Cohn-Bendit（1990年1月2日，9日，1990年2月20日，27日）／A.von Kageneck（1990年1月30日）／Rainer Hudemann（1990年3月6日，1993年1月1日，1994年12月31日）／Jutta Scherrer（1990年3月20日）／Helmut Gogrof（1990年4月3日）／Stefen Martens（1990年4月10日）／Bert Engelmann（1990年6月19日）／Ernst Weisenfeld（1990年9月29日）／Franz Knipping（1990年11月17日，24日）／Ernst Gellner（1990年12月15日）／Helma Sanders（1991年2月23日）／Marlis Steinert（1991年8月10日，1992年1月4日，1993年2月27日）／K.J. Muller（1992年2月15日）／St. Martens（1992年5月16日）／Rainer Hudemann（1992年7月25日）／Gilbert Ziebura（1992年8月29日）／Hans Umbreit（1992年11月21日，1992年12月26日）／A. Von Kageneck（1993年1月2日）／Jan Kershaw（1993年1月30日）／Gilbert Ziebura（1993年2月13日，1995年9月9日）／R. von Thadden（1993年4月17日，1995年2月18日）／Klaus Schwabe（1993年7月10日）／Kurt Hinzmann（1993年12月4日）／Franz Knipping（1994年2月12日）／Hans Humbreit（1994年5月28日）／Manfred Rommel（1994年6月5日）／Hans H. Speidel（1994年10月22日）／Klaus Wenger（1994年12月17日）／G.F. Arend（1995年1月7日）／Dietrich Schwarzkopf（1995年4月29日）／Alfred Grosser（1995年6月17日）／Michael Werner（1995年7月29日）／Hans Mommsen（1995年12月30日）／Peter Calvocoressi（1996年2月9日）／Alfred Grosser（1996年5月18日）／Klaus Wenger（1996年9月28日）／Alain Finkelkraut（1998年10月17日）

チャーチルとイギリス

201 Barker, Élisabeth, *Churchill and Eden at War*, Londres, 1978.

202 Bedarida, François, *La Bataille d'Angleterre*, Paris, Complexe, 1985.

203 Bedarida, François, *Churchill*, Paris, Fayard, 1999, 568 p.

204 Bibesco, princesse, *Churchill ou le Courage*, Paris, Albin Michel, 1956, 252 p.

205 Charmley, John, *Churchill, the End of Glory*, Londres, 1988, 726 p.

206 Churchill, Winston, *Mémoires de la Seconde Guerre mondiale*, Paris, Plon, 1953, 6 tomes, 12 vol〔『チャーチル第二次大戦回想録抄』毎日新聞社図書編集部編／毎日新聞社翻訳委員会訳，毎日新聞社，1965〕.

207 Decaux, Alain, *L'Abdication*, Paris, Perrin, 1995.

208 Delpa, François, *Churchill et les Français (septembre 1939-juin 1940)*, Paris, Polygone, nouvelle édition 2000, 612 p.

209 Feis, Herbert, *Churchill, Roosvelt, Stalin*, Oxford, 1957.

210a Hastings, Max, *The Bomber Command*, Londres, 1979, 179 p.

210b Henderson, Sir Nevile, *Deux ans avec Hitler*, Paris, Flammarion, 1940, 344 p.

211a Kersaudy, François, *Winston Churchill, le pouvoir de l'imagination*, Paris, Tallandier, 2000, 600 p.

ハタン『ヒトラーの秘密の生活』赤根洋子訳，文藝春秋，2002〕.

152　Maser, Werner, *Hitler Adolf*, Paris, Plon, 1973, 510 p.〔ヴェルナー・マーザー『アドルフ・ヒトラー伝』黒川剛訳，サイマル出版会，1976〕.

153　Merkl, Peter H., *The Making of a Stormtrooper*, Princeton, 1980, 330 p.

154　Mistscherlich, A. et M., *Le Deuil impossible*, Paris, Payot, 1972.

155　Moller, Horst, *La République de Weimar*, Paris, Tallandier. 2004, 368 p.

156a　Mommsen, Hans, *Le National-Socialisme et la société allemande*, MSH, 1997, 404 p.

156b　Moracchini, M., *Un procès de Nuremberg en 1947, Les Einsatzgruppen*, Paris, 1999.

157　Pliever, Theodor, *Stalingrad*, 2 vol., Genève, Crémille, 1970〔プリーヴィエ『死のスターリングラード』上下，舟木重信訳，角川書店，1952〕.

158a　Powers, Thomas, *Le Mystère Heisenberg, L'Allemagne nazie et la bombe atomique*, Paris, Albin Michel, 1993, 654 p.〔トマス・パワーズ『なぜ，ナチスは原爆製造に失敗したか—連合国が最も恐れた男・天才ハイゼンベルクの闘い』上下，鈴木主税訳，ベネッセコーポレーション，1994〕.

158b　Rauschning, Hermann, *Hitler m'a dit*, avant-propos de R. Girardet, Paris, rééd. Hachette, 2005〔ヘルマン・ラウシュニング『ヒトラーとの対話』船戸満之訳，学藝書林，1972〕.

159　Salomon, Ernst von, *Le Questionnaire*, Paris, Gallimard, 1953.

160　Schmidt, Paul, *Sur la scène internationale, ma figuration auprès de Hitler* (par son interprète)[*1933－1945*], Paris, Plon, 1950, 370 p.〔パウル・シュミット『外交舞台の脇役(1923－1945)—ドイツ外務省主席通訳官の欧州政治家達との体験』長野昭訳，日本図書刊行会，1998〕.

161　Semelin, Jacques, *Sans armes face à Hitler, La résistance civile en Europe*, *1939－1945*, Payot, 1989.

162　Speer, Alfled, *Journal de Spandau*, Paris, Robert Laffont, 1975, 554 p.

163　Speer, Alfled, *Au cœur du IIIe Reich*, Paris, Fayard, 1971.

164　Steinert, Marlis, *Hitler*, Paris, Fayard, 1991, 710 p.

165　Stern, J. -P., *Le Führer et le peuple*, préface de P. Ayçoberry, Paris, Flammarion, 1985.

166　Taylor, Telford, *Procureur à Nuremberg*, Paris, Le Seuil, 1992, 710 p.

167　Thaelmann, Rita, *Être femme sous le IIIe Reich*, Paris, Robert Laffont, 1982.

168a　Traverso, Enzo, *Les Juifs et l'Allemagne de la symbiose judéo-allemande à la mémoire d'Auschwitz*, Paris, La Découverte, 1992〔エンツォ・トラヴェルソ『「ユダヤ・ドイツの共生」からアウシュヴィッツの記憶まで』宇京頼三訳，法政大学出版局，1996〕.

168b　Trevor-Roper, Hugh, L*es Derniers Jours de Hitler*, Genève, 1975〔ヒュー・トレヴァ＝ローパー『ヒトラー最後の日』橋本福夫訳，筑摩書房，1975〕.

169　Valtin, Jan, *Sans patrie ni frontières*, Paris, rééd Lattès, 1975.

170　Warlimont, général, *Cinq Ans au CGQ de Hitler*, Bruxelles, 1975.

171　Weisenborn, Günther, *Une Allemagne contre Hitler*, préface d'Alfred Grosser, Paris, Belin, 2000.

172　Weizsacker, Richard von, *De la République de Weimar à la réunification allemande, Mémoires d'un président*, Monaco, Éditions du Rocher, 2000, 322 p.〔リヒャルト・フォ

130 Aly, Gotz et Suzanne Heim, *Les Architectes de l'extermination*, Calmann-Lévy/Mémorial de la Shoah, 2006.

131 Guérin, Daniel, *Fascisme et Grand Capital*, Paris, Gallimard, 1936.

132 Haffner, Sébastien, *Histoire d'un Allemand, Souvenirs, 1914 – 1933*, Arles, Actes Sud, 2003, 435 p.

133 Hamann, Brigitte, *La Vienne d'Hitler*, Paris, Édition des Syrtes, 2001, 500 p.

134 Hillgruber, A., *Les Entretiens secrets de Hitler,* Paris, Fayard, 1969, 702 p.

135 Hillberg, Raul, *La Destruction des Juifs d'Europe*, Paris, Gallimard, nouvelle édition Folio, 2006,

136 Hitler, Adolf, *Mon Combat* (Mein Kampf), Paris, Nouvelles Éditions latines, 1934〔アドルフ・ヒトラー『わが闘争』上下，平野一郎・将積茂訳，角川書店，2002〕.

137 Hitler, Adolf, *Libres Propos sur la guerre et sur la paix*, recueillis par Martin Bormann, Paris, 2 vol., 1952 et 1954, Paris, Flammarion, 366 et 354 p.〔『ヒトラーの遺言―1942年2月4日－4月2日』アドルフ・ヒトラー述／マルティン・ボルマン記録，篠原正瑛訳，原書房，2011〕.

138 Husson, Édouard, *Comprendre Hitler et la Shoah, les histoiriens et la RFA depuis 1949*, préface de I, Kershaw, Paris, PUF, 2002, 300 p.

139 Ingrao, Christian, «Conquérir, aménager, exterminer». Recherches récentes sur la Shoah, *Annales*, HSS, 2003, p.417 – 438.

140 Jackel, Eberhard, *La France dans l'Europe de Hitler*, Paris, Fayard, 1968, 556 p.

141a Johnson, Éric A., *La Terreur nazie, La Gestapo, les Juifs et les Allemands ordinaires*, Paris, Albin Michel, 2001, 584 p.

141b Keitel, Wilhelm von, *Le Maréchal, souvenirs, lettres, documents*, présentés par Walter Görlitz, Paris, Fayard, 1963, 346 p.

142 Kellog, Michael, *The Russian Roots of nazisme, White Emigres and the Making of National Socialism*, Cambridge, 2004, 328 p.

**143 Kershaw, Jan, *Hitler*, 2 vol., 1999, 603 p. et 2000, 1630 p., Paris, Flammarion.

144 Kershaw, Jan, «Se rapprocher du Führer : réflexion sur la nature du pouvoir de Hitler», *Annales ESC*, 1988, p.593 – 615.

145 Kershaw, Jan, *L'Opinion allemande sous le nazisme*, Bavière, 1933 – 1945, Paris, CNRS, éd. 1995.

146 Klein, Claude, *Weimar*, Paris, Flammarion, 1968.

147 Klemperer, Victor, *Mes soldats de papier, Journal, 1933 – 1941*, Paris, Le Seuil, 2000〔ヴィクトール・クレンプラー『私は証言する―ナチ時代の日記　1933－1945年』小川 - フンケ里美・宮崎登訳，大月書店，1999〕.

148 *L'Allemagne nazie et le génocide juif*, colloque, Paris, Gallimard/Le Seuil, 1985, 602 p.

149 Langer, Walter C., *Psychanalyse d'Adolf Hitler,* Paris, Denoël, 1973, 290 p.〔W・C・ランガー『ヒトラーの心―米国戦時秘密報告』ガース暢子訳，平凡社，1974〕.

150 Lewy, Gunther, *La Persécution des Tsiganes par les nazis*, avant-propos de Henriette Asseo, Paris, Les Belles-Lettres, 2003, 468 p.

151 Machtan, Lothar, *La Face cachée d'Adolf Hitler*, Paris, L'Archipel, 2002〔ロータル・マ

des Juifs par le régime nazi, préface de Luc Ferry, introduction de J. Rovan, Paris, Le Cerf, 1988, 346 p.

113b Courtois, Stéphane, Rayski, A., *L'Extermination de Juifs, qui savait quoi ?*, Paris, La Découverte, 1987.

114 *Documents on the Holocaust, Selected Sources on the Destruction of the Jews of Germany and Austria, Poland and the Soviet Union*, édité par Yitzahak Arad, Ysrael Gutman, Abraham Margaliot, Yad Vashem, Jérusalem, 1981, 504 p.

115 El Kenz, David, *Le Massacre, objet d'histoire* (collectif), とくに次の論者たちの論述. N. Beaupré, C. Ingrao, A. Ter Minassian, D. El Kenz, Paris, Folio, 2005.

116 Engelman, Bernt, *In Hitler's Germany*, Methuen, 1986, 304 p.

117 Fest, Joachim, *Hitler*, 2 vol., 1999, 500 p. et 524 p., Paris, Gallimard, 1973〔ヨアヒム・フェスト『ヒトラー』上下, 赤羽龍夫他訳, 河出書房新社, 1975〕.

118 Finkelstein, N. et Birn, Ruth, *L'Allemagne en procès, la thèse de Goldhagen et la vérité historique*, postface de H. Miard- Delacroix, Paris, Albin Michel, 1999, 186 p.

119a Fisher, Friz, *Griff nach der Weltmacht, die Kriegszielpolitik das Kaiserlichen Deutschland, 1914 – 1918*, Düsseldorf, 1961.

119b Fleury-Villatte, Béatrice, *Cinéma et Culpabilité en Allemagne, 1945 – 1990*, Perpignan, Jean Vigo, 1995.

120 Frei, Norbert, *L'État hitlérien et la société allemande, 1933 – 1945*, préface de Henri Rousso. Paris, Le Seuil, 1994, 294 p.〔ノルベルト・フライ『総統国家—ナチスの支配 1933 – 1945年』芝健介訳, 岩波書店, 1994〕.

121 Friedländer, Saul, *Hitler et les États-Unis*, 1939 – 1941, Paris, Le Seuil, 1966.

122 Friedländer, Saul, *Reflets du nazisme*, Paris, Le Seuil, 1982, 140 p.〔サユル・フリードレンダー『ナチズムの美学—キッチュと死についての考察』田中正人訳, 社会思想社, 1990〕.

123 Guadard, P. Y., *Le Fardeau et la Mémoire. le deuil collectif allemand après le national-socialisme*, Paris, Plon, 1997.

124 Gellately, Robert, *The Gestapo and German Society, Enforcing racial policy*, Oxford, 1990.

125 Givesius, Berndt, *Jusqu'à la lie*, 2 vol., Paris, Payot, 1947.

126 *(The) Goebbels Diaries*, éd. Fred Tylor, New York, 1983, 480 p.〔ゲッベルス『ゲッベルスの日記—第三帝国の演出者』西城信訳, 番町書房, 1974〕.

127 Goebbels, Josephe, *Journal, 1943 – 1945*, éd. Pierre Ayçoberry, Paris, Tallandier, 2005, 766 p.

128 Goldensohn, Léon, *Les Entretiens de Nuremberg*, présentés par R. Gellately, Paris, Flammarion, 2005, 548 p.〔レオン・ゴルデンソーン著／ロバート・ジェラトリー編『ニュールンベルク・インタビュー』上下, 小林等・高橋早苗・浅岡政子訳, 河出書房新社, 2005〕.

129 Goldhagen, Daniel J., *Les Bourreaux volontaires de Hitler, les Allemands ordinaires et l'Hollocauste*, Paris, Le Seuil, 1997〔ダニエル・J・ゴールドハーゲン『普通のドイツ人：ホロコースト—ヒトラーの自発的死刑執行人たち』北村浩他訳, ミネルヴァ書房, 2007〕.

原注に引かれた書物の書誌

(**印を付した書物は充実した書誌を収録している)
(見出し番号は巻末付録「原注」の書誌番号に対応)

ドイツとヒトラー

100 *L'Allemagne nazie et le génocide juif*, voir n° 148.

101a Aly et Gotz, et Heim Suzanne, *Les Architectes de l'extermination*, Paris, Calmann Levy, 2006.

101b Allen, W.S., *Une petite ville nazie, 1930 − 1935*, préface d'Albert Grosser, Paris, Robert Laffont, 1967, 360 p.

102 Ayçoberry, Pierre, *La Société allemande sous le IIIe Reich, 1933 − 1945*, Paris, Le Seuil, 1998, 440 p.

103 Bauer, Yehuda, *Juifs à vendre*, Paris, Liana Levi, 1996, 414 p.

104 Bartov, Omer, *L'Armée de Hitler*, préface de Ph. Burrin, Paris, Hachette, 1999, 320 p.

105 Bedarida, François, *Le Nazisme et le génocide*, Paris, Nathan, 1989, 64 p.

106 Benoist-Méchin, Jacques, *Histoire de l'armée allemande*, tomes 1 et 2, 412 p. et 672 p., Paris, Albin Michel, 1938.

107 Broszat, Martin, *L'État hitlérien, l'origine et l'évolution des structures du IIIe Reich*, Paris, Fayard, 1985.

108 Browning, Christopher, *Des hommes ordinaires, Le 101e bataillon de réserve de la police allemande et la solution finale en Pologne*, préface de Pierre Vidal-Naquet, 1996〔クリストファー・ブラウニング『普通のひとびと―ホロコーストと第101警察予備隊』谷喬夫訳, 筑摩書房, 1997〕.

109a Bullock, Alan, *Hitler, ou les Mécanismes de la tyrannie*, Paris, Marabout, 1963.

109b Bullock, Alan, *Hitler et Staline, Vies parallèles*, préface de Marc Ferro, Paris, Albin Michel-Robert Laffont, 2 vol., 1994〔アラン・ブロック『対比列伝―ヒトラーとスターリン』全3巻, 鈴木主税訳, 草思社, 2003〕.

110 Burrin, Philippe, *Hitler et les Juifs, genèse d'un génocide*, Paris, Le Seuil, 1989〔フィリップ・ビューラン『ヒトラーとユダヤ人―悲劇の起源をめぐって』佐川和枝訳, 三文社, 1996〕.

111 Burrin, Philippe, *Ressentiment et apocalypse, essai sur l'antisémitisme nazi*, Paris, Le Seuil, 2004, 104 p.

112 Calic, Édouard, *Himmler et son Empire*, Paris, Stock, 1965, 678 p.

113a *Devant l'Histoire, les documents de la controverse sur la singularité de l'extermination*

Marcel Ophuls, *Le Chagrin et la Pitié*, 1969, 256分.
Claude Lanzmann, *Shoah*, 1985, 470分.
Marc Ferro, Louisette Neil, *Histoire parallàle*, 1989 - 2001, 630編の番組.
Thames-Television, *Stalin*, 1990.
Patrick Rotman, Patrick Barberis, *La Foi du siècle*, Arte-Video, 1999, 210分.

映画（フィクション）

Vassiliev 兄弟, *Tchapaev*, 1934.
Horne, *Way Out West*, 1936.
Joris Ivens, *The Spanish Earth*, 1937年の記録に基づく.
James Hogan, *The Last train from Madrid*, 1937.
Anatole Litvak, *Confessions of a Nazi Spy*, 1939.
Charlie Chaplin, *The Great Dictator*, 1940.
Irwing Pichel, *The Man I Married*, 1940.
Howard Hawks, *Sergeant York*, 1941.
Alexandre Korda, *Lady Hamilton*, 1941.
Orson Wells, *Citizen Kane*, 1941.
Michael Curtiz, *Casablanca*, 1943.
Michael Curtiz, *Mission to Moscow*, 1943.
Edward Dmytryk, *Behind the Rising Sun*, 1943.
John Huston, *Across the Pacific*, 1943.
Josephe Mankiewicz, *Three comrades*, 1943.
Lewis Mileston, *North Star*, 1943.
Irving Pichel, *Moon is down*, 1943.
Jean Renoir, *Vivre libre* (*This land is mine*), 1943.
Shumlin et Hellman, *Watch on the Rhine*, 1943.
Fred Zinnemann, *The Seventh Cross*, 1944.
Sofino Tchiaourelli, *Chute de Berlin* (*La*), 1949.
黒沢明『羅生門』, 1950.
Georg Pabst, *Der Letzte Akt*, 1955.
Josephe Losey, *The Assassination of Trotsky*, 1972.
Elem Klimov, *Idi i Smotri*, 1985.
Hans Jürgens Syberberg, *Hitler, ein film aus Deutschland*, 1977.
Mikhalkov, *Soleil trompeur*, 1996.
Olivier Hirschbiegel, *Der Untergang*, 2004.

資料

映像資料・ニュース映像

■フランス

Les actualités françaises（占領地域，1940年6－8月の期間を除く）
Pathé Journal
Le Journal Gaumont
Éclair Journal

■イギリス

The British Pathé News

■アメリカ

The Paramount News

■ドイツ

Deutsche Wochenschau（1945年まで）
Welt in Film（戦後）
Defa（*Der Augenzenge*，東ドイツ）

■ソ連

Novosti

■日本

Nippon News

■イタリア

Luce
La Settimana

■スペイン

Nodo

■ポーランド

Polska Kronika Filmova

■チェコスロヴァキア

Filmove Noviny

■ハンガリー

Magyar Filmhivado

ドキュメンタリー映画

Frank Capra, *Why We Fight*, 1942－1945, 7巻 421分.

Erwin Leiser, *Mein Kampf*, 1959, 100分.

Daniel Costelle, Henri de Turenne, *Les Grandes Batailles*, 1966－1974. とくに *La Bataille de Moscou*（「モスクワの戦い」), *La Bataille du Pacifique*（「太平洋の戦い」）の巻.

(21) Barthélemy, 書誌401, p.456以降.
(22) 同上, p.459－460.
(23) 同上.
(24) 同上, p.482－483.
(25) Milza, 書誌411.
(26) Rachel, 書誌413, p.350以降.
(27) 同上.
(28) Langer, 書誌149, p.251以降.
(29) Speer, 書誌162, p.295；Kershaw, 書誌144.
(30) 以下を参照されたい. Speer, 書誌162, 163；Kershaw, 書誌144；Fest, 書誌117；Trevor-Roper, 書誌168 b.
(31) 同上, とくに Fest.
(32) Calic, 書誌112, p.664－668.
(33) Kershaw, 書誌143, II, p.1156以降.
(34) 同上, p.1170以降.
(35) Volkogonov, 書誌546 b, p.436.
(36) Trevor-Roper, 書誌168 b, p.70.
(37) Pabst の1955年の映画『ヒトラー暗殺 *Hitler*』では，下水道を逃げ惑うベルリン市民の姿が再現されている．Joachim Fest（ヨアヒム・フェスト）に想を得た『没落 *Untergang*』では，掩蔽壕での生活が再現されている．証人が得られなかったので，ヒトラーの自殺は画面に登場させられていない．
(38) Moran, 書誌214, p.243.
(39) Bedarida, 書誌203, p.414－418.
(40) Charmley, 書誌205, p.638.
(41) Hamby, 書誌716, p.293－312.
(42) Yergin, 書誌816, p.19－39.
(43) Garçon, 書誌615, p.111.
(44) Khrouchtchev, 書誌524, p.78.
(45) Hamby, 書誌716, p.312－338.
(46) Holloway, 書誌522, p.96－132.
(47) Ulam, 書誌544 a, p.378－408.
(48) Mosley, 書誌627, p.28以降.
(49) 同上, p.286－324；Behr, 書誌602, p.364以降.
(50) Mosley, 同上；Bix, 書誌606.
(51) Kanroji, 書誌623, p.123－130；Mosley, 書誌627, p.316－317.
(52) Kanroji, 書誌623, p.133－134.
(53) Behr, 書誌602, p.519－520.
(54) *Correspondance*, 書誌207, II, p.331.

(69) Kaspi, 書誌714, p.585.
(70) Dimitrov, 書誌510, p.216－217.
(71) Broué, 書誌505, p.795.
(72) Ciechanowski, 書誌902, p.328－329.
(73) Harriman, 書誌709.
(74) Montefiore, 書誌529, p.510－514.
(75) Furuya, 書誌624, p.XXIX-XXXIII.
(76) 蔣経国の証言.
(77) Lin, 書誌626 a.
(78) Lacouture, 書誌343, II, 79.
(79) Aglion, 書誌306, p.216；Kersaudy, 書誌340, p.447－479.
(80) 同上.
(81) Roussel, 書誌361, p.465.
(82) Werth, 書誌905, p.232.
(83) Lacouture, 書誌343, p.90.
(84) 1944年のスターリンとド・ゴールの対話，以下に収録．*Le Contrat social*，1966年5－6月，p.171－185.
(85) Guy, 書誌334 a, p.141.

第五章　勝負の結末
(1) 1992年1月4日の証言.
(2) Keitel, 書誌141 b, p.204, p.335.
(3) Goebbels, 書誌127及びp.388；Parker, 書誌812, p.134.
(4) Fest, 書誌117, II, p.406－407.
(5) これらの事実についてはSteinert，書誌164，Kershaw，書誌143の他に以下をも参照されたい．Strik-Strikfeldt, 書誌541 b, p.38－51.
(6) 同上；ロンメルの息子，シュパイデルの息子の，1994年6月5日と10月22日の証言.
(7) Fest, 書誌117.
(8) Kaspi, 書誌714, p.589以降.
(9) Charmley, 書誌205, p.630－632.
(10) Roussel, 書誌361, p.497.
(11) Ulam, 書誌544 a.
(12) Steinert, 書誌164, p.564.
(13) Fest, 書誌117, II, p.434.
(14) Deakin, 書誌404, p.571以降.
(15) Ferretti, 書誌406 b.
(16) Höttl, 書誌408；Brissaud, 書誌402.
(17) 注14に掲出した以下の書物に引用されている．Deakin, 書誌404, p.658.
(18) Höttl, 書誌408, p.281以降.
(19) Rachel, 書誌413.
(20) Milza, 書誌411, p.867－869.

（32）Ferro, 書誌328.
（33）Cremieux-Brilhac, 書誌323, I, p.219.
（34）同上.
（35）Thomas, 書誌218, p.134－137.
（36）Cremieux-Brilhac, 書誌323, I, p.546－547.
（37）Ferro, 書誌328 ; Crémieux-Brilhac, 書誌323 ; Hopkins, 書誌715, II.
（38）以下に引用されているシャルル・リストの言葉．Ferro, 書誌328, p.353.
（39）Loyer, 書誌346, p.167以降.
（40）Aglion, 書誌306, p.22－23 ; Loyer, Kersaudy, 書誌340.
（41）Muselier, 書誌351, p.247－317 ; Crémieux-Brilhac, 書誌323, I, p.368－377 ; Kaspi, 書誌714, p.514以降.
（42）以下を参照されたい．Marc Ferro, *Pétain*, Paris, Fayard, 1987, 以下の章 « Au Québec, du pétainisme sans l'Occuation », p.687－689.
（43）Aglion, 書誌306.
（44）Roussel, 書誌361, p.298－302.
（45）以下に引用されている．Jean Lacouture, 書誌343, I.
（46）Archives Paramount（パラマウント資料）.
（47）Elliot Roosvelt, 書誌717, p.68－154.
（48）Kaspi, 書誌714及び同じ著者の以下の書物．*La Mission de Jean Monnet à Alger*, Paris-Sorbonne, 1971. また以下の書物をも参照されたい．Crémieux-Brilhac 書誌322 ; Kersaudy, 書誌340.
（49）Gromyko, 書誌520.
（50）Molotov, 書誌528.
（51）*Correspondance*, 書誌207, p.256－257.
（52）Gromyko, 書誌520, p.77.
（53）*New York Times*, 1944年１月19日.
（54）Gromyko, 書誌520, p.79.
（55）Gromyko, 書誌520, p.83.
（56）同上.
（57）同上, p.103.
（58）Churchill, 書誌206, IV, １及び２.
（59）同上, p.434.
（60）同上, VI, 1. p.221.
（61）*Correspondance*, 書誌207, II.
（62）Churchill, 書誌206, VI, 1, p.235.
（63）同上, p.240－242.
（64）Ulam, 書誌544 a, p.365.
（65）Anders, 書誌901, p.368.
（66）*Correspondance*, 書誌207, II.
（67）Churchill, 書誌206, VI, 2.
（68）以下を参照されたい．Arthur Funk, *De Yalta à Potsdam*, Paris, Complexe, 1986.

(92) Kaspi, 書誌714, p.481以降.
(93) Holloway, 書誌522, p.49－96.
(94) Bix, 書誌606, p.359－367.
(95) とくに以下の書物を参照されたい. John Dower, 書誌614.

第四章　同盟と不釣り合いな関係（一九四〇～四五年）

(1) Rachel, 書誌413, p.204－205及び S. Haffner への証言. *Stern*, 1965年6月26日の証言で言及.
(2) Ciano, 書誌403, II, p.49－50, 1941年6月6日.
(3) Rachel, 書誌413, p.216.
(4) この家族内の争いについてはラケーレとチアーノが語っている. 以下を参照されたい. Milza, 書誌411, p.462－489.
(5) Deakin, 書誌404, p.190.
(6) 同上, p.166－173.
(7) 以下をご覧いただきたい. *Luce*, 1942年10月.
(8) Deakin, 書誌404, p.218.
(9) 同上, p.242－257.
(10) Hagen, 書誌407 ; Höttl, 書誌408.
(11) Deakin, 書誌404, p.298.
(12) Ferretti, 書誌406 b.
(13) Brissaud, 書誌402, p.137.
(14) Michel, 書誌809 a, II, p.126.
(15) Rachel, 書誌413, p.208.
(16) Brissaud, 書誌402, p.254－256.
(17)「ドイツ週間映画ニュース *Deutsche Wochenschau*」1943年9月中旬.
(18) Hopkins, 書誌715, I, p.127－128.
(19) Freidel, 書誌707, p.312.
(20) Churchill, *Grande Alliance*, III, 2, p.46－79.
(21) Elliott Roosvelt, 書誌717, p.37－68.
(22) 同上. 注の3と4を参照されたい.
(23) Parker, 書誌812, p.115以降.
(24) Elliott Roosvelt, 書誌717, p.115以降.
(25) チャーチルはこの遠征についてはほとんど語っていない. 以下を参照されたい. Churchill, *Tournant du destin*, II, p.103－105. カナダの第2師団の乗船していた5000人の兵員の18パーセントが殺され, 2000人近くが捕虜となった.
(26) *US Archives*, Washington, 851/00, n° 2765. 未公刊資料.
(27) Casey, 書誌701, p.339－361.
(28) Duroselle, 書誌326, p.407.
(29) Moran, 書誌214, p.658.
(30) Hopkins, 書誌715, II, p.715以降.
(31) Ferro, 書誌328, p.310－326 ; Coutau-Begarie, Huan, *Darlan*, Paris, Fayard, 1989.

（56）Ingrao, 書誌139 ; Husson, 書誌138 ; Ferry, 書誌113 a.
（57）Gross, Jan, T., *Les Voisins*, Paris, Fayard, 2002, p.91－129.
（58）以下を参照されたい．Klarsfeld, 書誌341, Vago の以下の書物所収の論説．Aron-Furet, 書誌148, p.335 ; Bauer, 書誌103, p.133－145.
（59）Hitler, *Libres Propos*, 書誌137, I, p.253.
（60）同上, p.87.
（61）Mommsen, 書誌156, p.196.
（62）Fest, 書誌117, p.193.
（63）Hitler, *Libres Propos*, 書誌137, I, p.148－149，1942年６月５日.
（64）同上, I, p.294及び II, p.257.
（65）同上, I, p.303－304.
（66）人種差別については以下を参照されたい．Colas, 書誌802 b, p.533.
（67）Mommsen, 書誌156, p.189.
（68）Von Thadden, « Allemagne-France, une comparaison », *Le Genre humain*, 1989, p.63－73.
（69）Frei, 書誌120, p.211－213.
（70）Bauer, 書誌103, p.21－55.
（71）Friedländer, 書誌148 ; Hilberg, 書誌135.
（72）注61に引いた以下の著作を参照されたい．Mommsen, 書誌156.
（73）Aly ほか，書誌101 a, p.99.
（74）同上, p.171.
（75）同上, p.173.
（76）Goebbels, 書誌126，1941年６月28日.
（77）Lewy Gunther, 書誌150，p.165以降.
（78）Friedländer, 書誌148, p.30－32.
（79）Bauer, 書誌103, p.375.
（80）同上, p.148.
（81）Lénine, tome 35, 1918年６月26日.
（82）Bauer, 書誌103, p.55－73.
（83）Abzug, R. H., *Inside the Vicious Heart, Americans and the Liberation of Nazi Concentration Camps*, Oxford, 1985.
（84）Wyman, 書誌720.
（85）Ciechanowski, 書誌902, p.159－162.
（86）Wyman, 書誌720, p.288－341及び Wasserstein の以下に所収の論考．Friedländer, 書誌148.
（87）Parker, 書誌812, p.151－173.
（88）同上.
（89）Powers, 書誌158 a, p.636.
（90）Jones, R. V., *Reflections on Intelligence*, Londres, 1989, p.213－265 ; Kershaw, 書誌143, p.922－924, 946－954.
（91）Jones, 同上, 注83を参照されたい.

(26) Bialer, 書誌504 b, p.227以降.
(27) Volkogonov, 書誌546 b, p.372.
(28) Bialer, 書誌504 b, p.438－440.
(29) *Novosti*, 1941年11月 6 日の週.
(30) Joukov, 書誌523.
(31) Beevor, Anthony, *Stalingrad*, Paris, De Fallois, 1999.
(32) ロシア人ワシリ・グロスマン，ドイツ人テオドール・プリーヴィエの証言．以下の著作にその抜粋が収められている．Ferro, *Les Individus face aux crises du XXᵉ siècle*, Paris, Odile Jacob, 2005, p.154－159〔アントニオ・ビーヴァー編『赤軍記者グロースマン，独ソ戦取材ノート1941－45』川上洸訳，白水社，2007；プリーヴィエ『死のスターリングラード』舟木重信訳，上下，角川書店，1952〕.
(33) Goure, 書誌518.
(34) Erickson, 書誌513.
(35) Dimitrov, 書誌510, p.197.
(36) Anders（アンデルス将軍), 書誌901, p.9以降．また注 4 に引いてある Viatteau の著作及び Katyn, 書誌544 b, p.91を参照されたい.
(37) Dimitrov, 書誌510, p.217.
(38) 同上．また Djilas, 書誌511も参照されたい.
(39) Dimitrov, 書誌510, p.233－237.
(40) 同上, p.238.
(41) Yitzak Arad, 書誌114, p.421－442.
(42) Colloque, 書誌148, p.278.
(43) Vaksberg, 書誌546 a, p.124－125.
(44) Anders（アンデルス将軍), 書誌901.
(45) Montefiore, 書誌529, p.283以降.
(46) 同上, p.247の注.
(47) Artamanov, M. I., *Studies in Ancient Khazar History*, Leningrad 1936（ロシア語), rééd., 1962, 削除箇所を復活させた版.
(48) 証言．テキストの全体が以下の著作に収められている．*Notre Révolution de 1917*, Paris, Albin Michel, 1977, p.975－977.
(49) リトアニア，ポーランド，ロシアのユダヤ人労働者の総連合でブンド（Bund）の略称で知られている．19世紀末に結成されたユダヤの社会主義政党であるブンドは，社会主義を求める闘争の枠内でユダヤ人の解放を要求していた．ブンドはボリシェヴィキの中央集権的傾向に対立していた.
(50) Ferro, 書誌514；Vaksberg, 書誌546 a.
(51) Vaksberg, 書誌546 a.
(52) Kostyrchenko, 書誌526 b.
(53) Nicolas Werth, *L'Île aux cannibals : 1933, une déportation-abandon en Sibérie*, Paris, Perrin, 2006, 206 p.
(54) Marie, 書誌532；Werth, 書誌548, p.250－252.
(55) Taylor, 書誌166, p.12－130；カルヴォコレッシの1996年年 2 月 9 日の証言.

(110) Maser, 書誌152, p.397.
(111) Friedländer, 書誌121, p.295以降.
(112) Costelle, Turenne, *La Bataille du Pacifique*, 1re partie. Pathé, 1966.
(113) Hopkins, 書誌715, p.114.
(114) Paul Akamatsu の証言による.
(115) Hitler, *Libres Propos*, 書誌137, p.3－37.
(116) *Nippon News*, nº 73. また Wray, 書誌633； Souyri, 書誌633 b, Paris-X, 1977.
(117) Decaux, 書誌207 b；Hitler, *Libres Propos*, 書誌137, II, p.307.
(118) 1992年５月のクリスティアン・ピノーの証言による.
(119) Trotsky, 書誌542.
(120) Soudoplatov, 書誌536, p.97－121.

第三章　戦争か，殲滅か（一九三九～四五年）

(1) Arad, 書誌114, p.173以降.
(2) 1992年１月の Rudolf von Thadden の証言.
(3) Leslie, R. F., *The History of Poland since 1863*, Cambridge, 1980, p.214－218. また Hilberg, 書誌135；*L'Allemagne Nazie...*, 書誌148.
(4) Alexandra Viatteau, *Staline assassine la Pologne*, Paris, Le Seuil, 1999, p.23.
(5) 注１に引いた次の著作の Gutman の記述を参照されたい. 書誌114, p.191.
(6) 注４に引いた次の著作を参照されたい. Viatteau, p.57.
(7) N. Werth, 書誌548, p.234－235.
(8) 1991年７月の証言.
(9) Master, 書誌152, p.395.
(10) Goebbels, 書誌126ほか.
(11) 次の映画を参照されたい. Elem Klimov, *Id i smorti*（『炎　628』), 1985.
(12) Fest, 書誌117, II, p.322；Keitel, 書誌141 b, p.172.
(13) Henri de Turenne, Daniel Costelle, *La Bataille de Moscou*, 1966；*Pathé Gazette*, 1942年１月.
(14) Jacques Sapir が2006年に伝えてくれた情報；Vladlen Sirotkine の1991年７月13日の証言.
(15) Ève Curie, 書誌903, p.149－150.
(16) Goebbels, 書誌127, 1943年３月22日.
(17) 同上.
(18) Ayçoberry, 書誌102 b, p.30.
(19) 同上, 1943年３月.
(20) Maser, 書誌152.
(21) Goebbels, 書誌127, 1943年１月23日.
(22) Goebbels, 書誌127.
(23) Volkogonov, 書誌546 b, p.386－387.
(24) 1991年７月６日の証言.
(25) Volkogonov, 書誌546 b, p.345.

(70) Vie, 書誌635, p.196以降.
(71) Bix, 書誌606.
(72) Bix, 書誌606, p.377.
(73) *Nippon News* (NHK) n°71, 1941年10月.
(74) Israelian, 書誌805 b, p.80以降.
(75) Lattimore, 書誌625, p.139.
(76) Broué, 書誌505, p.283.
(77) Keiji Furuya, 書誌624, p.115.
(78) Ulam, 書誌544 a, p.171－172 ; Bergère, 書誌604, p.355.
(79) Ulam, 書誌544 a, p.171－172.
(80) Hammond, 書誌618, p.121.
(81) Chiang Kai-chek, 書誌634, p.18－54.
(82) North, 書誌628, p.94.
(83) Chevrier, 書誌610, p.64.
(84) Ulam, 書誌544 a, p.175 ; Souyri, 書誌633 a, p.184－188.
(85) Keiji Furuya, 書誌624, p.324－325.
(86) Bianco, 書誌605 ; Short, 書誌631, p.306.
(87) Keiji Furuya, 書誌624, p.514.
(88) Dimitrov, 書誌612, p.106－110.
(89) Wego, 書誌636, p. 7－10.
(90) 蒋介石の声明. 書誌611, p. 1－20.
(91) これらの問題についての議論は以下に見られる. Sheng, 書誌630.
(92) Stilwell, 書誌633 c, p.307－310.
(93) Kaspi, 書誌714, p.428.
(94) Kaspi, 書誌714 ; Delmas, 書誌705, p.165－191.
(95) Hopkins, 書誌715, I, p.229－301.
(96) Hopkins, 書誌715.
(97) Freidel, 書誌707, p.289 ; Hopkins, 書誌715, I, p.36.
(98) Ceplair, Englund, 書誌702及び p.129以降.
(99) われわれはここで次の著作ですでに公刊した論文に用いた要素のいくつかを再利用している. Le Roy Ladurie, 書誌601, p.369－377.
(100) Duroselle, 書誌706, p.267以降.
(101) Freidel, 書誌707, p.290.
(102) Duroselle, 書誌706, p.283.
(103) Hopkins, 書誌715, p.43以降.
(104) 同上, p.89.
(105) Duroselle, 書誌706, p.294.
(106) O. Shinibu の証言による. 以下に引用されている. Bix, 書誌606, p.732.
(107) Spyman を引用している次の著作を参照されたい. Heffer, 書誌711, p.424.
(108) 次の著作による. Heffer, 書誌711, p.424.
(109) *Paramount*, 1941年11月23日の週.

画ニュース *Deutsche Wochenshau*」1941年 4 月27日.
(37) Gorodetsky, 書誌517, p.359－380 ; Kershaw, 書誌143, p.550－560.
(38) 同上 ; David Irving, *Rudolf Hess*, Paris, Albin Michel, 1988.
(39) 同上 ; Gorodetsky, 書誌517, p.380－397.
(40) Bialer, 書誌504 b, p.40－41.
(41) Molotov, 書誌528.
(42) Gor'kov, 書誌516, p.222－469.
(43) Molotov, 書誌528, p.23－61.
(44) Volkogonov, 書誌546 b, p.328－329.
(45) Gor'kov, 書誌516, p.229.
(46) Alliloüeva, 書誌502, p.330－331.
(47)「机上演習 War Games」については以下を参照されたい. *Archives Naumov*, 書誌501 ; Volkogonov, 書誌546 b ; Bialer, 書誌504 b. また Jacques Sapir との2006年 4 月の対話.
(48) Volkogonov, 書誌546 b, p.287.
(49) カザコフ, エレメンコの両将軍とヴァンニコフ大佐の報告が以下の著作に引用されている. Bialer, 書誌504 b, p.138－158, p.575－576.
(50) *Archives Naumov*, 書誌501, 1940年 7 月 1 日, I, 37.
(51) 同上, I, doc 97及び176.
(52) 同上, I, p.117.
(53) Montefiore, 書誌529, p.369.
(54) *Archives Naumov*, 書誌501, I, p.69.
(55) 周囲の諸国を犠牲にしてハンガリーの利益を図った「ウィーン裁定」については次の各著作を参照されたい. これについて全体的に述べているのは次のものである. Seton-Watson, 書誌814. ルーマニア側の視点については Gafenco, 書誌904がある. 次のものは独ソ関係について最も詳しい. Gorodetsky, 書誌517.
(56) *Archives Naumov*, 書誌501, p.503－505, p.538.
(57) Pathé, 1966, Gorodetsky, 書誌517, p.184.
(58) Andrew, 書誌503, p.194.
(59) 同上, p.152.
(60) 同上, p.172.
(61) Hopkins, 書誌715, I, p.204以降.
(62) これらの情報は次のものに由来する. *Archives Naumov*, 書誌501 ; Volkogonov, 書誌546 b, p.309.
(63) Churchill, 書誌206, éd. anglaise, III, p.493.
(64) Behr, 書誌602, p.85.
(65) Bix, 書誌606, p.179.
(66) 2006年 2 月28日の著者と Pierre-François Souyri との対話.
(67) Paul Akamatsu の証言.
(68) 同上, p.230－260.
(69) Mosley, 書誌627, p.170－176.

(3) 次の著作を参照されたい．De Gaulle, *Lettres*, 書誌330, 1938, p.24.
(4) 同上, 1940, p.31.
(5) Ferro, 書誌328, p.78－79.
(6) 次の各著作を参照されたい．Lacouture, 書誌343 ; Roussel, 書誌361.
(7) Éric Roussel, *Jean Monnet*, Fayard, Paris, 1996.
(8) Cremieux-Brilhac, 書誌323, I, p.53－71 ; Delpla, 書誌208 ; Barré, 書誌313.
(9) Lukacs, 書誌213 ; Manchester, 書誌215, II, p.516.
(10) Duroselle, 書誌326, p.164－174 ; Kammerer, *La Vérité sur l'armistice*, Paris, 1951, p. 105－138.
(11) Edward Spears, *Assigment of Catastrophe*, Londres, 1954, p.252.
(12) Winston Churchill, *War Speeches*, I, p.277.
(13) Delpla, 書誌208, p.542以降.
(14) *Pathé News*, 1940年7月14日の週.
(15)「イギリスの戦い」についての最良の著作は次のものである．Bedarida, 書誌202,とくに次を参照されたい．p.134－146. また次も参照されたい．Winterbotham, 書誌219, p.67以降.
(16) *Pathé News*, 1940年9月.
(17) Winterbotham, 書誌219.
(18) 第一章注16を参照されたい.
(19) 3月中旬の *Pathé News* 及び次の著作を参照されたい．Goebbels, 書誌126, p.258－277.
(20) Gorodetsky, 書誌517, p.45－51；同じ週の「ドイツ週間映画ニュース *Deutsche Wochenshau*」と *Pathé News*.
(21) Goebbels, 書誌126.
(22) Goebbels, 書誌126, p.101.
(23) Hillgruber, 書誌134, p.89－109.
(24) Warlimont, 書誌170.
(25) Lukacs, 書誌213.
(26) Ciano, 書誌403, II, p.275.
(27) Warlimont, 書誌170, p.111.
(28) Lee Asher, *Göring, l'homme qui a perdu la guerre*, Paris, 1974, p.92－121；Bedarida, 書誌202, p.160－164.
(29) Kershaw, 書誌143, II, p.462.
(30) ハルダーからヒトラー宛，1940年7月31日．以下も参照されたい．*Archives Naumov*, 書誌501, I, p.137－139.
(31) Fest, 書誌117, II, p.319－321.
(32) Gafenco, 書誌904, p.210.
(33) Seton-Watson, 書誌814, p.70－83.
(34) *Archives Naumov*, 書誌501, I, n° 172－176－179.
(35) Goebbels, 書誌126.
(36) Seton-Watson, 書誌814, p.65－67 ; Kershaw, 書誌143, II, p.537－540 ;「ドイツ週間映

（49）Ciano, 書誌403, II, p.132.
（50）Kershaw, 書誌143.
（51）同上；Schmidt, 書誌160；Munich, 書誌809 b.
（52）Kershaw, 書誌143；Steinert, 書誌164.
（53）Marie, 書誌531, p.572；Molotov, 書誌528, p.232.
（54）同上. また Ciano, 書誌403；Kershaw, 書誌143.
（55）Khrouchtchev, 書誌524, p.69－72.
（56）同上, p.79.
（57）Richard H. Ullman, *Britain and the Russian civil War*, Princeton, 1968, tome 2, p.204－294.
（58）Montefiore, 書誌529, p.327. ペタンがそれまで一度も読んだことがなかった『我が闘争』をジルアン Gillouin〔フランスの右翼の作家・ジャーナリスト〕に要約させたのはモントワールでヒトラーと会見する（1940年10月）直前であったことを指摘しておこう．以下を参照されたい．Ferro, 書誌328, p.179.
（59）Gafenco, 書誌904, p.60.
（60）Marie, 書誌531.
（61）Manchester, 書誌215, p.410.
（62）Volkogonov, 書誌546 b, p.263－276.
（63）Ferro, 書誌328, p.171.
（64）注43，注53に引かれた次の著作を参照されたい．Duroselle, 書誌327；Marie, 書誌531.
（65）Montefiore, 書誌529, p.335.
（66）Broué, 書誌505.
（67）とくに次に引く著作を参照されたい．Angelo Rossi, *La Guerre des papillons*, Paris, 1954, p.154, 図版５, Jean-Pierre Rioux（編）, *Les Communistes français de Munich à Châteaubriant*, Paris, 1987.
（68）Churchill, 書誌206；Bedarida, 書誌202；Manchester, 書誌215；Moran, 書誌214.
（69）同上.
（70）同上；Charmley, 書誌205.
（71）Schmidt, 書誌160, p.159.
（72）同上, p.148.
（73）Manchester, 書誌215, p.422, p.424；Decaux, 書誌207 b.
（74）Anders, 書誌901, p.15.
（75）Ciano, 書誌403, II, p.10.
（76）Weizsacker, 書誌172, p.56.

第二章　本当の敵は誰なのか（一九三九～四一年）

（１）われわれの次の著作を参照されたい．*Grande Guerre 1914－1918*, Paris, Idées 1969, Nlle éd. Folio Gallimard, 1990, p.14－77.
（２）以下に述べるのは，われわれがすでに次の著作で展開したいくつかの結論である．*Pétain*, 書誌328, p.36－94.

(20) 以下に引用されている．Marc Ferro, Marie-Louise Derrin, *Comment l'Allemagne est devenue nazie*, Pathé, 1970.
(21) Kershaw, 書誌144, p.593－615.
(22) 注5を参照されたい．
(23) Bullock, 書誌109 b.
(24) この部局については注17に引かれた著作の他，以下を参照されたい．Duroselle, 書誌327.
(25) ヘスがおこなった宣伝については以下に見られる．F. Caillaux, Marc Ferro, *Chroniques d'une paix manquée*, Pathé, 1966.
(26) フランスの指導者たちが心の内に潜ませていたイギリス嫌いを表面化させるのに最も影響があったのはこの条約だった．
(27) Kershaw, 書誌143及び注17に引かれている各著作を参照されたい．
(28) Zara, 書誌417, p.123－124.
(29) Milza, Berstein, 書誌412, p.90.
(30) Milza, 書誌411, p.７－163.
(31) ヨーロッパの反ファシズムについては以下の著作を参照されたい．Groppo, 書誌406 c.
(32) Deakin, 書誌404, p.23.
(33) 注28に引かれた次の著作を参照されたい．Zara, 書誌417.
(34) 注29に引かれた次の著作，Milza, Berstein, 書誌412. また注24に引かれた次の著作を参照されたい．Duroselle, 書誌327.
(35) *Journal de Genève*, 1943年11月30日付．以下の著作に引用されている．Gafenco, 書誌904, 付録.
(36) 以下を参照されたい．Kershaw, 書誌143, II, p.104以降.
(37) Schmidt, 書誌160, p.138以降．また Duroselle, 書誌327, p.325以降.
(38) 注37に引かれた次の著作．Schmidt, 書誌160, p.152以降.
(39) 現場にいたアメリカ人ジャーナリスト William Shirer による目撃証言．William Shirer, *Berlin Diary, 1934－1941*, Londres, 1995.
(40－１) 注37に引かれた次の著作．Schmidt, 書誌160, p.159.
(40－２) 以下を参照されたい．Déat, 書誌324 a, p.444.
(41) ミュンヘン会談が開かれた週の「ドイツ週間映画ニュース *Deutsche Wochenscahu*」;「パテ・シネマ *Pathé Cinéma*」．ダラディエについては Pierre Daladier の個人的な証言.
(42) 次の著作による．Watson, 書誌814, p.50－51.
(43) Duroselle, 書誌327；Bonnet, 書誌316 b.
(44) 同上；Bonnet, 書誌316 b, p.289以降.
(45) Defrasne, 書誌324 b；Annette Becker, *Maurice Halbwachs, un intellectuel en guerres mondiales*, Paris, 2003.
(46) Milza, 書誌411, p.658－718.
(47) Ciano, 書誌403, II, p.54.
(48) Henderson, 書誌210 b, p.259；Schmidt, 書誌160, p.212以降.

原注

（文中太字の書誌番号は巻末付録「原注に引かれた書物の書誌」の見出し番号に対応）

第一章　戦争への序曲（一九一八〜三九年）

（1）Henry Kissinger, *The World Restaured. Metternich, Castelreagh, The Problem of Peace, 1812－1822*, Londres, 1957〔邦訳『回復された世界平和』伊藤幸雄訳，原書房，1976〕.

（2）休戦のこのようなイメージは次の映画の末尾に見られる．*La Grande Guerre, 1914－1918,* Pathé, 1964. 監督は Marc Ferro と Solange Peter．これらの画像はコブレンツの文書館にあったものである．

（3）*Mein Kampf*, Fest の書誌**117**の著作に引用されている．I, p.82〔『わが闘争』の邦訳には以下のものがある．平野一郎・将積茂訳，角川文庫，上下，2001〕.

（4）Pierre Renouvin, *Le Traité de Versailles*, Flammarion, Paris, 1972.

（5）以下の著作に引用されている．*1919, Mille neuf cent dix-neuf, vu par ses contemporains*, Alwig, Paris, 2000.

（6）以下の著作を読まれたい．Sebastien Haffner, *Histoire d'un Allemand, souvenirs, 1914－1933*, Actes Sud, Arles, 2003.

（7）Fest, 書誌**117**, p.29.

（8）同上, p.61.

（9）Hamann, 書誌**133**.

（10）テュレ社の日刊紙に引用されている．*Munchener Beobachter*，1919年10月4日付.

（11）Hamann, 書誌**133**.

（12）Kellog, 書誌**142**.

（13）同上．この偽書については以下を参照されたい．Olendes, 書誌**811 b**.

（14）この伝説についてはわれわれの以下の著作を参照されたい．*Nicolas II*, Payot, Paris, 1990, p.221, p.332.

（15）ロシアにおけるファシズムの先駆についてはわれわれの以下の著作を参照されたい．*Révolution de 1917*, Nlle éd. Albin Michel, Paris, 1997, p.518－534.

（16）Philippe Burrin, 書誌**110**.

（17）ヒトラーの初期の経歴については以下を参照されたい．Bullock, 書誌**109 a**; Fest, 書誌**117**; Kershaw, 書誌**143**; Steinert, 書誌**164**.

（18）Benoist-Méchin, 書誌**106**, p.312.

（19）注17を参照されたい.

ラ行

ワ行

作戦・会議・会談名等に関する索引

ヴィシー政権の代表としてアンティル諸島におけるフランス高等弁務官を務める）　344
ロマーノ➡ムッソリーニ，ロマーノ
ロマノフ，キリル ROMANOV, Cyrille（1876－1938．第16代ロシア皇帝アレクサンドル２世 ALEKSANDR II〔在位1855－81〕の孫で1924年ロシア皇帝位の継承を宣言）　29
ロンメル，エルヴィン［元帥］ROMMEL, Erwin（1891－1944．ドイツの軍人．1938年ヒトラーの親衛隊長，42年元帥，44年ドイツ国防軍総司令官．終戦間近，ヒトラーと意見が対立し自決を強いられた）　101, 143, 171, 289, 302, 303, 305, 306, 308, 326, 362, 397, 400－2, 407, 408, 415, 502

ワ行

ワーグナー，リヒャルト WAGNER, Richard（1813－83．ドイツの作曲家，楽劇の創始者．『ニーベルングの指環』〔４部作，1853－74〕『トリスタンとイゾルデ』〔59〕『パルジファル』〔82〕）　31, 32, 35, 410
ワシーリエフ［兄弟］VASILIEV（セルゲイ Sergei〔1900－59〕，ゲオルギー Georgii〔1899－1946〕．ソ連の映画監督．1928年より「ワシーリエフ兄弟」の名で活動）　174
ワース，アレクサンダー WERTH, Alexander（1901－69．ロシア生まれのイギリスのジャーナリスト．第２次大戦中 BBC 特派員としてソ連で過ごす）　382, 384, 388

ド・ゴールのレジスタンス運動に参加．42－45年ドイツに抑留される） 100, 103, 104, 107－9, 111, 113－5, 332, 340, 341
レープ，フォン［元帥］LEEB, von（1876－1964．ドイツの軍人．独ソ戦の最中にヒトラーと対立して解任） 398
レーム，エルンスト RÖHM, Ernst（1887－1934．ナチスドイツの軍人．1919年ドイツ労働者党〔後のナチス党〕の創立に参加．突撃隊を組織，34年ナチス党の粛清により銃殺） 37, 50, 404, 466
レンテ＝フィンク，フォン RENTHE-FINK, von（1885－1964．ドイツの外交官．駐デンマーク大使を経てヴィシー政府のもとへ派遣される） 416

ロイド＝ジョージ，グィリム LLOYD-GEORGE, Gwilym（1894－1967．イギリスの政治家．デイヴィド・ロイド＝ジョージの息子．1942－45年，燃料動力相） 443
ロイド＝ジョージ，デイヴィド LLOYD-GEORGE, David（1863－1945．イギリスの政治家．自由党員．第1次大戦を首相として指導） 87, 89, 122, 123
ロコソフスキー［将軍］ROKOSSOVSKII（1896－1968．ソ連，ポーランドの軍人，政治家．ソ連邦元帥．ポーランド元帥．スターリンの粛清によって一時投獄されるが，ジューコフの個人的嘆願によって釈放され，対独戦争に従事） 153
ロージー，ジョゼフ LOSEY, Joseph（1909－84．アメリカ出身のイギリスの映画監督．『コンクリート・ジャングル』〔1960〕『暗殺者のメロディー』〔72〕） 212
ローズヴェルト，エリオット ROOSEVELT, Elliott（1910－90．ローズヴェルトの三男） 320－3, 347, 375
ローズヴェルト，エレノア ROOSEVELT, Eleanor（1884－1962．ローズベルト大統領夫人．著述家，外交官，社会運動家．1945年国連アメリカ代表となり，世界人権宣言起草委員会の議長を務める） 412
ローズヴェルト，フランクリン・ジュニア ROOSEVELT Franklin junior（1914－88．アメリカの政治家．ローズヴェルト大統領の次男，第2次大戦中は海軍士官） 192
ローズヴェルト，フランクリン・デラノ ROOSEVELT, Franklin Delano（1882－1945．第2次大戦を指導したアメリカ大統領） 2, 100, 101, 116, 132, 149, 155, 164, 165, 172, 184－202, 205, 210, 242, 258, 272－9, 285, 286, 291, 297, 304, 317－30, 337, 338, 341, 346－59, 362, 364, 365, 368－83, 389, 391, 393, 394, 411, 412, 439, 441, 442, 447－9, 469－73
ローゼンベルク，アルフレート ROSENBERG, Alfled（1893－1946．ナチスドイツの国家社会主義理論家，政治家．ナチス党機関紙の主筆として初期ナチス運動を指導） 29, 268
ロッセッリ［兄弟］ROSSELLI（イタリアの政治家兄弟．カルロ Carlo〔1899－1937〕，ネッロ Nello〔1900－37〕．27年フランスに亡命，反ファシスト運動に携わる） 48
ロベスピエール ROBESPIERRE（1758－94．フランス革命時代のジャコバン派指導者，恐怖政治の推進者） 315
ロベール［提督］ROBERT（1875－1965．フランスの軍人．1939年マルティニークに赴任，フランスの対独戦争敗北後，

ルイコフ，アレクセイ RYKOV, Aleksei（1881－1938．ソ連の共産主義指導者，政治家．1921年病床のレーニンを代理し，24－30年人民委員会議長〔首相〕．その後失脚し反革命公判で処刑） 247
ルィジ＝スミグルイ，エドゥヴァルド RYDZ-SMIGLY, Edvard（1885－1941．ポーランドの軍人．カチンの森で殺されたことが確実視されている二人のポーランド将軍のひとり〔もうひとりはスモラヴィンスキ〕） 219
ルカ，ドミニック LECA, Dominique（1906－1982，フランスの官僚） 109
ルカーチ，ジョン LUKACS, John（1924－．ハンガリー生まれのアメリカの歴史家） 114, 127
ルクセンブルク，ローザ LUXEMBURG, Rosa（1871－1919．ドイツの社会主義者．1889－96年チューリヒに亡命．98年ベルリンに移り，ドイツ社会民主党に属し，1904－14年に第２インターナショナルで活動．16年スパルタクス団，18年ドイツ共産党の創設に参加，19年逮捕，虐殺される） 27
ルクレール［将軍］LECLERC（1902－47．フランスの軍人．第２次大戦中，フランス軍を指揮してパリ解放に導く） 331, 350, 445
ルジャンティオム［将軍］LEGENTILHOMME（1884－1975．フランスの軍人） 333
ルーデンドルフ［将軍］LUDENDORFF（1865－1937．ドイツの軍人，第１次大戦期のドイツの将軍．退役後は政治活動に熱中，1923年ナチスが起こしたミュンヘン一揆に参加し検挙） 30, 32, 34
ルノワール，ジャン RENOIR, Jean（1894－1979．フランスの映画監督．『自由への闘い』〔1943〕） 192
ルブラン，アルベール LEBRUN, Albert（1871－1950．フランスの政治家．大統領となったが，フランス敗戦に伴うペタン元帥の憲法改正で引退） 107
ルンデ LUNDE（1901－41．ノルウェーのファシスト政党，国民統一党の政治家） 122
ルントシュテット，フォン RUNDSTEDT, von（1875－1953．ドイツの軍人，元帥．国防軍の長老で「最良の軍人」のひとりとして知られる） 229, 400, 401

レーヴィ，プリーモ LEVI, Primo（1919－87．イタリアの小説家．アウシュヴィッツからの生還者．『これが人間であるならば』〔1947〕『休戦』〔63〕） 417
レオポルド３世 LEOPOLD III（1901－83．ベルギー国王〔在位1934－51〕） 113
レジェ，アレクシ（サン＝ジョン・ペルス）LÉGER, Alexis（SAINT-JOHN PERSE）（1887－1975．フランスの詩人，外交官．『遠征』〔1924〕．60年ノーベル文学賞受賞） 340－2, 345, 349
レーダー［提督］RAEDER（1876－1960．ナチスドイツの軍人．戦後ニュルンベルク裁判で終身刑に処せられたが高齢と病身のため釈放） 53, 128, 222
レーニン，ウラジミール・イリイチ LENIN, Vladimir Iliich（1870－1924．ロシアの革命家．ロシア内外で革命運動を組織．1917年十月革命を指導，成功させて人民委員会議議長．別名イサーク・ゼデルブルム） 3, 4, 21, 27, 31, 37, 47, 99, 211, 246, 247, 273
レノー，ポール REYNAUD, Paul（1878－1966．フランスの政治家．1940年３－６月首相．対独宥和政策に反対し，

（1869－1941．イギリスの外交官．コンスタンチノープル，マドリッド，ベルリンで大使を務める） 89

リスト［元帥］LIST（1880－1971．ドイツの軍人．東部戦線南部のA軍集団司令官） 399
リスト，シャルル RIST, Charles（1874－1955．フランスの経済学者） 339, 503
リッツァーニ，カルロ LIZZANI, Carlo（1922－2013．イタリアの左翼活動家） 307
リットルトン［卿］LYTTLETON（1881－1949．イギリスの政治家） 333, 412
リットン［卿］LYTTON（1876－1947．イギリスの政治家．日中紛争に関する国際連盟の満州事変調査団団長として1932年中国，日本を視察し，有名な「リットン報告書」を提出） 179
リッベントロープ，ヨアヒム・フォン RIBBENTROP, Joachim von（1893－1946．ナチスドイツの政治家．1932年ナチスに入党，38－45年ナチス政府の外相，46年ニュルンベルク裁判で死刑判決） 41, 59, 69, 73－6, 83, 94, 128, 133, 134, 149, 150, 152, 155, 170, 171, 201, 255, 273, 304, 308, 310, 312, 317, 351, 404, 418, 433, 469
リトヴァク，アナトール LITVAK, Anatole（1902－74．ロシア生まれの映画監督．ドイツ，アメリカなどで活躍．『私は殺される』〔1948〕） 191
リトヴィノフ，マクシム LITVINOV, Maksim（1876－1951．ソ連の外交官．1927年ジュネーブの軍縮会議準備委員会で首席代表として世界の「全面軍縮」を提唱，30－39年外務人民委員〔外相〕，41－43年駐米大使） 73, 80, 81, 94, 250, 330
リーヒ LEAHY［提督］（1875－1959）アメリカの軍人，外交官．第2次大戦中は元帥，1940－42年駐仏大使．戦後はトルーマン大統領の反共世界政策の推進に大きな影響を与える） 338, 344
リーフェンシュタール，レニ RIEFENSTAHL, Leni（1902－2003．ドイツの映画監督，元女優．ベルリン五輪映画『民族の祭典』〔1938〕などで数々の新手法を考案） 35
リープクネヒト，カール LIEBKNECHT, Karl（1871－1919．ドイツの社会主義者，ドイツ共産党創立者．左派社会主義運動の指導者W・リープクネヒトの子．1916年スパルタクス団を結成，19年スパルタクス団蜂起で虐殺される） 27
リュットウィッツ，ヴァルター・フォン LÜTTWITZ, Walter von（1859－1942．ドイツの軍人．第1軍団司令官．1920年カップ将軍とともにカップ一揆を起こす） 34
リンゲ，ハインツ LINGE, Heinz（1913－80．ヒトラーの召使） 440
リンドバーグ，チャールズ LINDBERG, Charles（1902－74．アメリカの飛行家．1927年愛機「スピリット・オブ・セントルイス号」に乗り，ニューヨーク－パリ間の大西洋無着陸単独飛行に初成功） 189

ルイ14世 LOUIS XIV（1638－1715．フランス王〔在位1643－1715〕，フランス絶対王政の頂点を築く） 99
ルイ18世 LOUIS XVIII（1755－1824．フランス王〔在位1814－24〕，フランス革命で処刑されたルイ16世の弟） 20

Hermann（1887－1982．ドイツの保守派政治家，評論家．1933年よりナチス党員として活動，35年に転向してアメリカに亡命し反ナチスの立場を取る） 31
ラオフ［大佐］RAUFF（1906－84．ナチスドイツの軍人．北イタリアにおけるドイツの秘密警察〔ゲシュタポ〕の責任者．戦後も逃亡を続けチリで没する） 426
ラケーレ➡ムッソリーニ，ラケーレ
ラーコシ，マーチャーシュ RÁKOSI, Mátyás（1892－1971．ハンガリーの政治家．1948年社会主義労働者党の第1書記として56年まで絶大な権力を振るう．52－53年首相兼任） 241
ラコフスキー，クリスティアン RAKOVSKII, Christian（1873 －1941．ブルガリア出身でルーマニア国籍の医師，革命家．トロツキー主義者．トロツキーと親しく，第2次大戦中に内務人民委員部により拘束，処刑） 210
ラザフォード，ルーシー・マーサー RUTHERFORD, Lucy Mercer（1891－1948．ローズヴェルトの女友達） 411, 412
ラツィス，マルティン LATSIS, Martin（1888－1938．ソ連の秘密警察〔チェカ〕の創設者のひとり） 27
ラティモア，オーウェン LATTIMORE, Owen（1900－89．アメリカのアジア研究家．中国の辺境問題を中心に『満州における蒙古民族』〔1934〕などを残す） 172
ラデック，カルル RADEK, Karl（1885－1939？．ソ連の共産主義理論家，急進世界革命主唱者．1937年粛清裁判に巻き込まれ10年の刑を受ける） 211, 247, 370
ラーテナウ，ヴァルター RATHENAU, Walther（1867－1922．ドイツの実業家，政治家，著述家．ワイマール共和国初期に外相を務め，ソ連とラパッロ条約を締結するも極右テロ組織によって暗殺） 30, 32, 33
ラドロー，ルイス LUDLOW, Louis（1873－1950．アメリカの政治家） 193
ラバルト，アンドレ LABARTHE, André（1902－67．フランスの技師，言論人．第2次大戦中自由フランスに参加） 209
ラフト，ジョージ RAFT, George（1903－80．アメリカの俳優．ヴァレンティノ VALENTINO〔1895－1926〕のスタンド・インとして映画界入り，ギャング役を演じる） 191
ラブリー，ジョージ RUBLEE, George（1868－1957．アメリカの政治家） 274
ラマース LAMMERS（1879－1962．ナチスドイツの政治家．総統官邸官房長） 268, 408
ラーン，ルドルフ RAHN, Rudolf（1900－75．ナチスドイツの外交官．サロ共和国にドイツ全権代表として派遣される） 416
ランガー，ワルター・C　LANGER, Walter C.（1899－1981．アメリカの精神分析医） 431
ラング，フリッツ LANG, Fritz（1890－1976．オーストリア生まれのドイツの映画監督．マブゼ博士が登場する3部作『ドクトル・マブゼ』〔1922〕『M』〔31〕『怪人マブゼ博士』〔33〕） 35, 190
ランボルド，ホレス RUMBOLD, Horace

ルセル・プルーストを求めて』〔1949〕『バイロン伝』〔30〕） 340
モンジ，アナトール・ド MONZIE, Anatole de（1876－1947．フランスの政治家） 59
モンティニ，ジャン MONTIGNY, Jean（1892－1970．フランスの政治家．急進社会党に属する代議士であったが1940年ラヴァルに接近し，ヴィシー政権下で検閲長官となる） 81
モンテフィオーリ，サイモン・セバーグ MONTEFIORE, Simon Sebag（1965－．イギリスの歴史家，作家） 245, 375
モントゴメリー，バーナード［元帥］MONTGOMERY, Bernard（1887－1976．イギリスの軍人．1944年イギリス軍総司令官としてノルマンディー上陸作戦を立案，元帥となる．48年西ヨーロッパ軍最高司令官会議議長） 290, 305, 324, 350, 401, 469

ヤ行

ヤコヴレフ，アレクサンドル［将軍］YAKOVLEV, Aleksandr（1906－89．ソ連の軍人，ソ連の飛行機設計者．独ソ戦では飛行機製造部局長，工場のソ連内部への移動の責任者） 155
ヤゴーダ，ゲンリフ YAGODA, Genrikh（1891－1938．ソ連の政治家．内務人民委員部長を務めていたが失脚し，逆に粛清され処刑） 247
ヤコフ➡ジュガシビリ，ヤコフ
山下奉文 やました・ともゆき（1885－1946．陸軍軍人，大将．1942年シンガポール攻略時の指揮官，中将．戦後マニラで軍事裁判にかけられ処刑） 171
山本五十六 やまもと・いそろく（1884－1943．海軍軍人，元帥．真珠湾攻撃時の連合艦隊司令長官） 170, 204
ヤロスラフスキー YAROSLAVSKII（1878－1943．ソ連の政治家，歴史家．1921年共産党中央委員会書記，『党史』『労働運動史』を執筆） 238

ユーリア JULIA（スターリンの長男ヤコフの妻） 245

ヨッフェ，アドリフ IOFFE, Adolif（1883－1927．ソ連の革命家，外交官．十月革命後外交官として活動，1923年上海で孫文と共同宣言を発表．トロツキーと親しく，トロツキーの党追放後自殺） 173－5, 210
ヨードル［元帥］JODL（1890－1946．ナチスドイツの軍人．1939－45年ドイツ国防軍参謀総長，46年ニュルンベルク裁判で死刑判決） 54, 129, 136, 157, 224, 229, 310, 399, 404

ラ行

ライナー［大管区指導官］RAINER（1903－47．オーストリアのナチス活動家） 416
ラインハルト，ゲオルグ＝ハンス［将軍］REINHARDT, Georg-Hans（1887－1963．ドイツの軍人） 222
ラヴァル，ピエール LAVAL, Pierre（1883－1945）フランスの政治家．1935－36年首相．ヴィシー政権下で40年副首相，42年内務相，情報相，外相，首相．対独協力を推進し45年その罪で銃殺） 39, 40, 50, 51, 62, 100, 101, 103, 107, 217, 289, 290, 327, 335, 336, 339, 344, 347, 349, 385
ラウシュニング，ヘルマン RAUSCHNING,

軍人）107
メッセ［将軍］MESSE（1883－1968．イタリアの軍人．ロンメルの後を引き継いで，チュニジアでドイツ・イタリアの戦車部隊の指揮を執る）309
メフリス MEKHLIS（1889－1953．ソ連の政治家．国家統制人民委員会議副議長，『プラウダ』編集長の要職を歴任）141, 238, 247, 248
メレツコフ，キリル［将軍］MERETSKOV, Kyrill（1897－1968．ソ連の軍人．国防省総監，元帥）146, 156
メンゲルスハウゼン MENGERSHAUSEN（ナチスドイツの軍人．ヒトラーの副官）440

毛沢東 もう・たくとう（1893－1976．中国の政治家．中国共産党の指導者，中華人民共和国初代国家主席）167, 172, 173, 178－83, 207, 208, 375, 378, 379
モーゲンソー，ヘンリー MORGENTHAU, Henry（1891－1967．アメリカの政治家．1944年ドイツの徹底的な非軍事化と非工業化を目指すモーゲンソー計画を立案）411
モズレー，オズワルド MOSLEY, Oswald（1896－1980．イギリスの政治家．1931年イギリスファシスト連盟を結成，第2次大戦後ネオファシスト運動の指導者となる）48, 208
モーデル［元帥］MODEL（1891－1945．ドイツの陸軍軍人．第2次大戦末期の西部方面司令官）409
モネ，ジャン MONNET, Jean（1888－1979．フランスの経済学者，政治家．第2次大戦中は英仏調整委員会議長，国民解放委員会軍需・補給・再建委員，国民経済会議議長を歴任．戦後いわゆるモネ計画を提案してフランス経済の復興に努力）110, 111, 340, 349
モーラス，シャルル MAURRAS, Charles（1868－1952．フランスの作家，政治家．1898年ドレフュス事件〔1894－99〕で反ドレフュス派として活動，99年右翼政治団体「アクション・フランセーズ」を結成，フランス言論界に大きな影響力を持つ．旅行記『アテネ紀行』〔1896－98〕，評論『知性の未来』〔1905〕）106
モラン，ポール MORAND, Paul（1888－1976．フランスの作家，批評家．1913－44年世界各地で外交官生活をする傍ら『夜開く』〔22〕『恋のヨーロッパ』〔25〕などを発表）340
モラン［卿］MORAN（1882－1977．イギリスの医師．イギリス首相の主治医）329, 442－4
森赳 もり・たけし（1894－1945．陸軍軍人．終戦時の近衛第1師団長）463
モリア，マッダレーナ MOLLIER, Maddalena（ドイツ報道官の妻）420
モルデカイ MORDECAI（旧約聖書『エステル記』に登場する人物）261
モレル MORELLE（1886－1948．ドイツの医師）228
モロトフ，ヴァチェスラフ・ミハイロヴィチ MOLOTOV, Vyacheslav Mikhailovich（1890－1986．ソ連の政治家．ブハーリン一派の打倒で名をあげ，1930年40歳でソ連邦人民委員会議議長〔首相〕，53年第一副首相兼外相）73, 74, 80, 83, 133, 134, 140－3, 148－51, 157, 211, 234, 244, 245, 250, 252, 324, 351－3, 358, 361, 364, 366, 372, 385, 387, 449, 453, 469
モロワ，アンドレ MAUROIS, André（1885－1967．フランスの作家，批評家．『マ

によって処刑） 241
ミハルコフ，ニキータ MIKHALKOV, Nikita（1945－．ロシアの映画監督，脚本家，俳優．父親はソ連国歌およびロシア国歌作詞者のセルゲイ・ミハルコフ Sergei MIKHALKOV．大粛清時代を描いた映画『太陽に灼かれて』〔1994〕でカンヌ国際映画祭最高賞グランプリ，アカデミー賞外国語映画賞を受賞） 4
ミュズリエ，エミール［提督］MUSELIER, Émile（1882－1965．フランスの軍人．第2次大戦中の自由フランス軍の主要な指導者） 117, 209, 341, 342
ミリューコフ，パーヴェル MILYUKOV, Pavel（1859－1943．ロシアの歴史家，政治家．帝政末期の自由主義政党，立憲民主党のリーダーのひとり．リヴォーフ公〔1861－1925〕を首班とする臨時政府で外相） 30

ムージル，ロベルト MUSIL, Robert（1880－1942．オーストリアの小説家．軍人コースから転身，大学で工学，論理学，実験心理学を学ぶ傍ら『士官候補生テルレスの惑い』〔1906〕を発表，代表作に未刊の大作『特性のない男』〔30－33〕） 35
ムッソリーニ，アレッサンドロ MUSSOLINI, Alessandro（1854－1910．ムッソリーニの父） 46
ムッソリーニ，アンナ MUSSOLINI, Anna（1929－68．ムッソリーニの次女） 428, 429
ムッソリーニ，ヴィットーリオ MUSSOLINI, Vittorio（1916－97．ムッソリーニの長男） 317, 428
ムッソリーニ，エッダ MUSSOLINI, Edda（1910－95．ムッソリーニの長女．ガレアッツォ・チアーノの妻） 68, 300－2, 415, 418, 419
ムッソリーニ，ブルーノ MUSSOLINI, Bruno（1918－41，ムッソリーニの次男） 428, 429
ムッソリーニ，ベニト MUSSOLINI, Benito（1883－1945．イタリアの政治家，ファシズム運動の指導者．1921年国家ファシスト党を結成，その頭領〔ドゥーチェ〕となり一党独裁体制を確立．ナチスに接近参戦したが失脚，銃殺される） 2, 31, 32, 34, 39, 40－51, 59－61, 65－70, 88, 113, 125, 127, 138, 202, 212－3, 227, 229, 241, 291, 292, 294－319, 356, 380, 393, 403, 404, 411, 414－31, 433, 442, 450, 468, 472
ムッソリーニ，ラケーレ MUSSOLINI, Rachele（1890－1979．ムッソリーニの妻） 297, 300－2, 314, 317, 418, 420, 428, 429, 431, 504
ムッソリーニ，ロマーノ MUSSOLINI, Romano（1927－2006．ムッソリーニの三男．成長して有名なジャズピアニストとなる） 428, 429, 431
ムニ，ポール MUNI, Paul（1895－1967．アメリカの俳優．1918－25年ユダヤ人劇団の一員として舞台に立つ．英語によるデビューは『われらアメリカ人』〔26〕，アメリカの劇作家ライス RICE の『顧問弁護士』〔31〕で主演） 191
ムーラン，ジャン MOULIN, Jean（1899－1943．フランスの政治家．レジスタンス指導者，ドイツの秘密警察〔ゲシュタポ〕に拷問の末殺害される） 209, 290

メイエール［中佐］MAYER（フランスの

Henk Sneevliet の偽名．オランダ共産党員．インドネシア共産党を創設，コミンテルンに認められ中国に派遣される） 174
マルクス，カール MARX, Karl（1818－83. ドイツの革命家，思想家，経済学者） 35, 261
マルクス兄弟 MARX brothers（1930－40年代に活躍したニューヨーク出身の喜劇俳優の兄弟．チコ Chico〔1887－1961〕，ハーポ Harpo〔1888－1964〕，グルーチョ Groucho〔1890－1977〕，ガモ Gummo〔1897－1977〕，ゼッポ Zeppo〔1901－79〕のうち上の3人兄弟が有名。『我輩はカモである』〔1933〕『カサブランカの夜』〔46〕） 138
マルティ，アンドレ MARTY, André（1886－1956．フランスの政治家．1924年共産党員となり，25－52年党中央委員，34－35年党機関紙『ユマニテ』編集長．52年除名） 242
マルトフ，ユーリー MARTOV, Yulii（1873－1923．ロシアの政治家，革命家．1903年以後メンシェビキ〔ロシア社会民主労働党の右派〕の指導者．20年に亡命，ベルリンで『社会主義通報』発行） 248
マルロー，アンドレ MALRAUX, André（1901－76．フランスの小説家，政治家．中国革命運動の体験を『征服者』〔1928〕『王道』〔30〕に描いた．『人間の条件』〔33，ゴンクール賞受賞〕） 177
マレンコフ，ゲオルギー MALENKOV, Georgii（1902－88．ソ連の政治家．スターリンの後継として有力視されたが後に左遷） 143
マン，トマス MANN, Thomas（1875－1955. ドイツの小説家，評論家．『ベニスに死す』〔1912〕『魔の山』〔24〕．29年ノーベル文学賞受賞） 36
マンキーウィッツ，ジョゼフ MANKIEWICZ, Joseph（1909－93．アメリカの映画監督，映画作者，脚本家，『ボストン物語』〔1947〕） 190
マンジュー，アドルフ MENJOU, Adolf（1890－1963．アメリカの俳優） 191
マンシュタイン，フォン［将軍］MANSTEIN, von（1887－1973．ドイツの軍人．1942年7月セバストポリ要塞を陥落させ元帥となる） 127, 153, 224
マンデル，ジョルジュ MANDEL, Georges（1885－1944．フランスのユダヤ系政治家．1932年独立派の総裁，34年以降諸内閣の通信相を歴任．対独協力に反対し42年ドイツに拘禁，殺害される） 103, 108

ミコヤン，アナスタス MIKOYAN, Anastas（1895－1978．ソ連の政治家．1955－64年第1副首相，64－65年最高幹部会議長） 143, 148, 211, 234
ミコワイチク，スタニスワフ MIKOŁAJCZYK, Stanisław（1901－66．ポーランドの政治家．第2次大戦中ロンドンに亡命，1943－44年亡命政府首班．45年連合政権の副首相，47年アメリカへ亡命，国際農民組織総裁） 360, 365, 366, 372, 373
ミハイ1世［王］MIHAI I（1921－．ルーマニア王国最後の王〔在位1927－30／40－47〕） 392
ミハイロヴィチ MIHAILOVIĆ（1893－1946．ユーゴスラヴィア王国の軍人．セルビア人将兵集団「チェトニック」を率いて抵抗運動を組織，戦後チトー

カの映画監督.『西部戦線異状なし』〔1930, アカデミー監督賞受賞〕『犯罪都市』〔31〕『雨』〔32〕） 371
マグダ➡ゲッベルス, マグダ
マクドナルド, ジェイムズ MACDONALD, James（1866－1937. イギリスの政治家. 1924／29－35年首相. イギリス史上最初の労働党出身の首相） 87
マクミラン, ハロルド MACMILLAN, Harold（1893－1986. イギリスの政治家. 1924年保守党下院議員, 45年空相を経て国防・外務・大蔵省, 57年首相） 88
マクリーン, ドナルド MCLEAN, Donald（1913－83. イギリスの外交官. ソ連のスパイ,「ケンブリッジ5人組」のひとり） 154
マーシャル［総司令官］MARSHALL（1880－1959. アメリカの軍人, 政治家. マーシャル・プランの提唱者. 第2次大戦中は米英軍合同参謀本部議長. 1953年ノーベル平和賞受賞） 185, 201, 326, 329, 362, 469
マーゼル, ヴェルナー MASER, Werner（1922－2007. ドイツの歴史家） 201
マーチ, フレデリック MARCH, Frederic（1897－1974. アメリカの俳優.『セールスマンの死』〔1951〕でヴェネチア映画祭男優賞受賞） 191
松岡洋右 まつおか・ようすけ（1880－1946. 外交官, 政治家. 国際連盟脱退, 日独伊三国軍事同盟締結, 日ソ中立条約など日本外交の重大局面に大使, 外相として関与） 150, 162, 469
マッカーサー［将軍］MACARTHUR（1880－1964. アメリカの軍人, 元帥. 日本占領の最高権力者として多くの占領政策を実行） 184, 289, 325, 468
マッケンゼン［将軍］MACKENSEN（1889－1969. ドイツの軍人. 1944年の退役直前はイタリアに派遣され第14軍を指揮） 310
マッツィーニ, ジュゼッペ MAZZINI, Giuseppe（1805－72. イタリアの政治家, 社会運動家. イタリア統一運動の推進者） 415
マッテオッティ, ジャコモ MATTEOTTI, Giacomo（1885－1924. イタリアの政治家, 社会主義者. 1924年統一社会党書記長. 議会でファシスト党を公然と非難し暗殺される） 47, 309
マヌイリスキー, ドミトリー MANUILSKII, Dmitrii（1883－1959. ソ連の政治家. 1924－43年コミンテルン執行員として国際共産主義運動の指導にあたる） 241
マーフィー, ロバート MURPHY, Robert（1894－1978. アメリカの外交官. 国務省ドイツ・オーストリア課長, 講和後の初代駐日大使などを歴任） 101, 338
マリク, ヤコフ MALIK, Yakov（1906－80. ソ連の外交官. 駐日大使, 駐英大使を歴任） 459
マリタン, ジャック MARITAIN, Jacques（1882－1973. フランスの哲学者. 北アメリカに滞在中に第2次大戦が勃発. そのままアメリカに残る. 1945－48年バチカン駐在のフランス大使, 48－60年プリンストン大学哲学教授） 345
マリノフスキー［元帥］MALINOVSKII（1898－1967. ソ連の軍人. フルシチョフの軍事政策を忠実に実行して戦略ロケット軍を創設するなどソ連軍の近代化を推進） 231
マーリン（馬林）, ヘンク MARING, Henk（1883－1942. ヘンク・スネーフリート

として蔵相，外相などを歴任）62－4, 81, 82, 93, 103, 194
ボーノ，エミリオ・デ BONO, Emilio de（1866－1944. イタリアの政治家，軍人．ムッソリーニ解任時のファシスト大評議会での反ムッソリーニ的行動により裁判にかけられヴェローナで処刑）423
ボノーミ，イヴァノエ BONOMI, Ivanoe（1873－1951. イタリアの政治家. 1921－22年首相となり短期間で辞任．バドリオの辞職後44年より再び首相）313, 380
ホーファー［大管区指導官］HOFER（1902－75. オーストリアのナチス活動家）297, 416
ホプキンズ，ハリー HOPKINS, Harry（1890－1946. アメリカの政治家. 大統領補佐官となり，ローズヴェルトの特使として連合国首脳との重要交渉にあたる）155, 156, 186, 199, 317, 318, 321, 330, 382, 412, 441, 449
ボラー，ウィリアム BORAH, William（1865－1940. アメリカの法律家，政治家．ローズヴェルトのニューディール政策に強く反対）193
ホルステ，E・ルドルフ［将軍］HOLSTE, E. Rudolf（1897－1970. ドイツの軍人. ベルリン陥落時には中将としてベルリン北部守備を担う第41機甲師団を指揮）437
ホルティ［提督］HORTHY（1868－1957. ハンガリーの政治家，軍人．執政．反革命派の指導者として1922－44年独裁権力を握り，ドイツと結んで対ソ戦にも参戦）269, 272, 392
ボルディン［将軍］BOLDIN（1892－1965. ソ連の軍人）140
ボルト，ゲルハルト BOLDT, Gerhardt（1918－81. ドイツの軍人，著述家）432
ボールドウィン，スタンリー BALDWIN, Stanly（1867－1947. イギリスの政治家．1923年首相，31年枢密院議長，35年首相）87, 89
ボルマン，マルティン BORMANN, Martin（1900－1945. ナチスドイツの政治家. ヒトラーの秘書で後ナチス党官房長，41年以降ヒトラーの第3位継承者，終戦時に自殺）137, 223, 255, 259, 268, 269, 271, 407, 434, 436, 438, 440
ボーレン，チャールズ BOHLEN, Charles（1904－74. アメリカの外交官）449
ボロディン，ミハイル BORODIN, Mikhail（1884－1951. ソ連の政治家．1923－27年中国国民党の顧問）175, 176
ホワイト，ハリー・デクスター WHITE, Hurry Dexter（1892－1948. アメリカの経済学者，官吏．ローズヴェルト政権下で財務次官補．ソ連のスパイ）155
ボワッソン，ピエール BOISSON, Pierre（1894－1948. フランスの官僚. 仏領西アフリカ総督）118
ボワランベール，クロード・エティエ・ド［将軍］BOISLAMBERT, Claude Hettier de（1906－86. フランスの軍人）331

マ行

マイスキー，イヴァン MAISKII, Ivan（1884－1975. ソ連の外交官，評論家，歴史家．駐日全権代表を務めた後1932－43年駐英大使，43年外相代理となりヤルタ，ポツダム両会談のソ連代表団にも参加）80, 124, 139, 361
マイルストン，ルイス MILESTONE, Lewis（1895－1980. ロシア生まれのアメリヘルマン，リリアン HELLMAN, Lilian（1905－84．アメリカの女性劇作家．『子供の時間』〔1934〕『秋の園』〔51〕） 371

ベルリンク［大佐］BERLING（1896－1980．ポーランドの軍人．ポーランド占領後収容所へ送られるが，ソ連でポーランド軍機甲師団が編制されるとその参謀長に任じられる） 240

ヘンダーソン，ネヴィル HENDERSON, Nevile（1882－1942．イギリスの外交官．第2次大戦以前におけるイギリス最後の駐独大使） 55, 81, 89, 91

ヘンダーソン，ロイ HENDERSON, Loy（1892－1986．アメリカの国務官僚，外交官） 449

ヘンライン，コンラート HENLEIN, Konrad（1898－1945．ナチスドイツの政治家．ズデーテンのドイツへの併合を達成．1945年5月連合国軍の収容所で自殺） 54

ホアー・サミュエル HOARE, Samuel（1880－1959．イギリスの保守政治家．第2次大戦中は駐スペイン大使） 50

ホア＝ベリーシャ HORE-BELISHA（1893－1957．イギリスの政治家，自由党員） 443

ボガート，ハンフリー BOGART, Humphrey（1899－1957．アメリカの映画俳優．『アフリカの女王』〔1951年アカデミー主演男優賞受賞〕などでハードボイルド派のスタートして活躍） 191, 204

ホーガン，ジェイムズ HOGAN, James（1890－1943．アメリカの映画監督．『マドリッド行き最終列車』〔1937〕） 190

ボグネール，マルク［牧師］BOEGNER, Marc（1881－1970．フランスの宗教家，一般に「牧師ボグネール」の名で呼ばれる．ヴィシー政権下でユダヤ人救出のため努力） 342

ボグネール，エティエンヌ BOEGNER, Étienne（？－1985 マルク・ボグネールの息子，アメリカにおける「自由フランス」の5人の代表のひとり） 342－7

ボゴモロフ，アレクサンドル BOGOMOLOV, Aleksandr（ソ連の外交官，1943－50年駐仏大使） 384

ボース，チャンドラ BOSE, Chandra（1897－1945．インドの民族独立運動家．1943年自由インド〔アーザード・ヒンドゥ〕仮政府を樹立） 469

ポータル［元帥］PORTAL（1893－1971．イギリスの空軍軍人．1946年子爵家を創設） 281, 282

ボック，フォン［将軍］BOCK, von（1880－1945．ドイツの軍人．ソ連侵攻を指揮するがヒトラーによって罷免） 220, 224, 322, 397, 398, 405, 467

ボッタイ，ジュゼッペ BOTTAI, Giuseppe（1895－1959．イタリアのファシスト，ローマ進軍の計画者．グランディとともにファシスト党穏健派を代表する政治家） 306

ポッツィ［医師］POZZI（イタリアの医師） 310

ボードゥアン，ポール BAUDOUIN, Paul（1894－1964．フランスの政治家） 65

ボナパルト，ナポレオン BONAPARTE, Napoléon（1769－1821．フランス皇帝〔在位1804－14〕） 3, 20, 74, 320

ボネ，ジョルジュ BONNET, Georges（1889－1973．フランスの政治家，外交官．1924年以降急進社会党下院議員

von（1878－1946. ナチスドイツの軍人. ナチスの政権獲得とともに1933年陸相兼陸軍司令官，36年元帥） 41, 53, 55

ヘス，ルドルフ HESS, Rudolf（1894－1987. ナチスドイツの政治家. 1920年ナチス党員，33年総統代理，41年単身渡英，イギリスとの講和交渉を図るも失敗. ニュルンベルク裁判で終身刑） 40, 101, 137－9, 148, 255, 328, 512
ペタッチ，クララ PETACCI, Clara（1912－45. ムッソリーニの愛人. 愛称クラレッタ） 302, 418, 428, 430, 431
ペタル2世 PETAR II（1923－70. ユーゴスラヴィア王国第2代の最後の国王〔在位1934－41〕，親ナチス政策を取り41年ドイツ軍の進入でロンドンに亡命） 241
ペタン［元帥］PÉTAIN（1856－1951. フランスの軍人，政治家. 1918年元帥，20－31年最高軍事会議副議長，40年首相となり休戦条約を締結，政府所在地をヴィシーへ移す. 40－44年ヴィシー政府国家主席，大戦後終身刑となり獄死） 63, 100, 105－11, 114－7, 127, 130, 183, 209, 257, 290, 327, 329, 331, 332, 336－9, 347, 392, 416, 511
ヘッセン，フィリップ（大公）HESSEN, Philippe（1896－1980. ナチスドイツの政治家. 1940－80年ヘッセン＝カッセル方伯家の当主，ナチス政権下でヘッセン＝ナッサウ州知事） 66, 67
ヘディン，スヴェン HEDIN, Sven（1865－1952. スウェーデンの地理学者，探検家. 1893－97年アジア大陸を横断，古代都市楼蘭の遺跡を発見） 124
ペトロフ，A・A PETROV, A .A.（ソ連の外交官） 378
ベニト➡ムッソリーニ，ベニト
ベネシュ，エドヴァルト BENEŠ, Edvard（1884－1948. チェコスロヴァキアの政治家. 1918－35年チェコ共和国外相，21－22年首相，35－38／40－48年大統領） 55, 57－60, 63, 70, 71, 89
ヘプナー［元帥］HOEPNER（1886－1944. ドイツの軍人. 戦車部隊司令時にヒトラーの戦術に従わずドイツ国防軍を不名誉除隊，その後ヒトラー暗殺計画に加わり処刑） 398
ベーベル・アウグスト BEBEL, August（1840－1913. ドイツの政治家，社会主義者，社会民主党創立者. 1869年ドイツ社会主義労働者党を創設. 89年第2インターナショナルの創立に参加.『婦人と社会主義』〔1883〕） 149
ヘミングウェー，アーネスト HEMINGWAY, Ernest（1899－1961. アメリカの小説家.『日はまた昇る』〔1926〕『誰がために鐘は鳴る』〔40〕『老人と海』〔52〕. 54年ノーベル文学賞受賞） 190
ベリヤ，ラヴレンチ BERIYA, Lavrentii（1899－1953. ソ連の政治家，秘密警察の責任者. 1930年代「血の粛清」の最後の担当者） 141, 143, 154, 156, 211, 212, 219, 234, 240, 244, 251, 254, 287, 376, 453
ベルジュリ，ガストン BERGERY, Gaston（1892－1974. フランスの政治家，急進主義者. ヴィシー政権下で駐ソ大使，駐トルコ大使） 64
ベルナドッテ［伯爵］BERNADOTTE（1895－1948. スウェーデンの政治家，外交官. スウェーデン国王グスタフ5世の甥. 1945年スウェーデン赤十字副総裁としてドイツの休戦降伏を連合国に取り次ぐ） 272, 436

43, 53, 62, 65, 66, 68, 88, 117, 130, 133, 297, 329, 441
ブーランジェ，ジョルジュ［将軍］ BOULANGER, Georges（1837 − 91. フランスの軍人，政治家．大衆的人気を背景に第３共和制下の1889年に政権奪取の野望を抱いたがクーデタの機会を逸し91年亡命先で自殺） 108
フランソワ=ポンセ，アンドレ FRANÇOIS-PONCET, André（1887 − 1978. フランスの政治家，外交官．政府顧問，駐独大使などを歴任） 59
フランダン，ピエール＝エティエンヌ FLANDIN, Pierre-Étienne（1889 − 1958. フランスの政治家．1934 − 35年首相兼外相，その後右傾化し40年ヴィシー政権下で外相） 50, 62
フランツ=ヨーゼフ１世 FRANZ-JOSEPH I（1830 − 1916. オーストリア帝国皇帝〔在位1848 − 1916〕，後オーストリア＝ハンガリー二重帝国の統治者としてハンガリー王〔在位1867 − 1916〕を兼ねる。オーストリア帝国最後の皇帝） 43, 98
ブラント，ウィルフリッド BLUNT, Wilfrid（1907 − 83. イギリスの美術評論家．ソ連のスパイ，「ケンブリッジの５人組」のひとり） 154
ブリアン，アリスティド BRIAND, Aristide（1862 − 1932. フランスの政治家．第１次大戦後，国際協調主義と集団安全保障体制の路線を進め，1926年ノーベル平和賞受賞） 39, 103, 179
プリーヴィエ，テオドール PLIEVER, Theodor（1892 − 1955. ドイツの作家．ルポルタージュ風の小説を書く．『ベルリン』〔1954〕） 237, 506
フリッチュ［将軍］ FRITSCH（1880 − 1939. ドイツの軍人．1935年ドイツ軍最高司令官として陸軍の建設にあたる） 55
フリードリヒ２世 FRIEDRICH II（1712 − 86. プロイセン王〔在位1740 − 86〕） 398, 413
プリモ・デ・リベラ，ミゲル PRIMO DE RIVERA, Miguel（1870 − 1930. スペインの軍人，独裁者．1923年クーデタにより内閣を倒し，軍事独裁を確立〔− 30〕） 48
フリョロフ，ゲオルギー FLEROV, Georgii（1913 − 90. ソ連の核物理学者） 286
ブルクハルト，カール BURCKHARDT, Karl（1891 − 1974. スイスの歴史家，外交官，随筆家．ダンツィヒの国際連盟委員としてドイツとポーランドの関係を調停） 92
フルシチョフ，ニキータ KHRUSHCHYOV, Nikita（1894 − 1971. ソ連の政治家．1935 − 38年党モスクワ地方委員書記，38 − 49年ウクライナ第１書記．58年党第１書記として首相を兼任，ソ連の最高指導者となり後に失脚） 3, 75 − 7, 140, 141, 245, 451
ブルトン，アンドレ BRETON, André（1896 − 1966. フランスの詩人．シュルレアリスム運動の創始者．詩集『大地の光』〔1923〕小説『ナジャ』〔28〕） 340
ブルム，レオン BLUM, Léon（1872 − 1950. フランスの政治家，社会主義者．1936年ユダヤ人として初めて人民戦線内閣の首相に就任） 61, 62, 103, 108, 332
プレヴァン，ルネ PLEVEN, René（1901 − 93. フランスの政治家．1940年ド・ゴールの自由フランス運動に参加。第２次大戦後２度にわたり首相を務める） 118, 331, 341, 342, 384
ブロンベルク，フォン［将軍］ BLOMBERG,

官となって海軍再編に従事）　391
溥儀 ふぎ（1906－67．宣統帝として清朝皇帝〔1908－12〕，後に満州国皇帝に即位．康徳帝と名乗る）　173, 179
フーシェ，クリスティアン FOUCHET, Christian（1911－74．フランスの政治家，外交官）　386
ブジョンヌイ［将軍］BUDYONNYI（1883－1973．ロシア内戦における赤軍の英雄．ソ連元帥最初のひとり）　233, 234, 236
プーチン，ウラジミール POUTINE, Vladimir（1952－．ロシアの政治家．1999年よりロシア連邦の首相，大統領を交互に歴任し2012年に大統領再選）　448
フックス，クラウス FUCHS, Klaus（1911－88．東ドイツの核物理学者．渡米してマンハッタン計画〔原子爆弾製造計画〕に参画．ソ連のスパイ，1950年に逮捕，服役）　287
ブッシュ［元帥］BUSCH（1885－1945．ドイツの軍人）　229, 400
ブッシュ，ヴァネヴァー BUSH, Vannevar（1890－1974．アメリカの電気工学者．原子爆弾の開発計画に早くから関与．1939－55年ワシントンのカーネギー協会会長）　195
ブッファリーニ，グイド BUFFARINI, Guido（1895－1945．イタリアの政治家）　426
ブハーリン，ニコライ BUKHARIN, Nicolai（1888－1938．ソ連の革命家，政治家．ソ連共産党有数の理論家とレーニンに評価され，レーニンの死後スターリンに協力するが右派として批判され失脚，粛清）　177, 178, 211, 370
フメリニツキー，ボフダン KHMELINITSKII, Bogdan（1595頃－1657．ロシアの政治家，軍人）　238
フライスラー，ローラント FREISLER, Roland（1893－1945．ドイツの法律家．反ナチス活動家を裁く特別法廷「人民法廷」の長官，数千人に死刑判決を下す）　406
ブラウヒッチュ，フォン［将軍］BRAUCHITSCH,von（1881－1948．ドイツの軍人，元帥．1938－41年ドイツ陸軍最高司令官として第２次大戦の作戦を指導，41年モスクワ戦の失敗で解任）　126, 136, 224, 397, 398
ブラウン，エヴァ BRAUN, Eva（1912－45．ヒトラーの愛人．ベルクホーフの山荘の女主人役を務め，結婚直後に夫ヒトラーと自殺）　228, 436－41
ブラッドレー，オマール BRADREY, Omar（1893－1981．アメリカの軍人．北アフリカ，ヨーロッパにおける野戦司令官）　469
ブラドフィシュ，オットー BRADFISH, Otto（1903－94，ナチスドイツの軍人，親衛隊中佐）　271
ブラン BULAN（７－10世紀にカスピ海北部で栄えた遊牧国家の王）　247
ブランキ，オーギュスト BLANQUI, Auguste（1805－81．フランスの社会主義者，革命家）　21
フランク，ハンス FRANK, Hans（1900－46．ナチスドイツの法学者，ナチスの法部門担当者．1939年ポーランド占領地総督．ニュルンベルク裁判で裁かれ処刑）　217, 266
フランクリン➡ローズヴェルト，フランクリン・デラノ
フランコ［将軍］FRANCO（1892－1975．スペインの軍人，政治家．人民戦線政府打倒のクーデタを起こし独裁的権力を掌握．第２次大戦後，終身国家元首）

ヒューストン，ジョン HUSTON, John（1906－87. アメリカの映画監督. 写実的な手法で知られる.『マルタの鷹』〔1941〕） 204
ピョートル大帝 PYOTR（1672－1725. ロシア，ロマノフ朝第５代皇帝） 203
平沼騏一郎 ひらぬま・きいちろう（1867－1952. 司法官僚，政治家. 1939年１月－８月首相） 165
ピレリ，アルベルト PIRELLI, Alberto（1882－1971. イタリアの実業家） 423
ピンチ，カール＝ハインツ PINTSCH, Karl-Heinz（1909－？. ナチスドイツの軍人，ヘスの側近） 137
ヒンデンブルク［元帥］HINDENBURG（1847－1934. ドイツの軍人，政治家. ワイマール共和国第２代大統領となるが，ヒトラーの台頭を許す） 32, 36

ファビアン［大佐］FABIEN（1919－44. フランスの共産党員，レジスタンス活動家） 101
ファリナッチ，ロベルト FARINACCI, Roberto（1892－1945. イタリアのファシスト政治家. 第２次大戦へのイタリア参戦を推進） 302, 309
ファルケンハイン FALKENHAYN（1861－1922. ドイツの軍人. 1914年マルヌの敗戦後に参謀総長，ドイツの戦争指導の責任者となる） 216
フィッシャー，フリッツ［卿］FISHER, Fritz（1841－1920. イギリスの海軍提督） 216
フィップス，エリック PHIPPS, Eric（1875－1945. イギリスの外交官. 1933－37年駐独大使） 89
フィーティンゴッフ［将軍］VIETINGHOFF（1887－1952. ドイツの陸軍軍人） 421
フィリップ，アンドレ PHILIP, André（1902－70. フランスの政治家） 347
フィルビー，キム PHILBY, Kim（1912－88. イギリスの官僚. 英ソの二重スパイ，「ケンブリッジの５人組」のひとり） 154
フィンベルク［大佐］FINBERG（ドイツの軍人，右翼活動家） 29
フェーゲライン，ヘルマン FEGELEIN, Hermann（1906－45. ナチスドイツの軍人，ナチス親衛隊大将. ヒトラーの愛人エヴァ・ブラウンの妹と結婚） 436
フェルミ，エンリコ FERMI, Enrico（1901－54. イタリア系アメリカ人の物理学者. 原子力研究を行い，1938年ノーベル物理学賞受賞） 286
フォード，ジョン FORD, John（1894－1973. アメリカの映画監督. 西部劇映画の巨匠. ４度アカデミー監督賞受賞） 191
フォード，ヘンリー FORD, Henry（1863－1947. アメリカの実業家. フォード・モーターの創立者） 189
ブオナロッティ，フィリップ BUONAROTTI, Philippe（1761－1837. イタリア生まれのフランスの革命家） 21
フォール，ポール FAURE, Paul（1871－1965. フランスの政治家，社会主義者） 64
フォルスター，アルベルト FORSTER, Albert（1902－52. ドイツの政治家. ダンツィヒ市長） 90
フォレスタル，ジェイムズ FORRESTAL, James（1892－1949. アメリカの政治家，銀行家. 1940年ローズヴェルトのもとで新設の海軍次官，その後海軍長ビエルト，ボレスワフ BIERUT, Bolesław（1892－1956．ポーランドの政治家．第２次大戦前からモスクワで活動，大戦末期からポーランド国民評議会議長．1947－52年大統領，52－54年首相） 291, 360, 366
ピーク，ヴィルヘルム PIECK, Wilhelm（1876－1960．ドイツの政治家．ドイツ民主共和国〔東ドイツ〕の初代大統領） 241
ピサール，サミュエル PISAR, Samuel（1929－．ナチスの絶滅収容所の生存者で最も年少の人々のひとり） 220, 232
ピシェル，アーヴィング PICHEL, Irving（1891－1954．アメリカの映画監督） 328
ヒス，アルジャー HISS, Alger（1904－96．アメリカの弁護士，国務省官吏．ソ連のスパイ．共産党員に国務省の秘密文書を手渡したとして服役） 155
ビスマルク，オットー・フォン BISMARCK, Otto von（1815－98．ドイツの政治家．1862年プロイセン首相．71年軍拡路線でドイツ統一を完成．初代宰相） 5, 119
ビスマルク，オットー・フォン BISMARCK, Otto von（1897－1975．ナチスドイツの外交官，政治家．前項ビスマルクの孫） 297
ビーツ嬢 BEETZ, Frau（本名ブルクハルト，ヒルデガルト BURKHARDT, Hildegard 1919－2010．ドイツの女スパイ） 419
ピティリム［修道院長］PITIRIM（ソ連の宗教家） 307
ビドー，ジョルジュ BIDAULT, Georges（1899－1983．フランスの政治家，レジスタンス活動家．戦後首相，外相，国防省を歴任，終始一貫してドイツ封じ込め，植民地の維持を主張） 383, 384
ヒトラー，アドルフ HITLER, Adolf（1889－45．ドイツの政治家，総統．1933年首相就任，ナチスドイツの「第三帝国」を確立） 2－5, 23－47, 49－92, 94, 95, 98, 100, 102－4, 109, 112, 113, 116－9, 122－39, 143, 145, 148, 150, 152, 153, 155, 157, 167, 169, 187, 189, 192, 194, 195, 201－3, 205－9, 213, 217, 220－31, 234, 241－3, 255－75, 283－5, 290－2, 294－7, 299, 303, 304, 306－14, 316, 318, 322, 328, 329, 332－4, 341, 356, 358, 392, 393, 397－411, 413－6, 418, 424, 425, 431－42, 450, 451, 466－9, 471, 472, 501, 510, 511, 513
ピノー，クリスティアン PINEAU, Christian（1904－95．フランスの政治家，作家．第２次大戦中はレジスタンス運動に従事．戦後蔵相，外相） 209, 507
ヒムラー，ハインリヒ HIMMLER, Heinrich（1900－45．ナチスドイツの指導者．1929年親衛隊隊長，34年国家秘密警察〔ゲシュタポ〕長官，44年国内国防軍総司令官．45年５月イギリス軍に捕らえられ服毒自殺．ナチスの収容所における残虐行為の主要責任者） 36, 217, 255, 258－60, 265, 266, 268－72, 291, 316, 376, 405－8, 410, 418, 434, 436, 437, 440
ピュオ，ガブリエル PUAUX, Gabriel（1883－1970．フランスの外交官，政治家．1939－40年フランス保護領の高等弁務官） 332
ビュカール，マルセル BUCARD, Marcel（1895－1946．フランスの政治家，ファシスト指導者．戦後処刑） 48

51
ハーリー，パトリック HURLEY, Patrick（1883－1963．アメリカの外交官，軍人．陸軍長官，駐中大使を務める） 377, 378
ハリス［元帥］HARRIS（1892－1984．イギリスの空軍軍人．ドイツ諸都市の空爆を推進，「爆撃者ハリス」とあだ名される） 282, 283, 289
パリッシュ，ロバート PARRISH, Robert（1916－95．アメリカの映画監督．『007 カジノ・ロワイヤル』〔1967〕） 191
バリット，ウィリアム BULLITT, William（1891－1967．アメリカの外交官，ジャーナリスト，小説家．1933－36年最初の駐在ソ連大使，36－40年駐仏大使） 193, 338, 371
ハリファックス［卿］HALIFAX（1881－1959．イギリスの政治家．1938－40年外相としてミュンヘン協定の締結をはじめとしチェンバレンの宥和政策を支える．41－46年駐米大使） 80, 81, 90, 93, 113, 118, 122, 124, 128, 139, 329, 346
ハリマン，ウィリアム HARRIMAN, William（1891－1986，アメリカの外交官，実業家．1943－46駐ソ大使） 187
ハリマン，パメラ HARRIMAN, Pamela（1920－97．イギリス生まれのポーランド人．チャーチルの息子と結婚するが離婚．その後再婚しアメリカに渡り，アメリカ民主党の活動家，外交官となる） 354, 364, 372
ハル，コーデル HULL, Cordell（1871－1955．アメリカの政治家．ローズヴェルト政権の国務長官．国際連合の創設に活躍．1945年ノーベル平和賞受賞） 187, 198, 199, 328, 330, 335, 341, 342, 373, 455
バール，アドルフ BERLE, Adolf（1895－1971．アメリカの外交官，作家，教育者） 155, 369
ハルダー［将軍］HALDER（1884－1972．ドイツの軍人，1938年参謀総長．41年ヒトラーの戦略に反対し44年収容所に送られる） 127, 131, 399, 510
バルテレミ，ヴィクトール BARTHÉLEMY, Victor（1900－85．フランスの政治家，ジャーナリスト．共産主義の活動家からファシズムの活動家となり，ドリオのフランス民衆党に加わる） 421－6
バルトゥー，ルイ BARTHOU, Louis（1862－1934．フランスの政治家，弁護士．首相〔1913〕，外相〔34〕．ロカルノ条約を目指して外交工作を開始したがユーゴスラヴィア王アレクサンダル1世とともに暗殺される） 39, 62, 79
パレフスキー，ジョルジュ PALEWSKI, Georges（1901－84．フランスの政治家） 384
パワーズ，トマス POWERS, Thomas（1940－．アメリカの著述家） 284
バーンズ，ジェイムズ BYRNES, James（1879－1972．アメリカの政治家．1945－47年国務長官，ポツダム会談などの国際会議に出席．対ソ強硬派） 449, 454
ハンフスタングル，エルンスト HANFSTANGEL, Ernst（1887－1975．ドイツの実業家，政治家．ナチス党員，ヒトラーの側近．1937年アメリカに亡命，第2次大戦中はアメリカ政府の対独アドバイザー） 328

ピウスツキ［元帥］PIŁSUDSKI（1867－1935．ポーランドの独立運動家，政治家．国家元首） 61

1966．イギリスの軍人．太平洋戦争におけるシンガポール陥落時のマレー軍司令官）171, 289

パーシキヴィ PAASIKIVI（1870－1956．フィンランドの政治家．1944－46年首相，46－56年大統領．対ソ関係の安定に尽力）372

橋本欣五郎 はしもと・きんごろう（1890－1957．陸軍軍人．2・26事件の責任を問われ予備役に回されるが日中戦争勃発に伴い再び召集．南京攻略時，日本軍がイギリス船を攻撃した責任を取り陸軍砲兵大佐で退役）164

バスティアニーニ，ジュゼッペ BASTIANINI, Giuseppe（1899－1961．イタリアの政治家，外交官）306, 311, 313

ハーゼ，フーゴー HAASE, Hugo（1863－1919．ドイツの社会民主主義者，法律家，平和主義者．第1次大戦に反対してカウツキーやベルンシュタイン BERNSTEIN と独立社会民主党を結成し党首．1918年ドイツ革命直後にはフリードリヒ・エーベルトとともに臨時政府首班）149

畑中健二 はたなか・けんじ（1912－45．陸軍軍人，少佐．ポツダム宣言受諾についての御前会議の決定に反対しクーデタを計画した将校グループのひとり．1945年8月15日皇居前で自決）463

バッシ，マリオ BASSI, Mario（イタリアのミラノ知事）426, 427

パッチ［将軍］PATCH（1889－1945．アメリカの軍人．ガダルカナル島攻撃，南仏上陸作戦などを指揮）342, 350

パットン［将軍］PATTON（1885－1945．アメリカの陸軍軍人．1944－45年西部戦線で第3軍司令官）469

バーデン，マクシミリアン・フォン BADEN, Maximilian von（1867－1929．バーデン大公家家長．自由主義者として知られ，第1次大戦中にドイツ帝国首相，連合国との休戦交渉にあたる）24

バトラー，リチャード BUTLER, Richard（1902－82．イギリスの政治家．保守党内閣で蔵相，内相，副首相，外相を歴任）88

バドリオ［元帥］BADOGLIO（1871－1956．イタリアの軍人，政治家．ムッソリーニ失脚の1943年臨時政府首相兼外相として連合国に無条件降伏）291, 313, 315, 316, 414, 416, 425

ハーハ，エミール HÁCHA, Emil（1872－1945．チェコスロヴァキアの政治家，法学者．1938年大統領に選出，39年ヒトラーの最後通牒に屈服しドイツのベーメン〔ボヘミア〕およびメーレンの保護領首班となる．45年ソ連軍に捕われ獄死）71

バブーフ，グラキュス BABEUF, Gracchus（1760－97．フランスの革命家，思想家）22

パーペン，フランツ・フォン PAPEN, Franz von（1879－1969．ドイツの政治家，外交官．軍人出身．ワイマール共和国末期の1932年ドイツ首相，33年ヒトラー内閣副首相．第2次大戦中はトルコ大使〔1939－44〕，戦後，戦犯容疑で起訴されるが無罪）272

ハミルトン［公爵］HAMILTON（1903－73．イギリスの軍人．第1次大戦中ガリポリの戦いで勝利）137

パヨー，ルネ PAYOT, René（1894－1970．スイスのジャーナリスト．1941年よりラジオ・スイス・ロマンドで毎週国際情勢についてコメントし，フランス，ベルギーの聴取者から信頼を得る）

者） 31, 32

ネフスキー，アレクサンドル NEVSKII, Aleksandr（1220－63. 中世ロシアの英雄として称えられる名将） 238

ネルソン［提督］NELSON（1758－1805. イギリスの海軍軍人．アメリカ独立戦争，ナポレオン戦争などで名をあげ，1805年トラファルガー海戦でフランス・スペイン連合艦隊を撃破） 320

ノイラート，フォン NEURATH, von（1873－1956. ナチスドイツの政治家．ナチスがチェコスロヴァキアを併合するや，チェコ人のドイツ化に努める） 59, 328

ノエル，レオン NOËL, Léon（1888－1987. フランスの外交官） 63

ノックス，フランク［提督］KNOX, Frank（1874－1944. アメリカの海軍軍人） 185, 186

ハ行

ハイゼンベルク，ヴェルナー HEISENBERG, Werner（1901－76. ドイツの物理学者.「不確定性原理」という自然法則を発見し，1932年ノーベル物理学賞受賞） 284, 286

ハイドリヒ，ラインハルト HEYDRICH, Reinhard（1904－42. ナチスドイツの政治家．1934年よりドイツの秘密警察〔ゲシュタポ〕長官，41年ボヘミア・モラヴィア保護領総督．亡命チェコ人グループに狙撃され死亡） 217, 258, 259, 265, 266, 271, 277, 289

ハイレ・セラシエ１世 HAILE SELASSIE I（1892－1975〔在位1930－35／41－74〕. エチオピア帝国最後の皇帝．イタリアのエチオピア占領中はイギリスに亡命，74年に革命によって廃位） 295, 305

ハインリツィ，ゴトハルト HEINRICI, Gotthard（1886－1971. ドイツの軍人．ベルリン救援をめぐってカイテルと衝突，解任される） 435

パヴェリッチ，アンテ PAVELIĆ, Ante（1889－1959. クロアチアの独裁者．ナチスドイツの傀儡政権の首班） 257, 296

パヴォリーニ PAVOLINI（1903－45. イタリアの政治家，ジャーナリスト，エッセイスト） 415, 417

パウケル，アナ PAUKER, Ana（1893－1960. ルーマニアの政治家，ユダヤ人．1949年副首相兼党書記となるが52年解任） 241

パウル［ユーゴスラヴィア王国摂政］PAVLE（1893－1976. セルビア王国，ユーゴスラヴィア王国の王家，カラジョルジェヴィチ家の出身．ペータル２世の幼少期に摂政〔1934－41〕） 135, 136

パウルス，フォン［元帥］PAULUS, von（1890－1957. ドイツの陸軍軍人．スターリングラードでソ連軍に包囲され降伏，捕虜となる．ドイツ自由国民委員会に加わりナチスを批判） 226, 290, 400, 404

パウロ［聖］PAULOS（？－62頃．原始キリスト教会最大の伝道者） 261

パヴロフ［将軍］PAVLOV（1897－1941. ソ連の軍人．西部戦線を指揮．バルバロッサ作戦直後にソ連軍の敗退の責任を問われ解任・逮捕，処刑） 142

バグラニャン［元帥］BAGRANIAN（1897－1982. ソ連の軍人） 140

パーシヴァル［将軍］PERCIVAL（1887－

トルストイ，セルゲイ TOLSTOI, Serguei（ソ連の軍人） 155
ドルフース DOLLFUSS（1892－1934．オーストリアの政治家．1932－34年首相，ナチスのオーストリア合併に抵抗．34年ナチス党員に暗殺） 42, 50, 71
トルーマン，ハリー TRUMAN, Harry（1884－1972．アメリカの政治家．1945－53年大統領．第2次大戦の戦局処理に従事．トルーマン・ドクトリンなどを推進し冷戦に対処） 287, 325, 351, 359, 377, 393, 412, 448－52, 454, 459, 460, 468, 470
ドレクスラー，アントン DREXLER, Anton（1884－1942．ドイツの労働者，政治家．国家社会主義ドイツ労働者党〔ナチス党〕の前身であるドイツ労働者党の共同設立者） 32
トレス，アンリ TORRÈS, Henri（1891－1966．フランスの法律家，劇作家，ジャーナリスト，政治家） 340
トレーズ，モーリス THOREZ, Maurice（1900－64．フランス共産党の指導者．1930－64年党書記長．45－47年国務相兼副首相） 85, 241, 242, 371, 387, 388, 447
トレスコウ，ヘニング・フォン［将軍］ TRESKOW, Henning von（1901－44．ドイツの軍人，少将．ヒトラー暗殺計画を首謀し自殺） 405, 406
ドレフュス，A DREYFUS, A（1859－1935．フランスの軍人．1894年ドイツのスパイ容疑で流刑，終始無実を主張，共和主義者等の再審派と軍部中心の反ユダヤ主義・国家主義者等の再審反対派に国内が二分し共和政下の大問題に発展．99年に有罪となるが1906年無罪獲得） 106
トロツキー，レフ TROTSKII, Lev（1879－1940．ロシアの革命家．十月革命の最大の指導者のひとり．永久革命論を主張してスターリンと対立し，亡命先のメキシコで暗殺） 177, 210－2, 247, 248

ナ行

永野修身 ながの・おさみ（1880－1947．軍人．海軍相，連合艦隊司令長官を歴任．開戦時は軍令部総長．極東軍事裁判でA級戦犯とされるが裁判中に病没） 168
ナセル，ガマル・アブドゥル NASSER, Gamal Abdel（1918－70．エジプトの軍人，政治家．1952年クーデタを指導，56年以降大統領としてスエズ運河国有化などの民族主義政策を実施） 334
ナポレオン➡ボナパルト

ニコライ［大公］NIKOLAY（1856－1929．第11代ロシア皇帝ニコライ1世の孫．皇位継承権は本来なかったが，国民の人気が高く，彼を皇帝にしようという人々もいた．晩年はフランスに滞在） 29
ニコライ2世 NIKOLAI II（1868－1918．ロシア皇帝〔在任1894－1917〕．ロマノフ朝最後の皇帝） 29
ニコルソン，ハロルド NOCOLSON, Harold（1886－1968．イギリスの批評家，外交官，ジャーナリスト．下院議員も務める） 80
ニコレッティ，ジョアッキーノ NICOLETTI, Gioacchino（1897－1983．イタリアの待機知事） 427
ニーチェ，フリードリヒ NIETZSCHE, Friedrich（1844－1900．ドイツの哲学

DUROSELLE, Jean-Baptiste（1917－94. フランスの歴史家） 329
デンツ［将軍］DENTZ（1881－1945. フランスの軍人. 1940－41年フランス保護領の高等弁務官を務める） 332, 333

東郷茂徳 とうごう・しげのり（1882－1950. 外交官, 政治家. 日米開戦時, 終戦時の外相. 戦後, A級戦犯として服役中に病没） 460
東条英機 とうじょう・ひでき（1884－1948. 陸軍軍人, 大将, 政治家. 現役軍人のまま首相に就任し日米開戦に踏み切る. 極東軍事裁判でA級戦犯とされ処刑） 168, 169, 200, 207, 456
ドゥマン［将軍］DOUMENC（1880－1948. フランスの軍人） 81
ドゥメルグ, ガストン DOUMERGUE, Gaston（1863－1937. フランスの政治家. 1910年代, 20年代に首相, 元老院議長, 共和国大統領, 30年代にも短期間首相を務める） 61, 62
頭領（ドゥーチェ）➡ムッソリーニ, ベニト
ドゥロンクル, ウージェーヌ DELONCLE, Eugène（1890－1944. フランスの右翼活動家. 革命秘密行動委員会の共同創設者のひとり） 48
ド・ゴール, シャルル DE GAULLE, Charles（1890－1970. フランスの軍人, 政治家. 第2次大戦中ロンドンから自由フランス軍を指導, フランス解放後1944－46年首相, 58－68年第5共和国初代大統領） 2, 100, 102－10, 117, 118, 146, 208, 209, 290, 291, 324, 325, 329－50, 375, 380－90, 392, 396, 412, 413, 445－8, 470, 472, 502
トート, フリッツ TODT, Fritz（1891－1942. ナチスドイツの技術者. 1923年ナチスの党員となり, 40年軍需・防備相として北フランス海岸に潜水艦基地を築造） 397
ドノヴァン, ウィリアム DONOVAN, William（1883－1959. アメリカの軍人, 政治家. 第2次大戦中の戦略諜報局の長） 201
トハチェフスキー［元帥］TUKHACHEVSKII（1893－1937. ソ連の軍人, 参謀総長. 赤軍の機械化を推進, 数々の戦術を編み出し高く評価されたがスターリンの大粛清の犠牲となり処刑） 153, 223, 247
トマス, クルト［将軍］ THOMAS, Kurt（1896－1943. ドイツの軍人, ドイツ国防軍中将） 399
ドミトリック, エドワード DMYTRIK, Edward（1908－99. アメリカの映画監督. 有名なハリウッド・レッドパージ事件に連なって1948年に職を追われた.『十字架』〔47〕『ケイン号の反乱』〔54〕） 191, 192, 328
豊田副武 とよだ・そえむ（1885－1957. 海軍軍人, 大将. 軍令部総長） 460
ドラゴミロフ［大使］DRAGOMIROV（ブルガリアの外交官） 221
ドラックス＝プランケット［提督］DRAX-PLUMKETT（1880－1967. イギリスの軍人） 82
ド・ラットル・ド・タシニ, ジャン＝マリー［将軍］DE LATTRE DE TASSIGNY, Jean-Marie（1889－1952. フランスの軍人） 390, 445
ドリオ, ジャック DORIOT, Jacques（1898－1945. フランスの政治家, ファシスト. 1936年フランス人民党を結成, 積極的にナチスに協力, 44年パリ解放後にドイツに亡命） 103, 336, 421

ン」を指導）　174
陳独秀 ちん・どくしゅう（1879－1942. 中国の思想家，政治家．中国共産党創設期の最高指導者）　177

ツァイツラー，クルト ZEITZLER, Kurt（1895－1963. ドイツの軍人．第2次大戦中，陸軍総司令部参謀総長）　226
ツァラゴグル TSOLAKOGLOU（1886－1948. ギリシャの軍人，政治家．対独協力者で1941年ドイツ傀儡政権の首班）　296

デア，マルセル DÉAT, Marcel（1894－1955. フランスの政治家．社会主義者から反共産主義者に転向．サロー内閣で空軍大臣を務めた後，1941年対独協力政党国家民主連合を創設．ヴィシー政権下で労働・連帯相）　64, 103
テアボーフェン TERBOVEN（1898－1945. ナチスドイツの政治家．ミュンヘン一揆に参加し，1940－45年ノルウェーの実質的支配者である国家弁務官を務める）　122
ティクシエ，アドリアン TIXIER, Adrien（1893－1946. フランスの政治家．自由フランスをアメリカにおいて代表，1944年ド・ゴール臨時政府の内務相）　343
ディズニー，ウォルト DISNEY, Walt（1901－66. アメリカの漫画家，映画制作者．1928年最初の有声の漫画映画に成功．ミッキーマウスやドナルドダックの作者）　191
ティソ TISO（1887－1947. チェコスロヴァキアの神学者，政治家．ドイツがスロヴァキアをチェコから独立させるとスロヴァキア政府の首班となり，枢軸国側に立って参戦．戦後，戦犯として絞首刑）　257
ディターレ，ウィリアム DIETERLE, William（1893－1972. ドイツ出身のアメリカの映画監督）　190
ティッセン，フリッツ THYSSEN, Fritz（1873－1951. ドイツの工業家．圧延工場，商事会社を拡張してティッセン・コンツェルンを形成）　467
ディミトロフ，ゲオルギ DIMITROV, Georgi（1882－1949. ブルガリアの政治家．1923年ソ連に亡命，35年コミンテルン書記長．戦中から戦後にかけてのコミンテルンをスターリンの方針に則って指導．45年帰国し首相）　83－5, 181, 183, 238, 241, 371
テイラー，マイロン・チャールズ TAYLOR, Myron Charles（1874－1959. アメリカの聖公会信徒，弁護士，実業家）　273
テイラー，ロバート TAYLOR, Robert（1911－69. アメリカの俳優）　191
ティーラック，オットー THIERACK, Otto（1889－1946. ナチスドイツの政治家，法相．戦後裁判にかけられる前に服毒自殺）　270
デーヴィス，ジョセフ DAVIES, Joseph（1876－1958. アメリカの政治家．アメリカの第2代ソ連駐在大使，45年ポツダム会議に出席）　242, 370
デーニッツ［提督］DOENITZ（1891－1980. ドイツの海軍軍人．1943年元帥，ドイツ海軍司令官．45年ドイツ政府首班となり連合国に降伏）　229, 255, 321, 404, 434, 440
デューイ，ジュリアン DEWEY, Julien（1902－71. アメリカの政治家．ニューヨーク州知事）　364
デュロゼル，ジャン＝バティスト

332, 336, 339, 347
ダーレルス，ビルガー DAHLERUS, Birger（1891－1957．スウェーデンの実業家．ゲーリングの友人） 138

チアウレリ，ミハイル TCHIAOURELLI, Mikhail（1894－1974．ソ連の映画監督．『ベルリン陥落』〔1949〕） 441
チアーノ，エッダ CIANO, Edda➡ムッソリーニ，エッダ
チアーノ，ガレアッツォ［伯爵］CIANO, Galeazzo（1903－44．イタリアの政治家，外交官．ムッソリーニの娘婿．1943年のファシスト大評議会でムッソリーニ不信任を表明，ムッソリーニを逮捕に追いやったが，このために処刑される） 51, 60, 66－9, 74, 94, 128, 201, 290, 291, 295, 297, 298, 300－2, 304, 306, 311, 314, 415, 417－9, 423, 504
チェハノフスキ，ヤン CIECHANOWSKI, Jan（ポーランドの外交官．駐米大使） 277, 372
チェンバレン，ネヴィル CHAMBERLAIN, Neville（1869－1940．イギリスの保守党政治家．1937年首相，ナチスとの宥和政策を実施し38年ミュンヘン協定を結ぶ） 55, 56－60, 63, 70－2, 80, 82, 87, 89－94, 104, 112, 113, 122, 123, 194
秩父宮［親王］ちちぶのみや（1902－53．大正天皇の次男） 455
チトー TITO（1892－1980．ユーゴスラヴィアの政治家．第2次大戦では対ナチスパルチザンを組織．1945首相，53年大統領，ソ連に距離を置く共産体制を取る） 230, 240, 392, 394
チモシェンコ［将軍］TIMOSHENKO（1895－1970．ソ連の陸軍軍人．対フィンランド戦争後，国防相．独ソ戦では西部戦線指揮官） 141, 156, 157, 236
チャーウェル［卿］CHERWELL（1886－1957．イギリスの物理学者，数学者．イギリス政府の科学顧問） 281
チャーチル，ウィンストン CHURCHILL, Winston（1874－1965．イギリスの政治家．1940－45／51－55年首相．戦時期政治家として世界に最も強い影響を及ぼした指導者のひとり） 2, 78, 86－92, 94, 101, 104, 105, 108－24, 137－9, 142, 147, 148, 152, 158, 159, 195, 197, 198, 200－2, 208, 209, 229, 240, 276－8, 280－2, 285－7, 290－2, 304, 317, 319－25, 327, 329－38, 340, 347－9, 351－75, 377, 378, 380－3, 387, 389－93, 396, 412, 430, 439, 442－5, 447, 450, 451, 468－70, 472, 504
チャットフィールド［提督］CHATFIELD（1873－1957．イギリスの海軍軍人．1939－40年防衛整備相） 81
チャップリン，チャーリー CHAPLIN, Charlie（1899－1977．イギリスの喜劇俳優，映画監督．『モダン・タイムズ』〔1936〕『独裁者』〔40〕） 191
チューエフ，フェリックス TCHOUEV, Felix（1941－．ロシアの文筆家．ソ連の元帥数人の回想録の代筆に携わる） 140, 351
チュレーネフ［将軍］TIULENEV（1892－1978．ソ連の軍人） 140
張学良 ちょう・がくりょう（1901－2001．中国の軍人．奉天軍閥の首領の張作霖〔1875－1928〕の息子．36年蔣介石幽閉の西安事件を起こし，禁固刑を受けて軟禁） 180, 181
張太雷 ちょう・たいらい（1899－1927．中国の政治家．中国共産党創設期の指導者のひとり．1927年「広州コミュー

宋子文 そう・しぶん（1894－1971. 別名T.V.Soong. 中国の実業家，政治家. アメリカにおける蒋介石の個人的代表として活動. サンフランシスコ国際会議時の中国代表団団長） 377, 378
宋美齢 そう・びれい（1897－2003. 中国の政治家. 宗家三姉妹の末妹，蒋介石夫人，宗子文の妹） 172, 181, 182
総統（フューラー）➡ヒトラー
ゾグ ZOGU（1895－1961. ゾグ1世. アルバニアの最後の王〔在位1928－39〕. 28年に王制を宣言，自ら王位に就いたが，39年イタリアによる併合で国外へ亡命） 67
ソコロフスキー［将軍］SOKOLOVSKII（1897－1968. ソ連の軍人） 234
ゾルゲ, リヒャルト SORGE, Richard（1895－1944. ドイツのジャーナリスト，共産主義者. 1939年に特派員として来日. 日本の国家機密をモスクワに送るが，スパイ活動が露見し刑死） 158, 159
孫文 そん・ぶん（1866－1925. 中国の革命家. 三民主義を唱え辛亥革命を起こし，中華民国臨時大総統となる） 173－5, 178, 182

タ行

ダウディング［将軍］DOWDING（1882－1970. イギリスの空軍軍人. 両次大戦で主要な役割を担う） 105
ダガン，ローレンス DUGGAN, Laurence（1905－48. アメリカの官僚. 第2次大戦中は国務省南米局長. マッカーシー旋風が吹き荒れる1948年に自殺. 後年ソ連のスパイであったと判明） 155
ダグラス，メルヴィン DOUGLAS, Melvyn（1901－81. アメリカの俳優.『ハッド』〔1963〕『ビーイング・ゼア』〔79〕で2度アカデミー助演男優賞受賞） 191
ダヌンツィオ, ガブリエーレ D'ANNUNZIO, Gabriele（1863－1938. イタリアの詩人，小説家，劇作家. ファシスト運動の先駆者. 詩「ローマ挽歌」〔1891〕小説『死の勝利』〔94〕など） 48
タブイ，ジュヌヴィエーヴ TABOUIS, Geneviève（1892－1985. フランスの歴史家，ジャーナリスト） 340
ダラディエ，エドゥアール DALADIER, Édouard（1884－1970. フランスの政治家. 1938年首相のときヒトラーの要求に屈しミュンヘン協定に調印，人民戦線の崩壊を招く） 59, 60－5, 79, 81, 82, 92－4, 100, 103, 104, 107, 113, 123, 332, 439, 512
タリアン TALLIEN（1767－1820. フランス革命の指導者. ロベスピエールをテルミドールのクーデタで追い落とす） 315
ダルジャンリュー，ティエリ［提督］ARGENLIEU, Thierry d'（1889－1964. フランスの船員，宗教家，レジスタンス活動家. 船員の後，僧籍に入ったが第2次大戦が勃発すると動員，軍人となり，フランスが対独戦に敗れると自由フランス軍に参加，自由フランス海軍参謀長となる） 342
タルデュー，アンドレ TARDIEU, André（1876－1945. フランスの政治家. 内相，首相，農相等を歴任） 61
ダルラン［提督］DARLAN（1881－1942. フランスの軍人，政治家. 1939－40年海軍総司令官，40年海相. 対独協力政策を推進したが，42年フランス軍総司令官として連合軍の北アフリカ上陸に合流，同年フランス領北アフリカ総督に就任後，暗殺） 117, 290, 327－9,

61, 63, 64, 69, 73 − 85, 94, 101, 122 − 4, 128, 131, 134, 135, 137, 139 − 59, 169, 170, 172, 173, 176 − 8, 180 − 3, 192, 203, 206 − 8, 210 − 2, 219, 223, 224, 229, 231 − 53, 280, 287, 290, 291, 307, 310, 325, 351 − 9, 361 − 6, 368, 369, 371, 372, 374 − 6, 378, 379, 382, 383 − 94, 412, 413, 424 − 6, 439 − 41, 446, 449 − 54, 457, 459, 468 − 70, 472, 502

スチュワート, ジェイムズ STEWART, James（1908 − 77. アメリカの俳優.『スミス都へ行く』〔1939〕『翼よ！あれが巴里の灯だ』〔57〕） 191

スティルウェル, ジョセフ STILWELL, Joseph（1883 − 1946. アメリカの軍人. インド, ビルマ, 中国方面アメリカ軍と, ビルマ方面中国軍の総司令官として対日反攻作戦を指揮） 183

ステッティニアス, エドワード STETTINIUS, Edward（1900 − 49. アメリカの実業家, 政治家. 1944 − 45年国務長官. 国際連合の創設に尽くし, ヤルタ会談, ダンバートン・オークス会談で重要な役割を果たす） 373, 382

スドプラトフ, パーヴェル SUDOPLATOV, Pavel（1907 − 96. ソ連の軍人, 中将. 職業的諜報員） 156, 211, 212

スニェール, セラーノ SUÑER, Serrano（1901 − 2003. スペインの政治家. 内務相, 外相を歴任し, 外相在任中はムッソリーニ政権のイタリアと緊密な関係を築く） 66

スノー, エドガー SNOW, Edgar（1905 − 72. アメリカのジャーナリスト, 中国通. 毛沢東, 周恩来らと会見, 中国の実情を世界に伝える.『中国の赤い星』〔1937〕『中国, もうひとつの世界』〔62〕） 181

スパーツ［将軍］SPAATZ（1861 − 1974. アメリカの軍人. ヨーロッパ戦線におけるアメリカ陸軍全航空隊の司令官としてドイツ降伏まで戦略爆撃を指揮. その後対日戦略爆撃を指揮） 280

スハーノフ, ニコライ SUKHANOV, Nikolai（1882 − 1940. ソ連の政治家. メンシェヴィキ〔ロシア社会民主労働党の右派〕の活動家, 経済学者） 211

スピアーズ, エドワード SPEARS, Edward（1886 − 1974. イギリスの軍人. 両次大戦で英仏間の連絡将校を務める） 115, 117

スモラヴィンスキ, ミチスラウ SMORAWINSKI, Mieczyslaw（1893 − 1940. ポーランドの軍人. カチンの森で殺されたことが確認されている二人のポーランド軍将軍のひとり〔もうひとりはルィジ＝スミグルイ〕） 219

スワニゼ, マリア SVANITZE, Maria（スターリンの義妹） 245

ゼデルブルム, イサーク ZEDERBLUM, Isaac➡レーニン

セルズニック, デイヴィド・O SELZNICK, David O.（1902 − 65. アメリカの映画制作者.『風と共に去りぬ』〔1939〕） 191

ゼルビーノ, パオロ ZERBINO, Paolo（1905 − 45. イタリアの政治家, イタリア社会共和国〔サロ共和国〕の内務相） 426

宋慶齢 そう・けいれい（1893 − 1981. 中国の政治家. 宋家三姉妹のひとり. 夫孫文の死後, 国民党中央執行委員に選ばれ, 左派の立場に立ち, 国民政府の反動化を公然と批判） 182

〔1895〕『聖ジョーン』〔1923〕．25年ノーベル文学賞受賞）　123
ショイブナー＝リヒター，マックス　SCHEIBNER-RICHTER, Max（1884－1923．ドイツの外交官，政治家．初期の国家社会主義ドイツ労働者党〔ナチス党〕の幹部）　29
蔣介石　しょう・かいせき（1887－1975．中国の政治家，軍人．国民政府主席）　2, 151, 164, 165, 167, 172－83, 196, 207, 208, 291, 325, 375－9, 391, 451, 508
蔣経国　しょう・けいこく（1910－88．中国の軍人，政治家．蔣介石の長男）　378
昭和天皇　しょうわ・てんのう（1901－99〔在位1926－89〕）　2, 150, 151, 160－71, 205－7, 287, 288, 292, 393, 450, 451, 454－64, 467, 468, 473
ジョージ5世　GEORGE V（1865－1936．イギリス国王〔在位1910－36〕，インド皇帝．アイルランド自由国の承認に寄与するなど，近代史上成功した立憲君主のひとり）　160, 161
ジョージ6世　GEORGE VI（1895－1952．イギリス国王〔在位1936－52〕．第2次大戦中はロンドンを離れず，戦争遂行に努力．産業，労働問題に関心を持ち，「産業の王子」と称される）　208, 375
ショータン，カミーユ　CHAUTEMPS, Camille（1885－1963．フランスの政治家，首相．1940年ドイツ軍侵入後のペタン元帥の対独協力政策を不満とし，アメリカに逃亡）　62, 114, 340
ショート，フィリップ　SHORT, Philip（1880－1949．アメリカの軍人，真珠湾攻撃時のハワイ方面陸軍司令長官）　184
ショルティッツ，フォン［将軍］CHOLTITZ, von（1904－1966．ドイツの軍人）　408
ジロー［将軍］GIRAUD（1879－1949．フランスの軍人．フランス解放の立役者のひとり．1943年ド・ゴールとともにフランス国民解放委員会共同議長，44年ド・ゴールと意見が合わず引退）　324, 347－50, 384
ジンネマン，フレッド　ZINNEMANN, Fred（1907－77．アメリカの映画監督．『地上より永遠に』〔1953〕『わが命尽きるとも』〔66〕で2度アカデミー賞受賞）　328
シンプソン［夫人］SIMPSON（1896－1986．ウィンザー公爵夫人．アメリカ人．イギリス国王エドワード8世〔退位後ウィンザー公〕との「世紀の恋」でさわがれ，退位した国王と結婚）　208

スヴォロフ［将軍］SUVOROV（1729－1800．ロシアの名将，大将）　238
杉山元　すぎやま・はじめ（1880－1945．陸軍軍人，元帥．太平洋戦争開戦時の参謀総長，敗戦後自決）　287
スコルツェニー，オットー　SKORZENY, Otto（1908－75．ナチス親衛隊将校）　316, 409
鈴木貫太郎　すずき・かんたろう（1867－1948．海軍軍人，大将，政治家．1945年4月－8月首相）　457－61
スターク［提督］STARK（1880－1972．アメリカの軍人，海軍大将）　195, 201
スタメノフ，イヴァン　STAMENOV, Ivan（ブルガリアの外交官．1940－41年モスクワに駐在）　143
スターリン，ヨシフ　STALIN, Iosif（1879－1953．ソ連の政治家．1922年に共産党書記長に就任．5カ年計画による工業化と農村集団化を進め，大粛清に象徴される独裁体制を樹立）　2－4, 38, 51,

シャンブラン［伯爵］CHAMBRUN（1872－1962．フランスの法律家） 339
朱徳 しゅ・とく（1886－1976．中国の軍人．中国人民解放軍の指導者，中華人民共和国元帥） 179
ジュアン［将軍］JUIN（1888－1967．フランスの軍人．第2次大戦中，ド・ゴールの自由フランス軍に参加，軍団を指揮してローマ攻略） 350
周恩来 しゅう・おんらい（1898－1976．中国の政治家．中華人民共和国の建国から死去まで首相） 181
ジュガシビリ，ヤコフ DZHGASHVILI, Yakov（1907－43．スターリンの長男） 245, 376
ジューコフ，ゲオルギー［元帥］ZHUKOV, Georgii（1896－1974．ソ連の軍人，政治家．1939年日本とのノモンハン戦で第1軍団長，45年連合団を代表してドイツの無条件降伏を受理．第2次大戦を通じて最も影響力を持った軍人のひとり） 101, 141, 146, 224, 231－4, 236, 237, 376, 390, 437, 441, 453
シュシュニク SCHUSCHNIGG（1898－1977．オーストリアの政治家，第1共和国最後の連邦首相〔1934－38〕） 43, 44
シュステル［枢機卿］SCHUSTER（1880－1954．イタリアのベネディクト会修道士，ミラノ大司教） 427
シュタイナー，フェリックス STEINER, Felix（1896－1966．ナチスドイツの軍人） 435－7
シュタウフェンベルク，クラウス・シェンク・フォン STAUFFENBERG, Claus Schenk von（1907－1944．ドイツの軍人，陸軍予備軍参謀長．ヒトラー暗殺計画の首謀者として処刑） 392, 404－6
シュテュルプナーゲル，C・H・フォン［将軍］STÜLPNAGEL, C.H.von（1886－1944．ドイツの軍人．ヒトラー暗殺計画に加わったとして処刑） 403
シュトレーゼマン，グスタフ STRESEMANN, Gustav（1878－1929．ドイツの政治家．1923年「大連合」内閣の首相を一時務め外相に就任，26年ノーベル平和賞受賞） 32
シュパイデル，ハンス・フォン［将軍］SPEIDEL, Hans von（1897－1984．ドイツの軍人） 402, 407, 502
シュペーア，アルベルト SPEER, Albert（1905－81．ナチスドイツの政治家，ベルリン都市計画立案責任者．1942年軍需相，軍事裁判で禁固20年の刑を宣告され服役） 137, 225, 228, 260, 283, 284, 402, 408, 410, 414, 434, 435, 438, 440, 453, 466
シュマトフ，エリザベス SHOUMATOFF, Elisabeth（1888－1980．アメリカの画家） 411
シュミット，パウル SCHMIDT, Paul（1899－1970．ドイツの通訳．ミュンヘン会談においてヒトラーとチェンバレンの通訳を務める） 55, 56, 58, 59, 92, 318, 397
シュリアプニコフ CHLIAPNIKOV（1885－1937．ウクライナの共産党員．ボリシェヴィキ内部における反対派） 249
シュレーダー，クリスタ SCHROEDER, Christa（1908－84．ヒトラーの秘書） 72
シューレンブルク，ヴェルナー・フォン SCHULENBURG, Werner von（1875－1944．ドイツの外交官．駐ソ大使．後にヒトラー暗殺未遂事件に連座して処刑） 133, 149
ショー，バーナード SHAW, Bernard（1856－1950．イギリスの批評家．『キャンダ』

サン＝ジュスト，ルイ　SAINT-JUSTE, Louis（1767－94．フランス革命時ジャコバン派の革命家）　27

サン＝テクジュペリ，アントワーヌ・ド　SAINT-ÉXUPÉRY, Antoine de（1900－47．フランスの作家，飛行士．飛行士としての知識と経験を，人間精神の価値に関する深い省察にまで高めて，密度の高い詩的な文体に表現．『南方郵便機』〔1929〕『星の王子様』〔43〕）　340

シェノールト［将軍］　CHENNAULT（1890－1958．アメリカの軍人．蔣介石の空軍顧問．1943－45年駐中アメリカ空軍司令官）　379

シコルスキ，ヴワディスワフ　SIKORSKI, Władysław（1881－1943．ポーランドの軍人，政治家．第2次大戦でドイツ軍のポーランド侵攻〔1939〕に際して，フランスでポーランド軍を編制，亡命政府首班となる〔39－43〕）　239, 240, 244, 253, 277, 329

ジダーノフ，アンドレイ　ZHDANOV, Andrei（1896－1948．ソ連の政治家．スターリン体制の一翼を担い，前衛芸術批判で知られる．第2次大戦ではレニングラード攻防戦の指揮を執る）　79, 232

シチェルバコフ，アレクサンドル　SHCERBAKOV, Aleksandr（1901－45．ソ連作家同盟の創設者のひとり，ソ連情報局長）　245

ジノヴィエフ，グリゴリー　ZINOVIEV, Grigorii（1883－1937．ソ連の政治家．レーニンの片腕として革命運動に参加，スターリン路線を批判して処刑）　174, 211, 247, 273, 370

ジーバーベルク，ハンス＝ユルゲン　SYBERBERG, Hans-Jürgen（1935－．西ドイツの映画監督．『パルジファル』〔1982〕）　5

下村海南　しもむら・かいなん（1875－1957．ジャーナリスト，政治家．鈴木貫太郎内閣に国務相兼情報局総裁として迎えられ「和平派」に属してポツダム宣言受諾の実現に努力）　462

シャーウッド，ロバート・E　SHERWOOD Robert E.（1896－1955．アメリカの劇作家．『愚者の喜び』〔1936〕ほかでピューリッツァー賞受賞．『ローズヴェルトとホプキンズ』〔48〕で伝記部門のピューリッツァー賞受賞）　205, 411

ジャヌネ，ジュール　JEANNENEY, Jules（1864－1957．フランスの政治家．上院議長）　107

シャハト，ホレース・グリーリー・ヒャルマル　SCHACHT, Horace Greely Hjulmar（1877－1970．ナチスドイツの財政家．ダルムシュタット国立銀行頭取，ライヒスバンク総裁，財務相などを歴任．1944年ヒトラー暗殺計画に参加して投獄）　274, 328

シャベルスキー＝ボルク　SHABELSKII-BORK（1893－1952．ソ連の軍人．反ユダヤ主義活動に従事）　29

シャポシニコフ，B　SHAPOSHNIKOV, B.（1882－1945．ソ連の軍人）　233, 236

シャレ，フェリシアン　CHALLAYE, Félicien（1875－1967．フランスの反植民地主義の哲学者，ジャーナリスト．ドイツ指導部の平和主義を信頼しヴィシー政権を支持）　64

ジャンケレヴィチ，ヴラディミール　JANKÉLÉVITCH, Vladimir（1903－85．フランスの哲学者）　262

フランスの平和運動家，政治家．『平和擁護』誌の主幹．数度にわたり航空相を務める） 340
コーネフ［元帥］KONEV（1897－1973．ソ連の軍人．ジューコフとベルリン一番乗りを競う） 233
近衛文麿 このえ・ふみまろ（1891－1945．貴族政治家，公爵．３度にわたって首相を務める） 162－5, 170, 172, 199, 459
ゴビノー，アルテュール GOBINEAU, Arthur（1816－82．フランスの貴族主義者，小説家，外交官．反科学的な人種論を主張，ナチズムに理論的根拠を与える） 31, 35
ゴリコフ［将軍］GOLIKOV（1900－80．ソ連の軍人．独ソ戦に従事） 156
コルダ，アレクサンダー KORDA, Alexander（1893－1956．ハンガリー出身のイギリスの映画監督，プロデューサー．監督作品『ヘンリー８世の私生活』〔1933〕，プロデュース作品『落ちた偶像』〔49〕『第三の男』〔49〕） 320
コルニーロフ［将軍］KORNILOV（1870－1918．ロシアの軍人．1917年反革命義勇軍〔白軍〕を結成して戦い，18年戦死） 30
コロンタイ，アレクサンドラ KOLLONTAI, Aleksandra（1872－1952．ソ連の婦人革命家，外交官．スターリン政権下でノルウェー，メキシコ，スウェーデンに大使として赴任，1943年スウェーデン大使，45年外務参事官） 304
コーン KOHN➡クン，ベーラ

サ行

西園寺公望［公］さいおんじ・きんもち（1849－1940．公家，政治家．２度にわたり首相を務め，最後の元老として大正天皇，昭和天皇を輔弼） 160
ザイス＝インクヴァルト，アルトゥル SEYSS-INQUART, Arthur（1892－1946．オーストリアの政治家．ドイツ・オーストリアの合邦宣言を行い，ドイツのオーストリア総督に就任．ニュルンベルク裁判で絞首刑） 42, 43
ザイトリッツ，フォン SEYDLITZ, von（1888－1976．ドイツの軍人，将軍．スターリングラードで降伏後，反ナチス組織のドイツ自由国民委員会を指導） 226, 406
サイモン，ジョン［卿］SIMON, John（1873－1954．イギリスの法律家，政治家．1931－45年外相，内相，蔵相等を歴任） 139
サウード，イブン➡イブン・サウード
サウル SAUL（旧約聖書「サムエル記」に登場するイスラエル王国最初の王） 261
サハロフ，アンドレイ・ドミートリエヴィチ SAKHAROV, Andrei Dmitrievich（1921－89．ソ連の核物理学者，人権擁護運動の活動家．水素爆弾開発に携わり「ソ連水爆の父」と呼ばれたが，その後反体制運動の代表的存在となる．1975年ノーベル平和賞受賞，しかし出国は許可されなかった） 453
サーラシ，フェレンツ SZÁLASI, Ferenc（1897－1946．ハンガリーの政治家．民族主義者としてファシズム組織「矢十字党」を指導，44年首相，戦後処刑） 269
サロー，アルベール SARRAUT, Albert（1872－1962．フランス急進社会党の政治家．インドシナ総督，内相，海相，植民地相，首相を歴任） 41, 42

となる）27, 210

ゲアハート，ハリソン GERHARDT, Harrison（アメリカの軍人，大佐）278
ケアーンクロス，ジョン CAIRNCROSS, John（1913－95．イギリスの諜報機関員．英ソの二重スパイ，「ケンブリッジの5人組」のひとり）154
ケッセルリンク［元帥］KESSELRING（1885－1960．ナチスドイツの軍人．イタリア戦線司令官等を経て45年西部軍総司令官．戦後，戦犯として死刑宣告されるが減刑）306, 308, 421, 434
ゲッベルス，マグダ GOEBBELS, Magda（1901－45．J・ゲッベルスの妻）437, 438, 440
ゲッベルス，ヨーゼフ GOEBBELS, Joseph（1897－1945．ナチスドイツの政治家，宣伝相．新しい宣伝手段を駆使し，30年代の党勢拡大に寄与．最後までヒトラーの信頼を得，ベルリン陥落直前に首相府の地下壕で家族とともに自殺）35, 57, 58, 72, 121, 123－5, 127, 129, 135, 138, 153, 187, 221, 223, 225－9, 231, 255, 260, 261, 263, 266, 268, 270, 276, 285, 292, 397, 400, 404, 407, 408, 413, 415, 434, 437, 439－41
ケナン，ジョージ KENNAN, George（1904－2005．アメリカの外交官，政治学者，歴史家．ソ連の封じ込めを柱とするアメリカの冷戦政策の設計者）449
ケーニグ［将軍］KŒNIG（1898－1970．フランスの陸軍軍人．1944年レジスタンス側のフランス国内軍を指揮）350, 445
ケネディ，ジョセフ KENNEDY, Joseph（1888－1969．アメリカの銀行家，外交官．J・F・ケネディ大統領の父．1937－40年駐英大使）194
ゲリ GELI（1908－31．ヒトラーの姪）432
ゲーリング，ヘルマン GÖRING, Hermann（1893－1946．ナチスドイツの政治家．航空相，空軍総司令官，4カ年計画長官などを歴任，軍事裁判で死刑を宣告されたが服毒自殺）36, 43, 59, 60, 71, 89, 118－20, 123, 126, 128, 129, 134, 136, 138, 149, 223, 224, 226－8, 255, 259, 262, 264, 265, 268, 274, 279, 281, 297, 304, 328, 329, 397, 404, 408, 410, 433－6, 440
ケレンスキー，アレクサンドル KERENSKII, Aleksandr（1881－1970．ロシアの政治家．1917年の二月革命で臨時政府に入閣．法相，陸海相，首相，十月革命で失脚．18年フランスへ，40年にはアメリカへ亡命）29, 30, 248, 429
ケロッグ，フランク KELLOGG, Frank（1856－1937．アメリカの政治家．国務長官として1928年パリ不戦条約〔ケロッグ・ブリアン協定〕を締結．29年ノーベル平和賞受賞）179
ケーンズリー［卿］KEMSLEY（1883－1968．ゴマー・ベリー Gomer BERRY．イギリスのジャーナリスト．新聞社社主，チェンバレンの対独融和政策を支持）92

小磯国昭 こいそ・くにあき（1880－1950．陸軍軍人，大将，政治家．関東軍参謀長，朝鮮総督を歴任，1944年7月－45年4月首相）456, 459
コスタ，アンドレーア COSTA, Andrea（1851－1910．イタリアの社会主義活動家）46
コット，ピエール COT, Pierre（1895－1977．

クラーク，マーク・W CLARK, Marc W.（1896－1984．アメリカの陸軍軍人．北アフリカ戦線における連合軍副司令官） 290

グラツィアーニ［元帥］GRAZIANI（1882－1955．イタリアの陸軍軍人．第２次大戦後，ネオ・ファシスト運動の指導者） 299, 416, 427

グラムシ，アントニオ GRAMSCI, Antonio（1891－1937．イタリアの共産党指導者，マルクス主義思想家．1921年イタリア共産党の創立に参加，コミンテルン執行委員を経て党指導者．『ノート』〔47〕『獄中からの手紙』〔65〕） 47, 315

クラレッタ CLARETTA➡ペタッチ，クララ

グランディ，ディノ GRANDI, Dino［伯爵］（1895－1988．イタリアのファシスト．1943年ムッソリーニ解任の中心人物．ボッタイとともにファシスト党穏健派を代表する政治家） 306, 313－5

クランボーン［卿］CRANBORN（1893－1972．イギリスの政治家．トーリー党の有力者） 412

クリーク［元帥］KULIK（1890－1950．ソ連の軍人） 146

クリップス，スタッフォード CRIPPS, Stafford（1889－1952．イギリスの政治家，労働党員．1940－42年駐ソ大使，42－45年航空機生産相，戦後は商相，蔵相等を歴任） 94, 122, 147, 148, 158

グルー，ジョセフ GREW, Joseph（1880－1965．アメリカの外交官．1932年駐日大使となり，日米開戦まで日米関係の平和的打開に努力．44－45年国務次官） 203, 455

クルーゲ，フォン［元帥］KLUGE, von（1882－1944．ドイツの陸軍軍人．1944年西部軍総司令官，のちヒトラーと対立して更迭，服毒自殺） 401, 402, 408

クルチャトフ，イーゴリ・ヴァシリエヴィチ KURCHATOV, Igor Vasilievich（1903－60．ソ連の核物理学者．ヨーロッパ最初の原子炉の建設，原子爆弾の開発，世界最初の水素爆弾の開発などに携わる．ソ連科学アカデミー原子力研究所所長） 286, 453

クルティ，エレーナ CURTI, Elena（1922－．ムッソリーニの嫡外子） 428－30

クレマンソー，ジョルジュ CLEMANCEAU, Georges（1841－1929．フランスの政治家．1906－09年および17－20年首相） 110, 216, 386, 442

黒沢明 くろさわ・あきら（1910－98．映画監督，脚本家．『羅生門』〔1950〕『生きる』〔52〕『七人の侍』〔54〕） 1

グロスマン，ワシリ GROSSMAN, Vasilii（1905－64．ソ連の小説家．『ステパン・コリチューギン』〔1937－40〕『正義の事業のために』〔52〕） 237, 251, 506

グロムイコ，アンドレイ GROMYKO, Andrei（1909－89．ソ連の外交官．駐米大使，国連安全保障理事会ソ連代表，駐英大使などを歴任．1956年党中央委員．57年以降外相．85年最高会議幹部会議長〔国家元首〕に就任） 351－60

クーロンドル，ロベール COULONDRE, Robert（1885－1959．フランスの外交官．駐独大使） 93

クン，ベーラ KUN, Béla（コーン KOHN）（1886－1939頃．ハンガリーの革命運動家．1919年のハンガリー革命を指導したが，革命の敗北後ソ連へ亡命，後にスターリンによって粛清，消息不明

の娘婿チアーノの告解師）　419

キッシンジャー，ヘンリー KISSINGER, Henry（1923－．アメリカの国際政治学者．ハーバード大学教授から1969年大統領補佐官，73年国務長官．同年ノーベル平和賞受賞）　20

キッチナー，ホレイシオ＝ハーバート KITCHENER, Horatio-Herbert（1850－1916．イギリスの軍人，政治家．1892－99年スーダン征服を指揮して総督，99－1902年ボーア戦争を指揮してボーア人の反乱を弾圧．第1次大戦中に陸相）　87

木戸幸一 きど・こういち（1889－1977．宮中政治家，侯爵．「革新貴族」を代表するひとり．戦争末期「聖断」によるポツダム宣言受諾の途を開く）　455－7, 460

キャプラ，フランク CAPRA, Frank（1897－1991．アメリカの映画監督．『或る夜の出来事』〔1934〕）　192

キュリー・エヴ CURIE, Ève（1904－2007．フランスの物理学者ピエール・キュリー，マリー・キュリー夫妻の娘．フランス降伏後アメリカに移住，終戦まで連合国のために働く）　223

キング［提督］KING（1878－1965．アメリカの軍人．アメリカ艦隊司令長官兼作戦部長）　325, 362

キング，マッケンジー KING, MacKenzie（1874－1950．カナダの政治家．通算21年間カナダ首相を務める．最後の任期は1935－45年）　149

キンメル［提督］KIMMEL（1882－1968．アメリカの海軍軍人，1941年太平洋艦隊司令長官）　184, 186

瞿秋白 く・しゅうはく（1899－1935．中国の文学者，政治家．農民軽視の陳独秀の考え方を批判，1927年中国共産党総書記．35年国民党部隊により逮捕，銃殺）　178, 179

クーヴ・ド・ミュルヴィル，モーリス COUVE DE MURVILLE, Maurice（1907－99．フランスの政治家．1968－69年ド・ゴール大統領のもとで首相）　349

クヴィスリング，ヴィドクン QUISLING, Vidkun（1887－1945．ノルウェーの政治家．対独協力政権の首相を務め，戦後処刑）　122, 207, 366

クズネツォフ KUZNETSOV（1902－74．ソ連の軍人．海軍提督で第2次大戦時には海軍人民委員〔海軍相〕）　140

グデーリアン GUDERIAN（1888－1954．ドイツの陸軍軍人．1939－41年機甲部隊総司令官，43年戦車軍司令官，45年参謀総長）　104, 109, 224, 398, 410, 433

クトゥーゾフ［将軍］KUTUZOV（1745－1813，ロシアの名将，元帥）　238

クーパー，ゲーリー COOPER, Gary（1901－61．アメリカの映画俳優．『ヨーク軍曹』〔1941〕『真昼の決闘』〔52〕で2度アカデミー主演男優賞受賞）　191

クーパー，ダフ COOPER, Duff（1890－1954．イギリスの外交官，政治家．1935年から陸相，海相，情報相，44－47年駐仏大使）　90

クライスト，フォン［元帥］KLEIST, von（1881－1954．ドイツの陸軍軍人．独ソ戦時ヒトラーの作戦と対立し解任，ヒトラー暗殺計画の際にドイツの秘密警察〔ゲシュタポ〕に拘束されるが釈放）　406

クラウス CLAUSS（1901－88．ドイツのロマンス語研究者，ジャーナリスト．リッベントロープの側近）　304

Wolfgang（1858－1922．ドイツの政治家．1920年共和国政府に対して反革命クーデタ〔カップ一揆〕を起こす） 32, 34
カーティス，マイケル CURTIZ, Michael（1888－1962．ハンガリー出身のアメリカの映画監督．『カサブランカ』〔1942〕） 192
カトルー，ジョルジュ［将軍］CATROUX, Georges（1877－1969．フランスの軍人．仏印総督としてヴィシー政府に服従を拒み〔1940〕，ド・ゴールと結んでシリアで連合軍を指揮） 108, 332, 334
カピッツァ，ピョートル・L KAPITSA, Pyotr L（1894－1984．ソ連の物理学者．1978年ノーベル物理学賞受賞） 286, 453
ガフェンク，グリゴーレ GAFENCU, Grigore（1892－1957．ルーマニアの政治家，ジャーナリスト，外交官．外相，駐ソ大使などを歴任） 132, 133
カミュ，アルベール CAMUS, Albert（1913－60．フランスの小説家・評論家．1957年ノーベル文学賞受賞．『異邦人』〔42〕『シーシュポスの神話』〔42〕『ペスト』〔47〕） 445, 446
ガムラン［将軍］GAMELIN（1872－1958．フランスの軍人．1938年参謀総長，第2次大戦で連合軍司令官） 104, 107, 112, 113
カーメネフ，レフ KAMENEV, Lev（1883－1936．ソ連の政治家．モスクワ・ソヴィエト議長，労働国防会議議長などを歴任．1930年代の反革命公判で処刑） 247
カラハン，レフ KARAKHAN, Lev（1889－1937．ソ連の外交官．主として東洋関係部門を担当） 175
カリーニン，ミハイル KALININ, Mikhail（1875－1946．ソ連の政治家．1938－46年ソ連最高幹部会議長） 238, 247
カルヴォコレッシ，ピーター CALVOCORESSI, Peter（1912－2010．イギリスの弁護士，政治評論家．ニュルンベルク裁判で副裁判長を務める） 255, 506
ガルダ GARDA（1913－97．ヒトラーの秘書） 72
カルテンブルンナー，エルンスト KALTENBRUNNER, Ernst（1903－46．オーストリアのナチス指導者．ナチスドイツ国家保安本部長官．戦後，戦犯として処刑） 316
カルナオ，ヘルマン KARNAU, Hermann（ナチスドイツの軍人．ヒトラーの護衛隊員） 441
カーロイ，ミクローシュ・フォン KALLAI, Miklas von（1887－1967．ハンガリーの政治家．1942年首相となるが，ナチスのユダヤ政策への同調を拒否） 392
ガンディー GANDHI（1869－1948．インドの政治家．通称マハトマ〔大聖〕．南アフリカでインド人人権擁護運動を組織） 86
ガンディン［将軍］GANDIN（1891－1943．イタリアの軍人） 415
カンパンシ，セザール CAMPINCHI, César（1882－1941．フランスの政治家．海軍相，法務相を歴任） 65
甘露寺受長 かんろじ・おさなが（1880－1977．伯爵，侍従） 455, 460, 461

ギー，クロード GUY, Claude（1917－92．フランスの軍人，中尉．ド・ゴールの副官） 388, 446
キオ，ジュゼッペ CHIOT, Giuseppe（1879－1960，イタリアの司祭．ムッソリーニ

って暗殺）　30, 32, 33
エレーナ➡クルティ，エレーナ
エレメンコ［元帥］EREMENKO（1892－1970. ソ連の軍人，将軍．ポーランド侵攻，スターリングラード攻防戦などに参加）　140, 236, 509
エレンブルグ，イリヤ　EHRENBURG, Ilya（1891－1967. ソ連の作家．スターリン時代への省察を中心テーマに，自伝『わが回想（人間, 歳月, 生活）』〔1961－65〕を執筆，現代人の精神史と評価される）　251

汪兆銘　おう・ちょうめい（1883－1994. 中国の政治家．国民党左派の重鎮として国共合作を推進．1940年日本の傀儡政権を南京に樹立，同首班となる）　164, 165, 172, 183, 207
大江健三郎　おおえ・けんざぶろう（1935－．作家．『万延元年のフットボール』〔1967〕．94年ノーベル文学賞受賞）　217
大島浩　おおしま・ひろし（1886－1975. 陸軍軍人，中将．1938年駐ドイツ特命全権大使として日独伊三国同盟を結ぶ）　171
岡村寧次　おかむら・やすじ（1884－1966. 陸軍軍人，大将．支那派遣軍総司令官，北支那方面軍司令官を歴任）　288
オーキンレック［将軍］AUCHINLECK（1884－1981. イギリスの陸軍軍人, 元帥）　305
オーベルク, カール=アルベレヒト　OBERG, Carl-Albrecht（1897－1965. ナチス親衛隊大将．第２次大戦中にドイツ占領下のフランスの親衛隊及び警察高級指導者を務める）　403

カ行

カイテル［元帥］KEITEL（1882－1946. ナチスドイツの軍人．1938－45年ドイツ国防軍最高司令官）　54, 221, 224, 255, 268, 313, 389, 390, 399, 401, 404, 415
カイヨー，ジョゼフ　CAILLAUX, Joseph（1863－1944. フランスの政治家．1913－14年ドゥメルグ内閣の蔵相.『フィガロ』紙編集長カルメットCALMETTEの攻撃を受け，妻が彼を射殺しようとした〔1914. 3. 16〕いわゆる「カイヨー事件」で辞職）　216
カヴァリア［将軍］CAVAGLIA（1862－1945. イタリアの軍人，元帥．第１次大戦に参戦，後に上院議員）　310
カヴァレッロ［将軍］CAVALERRO（1880－1943. イタリアの軍人，元帥）　304, 305
カウツキー, カール　KAUTSKI, Karl（1854－1938. ドイツのマルクス主義政治理論家，革命家，政治家）　149
ガヴリロヴィチ　GAVRILOVIĆ（1882－1945. セルビアの軍人，政治家）　136
カエサル CAESAR（前100頃－前44. ローマ最大の政治家）　318, 375
カガノヴィチ，ラーザリ　KAGANOVICH, Lazar（1893－1991. ソ連の政治家．副首相，国家防衛委員会委員を歴任．1957年フルシチョフ追い落としに失敗し左遷，64年党より除名）　143, 244, 245, 247, 252
カザコフ［将軍］KAZAKOV（1901－79. ソ連の軍人）　509
カーゾン［卿］CURZON, lord（1859－1925. イギリスの政治家，侯爵，外相．1919年ポーランド東部国境に関するカーゾン線を提唱）　352, 469
カップ，ヴォルフガング［将軍］KAPP,

1949. 陸軍軍人，大将．44年参謀総長，戦後A級戦犯として服役中に病没） 460
ヴラソフ［将軍］VLASSOV（1900－46. ロシアの軍人，中将．スターリンへの不信から独ソ戦の最中に投降，対独協力者となる） 225
ウルブリヒト，ヴァルター ULBRICHT, Walter（1893－1973. 東ドイツの政治家．1933年よりナチス権力を逃れて亡命，37年よりソ連で亡命生活，第2次大戦中に自由ドイツ国民委員会を結成．戦後，ドイツ社会主義統一党第一書記，国家評議会議長．同国の実質的な最高指導者） 371

エイメリー［卿］AMERY（1873－1955. イギリスの政治家．『タイムズ』紙編集部員として南アフリカ戦争に従軍．チャーチル内閣でインド・ビルマ担当） 112
エヴゲーニャ➡アリルーエワ，エヴゲーニャ
エカチェリナ2世 EKATERINA II（1729－96. ロマノフ朝第12代皇帝） 254
エジョフ，ニコライ EZHOV, Nikolai（1895－1938. ソ連の政治家．1936－38年GPU〔国家政治保安部〕長官，スターリンの大量粛清の当事者．その行き過ぎでまもなく本人も粛清される） 245, 246
エジョワ，エヴゲーニャ EZHOVA, Evgenia（1904－38. エジョフの2度目の妻） 245
エッカート，ディートリヒ ECKART, Dietrich（1868－1923. ドイツの政治家．国家社会主義ドイツ労働者党〔ナチス党〕の初期からのメンバー，ミュンヘン一揆にも参加） 28, 31, 260
エッダ➡ムッソリーニ，エッダ
エドワード8世 EDWARD VIII（1894－1972. イギリスの王．1936年1月国王即位，同年12月アメリカ人女性シンプソン夫人との結婚問題のため退位．退位後ウィンザー公爵の爵位を授与される） 93, 208
エーベルト，フリードリヒ EBERT, Friedrich（1871－1925. ドイツの政治家，社会民主主義者．1918年ドイツ革命直後フーゴ・ハーゼとともに臨時政府首班，ワイマール共和国〔ドイツ国〕成立とともに初代大統領） 32
エメリヒ，ヴァルター EMMERICH, Walter（1895－1960, ナチスドイツの政治家．ポーランド総督府の経済局長，経済相） 266, 267
エリオ，エドゥアール HERRIOT, Édouard（1872－1957. フランスの政治家．1924－25年急進社会党党首として左派連合内閣を組織，イギリスの首相マクドナルドと協力してジュネーヴ議定書を作成） 79, 107
エリオット➡ローズヴェルト，エリオット
エリザヴェータ ELIZAVETA（1709－62. ロシア，ロマノフ朝の女帝〔在位1741－62〕．ピョートル大帝の娘） 413
エルヴェ，ピエール HERVÉ, Pierre（1913－93. フランスのレジスタンス活動家，ジャーナリスト，政治家） 448
エルスター［将軍］ELSTER（1894－1952, ドイツの軍人．1944年在仏ドイツ軍の撤退を指揮し，戦闘を避けアメリカ軍に降伏する） 410
エルツベルガー，マティアス ERZBERGER, Matthias（1875－1921. ドイツの政治家．ドイツ中央党に属し蔵相，首相代理を歴任，1921年国粋的な旧軍人によ

次大戦中は空軍パイロット，第2次大戦では空軍参謀長）　63, 93
ウィンザー［公爵］WINDSOR➡エドワード8世
ウィンストン➡チャーチル，ウィンストン
ウィンターボーザム，フレデリック・W　WINTERBOTHAM, Frederick W.（1897－1990．イギリスの空軍軍人．「ウルトラ」機関の責任者）　120
ウェイガン［将軍］WEYGAND（1867－1965．フランスの軍人．1940年フランス軍総司令官，対独降伏を主張しペタン内閣で国防相）　85, 101, 105, 109, 110, 114－7, 332, 339
ウエイン，ジョン　WAYNE, John（1907－79．アメリカの映画俳優．1969年度アカデミー男優賞受賞．『駅馬車』〔39〕『アラモ』〔60〕）　191
ウェーヴェル［将軍］WAVELL（1883－1950．イギリスの軍人．中東軍総司令官，インド総督，元帥などを務める）　299
上原重太郎　うえはら・しげたろう（1921－45．陸軍軍人，大尉．終戦時に自決）　463
ウェルズ，オーソン　WELLES, Orson（1915－85．アメリカの俳優，演出家，映画監督．1938年放送劇『宇宙戦争』を発表．41年監督主演第1作『市民ケーン』は映画の技術革命をもたらした．他の出演作品『第三の男』〔49〕『オセロ』〔51〕『審判』〔62〕）　2
ウェルズ，サムナー　WELLES, Sumner（1892－1961．アメリカの外交官，政治家．1937－43年国務次官．41年チャーチル英首相との海上会談〔大西洋憲章〕でローズヴェルト大統領に随行）　139, 322, 339, 344, 346
ヴェルト，ニコラ　WERTH, Nicolas（1950－．フランスの歴史家）　250, 253
ヴェンク，ヴァルター　WENCK, Walter（1900－82．ドイツの軍人．第2次大戦中，連合国・枢軸国両軍を通じて最年少の軍司令官）　437
ヴォイティンスキー　VOITINSKII（1893－1953．ソ連の革命家．1920年中国に派遣され，コミンテルン東方局書記として中国共産党結成にあたる）　174, 179
ヴォズネセンスキー　VOZNESENSKII（1903－49．ソ連の経済学者，政治家．第2次大戦中は国家計画委員会の仕事を監督．戦後，スターリンから著作を反マルクス的，反科学的と批判され，国家反逆罪で有罪，死刑）　143
ヴォルコゴーノフ，ドミトリ［将軍］VOLKOGONOV, Dmitri（1928－95．ソ連の軍人，歴史家）　143, 236, 440
ヴォルフ，カール［将軍］WOLFF, Karl（1900－84．ナチスドイツの軍人）　413
ウォレス，ヘンリー　WALLACE, Henry（1888－1965．アメリカの政治家，ローズヴェルト政権下の副大統領）　155
ヴォロシーロフ［元帥］VOROSHILOV（1881－1969．ソ連の軍人，政治家．スターリン側近のひとりで国防相，最高幹部会議長を歴任）　75, 143, 236, 353
ヴォロノフ［元帥］VORONOV（1899－1968．ソ連の軍人，砲兵元帥）　140, 234－6
ウッド，キングスレー［卿］WOOD, Kingsley（1881－1943．イギリスの保守派の政治家）　112
ウッド，サム　WOOD, Sam（1883－1949．アメリカの映画監督．『我等の町』〔1940〕『打撃王』〔43〕．44年アメリカ映画連盟を設立，初代会長）　191
梅津美治郎　うめづ・よしじろう（1882－

ヴァイツゼッカー，リヒャルト・エルンスト・フォン WEIZSÄCKER, Richard Ernst von（1882－1951．ナチスドイツの政治家．リッベントロープ外相のもとで外務次官を務め，1943－45年駐バチカン大使．ニュルンベルク裁判で7年の刑に処されるが50年に恩赦で釈放） 55, 59, 93, 94, 149
ヴァシレフスキー［将軍］VASILEVSKII（1895－1977．ソ連の軍人，第2次大戦で参謀総長．戦後国防相） 234, 236
ヴァーブル，ドヌデュー・ド VABRES, Donnedieu de（1880－1952．フランスの法学者．ニュルンベルク裁判で判事を務める） 413
ヴァーリモント［将軍］WARLIMONT（1894－1976．両次大戦に参加したドイツの軍人．スペイン内戦時にフランコ将軍の軍事顧問） 126
ヴァルター WALTER➡チトー
ヴァンデンバーグ，アーサー VANDENBERG, Arthur（1884－1951．アメリカの政治家．1947年上院外交委員長に就任，外交問題に尽力） 374
ヴァンニコフ［大佐］VANNIKOV（1897－1962．ソ連の軍人） 509
ヴィシンスキー，アンドレイ VYSHINSKII, Andrei（1883－1954．ソ連の法律家，外交官．1930年代ソヴィエト法理論をめぐる論争に指導的役割を演じ，40年代に外交官） 390, 406, 441
ヴィスコンティ，ルキーノ VISCONTI, Luchino（1906－76．イタリアの映画監督．ネオレアリズモの大家．『郵便配達は二度ベルを鳴らす』〔1942〕『ベニスに死す』〔71〕） 467
ヴィダー，キング VIDOR, King（1894－1982．アメリカの映画監督．『白昼の決闘』〔1947〕『摩天楼』〔49〕『戦争と平和』〔56〕） 191
ヴィッツレーベン，エルヴィン・フォン［元帥］WITZLEBEN, Erwin von（1861－1944．ドイツの軍人．ヒトラー暗殺計画の首謀者として処刑） 406
ヴィットーリオ➡ムッソリーニ，ヴィットーリオ
ヴィットーリオ＝エマヌエーレ3世 VITTORIO-EMANUELE III（1869－1947．イタリア国王〔在位1900－46〕．1936年エチオピアとの戦争に勝利してエチオピア皇帝を兼ねる．ムッソリーニによるファシスト独裁政権に道を開いた） 45, 47, 67, 68, 291, 311, 313－6, 380, 414, 423
ウィルキー，ウェンデル WILLKIE, Wendell（1892－1944．アメリカの実業家，政治家．1940年大統領選挙の共和党候補） 132, 195, 196
ウィルソン，W　WILSON, W.（1856－1924．アメリカの第28代大統領．第1次大戦に対独参戦，国際連盟の設立を提唱） 21
ウィルソン，ホレース WILSON, Horace（1882－1972．イギリスの官僚．チェンバレン内閣の対独宥和政策に大きな役割を果たす） 58
ヴィルヘルム2世 WILHELM II（1859－1941．ドイツ帝国最後の皇帝〔在位1888－1918〕．ビスマルクを罷免して親政をおこない，「ヴィルヘルム時代」を築いたが，第1次大戦の勃発とドイツの敗退を招く．退位後はオランダで亡命生活を送る） 29, 40, 99, 431
ヴィルマン，ジョゼフ［将軍］VUILLEMIN, Joseph（1883－1963．フランスの軍人．空軍軍人として両次大戦に参加，第1

Evgenia（1898－1974．スターリンの２度目の妻ナジェージダ・アリルーエワの兄嫁） 144
アリルーエワ，スヴェトラーナ ALLILUEVA, Svetlana（1926－2011．スターリンの娘） 143
アリルーエワ，ナジェージダ ALLILUEVA, Nadezhda（1901－82．スターリンの２度目の妻） 144
アルニム，フォン［男爵］ARNIM, von（1889－1962．ドイツの軍人．第２次大戦末期，ロンメルに代わり北アフリカ戦線で第５装甲軍を指揮） 306, 309
アルフィエーリ，ディーノ ALFIERI, Dino（1886－1966．イタリアの政治家．ファシズム政権下で閣僚，ヴァチカン大使，ベルリン大使などを務めるが，後にムッソリーニ追放に加担しようとして失敗，スイスに逃亡） 303, 312
アレクサンダル１世 ALEKSANDRE I（1888－1934．カラジョルジュヴィチ家のセルブ・クロアート・スロヴェーヌ王〔在位1921－29〕，後のユーゴスラヴィア王〔在位29－34〕．マルセイユにて暗殺される） 39, 62
アレクサンドラ［皇后］ALEKSANDRA（1872－1918．ロシアの皇后．ドイツ人．意志薄弱な夫ニコライ２世を操り，第１次大戦中の国政を左右） 29
アレクサンドル，ミシェル ALEXANDRE, Michel（1888－1952．フランスの哲学者．アランの弟子でアラン同様リセの教員．彼の著作は生徒たちのノートによって知られる） 64
アレッサンドロ➡ムッソリーニ，アレッサンドロ
アンデルス，ヴワディスワフ［将軍］ANDERS, Wladyslaw（1892－1970．ポーランドの軍人） 239, 240, 366, 368, 506
アントーノフ［将軍］ANTONOV（1896－1962．ソ連の軍人．参謀職を長く務め，各司令官とスターリンの連絡にあたる．ヤルタ，ポツダムの両会議に首席報道官として出席） 236, 356
アンナ➡ムッソリーニ，アンナ
アンブロジオ［将軍］AMBROSIO（1879－1958．イタリアの将軍） 304, 305, 308, 312, 313
アンリ・エ HENRY HAYE（1890－1983．フランスの政治家，外交官．駐米大使） 339

イヴェンス，ヨリス IVENS, Joris（1898－1989．オランダの記録映画監督．反ファシズム，民族独立の闘いを記録） 190, 192
イブン・サウード Ibn SAUD（1880－1953．サウジアラビア国王〔在位1932－53〕） 368, 369
イーデン，アンソニー EDEN, Anthony（1897－1977．イギリスの政治家．1935年以降，第２次大戦中はチャーチル挙国一致内閣の外相，連合国間の提携強化に努める．55－57年首相） 88, 90, 94, 115, 139, 199, 329, 330, 335－7, 342, 361, 368, 369, 380, 382, 412, 452
イバルリ，ドロレス IBÁRRURI, Dolores（1895－1989．スペイン共産党の書記長，委員長を長らく務め，スペイン内戦時は反フランコの象徴的存在となる） 241, 371
インゲノール［提督］INGENOHL（1857－1933．ドイツの職業軍人．第１次大戦中対英海戦を指揮するが失敗し解任） 216

人名索引

ア行

アイスナー，クルト EISNER, Kurt（1867－1919．ドイツの政治家，ジャーナリスト．1918年11月ドイツ革命を指導，18－19年バイエルン共和国首相在任中に暗殺） 26

アイゼンハワー，ドワイト・ディビド EISENHOWER, Dwight David（1890－1969．アメリカの軍人，政治家．第2次大戦の連合軍総司令官，1953－61年大統領） 350, 381, 401, 441, 469

アオスタ［公爵］AOSTA（1898－1942．イタリアの政治家．1940年イタリア領東アフリカ帝国の副王となるが，イギリス軍に敗れ捕虜となり，収容所内で死去） 295, 305

アチソン，ディーン ACHESON, Dean（1893－1971．アメリカの政治家，弁護士．ローズヴェルトによって財務次官に起用され，第2次大戦中は国務次官補．トルーマンのもとで国務次官，後に国務長官） 189

アッカローネ，ピエトロ ACQUARONE, Pietro（1890－1948．イタリアの政治家，宮内大臣） 313

アトリー，クレメント ATTLEE, Clement（1883－1967．イギリスの政治家．チャーチルの後，1945－51年労働党の単独内閣の首相として社会保障制度の確立に尽力，インド，パキスタンの分離独立を承認） 325, 351, 359, 412, 443, 450, 451

アトリコ，ベルナルド ATTOLICO, Bernardo（1880－1942．イタリアの外交官．駐ソ・駐独大使を歴任） 59, 69

阿南惟幾 あなみ・これちか（1887－1945．陸軍軍人，大将．1945年陸相，本土決戦を主張） 463

アニェッリ，ジョヴァンニ AGNELLI, Giovanni（1866－1945．イタリアの実業家，フィアットの創業者） 298, 423

アーノルド，ヘンリー［将軍］ARNOLD, Henry（1886－1950．アメリカの軍人．第2次大戦中，陸軍航空隊司令官，1944年陸軍元帥，47年空軍元帥） 372

アラン ALAIN（1868－1951．フランスの哲学者，批評家．1935年以降反ファシズム運動に参加．リセの教員を続けながら，晩年まで旺盛な執筆活動を続ける．『幸福論』〔25〕） 64

アリ，ラシッド［キーラニー］ALI, Rashid［al-Kilani］（1882－1965．イラクの法律家，政治指導者．1933－41年の間に3度首相を務める．第2次大戦中は親ドイツ的政策を取る） 101, 333

アリルーエワ，エヴゲーニャ ALLILUEVA,

著者紹介

マルク・フェロー（Marc Ferro）

1924年パリ生まれ。グルノーブル大学で学ぶ。アルジェリアで８年間教鞭をとった後、国立理工科学校、国立社会科学高等研究院で教える。歴史研究誌『アナル』の共同責任編集者、またテレビ局「７チャンネル」「アルテ」で12年間、歴史番組「並行する歴史」を制作、司会。近現代ロシア史研究者として出発するが、著作の対象は両次大戦史、植民地の歴史、映画と歴史の関係など多岐にわたる。邦訳には『監視下の歴史』（新評論）、『新しい世界史』（藤原書店）、『植民地の歴史』（新評論、近刊）、近著として『ロマノフ朝の悲劇の真実』（2012）、『ペタンの真実』（共著、2013）などがある。

訳者紹介

小野　潮（おの・うしお）

1955年宮城県生まれ。東北大学大学院博士課程満期退学。中央大学文学部教授。19世紀フランス文学専攻。著書に『知っておきたいフランス文学』（明治書院）、『対訳フランス語で読む「赤と黒」』など、翻訳にジャン・ドリュモー『千年の幸福（楽園の歴史）』（共訳、新評論）、ツヴェタン・トドロフ『ゴヤ：啓蒙の光の影で』（法政大学出版局）、同『越境者の思想』（法政大学出版局）などがある。

戦争を指導した七人の男たち　一九一八～四五年

並行する歴史　（検印廃止）

2015年12月25日　初版第１刷発行

訳　者　小　野　潮

発行者　武　市　一　幸

発行所　株式会社　新　評　論

〒169-0051 東京都新宿区西早稲田3-16-28
http://www.shinhyoron.co.jp

TEL 03（3202）7391
FAX 03（3202）5832
振　替 00160-1-113487

定価はカバーに表示してあります
落丁・乱丁本はお取り替えします

装　幀　山田英春
印　刷　フォレスト
製　本　松岳社

ISBN978-4-7948-0971-1
Printed in Japan